桃李集

项海帆院士80寿辰纪念论文集

《纪念论文集》编辑委员会 编

图书在版编目(CIP)数据

桃李集:项海帆院士80寿辰纪念论文集/《纪念论文集》编辑委员会编.—上海:同济大学出版社,2014.12

ISBN 978-7-5608-5713-8

Ⅰ.①桃… Ⅱ.①纪… Ⅲ.①桥梁工程-文集 Ⅳ.①U44-53

中国版本图书馆CIP数据核字(2014)第288753号

桃李集——项海帆院士80寿辰纪念论文集

《纪念论文集》编辑委员会 编

出 品 人 支文军　　责任编辑 胡 毅(huyi@china.com)
装帧设计 房惠平　　责任校对 徐春莲
出版发行 同济大学出版社 www.tongjipress.com.cn
(上海市四平路1239号 邮编:200092 电话:021-65985622)
经　　销 全国各地新华书店、建筑书店、网络书店
排版制作 南京前锦排版服务有限公司
印　　刷 同济大学印刷厂
开　　本 889mm×1194mm 1/16
印　　张 25.25
字　　数 808000
版　　次 2014年12月第1版　2014年12月第1次印刷
书　　号 ISBN 978-7-5608-5713-8
定　　价 129.00元

内容提要

本书是为纪念项海帆院士 80 寿辰而征集编辑的论文集，由项老师曾经指导过的 48 名博士研究生、硕士研究生和博士后提交的 50 篇论文组成。这些论文分布在五个领域，包括桥梁及结构抗风领域 21 篇论文、桥梁结构设计理论领域 11 篇论文、桥梁振动与抗震领域 8 篇论文、钢与组合结构桥梁领域 6 篇论文和大跨度桥梁施工控制领域 4 篇论文。

本书可供桥梁科研、设计及施工人员使用，也可供高等院校高年级本科生及研究生学习参考。

项海帆

项海帆院士简介

项海帆(1935—),祖籍浙江杭州,出生于上海。工程科学家,中国杰出的桥梁工程和风工程专家,1995年当选为中国工程院院士。1955年毕业于同济大学桥隧专业本科,成为李国豪教授第一位研究生,1958年研究生毕业留校任教。曾任同济大学土木工程学院首任院长、土木工程防灾国家重点实验室主任、中国土木工程学会副理事长和桥梁与结构工程分会理事长、国际桥梁与结构工程协会(IABSE)副主席。他从20世纪70年代后期率先在我国开展桥梁抗风理论与实践的研究,通过80年代的学习与追赶,为1991年建成的我国第一座跨度超过400 m的大桥——上海南浦大桥的抗风作出了重大贡献;经过90年代的提高和跟踪,有力支撑了以我国第一座超千米的特大桥——江阴长江大桥为代表的一批大桥的建设;进入新世纪后,以创新和超越为目标的研究成果,满足了特大跨度桥梁建设的国家需求。

项海帆院士在繁忙的教学和科研工作之余,勤于笔耕,著述颇丰,他主编的《现代桥梁抗风理论与实践》,汇集了国家自然科学基金"九五"重大项目等主要成果,内容涵盖了风洞试验、理论分析、数值计算和现场实测等各个方面,被誉为"我国现代桥梁抗风理论与实践的一个里程碑式的著作",获得了首届"中华优秀出版物(图书)奖",并入选首届"三个一百"原创图书出版工程。他还在桥梁抗震理论及应用、桥梁结构关键设计理论、大跨度桥梁施工控制方法等方面取得了重要的研究成果。曾获得国家科技进步奖一等奖和二等奖、国家自然科学奖二等奖和四等奖,荣获国际桥梁与结构工程协会"工程及教育奖"(Anton Tedesko Medal)和"功绩奖"(IABSE Merit)、美国土木工程师学会"风工程与空气动力学奖"(ASCE Robert H. Scanlan Medal)和国际风工程协会"终身成就奖"(IAWE Davenport Medal for Senior),这四大国际奖项标志着他为中国的桥梁与结构工程界和风工程界在国际上赢得了一席之地。

前言

2015 年 12 月 19 日是同济大学土木工程学院首任院长、土木工程防灾国家重点实验室前主任、桥梁工程系首任系主任、我们敬爱的导师项海帆院士 80 寿辰。为了纪念项老师 80 岁寿辰，我们发起了向项老师的 48 名博士研究生、29 名硕士研究生和 5 名博士后征集研究论文的活动，得到了大家的广泛响应，共收到来自 48 位研究生的 50 篇论文。

项老师长期从事钢结构桥梁、桥梁抗震、桥梁结构理论、大跨桥梁施工控制和桥梁及结构抗风等方面的教学和科研工作，我们这些毕业后的研究生也主要从事这些领域的教学、科研、设计、管理等工作。本次征集到的研究论文按照项老师所从事的这五个研究领域进行论文集的编辑出版，其中包括：第一部分桥梁及结构抗风领域的 21 篇论文，第二部分桥梁结构设计理论领域的 11 篇论文，第三部分桥梁振动与抗震领域的 8 篇论文，第四部分钢与组合结构桥梁领域的 6 篇论文，第五部分大跨度桥梁施工控制领域的 4 篇论文。

论文集所收录的这 50 篇论文，有些是已经在国内外学术期刊上正式刊出或国内外学术会议上正式发表的论文，也有些是未曾公开发表过的研究论文，反映了桥梁工程学科在这五个领域当时的或最新的研究进展。为了保证论文的水平和质量，我们专门成立了《纪念论文集》编辑委员会，将全部 50 篇论文分成五个领域进行了评审，其中，桥梁及结构抗风领域 21 篇论文由谢霁明、葛耀君和朱乐东分工评审，桥梁结构设计理论领域 10 篇论文由韩振勇、李国平和肖汝诚分工评审，桥梁振动与抗震领域 8 篇论文由吴定俊和袁万城分工评审，钢与组合结构桥梁领域 6 篇论文由邵长宇评审，大跨度桥梁施工控制领域 4 篇论文由石雪飞评审。

在纪念项老师 80 岁寿辰之际，您的 48 名学生，谨以精心挑选的 50 篇论文来表达我们对您最崇高的敬意和最美好的祝福，感谢您对我们的长期教导和辛勤培养，我们衷心祝愿您健康长寿！生活幸福！

《纪念论文集》编辑委员会

谢霁明　葛耀君　朱乐东　韩振勇　李国平

肖汝诚　吴定俊　袁万城　邵长宇　石雪飞

于中国上海

2014 年 10 月

目 录

179 桥梁结构设计理论

255 桥梁振动与抗震

项海帆院士传记

葛耀君*

1 成长历程

项海帆1935年12月19日出生于上海一个民族资本家家庭。早年就读于上海英租界工部局小学，10岁那年考入上海著名的晋元中学。1947年清明节，他第一次回故乡杭州扫墓，父亲带他去参观钱塘江大桥，并告诉他，这是中国桥梁专家茅以升先生主持监造的大桥，正是这次平常的参观拨动了他的心弦，为国造桥的梦想从此在他的心中扎下了根。1951年9月，未满16周岁的他，高中未毕业提前考入同济大学土木工程系，并在院系调整后，选择了“桥梁与隧道”专业，桥梁科研成为他毕生奋斗的事业。4年后以优异成绩本科毕业，他成为李国豪教授的第一位副博士研究生，从事桥梁结构稳定与振动问题研究，李老师严谨求实的学风和强调自学的方式使他终生受益，特别是老一辈科学家强烈的爱国主义精神和民族自尊心深深地感染了他。

1957年，入党仅一年的项海帆遭到不公正的对待，被错划为“右派”，从此蒙难达20年之久，但是他从没放弃自己热爱的专业，仍坚持业务学习，关注着国内外桥梁科技的最新成果和发展动态。1959年第一批摘帽，1963年定职为桥梁教研室助教，直到“文革”后的1978年1月才升任讲师。随后错划的“右派”得到“改正”，并恢复了正常的教学和科研工作。

他在李国豪教授的带领下，在唐山大地震后率先开展了桥梁抗震理论及工程应用的研究，并为中国建造大跨度桥梁开始了桥梁抗风研究准备。1980年9月晋升为副教授，同年年底获得了德国洪堡基金会奖学金，赴波鸿鲁尔大学担任客座教授从事桥梁抗震研究工作一年半。期间，他如饥似渴地吸收了大量国外结构动力分析的最新知识，这为他回国以后承担更为重要的教学和科研工作打下了坚实的基础。

1982年5月，项海帆按期回国，9月被任命为结构工程系副系主任，分管科研、研究生和外事工作。1984年7月获国务院特批教授和博士生导师，开始招收研究生从事桥梁稳定与振动特别是桥梁抗风的研究工作。1987年8月同济大学决定成立中国高校中第一个桥梁工程系，他担任了首届系主任，并提出了“明确目标、组织起来”的学科建设方针。1990年9月担任土木工程防灾国家重点实验室常务副主任和同济大学结构工程学院副院长，主持建成了大、中、小配套的边界层风洞群，特别是中国第一、世界第二的TJ—3边界层风洞。鉴于他在国家重点实验室建设中的杰出贡献，

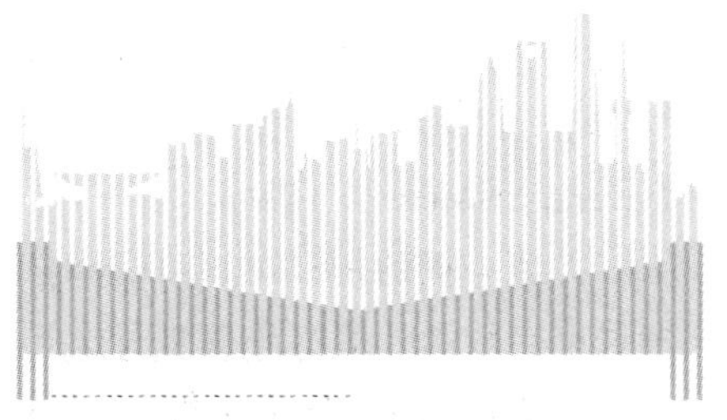

* 葛耀君，1958年出生于上海，项海帆教授1983级硕士研究生和1995级博士研究生；硕士论文题目“斜张桥的工程控制”、博士论文题目“桥梁结构风振可靠性理论及其应用研究”。

获得了国家科委“金牛奖”，并于1997年被任命为土木工程防灾国家重点实验室主任和同济大学土木工程学院第一任院长。此外，他还曾先后担任了同济大学建筑设计研究院桥梁设计分院院长和桥梁工程设计研究所所长等职。2003年起他退居二线，担任土木工程防灾国家重点实验室名誉主任和土木工程学院顾问院长。

1995年，项海帆当选为中国工程院院士。曾任国务院学位委员会第四届学科评议组土木工程学科召集人，教育部、交通部、建设部和铁道部科技委委员，上海市建委科技委副主任，中国土木工程学会副理事长、桥梁及结构工程分会理事长，中国风工程学会首席顾问，上海市振动工程学会副理事长、首席顾问，国际桥梁与结构工程协会(IABSE)副主席等职。

项海帆长期从事桥梁结构理论、桥梁抗震、大跨桥梁工程控制、特别是桥梁与结构抗风等方面的教学和科研工作，先后培养毕业硕士研究生28名，博士研究生49名，博士后研究人员4名。公开发表论文近200篇，编著出版学术著作、译著和指南10多部。主持完成国家自然科学基金重大项目1项、重点项目2项，其他省部级项目和重大工程科研项目50多项。主持解决了上海南浦大桥、杨浦大桥、虎门大桥、江阴长江大桥、卢浦大桥、润扬长江大桥、苏通长江大桥、西堠门大桥等重大桥梁工程抗风等关键科学技术问题，取得了巨大的经济效益和社会效益。数十年来，他荣获国家科技进步奖一等奖1项和二等奖1项，国家自然科学奖二等奖1项和四等奖1项，省部级科技进步奖一等奖9项、二等奖4项、三等奖5项，并获得了国际桥梁与结构工程协会“工程及教育奖”(Anton Tedesko Medal)和“功绩奖”(IABSE Merit)、美国土木工程师学会“风工程与空气动力学奖”(ASCE Robert H. Scanlan Medal)和国际风工程协会“终身成就奖”(IAWE Davenport Medal for Senior)。

尤值一提的是，1987年他向时任上海市市长的江泽民同志致函吁请上海南浦大桥的自主设计，对开辟我国桥梁自主建设的道路和赶超国际先进水平起到了重要的作用。

项海帆不仅具有很高的学术水平，而且在国家重点学科——桥梁与隧道工程学科建设、国家级科研基地——重点实验室建设，以及杰出人才培养——学生和教师培养等方面都做出了巨大的成绩。他作为学科带头人的同济大学桥梁工程学科被评为上海市重中之重学科和国家重点学科；他担任主任的土木工程防灾国家重点实验室在1997年评估中被评为优秀国家重点实验室；在他培养的80多名研究生中，两名获得了“全国优秀博士学位论文”、一名获得了国家自然科学基金杰出青年基金、一名获得了国家设计大师的称号、一名担任了国际桥梁与结构工程协会的副主席，更多的学生已经在国内外桥梁设计、建设、科研和教学等部门担任主要技术领导职务。因此，他不仅是杰出的工程科学家，也是卓越的工程教育家。

2 主要研究领域和成就

项海帆55年如一日，在同济大学从事土木工程领域中难度很大的桥梁结构稳定与振动的研究与教学，在桥梁抗震设计理论及工程应用、桥梁结构关键技术及设计理论、大跨度桥梁施工控制方法、风特性及高耸结构抗风性能研究、大跨度桥梁风振理论与及控制、重大桥梁工程抗风设计及规范编制等方面均作出了重大贡献。

2.1 桥梁抗震理论及工程应用(1978—1986年)

1976年唐山地震后，开始桥梁抗震研究，主要进行拱桥和斜拉桥的抗震设计理论及工程应用研究。我国公路拱桥数量众多，抗震规范中基于反应谱理论的地震内力响应计算公式使用起来很不方便，设计部门深感困难，他通过对拱桥自振特性和内力影响线的研究，提出了控制截面内力影响系数的概念，建立了一整套拱桥纵向和横向抗震实用计算方法，从而大大简化了拱桥的抗震计算，研究成果纳入我国桥梁抗震设计规范。

在斜拉桥抗震研究中，漂浮体系斜拉桥的纵向振动具有长周期的特征，当时的桥梁抗震设计规范中的设计反应谱来源于建筑结构抗震设计规范，对长周期区段作了简单的外延，因而并不适合于大跨度桥梁结构。采用反应谱方法计算得到的结果和用强震记录进行时程分析的结果就有较大的差别，不能反映出长周期柔性结构的良好隔振性能，因而会误导斜拉桥的抗震设计。他通过反应谱基本理论的研究，提出了对设计谱的长周期区段进行合理修正的方法，取得了良好的效果，为斜拉桥的抗震设计建立了可靠、合理的计算方法，这也成为国际上第一个长周期结构反应谱抗震计算公式。在此基础上，他又提出了大跨度桥梁考虑相位差的弹塑性地震反应分析和延性抗震设计方法，在多座大桥中得到应用。

上述两项桥梁抗震研究成果具有重大的理论意义和实用价值，为我国桥梁抗震设计理论发展作出了重大贡献。“桥梁抗震理论”项目获得了1986年度国家教委科技进步奖一等奖。

2.2 桥梁结构关键技术及设计理论（1980—1994年）

1982年，刚刚回国的项海帆接到了当时兼任上海市科协主席的李国豪校长交给他的第一项工作，为上海南浦大桥做一个可行性研究。在母亲河黄浦江上建造大桥，是上海人民的百年夙愿。李校长建议采用钢主梁和混凝土桥面板组成的结合梁斜拉桥方案，一方面较混凝土主梁减轻了自重，不仅节省斜拉索和软土地基上桩基础的数量，而且有利于桥面沥青混凝土铺装；另一方面钢主梁节段和预制混凝土桥面板起吊重量小，施工速度快，非常适合于黄浦江繁忙的航道情况。

由于国内缺乏建设大跨度斜拉桥的建设经验，上海南浦大桥曾一度准备交给日本人来设计。时任上海市政协主席的李国豪向上海市市长江泽民同志吁请自主设计和建造南浦大桥，并请江泽民市长到同济大学视察，由项海帆汇报了桥梁研究室所做的黄浦江大桥结合梁斜拉桥的设计、研究及试验工作。知识分子的良知和责任感促使项海帆迎难而上，他经过缜密的思考，连夜致信江市长，力陈中国桥梁界自主设计的条件和决心。他在信中写道：“我国已建成了14座斜拉桥，完全有能力自己设计和建造像黄浦江大桥这样规模和技术难度的大跨度桥梁。如果由外国人在国际桥梁会议的讲台上宣读有关中国大桥的论文将是令人难以想象的……”不久江市长就在信上批示：“我看主意应该定了，就以中国人为主设计，集思广益……”从此揭开了中国自主建设大跨度桥梁的历史性一页。

南浦大桥最终采用了结合梁斜拉桥方案，同济大学成为大桥科研总承包单位，项海帆主持该桥的抗风设计研究。在进行结构动力特性计算时，当时都用鱼骨式的单主梁计算模型来模拟桥面主梁，这对于具有闭口箱梁桥面是非常合适的，但是南浦大桥采用了双工字梁加混凝土板，是一种典型的开口截面。如果仍然采用普通的单主梁模型，就无法考虑断面约束扭转刚度的重要贡献；如果改用与双工字梁相近的双主梁模型，虽然可以考虑约束扭转刚度的贡献，但却又难以处理整体桥面板侧向刚度的双主梁等效，加上斜拉桥中侧向弯曲和扭转变形的强烈耦合，就会造成扭转振型的失真和扭转频率的误差。针对这一问题，他提出了三主梁计算模型的设想，把侧向刚度集中于中梁，而利用两个边梁来模拟竖弯刚度和约束扭转刚度，这一新的计算模型，虽然在物理形态上不是真实的，但在力学上能充分反映各种必须考虑的刚度，全桥建成后的实测结果验证了这一计算模型的正确性，从此成为开口断面和分离箱梁断面动力特性计算的可靠方法。

1989年，经项海帆和他的学科组优化后的南浦大桥设计方案和抗风研究成果付诸实践，1991年上海南浦大桥建成通车，并于1995年获得了国家科技进步奖一等奖。接着他又主持完成了当时世界最大跨度斜拉桥——上海杨浦大桥的抗风设计研究，获得了上海市科技进步一等奖。同时，主持设计了杭州钱塘江三桥主桥——单索面斜拉桥的工程设计和国内第一条高架道路——上海市内环高架路脊骨梁标段的工程设计研究等，在桥梁结构关键技术及设计理论方面作出了杰出的贡献。

2.3 大跨度桥梁施工控制理论及其工程应用（1984—1998年）

大跨度桥梁分段施工要经历一个结构体系转换过程，分段施工时结构的受力状态不仅取决于分段施工方法，而且与分段施工顺序有关。此外，在施工阶段，结构刚度小、变形大，尽管恒载较小，但仍将产生显著的结构非线性效应，包括材料非线性、几何非线性和时变（混凝土徐变）非线性。再者，分段施工过程中存在着随机误差的影响，这种影响涉及到参数误差、测量误差和操作误差，使得桥梁结构的几何线形和内力状态很难达到期望目标。

早在20世纪80年代初，项海帆受国外按桥梁施工顺序进行结构倒退分析和施工控制采用最小二乘法的启发，提出了计算机和控制论相结合的方法，以施工与分析并重、工程与控制结合、结构与系统比拟探讨合理的分段施工桥梁结构的计算分析与工程控制方法。1984年他率先提出并建立了以理想倒退分析法和实时前进分析为基础的闭环控制方法，应用于浙江宁波甬江大桥的施工控制中。此后，经不断完善和推广，又先后应用于连续梁和连续刚构、大跨度拱桥、悬索桥等多种桥型中。90年代初，随着我国大跨桥梁分段施工技术水平的不断提高，他又将闭环控制方法进一步拓展到自适应控制，即通过已有施工阶段的计算模型参数识别结果，自动调整成桥状态目标并搜寻最佳控制路径。研究成果大量应用于大跨桥梁施工中，并获得了多项省部级科技进步奖。目前，自适应控制方法已成为大跨桥梁施工控制的主流技术。

2.4 大跨度桥梁风振稳定性理论及其控制原理（1979—2009年）

项海帆从20世纪70年末带领助手们开始桥梁抗风研究，他所带领的团队是我国最早开展这项研究的团队，30多年来对桥梁风致振动理论特别是桥梁颤振稳定性理论及其控制原理进行了深入、全面、系统的研究工作。

1979年，随着我国斜拉桥建设的兴起，结合上海泖港大桥和黄浦江大桥在国内率先开展大跨度桥梁风致振动新课题研究，内容涉及这一领域中的许多前沿课题，特别是桥梁颤振理论及其气动和机械控制措施。当时传统的二维颤振分析理论是为解决悬索桥的颤振分析而建立起来的，这种理论需要指定一个弯曲振型和一个扭转振型进行振型耦合颤振分析，这对于悬索桥是比较容易判断的。然而，对于斜拉桥这种新桥型，由于侧弯和扭转变形的强烈耦合，出现了以侧弯为主扭转为辅和以扭转为主以侧弯为辅的新振型，且前者频率较低、后者频率较高，究竟哪一个振型可能与竖弯振型形成耦合颤振是一个极有争议的问题。

80年代初，项海帆认为颤振稳定问题与静力稳定问题一样都是数学上的特征值问题，颤振形态应当通过适当的算法改进，可以实现自动搜寻出参与颤振耦合的振型，而不必人为指定。为此，他指导研究生运用状态空间法率先建立起三维颤振理论，并且通过算例分析发现了高阶振型的参与作用，在国际上首先提出了“多振型耦合颤振”的新概念，得到了国际风工程界权威的认可和高度评价。运用这一概念，还可以在施工阶段通过不对称加劲梁节段拼装，人为地破坏结构的对称性，使更多地高阶振型参与颤振耦合，从而成为提高施工阶段抗风稳定性的一种新手段。新世纪初，他的研究团队又发展了三维桥梁颤振的精确分析方法——全模态分析方法。此外，他的研究团队还在国际上率先对五大类13种常用典型主梁断面的颤振驱动机理和颤振形态进行了系统研究分析，揭示了气动负阻尼是桥梁颤振唯一驱动机理和多种颤振形态取决于弯曲与扭转自由度参与程度的结论，阐明了两侧风嘴、中央开槽、中央稳定板、两侧裙板和检修轨道移位等颤振控制措施的控制原理，并在多座特大跨度桥梁，例如上海南浦大桥、福州闽江大桥、润杨长江大桥、东海大桥主航道桥和颗珠山桥、舟山西堠门大桥等的实际颤振控制中得到了应用。大跨度桥梁风振理论与控制研究成果先后获得国家自然科学奖二等奖和四等奖各一次。

2.5 桥梁与结构的风荷载理论和抗风设计方法（1979—2009年）

桥梁结构在抗风设计中一般总是抽象成具有相等横截面的水平线状结构或片条模型，任意截面上的风荷载可以用三种类型的气动参数来表示，即三分力系数、气动导数和气动导纳。早在1980年，项海帆就在国内率先实现了三分力系数和6个气动导数的节段模型风洞试验识别，此后一方面对自由振动测振法进行改进，不断增加试验识别气动导数的数量，并为提高识别精度提出了改进的最小二乘法；另一方面，又先后开发出强迫振动法和表面测压法等气动导数和气动导纳识别新技术，成为国际上少数几个能同时掌握自由振动法、强迫振动法和表面测压法，并能识别全部18个气动导数的风洞试验室。从20世纪90年代开始，项海帆带领他的团队开展了桥梁等效风荷载研究，先后建立了针对小跨度（200 m以下）刚性桥梁的不考虑风振位移的等效静阵风荷载和针对中等跨度（400 m以下）半刚性桥梁的仅考虑小位移强迫振动的等效抖振风荷载。2002年，在上述传统的桥梁等效风荷载原理基础上，结合涡振可能性较大的世界最大跨度拱桥——上海卢浦大桥，他的团队率先提出了针对大跨度（400 m以上）柔性桥梁的基于结构与气流相互作用的等效涡振风荷载，进一步丰富和完善了桥梁等效风荷载理论。上海卢浦大桥抗风研究成果获得了国家科技进步奖二等奖，相关研究成果被我国第一部《公路桥梁抗风设计指南》和《公路桥梁抗风设计规范》所收录。

1988年，项海帆在为南浦大桥进行抖振分析时感到，传统的基于随机振动理论的抖振频域分析方法比较艰深和繁复，一般的设计单位难以理解和计算。他将抖振计算理论和地震反应谱理论进行比较后发现，虽然风振与地震的激振机理有所不同，但作为一种按振型分解的动力分析方法，二者有许多相似之处，完全有可能建立一种类似地震反应谱的抖振反应谱计算公式，而这正是工程师们比较熟悉的方法。1992 年，这种借鉴和移植的方法终于取得了成功，建立了由 6 个无量纲参数组成的抖振根方差实用计算公式，按照各个振型分别计算抖振响应，再组合起来得到总的响应。与精确的抖振分析结果比较，证明具有良好的精度，这就为抖振的工程计算提供了一种十分快速和简便的方法，而且每个参数的物理意义十分明确，易于工程师们理解和接受，这一方法已纳入我国第一部《公路桥梁抗风设计指南》中，得到了广泛的应用。1997 年，项海帆的科研工作开始涉及桥梁风振的可靠性分析，他指导研究生结合桥梁结构形式、抗风设计要求和相关风振形式等的分类，首次提出了缆索承重桥梁风振可靠性评价体系——基于二阶矩可靠度理论的桥梁颤振失稳可靠性评价方法和基于首次超越理论的桥梁抖振失效可靠性评价方法，开拓了桥梁抗风可靠性设计和研究领域。2003 年，他和研究生又在国际上首次提出了基于累计涡振时间和首次涡振概率评价的桥梁涡振刚度失效可靠性理论及其计算方法，使大跨度桥梁抗风可靠性设计上了一个新台阶。

除了桥梁抗风设计理论之外，他的风工程研究范围还涉及了其他工程结构。1985 年，他在第一批中美合作课题“上海地区台风特性及其对高耸结构的作用”研究中，主持了上海（青海路）电视塔的风洞试验工作，完成了国内第一个全塔气弹模型风洞试验，获 1988 年国家教委科技进步一等奖。此后，在 1992 年主持完成的上海“东方明珠”广播电视塔的抗风研究中，再次采用了全塔气弹模型，并且统一模拟了模型的刚度、外形和质量，获得了很大的成功，不仅为上海广播电视塔提供了设计依据，而且为风荷载规范和高耸结构规范的制定作出了贡献。这两项研究基本奠定了我国高耸结构抗风研究的风洞试验和理论分析基础。

2.6 桥梁工程学科建设和人才培养（2000—2009 年）

2000 年，同济大学桥梁工程学科被遴选为上海市“重中之重”学科，获得了学科建设的发展机遇，项海帆受命担任学科建设负责人，领导研究基地、人才队伍和仪器设备的建设工作。2002 年，同济大学桥梁工程学科以二级学科第一名的成绩入选国家重点学科，成为中国桥梁工程学科的排头兵。2006 年，在国家重点学科评估中，又以第一名的成绩顺利通过评估，并为同济大学土木工程一级学科升格成为国家重点学科奠定了重要基础。

项海帆十分重视人才培养特别是优秀拔尖人才的培育。对于师资队伍建设，他认为关键在于培养教师的学术素养，营造科技创新的环境和氛围。他多次呼吁建立一种能够激励精英教师群体具有“面壁十年，奋力攻关”的勇气和志趣的制度，并于 2005 年在桥梁工程系倡导和设立了“同济桥梁”特聘教授岗位，以激励年轻教授立志攀登桥梁科技高峰，培养新一代学术带头人，把“同济桥梁”打造成国际一流的学科品牌。2009 年，他又建议在土木工程学院创设“高等研究院”，提出“引领土木学科基础研究、支撑土木工程持续发展”的基本任务以及“为同济土木长盛不衰贡献力量”的号召，力争把同济大学土木工程学科建设成为国际一流学科。对于研究生培养，他提倡高标准严要求，强调要树立严谨求实的学风和以自学为主的学习方式，培养科学创新意识。他先后指导出站博士后 4 名、毕业博士 49 名和硕士 28 名，这些学生今天已成长为新一代学科带头人和我国桥梁建设领域的中坚力量，两位博士生的学位论文被评为“全国优秀博士学位论文”（2000 年和 2002 年）。2001 年，他主持编写出版了讲授多年的研究生课程——《高等桥梁结构理论》的教材，受到广泛欢迎。在担任土木工程学院院长时，他积极倡导名师、教授要为本科生授课，并亲自带头为低年级学生讲授“土木工程概论”。

近年来，项海帆基于对中国桥梁建设成就背后存在的问题的深刻思考，又及时提出了中国桥梁要重视概念设计中的桥梁美学和科技创新的课题，并以近古稀之年躬身践行进行了积极探讨。他先后为研究生、系内教师和工程师们开设“桥梁的美学思考”、“世界桥梁发展中的主要技术创新”、“从桥梁大国走向桥梁强国”、“桥梁概念设计”等学术讲座，为交通部高级研修班作“中国桥梁建设的成就和不足”、“20 世纪国际最美桥梁”和“中国桥梁科技发展战略思考”等演讲，并在中国土木工程学会桥梁及结构工程分会第十六届年会上倡导和组织了“中国最美桥梁”的评选活动。他多次提出，经过20世纪80年代的“学习和追赶”以及90年代的“紧跟和提高”两个重要发展阶段之后，21世纪的中国桥梁事业应该树立“创新和超越”的更高目标。他在不同场合勉励中国年轻一代的桥梁工程师要努力创新，勇于实践，力争在新世纪的桥梁发展实践中创造出中国原创桥梁技术，建造出一大批创新、优质、美观的令国际同行尊重的优秀桥梁，最终使中国进入世界桥梁强国的前列。项海帆始终站在桥梁工程实践和科技进步的前沿，指引着桥梁事业发展的前进方向。

3 总结

项海帆是著名的工程科学家和教育家，是我国杰出的桥梁与结构工程专家和桥梁结构抗风研究的奠基人。

50多年来，他在同济大学从事土木工程领域中难度较大的桥梁结构稳定与振动的研究与教学，特别是在桥梁抗震理论及工程应用、桥梁结构关键技术及设计理论、大跨度桥梁施工控制理论及其工程应用、大跨度桥梁风振稳定性理论及其控制原理、桥梁与结构的风荷载理论和抗风设计方法以及桥梁工程学科建设和人才培养等方面作出了重大贡献；与此同时，主持解决了上海南浦大桥、杨浦大桥、虎门大桥、江阴长江大桥、卢浦大桥、东海大桥、润扬长江大桥、苏通长江大桥、舟山西堠门大桥等重大桥梁工程抗风等关键科学技术问题，取得了巨大的经济效益和社会效益。

项海帆不仅自己具有很高的学术水平，而且在国家重点学科建设、国家级科研基地建设以及人才培养等方面都做出了巨大的成绩。他作为学科带头人的同济大学桥梁工程学科是上海市重中之重学科和国家重点学科；他担任主任的土木工程防灾国家重点实验室在1997年被评为优秀国家重点实验室，特别是他亲自领导的风洞试验室不仅拥有包括世界第二大规模的边界层风洞在内的世界最先进风洞试验设备，而且形成一批热爱祖国、拼搏创新的老中青三结合的科研骨干组成的学术梯队，成为我国和世界的桥梁抗风研究中心；他始终不渝地以“热爱祖国、热爱桥梁事业”的坚定信念教育学生，培养出80多名博士后、博士和硕士，他的大批学生已在桥梁设计、建设、科研和教学等部门担任主要技术领导职务。

不仅学术、技术成就卓著，他还在倡导自主设计与建造我国大跨度桥梁方面作出了重要贡献，并为我国桥梁建设水平的迅速提高和赶超国际先进水平起到了至关重要的作用。他也因此于2001年当选为国际桥梁与结构工程协会副主席，成为我国担任这一国际土木工程界最有影响的学术组织高层领导的第一人。

项海帆具有爱国自强的高尚情操、严谨治学的踏实作风、开拓创新的科学精神和正直无私的坦荡胸怀，是同事同行的良师与益友，也是后辈学人的楷模与典范。

4 主要论著

主要专著

[1] 项海帆，刘光栋. 拱结构的稳定与振动. 北京：人民交通出版社，1991.

[2] 项海帆主编. 中国桥梁. 上海：同济大学出版社/建筑与城市出版社，1993.

[3] 李国豪，项海帆等. 桥梁结构稳定与振动. 北京：中国铁道出版社，1996.

[4] 项海帆主编. 公路桥梁抗风设计指南. 北京：人民交通出版社，1996.

[5] 项海帆主编. 高等桥梁结构理论. 北京：人民交通出版社，2000.

[6] 项海帆主编. 中国大桥. 北京：人民交通出版社，2003.

[7] 项海帆等. 现代桥梁抗风理论与实践. 北京：人民交通出版社，2005.

[8] 项海帆等. 中国桥梁史纲. 上海：同济大学出版社，2009.

主要论文

[1] 项海帆. 关于单孔拱桥的实用抗震计算方法. 同济大学学报，1978年第4期.

[2] 项海帆. 斜拉桥在行波作用下的地震反应分析. 同济大学学报，1983年第2期.

[3] Xie J M, Xiang H F. State-Space Method for 3-D Flutter Analysis of Bridge Structures. Proceedings of the 1st Asia and Pacific Conference on Wind Engineering. Roorkee, India. Dec. 5-7, 1985.

[4] Xiang H F, Chen W, Gu M. Practical Calculation Method for Buffeting Response Spectrum of Long-Span Bridges. Selected Papers of Tongji University. 1994.

[5] Xiang H F, Chen A R, Lin Z X. An Introduction to the Chinese Wind-Resistant Design Guideline for Highway Bridges. Journal of Wind Engineering and Industrial Aerodynamics. Vol. 86,1998.

[6] Xiang H F, Zhang R X. On Mechanism of Flutter and Unified Flutter Theory of Bridges. Proceedings of the 10th International Conference on Wind Engineering. Copenhagen, Denmark. June 12 - 16,1999.

[7] 项海帆、石雪飞. 斜拉桥施工控制方法的分类分析. 同济大学学报,2001 年第 1 期.

[8] Xiang H F, Ge Y J. Refinements on Aerodynamic Stability Analysis of Super Long Span Bridges. Journal of Wind Engineering and Industrial Aerodynamics. Vol. 90,2002.

[9] Xiang H F, Ge Y J. On Aerodynamic Limit to Suspension Bridges. Proceedings of the 11th International Conference on Wind Engineering. Lubbock, USA. June 2 - 6,2003.

[10] 项海帆,鲍卫刚,陈艾荣,林志兴. 公路桥梁抗风设计规范. 中华人民共和国交通部发布(JTG/T D60 - 01 - 2004):

[11] Xiang H F, Ge Y J. The State-of-the-Art on Long-Span Bridge Aerodynamics in China. Journal of Structural Engineering International, Vol. 5,2005.

[12] Xiang H F. Culvating Innovative Talents through Reforming Engineering Education. Structural Engineering International, Vol. 17, No. 3,2007.

5 参考文献

[1] 教育部. 国家最高科学技术奖推荐书. 2004.

[2] 项海帆. 桥梁结构理论与实践[M]/绪论. 上海:同济大学出版社,2007.

[3] 陆幸生. 大桥是这样自主建造的[J]. 新民周刊. 2007.

[4] 项海帆. 情系同济五十六年(1951—2007). 同济大学百年校庆特刊. 2007.

[5] 葛耀君. Nonimation Package for the ASCE Robert H. Scanlan Medal 2010: Biographical Information of Haifan Xiang. 2009.

6 论著细目

专著:

[1] 李国豪,项海帆等. 工程结构抗震动力学. 上海:上海科学技术出版社,1980.

[2] 项海帆译. 钢筋混凝土及预应力混凝土桥建筑原理(译著:德文),F. 莱昂哈特著. 北京:人民交通出版社,1988.

[3] 项海帆译. 钢桥的疲劳和断裂(实例研究)(译著:英文),(美)费希尔(Fisher J. W.)著. 北京:中国铁道出版社,1989.

[4] 项海帆、刘光栋. 拱结构的稳定与振动. 北京:人民交通出版社,1991.

[5] 刘尚培,项海帆等译. 风对结构的作用——风工程导论(译著:英文),(美)E. Simi 著. 上海:同济大学出版社,1992.

[6] 项海帆主编. 中国桥梁. 上海:同济大学出版社/建筑与城市出版社,1993.

[7] 李国豪,项海帆等. 桥梁结构稳定与振动. 北京:中国铁道出版社,1996.

[8] 项海帆主编. 公路桥梁抗风设计指南. 北京:人民交通出版社,1996.

[9] 万明坤,程庆国,项海帆等. 桥梁漫笔. 北京:中国铁道出版社,1997.

[10] 项海帆主编. 高等桥梁结构理论. 北京:人民交通出版社,2000.

[11] 项海帆主编. 中国大桥. 北京:人民交通出版社,2003.

[12] 项海帆,葛耀君主编. IABSE 2004 年大会论文集——大都市人居环境与基础设施. 北京:人民交通出版社,2004.

[13] 项海帆等. 现代桥梁抗风理论与实践. 北京:人民交通出版社,2005.

[14] 项海帆主编. 中国优秀桥梁. 北京:人民交通出版社,2006.

[15] 项海帆. 桥梁结构理论与实践——项海帆教授论文选集. 上海:同济大学出版社,2007.

[16] 项海帆等. 土木工程概论. 北京:人民交通出版社,2007.

[17] 项海帆等. 中国桥梁史纲. 同济大学出版社,2009.

论文：

[18] 项海帆. 关于单孔拱桥的实用抗震计算方. 同济大学学报，1978,6(4):21－31.

[19] 项海帆，胡世德. 多孔连拱的实用抗震计算方法. 同济大学学报，1980,8(1):14－32.

[20] 项海帆，陆宗林，陈国强. 斜张桥的风致振动及其风洞试验研究. 土木工程学报，1982,(1):11－1－13

[21] 项海帆. 斜张桥在行波作用下的地震反应分析. 同济大学学报，1983,11(2):1－9.

[22] Xiang Haifan. Earthquake Analysis of Cable-stayed Bridges under the Action of Traveling Waves. Proc. Of 8th World Conf. on Earthquake Eng.，Vol. 7,1984.

[23] Xiang Haifan. A Shaking Table Tesst of Yonghe Cable-stayed Bridge in Tjianjin，China. Proc. Of Inter. Workshop on Earthquake Eng.，Shanghai，China，Mar 1984. B－13－1. B－13－12.

[24] 项海帆，李瑞霖，杨昌众. 悬浮体系斜张桥的近似抗震计算. 结构工程师，1985,(1):64－70.

[25] 谢霁明，项海帆. 桥梁三维颤振分析的状态空间法. 同济大学学报，1985,13(3):1－13.

[26] 项海帆，陈国强. 规范化的人工地震波. 同济大学学报，1985,13(4):1－12.

[27] 项海帆，胡世德. 拱桥横向抗震的实用计算方法. 土木工程学报，1985,(1):47－62.

[28] Xie Jiming，Xiang Haifan. State-space Method for 3-D Flutter Analysis of Bridge Structures. Aisa Pacific Symposium on Wind Engineering，University of Roorkee，Roorkee，India，Dec. 5－7,1985: 269－276.

[29] 谢霁明，项海帆. 桥梁抗风设计的新概念——多振型耦合颤振. 土木工程学报，1987,20(2):35－45.

[30] Xiang Haifan，Xue H L. An Outline of Study on Wind Hazard Prevention of Structures in China. Proc. Of US-ASIA Conference on Engineering for Mitigating Natural Hazards Damage，Bangkok Thailand，Dec. 14－18,1987. A4－1. A4－12.

[31] Xiang Haifan，Xie Jiming，Lin Zhixin. Aerodynamic study on a proposed cable-stayed bridge in Shanghai，China. Proc. Of ICWE-7，Aashen，Germany，July 1987. J. of Wind Eng. And Industrial Aerodynamics 1988,29:303－311.

[32] 李国豪，项海帆. 大跨悬吊桥梁的风激振动问题. 中国科学技术协会 1988 年学术年会.

[33] 杨昌众，项海帆. 按全过程法确定 Clough 模型参数的非线性地震反应分析. 同济大学学报，1988,16(2):201－210.

[34] Xiang Haifan，Hu Shide. A Practical Calculation Method for Transverse Earthquake Resistance of Arch Bridges. Proc. Of Civil Engineering in China，Publication of ASCE，June 1988.

[35] Xiang Haifan. Wind Tunnel Test of the Shanghai Television Tower. Project Performed under the Auspices of U. S.-China Cooperative Research: Wind Effects on Structure，July,1988.

[36] 项海帆，毛清华. 车辆荷载作用下简支梁桥振动的研究. 同济大学学报，1989,17(4):457－465.

[37] 钱莲萍，项海帆. 空间拱桥结构侧倾稳定性的实用计算. 同济大学学报，1989,17(2):161－172.

[38] Xiang Haifan. Developments in Flutter Analysis of Cable-stayed Bridges. Proc. Of the Second Asia-Pacific Symposium on Wind Engineering，Beijing，July,26－29,1989.

[39] Xiang Haifan，Mao Qinghua. Highway Bridge Vibration due to Vehicular Loads. Proc. Of the Second East Asia-Pacific Conference on Structural Engineering & Construction，Chinag Mai，Thailand，Jan. 11－13:942－947.

[40] Yang Changzhong，Xiang Haifan，Fan Lichu. Seismic Response Analysis for Bridges with Pile Foundation. Proc. Of the Second East Asia-Pacific Conference on Structural Engineering & Construction，Chinag Mai，Thailand，Jan. 11－13:1659－1668.

[41] 毛清华，项海帆. 公路桥梁车辆振动的理论和试验研究. 土木工程学报，1990,23(2):61－67.

[42] Xiang Haifan，Li Guoping. Composite Beam Finite Element Method Considering Shear-lag Effect . Iabse Symposium Brussels，1990:

335 -340.

[43] 顾明,项海帆. 斜拉桥桥塔的驰振响应分析. 空气动力学学报,1991,9(4):488 - 494.

[44] 项海帆. 环境、灾害和力学. 力学和实践,1991,13(5):1 -6.

[45] 毛清华,项海帆. 公路桥梁车辆振动的数值分析方法. 同济大学学报,1991,19(增刊):45. 56.

[46] 阎贵平,项海帆. 钢筋混凝土桥墩弹塑性动力特性的试验研究. 同济大学学报,1991,19(增刊):143 - 155.

[47] Xiang Haifan. Cable-stayed Bridges in China. Cable-stayed Bridges Recent Developments and their Future-Proc. Of the Seminar, Yokohama Japan, Dec. 10 - 11,1991:317 - 339.

[48] Yan Guiping, Xiang Haifan. A Simplified Method for Bridge Aseismic Design Considering the Ductile Property . The Third East Asia-Pacific Conference on Structural Engineering & Construction, Shanghai, Apr. 23 - 26, 1991: 811 - 816.

[49] 顾明,项海帆. TMD 对高耸工程结构的驰振临界风速的作用的研究 . 同济大学学报,1992,20(增刊):9,15.

[50] Gu Ming, Xiang Haifan. Optimization of TMD for Suppressing Buffeting Response of Long-span Bridges. J. of Wind Engineering and Industrial Aerodynamics,1992,41 - 44:1381 - 1392.

[51] Xiang Haifan, Zhao Z, Zhu L. Flutter Pattern of Cable-stayed Bridge and a Numerical Method for Flutter Analysis . J. of Wind Engineering and Industrial Aerodynamics, 1992, 41 - 44: 1291 -1291.

[52] 顾明,项海帆. 杨浦大桥抖振及控制分析 . 同济大学学报,1993,21(3):307 - 314.

[53] 顾明,项海帆. 被动 TMD 对大跨斜拉桥风致抖振的控制. 土木工程学报,1993,26(6):64 - 69.

[54] 阎贵平,项海帆. 具有单排桩基梁式桥墩的实用延性抗震验算方法研究. 土木工程学报,1993,26(2):48 - 57.

[55] Qu Weilian, Xiang Haifan. An Analysis Method for Buffeting Responses of Flexible Bridge with Aerodynamic Coupling Between modes,. Proc. of Third Asia-Pacific Symposium on Wind Engineering, Hong Kong, December 13 - 15,1993. 181 - 185.

[56] Xiang Haifan, Zhu Ledong. Triple-girder Model for Dynamic Analysis of Cable-stayed Bridges. The Fourth East Asia-Pacific Conference on Structural Engineering & Construction. Seoul Korea, Sep. 20 - 22,1993:49 -54.

[57] Chen Airong, Xiang Haifan, Gu Ming. Vortex-Excited Vibration Control of Bridges using TMD. Third Asia-Pacific Symposium on Wind Engineering, Hong Kong, December 13 - 15,1993:235 - 240.

[58] Xiang Haifan, Lin Zhixing, Song Jinzhong. Study on Aerodynamic Selection of Cross Section for Suspension Bridges in China. Third Asia-Pacific Symposium on Wind Engineering, HongKong, Dec. 13 - 15,1993:101,106.

[59] 项海帆. 现代公路交通的一道彩虹——公路的大跨径桥梁. 科学的丰碑——20 世纪重大科技成就纵览. 1993:788 - 791.

[60] Gu Ming, Xiang Haifan. Buffeting-Based Selection for Long-span Bridges. Selected Papers of Tongji Univ. ,1994:103 - 108.

[61] Xiang Haifan, Chen Wei, Gu Ming. Practical Calculation Method for Buffeting Response Spectrum of Long-span Bridges. Selected Papers of Tongji Univ. ,1994:27 - 34.

[62] 顾明,项海帆. 几种矩形二维柱体节段模型上脉动力的测量. 空气动力学学报,1994,12(1):115 -119.

[63] 顾明,项海帆. 大跨悬吊桥梁抖振选型的一个实用方法. 同济大学学报:结构、桥梁版,1994,22(增刊):11 - 16.

[64] 刘春华,项海帆,顾明. 多个互相关随机过程的计算机模拟及其应用. 同济大学学报:结构、桥梁版,1994,22(增刊):61 - 68.

[65] 陈伟,项海帆,顾明. 大跨桥梁的侧向水平抖振分析. 同济大学学报:结构、桥梁版,1994,22(增刊):121 - 126.

[66] 项海帆,林志兴. 大跨度桥梁颤振稳定性的简化判别. 同济大学学报,1994,22(4):409 - 414.

[67] 项海帆,刘春华. 大跨度桥梁耦合抖振响应的时域分析. 同济大学学报,1994,22(4):451-456.

[68] 顾明,项海帆,陈伟,陈艾荣. 广东汕头海湾大桥全桥气动弹性模型风洞试验研究. 同济大学学报,1994,22(4):439-443.

[69] 陈艾荣,项海帆. 斜拉桥涡激扭转振动的被动控制. 同济大学学报,1994,22(4):487-492.

[70] 项海帆,陈艾荣,顾明. 调质阻尼器(TMD)对桥梁涡激共振的抑制. 同济大学学报,1994,22(2):159-164.

[71] 项海帆. 风工程力学和大跨度桥梁的空气动力学问题. 中国科学基金,1994,8(3):232-234.

[72] Gu Ming, Xiang Haifan, Chen Airong. A Practical Method of Passive TMD for Suppressing Wind-induced Vertical Buffeting of Long-span Cable-stayed Bridge and its Application. J. of Wind Engineering and Industrial Aerodynamics, 1994, 51:203-213.

[73] 朱乐东,项海帆. 考虑全桥整体振动的悬吊桥颤振简化分析法. 上海力学,1995,16(4):275-281.

[74] 项海帆,陈伟,顾明. 桥梁抖振反应谱的实用计算方法. 土木工程学报,1995,26(3):3-8.

[75] Gu Ming, Xiang Haifan, Song Jinzhong. Wind-resistant Design for the Shantou Bay Bridg. 9ICWE, New Delhi, India, 1995:871-880.

[76] Xiang Haifan, Liu C H, Gu Ming. Time-domain Analysis for Coupled Buffeting Response of Long Span Bridge. 9ICWE, New Delhi, India, 1995:881-892.

[77] Xiang Haifan. Buffeting Response Analysis and Control of Long-span Bridges. 9ICWE, New Delhi, India, January 1995:295,319.

[78] Liu C H, Xiang Haifan . Nonlinear Time-domain Buffeting Analysis for Long Span Bridges. Bridges into the 21st Century, Hong Kong, December 2-5, 1995:1017-1024.

[79] Xiang Haifan. Wind-Resistant Study on Suspension Bridges in China. Bridges into the 21st Century, Hong Kong, December 2-5, 1995:713-720.

[80] 刘春华,项海帆,顾明. 大跨度桥梁抖振响应的空间非线性时程分析法. 同济大学学报,1996,24(4):380-385.

[81] 项海帆,钱冬. 三维平板颤振实用公式的精确拟合. 振动与冲击,1996,15(3):1-6.

[82] 项海帆. 结构风工程研究的现状和展望. 中国振动工程学会报告. 振动工程学报,1997,10(3):258-263.

[83] 项海帆,方明山. 超大跨度桥梁结构体系的演变及发展趋势. 同济大学学报,1997,25(增刊):33-38.

[84] 项海帆. 世界桥梁工程的回顾和展望. 科学,1997,49(3):10-13.

[85] 吴晓琰,项海帆,陈,伟. 悬索桥主梁在风载作用下的测向弯矩研究. 同济大学学报,1997,25(增刊):111-115.

[86] 史家钧,项海帆,许俊. 确保大型桥梁安全性与耐久性的综合检测系统. 同济大学学报,1997,25(增刊):71-76.

[87] 项海帆. 大跨高耸柔性结构的风致振动. 振动与冲击,1997,16(4):1-5.

[88] Xiang Haifan, Chen Airong, Lin Zhixing. An Introduction to the Chinese Wind-Resistant Design Guideline for Highway Bridges. Proceedings of the 2nd European & African Conference on Wind Engineering, Geneva, 2 EACWE, Italy, June 22-26, 1997:1569. 1576.

[89] Chen Airong, Xiang Haifan, Song Jinzhong. Wind Resistant Researches on Tigergate Suspension Bridge in Typhoo-prone Area. Proceedings of the 2nd European & African Conference on Wind Engineering, Genova, Italy: 1-8.

[90] 顾明,项海帆,陈礼忠. 风作用下杨浦大桥的疲劳寿命估算方法. 国际安全、有效、可靠性工程会议,日本高松,1997.

[91] 项海帆. 21世纪的桥梁之梦. 上海科坛. 19-21.

[92] 项海帆. 桥梁空气动力学的未来. 国际学术动态. 1998.

[93] 肖汝诚,项海帆. 大跨径悬索桥结构分析理论及其专用程序系统的研究. 中国公路学报. 1998,11(4):42-50.

[94] 陈艾荣,项海帆. 悬臂施工中的刚构桥梁的风荷载计算方法. 公路,1998(3):7-10.

[95] 陈艾荣,项海帆. 多重调质阻尼器的制振性能及对斜拉桥抖振的控制. 同济大学学报,1998,26(2):125-129.

[96] 陈艾荣,黄鹏,项海帆. 桥梁阵风风速系数研究. 同济大学学报,1998,26(3):241-244.

[97] 毛鸿银,项海帆. 悬索桥施工猫道的动力特性分析. 同济大学学报,1998,26(4):372-376.

[98] 曹丰产,项海帆. 低雷诺数下方柱和圆柱涡致振动的数值分析. 同济大学学报,1998,26(4):282-286.

[99] 曹映泓,项海帆,周颖. 大跨桥梁随机风场的模拟. 土木工程学报,1998,31(3):72-79.

[100] 项海帆. 土木工程的过去、现在和未来. 现代土木工程新发展.

[101] 项海帆,陈艾荣. 21st Century Long-span Bridges in China. Bridge Aerodynamics-Proc. of the International Symposium on Advances in Bridge Aerodynamics, 10 - 13 May, 1998, Copenhagen, Denmark. 175-186.

[102] 项海帆. 21 世纪中国大桥工程及抗风对策. 国际桥协 98 年会及学术会议——大跨与高耸结构,日本,神户,1998.

[103] 项海帆,陈艾荣,宋锦忠. On Wind Resistant Properties of Tiger Gate Suspension Bridge. Wind and Structures,1998,1(1):67-75.

[104] 项海帆. 风工程和力学. 上海力学学会 40 周年征文:21 世纪工程技术发展对力学的挑战. 上海振动工程学会报:1-9.

[105] 项海帆. 进入 21 世纪的中国大桥工程及抗风研究. 中国科协首届学术年会.

[106] 项海帆,范立础. 中国桥梁五十年回眸. 建设部.

[107] 徐栋,项海帆,黄鼎业,周玉生,刘仲训,倪立群. 装配式无粘结预应力混凝土盖梁模型试验. 结构工程师,1999(1):29-32.

[108] 项海帆. 21 世纪世界桥梁工程的宏伟发展前景. 院士展望 21 世纪. 1-6.

[109] 徐栋,项海帆. 体外预应力桥梁的力学性能及其影响因素分析. 桥梁建设,1999(3):1-4.

[110] 肖汝诚,项海帆. 拉吊协作桥的施工控制与中索疲劳控制研究. 同济大学学报,1999,27(2):234-238.

[111] 曹丰产,项海帆,陈艾荣. 薄平板气动导数的数值计算. 同济大学学报,1999,27(2):131-135.

[112] 朱乐东,项海帆. 悬索桥施工阶段全过程动力特性分析. 土木工程学报. 1999,32(3):11-16.

[113] 葛耀君,项海帆. 桥梁颤振的随机有限元分析. 土木工程学报,1999,32(4):27-32.

[114] 项海帆,瞿伟廉. 高层建筑风振控制基于规范的实用设计方法. 振动工程学报,1999,12(2):151-156.

[115] 陈艾荣,项海帆. 大跨钢构桥梁气动弹性试验及分析. 振动工程学报. 1999,12(4):535-539.

[116] 方明山,项海帆,肖汝诚. 超大跨径悬索桥非线性空气静力行为分析. 重庆交通学院学报. 1999,18(2):1-8.

[117] 方明山,项海帆,肖汝诚. 超大跨径复合材料悬索桥静风稳定性研究. 重庆交通学院学报. 1999,18(3):1-6.

[118] 项海帆. Retrospect & Prospect of Cable Stayed Bridges in China. Cable-stayed Bridges Past, Present and Future, IABSE Conference, June, Malmö:12-13.

[119] 项海帆,张若雪. On Mechanism of Flutter and Unified Flutter Theory of Bridge. Wind Engineering into the 21st Century - 10th ICWE (10th International Conference on Wind Engineering), Denmark, June,1999:1069-1074.

[120] 葛耀君,项海帆,Hirodhi Tanaka . Reliability Analysis of Bridge Flutter under Extreme Winds. Wind Engineering into the 21st Century - 10th ICWE (10th International Conference on Wind Engineering), Denmark, June,1999:879-884.

[121] 葛耀君,Tanaka H,项海帆 . First Passage Probability in Buffeting Responses of Long Span Bridges. J. of Engineering Mechanics Division, ASCE.

[122] 项海帆. 我国大跨度缆索承重桥梁的空气动力性能研究. 力学季刊,2000,21(4):393-400.

[123] 徐栋,项海帆. 体外预应力混凝土桥梁非线性分

析. 同济大学学报,2000,28(4):402-406.

[124] 方明山,项海帆,肖汝诚. 大跨径缆索承重桥梁非线性空气静力稳定理论. 土木工程学报,2000,33(2):73-79.

[125] 项海帆. 21 世纪世界桥梁工程的展望. 土木工程学报,2000,33(3):1-6.

[126] 曹丰产,项海帆,陈艾荣. 桥梁断面的气动导数和颤振临界风速的数值计算. 空气动力学学报. 2000,18(1):26-33.

[127] Xiang H F. Health Monitoring Status of Long-span Bridges in China: Workshop on Research and Monitoring of Long-span Bridges, HongKong, China,26-28 April,2000:24-31.

[128] Ge Y J, Tanaka T, Xiang H F . Probabilistic Assessment of Buffeting Response in Long-span Bridges. Advances in Structural Dynamics, HongKong. China,13-15 Dec. ,2000,Vol. II: 1471-1478.

[129] Xiang H F, Chen A R . Aerodynamic Studies of Long-span Cable-supported Bridges in China (特邀报告):Advances in Structural Dynamics,13-15 Dec. , 2000, HongKong, China . Vol. I: 121-132.

[130] Xiang H F, Chen A R, Zhang X J . Aerodynamic Analysis of Long-span Suspension Bridges Considering Non-linear Wind-structure Interactions . First International Symposiou on Wind and Structures for 21st Century,26-28 Jan. , Cheju, Korea: 461-470.

[131] Chen A R, Xiang H F, Liu Z G. . Practical Formulas for Estimating Equivalent Wind Loads of Suspension Bridges. First International Symposiou on Wind and Structures for 21st Century,26-28 Jan. , Cheju, Korea: 445-452.

[132] Ge Y J, Tanaka T, Xiang H F . 3D Flutter Analysis of Long-span Cable-supported Bridges with Full-mode Techniques. First International Symposium on Wind and Structures for the 21st Century . 26-28 Jan. , Cheju, Korea. Volume of Abstracts: 453-459.

[133] Xiang H F. China Major Bridge Projects Facing 21st Century. Proc. Of International Conference on Engineering and Technological Sciences, Session 5: Civil Engineering in the 21st century. Oct. 11-13, Beijing: 160-167.

[134] Ge Y J, Xiang H F, Tanaka H . Application of a Reliability Analysis Model to Bridge Flutter under Extreme Wind. J. Of Wind Engineering and Industrial Aerodynamics,2000,86(2-3): 155-167.

[135] Gu M, Zhang R X, Xiang H F . Identification of Flutter Derivatives of Bridge Decks. J. of Wind Engineering and Industrial Aerodynamics,2000, 84(2):151-162.

[136] 朱乐东,项海帆,徐幼麟. Triple-girder Model for Modal Analysis of Cable-stayed Bridges with Warping Effect. Engineering Structures,2000,22(10):1313-1323.

[137] 项海帆,陈艾荣,何宪飞,丁泉顺. 桥梁断面 18 个颤振导数识别的试验研究. 大型复杂结构体系的关键问题及设计理论研究论文集(2000): 142-150.

[138] 项海帆. 进入 21 世纪的桥梁风工程研究(特邀报告). 第 10 届全国结构风工程学术会议论文集(广西龙胜):17-21.

[139] 项海帆. 斜拉桥的拉索体系及其振动控制. 中国工程院赴柳州市建筑机械总厂“企业技术创新院士行”学术报告汇编:1-8.

[140] 项海帆,陈新,郑皆连. 我国桥梁工程设计中存在的主要问题与对策建议. 工程院院士建议, 2001,14:1-4.

[141] 曹丰产,项海帆. 圆柱非定常绕流及涡致振动的数值计算. 水动力学研究与进展. 2001,16(1). 111-118.

[142] 项海帆,吴定俊. 我国铁路桥梁的现状和展望. 铁道建筑技术. 2001(2):1-5.

[143] 石雪飞,项海帆. 斜拉桥施工控制方法的分类分析. 同济大学学报. 2001,29(1):55-59.

[144] 徐栋,项海帆. 轻轨建设高新技术产业化的设计施工方法. 同济大学学报. 2001, 29 (1). 114-117.

[145] 葛耀君,项海帆. 桥梁结构颤振稳定的概率性评

价.同济大学学报.2001,29(1).70-74.

[146] 葛耀君,项海帆. Statistical Study for Mean Wind Velocity in Shanghai Area. APCWE V,the Fifth Asia-Pacific Conference on Wind Engineeering, Kyoto, Japan, Ocb. 21 - 24. J. of Wind Engineering,2001,89:409-412.

[147] 朱乐东,项海帆,徐幼麟. Wind Tunnel Study on Flutter Derivatives of Tsing Ma Bridge Deck under Skew Wind. APCWE V, the Fifth Asia-Pacific Conference on Wind Engineeering, Kyoto, Japan, Ocb. 21 - 24. J. of Wind Engineering,2001,89.465-468.

[148] 项海帆,葛耀君. Refinements on Aerodynamic Stability Analysis of Super Long-Span Bridges. APCWE V,the Fifth Asia-Pacific Conference on Wind Engineeering,Kyoto,Japan, Ocb. 21-24. J. of Wind Engineering:65-72.

[149] 项海帆.桥梁的美学思考.科学,2002.

[150] Zhang X J, Xiang H F, Sun B N. Nonlinear Aerostatic and Aerodynamic Analysis of Long-span Suspension Bridges Considering, Wind-structure Interactions. Journal of Wind Engineering and Industrial Aerodynamics, Vol. 2002,90.

[151] Zhu L D, Xu Y L, Xiang H F. Tsing Ma Bridge Deck under Skew Winds: Part II: Flutter Derivatives. J. of Wind Engineering and Industrial Aerodynamics,2002,90(7).

[152] Ding Q S, Chen A R, Xiang H F. A State Space Method for Coupled Flutter Analysis of Long-span Bridges. Structural Engineering and Mechanics,2002,14.

[153] 项海帆,陈艾荣.特大跨度桥梁抗风研究的新进展.土木工程学报,2003,36(4):1-8.

[154] 项海帆.世界桥梁发展中的主要技术创新.广西交通科技,2003,28(5):1.

[155] 葛耀君,项海帆,Tanaka H.随机风荷载作用下的桥梁颤振可靠性分析.土木工程学报,2003,36(6):42.

[156] 靳欣华,项海帆,陈艾荣.平板气动导纳识别理论及测量.同济大学学报,2003,31(10):1169.

[157] Xiang H, Ge Y. On Aerodynamic Limit to Suspension Bridges. Proceedings of the 11th International Conference of Wind Engineering, USA,June 2-5,2003.

[158] C. Yinghong, X. Haifan, Z. Ying. Combined Flutter and Buffeting Analysis in Time Domain for Long-span Brdiges. Proceedings of the 11th International Conference of Wind Engineering, USA. ,June 2-5,2003.

[159] 项海帆,葛耀君. IABSE 2004 年大会论文集——大都市人居环境与基础设施. IABSE,北京:人民交通出版社.

[160] 项海帆.同济土木工程学科的 90 年历程.同济大学学报,32(10).

[161] 项海帆.中国桥梁史话地图.(5):16-20.

[162] 项海帆.我国公路桥梁建设的成就与不足.中国公路建设市场专刊,8:11-13.

[163] 葛耀君,项海帆. Recent Development of Bridge Aerodynamics in China. Proceedings of the 5th International Colloquium on Bluff Body Aerodynamics and Applications-BBAA V, Ottawa, Canada,July 11-15,2004.

[164] Xiang H F. Recent Structures and Bridges in China: An Introduction. Structural Engineering International (IABSE), 14(1):6.

[165] 项海帆,葛耀君.悬索桥跨径的空气动力极限.土木工程学报,38(1):60-70.

[166] 项海帆.桥梁的美学思考.公路运输文摘·桥梁,1:72-75.

[167] Ge Y J, Xiang H F. Long-span Bridges and Extreme Wind Effects. Proceedings of the IABSE Symposium on Structures and Extreme Events in Lisbon 2005, Lisbon, Portugal, September 14-17,2005.

[168] Tang Man-Chung, Xiang Haifan. Modern Chinese Bridges. Metropolis and Beyond — Proceedings of the 2005 Structures Congress and the 2005 Forensic Engineering Symposium, New York, Apr. 20-24,2005.

[169] Xiang H F, Ge Y J. State-of-the-art on Long-span Bridge Aerodynamics in China. Structural

Engineering International, 15(4)240 - 247 .

[170] 项海帆. 从桥梁大国走向桥梁强国. 中国公路, 8:44 -48.

[171] 项海帆. 走出误区,实现赶超. 桥梁,2(15 - 19).

[172] 项海帆. 科技进步与自主创新. 桥梁,3:1.

[173] Ge Y J, Xiang H F. Current and Future Trends in Long-Span Bridge Design in China. Proceedings of the Tenth East Asia-Pacific Conference on Structural Engineering & Construction (EASEC - 10),泰国曼谷,Aug. 3 - 5,2006.

[174] Ge Y J, Xiang H F. Retrospect and Prospect on Computational Methods for Aerodynamic Bridge Flutter. The Fourth International Symposium on Computational Wind Engineering(CWE),日本横滨. July 16 - 19,2006.

[175] 葛耀君,项海帆. Outstanding Chinese Steel Bridges under Coonstruction. the 6th International Symposium on Steel Bridges,捷克,2006. 5. 31 - 6. 2.

[176] 葛耀君,项海帆. Tomorrow's Challenge in Bridge Span Length. IABSE Symposium Budapest 2006 "Responding to Tomorrow's Challenges in Structural Engineering",匈牙利,布达佩斯,2006. 9. 13 - 15.

[177] 葛耀君,项海帆. Aerodynamic Flutter Stabilization for the East Sea Bridge. The International Conference on Bridge Engineering,香港,2006. 11. 1 - 3 .

[178] 陈艾荣,周志勇,项海帆. On the Mechanism of Vertical Stabilizer Plates for Improving Aerodynamic Stability of Bridges. Wind & Structures, 2006,9(1):59 - 74.

[179] 丁泉顺,朱乐东,项海帆. Simulation of Stationary Gaussian Stochastic Wind Velocity Field. Wind & Structures, 2006,9(3):231 -244.

[180] 杨詠昕,葛耀君,项海帆. Flutter Control Effect and Mechanism of Central-slotting for Long-span Brdiges
(大跨度桥梁中央开槽颤振控制效果和机理研究). Fronters of Architecture and Civil Engineering in China, Vol. 1, No. 3, pp. 298 - 304,2007(译稿):土木工程学报,Vol. 39,No. 7, pp. 74 - 80.

[181] 项海帆,葛耀君. 现代桥梁抗风理论及其应用. 力学与实践,2007,29(1):1 - 13.

[182] 项海帆. 长江水道通航等级及桥梁跨度之我见. 桥梁. 2007(2):12 - 13.

[183] 项海帆. 改革工程教育　培育创新人才. 高等工程教育研究. 2007,5.

[184] 项海帆. "桥梁大国"距离"桥梁强国"有多远. 科技中国. 2007(9):83.

[185] 杨福家,沈文庆,何积丰,朱能鸿,项海帆,夏禹龙,王一飞,等. 实施教授治学　保障杰出人才培养. 科技导报(北京),2007,25(17):8.

[186] Ge Yaojun, Xiang Haifan. Great Demand and Various Challenges — Chinese Major Bridge Projects under Construction for Improving Traffic Infrastructure Nationwide. 国际桥协IABSE2007年学术大会,德国魏玛,2007. 9. 19 -21.

[187] Ge Yaojun,Xiang Haifan. Longest Chinese Steel Bridges under Construction. 中日钢桥和组合结构桥梁学术会议,同济大学,2007. 1. 16.

[188] 葛耀君,项海帆. 大跨度桥梁风致振动及其气动控制研究. 全球华人风工程论坛,台湾,2007. 4. 2 - 3.

[189] Xiang Haifan, Y. J. Ge. Aerodynamic challenges in span length of suspension bridges. 03年风工程会. Fronters of Architecture and Civil Engineering in China. 2007.

[190] Xiang Haifan, Y. J. Ge. State-of-the-art of Long-span Bridge Engineering in China. Fronters of Architecture and Civil Engineering in China, 2007,1(4):379 - 388.

[191] 杨詠昕,葛耀君,项海帆. Investigation on Flutter Mechanism of Long-span Bridges with 2d - 3DOF Method. Wind & Structures, 2007, 10 (5):421 - 435.

[192] 葛耀君,杨詠昕,庞加斌,项海帆. Wind-induced Damages to a Three-span, Continuous, Concrete Arch Bridge under Construction. Structure Engineering International, 2007, 17

(2):141-150.

[193] Xiang Haifan. Cultivating Innovative Talents through Reforming Engineering Education. Structural Engineering International, 2007, 17 (3):209.

[194] Yang Yongxin, Ge Yaojun, Xiang Haifan. Flutter Control Effect and Mechanism of Central-slotting for Long-span Bridges. Fronters of Architecture and Civil Engineering in China, 2007, 1(3):298-304.

[195] 葛耀君,项海帆. Recent Development of Bridge Aerodynamics in China. Journal of Wind Engineering and Industrial Aerodynamics. 2008, 96(6-7):736-768.

[196] 葛耀君,项海帆. Computational Models and Methods for Aerodynamic Flutter of Long-span Bridges. Journal of Wind Engineering and Industrial Aerodynamics. 2008, 96(10-11):1912-1924.

[197] 葛耀君,项海帆.大跨度桥梁气动稳定性数值计算模型与方法.土木工程学报.2008,41(2):86-93.

[198] 葛耀君,项海帆. Probabilistic Criteria for Assessment of Aerodynamic Instability of Long-Span Bridges. 国际桥协 IABSE2008 年学术大会,美国芝加哥,2008.9.17-19.

[199] 葛耀君,项海帆. Bluff Body Aerodynamics Application in Challenging Bridge Span Length. International Colloquium on Bluff Bodies Aerodynamics & Applications. 意大利. 2008.7.20-24

[200] Hui M C H, Larsen A, 项海帆. Wind Turbulence Characteristics Study at the Stonecutters Bridge site: Part II: Wind Power Spectra, Integral Length Scales and Coherences. Journal of Wind Engineering and Industrial Aerodynamics. 2009, 97(1):48-59.

[201] Hui M C H, Larsen A, 项海帆. Wind Turbulence Characteristics Study at the Stonecutters Bridge site: Part I: Mean Wind and Turbulence Intensities. Journal of Wind Engineering and Industrial Aerodynamics. 2009, 97(1):22-36.

桃李集

项海帆院士80寿辰纪念论文集

桥梁及结构抗风

桥梁抗风理论研究与工程实践

——若干桥梁项目的回顾与思考

谢霁明*

（浙江大学建筑工程学院　中国　杭州　310058）

摘　要　本文以作者亲历的工程项目为例，阐述了桥梁抗风理论是如何在实际工程实践中得到检验与完善，工程实践是如何对理论研究提出新课题与新要求，以及交叉学科的新技术是如何通过工程实践中的需求得以引进与应用。英国塞文二桥的抗风设计与之后的实测检验促进了桥梁节段模型试验技术的提高，并让人们对风气候与斜拉桥阻尼特性有了新的认识。美国路易斯安那州的 John James Audubon 桥梁抗风设计中的难题促使了数值气象预报中的新技术在风工程中的应用。新塔科马桥施工阶段的实际需求导致了人们对桥塔涡激振动的反思与抗风措施的研发。通过对这些工程项目的介绍与讨论，作者在说明理论研究与工程实践之间相辅相成关系的同时，强调了工程实践是理论研究源泉的观点，特别是对于具有开拓性意义的研究课题。

关键词　桥梁抗风；涡激振动；涡激相关长度；气象数据库 MDR 分析方法；气动阻尼板

*　谢霁明，1955 年出生，项海帆教授 1978 级硕士研究生和 1982 级博士研究生，硕士论文题目“关于斜拉桥抗震特性及其减震方法的研究”，博士论文题目“桥梁颤振理论与斜拉桥颤振特性研究”。

1　引言

作为应用学科，桥梁抗风研究的发展遵循着理论研究与工程实践相辅相成的客观规律。在项海帆院士等学者的领导下，中国桥梁风工程研究紧密结合中国经济腾飞各阶段的重要桥梁工程项目，成功地走过了以学习、追赶、提高、跟踪、创新、超越为主要特点的各个发展阶段，取得了令人瞩目的成就，在许多研究方向上已达到国际领先的水平。

理论研究与工程实践相辅相成的客观规律首先表现在很多理论问题的提出是基于具体工程中的实际难题、困惑与疑虑。中国是率先发现斜拉桥多模态颤振现象并提出三维颤振分析理论的国家，但当时开展这一研究的时候我们其实并没有关于多模态颤振的概念。同济大学在进行中国首次桥梁节段模型风洞试验时（上海泖港桥，1979），主要是参照国外关于悬索桥抗风的理论。当时一个令人困惑的问题是如何选取节段模型设计中的扭弯频率比。扭弯频率比是颤振试验的重要模拟参数，但由于斜拉桥的动力特性与悬索桥不同，振型模态中扭转分量与侧移分量有着很强的耦合，这样所谓的扭转模态就不够“纯粹”，而相应的第一扭转频率的选取也就带有一定的随意性。选择不同的第一扭转频率得到的颤振临界风速相差极大，难以可靠地解决实际工程问题。当时建立三维颤振分析方法的初衷是试图通过将所有可能参与颤振的模态统统归并到特征值问题方程中，通过状态空间方法具体分析了解各个结构模态是如何通过气动力作用，逐渐随风速进行复模态演变，最后出现颤振失稳的。这一演算过程自然而然地揭示了斜拉桥的多模态颤振现象，在以后的全气动弹性模型试验中也证实了这一现象。所以虽然多模态颤振现象的发现有一定的偶然性，但在解决实际工程问题过程中发现这一客观现象却有着其必然性[1]。

理论研究与工程实践相辅相成的客观规律还表现在理论研究的成果会提升工程实践的水平，同时反馈给理论研究并提出更高的要求。在认识到多模态颤振现象并建立了相应的分析手段后，初始的工程问题得到了解答，由此斜拉桥的颤振风速可以得到比较可靠的估计。但另一个新的问题又产生了:既然多模态颤振有助于提高颤振临界风速,那么如何在工程实践中有意识地利用这一点提高桥梁的抗风性能呢?于是关于在结构设计中通过降低弯扭振型相似性、强化多模态颤振形态的研究成果就应运而生[2]。这一方法主要适用于流线型桥梁断面。对非流线型桥梁断面,这一概念的利用拓展到如何强化产生气动正阻尼的振动分量与产生气动负阻尼的振动分量之间的耦合以达到提高桥梁整体抗风稳定性的思考。而有关的研究至今仍在进行之中。

在离开同济大学后,笔者长期在北美工程界从事风工程研究与工程顾问工作,参与了北美大部分重要桥梁的工程建设。理论研究与工程实践紧密结合对笔者而言不仅是学术理念,更是工作的实际组成部分。值项院士 80 寿辰纪念文集编辑出版之际,谨借此文对某些项目及体会作一回顾,一方面向引导我走上风工程研究的恩师作一汇报,以表多年教诲之恩;另一方面将这些工作体会作一分享,因为所经遇的许多工程问题至今仍有进一步深入研究的价值。

2 节段模型试验技术及其完善

桥梁的节段模型试验是桥梁抗风研究与抗风设计中最基本也是最重要的试验手段。节段模型试验除了能提供许多重要的空气动力学数据以作为进一步理论研究的基础外,在工程抗风设计中也常常作为估计桥梁风致响应最快捷的试验方法。节段模型试验最基本的理论基础是片条假定,这一假定在二维的节段模型试验数据与实际桥梁的三维响应之间建立了联系。经过多年的理论研究,节段模型试验的技术已得到不断的提高与完善,其中实际工程中的应用与检验起到了不可替代的作用。

塞文二桥(Second Severn Crossing)是英格兰和威尔士之间塞文河上的一座重要桥梁,1996 年建成后由威尔士亲王查尔斯亲自主持了开通仪式。塞文二桥全长 5 128 m,其中跨径 456 m 的主跨部分采用结合梁斜拉桥结构。为了减少塞文河口的风对车辆的影响,提高全年通车率,桥两侧设置了 50%透空率的风屏,风屏高 3 m,如图 1 所示。这一风屏所引起的空气动力稳定性问题成为该桥抗风设计的首要关注点。

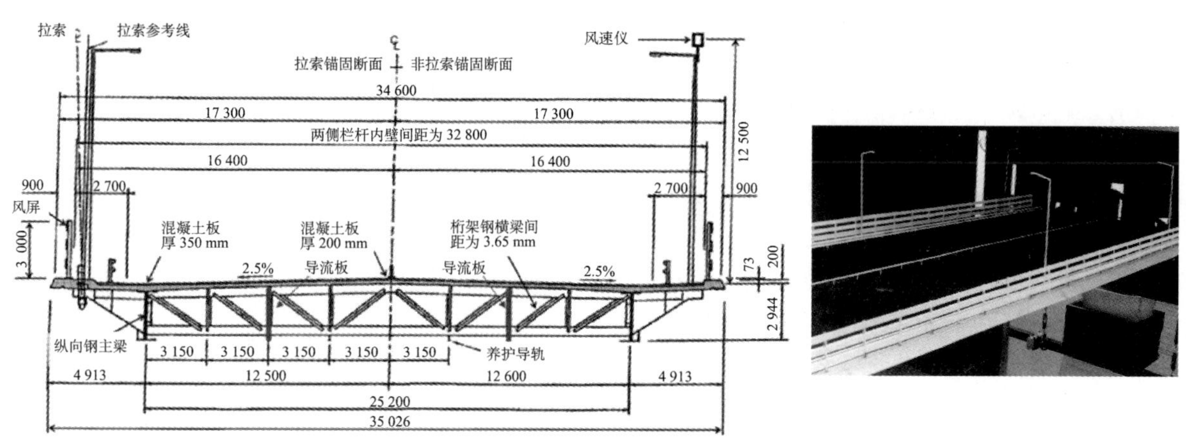

图 1 塞文二桥主跨基本断面

在项目的工程预算中曾考虑封闭底板或改用流线型箱梁断面作为满足抗风要求的预备方案,但通过详细的风洞试验研究,证明只要在原结合梁基本断面的基础上增加四分点的导流板,就能满足颤振风速大于 60 m/s,涡激振幅小于 5%g 的设计要求[3]。这显然大大节约了项目的建造成本,但在论证这一结论过程中所做的研究工作却对之后的桥梁风洞试验技术产生极大的影响。

如同几乎所有详细的桥梁风洞试验一样,采用不同的风洞试验方法所得到的结果之间往往并不完全一致。均匀流情况下的节段模型试验得到的涡激振动幅值最大,超过设计允许值。但在风场中考虑一定的大气紊流作用后,涡激振动幅值大大减低,能够满足设计要求。值得说明的是在紊流风场的节段模型试验中已经考虑了紊流尺度的修正,风洞试验时的实际紊流度约为预测现场紊流度的一半,但现场紊流度的预测则是基于大尺度极端风假定。在最后的 1∶125 缩尺的全气动弹性模型试验中,再次证实涡激振动的幅值确实不大。由此得出的工程结论是涡激振动虽有可能发生,但其幅值可能很小,所以决定在桥梁施工时暂不安装具有减振作用的四分点导流板。出乎所有人意料的是，在桥梁建成后的第一个冬天，桥梁就出现了振幅高达 20 多厘米的涡激振动，以致过桥车辆内的乘客都能明显感觉到振动。现场的实测资料与之后的风洞验证试验揭示了许多现实与理论之间的差别。

首先是关于紊流度的理论估计。在工程问题中一般当平均风速达到 10 m/s 以上时就认为是强风了，所以在进行抗风验算时通常假定风速剖面与紊流特性是由地表粗糙度产生的摩擦效应决定的。但在塞文二桥出现涡激振动时(桥面风速约为 18 m/s)，实际风气候与这一假定明显不同。塞文二桥的涡激振动发生在冬季(12 月份至次年 3 月份)，这一季节内上午的塞文河水面温度大大低于周围气温，从而形成非常稳定的边界层。实测得到的桥面(离水面 50 m)来流紊流度只有理论估计值的 65%，使得实际的风场更接近于均匀流。这是出现较大涡激振幅的第一个原因。

另一个原因是关于结构阻尼比的假定。在风洞试验中按规范要求，假定结构阻尼比为 0.7%。桥梁建成后实际测试得到的结构阻尼比只有 0.3%左右(位于 0.15%与 0.43%之间的置信区间为 95%)[4]。降低的结构阻尼比不但几乎成反比地增加了涡激振幅，而且在之后的验证试验中发现，当结构阻尼比较小时，涡激振幅对大气紊流度的敏感程度会大大减低。换言之，在结构阻尼比较小的情况下，即使紊流度较高也会出现与低紊流度接近的振幅。这两者之间复杂的相互关系仍有待于进一步的理论研究。根据塞文二桥的实测结果，英国桥梁设计规范 BD 49/01 将斜拉桥的结构阻尼比取值下调至 0.48%(=0.03 对数衰减率)。

塞文二桥的涡激振动事件也促使我们对节段模型试验的理论进行了重新审核。在之前的桥梁节段模型试验中，一般认为只要满足节段模型的相似条件，由二维节段模型测得的涡激振幅就能代表实际桥梁的最大振幅，而这其实蕴含着对涡激沿跨向相关性的假定。由于实际桥梁振幅沿跨向变化而节段模型振幅沿跨向不变，由节段模型涡激振幅最大值推算实际桥梁的涡激振幅最大值时就涉及以下振型修正系数

$$\gamma = R\phi_{\max}\int_0^L \phi \mathrm{d}x \Big/ \int_0^L \phi^2 \mathrm{d}x$$

式中，ϕ 为振型函数；$\phi_{\max}$ 为振型函数的最大值(可取 $\phi_{\max}=1$)。式中分子部分代表对广义力的积分，分母部分则为广义质量的积分。为简要起见这里假设质量沿桥跨是常数。参数 R 与涡激力沿跨向的积分有关，代表涡激沿跨向的相关性。如果涡激沿跨向是完全相关的($R=1$)并且振型函数为正弦，则可算出 $\gamma=1.27$，也就是说在这一情况下实际桥梁的涡激振幅最大值是相应节段模型涡激振幅最大值的 1.27 倍。然而考虑到涡激幅度较小以及来流紊流等影响，涡激沿实际桥梁跨向的相关长度远远小于节段模型中的相应值(即 $R<1$)，所以在以往的工程应用中近似取 $\gamma=1$。塞文二桥表明在锁定区内较大幅度的涡激作用下，涡激展向相关长度会大大增加，从而涡激振幅的估计中有必要考虑振型函数的影响。对成桥阶段(振型函数近似为正弦函数)，由节段模型测出的涡激振幅需要乘上 1.2左右的振型修正系数才能代表实际桥梁的最大振幅；对悬臂施工阶段(振型函数近似为幂函数)，这一振型修正系数约为 1.5。考虑了这一与涡激展向相关性有关的振型修正系数后，节段模型试验就能更安全地预测实际桥梁的涡激振动。

3 风气候研究与交叉学科的应用

桥梁抗风设计中首先需要解决的问题是关于桥址的风气候条件，包括不同强度风速的出现概率、风速风向的联合概率分布，上游紊流的时间与空间特性，以及可能的持续气流攻角。有关风速与风向的概率通常是根据桥址附近气象站多年的近地风记录通过统计分析得出；而有关紊流特性与气流攻角等的估计通常是根据大尺度极端风(Synoptic Wind)假定(即风速剖面与紊流特性主要是由地表粗糙度产生的力学效应决定的)得出的。一般认为只有在山区地貌情况下，气流攻角影响才比较重要，并且可以通过地貌模型的物理试验或计算流体力学的数值模拟方法给出估计。然而实际工程问题远比这些假定情况复杂，由此对理论研究提出了新的挑战。

复杂性之一是公路桥梁不同于房屋建筑，其建址往往远离城市，与最近的气象站可能有上百公里之遥，没有可靠的近地风资料供统计分析。另一复杂性是不少地区控制桥梁设计的极端风气候由受热力学效应影响明显的强台风制约，在紊流特性、风剖面、风攻角方面都与大尺度风有所不同。

2006 年动工的美国路易斯安那州的 John James Audubon 桥梁在建造过程中，就面临这样的挑战。当

时刚刚经历了美国卡特里娜(Katrina)台风的惨剧，加之路易斯安那州是美国受灾最严重的州，州政府对建造这座美国最长跨度的斜拉桥忧心忡忡，以至于确定抗风设计基本风速时都受到来自不同各方的质疑。其主要原因是桥址周围地形复杂，桥址附近只有一个发电厂保留有少量的风记录，但其数据不足以进行极端风的统计分析。有较完整记录的气象站位于桥址东南偏东方向约 32 km 处(Baton Rouge 国际机场)，但由于国际机场与桥址之间有大片复杂的山地地貌，确定桥址与气象站风气候之间的相关性就变得非常困难。在国外很多重要桥梁的建造中，通常在规划阶段就在桥址附件设立测风仪，以得到较可靠的相关性资料。这一做法的最低要求是得到至少一年以上的记录，但这一最短时间要求与 John James Audubon 桥梁的关键决策进度(包括桥型、跨长、预算，等等)有很大的冲突。

在这一项目上，我们首次尝试了一项与数值气象预报技术紧密相关的新方法(MDR)：利用全球再分析数据库(NCAR/NCEP 数据)，通过运行中尺度大气物理模型 WRF，并进行网格细化技术，将过去十几年来该地区发生的强风事件逐一回放。其结果是如同在过去十几年内桥址处已经设置了虚拟测站，由此可以建立桥址与气象站之间的相关性模型[5]。

图 2 所示为这一分析中的三维网格设置。水平网格从外到内分别为 12 km、4 km、1.33 km。竖向网格延伸至地面以上约 14 km(对流层高度)，其中下部 1 500 m范围内设置 15 层网格。桥址附近发电厂(River Bend Power Plant)保留的风记录虽然不足以进行统计分析，但对验证这一 MDR 方法却提供了宝贵的数据。我们用这一方法首先建立国际机场与发电厂之间风气候的相关模型，然后以卡特里娜台风事件(包括随后发生的 Rita 台风)为例，由国际机场气象测站的数据推算发电厂的风速风向，并与发电厂实际测到的风速风向进行比较。图 3 所示为 2005 年 8 月 8 日至同年 10 月 9 日的风速比较，两者之间的高度一致性对这一新方法的应用提供了有力的支持。

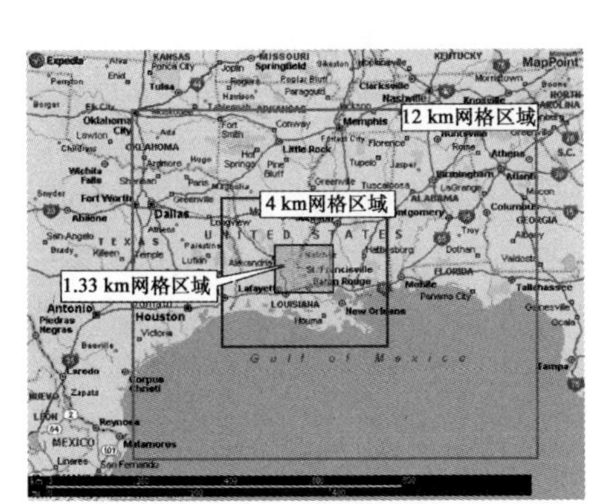

图 2　MDR 分析中的 WRF 模型网格设置

图 3　50 m 高度推算风速与实测风速的对比

在同一时期，我们还将这一方法应用于许多国际重大项目的风工程研究，包括确定迪拜塔(Burj Khalifa)的风剖面。近年来有关这方面的论文日渐出现在各专业杂志与学术会议上，但这一带有明显交叉学科特点的新技术研究与应用却开始于解决实际工程难题的初衷。

4　抗风优化研究与工程实践

从某种意义上来说，理论研究与工程实践的差异主要表现在对所考虑问题的深度与广度方面的侧重点不同。为了进行系统的理论研究，不可避免地需要将问题作某种理想化假定，这样才可以建立相关的物理模型并进行数学演绎或实验探索。而工程实践则需要全面地考虑问题，不仅需要理解当下的问题并探求解决方案，而且必须考虑当下问题与其他工程问题之间可能存在的关联性，以及解决方案对其他工程问题可能造成的影响。工程实践由此成为有价值的理论研究最重要的源泉。

在具有历史意义的塔科马大桥(Tacoma Narrows Bridge)风致倒塌37年后的7月16日,一座新的塔科马大桥以低于设计预算、早于原定进度提前通车了。它紧挨着1950年重建的老塔科马桥,成为两座单向行驶的双子桥。由于桥址的历史原因,塔科马桥的设计与施工对风效应问题给予了极大的关注,包括对新桥的抗风稳定性、老桥改造后的抗风稳定性,以及施工阶段的抗风稳定性的关注和研究。

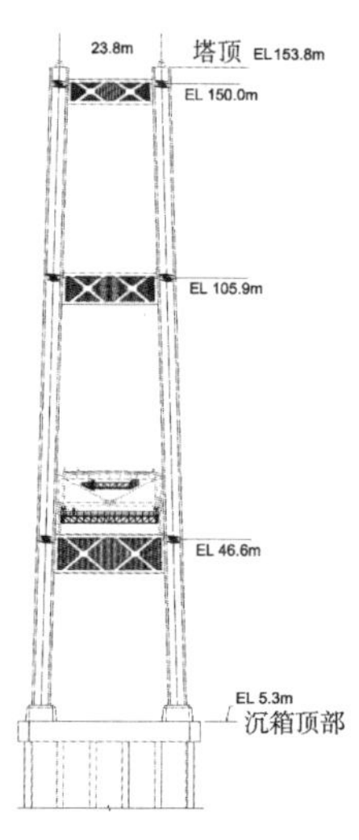

图4　新塔科马桥桥塔

一个十分具体的工程问题引出了一项十分有意义的研究。为了加快桥梁的施工进度,降低施工成本,施工单位希望在150 m高的桥塔施工中,尽可能延迟中间横梁的施工,最好能在两个立柱滑模到顶后,再施工横梁,参见图4。显然对这类矩形断面的立柱,防止涡激振动是主要考虑的因素。我们根据施工季节的风资料与相关的可靠性指标,确定了应该满足的设计风速范围。接下来是确定在这一设计风速范围内单个悬臂立柱能达到的最大安全长度。

研究结果出乎所有工程人员的意料。工程界一般认为悬臂越长,抗风越不利。但在涡激响应占主导的情况下,并没有这样一个简单的关系。随着悬臂长度的增加,涡激共振风速确有所减低,但关系安全度的振幅却不是简单地增加。由于有限的涡激相关长度,涡激力随着悬臂长度增加的增速滞后于广义质量的增速,这样最不利的风效应状态就出现在某个悬臂长度,而不是通常认为的最大悬臂长度。根据这一发现,我们建立了估计涡激振动幅度与悬臂长度之间关系的数学模型。

这一成果并没有完全解决工程中的实际问题。为了达到使立柱滑模一次到顶的施工要求,我们开始研究控制涡激振动的措施。理论上能有效控制涡激振动的方法有无数种,但找出最经济易行的方法却需要辅之以切合工程实际的考虑与想象力。在对桥塔涡激振动形态仔细观察与分析的基础上,提出了利用施工中的临时横向支撑桁架,设置气动阻尼板达到控制涡激振动的方法。这一方法不但简单易行,而且为施工人员创造了一个舒适的临时工作平台。图5所示为这一气动阻尼板的风洞试验与在实际施工阶段的照片。这些研究成果对新塔科马大桥能以低于原经济预算并提前完成施工起了重要作用[6]。

图5　气动阻尼板在桥塔施工中的应用

5　结语

本文以三个实际桥梁工程为例,讨论了桥梁抗风理论研究与工程实践之间相辅相成的关系。英国塞文二桥的抗风设计与之后的实测检验促进了桥梁节段模型试验技术的提高,并使人们对风气候与斜拉桥阻尼特性有了新的认识。美国路易斯安那州的John James Audubon桥梁抗风设计中的难题促使了数值气象预报中新技术在风工程中的应用。新塔可马桥施工阶段的实际需求导致了对桥塔涡激振动的反思与抗风措施的研发。通过对这些工程项目的介绍与讨论,作者在说明理论研究与工程实践之间相辅相成关系的同时,强调了工程实践是理论研究源泉的观点,特别是对于具有开拓性意义的研究课题。

◇参◇考◇文◇献◇

[1] Xie J, Xiang H. State-Space Method for 3-D Flutter Analysis of Bridge Structures [C]//Proceeding of Asia Pacific Symposium on Wind Engineering. India: 1986.

[2] Xie J, Xiang H. New Concepts on Wind Resistant Design of Bridges — Multi-Mode Coupled Flutter [J]. China Civil Engineering Journal, 1987,20(2):35 - 45.

[3] Xie J, Irwin P. Wind Engineering Studies on Second Severn Crossing [R]. RWDI Report. 1994.

[4] MacDonald J H G, Irwin P A, Fletcher M S. Vortex-induced Vibrations of the Second Severn Crossing Cable-stayed Bridge — Full-scale and Wind Tunnel Measurements [C]//Proceedings of the Institution of Civil Engineers, Structures & Buildings 152. 2002.

[5] Qiu X, Xie J, Kelly D et al. Meteorological Database Refinement and its Application in Wind Engineering Studies [C]//Proc 12th Int Conf on Wind Eng Cairns, Australia: 2007.

[6] Xie J, Kumar S, Hunter M, et al. Practical Solutions for Improving Aerodynamic Stability during Bridge Tower Construction: International Conference on Bridge Engineering — Challenges in the 21st Century, Hong Kong, November 1 - 3, 2006 [C]. [s. l.]: [s. n.], 2006.

大跨度桥梁抗风的技术挑战与精细化研究

葛耀君* 项海帆

(同济大学桥梁工程系、土木工程防灾国家重点实验室 中国 上海 200092)

摘 要 以我国30年大跨度桥梁的快速发展为研究背景,对三种大跨度桥梁的抗风技术挑战进行了分析,着重探讨了悬索桥的颤振性能及其控制、斜拉桥风振性能与拉索风雨振和拱式桥涡激共振及其控制,并提出了特大桥梁风振精细化理论和方法。研究结果表明:悬索桥的颤振稳定性跨径上限约为1 500 m,超过甚至接近这一上限时,必须采取措施改善加劲梁的抗风稳定性;千米级大跨度斜拉桥仍具有足够高的颤振临界风速,其主要抗风问题是长拉索的风雨振动;大跨径拱桥除了个别有涡振问题之外,还没有受到结构抗风性能的影响。特大桥梁精细化研究涉及三维桥梁颤振精确分析的全模态方法、任意斜风作用下桥梁抖振频域分析方法、基于二阶矩理论与首次超越理论的桥梁颤振和抖振可靠性评价方法,揭示了桥梁颤振演化规律、驱动机理和控制原理。

关键词 悬索桥;斜拉桥;拱桥;颤振;抖振;涡振

* 葛耀君,1958年出生于上海,项海帆教授1983级硕士研究生和1995级博士研究生,硕士论文题目"斜张桥的工程控制",博士论文题目"桥梁结构风振可靠性理论及其应用研究"。本论文曾经发表于第二十届全国结构工程学术会议(2011)。

1 前言

自1978年改革开放以来,我国经济的高速发展对交通基础设施建设提出了巨大的需求。在过去的30多年时间里,我国建成了数以十万计的桥梁,涌现出了为数众多的大跨度桥梁,已经建成的400 m以上跨度的桥梁就有64座,包括18座悬索桥、36座斜拉桥和10座拱式桥[1]。其中,最具代表性的4座大跨度桥梁是:1991年建成的423 m跨度的上海南浦大桥,它是我国第一座跨度超过400 m的现代化桥梁;2003年建成的上海卢浦大桥,以550 m的跨度创造了新的拱式桥世界纪录,获得了2008年国际桥梁与结构工程协会(International Association for Bridge and Structural Engineering)杰出结构奖;2008年建成的世界最大跨度斜拉桥——苏通长江大桥,将斜拉桥跨度的世界纪录提高到1 088 m;2009年建成的1 650 m跨度的舟山西堠门大桥,是目前世界上跨度最大的钢箱梁悬索桥,并且在国际上首次采用新型分体式钢箱梁技术提升了钢箱加劲梁悬索桥的抗风性能和跨越能力[2]。

桥梁随着跨径的不断增大,结构质量越来越轻、结构刚度越来越小、结构阻尼越来越低,从而导致对风致作用的敏感性越来越大。从1818年有桥梁风毁记录资料以来,全世界已有近20座大跨桥梁毁于强风,特别是1940年主跨853 m的美国华盛顿州塔科马大桥在八级大风作用下发生强烈的风致振动最终导致颤振坍塌,揭开了全世界大跨桥梁风致振动研究的历史。经过半个多世纪的理论研究和工程实践,到20世纪末基本形成了传统的桥梁风致振动理论和方法。本文将主要介绍新世纪大跨度悬索桥颤振、斜拉桥拉索风雨振和拱式桥涡振等方面的工程技术挑战以及特大桥梁风振的精细化理论研究[3]。

2 悬索桥的颤振稳定性

在过去的一个多世纪里,大跨度悬索桥的建设举世瞩目。悬索桥跨度从布鲁克林桥(Brooklyn Bridge)(1883)的483 m跨越千米达到乔治·华盛顿桥(Geoge Washington Bridge)的1 067 m(1931)用了48年的时间,主跨的增大因子为2.2。在随后的50年中,跨度记录从金门大桥(Golden Gate Bridge)到维伦扎诺桥(Verrazano Bridge),然后再到1 410 m的亨伯大桥(Humber

Bridge)(1981)只增长了 1.3 倍，但是主跨 1 991 m 的明石海峡大桥(Akashi Kaikyo Bridge)(1998)仅用 17 年就将跨度增大因子提升到1.4[4]。表 1 列出了世界上已经建成的 10 座最大跨径悬索桥，其中中国有 5 座、美国有 2 座，日本、丹麦和英国各有 1 座[5]。前 4 座悬索桥和香港青马大桥都存在着颤振或涡振等风振问题，需要采取控制措施来改善桥梁的抗风性能，例如，香港青马大桥采用了开槽，润扬长江大桥采用了中央稳定板，大海带桥采用了导流板，舟山西堠门大桥采用了分体双箱梁，明石海峡大桥采用了开槽加稳定板形式的桁梁等[6]。

表 1　世界跨径排名前十的悬索桥

跨径排序	桥名	主跨(m)	主梁形式	风致问题	控制措施	国家	建成年份
1	明石海峡大桥	1 991	桁梁	颤振	开槽/稳定板	日本	1998
2	舟山西堠门大桥	1 650	箱梁	颤振	分体箱梁	中国	2008
3	大海带桥	1 624	箱梁	涡振	导流板	丹麦	1998
4	润扬长江大桥	1490	箱梁	颤振	稳定板	中国	2005
5	亨伯大桥	1 410	箱梁	无	无	英国	1981
6	江阴长江大桥	1385	箱梁	无	无	中国	1999
7	香港青马大桥	1 377	桁梁	颤振	桁梁开槽	中国	1997
8	维伦扎诺大桥	1 298	桁梁	无	无	美国	1964
9	金门大桥	1 280	桁梁	无	无	美国	1937
10	阳逻长江大桥	1 280	箱梁	无	无	中国	2007

2.1　润扬长江大桥

2005 年建成的润扬长江大桥是中国第二、世界第四大跨径悬索桥。该桥为典型的三跨简支悬索桥，跨径布置 510 m+1 490 m+510 m，如图 1 所示。加劲梁断面为传统的闭口钢箱梁，高 3 m，宽 36.3 m。桥面双向各 3 车道，每个车道宽 3.75 m，桥面两侧各留出一道 3.5 m 宽的紧急停车带，如图 2 所示[7]。

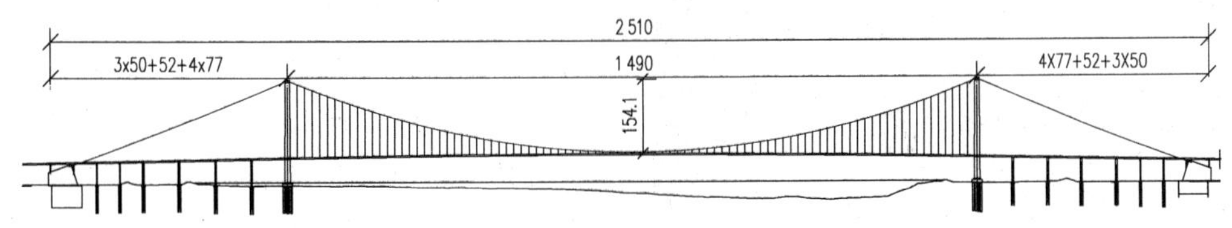

图 1　润扬长江大桥立面图(单位：m)

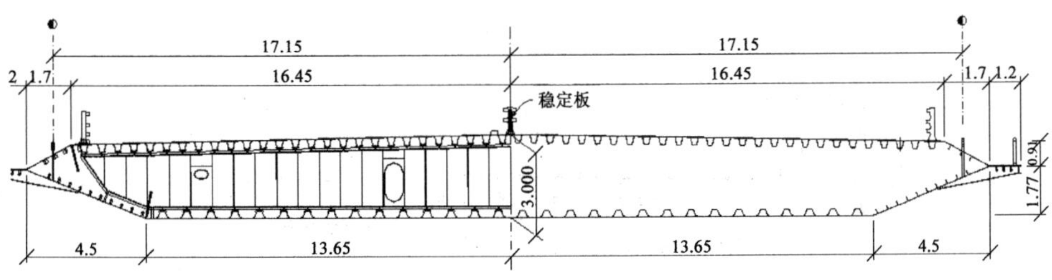

图 2　润扬长江大桥主梁横断面(单位：m)

根据润扬长江大桥结构参数，对桥梁动力特性进行了有限元分析，计算获得了侧弯、竖弯和扭转振型的对称及反对称基频，并与同样是钢箱加劲梁的大海带桥和西堠门大桥进行了比较，如表 2 所示。润扬长江大桥的竖弯和侧弯振动频率与另外两座钢箱梁悬索桥基本一致，但是扭转频率比其他两座悬索桥相对偏低，主要原因是钢箱梁梁高较小[6]。

表 2　钢箱梁悬索桥的基频

桥名	跨径 (m)	侧弯频率(Hz)		竖弯频率(Hz)		扭转频率(Hz)	
		对称	反对称	对称	反对称	对称	反对称
润扬长江大桥	1 490	0.048 9	0.122 9	0.124 1	0.088 4	0.230 8	0.269 8
大海带桥	1 624	0.052 1	0.118 0	0.083 9	0.099 8	0.278 0	0.383 0
舟山西堠门大桥	1 650	0.048 4	0.108 6	0.100 0	0.079 1	0.232 3	0.238 0

为了研究润扬长江大桥的颤振稳定性，在同济大学TJ－1边界层风洞中首先进行了节段模型试验，几何相似比为1∶70，该风洞试验段宽1.8 m，高1.8 m，长15 m。第一阶段试验结果表明，原结构不能满足54 m/s颤振检验风速的要求。为了提高结构的颤振稳定性，需考虑采取气动控制措施。在进一步的节段模型试验中，在主梁断面上增设了中央稳定板(图2)。为了确认节段模型风洞试验结果，又在同济大学TJ－3风洞中进行了全桥气弹模型试验，该风洞试验段宽15 m，高2 m，长14 m。节段模型试验(SM)和全桥气弹模型试验(FM)所获得的颤振临界风速如表3所示，通过比较可以发现两种试验结果十分接近，而0.88 m高的中央稳定板(图3)能有效地提高颤振临界风速，以满足抗风稳定性要求[2]。

图3　润扬长江大桥的中央稳定板

表 3　润扬长江大桥颤振临界风速

箱梁构造外形	颤振临界风速(m/s)				检验风速(m/s)
	SM(0°)	FM(0°)	SM(+3°)	FM(+3°)	
原箱梁结构	64.4	64.3	50.8	52.5	54
附加0.65 m高稳定板	—	69.5	58.1	53.8	54
附加0.88 m高稳定板	—	72.1	64.9	55.1	54
附加1.10 m高稳定板	—	>75	67.4	56.4	54

2.2　舟山西堠门大桥

舟山西堠门大桥是浙江舟山连岛工程的主体工程，桥址选在册子岛和金塘岛之间水道最窄处，在靠近册子岛处有一个小岛，称为老虎礁，可以布置一个缆索承重桥梁的桥塔，另一个桥塔落在金塘岛的斜礁上。为了确定桥塔在金塘岛上的位置，进行了多种跨径方案的比选，例如，当跨径为1 310 m时金塘侧桥塔基础将建在水下35 m处，跨径为1 520 m时水深仍有20 m，而1 650 m是保证主塔基础不在水下的最小跨径。为了避免水下基础施工，西堠门大桥设计方案最终确定为两跨连续的悬索桥，主跨1 650 m(图4)[8]。

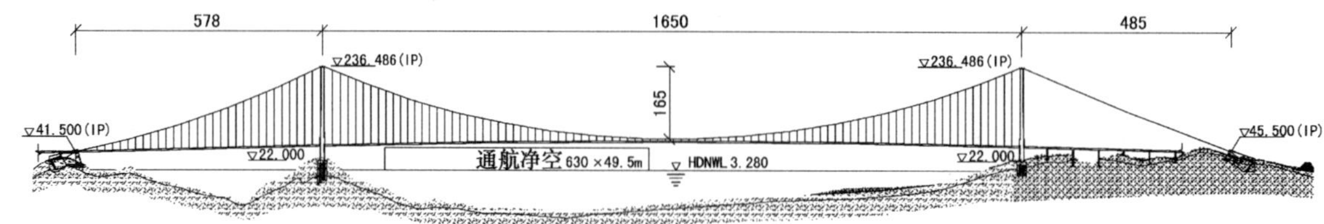

图4　舟山西堠门大桥立面图(单位：m)

主跨1 490 m的润扬长江大桥的颤振临界风速是51 m/s，主跨1 624 m的大海带桥的颤振临界风速是65 m/s，根据这些现有桥梁的经验来判断，1 650 m跨径的钢箱梁悬索桥将遇到颤振稳定性问题，更何况西堠门大桥的颤振检验风速要求更为严格，达到78.7 m/s。为此，在初步设计阶段提出了4种比选的钢箱梁断面，进行节段模型风洞试验。除传统的整体钢箱梁外，另外 3 种主梁断面形式分别为附加中央稳定板的单箱梁[图 5(a)]、中央开槽宽 6 m 的分体双箱梁[图 5(b)]和中央开槽宽 10.6 m 的分体双箱梁[图 5(c)]。其中，附加 2.2 m 高稳定板的单箱梁和两种分体双箱梁均能满足颤振稳定性的要求(表 4)，最终采用了中央开槽宽 6 m 的分体双箱梁，并进一步优化成如图 5(d)所示的断面形式[9]。

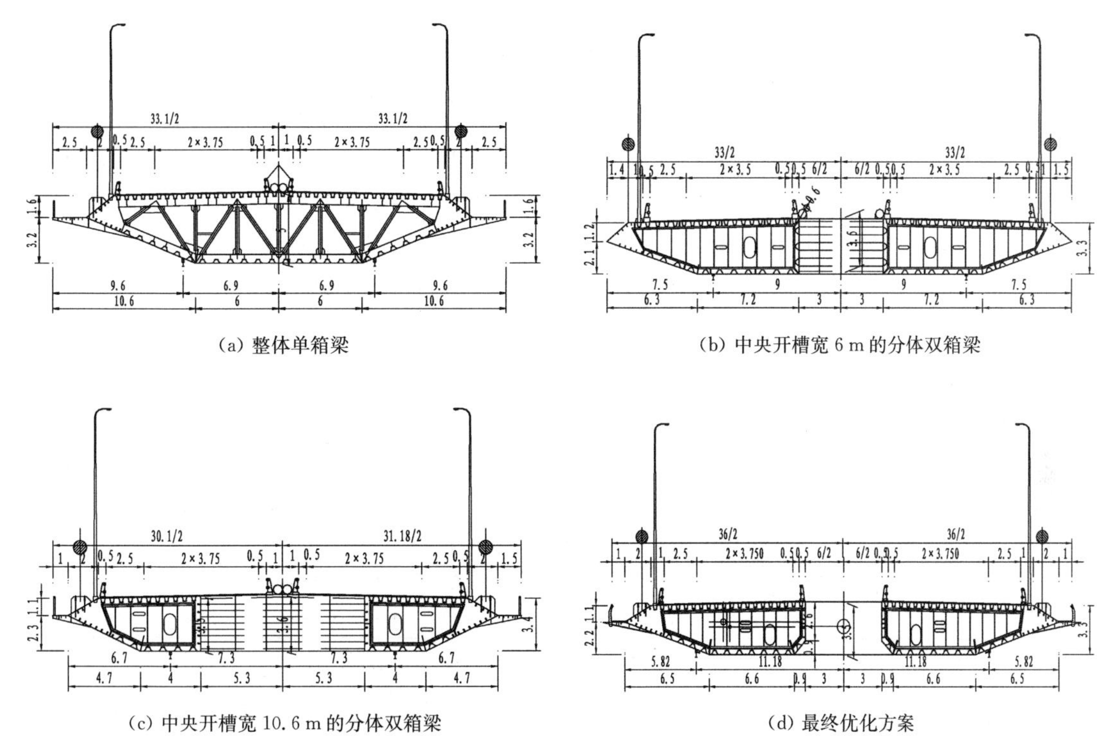

(a) 整体单箱梁

(b) 中央开槽宽 6 m 的分体双箱梁

(c) 中央开槽宽 10.6 m 的分体双箱梁

(d) 最终优化方案

图 5 舟山西堠门大桥箱梁断面比选方案(单位：m)

表 4 舟山西堠门大桥的颤振临界风速

箱梁外形	颤振临界风速(m/s)				检验风速(m/s)
	−3°	0°	+3°	最小值	
单箱梁	50.7	46.2	48.7	46.2	78.7
附加 1.2 m 高稳定板的单箱梁	>89.3	>89.3	37.7	37.7	78.7
附加 1.7 m 高稳定板的单箱梁	88.0	>89.3	43.4	43.4	78.7
附加 2.2 m 高稳定板的单箱梁	>89.3	>89.3	88.0	88.0	78.7
中央开槽 6 m 宽的双箱梁	88.4	>89.3	>89.3	88.4	78.7
中央开槽 10.6 m 宽的双箱梁	>89.3	>89.3	>89.3	>89.3	78.7

2.3 超大跨度悬索桥

作为人类的长久期待和梦想，超大跨度桥梁结构已经进入了一个新的发展时代，例如，意大利墨西拿海峡、中国琼州海峡、日本津轻海峡以及连接欧洲大陆和非洲大陆的直布罗陀海峡，作为最具挑战意义的桥梁跨径的极限，特别是悬索桥跨径的极限，一直是桥梁工程师们所关心的。为此，将 5 000 m 中跨和 1 600 m 边跨的三跨悬索桥作为极限跨径悬索桥进行抗风概念设计。为了提高加劲梁颤振稳定性，提出了两种断面形式，即如图 6(a)所示的宽开槽断面(WS)，以及带竖向和水平稳定板的窄开槽断面(NS)，如图 6(b)所示。WS 断面总宽 80 m，采用 4 根主缆，而 NS 断面宽 50 m，采用 2 根主缆[10]。

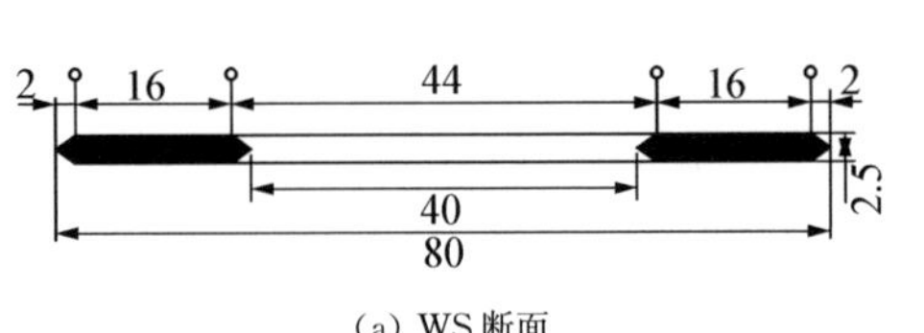

(a) WS 断面

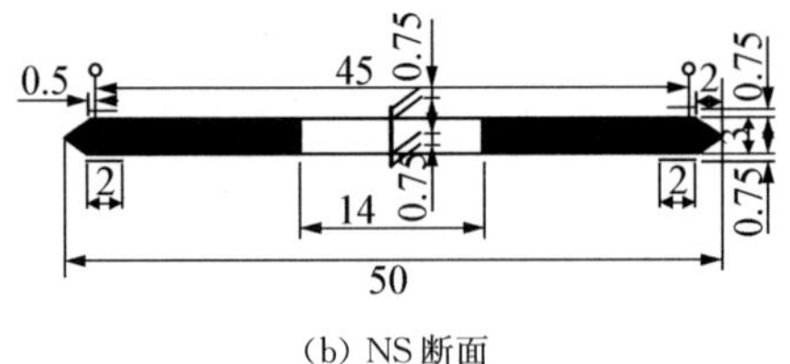

(b) NS 断面

图 6　宽开槽和窄开槽主梁断面的几何尺寸(单位: m)

根据动力特性和风洞试验识别得到的颤振导数,并假定结构阻尼比为 0.5%,采用多模态颤振分析方法计算求得了颤振临界风速。广义质量和广义质量惯性矩以及颤振临界风速如表 5 所示。对于两种断面,虽然扭转与竖弯频率比随 n 的减小而稍微递减,但是颤振临界风速均随着 n 的减小而增大,出现这一现象的最主要原因是在颤振稳定性分析中广义质量特性的显著增加。在主缆矢跨比从 1/8 到 1/11 中,WS 断面和 NS 断面的最小颤振临界风速分别达到了 82.9 m/s 和74.7 m/s,能够满足全世界大多数地区桥梁抗风性能的要求[2]。

表 5　主跨 5 000 m 悬索桥颤振临界风速

主缆矢跨比 n	m(×10⁴ kg/m)		I_m(×10⁷ kg·m²/m)		f_h(Hz)		f_α(Hz)		U_{cr}(m/s)	
	WS	NS	WS	NS	WS	NS	WS	NS	WS	NS
1/8	6.01	6.79	5.28	2.37	0.059 55	0.059 36	0.070 90	0.090 73	82.9	74.7
1/9	6.27	7.43	5.36	3.22	0.061 26	0.061 15	0.072 07	0.089 28	88.8	77.4
1/10	6.73	8.33	5.92	3.29	0.062 19	0.062 04	0.072 68	0.086 53	90.9	78.9
1/11	7.66	9.52	6.77	3.62	0.062 37	0.062 19	0.072 69	0.084 03	98.9	82.7

3　斜拉桥风振性能

斜拉桥的发展历史可以追溯到 18 世纪,许多早期的悬索桥就是悬索桥和斜拉桥的混合结构形式,比如,建成于 1883 年的布鲁克林桥。一般认为 Franz Dischinger 于 1955 年在瑞典建成的斯特罗姆森德桥(Stromsund Bridge)是世界上第一座现代斜拉桥,该桥主跨 183 m。20 年后,1975 年建成的圣·纳泽利桥(Saint-Nazaire Bridge)的跨度达到 404 m,跨度的增长因子达到了 2.2 倍。此后的 19 年时间里,先后有安娜西斯桥(Annacis Bridge)、斯卡恩森德桥(Skarnsunde Bridge)、上海杨浦大桥和诺曼底大桥(Normandy Bridge)刷新了跨度世界纪录,并以 856 m 的跨度实现了又一个超过 2 倍的跨度增长因子。1999 年建成的跨度 890 m 的多多罗大桥(Tarara Bridge)和 2008 年建成的苏通长江大桥,又先后两次创造了斜拉桥跨度的世界纪录[6]。目前全世界跨度排名前 10 位的斜拉桥如表 6 所示,其中 7 座在中国,日本、法国和韩国各有一座[12]。表 6 中,全部斜拉桥均碰到了拉索风雨振动的问题,而且采用了一到两种振动控制措施,包括在拉索表面刻凹坑或加螺旋线,以及在拉索下端部安装机械式阻尼器[6]。

表 6　世界跨度排名前十的斜拉桥

跨径排序	桥名	主跨(m)	主梁形式	风致问题	控制措施	国家	建成年份
1	苏通长江大桥	1 088	钢箱	拉索振动	凹坑/阻尼器	中国	2008
2	昂船洲大桥	1 018	分体钢箱	拉索振动	凹坑/阻尼器	中国	2009
3	鄂东长江大桥	926	分离双箱	拉索振动	螺旋线/阻尼器	中国	2010
4	多多罗大桥	890	钢箱	拉索振动	凹坑/阻尼器	日本	1999
5	诺曼底大桥	856	钢箱	拉索振动	螺旋线/阻尼器	法国	1995
6	荆岳长江大桥	816	分离双箱	拉索振动	螺旋线/阻尼器	中国	2010

续表

跨径排序	桥名	主跨(m)	主梁形式	风致问题	控制措施	国家	建成年份
7	仁川大桥	800	钢箱	拉索振动	凹坑/阻尼器	韩国	2009
8	上海长江大桥	730	分体箱梁	拉索振动	螺旋线/阻尼器	中国	2009
9	上海闵浦大桥	708	桁梁	拉索振动	螺旋线/阻尼器	中国	2010
10	南京长江三桥	648	钢箱	拉索振动	螺旋线/阻尼器	中国	2005

3.1 千米级斜拉桥

20 世纪末，世界最大跨度的斜拉桥是 890 m 的多多罗大桥。进入新世纪后，1 088 m 的苏通长江大桥、1 018 m 的香港昂船洲大桥和 926 m 的鄂东长江大桥等破纪录的斜拉桥相继建成，这三座大桥不仅跨度有差别，而且采用了三种不同形式的主梁断面。其中，苏通长江大桥采用传统的整体钢箱梁，宽 35.4 m，高4 m，如图 7 所示[13]；香港昂船洲大桥为了满足塔柱从桥面中穿过，采用了流线型分体钢箱梁，宽 2×15.9 m，高 3.9 m，如图 8 所示[14]；鄂东长江大桥采用顶板连续、底板间断的分离双箱梁，全宽 34.4 m，梁高 3.8 m，如图 9 所示[15]。

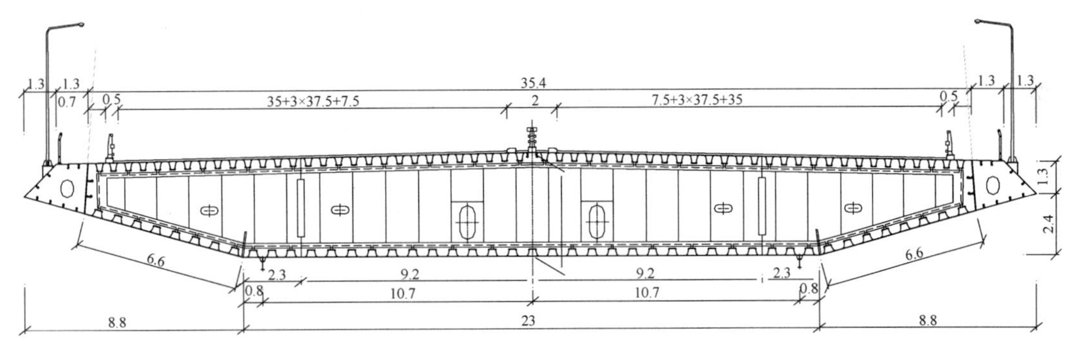

图 7 苏通长江大桥整体钢箱梁断面(单位：m)

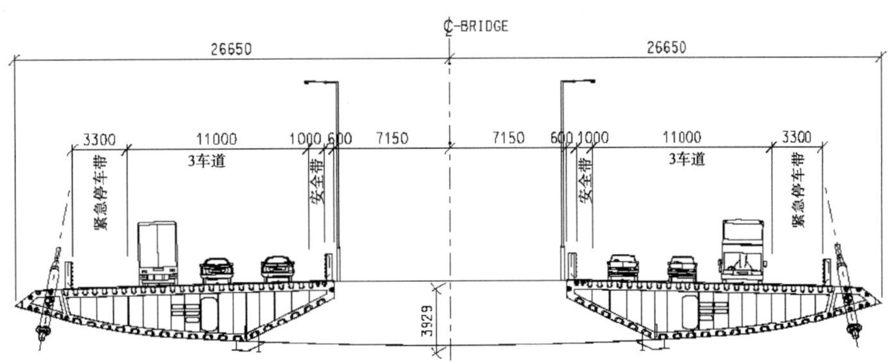

图 8 香港昂船洲大桥分体钢箱梁断面(单位：mm)

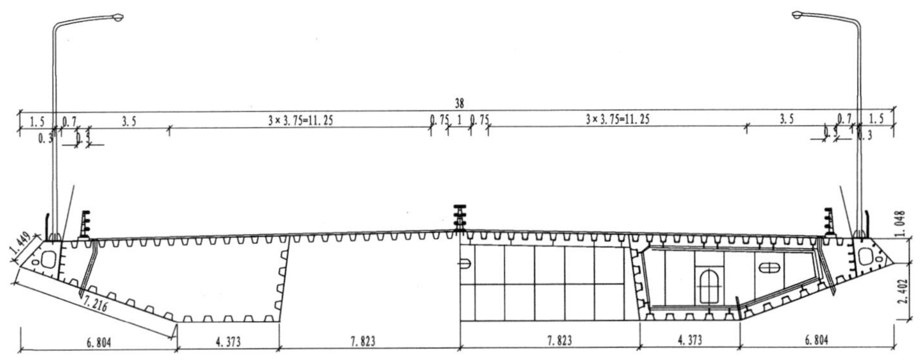

图 9 鄂东长江大桥分离双箱梁断面(单位：m)

3.2 动力性能和气动稳定性

为了研究斜拉桥的动力特性，表7列出了5座主跨超过800 m的斜拉桥的侧弯基频、竖弯基频和扭转基频。在这5座斜拉桥中，多多罗大桥是一个例外，该桥箱梁高度和宽度最小从而导致其基频最低，但是其扭转基频与竖弯基频的比值却最大。由于香港昂船洲大桥特有的分体双箱梁形式，该桥侧弯基频和竖弯基频排名倒数第二，但是扭转基频几乎与多多罗大桥和诺曼底大桥相等。作为跨度最长的斜拉桥，苏通长江大桥的扭转基频比其他4座斜拉桥都要大，主要原因是桥宽大，斜索面的有利作用比较大。表中结构动力特性数值结果表明，斜拉桥基频受跨度的影响并不是十分敏感[6]。

颤振是大跨度桥梁最重要的抗风稳定性能，为了确定颤振临界风速，可以通过节段模型风洞试验或全桥气弹模型风洞试验方法，也可以基于试验识别的气动导数进行数值计算。检验风速是通过设计基准风速的修正而获得的。这5座桥的颤振临界风速和检验风速如表7所示。由于这些斜拉桥采用了空间索面和闭口钢箱梁，均不存在颤振失稳问题，良好的颤振稳定性能可以支持斜拉桥的跨度进一步增长[6]。

表7　斜拉桥基频和颤振风速

桥名	主跨(m)	侧弯基频(Hz)	竖弯基频(Hz)	扭转基频(Hz)	频率比(扭转/竖弯)	颤振风速(m/s)	检验风速(m/s)
苏通长江大桥	1 088	0.104	0.196	0.565	2.88	88.4	71.6
昂船洲大桥	1 018	0.090	0.184	0.505	2.74	140	79.0
鄂东长江大桥	926	0.153	0.235	0.548	2.33	81.0	58.6
多多罗大桥	890	0.078	0.139	0.497	3.58	80.0	61.0
诺曼底大桥	856	0.151	0.222	0.500	2.25	78.0	58.3

3.3 拉索风雨振动

表6所列的斜拉桥遇到的最普遍的抗风问题是拉索在风雨环境下的振动。为此，分别就苏通长江大桥外径为139 mm拉索(采用最多)和158 mm拉索(最长索)的原型进行了风洞试验，并且在无雨和有雨两种条件下进行。风洞试验结果显示，两种拉索在风雨条件下的振动比干风条件下的振动要剧烈得多，如图10所示，它们的振幅超过了允许值 $L/1\ 700$[16]。然而，需要说明的是，拉索风雨振的振幅取决于几个主要因素，其中包括描述拉索空间状态的索倾角 α 和风偏角 β、描述拉索动力特性的振动频率 f 和阻尼比 ξ 以及描述风雨作用状态的风速 U 和雨强 I。

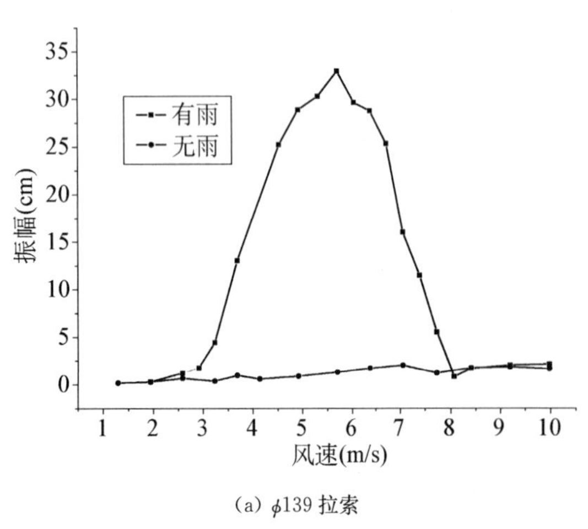

(a) ϕ139 拉索

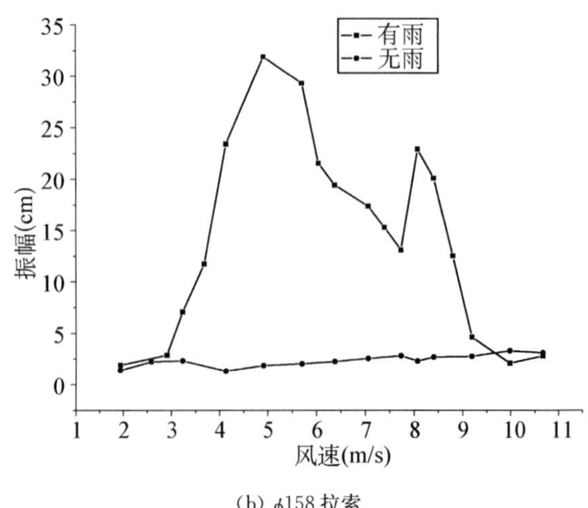

(b) ϕ158 拉索

图10　干风和风雨条件下的拉索振动

图11给出了 ϕ139 拉索空间状态的比较试验结果，从中可以找到最不利的空间状态是索倾角 $\alpha=30°$ 和风偏角 $\beta=20°$，发生风雨激振的风速范围在7 m/s到11 m/s之间[17]。

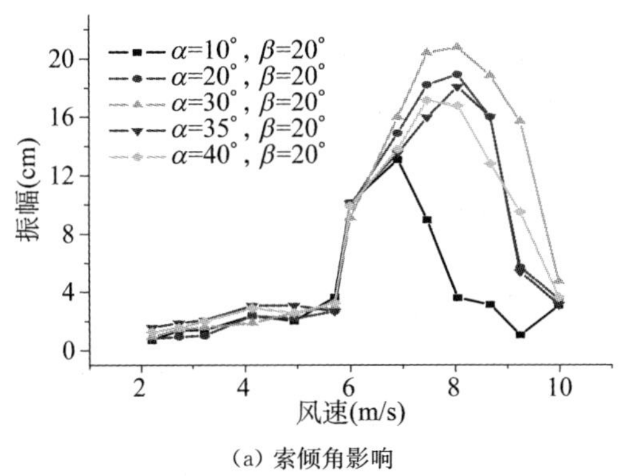

(a) 索倾角影响

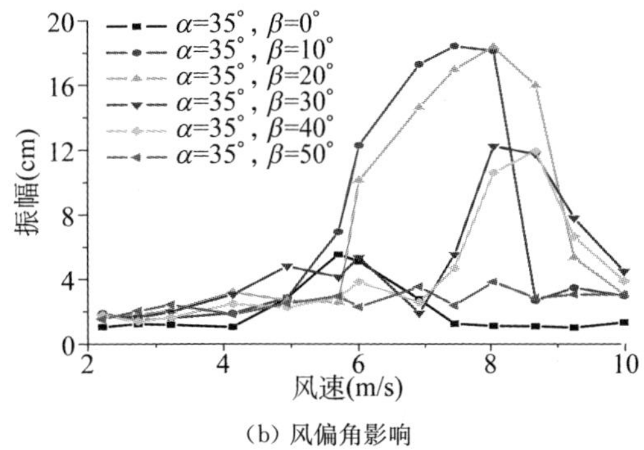

(b) 风偏角影响

图 11　拉索不同空间状态下的风雨振动

图 12 给出了 ϕ139 拉索动力特性的比较试验结果，从中不难发现：振动频率越高、拉索风雨振动振幅就越小，当振动频率高于 1.5 Hz 时，拉索风雨振动就完全消失了；阻尼比越大、拉索风雨振动振幅也越小，当阻尼比超过 0.3%时，拉索风雨振动被完全抑制了。增大拉索阻尼比可以采用基于不同机理的阻尼器，如油阻尼器、油黏性剪切型阻尼器、摩擦型阻尼器、高阻尼橡胶阻尼器、磁力阻尼器和电力阻尼器等[17]。

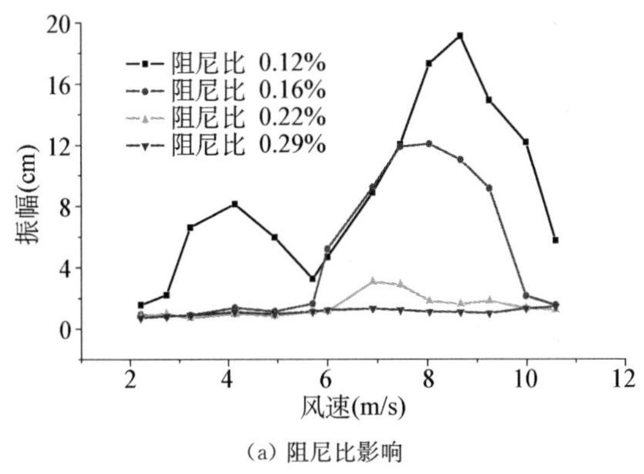

(a) 阻尼比影响

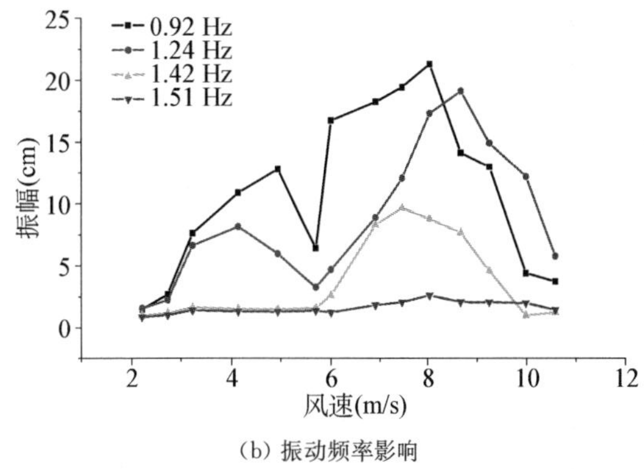

(b) 振动频率影响

图 12　拉索不同动力特性下的风雨振动

图 13 给出了 ϕ139 拉索风雨环境的比较试验结果，当风速固定在 4.1 m/s 时，拉索风雨振动振幅随雨量的增大而增大；当风速固定在 8.7 m/s 时，拉索风雨振动振幅随雨量的增大而减小。在风速雨量进行完全组合的试验环境下，拉索风雨振动发生在低风速(4.1 m/s)和大雨量(80 mm/h)以及高风速(8.7 m/s)和小雨量(20 mm/h)的条件下，前者在拉索顶部形成一条水线，而后者在拉索顶部和底部各形成一条水线。在低风速和小雨量以及高风速和大雨量的情况，没有发现拉索风雨振动[17]。

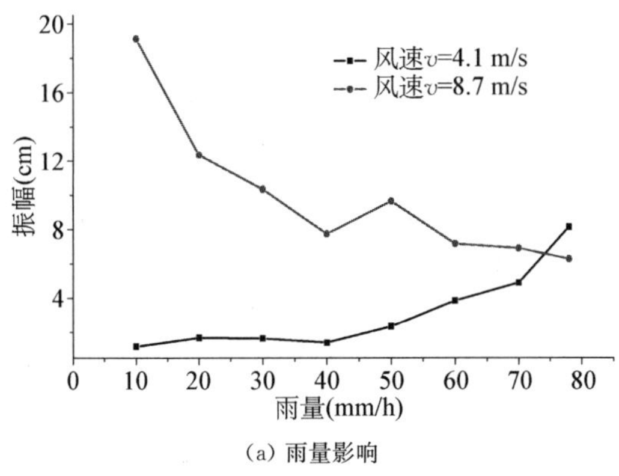

(a) 雨量影响

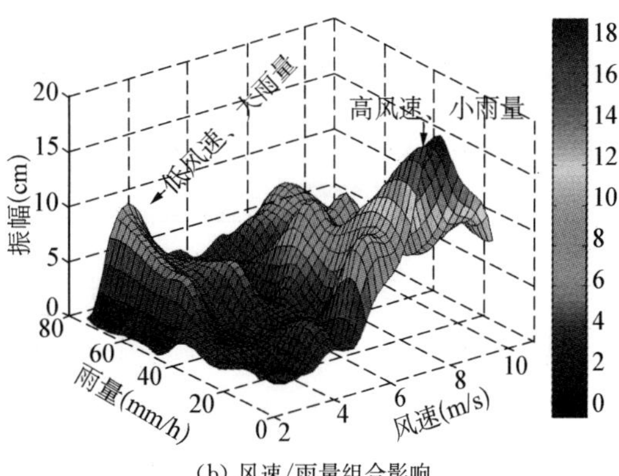

(b) 风速/雨量组合影响

图 13　拉索不同风雨环境下的风雨振动

控制拉索风雨振动的有效方法是防止拉索表面形成水线，因为水线是导致拉索风雨振动的直接原因。防止拉索表面形成水线的措施目前主要有拉索表面缠绕螺旋线和刻制凹坑，试验结果表明这两种措施都能有效地将拉索风雨振动的振幅减小到允许值范围内[17]。

4 拱桥的涡激振动

拱桥是一种古老的桥型，源于石拱。建于618年的赵州桥是当时世界跨度最大的拱桥，跨度为37 m，直到14世纪这个拱桥的跨度纪录才被改写。当拱桥进入钢拱桥时代时，跨度才有了快速的发展。20世纪30年代，2座著名的大跨度钢拱桥相继竣工，即美国主跨504 m的贝纳大桥(Bayonne Bridge)和澳大利亚主跨503 m的悉尼海港大桥(Sydney Harbor Bridge)，它们将最大跨度的纪录保持了近45年，直到1977年美国主跨518 m的乔治河新桥(New River Gorge Bridge)建成。新世纪来临后，我国已经建设了几座打破拱桥跨度纪录的著名拱桥，例如，主跨420 m的四川万县大桥是跨度最大的混凝土拱桥，主跨460 m的四川巫山大桥是跨度最大的钢管混凝土拱桥，主跨550 m的上海卢浦大桥是跨度最大的钢拱桥，新近建成的重庆朝天门大桥以其552 m的跨度再次创造新的拱桥跨度纪录[6]。世界十座最大跨度拱桥如表8所示，其中中国有7座、美国有2座、澳大利亚有1座。只有上海卢浦大桥曾经遇到了风致振动问题，即涡激共振，该桥涡振主要是由于拱肋的钝体横断面所造成的[18]。

表8 世界跨度排名前十的拱桥

跨径排序	桥 名	主跨(m)	拱肋形式	风致问题	控制措施	国家	建成年份
1	重庆朝天门大桥	552	钢桁架	无	无	中国	2008
2	上海卢浦大桥	550	钢箱	涡振	隔流板	中国	2003
3	乔治河新桥	518	钢桁架	无	无	美国	1977
4	贝纳大桥	504	钢桁架	无	无	美国	1931
5	悉尼海港大桥	503	钢桁架	无	无	澳大利亚	1932
6	巫山长江大桥	460	钢管	无	无	中国	2005
7	广东新光大桥	428	钢桁架	无	无	中国	2008
8	万县长江大桥	420	混凝土箱	无	无	中国	2001
9	重庆菜园坝大桥	420	混合箱	无	无	中国	2008
10	湖南湘潭四桥	400	钢管	无	无	中国	2007

4.1 拱桥结构布置

上海卢浦大桥是一座中承式拱桥，跨径100 m+550 m+100 m，是当时世界上跨径最大的拱桥。钢拱—梁组合结构由拱肋、正交异性主梁、空间吊杆和立柱、拱肋间的横撑以及水平后张系杆组成，如图14所示[19]。两个倾斜的拱肋从拱脚到拱顶高100 m，单个拱肋横断面是经改良后的矩形钢箱，宽5 m，拱顶处高6 m，拱座处高9 m，如图15所示，这种外形导致了拱肋的竖弯和侧弯模态发生涡激振动，而且涡激振动在成桥状态和施工状态(拱肋最大悬臂阶段和拱肋合拢)均可能发生。为了确保拱肋和全桥在施工阶段和成桥状态的气动稳定性和安全性，基于桥址处的风环境特点，对卢浦大桥的涡激振动问题进行了深入研究[20]。

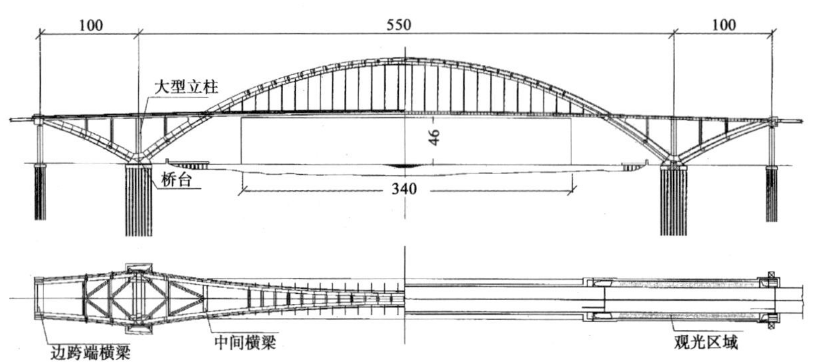

图14 上海卢浦大桥总体布置(单位:m)

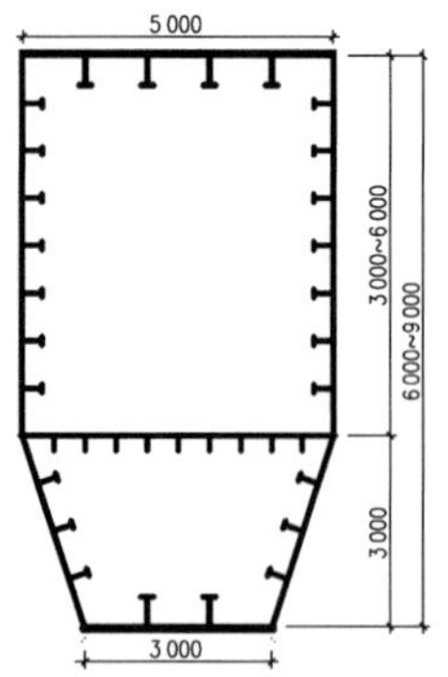

图15 拱肋横断面(单位:mm)

4.2 涡振数值模拟

应用同济大学 2002 年开发的离散涡方法软件 RVM-FLUID[21] 对双拱肋横断面二维模型进行了数值分析，计算模型选用了平均高度为 $H=7.5$ m 拱肋断面。计算结果表明，当 Strouhal 数（折减频率）$S_t=0.156$ 时，涡激振动的振幅可高达 0.028 倍于拱肋断面的高度。为了改善拱肋钝体断面涡激振动现象，针对图 16 所示的几种气动控制措施进行了数值试验比较，Strouhal 数和相应振幅在内的计算结果如表 9 所示。包括 CS-2、CS-6、CS-7 和 CS-8 在内的 4 种方案能在一定程度上减小涡激振动振幅，其中，最佳的方案是全封闭隔流板（CS-8），该方案能将原结构的涡振振幅减小 60 %左右[22]。

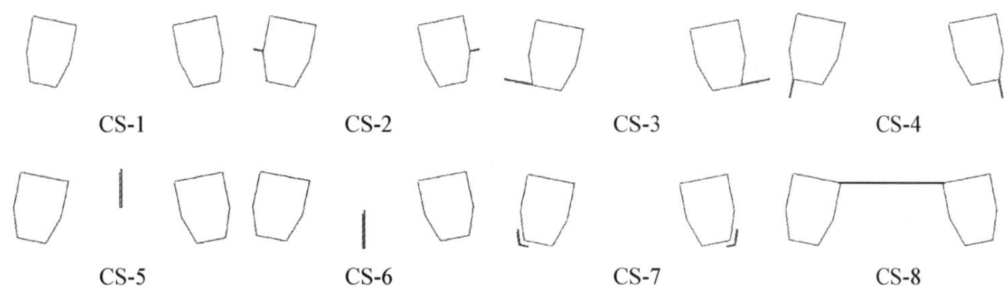

图 16 拱肋涡激振动的控制措施

表 9 Strouhal 数和相应振幅

方案	拱肋外形	Strouhal 数	振幅 H	减小幅度(%)
CS-1	原结构	0.156	0.028	—
CS-2	2 m 中板	0.220	0.025	11
CS-3	2 m 底板(水平)	0.137	0.034	—
CS-4	2 m 底板(竖向)	0.137	0.032	—
CS-5	4 m 顶部稳定板	0.137	0.032	—
CS-6	4 m 底部稳定板	0.156	0.017	39
CS-7	4 m 角部导流板	0.175	0.023	18
CS-8	全封闭隔流板	0.156	0.011	61

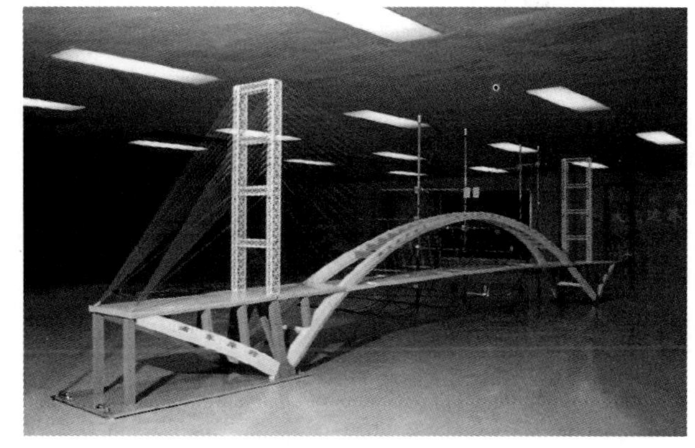

图 17 上海卢浦大桥全桥气弹模型

4.3 风洞试验验证

为了进一步检验全封闭隔流板的有效性，设计并制作了缩尺比为 1∶100 全桥气弹模型，除雷诺数外，其他无量纲参数均满足相似比的要求。上海卢浦大桥全桥气弹模型共模拟了 3 种施工状态：拱肋最大悬臂状态（MRC）、拱肋合拢状态（CAR）和全桥成桥状态（CBS）。全桥气弹模型的涡激振动风洞试验是在同济大学 TJ-3 边界层风洞中进行的，如图 17 所示[22]。全桥气弹模型风洞试验结果表明，全封闭隔流板（措施 A）和 30%透空的隔流板（措施 B）都能有效地减小涡振振幅[22]。

5 特大桥梁风振精细化研究

同济大学从 20 世纪 70 年代末开始桥梁抗风研究，通过 80 年代的学习与追赶，为 1991 年建成的我国第一座跨度超过 400 m 的大桥——上海南浦大桥抗风作出了重大贡献；经过 90 年代的提高和跟踪，有力支撑了我国第一座跨度超过 1 000 m 的特大桥——江阴长江大桥等桥梁的建设；进入 21 世纪后，面对特大桥梁建设的国家需求和桥梁抗风研究的学科使命，开展了创新和超越研究工作。经过 30 多年的全面跟踪和近十年的重点突破，形成了精细化的桥梁风振理论，其中包括：桥梁颤振的三维全模态精确分析方法和二维三自由度全耦合分析方法、桥梁抖振的任意斜交风分析方法和正确性的足尺实桥现场实测验证、桥梁颤振和抖振的随机性可靠度评价法[3]。

5.1 三维颤振全模态精确分析

桥梁颤振是一种发散性的自激振动，传统的三维桥梁颤振频域分析方法基于结构模态叠加原理，需要人为选择几阶对颤振贡献较大的模态进行分析，所以称为多模态颤振分析法，该方法从20世纪70年代末提出一直沿用到20世纪90年代末。该方法主要缺陷有：在进行分析计算之前，需要人为指定多少阶模态和哪些模态参与了颤振；仅仅选择几个模态的组合往往只能是颤振模态的某种近似表达式，不可能是精确解；从理论上讲，选择的模态越多、叠加结果就越逼近精确解，但是多模态永远不可能是精确解[23]。

基于现代控制理论的状态空间法，将桥梁结构和周围气流作为一个整体系统，即振动方程描述的对象从结构拓展到系统，系统振动方程与传统的风荷载作为外荷载的结构振动方程分别表示为：

系统振动方程：$[\boldsymbol{M}]\{\ddot{\delta}\}+[\boldsymbol{C}]\{\dot{\delta}\}+[\boldsymbol{K}]\{\delta\}=\{0\}$ (1)

结构振动方程：$[\boldsymbol{M}_s]\{\ddot{\delta}\}+[\boldsymbol{C}_s]\{\dot{\delta}\}+[\boldsymbol{K}_s]\{\delta\}=\{F_a\}$ (2)

式(1)和式(2)中，$[\boldsymbol{M}]$为系统质量矩阵，下标s表示结果，且$[\boldsymbol{M}]=[\boldsymbol{M}_s]$；$[\boldsymbol{K}]$为系统刚度矩阵，且$[\boldsymbol{K}]=[\boldsymbol{K}_s]+[\boldsymbol{A}_s]$；$[\boldsymbol{C}]$为系统阻尼矩阵，且$[\boldsymbol{C}]=[\boldsymbol{C}_s]+[\boldsymbol{A}_d]$；$[\boldsymbol{A}_d]$和$[\boldsymbol{A}_s]$是非对称气动阻尼矩阵和气动刚度矩阵，所以$[\boldsymbol{K}]$和$[\boldsymbol{C}]$也都是非对称的，且结构响应具耦合特性；$\{\delta\}$为结构位移向量，且$\{\delta\}=\{\phi\}e^{\lambda t}$，代入系统振动方程可得：

$$(\lambda^2[\boldsymbol{M}]+\lambda[\boldsymbol{C}]+[\boldsymbol{K}])\{\phi\}=\{0\} \tag{3}$$

式(3)中，$\lambda=\mu+i\omega$是系统复特征值，$\{\phi\}=\{\xi\}+i\{\zeta\}$是系统复特征向量。显然，当所有复特征值的实部($\mu_j$)均为负时表明系统振动收敛，当有一对以上特征值的实部为正时系统颤振发散，而当只有一对特征值的实部为零时，系统处于临界状态，此时的风速即为颤振临界风速，而振动频率即为颤振频率。

引进一个附加方程后可以将二次特征值问题转化为如下$2n$组线性形式颤振运动状态方程：

$$[\boldsymbol{A}]\{\dot{y}\}=[\boldsymbol{B}]\{y\} \tag{4}$$

$$\{y\}=\begin{Bmatrix}\{\dot{\delta}\}\\\{\delta\}\end{Bmatrix}=\begin{Bmatrix}\lambda\{\phi\}\\\{\phi\}\end{Bmatrix}e^{\lambda t}=\{x\}e^{\lambda t} \tag{5}$$

由此可得全模态和多模态求解颤振临界状态的统一特征方程——正向和逆向标准特征方程：

正向标准特征方程：$[\boldsymbol{D}]\{x\}=\lambda\{x\}$（用于全模态精确分析） (6)

逆向标准特征方程：$[\boldsymbol{E}]\{x\}=\gamma\{x\}$（用于多模态近似分析） (7)

$$[\boldsymbol{D}]=[\boldsymbol{A}]^{-1}[\boldsymbol{B}]=\begin{bmatrix}-[\boldsymbol{M}]^{-1}[\boldsymbol{C}] & -[\boldsymbol{M}]^{-1}[\boldsymbol{K}]\\ [\boldsymbol{I}] & [0]\end{bmatrix} \tag{8}$$

$$[\boldsymbol{E}]=[\boldsymbol{B}]^{-1}[\boldsymbol{A}]=\begin{bmatrix}[0] & [\boldsymbol{I}]\\ -[\boldsymbol{K}]^{-1}[\boldsymbol{M}] & -[\boldsymbol{K}]^{-1}[\boldsymbol{C}]\end{bmatrix} \tag{9}$$

式中，$\gamma=1/\lambda$为逆特征值。值得注意的是，矩阵$[\boldsymbol{A}]$、$[\boldsymbol{B}]$、$[\boldsymbol{D}]$和$[\boldsymbol{E}]$都是$2n$阶非对称矩阵。

作者提出了结合矢量逆迭代的QR转换矩阵方法，并直接用于求解正向标准特征方程——全模态分析方法，表10给出了悬臂平板桥、上海南浦大桥斜拉桥和瑞典Hoka Kusten悬索桥等3座典型桥梁采用多模态颤振分析和全模态颤振分析的结果比较[23]。

表10 三维桥梁颤振多模态和全模态分析结果比较

算例结构	2个模态		4个模态		6个模态		14个模态		全模态	
	U_{cr}(m/s)	f_{cr}(Hz)	U_{cr}(m/s)	f_{cr}(Hz)	U_{cr}(m/s)	f_{cr}(Hz)	U_{cr}(m/s)	f_{cr}(Hz)	U_{cr}(m/s)	f_{cr}(Hz)
悬臂平板桥	99.3	0.268	99.6	0.267	99.6	0.267	—	—	99.8	0.267
南浦斜拉桥	67.9	0.336	72.9	0.336	74.1	0.336	73.6	0.340	75.2	0.340
瑞典悬索桥	68.5	0.228	—	—	70.8	0.226	75.3	0.214	76.6	0.213

5.2 二维三自由度全耦合颤振分析

基于传统的桥梁颤振理论，桥梁颤振性能随施工阶段的演化规律只能采用气弹模型风洞试验方法进行研究，桥梁颤振机理及形态研究主要采用二维两自由度计算模型和二维节段模型风洞试验方法，桥梁颤振控制一般需要改变主梁断面的形式以便使得断面更具有流线形。

同济大学从虎门大桥和江阴长江大桥开始研究悬索桥施工阶段的颤振性能，20世纪末发现的瑞典Hoga Kusten悬索桥施工阶段颤振性能演化规律被大量引用[24]。该项研究首次系统涉及全部3种悬索桥梁段施工方法，即从跨中开始的对称拼装(Sequence A)和非对称拼装(Sequence B)以及从桥塔开始的对称拼装(Sequence C)。采用三维桥梁颤振分析方法得到了各个阶段的结构固有频率(图18)和颤振临界风速(图19)，揭示了悬索桥固有频率和颤振性能随不同施工方法和梁段拼装率的演化规律，发现了从跨中开始的对称施工会在15%拼装率时出现临界风速的低谷，而从桥塔开始的对称拼装方法具有最好的颤振稳定性[24]。

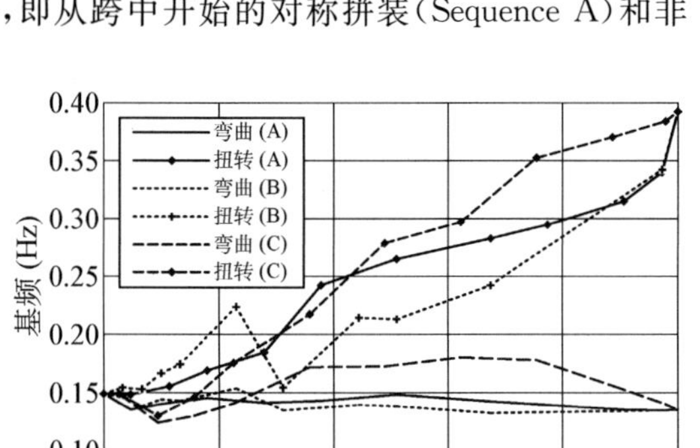

图18 结构固有频率演化规律

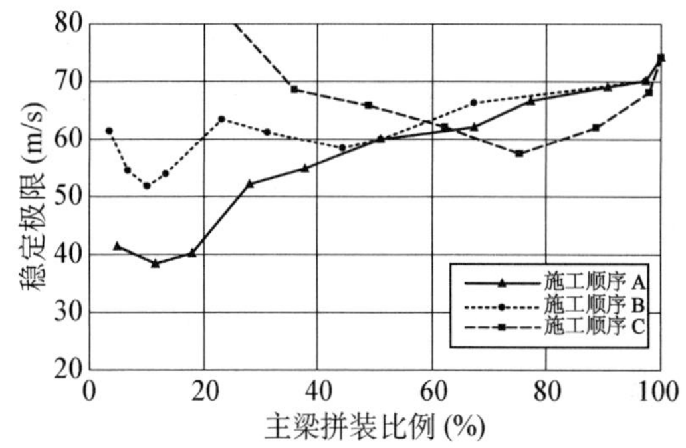

图19 颤振临界风速演化规律

通过引入不同自由度运动间的激励——反馈机制，建立了精确的二维三自由度全耦合颤振分步计算方法，提出了定量描述耦合颤振中各自由度参与颤振形态分析法，用于定量分析桥梁断面扭转、竖弯和侧弯3个自由度在颤振发生过程中的振动形态(自由度运动耦合效应)。在国际上率先将典型主梁断面归纳为5个大类13种形式(图20)，并较为全面和系统地研究了颤振驱动机理和颤振形态特征，揭示了气动负阻尼是桥梁颤振唯一驱动机理，发现了颤振形态主要取决于弯曲与扭转自由度的参与程度[25]。

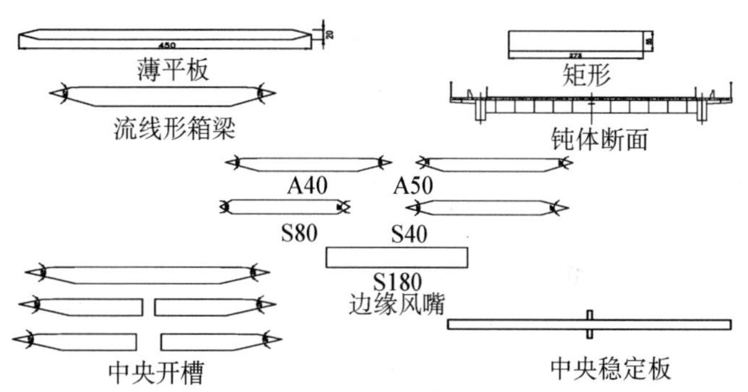

图20 三个大类13种典型主梁断面形式

结合工程实际研发了风嘴、开槽、稳定板、裙板和检修轨道移位等颤振控制措施，并采用二维和三维桥梁颤振分析方法揭示了这些措施的气动控制原理，同济大学承担完成了我国采用颤振控制措施的大多数桥梁抗风研究项目(表11)[25]。

表11 我国采用颤振控制措施的桥梁抗风研究项目

编号	桥名	地区	桥型	主跨(m)	完成年代	改善措施
1	上海南浦大桥	上海	结合梁斜拉桥	423	1991	两侧边缘裙板
2	青州闽江大桥	福建	结合梁斜拉桥	605	2003	两侧边缘裙板
3	东海大桥主航道桥	上海	结合梁斜拉桥	420	2004	检修轨道移位
4	东海大桥颗珠山桥	上海	结合梁斜拉桥	332	2004	两侧边缘风嘴
5	润扬长江大桥	江苏	钢箱梁悬索桥	1 490	2005	中央稳定板
6	舟山西堠门大桥	浙江	钢箱梁悬索桥	1 650	2009	中央开槽

5.3 斜风作用下抖振的频域分析

桥梁抖振是指结构在自然风脉动成分作用下的随机性强迫振动，是一种限幅振动。桥梁抖振理论和方法主要是指确定抖振响应和评价抖振刚度或强度失效的理论和方法。传统的确定桥梁抖振响应最有效的方法是基于正交风作用计算模型的三维桥梁抖振计算方法和有效性验证的基于缩尺模型的三维全桥模型风洞试验方法。从理论上讲，作用于桥梁结构上的风荷载与桥梁轴线是任意斜交的，传统的正交风作用模型只是一种简化；采用全桥模型风洞试验方法进行有效性验证也只是一种过渡，理论方法的正确性验证必须采用实桥现场实测结果[26]。

通过引入与桥轴线斜交的顺风向斜气动片条模型，提出了任意斜风作用下大跨度桥梁抖振响应频域分析方法，其基本理论框架如文献[26]所述。该方法已成功应用于南京长江三桥和香港青马大桥的斜风抖振研究中。图 21 和图 22 表示在台风森姆作用下青马大桥主梁跨中加速度计算和实测结果的对比，其中风攻角 2.25°，风偏角 29.15°，风速 17.1 m/s。参数分析研究发现：最不利的抖振响应常在斜风下发生，法向风最不利的传统观点可能会造成不安全的结果，由此也证明在大跨桥梁抖振性能研究中考虑斜风效应是非常必要的[27]。

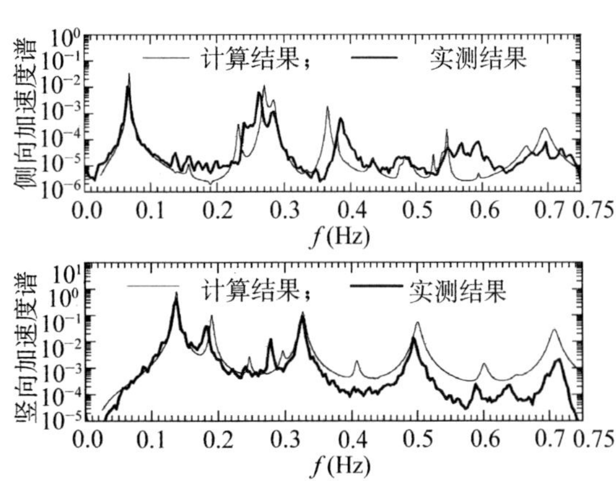

图 21　香港青马大桥主梁跨中加速度比较

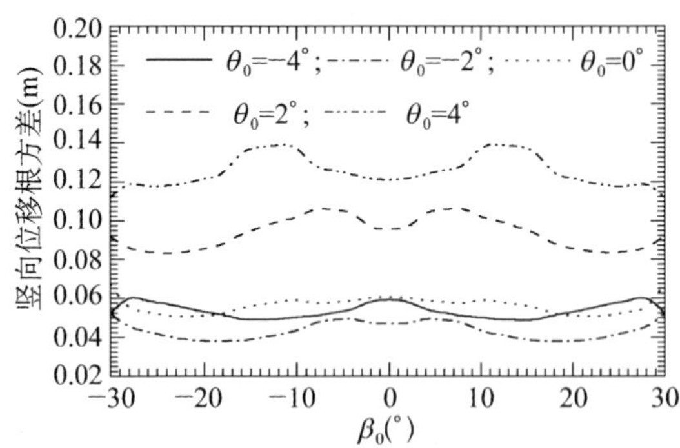

图 22　香港青马大桥主梁跨中位移随风偏角变化曲线

5.4 桥梁风振可靠性评价

传统的桥梁颤振和抖振评价方法完全采用确定性安全系数方法，对颤振的评价主要依据综合安全系数 K 的大小，对抖振的评价主要比较抖振响应的数值与结构强度或刚度允许值的大小，不适合于随机性较大的桥梁抗风评价。在国际上首次提出了缆索承重桥梁风振可靠性评价体系——桥梁颤振失稳和桥梁抖振失效可靠性评价方法[28]。

在桥梁颤振失稳可靠性理论中，颤振极限状态方程可以表示为临界风速抗力减去设计风速效应，提出了设计风速概率模型和临界风速概率模型：

设计风速概率模型：$U_s = G_s U_b$ (10)

临界风速概率模型：$U_{cr} = C_w U_f$ (11)

式(10)和式(11)中，G_s 表示阵风系数，服从正态分布；U_b 表示年最大风速，服从极值 I 型分布；C_w 表示风速换算系数，服从均值为 1 的正态分布；U_f 表示基本颤振临界风速，服从对数正态分布。建立了基于一次或二次二阶矩可靠度理论的桥梁颤振失稳概率计算方法，成功应用于 14 座大跨桥梁中(表 12)[28]，表中 β 是可靠指标，P_f 是相应的失效概率。

表 12　桥梁颤振失稳可靠性评价计算结果

斜拉桥	β	P_f(一次)	P_f(二次)	悬索桥	β	P_f(一次)	P_f(二次)
东海大桥棵珠山桥	4.342	7.08×10^{-6}	6.65×10^{-6}	柳州红光大桥	4.541	2.80×10^{-6}	2.62×10^{-6}
海口世纪大桥	5.875	2.11×10^{-9}	1.94×10^{-9}	广东虎门大桥	4.037	2.71×10^{-5}	2.55×10^{-5}
上海南浦大桥	4.040	2.68×10^{-5}	2.52×10^{-5}	宜昌长江大桥	5.421	2.97×10^{-8}	2.75×10^{-8}
湖北荆沙大桥	6.327	1.25×10^{-10}	1.14×10^{-10}	江阴长江大桥	4.569	2.45×10^{-6}	2.29×10^{-6}

续表

斜拉桥	β	P_f(一次)	P_f(二次)	悬索桥	β	P_f(一次)	P_f(二次)
上海杨浦大桥	4.989	3.04×10^{-7}	2.83×10^{-7}	润扬长江大桥	3.444	2.87×10^{-4}	2.73×10^{-4}
福建青州闽江大桥	3.403	3.33×10^{-4}	3.17×10^{-4}	舟山西堠门大桥	3.960	3.74×10^{-5}	3.53×10^{-5}
南京长江二桥	7.516	2.83×10^{-14}	2.53×10^{-14}				
苏通长江大桥	4.792	8.25×10^{-7}	7.71×10^{-7}				

采用结构动力可靠性基本模式——首次超越失效，提出了多自由度体系基于超越时间可靠性分析的泊松(Poisson)过程法和马尔科夫(Markov)过程法以及基于超越极值可靠性分析的瑞利(Rayleigh)分布法和高斯(Gauss)分布法，应用于桥梁抖振刚度或强度失效的可靠性评价，表13给出了上海杨浦大桥和江阴长江大桥的计算结果[3]。

表13 桥梁抖振刚度或强度失效概率计算结果

斜拉桥	位移	单侧界限	双侧界限	悬索桥	截面	单侧界限	双侧界限
杨浦大桥刚度失效	竖向	0.009 1	0.009 1	江阴大桥强度失效	上缘	0.000 5	0.000 5
	侧向	0.000 0	0.000 0		下缘	0.000 1	0.000 1

6 结论

根据近年来建成的大跨度悬索桥的经验，无论采用流线形钢箱梁还是透风性较好的钢桁梁，由颤振稳定性控制的悬索桥跨径上限约为1 500 m，超过甚至接近这一上限时，设计者必须采取措施改善加劲梁的抗风稳定性，其中有效的措施包括在加劲梁上设置竖向或水平稳定板和中间开槽以及被动和主动控制措施等。初步研究表明，宽开槽断面或带竖向和水平稳定板的窄开槽断面能保证主跨5 000 m的悬索桥满足世界上大多数地区的抗风稳定性需求。实践证明：空间索面和流线形钢箱梁的千米级大跨度斜拉桥仍具有足够高的颤振临界风速，其主要抗风问题是长拉索的风雨振动；从抗风稳定性角度来看，随着拉索风雨振动控制措施的不断完善，斜拉桥主跨跨径还有一定的增长空间。在10座最大跨度拱桥中，只有一座出现了涡激振动的抗风性能问题，这一事实说明，拱桥跨径的增大还没有受到结构抗风性能的影响，但也许会受其他因素的制约，如静力稳定性、水平推力、施工技术等。

特大跨度桥梁风振的精细化理论是对传统理论的拓展，在三维桥梁颤振分析方面将近似的多模态分析拓展到了精确的全模态分析，实现了悬索桥施工阶段颤振性能演化规律、典型主梁断面颤振驱动机理和多种颤振控制措施原理的精细化；将桥梁抖振理论分析从正交风作用拓展到了任意斜交风作用，并完成了理论分析结果从模型风洞试验验证到实桥现场实测验证的拓展；初步建立的缆索承重桥梁风振可靠性评价方法，将确定性安全系数评价法拓展到了随机性可靠度评价法。今后应当继续深入进行风振理论精细化、桥梁风振机理和可靠性评价等方面的基础性研究，同时要积极开展计算流体动力学技术和数值风洞以及桥梁等效风荷载方面的创新性研究，为未来跨海工程中的特大跨度悬索桥、斜拉桥和拱桥的风振控制做好准备。

参考文献

[1] 项海帆,陈艾荣,葛耀君. 中国大桥[M]. 北京:人民交通出版社,2003.

[2] 葛耀君,项海帆. 大跨度桥梁的空气动力学挑战[C]//第 18 届全国桥梁学术会议论文集. 北京:人民交通出版社,2008.

[3] 项海帆,葛耀君,朱乐东,等. 现代桥梁抗风理论与实践[M]. 北京:人民交通出版社,2005.

[4] Ge Y J, Xiang H F. Great Demand and Various Challenges — Chinese Major Bridges for Improving Traffic Infrastructure Nationwide [C]//Keynote Paper in Proceedings of the IABSE Symposium 2007 on Improving Infrastructure Bringing People Closer Worldwide, Weimar, Germany. 2007:9 - 12.

[5] http://en. wikipedia. org. wiki//List _ of _ longest _ suspension_bridge_spans, 2007.

[6] Ge Y J, Xiang H F. Aerodynamic Challenges in Long-Span Bridges [C]//Keynote Paper in Proceeding of the Centenary Conference of the Institution of Structural Engineers, Hong Kong, China. 2008.

[7] 陈艾荣,郭震山,周志勇,等. 润扬长江大桥抗风性能研究[R]. 同济大学土木工程防灾国家重点实验室技术报告(WT200218). 上海:同济大学,2002.

[8] 中交公路规划设计院. 舟山西堠门大桥初步设计图[R]. 2003.

[9] 葛耀君,杨詠昕,曹丰产,等. 西堠门大桥抗风性能与风振控制研究[R]. 同济大学土木工程防灾国家重点实验室技术报告(WT200320). 上海:同济大学,2003.

[10] Xiang H F, Ge Y J. On Aerodynamic Limit to Suspension Bridges [C]//Proceedings the 11th International Conference on Wind Engineering, Texas, USA, June 2 - 5,2003.

[11] Ge Y J, Xiang H F. Tomorrow's Challenge in Bridge Span Length [C]//Proceedings of the IABSE Symposium 2006 on Responding to Tomorrow's Challenges in Structural Engineering, Budapest, Hungary, September 13 - 15,2006:1000 - 1010.

[12] http://en. wikipedia. org. wiki//List_of_the_largest_cable-stayed_bridges, 2007.

[13] 裴岷山,张喜刚,袁洪,等. 苏通大桥主桥上部结构设计[C]//苏通大桥建设指挥部. 苏通大桥论文集(第一辑). 北京:中国科学技术出版社,2004.

[14] Falbe-Hansen K, Hauge L, Kite S. Stonecutters Bridge — Detailed Design [C]//Proceedings of the IABSE Symposium 2004 on Metropolitan Habitats and Infrastructure, Shanghai, China. 2004:22 - 24.

[15] 宋锦忠,徐建英,葛耀君,等. 鄂东大桥气弹模型风洞试验[R]. 同济大学土木工程防灾国家重点实验室技术报告(WT200708). 上海:同济大学,2005.

[16] 陈艾荣,林志兴,孙利民. 苏通大桥索力优化和振动控制——风雨振试验研究[R]. 同济大学土木工程防灾国家重点实验室技术报告(WT200419). 上海:同济大学,2004.

[17] Xu Linshan, Ge Yaojun, Zhao Lin. Experimental Investigation of Rain-wind-induced Vibration of Stay Cables Based on High Precision Wind and Raining System [C]//Proceedings of the 7th Asia-Pacific Conference on Wind Engineering, Taipei, Chinese Taiwan, 8 - 12,2009.

[18] http://en. wikipedia. org. wiki//List_of_the_largest_arch_bridges, 2007.

[19] 上海市政工程设计研究院. 上海卢浦大桥施工图[R]. 2001.

[20] 葛耀君,曹丰产,庞加斌,等. 上海卢浦大桥抗风性能与风荷载研究[R]. 同济大学土木工程防灾国家重点实验室技术报告(WT200103). 上海:同济大学,2002.

[21] 周志勇. 博士后研究报告:离散涡方法用于桥梁截面气动弹性问题的数值计算[D]. 上海:同济大学,2002.

[22] Ge Y J, Xiang H F. Recent Development of Bridge Aerodynamics in China [C]//Keynote Paper in Proceeding of the 5th International Colloquium on Bluff Body Aerodynamics and Applications, Ottawa, Canada, 2004.

[23] Ge Yaojun, Tanaka H. Aerodynamic Flutter Analysis of Cable-supported Bridges by Multi-mode and Full-mode Approaches [J]. Journal of Wind Engineering and Industrial Aerodynamics, 2000,86(2 - 3):123 - 153.

[24] Ge Yaojun, Tanaka H. Aerodynamic Stability of Long-span Suspension Bridges under Erection [J]. Journal of Structural Engineering, ASCE, 2000, 126 (12): 1404 -1412.

[25] Xiang Haifan, Ge Yaojun. Refinements on Aerodynamic Stability Analysis of Super Long-span Bridges [J]. Journal of Wind Engineering and Industrial Aerodynamics, 2002, 90(12 - 15):1493 - 1515.

[26] Zhu L D, Xu Y L. Buffeting Response of Long-span Cable-supported Bridges under Skew Winds [J]. Journal of Sound and Vibration, 2005,281(1 - 3):647 - 697.

[27] Zhu L D, Xu Y L, Xiang H F. Tsing Ma Bridge Deck under Skew Winds-Part Ⅱ: Flutter Derivatives [J]. Journal of Wind Engineering and Industrial Aerodynamics, 2002,90(7):807 - 837.

[28] Ge Yaojun, Xiang Haifan, Tanaka H. Application of a Reliability Analysis Model to Bridge Flutter under Extreme Winds [J]. Journal of Wind Engineering and Industrial Aerodynamics, 2000,86(2 - 3):155 - 167.

扁平钢箱梁涡激振动及气动控制措施研究

曹丰产* 葛耀君

（同济大学土木工程防灾国家重点实验室 中国 上海 200092）

摘 要 扁平钢箱梁因良好的气动性能而在大跨度桥梁中广泛应用，但是桥面附属结构会明显增加桥梁断面的钝体特征，使其可能出现影响桥梁结构安全或行车舒适性的涡激振动。本文针对某钢箱梁斜拉桥在节段模型风洞试验中出现的强烈的竖向和扭转涡激振动现象，详细介绍了涡激振动气动控制措施的探索过程。研究发现，处于风嘴边缘的检修道栏杆的基座是影响涡激振动特性的最主要因素，检修道栏杆的基座所造成的流动分离是导致涡激发生的根源，优化或取消检修道栏杆基座是控制该桥涡激振动的简洁有效的气动措施。

关键词 钢箱梁；涡激振动；气动控制

1 引言

气流经过钝体桥梁结构时，不可避免地会产生分离，形成周期性的旋涡脱落，并产生作用于桥梁上的周期性气动力。当旋涡脱落频率接近于桥梁的某个固有频率时，就会激发桥梁的涡激振动。桥梁主梁的涡激振动形式常为竖向振动或扭转振动。虽然涡激振动不会像颤振一样引起桥梁毁灭性的破坏，但频繁持续的涡激振动会造成桥梁构件疲劳破坏，并引起行人和行车不舒适。因此避免涡激振动也是桥梁抗风设计的重点之一。确定桥梁涡激振动的锁定风速范围和最大振幅的有效手段是节段模型风洞试验。抑制涡激振动发生的最好办法就是通过风洞试验选取理想的桥梁截面形式。已有的研究表明，扁平箱梁是抗风性能较好的主梁形式之一，没有附属构造的扁平箱梁具有较高的颤振临界风速，一般也不会产生明显的涡激振动。但在成桥状态，防撞栏杆、检修道栏杆及检修车轨道等细部构件都会增加桥梁断面的钝体特征，使得气流分离的可能性大为增加。尤其对于钢箱梁，由于结构阻尼小，就可能会出现较大振幅的涡激振动。

关于涡激振动的研究有海量的文献，但研究具有较大宽高比的扁平钢箱梁的涡激振动的文献并不是非常多。Williamson(2007)对圆柱、方柱和长方柱等钝体的涡激振动现象和机理进行了全面的总结。Larsen 等(1995)通过风洞试验发现大带东桥的引桥在桥位的常遇风速下会出现涡激振动。Diana 等(2006)通过试验和数值方法分析研究了墨西拿海峡大桥多箱主梁的旋涡脱落和相应的涡激力。El-Gammal 等(2007)通过试验方法研究了展向正弦变化的扰流板对平板桥梁断面涡激振动的控制效果。

本文基于节段模型风洞试验研究了某钢箱梁斜拉桥的涡激振动特性，确定了影响涡激振动振幅的最关键桥面部件，提出了控制涡激振动的气动措施。进一步通过数值模拟方法分析了箱梁断面周围的气流分布特征，解释了产生大振幅涡激振动的原因。

2 节段模型试验参数

本文研究的主梁节段模型断面如图 1 所示，模型比例为 1：60。节段模型的主体用有机玻璃制作，由 3 道纵隔板、9 道横隔板及蒙皮构成。防撞栏杆、检修道栏杆及检修车轨道用有机玻璃板材由电脑雕刻制成，模型的形

* 曹丰产，1970 年出生，项海帆教授 1996 级博士研究生，论文题目“桥梁气动弹性问题的数值计算”。本文被收录于第 13 届全国结构风工程学术会议论文集(2007)。

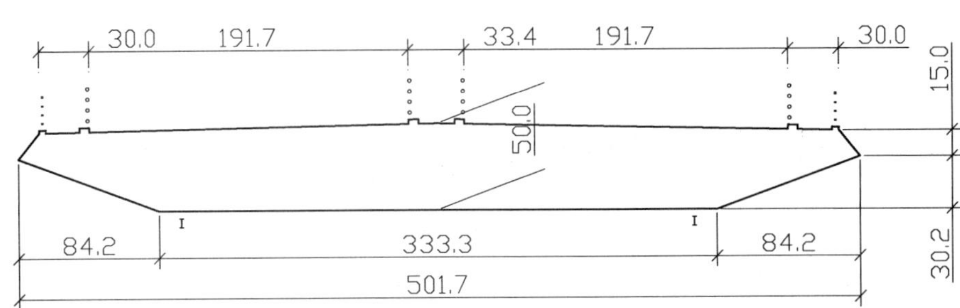

图 1　主梁节段模型断面尺寸（单位：mm）

状与实桥保持相似。原型主梁断面总宽 30.1 m，最大高度 3.0 m，宽高比为 10，用在一座主跨 620 m 的双塔斜拉桥上，该桥梁结构的一阶竖弯频率为 0.245 Hz，一阶扭转频率为 0.851 Hz。

节段模型风洞试验在同济大学土木工程防灾国家重点实验室 TJ－2 号边界层风洞中进行。该风洞试验段尺寸为 3.0 m(宽)×2.5 m(高)×15 m(长)，空风洞实验风速范围为 1～60 m/s 连续可调，均匀流场紊流度小于 0.5%，流场均匀性指标 $\delta_U/U<1\%$。气流竖向和水平偏角均小于 0.5°。模型通过内置支架用 8 根弹簧悬挂于风洞内，如图 2 所示。当模型的攻角为 0°时，两根吊臂与风洞顶面和地面保持平行。为了防止模型出现过大的顺风向位移，模型两端各用两根细钢丝分别固定于模型上下游风洞侧壁上，固定点离模型的距离足够大，使得钢丝不影响模型的竖向振动。节段模型试验的参数按相似准则确定，如表 1 所示。

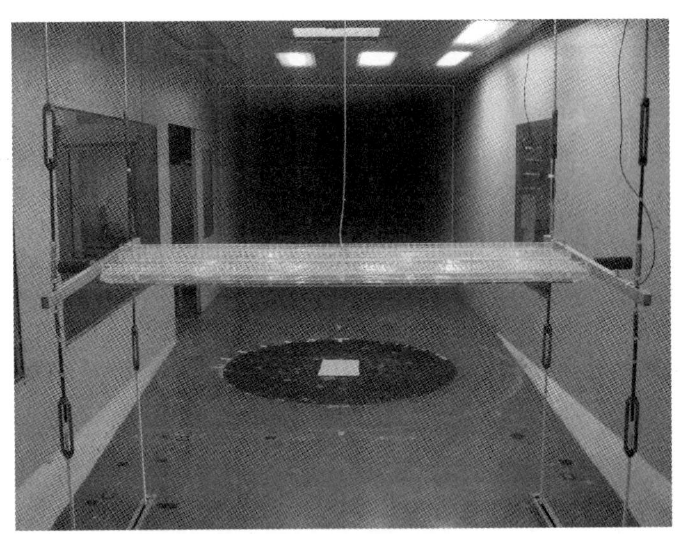

图 2　悬挂于风洞中的节段模型

表 1　节段模型试验参数

长度(m)	宽度(m)	高度(m)	质量(kg/m)	质量惯性矩(kg·m²/m)	竖弯频率(Hz)	扭转频率(Hz)	竖弯阻尼比	扭转阻尼比
1.700	0.502	0.050	6.383	0.153 1	3.82	12.01	4.21%	4.06%

试验中采用 CA－YD－103 型加速传感器测量模型的振动，用到的测量仪器还包括 YE5866 电荷放大器及 NI 采样系统，数据采样频率为 250 Hz。采集的加速度经过两次积分转换为位移，积分初值的影响用高通滤波消除。

3　涡激振动及其气动控制措施探索

3.1　栏杆形状

试验过程中用到了如图 3 所示的两种形式防撞栏杆模型，一种为 1 mm×2 mm 矩形截面防撞栏杆，另一种为直径 2 mm 的圆形截面防撞栏杆。圆形截面栏杆比矩形截面栏杆稍高，两种栏杆的立柱厚度相同，但形状也有较大差别。矩形截面防撞栏杆的基座尺寸比圆截面防撞栏杆稍大。

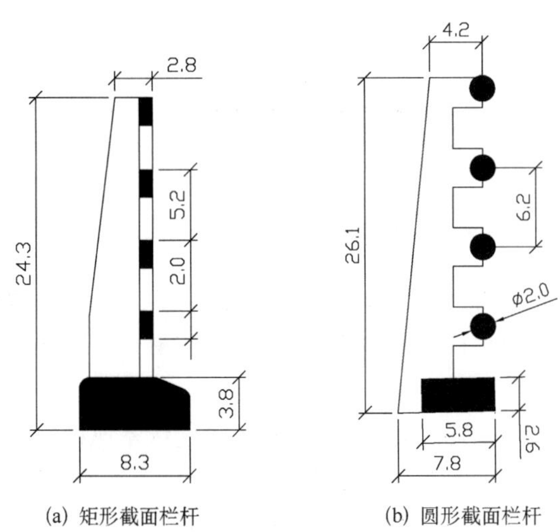

图 3　两种形状的防撞栏杆

试验中用到了如图 4 所示的两种检修道栏杆，两者的差别仅在于栏杆基座，其中一种为通长的连续的基座，另外一种为不连续的、仅在立柱下才有的间断基座。检修道栏杆除完整使用外，还用通长连续的基座代替检修道栏杆，与防撞栏杆组合使用。

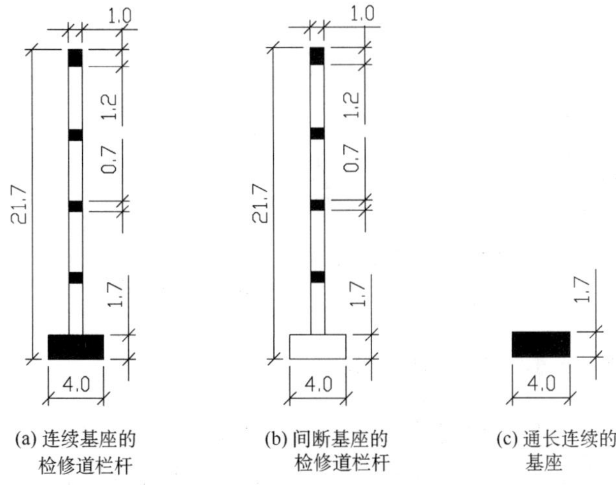

图 4　两种形状的检修道栏杆和基座

3.2　无栏杆的基本断面的涡激振动性能

无栏杆的基本断面为近似流线形，在 0°和±3°攻角的节段模型风洞试验中都没有观测到明显的涡激振动现象。说明基本断面具有很好的涡激振动性能。

3.3　有矩形防撞栏杆和连续基座检修道栏杆的桥梁断面的涡激振动性能

节段模型试验测得的换算到实际桥梁的竖弯和扭转涡激振动的振幅随风速的变化曲线如图 5 所示。

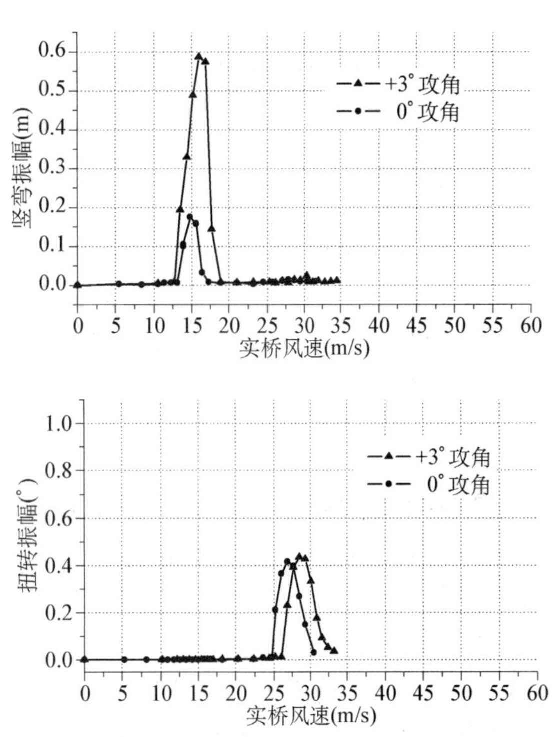

图 5　有矩形防撞栏杆和连续基座检修道栏杆的桥梁断面的涡激振动

在 0°和+3°攻角下都有强烈的竖弯和扭转涡激振动，最大竖弯振幅为 0.586 m，最大扭转振幅为 0.435°。而对应的规范允许值分别为 0.163 m 和 0.178°，试验涡激振动振幅都超过桥梁抗风设计规范的要求。由于没有栏杆的基本断面没有观测到涡激振动，因此可以断定栏杆是引起涡激振动的主要原因。为减小涡激振动应从优化栏杆入手，首先改变防撞栏杆的截面形状。

3.4　有圆形防撞栏杆和连续基座检修道栏杆的桥梁断面的涡激振动性能

换算到实际桥梁的竖弯和扭转涡激振动的振幅随风速的变化曲线如图 6 所示。

改变防撞栏杆的截面形状并没有从本质上改善桥梁断面的涡激振动性能。虽然 0°和−3°攻角时没有出现明显的竖弯和扭转涡激振动，但是+3°攻角的最大竖弯涡激振动振幅 0.488 m 仍远大于规范允许值，+3°攻角的扭转涡激振动最大振幅也从 0.435°增大到了

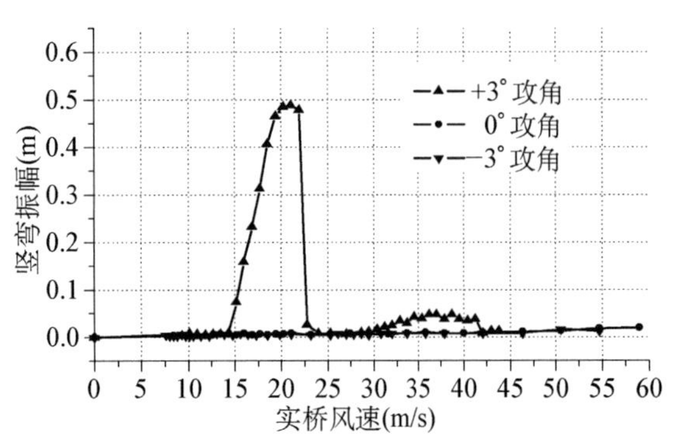

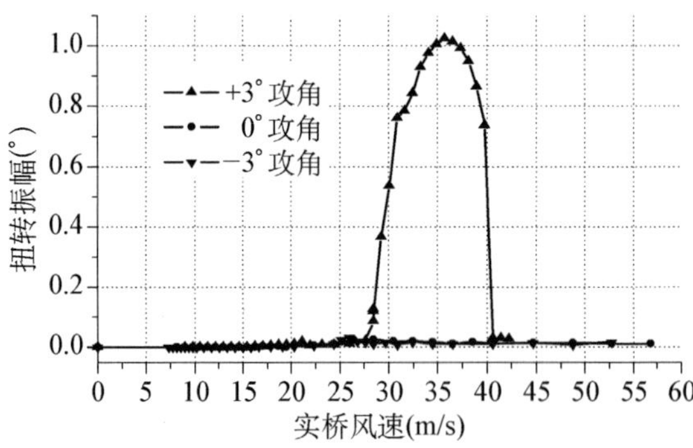

图 6　有圆形防撞栏杆和连续基座检修道栏杆的桥梁断面的涡激振动

1.024°。同时扭转涡激振动的锁定风速范围也发生明显的改变。根据这样的试验结果可以判断，防撞栏杆从矩形改为圆形虽然能够减小 0°和－3°攻角的涡激振动，但对＋3°攻角没有明显效果，甚至增大了扭转涡激振动的振幅。

3.5　仅有防撞栏杆的桥梁断面的涡激振动性能

防撞栏杆关系到桥梁的行车安全，其截面形状的确定还与防护性能与密切相关，没有进一步大幅度优化的空间，因此重点对检修栏杆进行优化。首先对没有检修道栏杆，只有防撞栏杆的情况进行试验。结果表明只有矩形防撞栏杆或者只有圆形防撞栏，试验中都没有出现明显的竖弯或扭转涡激振动。由此可以断定检修道栏杆对桥梁的涡激振动性能有重要影响。

3.6　有圆形防撞栏杆和单根连续基座检修道栏杆的桥梁断面的涡激振动性能

为判断迎风侧和背风侧两根检修道栏杆中哪一根对涡激振动的影响更大一些，分别对单根连续基座检修道栏杆和圆形防撞栏杆的组合情况进行试验。去掉迎风侧检修道栏杆，留下背风侧检修道栏杆和两道圆形防撞栏杆，试验中没有出现明显涡激振动。而反过来，去掉背风侧检修道栏杆，留下迎风侧检修道栏杆和两道圆形防撞栏杆，＋3°攻角下的涡激振动曲线如图 7 所示。

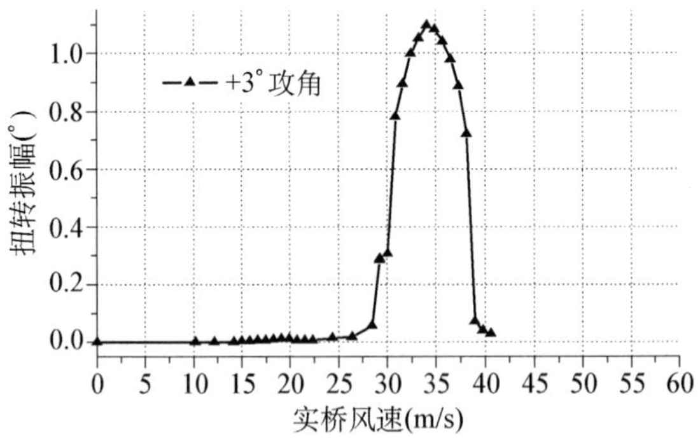

图 7　有圆形防撞栏杆和迎风侧单根连续基座检修道栏杆的桥梁断面的涡激振动

有单根迎风侧检修道栏杆时的竖弯和扭转涡激振动的最大振幅和锁定风速范围与有两根检修道栏杆时的结果基本相同。由此可以判断迎风侧检修道栏杆对涡激振动起主要作用，而背风侧检修道栏杆对涡激振动性能基本没有影响。

3.7　影响桥梁断面的涡激振动性能的检修道栏杆的关键部位

到目前为止的试验结果表明检修道栏杆是决定该桥涡激振动性能的关键，必须对其形状进行优化。为此将检修道栏杆分成栏杆条和基座两个部分组成，通过试验判断是哪个部分起主要作用，然后针对其进行优化。有圆形防撞栏杆和两条连续的检修道栏杆基座时的试验结果如图 8 所示。

有圆形防撞栏杆和两条连续的检修道栏杆基座时，最大竖弯振幅为 0.285 m，最大扭转振幅为 0.792°，和有全部检修道栏杆时的结果相比，振幅有所减小。对比前面的试验结果，没有检修道栏杆就没有涡激振动，

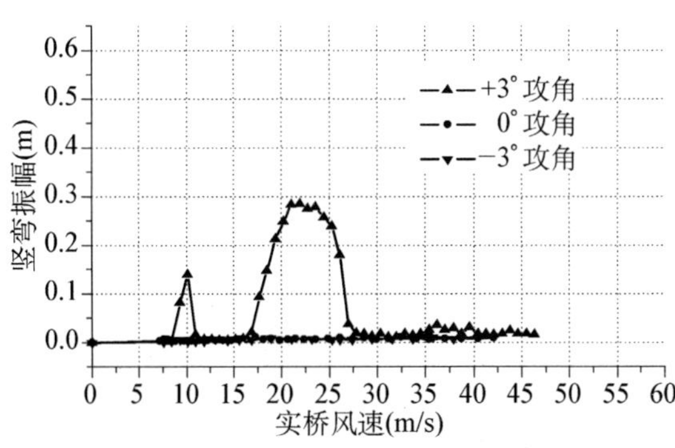

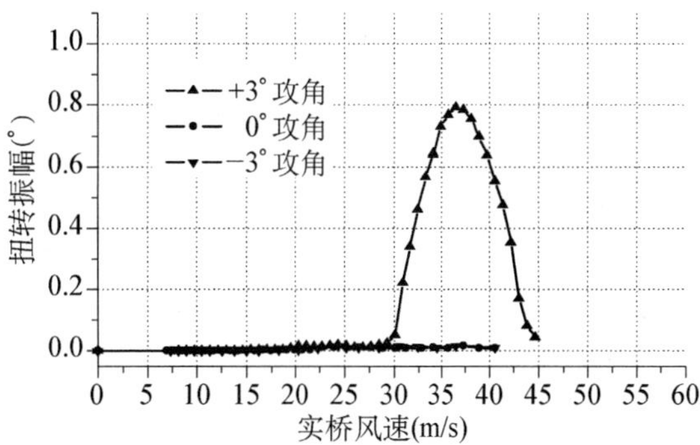

图 8 有圆形防撞栏杆和两条连续的检修道栏杆基座桥梁断面涡激振动的振幅

现在只是增加了检修道栏杆的基座，就出现了强烈的涡激振动，因此检修道栏杆的基座是导致涡激振动出现的关键部位之一，必须进行优化。比如对基座距风嘴边缘的距离、基座的高度、基座倒角的大小进行调整，等等。但由于1：60模型中基座的高度仅1.7 mm，模型加工工艺上难以准确实现优化后的栏杆基座的形状，因此建议的涡激振动气动控制措施就是将连续的检修道栏杆基座替换为只出现在栏杆立柱下面的间断分布的检修道栏杆基座。

有圆形防撞栏杆和间断基座检修道栏杆时的试验结果如图9所示。在0°和±3°攻角下都没有明显的涡激共振出现，可见检修道栏杆基座就是影响该桥涡激振动性能的最关键部位。

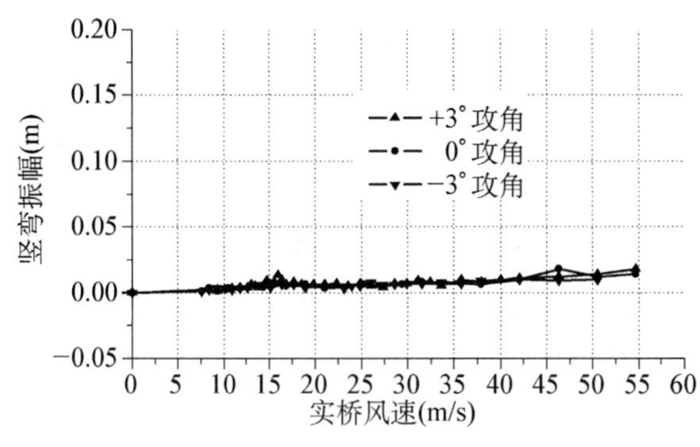

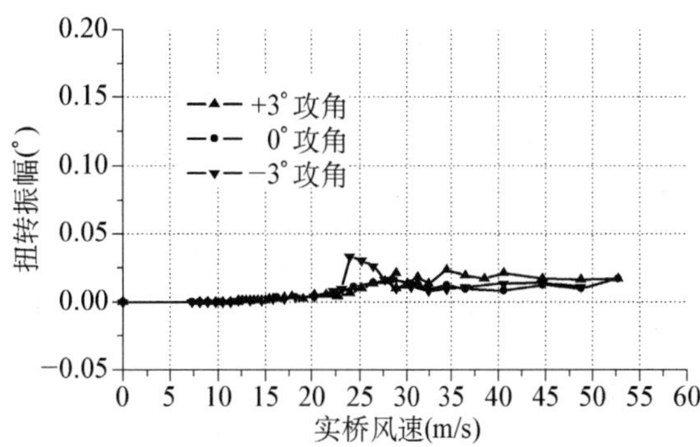

图 9 有圆形防撞栏杆和间断基座检修道栏杆桥梁断面涡激振动的振幅

3.8 涡激振动气动控制措施的探索过程小结

本文对减小涡激振动的气动措施的探索过程可总结为表2。经过8个步骤，本文成功地找到了抑制该桥涡激振动的简洁有效的气动措施，成功的关键在于找到了导致涡激振动的根源。由于没有桥面附属结构的扁平箱梁断面本身一般不会产生明显的涡激共振，此类断面涡激振动的根源一般为附属结构，本文采用的通过寻找涡激振动根源来抑制涡激振动的思路对同类箱梁断面抗风设计研究有一定参考价值。

4 不同的检修道栏杆基座周围的流场

在常规的风洞试验中，虽然我们通过一系列试验推断出检修道栏杆的基座是导致桥梁断面涡激振动的根源，但并不容易直接观察到桥梁断面周围的流场的不同。因此本文采用二维数值模拟方法分析了不同栏杆基座时桥梁断面周围的气流流动情况，风攻角为+3°瞬时流线的分布如图10所示。

表 2 涡激振动气动措施的探索过程

序号	桥面附属结构情况	涡激振动情况
1	无栏杆	无
2	矩形防撞栏杆、连续基座检修道栏杆	强烈
3	圆形防撞栏杆、连续基座检修道栏杆	强烈
4	仅有矩形或圆形防撞栏杆	无
5	圆形防撞栏杆、迎风侧连续基座检修道栏杆	强烈
6	圆形防撞栏杆、背风侧连续基座检修道栏杆	无
7	圆形防撞栏杆、连续基座	强烈
8	圆形防撞栏杆、间断基座检修道栏杆	无

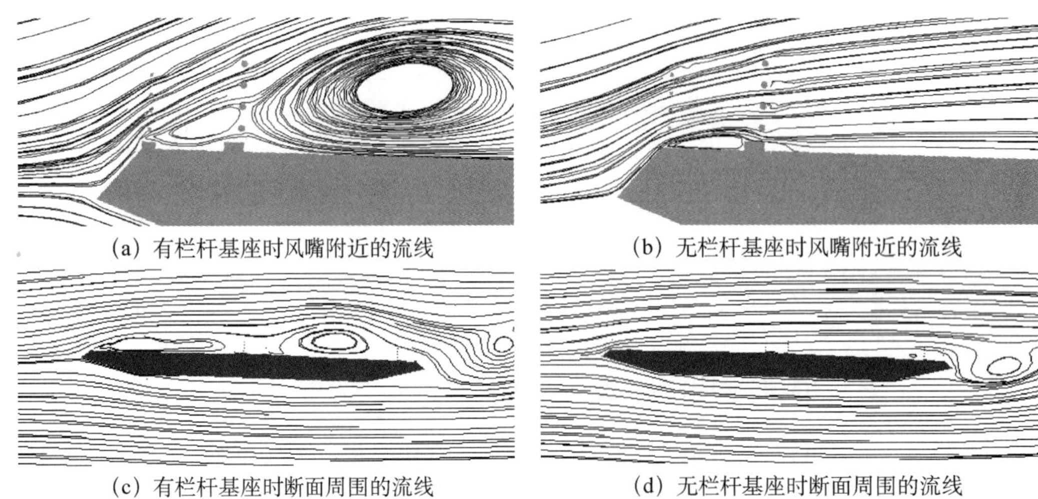

图 10 +3°攻角时有无栏杆基座两种情况的瞬时流线分布

可以清楚地看到，迎风侧检修道栏杆的基座在桥面上造成了明显的流动分离和旋涡移动。

5 结论

扁平的钢箱梁断面在安装了栏杆等附加构件后也会产生强烈的涡激共振，由于涡激振动的根源在于附加构件，所以可以采用逐步排除的方法找到对涡激振动影响最大的构件，从而有针对性地采取气动控制措施。本文详细介绍了某钢箱梁斜拉桥的涡激振动气动控制措施的探索过程，研究发现优化或去掉检修道栏杆基座是简洁有效的涡激振动控制措施。这种通过寻找涡激振动根源来抑制涡激振动的思路可推广应用到基本断面本身不产生明显涡激振动的桥梁抗风设计研究中。同时风洞试验结果表明，涡激振动振幅对栏杆截面的形状尺寸变化非常敏感，在常规的小比例节段模型制作中对一些小构件的精确再现是非常必要的。数值模拟分析能清楚看到有无栏杆基座时流动形态的不同，与试验配合能更便捷地揭示风振控制措施的内在机制。

参考文献

[1] Larsen A, Svensson E, Andersen H. Design Aspects of Tuned Mass Dampers for the Great Belt East Bridge Approach Spans [J]. Journal of Wind Engineering and Industrial Aerodynamics, 1995, 54/55: 413 - 426.

[2] Diana G, Resta F, Belloli M, et al. On the Vortex Shedding Forcing on Suspension Bridge Deck [J]. Journal of Wind Engineering and Industrial Aerodynamics, 2006, 94: 341 - 363.

[3] El-Gammal M, Hangan H, King P. Control of Vortex Shedding-induced Effects in a Sectional Bridge Model by Spanwise Perturbation Method [J]. Journal of Wind Engineering and Industrial Aerodynamics, 2007, 95: 663 - 678.

[4] Williamson C H K, Govardhan R. A Brief Review of Recent Results in Vortex Induced Vibrations [J]. Journal of Wind Engineering and Industrial Aerodynamics, 2008, 96: 713 - 735.

[5] 曹丰产，葛耀君等. 金塘大桥主通航孔桥抗风性能及风荷载研究报告(WT200621)[R]. 上海：同济大学土木工程防灾国家重点实验室，2006.

厦漳大桥钢箱梁表面风压实测研究

陈　斌*[1]　马帅飞[1,2]　郭　龙[1]

(1. 招商局重庆交通科研设计院有限公司桥梁工程结构动力学国家重点实验室　中国　重庆　400060；2. 重庆交通大学　中国　重庆　400060)

摘　要　本文介绍了在厦漳跨海大桥北汊主桥主梁跨中截面的检修道、风嘴和梁底布设风压传感器进行钢箱梁表面风压现场实测的情况，初步分析了在不同风向、风速、偏角和攻角情况下，风压沿箱梁表面的分布规律。发现台风天气的分布情况与常规天气差异较大。并与CFD和风洞试验结果类比，发现CFD的计算结果能够与现场实测情况基本吻合，而风洞实验室内的测量结果和现场实测情况还存在较大差异。

关键词　厦漳大桥；钢箱梁；风压实测；台风；CFD

1　引言

1940年，美国的塔科马海峡（Tacoma Narrows）大桥在建成4个月后，在17～20 m/s的平均风速作用下，桥面发生强烈的扭转弯曲而垮塌。由此人们开始了近代桥梁抗风问题的研究，桥梁抗风理论发展到今天，已提出并基本形成了桥梁颤振、驰振、抖振、涡激共振以及斜拉索风雨振等理论体系，所采用的研究技术路线也多为：现场观察—风洞试验—理论体系探索—模拟计算。由于自然界风作用的多样性、复杂性，风洞试验是不能同时模拟检验多种特性的“真实”自然风的，由此导致了风洞试验结果、模拟计算结果和现场实测结果的较大差异。虽然我国近几十年的桥梁抗风技术水平已能确保不出现风致桥塌的惨剧，但是从更大跨度的桥梁建设需求、从完善科学的桥梁抗风理论体系出发，都应去尽量缩小三种结果的差距。究其源头，风致桥梁响应的实测研究，是基础中的基础，以具体桥梁为例，进行长期、细致的案例研究（case study）就显得尤为重要。

为了琼州海峡跨海工程建设的需要，交通运输部开展了《特大型桥梁防灾减灾与安全控制技术》这一重大专项研究，作者所在研究团队参与了该专项的子课题——《特大型桥梁风、雨作用监测与模拟技术研究》，重点是以建成通车的厦漳跨海大桥作为依托工程，在北汊主桥（主跨780 m钢箱梁斜拉桥）上设置风雨作用实测系统，进行现场测量，获取风、雨作用下桥梁（特别是钢箱梁）的表面风压分布情况及振动响应。本文目前仅对无雨天气采集数据进行分析研究并得出相应的结论。

2　风压测量系统

2.1　厦漳跨海大桥北汊主桥概况

厦漳跨海大桥位于福建九龙江出海口，连接厦门海沧区和漳州经济开发区，大桥海门岛以北连接厦门海沧区的为其主体工程——北汊桥，其主桥为主跨780 m的双塔斜拉桥（图1），主梁采用流线形扁平钢箱梁，宽38 m，高3.5 m，双向六车道，大桥于2013年5月28日正式投入运营。

桥址所在的厦漳海域地势平坦，地面粗糙度属Ⅰ类，典型的海陆风。海洋性季风常年不断，温和多雨，在正常天气条件下，瞬时风速也可达到16 m/s，

* 陈斌，1970年出生，项海帆教授2001级博士研究生，论文题目“识别气动参数的测压法试验研究”。

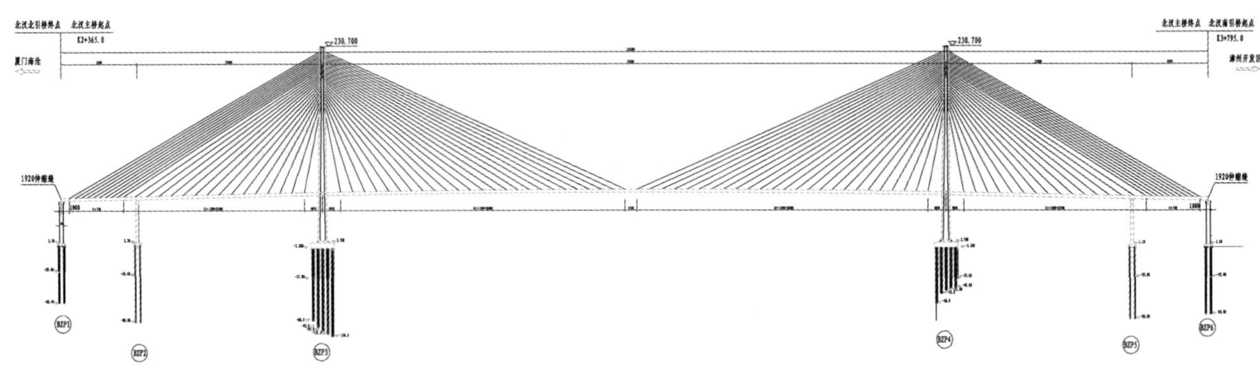

图 1　厦漳跨海大桥北汊主桥总体布置图

常向主导风为东北风。该地区经常遭受台风袭击，每年平均 4、5 次，且多集中在 7—9 月。因此，无论从桥型、地貌，抑或风环境来衡量都非常适于沿海地区桥梁抗风方面的现场研究。

2.2　风速测量系统

风速测量是利用大桥健康监测系统的风速仪进行的，图 2 分别是位于塔顶和主梁跨中的超声风速仪。

(a) 塔顶风速仪

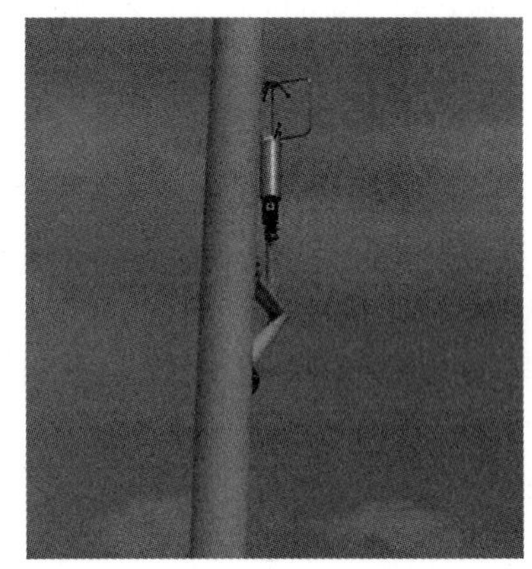

(b) 跨中风速仪

图 2　风速监测仪器

2.3　风压测点布设方案

表面风压测量采用压差式传感器，测量端口布设为桥面检修道处、风嘴与斜腹板相交处、斜腹板与梁底相交处、检修车轨道处等，风场变化敏感部位布设较稠密，斜腹板中部、梁底中部等部位布设稀疏，以加劲梁中线为轴对称布置；参考风压端全部连通，最终出口在桥面上的一个固定位置。

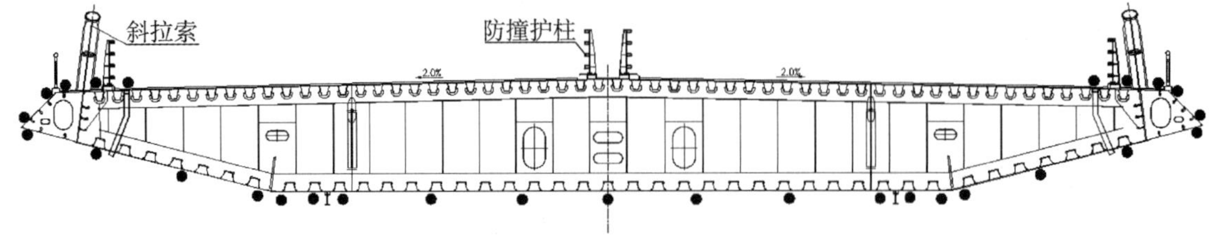

图 3　风压测点横断面布置示意图

2.4　风压测量系统情况

风压测点的布置细节如图 4 所示。

对于各进风口，分别采用了不同的处理方式来消除进风导管自身高度的干扰和防止雨水进入导管。详细如图 5 所示。在室内对上述装置本身的测量干扰进行了测试，结果表明在较低风速下，测量结果对装置自身的干扰不敏感。

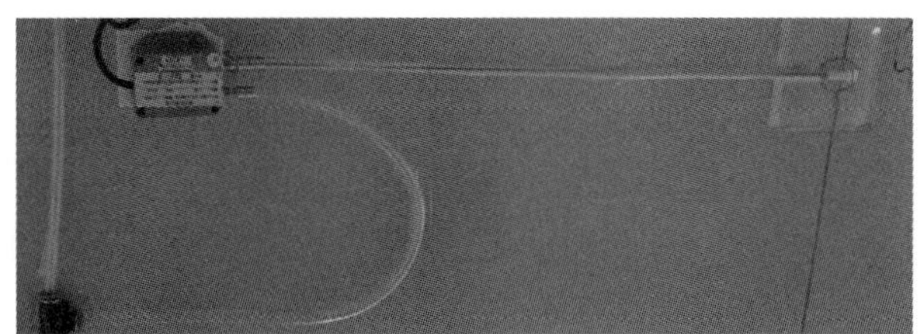

图 4　梁底传感器布置细部

(a) 梁底进风口过渡板

(b) 桥面检修道挡雨装置

(c) 风嘴上斜面挡雨装置

图 5　进风口特殊辅助装置

参考风压端的连通情况及信号电缆的布置情况见图 6,测量信号自动采集,采样频率 10 Hz,测量数据采用人工集中下载和 3G 无线传输两种提取方式,采集仪系统如图 7 所示。

图 6　梁底测量系统布置图

图 7　自动测量采集系统

3　现场实测及分析

3.1　现场数据采集情况

全部监测工作计划分为两个部分,第一是常规气候条件,包括有风无雨和有风有雨两种主要的天气情况。第二是灾害气候条件,包括强风无雨和强风强雨两种天气情况。

从 2013 年 8 月底至 11 月初,实验小组通过纯人工采集的方法,获得了一些有风无雨天气条件下的有效采集数据,一共 214 组,风速涵盖了 0～12.7 m/s (10 min 时距的平均风速)的范围。2014 年 8 月,全面更新了数据采集系统和部分更新了测量元器件后,重点监测有风有雨和台风天气的情况。

3.2　风压数据分析

首先,我们对比了从陆地和海上来风的情况:

陆地来风:10 min 平均风速 5.86 m/s,风偏角约 20°。风压分布见图 8。

海上来风:10 min 平均风速 5.88 m/s,风偏角约 5°。风压分布见图 9。

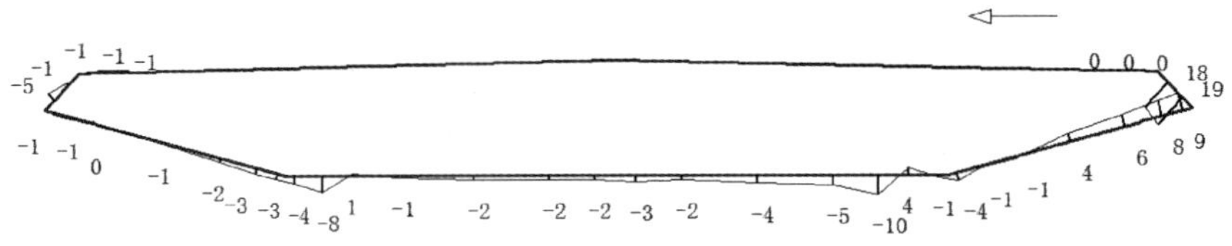

图 8 陆地来风风压分布(单位:Pa)

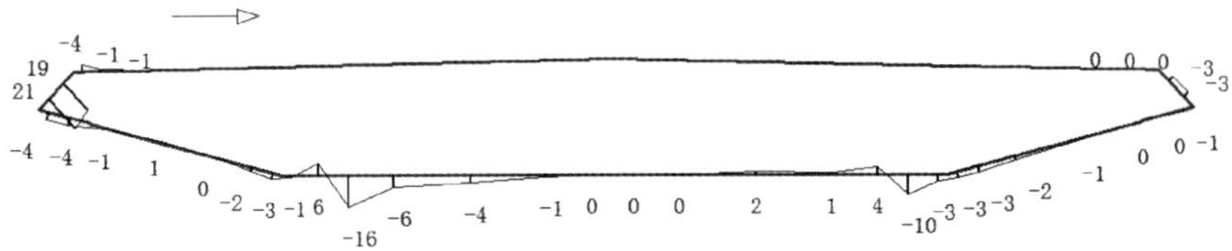

图 9 海上来风风压分布(单位:Pa)

不同风向下,对于钢箱梁横截面表面,陆上来风由右到左的分布规律和海上来风由左到右的分布规律变化趋势相似,气流分离点、再附着点的位置相同,首先证明了整个测量系统工作正常,同时也表明在常规天气下,对于钢箱梁所在位置的近 60 m 高空,较低风速下的陆地来风和海上来风的风压分布规律是没有本质区别的。

其次,分析了台风天气的情况。

2014 年 9 月,台风“海鸥”从菲律宾北部直线移动到我国海南省登陆,由于厦门远离台风中心,因此仅受到外围台风的影响,其代表性的测量情况为:

台风:10 min 平均风速 11.83 m/s,风偏角约 0°,风攻角约+10°。风压分布见图 10。

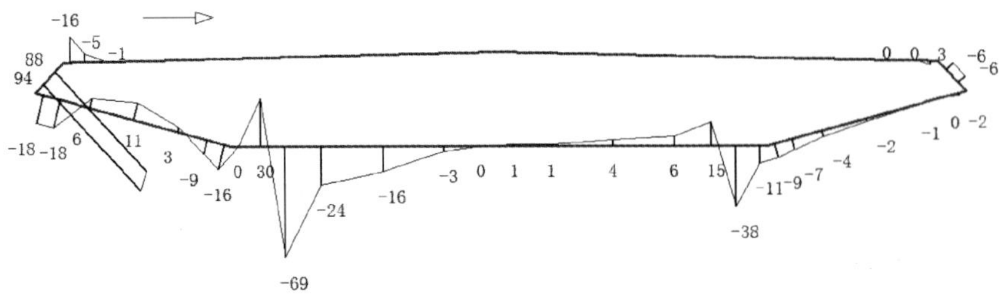

图 10 台风风压分布(单位:Pa)

从图 10 可见,在一些风压变化敏感位置,风压值增幅巨大,对比图 9 的情况,可以看出:①风压正负分布区域和常规天气情况基本相同;②风压值和风速值的增加并不是明显的平方关系;③台风来流普遍具有较大的正攻角。

4 与 CFD、风洞试验对比分析

4.1 与 CFD 结果对比

对于另外一组测量结果:10 min 风速为 10.7 m/s,风攻角为+10.0°的情况,我们进行了 CFD 模拟计算对比(图 11),发现:

(1) 在钢箱梁底板,实测风压值与计算值无论是从正负压区分布规律还是值的大小,都极其相似;

(2) 在背风侧钢箱梁斜底板和风嘴上的实测风压值与计算值正负压区分布规律相同,但实测值远小于计算值;

(3) 在迎风侧钢箱梁斜底板和下风嘴上的实测风压值与计算值正负压区分布规律不同,风压值相差甚远,怀疑是由于风嘴上斜板较下斜板多出了约 1 cm(实桥尺寸)的一个“檐”造成的;

(4) 两边桥面检修道实测风压值与计算值分布规律相同,只是实测值的量值远小于计算值,其原因可能是因为栏杆模拟差异造成的。

4.2 与风洞试验对比

选取了一组风攻角较小的测量结果(10 min 平均风速 10.2 m/s,风偏角约 40°,风攻角 1.7°)和风洞实验室的大比例节段模型测压实验结果进行类比(图 12、图 13),发现两种结果在梁底的分布规律上存在较大差异,特别是背风侧。

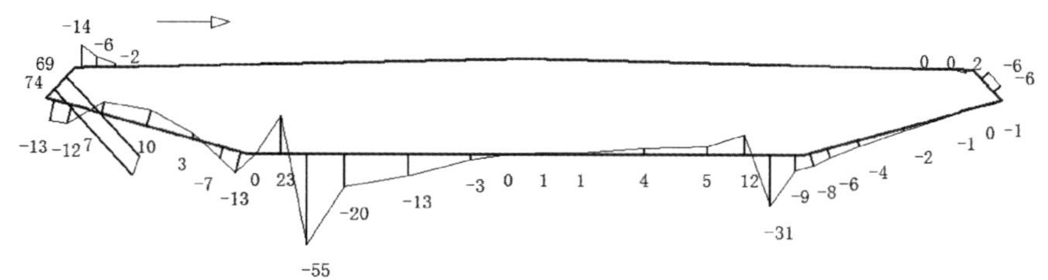

(a) 实测风压分布

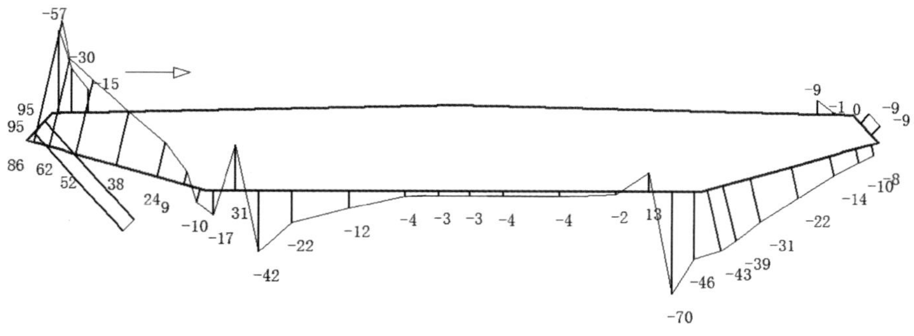

(b) CFD 风压分布

图 11 实测情况与 CFD 计算结果对比图（单位：Pa）

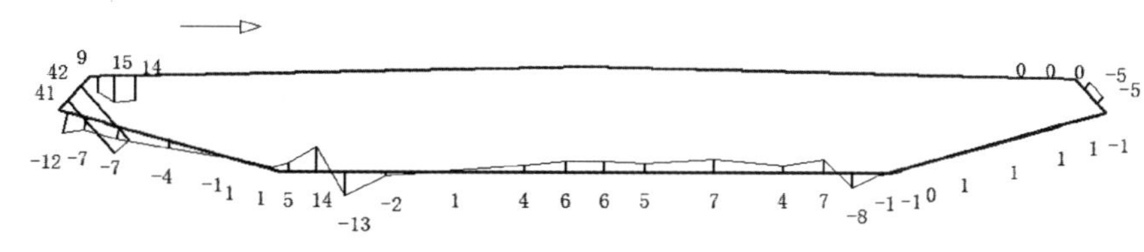

图 12 现场实测风压分布(Pa)

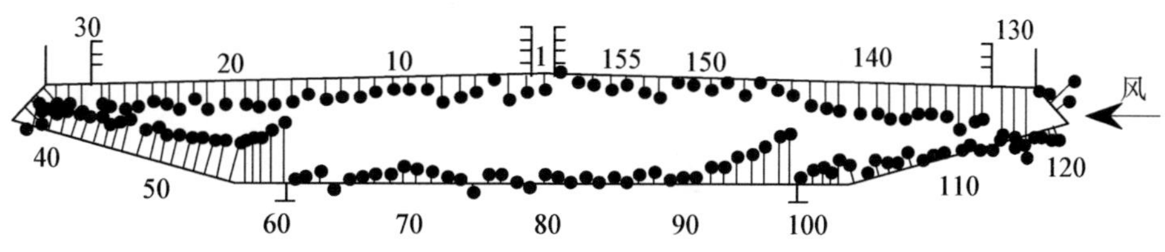

图 13 风洞试验风压系数图(向内为负压)（单位：Pa）

5 结论

本文以交通运输部《特大型桥梁风、雨作用监测与模拟技术研究》项目选取的厦漳跨海大桥北汊主桥为对象，设计安装了一套主梁外表面风压现场测量系统，采集了部分有风无雨工况下的风压数据，进行了初步的分析，得到以下结论：

(1) 台风对钢箱梁表面风压值的增加是剧烈的，其迎风侧来流存在较大正攻角。

(2) 现有 CFD 技术已具备正确反映实际桥梁表面压力分布情况的能力，对于截面上附属构造较多的截面，准确的数值模拟还不够，但对于施工状态则可以得到较满意的结果。

(3) 现场实测的风压分布情况和风洞实验室内的测量情况存在较大差异，反映了采用测压法进行桥梁节段模型风洞实验仍需进行进一步的研究。

可以预见，以 CFD 技术为基础的“数值风洞”与现场实测研究的结合，将会成为桥梁风工程研究的一种有效的手段。

6 后记

回想起进入同济大学，师从项海帆教授学习桥梁抗风已有十几个年头了，犹记得项老师对我们提出的面对国际先进水平的“学习，追赶，超越”三阶段要求，犹记得项老师对桥梁抗风中案例研究的高度重视，以及对现场实测研究的殷切期望。

值得庆幸的是我毕业后有机会以厦漳跨海大桥为背景，进行了一些抗风研究，特别是正在进行的现场实测研究。想在现场实测中获得有用的数据是相当困难的，自然条件、测量手段、人力物力等各方面的制约因素都不断地阻挠着我们的工作，一个又一个的困难与失败都在吹散着我们研究的热情，也正因为项老师的要求时常萦绕在我的耳边，也正因为项老师在指导我论文研究期间，面对科学问题的严谨学风、探索未知领域的无畏作风，给我留下的深刻印象一遍遍浮现在我的脑海，我才能一步一步坚持着走到今天，并向明天迈进。

我所做的这点研究在我国桥梁抗风研究领域如同大海中的一滴水一样微小，但我仍愿以此文感谢项老师对我在桥梁抗风技术领域以及整个学术研究作风的培养！

参考文献

[1] 项海帆，等. 现代桥梁抗风理论研究[M]. 北京：人民交通出版社，2005.
[2] 郭龙. 大跨度桥梁钢箱梁外表面风压实测与研究[D]. 重庆：重庆交通大学，2014.
[3] 郭增伟，赵林，葛耀君，等. 基于桥梁断面压力分布统计特性的抑流板抑制涡振机理研究[J]. 振动与冲击，2012，13(7)：89－94.
[4] 陈斌，等. 厦漳跨海大桥抗风稳定性研究分析与实验研究[R]. 重庆：招商局重庆交通科研设计院有限公司，2009.
[5] 陈政清. 桥梁风工程[M]. 北京：人民交通出版社，2005.

Fatigue Life Estimation of Steel Girder of Yangpu Cable-stayed Bridge due to Buffeting

M. Gu[1], Y. L. Xu[2], L. Z. Chen*[1], H. F. Xiang[1]

(1. Department of Bridge Engineering, Tongji University, Shanghai *200092*, China;

2. Department of Civil and Structural Engineering, The Hong Kong Polytechnic University, Hung Hom, Kowloon, Hong Kong, China)

Abstract

As the main span of modern cable-stayed bridges becomes longer and longer, the buffeting-induced fatigue damage problem of steel girders located in strong wind regions may have to be taken into consideration in the design of the bridge. This paper presents a method in the mixed frequency-time domain for estimating the fatigue life of steel girders of the Yangpu cable-stayed Bridge due to buffeting. In the suggested method, the joint probability density function of wind speed and wind direction at the deck level of the bridge is first established. The power spectra of the critical stress of the girder are then derived from the power spectra of the generalized

1 Introduction

Sudden collapse without any warning of the Point Pleasant suspension Bridge after only 39 years operation in America in 1967 caused the death of 46 persons and shocked the bridge engineering communities around the world. The post-disaster investigation showed that fatigue damage of the critical steel structural member of the bridge due to vehicle loads and wind loads was the direct cause of the accident[1, 2].

Wind-induced vibrations of the bridge deck of a long-span cable-stayed bridge are classified mainly as buffeting due to wind turbulence and self-excited vibration, such as flutter, vortex shedding and galloping. Many efforts have been made in the last two decades to successfully prevent bridge decks from developing flutter instability and to significantly reduce vortex shedding response through the optimization of deck cross-section and/or the installation of aeroelastic devices. The buffeting response of a bridge deck, however, increases considerably as the main span of the bridge lengthens[3]. The buffeting response also appears within a wide range of wind speeds and lasts for almost the whole design life of the bridge. Thus, frequent occurrence of buffeting response of relatively large amplitude may cause fatigue damage to steel girders or other steel structural members of a long-span cable-stayed bridge.

The detailed analysis of fatigue life due to buffeting was performed for the Normandy cable-stayed Bridge in France [4]. The analytical results indicated that buffeting-induced fatigue damage to the Normandy Bridge was small within the design life of the bridge. However, in the analysis the

* 陈礼忠，1971 年出生，项海帆教授 1993 级硕士研究生，论文题目“大跨度桥梁抖振疲劳分析方法的研究”。本文发表于 *Journal of Wind Engineering and Industrial Aerodynamics* 1999 年第 80 卷，第 383—400 页。

coordinates of the bridge for different wind speeds and wind directions. The derived stress spectra are no longer a narrow spectrum when the background component of stress response is included. Thus, the time histories of the critical stress are simulated from their power spectra and the stress cycle distributions are estimated in terms of rainflow count method. The formulae derived based on the modified Miner law and the random vibration theory are finally used for estimating the fatigue life of the bridge girder. The results show that the effects of wind direction on the fatigue life of the Yangpu Bridge are significant. The predicted fatigue life due to buffeting is much longer than the design life of the bridge.

Keywords Long-span bridge; Steel girder; Buffeting; Fatigue life estimation; Mixed frequency-time domain; Rainflow count method

background component of the buffeting response, a random process with a wideband frequency spectrum, was neglected. Consequently, the buffeting response of the bridge was treated as a narrow-band random process. The effects of wind direction on the buffeting response were also not taken into consideration in the analysis.

This paper presents a method in the mixed frequency-time domain for estimating fatigue life of the steel girders of the Yangpu cable-stayed Bridge due to buffeting, taking into consideration the effects of wind direction and the background component of the buffeting response on the critical stress.

2 Joint Probability Density Functions of Wind Speed and Wind Direction

The Yangpu cable-stayed Bridge [Fig. 1(a)] is located in the downtown area of Shanghai, China, a typhoon prone area. The full length of the bridge is 1 158 m whereas the main span of the bridge is 602 m. The bridge deck is a composite structure consisting of two steel girders and reinforced concrete plates that carry vehicles [Fig. 1(b)]. The width of the bridge deck is 32.5 m. The first vertical, horizontal, and torsional frequencies are computed as 0.273 2, 0.213 0, and 0.509 6 Hz, respectively. Apart from fatigue life estimation of the bridge girders due to vehicles, it was requested by the Management Department of the Yangpu Bridge that the fatigue life of the bridge girders due to buffeting should be estimated.

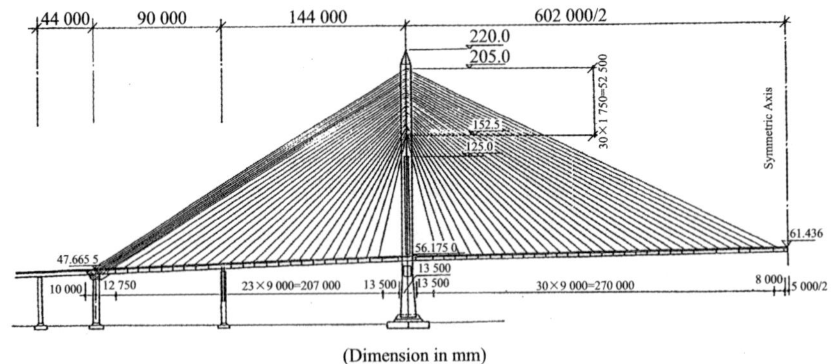

(Dimension in mm)

(a) configuration of Yangpu Bridge: half elevation

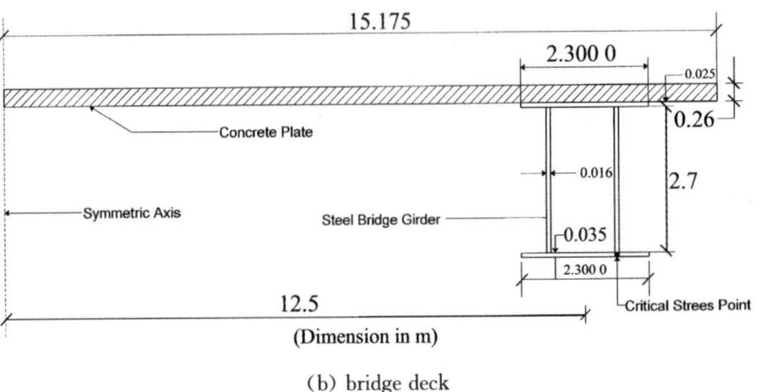

(Dimension in m)

(b) bridge deck

Fig. 1 Configuration of Yangpu Cable-stayed Bridge

To fulfil this task, the joint probability density function of wind speed and wind direction at the deck level of the Yangpu Bridge was developed, based on the wind data recorded at the Shanghai Longhua Meteorological Observatory [5]. The Shanghai Longhua Observatory has recorded the 10 min mean wind speed and wind direction at 10 m height four times per day at 6 h interval for many years. By using the recorded data for the 35 years from 1956 to 1990, the number of wind occurrences for 16 wind direction ranges and 13 wind speed ranges were counted. The joint probability densities over the 208 joint ranges were then calculated according to statistical theory, as plotted in Fig. 2. Fig. 3 shows the probability density function of the mean wind speed for a particular wind direction.

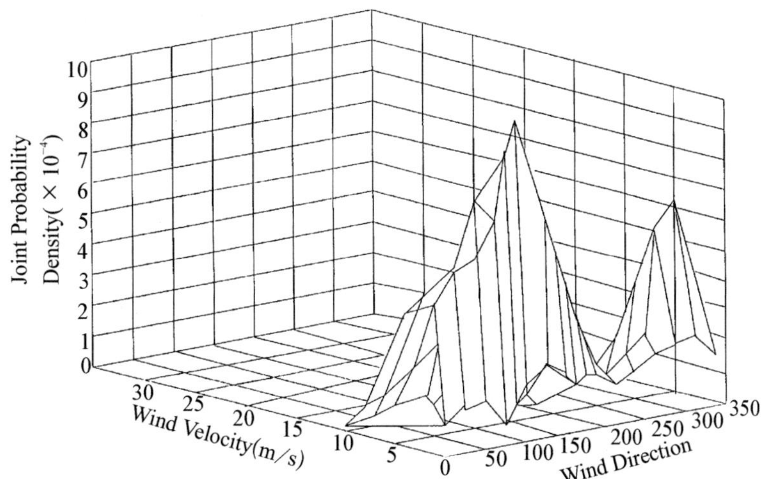

Fig. 2 Joint Probability Density Function of Wind Velocity and Wind Direction in Shanghai

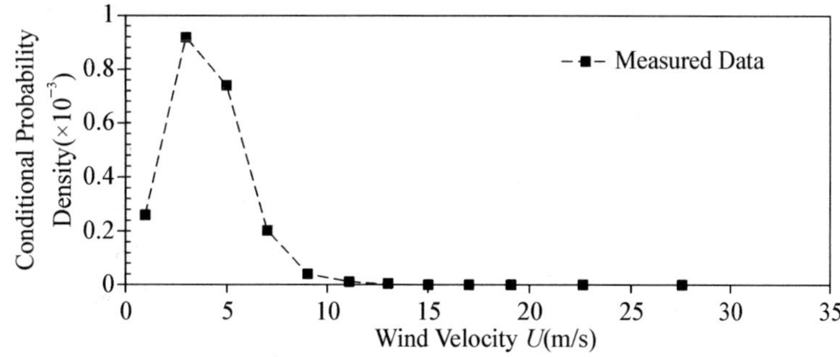

Fig. 3 Conditional Probability Density Function of Wind Velocity at Wind Direction of 90°

For the purpose of late fatigue life estimation, the joint probability density function of wind speed and wind direction should be mathematically expressed based on the measured discrete joint probability density function. Since the densities of the mean wind speed exceeding 7 m/s are much less than those below 7 m/s, the Weibull distribution has been proved to be unsatisfactory for these wind data, especially for the higher wind speeds which have great effect on the fatigue life, and the curve-fitting technique was applied to the two separated wind speed ranges and gave the following approximate joint probability density functions:

$$p(U,\alpha)=\frac{C_1}{3.8}\left(\frac{C_2U+C_3}{3.8}\right)^{C_1-1}e^{-[(C_2U+C_3)/3.8]}\times 10^{-3}\quad (U\leqslant 7), \tag{1}$$

$$p(U,\alpha)=C_4e^{-C_5(U-7)}\times 10^{-5}\quad (U\leqslant 7) \tag{2}$$

Table 1　The Parameters in the Joint Probability Density Function of Wind Speed and Wind Direction in Shanghai

<table>
<tr><th>α</th><th>C1</th><th>C2</th><th>C3</th><th>C4</th><th>C5</th></tr>
<tr><td>0.0</td><td rowspan="6">$4.670+0.045\,24\alpha$</td><td rowspan="8">$0.405-0.001\,37\alpha$</td><td rowspan="7">$2.048+0.006\,95\alpha$</td><td rowspan="4">$13.525+0.188\,86\alpha$</td><td rowspan="2">$0.765+0.001\,10\alpha$</td></tr>
<tr><td>22.5</td></tr>
<tr><td>45.0</td><td>$0.880-0.004\,00\alpha$</td></tr>
<tr><td>67.5</td><td rowspan="2">$0.549-0.003\,30\alpha$</td></tr>
<tr><td>90.0</td><td>$40.810-0.215\,30\alpha$</td></tr>
<tr><td>112.5</td><td rowspan="4">$15.461+0.066\,31\alpha$</td><td rowspan="2">$1.042-0.002\,15\alpha$</td></tr>
<tr><td>130.0</td><td rowspan="6">$17.720-0.070\,76\alpha$</td></tr>
<tr><td>150.0</td><td rowspan="5">$6.373-0.026\,32\alpha$</td><td rowspan="3">$0.175+0.005\,97\alpha$</td></tr>
<tr><td>157.0</td><td rowspan="4">$-1.628+0.012\,19\alpha$</td></tr>
<tr><td>180.0</td><td rowspan="2">$108.990-0.527\,51\alpha$</td></tr>
<tr><td>202.5</td><td rowspan="2">$0.979-0.000\,44\alpha$</td></tr>
<tr><td>225.0</td><td rowspan="2">$1.699+0.002\,31\alpha$</td></tr>
<tr><td>260.0</td><td rowspan="4">$10.000+0.052\,44\alpha$</td><td rowspan="3">$3.361-0.011\,19\alpha$</td><td rowspan="3">$-6.121+0.029\,21\alpha$</td><td rowspan="2">$2.272-0.006\,20\alpha$</td></tr>
<tr><td>292.5</td><td rowspan="2">$-145.250+0.567\,50\alpha$</td></tr>
<tr><td>300.0</td><td rowspan="3">$-0.856+0.004\,50\alpha$</td></tr>
<tr><td>315.0</td><td rowspan="2">$-0.375+0.002\,17\alpha$</td><td rowspan="2">$5.618-0.009\,92\alpha$</td><td rowspan="2">$82.375-0.191\,30\alpha$</td></tr>
<tr><td>360.0</td><td>$19.470-0.041\,00\alpha$</td></tr>
</table>

where U is the mean wind speed, α is the wind yaw angle, i. e., the wind direction in the horizontal plane and all the parameters C_i ($i=1, 2, 3, 4, 5$) are functions of wind direction and are as listed in Table 1.

The above joint probability density function of wind speed and wind direction should be converted from the Shanghai Longhua Meteorological Observatory to the deck level of the Yangpu Bridge for the purpose of fatigue damage estimation. The variations of wind direction at the bridge site are assumed to be the same as those at the Longhua Observatory, but the wind speed at 10 m height at the Longhua Observatory should be converted to that at the deck level of the Yangpu Bridge using the following equation:

$$U(z_b)=\left(\frac{z_b}{z_{gb}}\right)^{\alpha_b}\left(\frac{z_{go}}{z_o}\right)^{\alpha_o}U(z_o) \tag{3}$$

where $U(z_b)$ and $U(z_o)$ are the mean wind speeds at the deck level z_b (60 m high above the sea level) of the bridge and at the height z_o (10 m high above the ground level) at the Longhua Observatory, respectively, z_{gd} and α_b are the gradient height of wind speed and the exponent of mean wind speed profile at the site of the bridge, respectively, and z_{go} and α_o are the same quantities but at the site of the Longhua Observatory.

According to the Chinese Loading Code [6], z_{go} and α_o are taken as 350 m and 0.16, respectively, for the site at the Longhua Observatory. z_{gb} and α_b are taken as 400 m and 0.20 for the site at the bridge, respectively.

3　Determination of the Maximum Mean Wind Speed

When the above joint probability density function is used to estimate the fatigue life of the bridge girder, the maximum wind speed U_{max} for a given wind direction should be determined and related to the fatigue life through an interaction. Then, the wind speeds lower than U_{max} for a given wind direction can be decided based on U_{max} and the joint probability density function. Assume that the fatigue life of the bridge girder is T_0 years and the number of wind records per year is n_0.

The number of wind records within the wind direction range $[\alpha_j, \alpha_{j+1}]$ during the fatigue life T_0 is calculated as:

$$N_j = T_0 n_0 \int_{\alpha_j}^{\alpha_{j+1}} \left[\int_0^{\infty} p(U, \alpha) dU\right] d\alpha \tag{4}$$

Within this wind direction range, the probability of the wind speed lower than the maximum wind speed $U_{\max}$ can be estimated as:

$$P_0 = \left(1 - \frac{1}{N_j}\right) \int_{\alpha_j}^{\alpha_{j+1}} \left[\int_0^{\infty} p(U, \alpha) dU\right] d\alpha \tag{5}$$

Substituting Eq. (4) into Eq. (5) yields:

$$P_0 = \int_{\alpha_j}^{\alpha_{j+1}} \left[\int_0^{\infty} p(U, \alpha) dU\right] d\alpha - \frac{1}{T_0 n_0} \tag{6}$$

The probability of the wind speed lower than the maximum wind speed $U_{\max}$ within the wind direction range $[\alpha_j, \alpha_{j+1}]$ can be also calculated by:

$$P_0 = \int_{\alpha_j}^{\alpha_{j+1}} \left[\int_0^{U_{\max}} p(U, \alpha) dU\right] d\alpha \tag{7}$$

From Eqs. (6) and (7), one obtains:

$$\int_{\alpha_j}^{\alpha_{j+1}} \left[\int_{U_{\max}}^{\infty} p(U, \alpha) dU\right] d\alpha = \frac{1}{T_0 n_0} \tag{8}$$

The use of Eq. (8) gives the maximum wind speed $U_{\max}$ for a given wind direction range corresponding to the return period of T_0 years.

4 Buffeting Response of Bridge Girder as a Function of Wind Direction

The buffeting response of a bridge deck usually includes lateral response, vertical response, and torsional response. Since the lowest torsional natural frequency of the Yangpu Bridge is much larger than the first a few vertical and lateral frequencies, the torisonal buffeting response is less than 5% of the vertical and lateral buffeting responses[7], and the fatigue stress caused by torsional motion is rather small and has almost no effect on the fatigue life of the bridge girder.

By ignoring the torsional vibration and the aeroelastic coupling between the vertical and lateral motions, the uncoupled differential equations governing the ith vertical motion and the jth lateral motion of the bridge deck (bridge girder) can be written as follows:

$$M_i[\ddot{\xi}_i(t) + 2\zeta_i\omega_i\dot{\xi}_i(t) + \omega_i^2\xi_i(t)] = q_{aei} + q_{bi} \tag{9}$$

$$M_j[\ddot{\eta}_j(t) + 2\zeta_j\omega_j\dot{\eta}_j(t) + \omega_j^2\eta_j(t)] = q_{aej} + q_{bj} \tag{10}$$

where ξ_i and η_j are the ith vertical and jth lateral generalized coordinates of the bridge girder, respectively; q_{aei} and q_{bi} are the ith vertical generalized aeroelastic force and buffeting force, respectively; q_{aej} and q_{bj} are the jth lateral generalized aeroelastic force and buffeting force; M_i and M_j are the ith vertical and the jth lateral generalized masses, respectively; ω_i and ω_j are the ith vertical and the jth lateral natural frequencies, respectively; and ζ_i and ζ_j are the ith vertical and the jth lateral modal damping ratios, respectively.

The generalized aeroelastic forces and buffeting forces can be determined following the work of Scanlan and co-workers [8–10] and Davenport[11]. From further reference to the work related to buffeting response to wind with yaw angle [12] as well as random vibration theory, the response spectra and the standard deviation of the responses in the generalized coordinates are obtained as follows:

For the ith vertical generalized coordinate, the response spectrum is:

$$S_{\xi i}(\omega) = \left[\frac{\rho(U\cos\alpha)B}{M_i}\right]^2 |H_{hi}(\omega)|^2 |J_{hi}(\omega)|^2 S_L(\omega) \tag{11}$$

and the standard deviation is:

$$\sigma_{\xi} = \left[\int_0^{\infty} S_{\xi}(\omega) d\omega\right]^{\frac{1}{2}} \tag{12}$$

Obviously, both the resonance and background components of the response are included.

For the jth lateral generalized coordinate, the response spectrum is:

$$S_{\eta j}(\omega) = \left[\frac{\rho(U\cos\alpha)B}{M_j}\right]^2 |H_{pj}(\omega)|^2 |J_{pj}(\omega)|^2 S_D(\omega) \tag{13}$$

and the standard deviation is:

$$\sigma_{\eta j}=\left[\int_0^{\infty}S_{\eta j}(\omega)\mathrm{d}\omega\right]^{\frac{1}{2}} \tag{14}$$

where ρ is the air density, and B is the bridge deck width. $H_{hi}(\omega)$ and $H_{pj}(\omega)$ are the ith vertical and the jth lateral frequency-response functions including wind-structure interaction:

$$|H_{hi}(\omega)|^2=\frac{1}{(\tilde{\omega}_{hi}^2-\omega^2)^2+4\tilde{\zeta}_{hi}^2\tilde{\omega}_{hi}^2\omega^2} \tag{15}$$

$$|H_{pj}(\omega)|^2=\frac{1}{(\tilde{\omega}_{pj}^2-\omega^2)^2+4\tilde{\zeta}_{pj}^2\tilde{\omega}_{pj}^2\omega^2} \tag{16}$$

where $\tilde{\omega}_{hi}$ and $\tilde{\zeta}_{hi}$ are the ith vertical natural frequency and damping ratio including the aeroelastic stiffness and damping. $\tilde{\omega}_{pj}$ and $\tilde{\zeta}_{pj}$ are the same quantities but for the jth lateral mode of vibration. $J_{hi}(\omega)$ and $J_{pj}(\omega)$ are the ith vertical and the jth lateral acceptance functions:

$$|J_{hi}(\omega)|^2=\int_0^L\int_0^L H_i(x_1)H_i(x_2)\mathrm{e}^{-(\lambda\omega/2\pi U\cos\alpha)|x_1-x_2|}\mathrm{d}x_1\mathrm{d}x_2 \tag{17}$$

$$|J_{pj}(\omega)|^2=\int_0^L\int_0^L P_j(x_1)P_j(x_2)\mathrm{e}^{-(\lambda\omega/2\pi U\cos\alpha)|x_1-x_2|}\mathrm{d}x_1\mathrm{d}x_2 \tag{18}$$

where $H_i(x)$ and $P_j(x)$ are the ith vertical and the jth lateral modes of vibration; λ is the parameter reflecting the spatial correlation of fluctuating wind velocity. $S_L(\omega)$ and $S_D(\omega)$ are the power spectra of lift and drag force equivalents:

$$S_L(\omega)=C_L^2[S_u(\omega)\cos^2\alpha+S_v(\omega)\sin^2\alpha]+\frac{1}{4}\left(C_L'+\frac{A}{B}C_D\right)^2S_w(\omega) \tag{19}$$

$$S_D(\omega)=\left(\frac{A}{B}\right)^2C_D^2[S_u(\omega)\cos^2\alpha+S_v(\omega)\sin^2\alpha] \tag{20}$$

where C_L and C_D are the lift force coefficient and drag force coefficient of the bridge deck, normalized using the bridge deck width B and the bridge deck height A, respectively; C_L' is the first derivative of C_L with respect to wind attack angle β; β is the wind attack angle in the vertical plane; and $S_w(\omega)$, $S_v(\omega)$ and $S_u(\omega)$ are the power spectra of vertical, lateral, and longitudinal components of the fluctuating wind velocity. In deriving Eqs. (19) and (20), the cross-spectra between any two components are neglected.

5 Spectral Relationship between Generalized Coordinates and Critical Stress

The girder of the Yangpu Bridge can be seen as a beam. The normal stress at any point can be determined by:

$$s=\frac{N}{A}+\frac{M_z y}{I_z}+\frac{M_y z}{I_y} \tag{21}$$

where N and M_z and M_y are the axial force and the bending moment about the z-axis (the neutral axis) and the bending moment about the y-axis (the other neutral axis), respectively, in the cross-section where the concerned point is located; I_z and I_y are the second moments of inertia of the girder cross-section with respect to the z-axis and the y-axis, respectively; A is the cross-section area; and y and z are the coordinates of the stress point in the $y-z$ plane.

Assume that the internal force vectors in the bridge girder corresponding to the ith vertical mode of vibration and the jth lateral mode of vibration from the finite element analysis are:

$$\{F_{hi}\}^T=\{F_1^{hi},F_2^{hi},\cdots,F_N^{hi}\}^T \quad \text{and} \quad \{F_{pj}\}^T=\{F_1^{pj},F_2^{pj},\cdots,F_N^{pj}\}^T \tag{22}$$

where N is the total number of the internal forces (moments) of the bridge girder. The vector of the total internal forces of the girder from all concerned modes of vibration is therefore:

$$\{F\}^T=\sum_i\{F_{hi}\}^T+\sum_j\{F_{pj}\}^T \tag{23}$$

The stress at any point in the cross-section can be determined by:

$$s=\{G\}\{F\}^T \tag{24}$$

where $\{G\}$ is the geometry vector for the cross-section, defined as:

$$\{G\}=\{G_1,G_2,\cdots,G_N\} \tag{25}$$

where $G_i=1/A$, $G_j=y/I_z$, $G_k=z/I_y$, and $G_m=0$(m

$= 1, 2, \cdots, N; m \neq i, j, k$). G_i, G_j, and G_k correspond to the axial force, the bending moment about the z-axis, and the bending moment about the y-axis in the cross-section.

The substitution of Eq. (23) into Eq. (24) yields:

$$s = \sum_i s_{hi} + \sum_j s_{pj} \tag{26}$$

where s_{hi} and s_{pj} are the stress at the concerned point in the section attributed to the ith vertical mode of vibration and the jth lateral mode of vibration, respectively. They can be expressed as:

$$s_{hi} = \{G\}\{F_{hi}\}^{T} \tag{27}$$

$$s_{pj} = \{G\}\{F_{pj}\}^{T} \tag{28}$$

From the random vibration point of view, if the coupling effects between any two modes on the stress are small and may be neglected, the power spectrum of the stress response can be obtained as:

$$S_s(\omega) = \sum_i S_{s_{hi}}(\omega) + \sum_j S_{s_{pj}}(\omega) \tag{29}$$

where $S_{s_{hi}}(\omega)$ and $S_{s_{pj}}(\omega)$ are the power spectra of the stress attributed to the ith vertical mode of vibration and the jth lateral mode of vibration, respectively. It will be shown below that these power spectra are actually functions of the power spectra and standard deviations of the generalized coordinates as well as the structural parameters. The following derivation is for the ith vertical mode of vibration only.

According to the random vibration theory, the autocorrelation function of the stress attributed to the ith vertical mode, $s_{hi}(t)$, is:

$$R_{s_{hi}}(\tau) = E[s_{hi}(t) s_{hi}(t+\tau)] \tag{30}$$

where $E[\ \ ]$ is the expected value, and τ is the time delay. The internal force vector in the ith vertical mode of vibration can be also determined by:

$$\{F_{hi}(t)\}^{T} = \xi_i(t)[K]\{H_i\}^{T} \tag{31}$$

where $[K]$ is the stiffness matrix of the bridge girder.

Substituting Eq. (31) into Eq. (27) and then into Eq. (30) yields:

$$R_{s_{hi}}(\tau) = E[\{G\}\xi_i(t)[K]\{H_i\}^{T} \cdot \{G\}\xi_i(t+\tau)[K]\{H_i\}^{T}] \tag{32}$$

or:

$$R_{s_{hi}}(\tau) = \{\{G\}[K]\{H_i\}^{T} \cdot \{G\}[K]\{H_i\}^{T}\} E[\xi_i(t)\xi_i(t+\tau)] \tag{33}$$

This equation can be written as:

$$R_{s_{hi}}(\tau) = r_{hi}^2 R_{\xi_i}(\tau) \tag{34}$$

where:

$$r_{hi} = \{G\}[K]\{H_i\}^{T} \tag{35}$$

and:

$$R_{\xi_i}(\tau) = E[\xi_i(t)\xi_i(t+\tau)] \tag{36}$$

Obviously, the parameter r_{hi} depends on the structural parameters only. Eq. (34) finally gives the relationship of the power spectra between the stress response and the generalized coordinate response corresponding to the ith vertical mode of vibration of the bridge girder:

$$S_{s_{hi}}(\omega) = r_{hi}^2 S_{\xi_i}(\omega) \tag{37}$$

The relationship of the standard deviations between the stress response and the generalized coordinate response for the ith vertical mode is:

$$\sigma_{s_{hi}} = r_{hi}\sigma_{\xi_i} \tag{38}$$

Eq. (37) indicates that the power spectrum of the stress in the ith vertical mode is directly proportional to the power spectrum of the ith vertical generalized coordinate. In a similar way, one can find the relationship of the power spectra between the stress response and the generalized coordinate in the jth lateral mode of vibration:

$$S_{s_{pj}}(\omega) = r_{pj}^2 S_{\eta_j}(\omega) \tag{39}$$

where:

$$r_{pj} = \{G\}[K]\{P_j\}^{T} \tag{40}$$

The relationship of the standard deviation between the stress response and the generalized coordinate in the jth lateral mode is thus:

$$\sigma_{s_{yj}} = r_{pj}\sigma_{\eta j} \tag{41}$$

Finally, the power spectrum of the stress for all the concerned modes of vibration takes the following form:

$$S_s(\omega) = \sum_i r_{hi}^2 S_{\xi i}(\omega) + \sum_j r_{pj}^2 S_{\eta j}(\omega) \tag{42}$$

or:

$$S_s(\omega) = \sum_i \left(\frac{\sigma_{s_{hi}}}{\sigma_{\xi i}}\right)^2 S_{\xi i}(\omega) + \sum_j \left(\frac{\sigma_{s_{yj}}}{\sigma_{\eta j}}\right)^2 S_{\eta j}(\omega) \tag{43}$$

If Eq. (43) is used to obtain the power spectrum of a stress, the standard deviations of the stress response in the ith vertical and the jth lateral modes of vibration can be obtained through the static analysis if the standard deviations of the corresponding acceleration responses at all the nodes of the bridge girder have been determined (see Section 6).

6 Simulation of Stress Cycle Distribution at the Critical Point

To locate the critical stress point, both the standard deviations of the stress responses and the S-N curves should be considered. To find the standard deviations of the stress responses, the standard deviations of the acceleration responses of all nodes of the bridge girder times the corresponding masses can be applied to the bridge girder as external forces for any given mode of vibration, and then a static analysis is carried out. These calculated standard deviations of the stress responses are also used to determine the power spectrum of the stress response as required in Eq. (43). The S-N curve, on the other hand, depends on the material and the structural conditions at the concerned point, which can be found from design handbooks.

Since the background component of the stress response at the critical point due to buffeting is included in this study, the power spectrum of the critical stress is no longer a narrow band spectrum. The time history of the critical stress due to buffeting is thus required in order to find the stress cycle distribution. The time history of the critical stress can be obtained in two ways: one is by direct dynamic analysis from the time history of buffeting loading in the time domain; and the other is by simulation from the stress power spectrum. The pure time-domain analysis is very time consuming and is not practical. The latter simulation technique is thus used in this study. The simulation of the time history of the critical stress from the corresponding power spectrum can be carried out using a series of trigonometric functions, i. e., the time history of the critical stress can be given by:

$$S(t) = \sum (a_k \cos \omega_k t + b_k \sin \omega_k t) \tag{44}$$

where a_k and b_k are both normal random variables independent of each other with zero mean value and the standard deviation σ_k. The standard deviation σ_k is deter-mined by:

$$\sigma_k^2 = S_s(\omega_k)\Delta\omega \tag{45}$$

where:

$$\omega_k = \omega_L + \left(k - \frac{1}{2}\right)\Delta\omega \tag{46}$$

$$\Delta\omega = \frac{\omega_U - \omega_L}{N} \tag{47}$$

where (ω_L, ω_U) is the concerned frequency range and N is the total number of frequency points.

Once the time history of the critical stress is simulated, the rainflow count method is then used to count the number of stress cycles in order to derive the stress cycle distribution, $f_{U,\alpha}(s)$. Since the power spectrum of the critical stress is a function of the mean wind speed U and the wind direction α, the probability density function of the stress cycle amplitude is also a function of these variables. A detailed description of the rainflow count method can be found in Refs. [1, 13].

7 Fatigue Life Estimation of the Bridge Girder

The Palmgren-Miner damage rule is commonly used for fatigue analysis of steel structures[13]. The damage index D can be calculated by:

$$D = N_{\mathrm{T}} \int \frac{f(s)}{N(s)} \mathrm{d}s \tag{48}$$

where s is the stress cycle amplitude; $f(s)$ is the probability density function of the working stress cycle amplitude; $N(s)$ is the total number of stress cycles of amplitude s, that can be sustained before failure, that is, the so-called S - N curve; and N_{T} is the total number of working stress cycles in the fatigue life of the bridge girder. The bridge girder at the critical stress fails if the damage index D exceeds unity or 0. 5 for some cases.

Since the critical stress response in the bridge girder due to buffeting is a function of the mean wind speed and wind direction, Eq. (48) should be rewritten as:

$$D = N_{\mathrm{T}} \int_{s} \int_{u} \int_{\alpha} \frac{1}{N(s)} f_{U,\alpha}(s) p(U, \alpha) \mathrm{d}s \mathrm{d}U \mathrm{d}\alpha \tag{49}$$

The fatigue life of the critical stress in the bridge girder can be calculated in terms of the total number of working stress cycles:

$$L_{\mathrm{F}} = N_{\mathrm{T}} / \Delta t \tag{50}$$

where L_{F} is the fatigue life and Δt is the mean time for one stress cycle. N_{T} and Δt can be obtained from the time history of the critical stress of an adequate length. The substitution of Eq. (50) into Eq. (49) and the conversion of the triple integration into a triple series yields:

$$L_{\mathrm{F}} = \frac{D\Delta t}{\sum_{i=1}^{n} \sum_{j=1}^{m} \sum_{k=1}^{l} (1/N(\bar{s}_i)) f_{\bar{U}_j, \bar{\alpha}_k}(\bar{s}_i) p(\bar{U}_j, \bar{\alpha}_k)(s_i - s_{i-1})(U_j - U_{j-1})(\alpha_k - \alpha_{k-1})} \tag{51}$$

where:

$$\bar{s}_i = (s_{i-1} + s_i)/2, \ \bar{U}_j = (U_{j-1} + U_j)/2, \ \bar{\alpha}_k = (\alpha_{k-1} + \alpha_k)/2 \tag{52}$$

A computer program has been written for estimating the fatigue life of the critical stress in the girder of the Yangpu cable-stayed Bridge according to the suggested procedure. The flow chart of the computer program is shown in Fig. 4. A dynamic finite element model of the bridge is first established. The natural frequencies and mode shapes of the bridge are computed. The first few modal buffeting responses of the bridge girder are then determined, in which a modal damping ratio of 0. 01 is assumed for all the concerned modes, and the aerodynamic force coefficients and flutter derivatives obtained from wind tunnel tests of models of the bridge deck are used [7]. The critical stress point is then identified in terms of the calculated standard deviation stress responses and the S - N curves. For the Yangpu Bridge, it is found that the critical stress point is located at the bottom right corner of the cross-section of the girder near the bridge tower (see Fig. 1b), and the S - N curve suggested by SCI [14] can be applied:

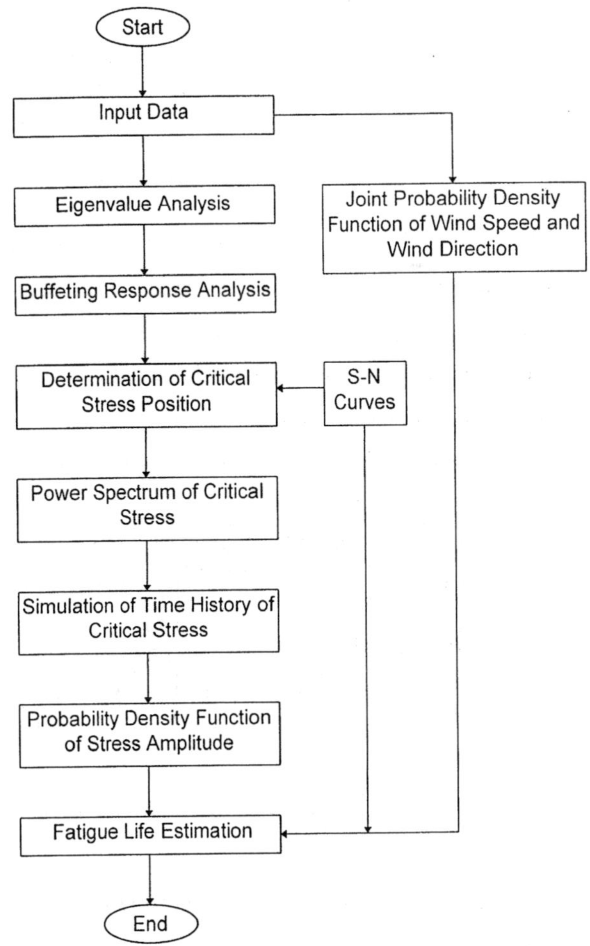

Fig. 4 Flow Chart of Fatigue Life Estimation

$$N(s) = \frac{5.7 \times 10^{11}}{s^{2.97}} \tag{53}$$

After the critical stress point is identified, further detailed calculations of the power spectra and standard deviations of the generalized coordinate responses as well as the standard deviations of the critical stress response are carried out for different wind speeds, different wind directions, and different modes of vibration. Table 2 lists the results obtained for the standard deviation ratios r_{hi} and r_{pj}. The power spectra of the critical stress are then computed for different wind speeds and different wind directions according to Eq. (43). Fig. 5 shows a typical power spectrum of the critical stress for wind normal to the bridge girder and mean wind speed of 30 m/s.

Table 2 The Standard Deviation Ratios r_{hi} and r_{pj} in the Stress Spectrum

Mode of vibration no.	Vertical direction r_{hi}	Lateral direction r_{pj}
First mode	1.875	3.099
Second mode	4.665	1.128
Third mode	8.317	2.207
Fourth mode	8.726	0.162
Fifth mode	10.011	0.078

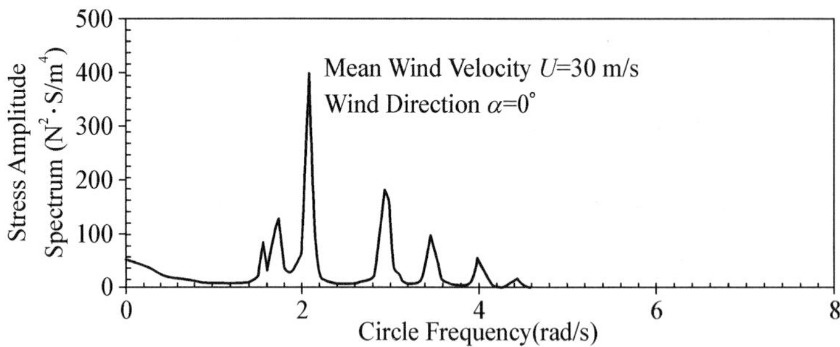

Fig. 5 Typical Power Spectrum of Critical Stress

From the obtained power spectra of the critical stress, the time histories of the critical stress are simulated according to Eq. (44). Fig. 6 displays part of the time history of the critical stress for wind normal to the bridge girder and a mean wind speed of 30 m/s. After that, the rainflow cycle count method is applied to these time histories to obtain the probability density functions for a given wind speed and wind direction.

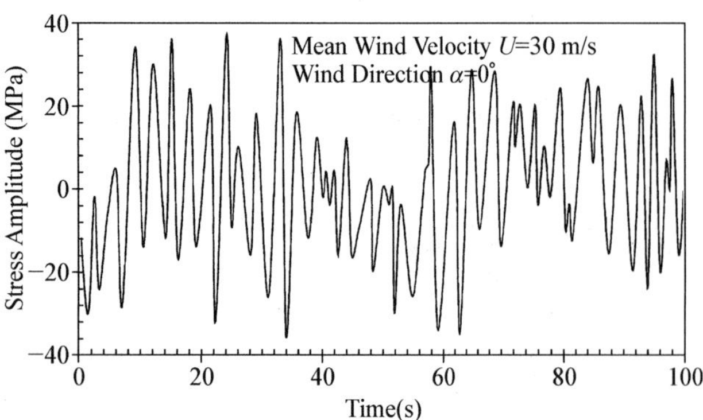

Fig. 6 Part of Time History of Critical Stress

Fig. 7 demonstrates a typical stress cycle histogram given by the rainflow count method from a stress time history of 1 000 s. Combined with the joint probability density function of wind speed and wind direction at the deck level (Table 3) and the S - N curve, the interactive calculation shows that the fatigue life of the bridge girder at the critical stress point is about 500 years, which indicates that buffeting may not

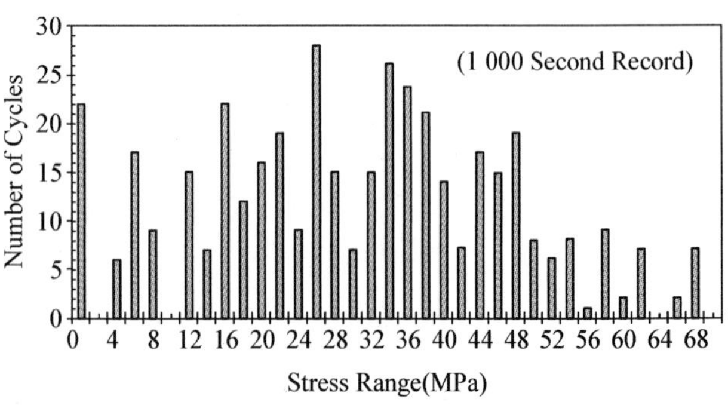

Fig. 7 Histogram of Stress Cycles at the Critical Point Obtained by the Rainflow Count Method

cause any fatigue damage to the bridge during its service life.

Table 3 Joint Probability Density Function at Deck Level (500 years and 90°)

Wind speed range (m/s)	Wind angle range (0°)			
	−11.25, 11.25	11.25, 33.75	33.75, 56.25	56.25, 78.75
0.00, 6.70	0.8045×10^{-1}	0.1662	0.1872	0.1889
6.70, 13.3	0.2384×10^{-1}	0.4903×10^{-1}	0.6148×10^{-1}	0.8315×10^{-1}
13.3, 20.0	0.3007×10^{-2}	0.6521×10^{-2}	0.9549×10^{-2}	0.1006×10^{-1}
20.0, 26.7	0.3003×10^{-3}	0.7706×10^{-3}	0.1579×10^{-2}	0.1388×10^{-2}
26.7, 33.3	0.3018×10^{-4}	0.9873×10^{-4}	0.3064×10^{-3}	0.2139×10^{-3}
33.3, 40.0	0.2665×10^{-5}	0.1291×10^{-4}	0.6238×10^{-4}	0.3358×10^{-4}
40.0, 46.7	0.0000	0.1563×10^{-5}	0.1453×10^{-4}	0.5834×10^{-5}
46.7, 53.3	0.0000	0.0000	0.3392×10^{-5}	0.1132×10^{-5}

The method used for estimating the fatigue life of the Normandy Bridge was also used to estimate the fatigue life of the Yangpu Bridge. The estimated fatigue life of the Yangpu Bridge is about 310 years. This is mainly because the effects of wind direction on buffeting-induced stress response were neglected.

It should be pointed out that apart from wind loading, other loadings, such as vehicle loads, will also cause fatigue damage to the bridge girder. Thus, the fatigue life due to wind loading estimated previously is not the real fatigue life of the bridge. Only when all fatigue loadings are taken into consideration and all individual fatigue damages are properly combined, can the real fatigue life of the bridge be estimated. The discussion on this subject is, however, beyond this study.

8 Concluding Remarks

A method in the mixed frequency-time domain has been developed for estimating the fatigue damage of the steel girder of the Yangpu cable-stayed Bridge due to buffeting. The joint probability density function of wind speed and wind direction at the site of the bridge is first established. The relationship between the power spectrum of the critical stress in the girder and the power spectra of the generalized coordinates of the bridge is then found. Since the derived stress spectrum is no longer a narrow spectrum when the background component of incident turbulence is included, the time histories of the critical stress are simulated from its power spectra and the stress cycle distributions are estimated by means of the rainflow count method. The formulae derived based on the modified Miner law and the random vibration theory are finally used for estimating the fatigue life of the bridge girders. The results show that the effects of wind direction on the fatigue life of the Yangpu Bridge are significant. The predicted fatigue life due to buffeting is much longer than the design life of the bridge. The suggested method can also be applied to other long-span cable-supported bridges.

9 Acknowledgements

This project is supported by the National Science Foundation for the Outstanding Youth, which is gratefully acknowledged.

References

[1] Fuchs H O, Stephens R I. Metal Fatigue in Engineering [M]. New York: Wiley, 1980.

[2] Rolf S T, Barsom J M. Fracture and Fatigue Control in Structures-Application of Fracture Mechanics [M]. Englewood Cliffs, NJ: Prentice - Hall Inc, 1977.

[3] Wardlaw R L. The Improvement of Aerodynamic Performance [M]// Larsen A (Ed.). Aerodynamics of Large Bridges. Rotterdam: Balkema, 1992:59 - 70.

[4] Virlogeux M. Wind Design and Analysis for the Normandy Bridge [M]// Larsen A (Ed.). Aerodynamics of Large Bridges. Rotterdam: Balkema, 1992:183 - 216.

[5] Gu M, Chen L Z, Xiang H F. Joint Probability Density Function of Wind Speed and Wind Direction in Shanghai [J]. Journal of Tongji University, 1996,24 (4):166 - 170(in Chinese).

[6] National Standard of The Peoples Republic of China. GBJ9 - 87 Chinese Code for Loading on Buildings and Structurcs [S]. 1990(in Chinese).

[7] Gu M, Xiang H F. Buffeting Responses of Yangpu Bridge and its Control [J]. Journal of Tongji University, 1993,21(3):307 - 314(in Chinese).

[8] Scanlan R H, Gade R H. Motion of Suspended Bridge Spans under Gusty Wind [J]. Journal of the Structural Division, ASCE, 1977,103 (9):1867 - 1883.

[9] Scanlan R H, Jones N P. Aeroelastic Analysis of Cable-stayed Bridges [J]. Journal of Structural Engineering, ASCE, 1990,116(2):279 - 297.

[10] Jain A, Jones N P. Scanlan R H. Coupled Butter and Buffeting Analysis of Long Span Bridges [J]. Journal of Structural, Engineering, ASCE, 1996, 122 (7): 716 - 725.

[11] Davenport A G. Buffeting of a Suspension Bridge by Storm Winds [J]. Journal of the Structural Division, ASCE, 1962,88 (ST3):233 - 268.

[12] Xie J, Tanaka H, Wardlaw R L, et al. Buffeting Analysis of Long-span Bridges to Turbulent Wind with Yaw Angle [J]. J Wind Eng Ind Aerodyn, 1991,37: 65 - 78.

[13] Lindgren G, Rychlik I. Rainbow Cycle Distributions for Fatigue Life Prediction undcr Gaussian Load Processes [J]. Fatigue and Fracture of Engineering Materials and Structures, 1987,10(3):251 - 260.

[14] Owens G W, Knoeles P R (Eds.), Steel Construction Institute. Steel Designer's Manual [M]. 5th ed. Oxford: Blackwell Scientifical Publications, 1992.

汕头跳水游泳馆屋面风载分布的风洞试验研究

陈 伟* 张 锋 施宗城 林志兴 顾 明

（同济大学土木工程防灾国家重点实验室 中国 上海 200092）

摘 要 在同济大学 TJ-3 边界层风洞中对汕头跳水游泳馆模型在模拟的大气边界层风场中进行了测压试验，得到了这一结构的平均风压系数、最大和最小风压系数分布及对应于 30 年、50 年和 100 年重现期的 3 s 及 100 min 平均的风压值。这些结果不仅可对汕头跳水游泳馆的结构设计提供依据，亦对研究人员认识这类大跨屋盖结构的风荷载特性提供参考。

关键词 风洞试验；风载分布；大跨屋盖；风压测量

基金项目：教育部高等学校骨干教师资助计划项目。

1 引言

大跨屋盖结构是一种风敏感结构，对其风荷载及其响应进行研究，是风工程的主要研究方向之一，亦具有重要的工程应用意义。汕头跳水游泳馆位于汕头市这一台风多发地区，风荷载研究对其结构设计更具重要意义。

静风压和脉动风压测量是研究大跨屋盖结构的风荷载及响应的基础性工作。本文在同济大学 TJ-3 大气边界层风洞中对汕头跳水游泳馆的模型进行了试验，得到了这一结构的风压系数和风压分布。

2 汕头跳水游泳馆及试验模型

汕头跳水游泳馆采用悬索结构，屋面为轻质金属薄膜结构。风洞测压试验模型为一刚体模型，要求具有足够的强度和刚度。根据实际条件，选择模型的几何缩尺比为 1/150。模型与实物在外形上保持几何相似。屋面边缘伸出墙面部分较长，应对其进行上下表面同步测压。为在模型屋面边缘外伸结构内预埋测压管，同时保证屋面形状为双曲面，屋面边缘厚度相似要求略有放松。整个模型屋面结构用有机玻璃制作，屋面边缘部分用曲率相符的 0.5 mm 厚 ABS 板作为下表面蒙皮，屋面以下部分采用 ABS 塑料和有机玻璃制作，具有足够的刚度。图 1 为风洞中模型的照片。

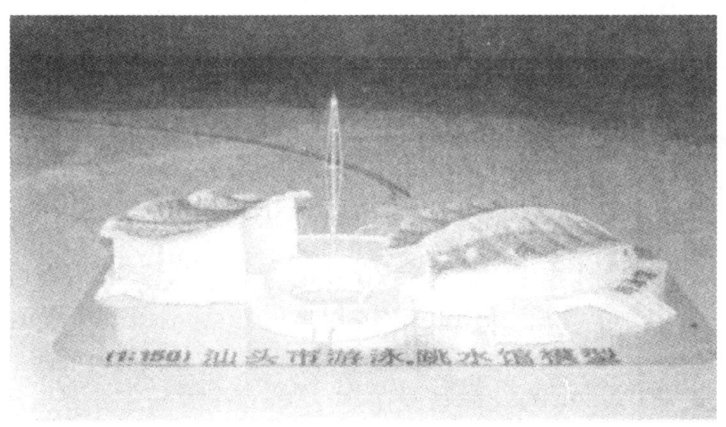

图 1 风洞中的模型

* 陈伟，1960 年出生，项海帆教授 1988 级博士研究生，论文题目“大跨桥梁抖振反应谱研究”。本文曾发表于《建筑结构学报》2001 年第 22 卷第 4 期，第 72—76 页。

汕头跳水游泳馆风洞试验研究的重点内容是薄膜屋面风压分布。游泳馆屋面由14片凹凸双曲面组成，共分为14块区域进行测压。跳水馆屋面由5片凹凸双曲面组成，共分为6块区域进行测压（由于中间一块屋面较大，曲面分为2块区域）。屋面各块区域尺寸大小不一，测点数也各不相同。游泳馆屋面各块区域分别布置了10～15个测点，包括需要上下表面同步测量的屋面边缘测压点44对，屋面的测压孔总数为220个。跳水馆屋面各块区域分别布置了22～36个测点，包括需要上下表面同步测量的屋面边缘测压点42对，屋面共布置了218个测压孔。测点布置如图2所示。

3 风场模拟及试验设备

试验在同济大学土木工程防灾国家重点实验室TJ-3大气边界层风洞中进行。该风洞试验段尺寸为宽15 m、高3 m、长14 m，其规模在同类边界层风洞中居世界第二位。试验风速范围从0.2 m/s到17.6 m/s连续可调。

建筑模型风洞试验要求在风洞中模拟大气边界层流场[1]。汕头跳水游泳馆位于汕头市南滨片区，汕头港海湾南岸，与汕头市市区隔海相望，该地区受台风侵袭频繁。综合考察汕头跳水游泳馆周边地理环境，并根据汕头市气象局提供的有关资料，应考虑B类地貌风场[2,3]和台风型风场。按两个不同方位以1/150的几何缩尺比模拟了这两类风场。以正北方向为0°，按顺时针计：方位角为0°～75°和225°～360°的扇面范围为B类地貌大气边界层风场；方位角为60°～240°的扇面范围为台风型（T形）大气边界层风场，其特点是湍流度较高。汕头跳水游泳馆模型方位及风向如图3所示。风洞中模拟的平均风速剖面、紊流度分布及脉动风速功率谱均和已有的理论结果吻合较好。

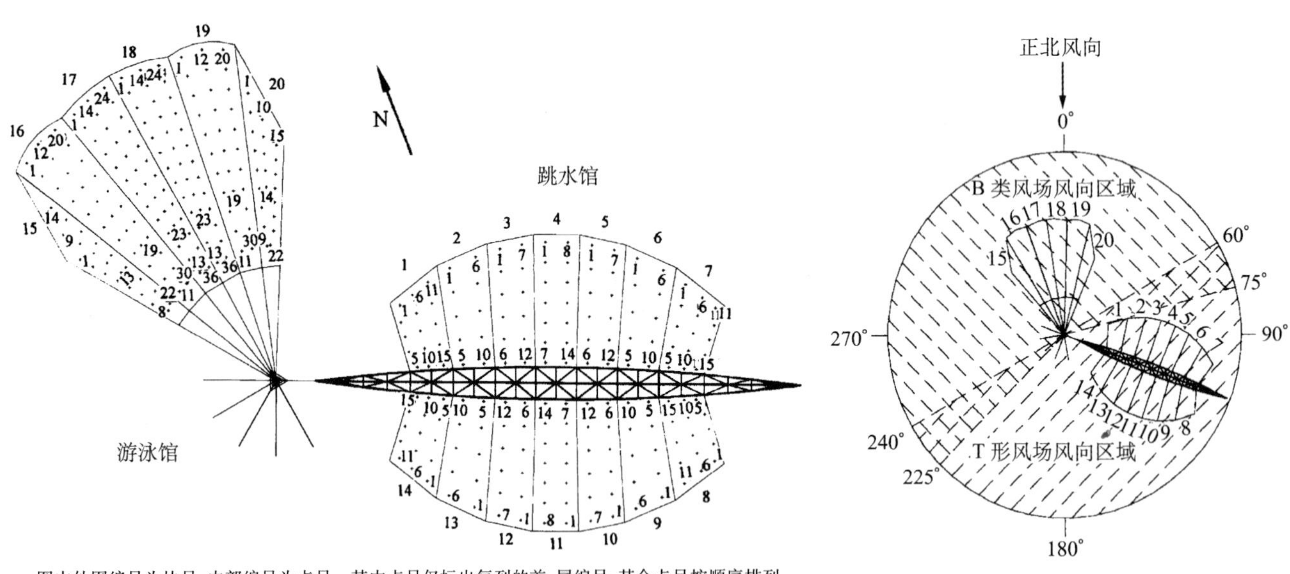

图中外围编号为块号，内部编号为点号。其中点号仅标出每列的首、尾编号，其余点号按顺序排列

图2 汕头跳水游泳馆整体屋面测点编号

图3 汕头跳水游泳馆模型方位及风向示意图

试验风向角间隔取为15°，共有241个风向。以正北为0°，按顺时针方向增加。考虑到两类风场交界处的重叠部分，总共有28个风向角。对于重叠区域，取较大值作为最终结果。试验风速为15 m/s，测压信号采样频率为620 Hz，每个测点采样样本总长度为6 000个数据（约为9.7 s），采样时间间隔约为1.6 ms。

试验仪器主要为美国Scanivalve扫描阀公司的量程为±254 mm水柱（1 mm水柱＝9.81 Pa）的组合式机械扫描阀、A/D数据采集板、PC机，以及自编的信号采集及数据处理软件组成风压测量、记录及数据处理系统。

4 用于屋面设计的风压试验结果

在进行屋面结构设计时，需要用到的是屋面各测点或测点对上的净压差值，即对于屋面边缘部分，将各测压点上下表面同步测压所获得的测点对的两个时域信号相减后得到该测点处的净风压时域信号，再对其进行概率统计分析。对屋面室内部分的外表面单面测点直接进行概率统计分析并考虑适当的内压修正。风压符号的约定为：压力向下或向内为正，向上或向外为负。

4.1 所有风向角中各测点上的最大及最小风压系数

膜屋面室内部分外表面测压点上的净压力系数可按下式再考虑内压修正来计算：

$$C_{Pi}=(P_i-P_\infty)/(P_0-P_\infty) \tag{1}$$

其中 C_{Pi} 为测点 i 处的压力系数，P_i 为作用在测点 i 处的压力，P_0 和 P_∞ 分别是试验时参考高度处的总压和静压。而膜屋面边缘上下表面同步测量的各对测压点上的净压力系数可由式(2)计算：

$$C_{Pi}=(P_{iu}-P_{id})/(P_0-P_\infty) \tag{2}$$

其中 P_{iu} 为作用在测点 i 处的上表面压力，P_{id} 为作用在测点 i 处的下表面压力。

考虑到封闭的玻璃幕墙上若有通气窗开启或者局部玻璃有意外损坏的情况，建筑物内压会有所变化，根据参考文献[4]，取内压系数 ψ 进行修正。于是，对于膜屋面室内部分外表面的测压点，最终采用的平均风压系数应为：

$$C_{P\text{mean}}=(C_{P\text{mean}})_{\text{test}}\pm\psi \tag{3}$$

其中 $(C_{P\text{mean}})_{\text{test}}$ 为试验测得的平均风压系数。对膜屋面边缘上下表面同步测量的测压点，ψ 取为零(无内压)。

最大风压系数 $C_{P\max}$ 和最小风压系数 $C_{P\min}$ 可表示为：

$$C_{P\max}=C_{P\text{mean}}+kC_{P\text{rms}} \tag{4}$$

$$C_{P\min}=C_{P\text{mean}}-kC_{P\text{rms}} \tag{5}$$

其中 $k=3.5$；$C_{P\text{rms}}$ 为脉动压力系数的根方差值。试验结果表明，各测点的 $C_{P\text{rms}}$ 随风向角的变化相对平均风压系数的变化要平缓得多，其值也小得多。

在所有风向角中，对每个测点的平均压力系数，总可以找到一个最大值和一个最小值，分别称为最大平均风压系数 $(C_{P\text{mean}})_{\max}$ 和最小平均风压系数 $(C_{P\text{mean}})_{\min}$；对每个测点的均方根压力系数，总可以找到一个最大值，称为最大均方根风压系数 $(C_{P\text{rms}})_{\max}$；对每个测点的最大和最小风压系数，总可以找到一个最大值和最小值，分别称为最大极值风压系数 $\tilde{C}_{P\max}$ 和最小极值风压系数 $\tilde{C}_{P\min}$。

因篇幅所限，这里仅给出跳水馆和游泳馆的前 10 个最大和最小极值风压系数，列于表 1 中。

表 1 跳水馆和游泳馆屋面上的前 10 个极值风压系数 $\tilde{C}_{P\max}$ 和 $\tilde{C}_{P\min}$

跳水馆				游泳馆			
测点	最大极值风压系数 $\tilde{C}_{P\max}$	测点	最小极值风压系数 $\tilde{C}_{P\min}$	测点	最大极值风压系数 $\tilde{C}_{P\max}$	测点	最小极值风压系数 $\tilde{C}_{P\min}$
17－1	1.01	15－7	－2.36	14－11	0.80	12－1	－1.87
18－24	0.82	15－2	－2.17	2－1	0.68	6－1	－1.71
14－11	0.80	15－6	－2.16	7－11	0.57	3－7	－1.62
16－12	0.68	16－12	－2.16	1－1	0.54	3－1	－1.57
15－1	0.63	16－1	－2.06	8－1	0.54	14－6	－1.49
17－3	0.59	15－8	－2.02	2－2	0.51	6－6	－1.48
19－1	0.58	19－12	－2.01	3－1	0.51	5－7	－1.48
20－1	0.56	15－3	－1.98	2－6	0.49	5－1	－1.47
15－14	0.55	15－5	－1.97	1－11	0.44	4－8	－1.47
1－1，8－1	0.54	15－4	－1.96	2－7，2－8	0.42	4－1，14－11	－1.44

4.2 10 min 和 3 s 平均最大风速下的最大风压和最小风压

在进行建筑结构设计时，常采用 10 min 平均最大风速下的风压值。对应不同重现期下各测点在所有风向角中的最大风压 $P_{\max}$ 和最小风压 $P_{\min}$ 分别由下式计算：

$$P_{max} = (C_{Pmean})_{max} \times P_G \tag{6}$$

$$P_{min} = (C_{Pmean})_{min} \times P_G \tag{7}$$

式中，P_G 为对应于不同重现期的 10 min 平均的梯度风风压，对汕头地区而言，对应于 30 年、50 年和 100 年重现期的梯度风风压值分别为 2.34 kPa、2.53 kPa 和 2.78 kPa。

按照我国玻璃幕墙的有关规范规定，在进行结构的覆面设计时，应采用 3 s 平均最大风速下的风压值。

根据文献[3]，可将 10 min 风速转换为 3 s 风速。进一步可得 3 s 平均最大风速下各测点在所有风向角中的最大风压 P^*_{max} 和最小风压 P^*_{min} 分别为：

$$P^*_{max} = 2.056 \times P_{max} \tag{8}$$

$$P^*_{min} = 2.056 \times P_{min} \tag{9}$$

限于篇幅，本文仅给出跳水馆和游泳馆屋面上前 10 个最不利的 50 年重现期的风压值，如表 2 所示。从试验结果中可以明显地看出负压(吸力)起主导作用。

表 2　跳水馆和游泳馆屋面上的前 10 个最不利风压值 (kPa，50 年重现期)

跳水馆			游泳馆		
测点	10 min 最大平均风速的风压	3 s 最大平均风速的风压	测点	10 min 最大平均风速的风压	3 s 最大平均风速的风压
15−7	−3.86	−7.94	12−1	−2.73	−5.62
16−12	−3.53	−7.27	6−1	−2.58	−5.31
15−2	−3.49	−7.18	4−8	−2.44	−5.01
19−12	−3.44	−7.08	5−7	−2.43	−4.99
15−8	−3.37	−6.94	3−7	−2.41	−4.95
15−6	−3.35	−6.89	3−1	−2.38	−4.88
15−3	−3.33	−6.84	4−1	−2.37	−4.88
15−1	−3.19	−6.57	5−1	−2.34	−4.80
15−4	−3.12	−6.40	6−6	−2.31	−4.74
15−5	−3.08	−6.33	14−6	−2.10	−4.32

跳水馆屋面上对应于 10 min 平均风速的最大负压为 −3.86 kPa，3 s 平均风速的最大负压为 −7.94 kPa (位于第 15 块第 7 测点，风向角为 195°)。10 min 平均风速的最大正压为 1.13 kPa，3 s 平均风速的最大正压为 2.31 kPa(位于第 17 块第 1 测点，风向角为 255°)。

游泳馆屋面上对应于 10 min 平均风速的最大负压为 −2.73 kPa，3 s 平均风速的最大的负压为 −5.62 kPa(位于第 12 块第 1 测点，风向角为 225°)。10 min 平均风速的最大正压为 1.05 kPa，3 s 平均风速的最大正压为 2.16 kPa(位于第 14 块第 11 测点，风向角为 315°)。

从试验结果来看，跳水馆和游泳馆屋面上的风压主要为负压，即向上的压力。对跳水馆而言，最大负压力出现在风向角 195°～225°时迎风悬挑屋盖处(参见图 3)，由屋面上下压差组合而得。而当风向角在 0°～75°时，游泳馆的迎风悬挑屋盖处出现最大负压。这一结果在结构设计中应特别注意。

5　结语

通过对汕头跳水游泳馆模型的测压试验及分析，可以得到如下主要结果：

(1) 汕头跳水游泳馆屋面平均风压一般以负压为主，跳水馆屋面风压普遍大于游泳馆屋面风压。

(2) 最大负压出现在结构屋盖的迎风悬挑处，这一情况在结构设计中应特别注意。

(3) 屋面上的脉动风压系数随风向的变化很小，其值亦较小。

(4) 50 年重现期 10 min 平均最大风速时，相应的跳水馆和游泳馆屋面最大负压分别为 −3.86 kPa 和 −2.73 kPa，最大正压分别为 1.13 kPa 和 1.05 kPa；50 年重现期 3 s 平均最大风速时，相应的跳水馆和游泳馆屋面最大负压分别为 −7.94 kPa 和 −5.62 kPa，最大正压分别为 2.31 kPa 和 2.16 kPa。

(5) 由于试验中只模拟了当前的周边环境，因此严格地讲，本文提供的风荷载只在当前周边环境状况下才是正确的。当周边环境有较大改变时，汕头跳水游泳馆屋面上的风荷载分布也将发生变化，在设计时应考虑这种潜在因素的不利影响。

◇参◇考◇文◇献◇

[1] 施宗城. 中性大气边界层模拟试验调试方法研究[J]. 同济大学学报，1994，22(4)：469－474.

[2] 现行建筑结构规范大全[M]. 北京：中国建筑工业出版社，1991.

[3] 张相庭. 工程结构风荷载理论和抗风计算手册[M]. 上海：同济大学出版社，1990.

[4] American Society of Civil Engineerings Standard. ASCE 7－88 Minimum Design Loads for Buildings and other Structures [S]. ASCE，1988.

桥梁断面颤振导数识别的耦合自由振动方法

丁泉顺* 王 景 朱乐东

（同济大学土木工程防灾国家重点实验室 中国 上海 200092）

摘 要 通过对系统复模态的特征分析发现，只要给定一个折减风速，就可以唯一地确定出系统的振动模态参数；反之，如果已知某一折减风速（或折减频率）时系统的振动模态参数，将可以确定出对应于该折减风速的桥梁断面各颤振导数。基于该思想，建立了从系统振动模态参数确定桥梁断面颤振导数的方法，该方法理论严密，并从根本上克服了现有耦合自由振动颤振导数识别方法存在的缺陷。通过数值算例对该桥梁断面颤振导数识别方法的可靠性和适用性进行了有效的验证，且该识别方法能够对桥面颤振发散后的颤振导数进行识别。

关键词 桥梁断面；颤振导数；耦合自由振动；参数识别

* 丁泉顺，1973 年出生，项海帆教授 1998 级博士研究生，论文题目“大跨度桥梁耦合颤抖振响应的精细化分析”。本文曾发表于《振动与冲击》2012 年第 31 卷第 24 期，第 5—8 页。

1 概述

气动导数是评价桥梁结构颤振稳定性的基础，因而桥梁断面气动导数的提取对于桥梁结构抗风来说是非常重要的[1]。对于非流线形的桥梁断面，其颤振导数一般可通过节段模型试验或 CFD 方法来确定。自由振动法因其实现过程较为简单而被广泛采用，目前最常用的还是具有竖弯和扭转两自由度的桥梁节段模型。

Scanlan 最早提出了分阶段的颤振导数识别方法[1]，即先通过竖弯和扭转的单自由度振动试验识别出直接颤振导数，再用耦合振动试验识别耦合颤振导数。用该方法识别颤振导数的试验工作量较大，且其中耦合颤振导数的识别具有一定的难度。为此，谢霁明提出了桥梁断面气动参数识别的初脉冲耦合振动方法[2]。由于当时他采用的是二元非定常的气动力模型，因而在识别过程中应用了卡尔曼（Kalman）滤波技术。此后，耦合自由振动识别的思想开始被广泛应用于桥梁断面颤振导数的识别，并综合了系统模态参数的时域识别理论和方法。

Sarkar 较早将 ITD 法用于桥梁断面颤振导数的识别，并且引入迭代思想以改善 ITD 法的精度[3]。尽管他提出的识别颤振导数的 MITD 法大大地提高了 ITD 法的精度，但也存在着与 ITD 法同样的问题，即两个时延的取值对识别结果有影响，给识别结果带来了一定的不确定性。日本学者 Yamada[4] 和 Iwamoto[5] 也几乎同时将耦合自由振动方法应用于桥梁颤振导数的识别。Iwamoto[5] 采用强迫振动法对现有耦合自由振动识别方法进行了验证。后来，张若雪[6] 提出了桥梁断面颤振导数识别的总体最小二乘法，该方法用交叉迭代的方式对竖向和扭转响应时程曲线进行非线性—线性总体最小二乘拟合。在此基础上，丁泉顺[7] 对桥梁断面颤振导数识别的总体最小二乘法进行了修正，提高了识别的稳定性和精度。此外，国内研究者还提出将分段扩阶最小二乘迭代算法和快速相关特征系统实现算法等运用于桥梁断面颤振导数的识别[8—10]。

现有耦合自由振动颤振导数识别方法主要存在三个缺陷：一是由于系统（桥梁和自激力）在每级风速下均含有两个频率，相应地存在两个不同的折减风速，理论上无法从该风速的系统振动模态参数中完全确定对应的 16 个颤振导数；二是难于给出桥梁断面颤振导数识别结果与两个折减风速之间的对应关系；三是当试验风速高到一定程度时，由于竖弯振动模态的迅速衰减，造成高风速时颤振导数的识别精度明显下降，且颤振后的颤振导数根本无法识别。基于以上原因，本文建立了从系统振动模态参数确定桥梁断面颤振导数的方法，从根本上克服现有耦合自由振动识别方法的上述主要缺陷。由于该识别方法以系统的复模态特性为基础，故首先介绍系统复模态的特征分析。

2 颤振导数识别方法

在仅考虑有自激力作用的情况下，具有竖弯和扭转两个自由度桥梁节段模型在空气中的运动方程为：

$$m(\ddot{h}+2\xi_h\omega_h\dot{h}+\omega_h^2h)=L_{se} \tag{1a}$$

$$I(\ddot{\alpha}+2\xi_\alpha\omega_\alpha\dot{\alpha}+\omega_\alpha^2\alpha)=M_{se} \tag{1b}$$

其中 m 和 I 分别是模型单位长度的质量和惯性矩，h 和 α 是模型的竖向位移和扭转角，L_{se} 和 M_{se} 是物体运动与气流相互作用产生的升力和力矩。

根据 Scanlan 的颤振分析理论，升力和力矩可写为如下形式：

$$L_{se}=\frac{1}{2}\rho U^2(2B)\left[KH_1^*(K)\frac{\dot{h}}{U}+KH_2^*(K)\frac{B\dot{\alpha}}{U}+K^2H_3^*(K)\alpha+K^2H_4^*(K)\frac{h}{B}\right] \tag{2a}$$

$$M_{se}=\frac{1}{2}\rho U^2(2B^2)\left[KA_1^*(K)\frac{\dot{h}}{U}+KA_2^*(K)\frac{B\dot{\alpha}}{U}+K^2A_3^*(K)\alpha+K^2A_4^*(K)\frac{h}{B}\right] \tag{2b}$$

其中 ρ 为空气密度，U 是风速，B 为模型的宽度，折算频率 $K=\omega B/U$，H_i^* 和 A_i^* $(i=1,2,3,4)$ 是 K 的无量纲系数，称为颤振导数或气动导数，它与桥梁断面的具体形状有关，可通过节段模型风洞实验获得。

将(2)式代入(1)中，移项并令：

$$H_1=\frac{\rho B^2}{m}H_1^*(K),\ H_2=\frac{\rho B^3}{m}H_2^*(K),\quad H_3=\frac{\rho B^3}{m}H_3^*(K),\ H_4=\frac{\rho B^2}{m}H_4^*(K) \tag{3a}$$

$$A_1=\frac{\rho B^3}{I}A_1^*(K),\ A_2=\frac{\rho B^4}{I}A_2^*(K),\quad A_3=\frac{\rho B^4}{I}A_3^*(K),\ A_4=\frac{\rho B^3}{I}A_4^*(K) \tag{3b}$$

则方程(1)变为：

$$\ddot{h}+2\xi_h\omega_h\dot{h}+\omega_h^2h=\omega H_1\dot{h}+\omega H_2\dot{\alpha}+\omega^2H_3\alpha+\omega^2H_4h \tag{4a}$$

$$\ddot{\alpha}+2\xi_\alpha\omega_\alpha\dot{\alpha}+\omega_\alpha^2\alpha=\omega A_1\dot{h}+\omega A_2\dot{\alpha}+\omega^2A_3\alpha+\omega^2A_4h \tag{4b}$$

取 $\boldsymbol{x}(t)=[h(t)\alpha(t)]^{\mathrm{T}}$，则方程(4)可写为：

$$\ddot{\boldsymbol{x}}+\bar{\boldsymbol{C}}\dot{\boldsymbol{x}}+\bar{\boldsymbol{K}}\boldsymbol{x}=\omega^2\boldsymbol{K}_{se}\boldsymbol{x}+\omega\boldsymbol{C}_{se}\dot{\boldsymbol{x}} \tag{5}$$

式中，

$$\bar{\boldsymbol{C}}=\begin{bmatrix}2\xi_h\omega_h & \\ & 2\xi_\alpha\omega_\alpha\end{bmatrix},\ \bar{\boldsymbol{K}}=\begin{bmatrix}\omega_h^2 & \\ & \omega_\alpha^2\end{bmatrix},\quad \boldsymbol{C}_{se}=\begin{bmatrix}H_1 & H_2\\ A_1 & A_2\end{bmatrix},\ \boldsymbol{K}_{se}=\begin{bmatrix}H_4 & H_3\\ A_4 & A_3\end{bmatrix} \tag{6}$$

设方程的解为 $\boldsymbol{x}(t)=\psi e^{\lambda t}$，其中 ψ 为系统(包括结构和自激力)的复模态响应，相应复频率 $\lambda=(-\xi+i)\omega$ (ξ、ω 分别为复模态的阻尼比和圆频率)，于是可得出上述控制方程的特征方程为：

$$(\lambda^2+\lambda\bar{\boldsymbol{C}}+\bar{\boldsymbol{K}})\psi e^{\lambda t}=(\omega^2\boldsymbol{K}_{se}+\omega\lambda\boldsymbol{C}_{se})\psi e^{\lambda t} \tag{7}$$

为了能利用特征值求解器计算系统的复模态特性，将以上方程写成如下形式：

$$\left[\lambda^2(\boldsymbol{I}+\frac{1}{\lambda}\bar{\boldsymbol{C}}-\frac{\omega}{\lambda}\boldsymbol{C}_{se}-\frac{\omega^2}{\lambda^2}\boldsymbol{K}_{se})+\bar{K}\right]\psi e^{\lambda t}=0 \tag{8}$$

令 $\widetilde{\boldsymbol{M}}=\boldsymbol{I}+\frac{1}{\lambda}\bar{\boldsymbol{C}}-\frac{\omega}{\lambda}\boldsymbol{C}_{se}-\frac{\omega^2}{\lambda^2}\boldsymbol{K}_{se}$，由于 $e^{\lambda t}\neq0$，要使方程(8)有非零解，则系数矩阵的行列式必须为零。因而系统复模态分析问题就转化为如下的广义特征值方程：

$$\bar{\boldsymbol{K}}\psi=-\lambda^2\widetilde{\boldsymbol{M}}\psi \tag{9}$$

在给定折减频率 K 或折减风速($2\pi/K$)的情况下，解此特征方程可得到 4 个特征值。对于一般的系统，特征值呈共轭出现，记为 λ_1，λ_2，λ_1^*，λ_2^*，对应的复共轭特征向量分别为 ψ_1，ψ_2，ψ_1^*，ψ_2^*，均为系统振动模态参数。由于矩阵 $\widetilde{\boldsymbol{M}}$ 中包含了变量 λ，故上式的广义特征值问题需要用迭代的方法进行求解。

对应于物理坐标系，系统的自由振动响应可表示为：

$$\boldsymbol{x}(t)=\sum_{r=1}^{2}(c_r\psi_re^{\lambda_rt}+c_r^*\psi_r^*e^{\lambda_r^*t}) \tag{10}$$

其中 c_r，c_r^* 为常数，由初始条件决定，由于 $\boldsymbol{x}(t)$ 是实数向量，因此，c_r，c_r^* 必成共轭对出现。令 $\lambda_r=\alpha_r+i\beta_r$，

$\lambda_r^* = \alpha_r - i\beta_r$，则上式可写成：

$$\boldsymbol{x}(t) = \sum_{r=1}^{2} e^{\alpha_r t}[\boldsymbol{u}_r \cos(\beta_r t) + \boldsymbol{v}_r \sin(\beta_r t)] \tag{11}$$

式中 $\boldsymbol{u}_r = \mathrm{Re}(2c_r\psi_r)$，$\boldsymbol{v}_r = \mathrm{Im}(-2c_r\psi_r)$。

桥梁断面颤振导数的识别问题是上述系统振动模态分析的反问题。当已知某一折减频率 K 时的系统振动模态参数，为了确定自激力的系统矩阵，可将系统的特征值方程写成：

$$(\omega_i^2 \boldsymbol{K}_{se} + \omega_i \lambda_i \boldsymbol{C}_{se})\psi_i = (\lambda_i^2 + \lambda_i \bar{\boldsymbol{C}} + \bar{\boldsymbol{K}})\psi_i \tag{12}$$

也即：

$$[\boldsymbol{K}_{se}, \boldsymbol{C}_{se}]\begin{Bmatrix} \omega_i^2 \psi_i \\ \omega_i \lambda_i \psi_i \end{Bmatrix} = (\lambda_i^2 + \lambda_i \bar{\boldsymbol{C}} + \bar{\boldsymbol{K}})\psi_i \tag{13}$$

上式对于所有系统振动模态均成立，因此得到：

$$[\boldsymbol{K}_{se}, \boldsymbol{C}_{se}] = [\boldsymbol{\Phi}(\lambda_i^2 + \lambda_i \bar{\boldsymbol{C}} + \bar{\boldsymbol{K}}) \cdot \boldsymbol{\Phi}^*(\lambda_i^{*2} + \lambda_i^* \bar{\boldsymbol{C}} + \bar{\boldsymbol{K}})]\begin{bmatrix} \boldsymbol{\Phi W}^2 & \boldsymbol{\Phi}^* \boldsymbol{W}^2 \\ \boldsymbol{\Phi \Lambda W} & \boldsymbol{\Phi}^* \boldsymbol{\Lambda}^* \boldsymbol{W} \end{bmatrix} \tag{14}$$

式中，$\boldsymbol{\Phi} = [\psi_1, \psi_2]$，$\boldsymbol{\Lambda} = \begin{bmatrix} \lambda_1 & \\ & \lambda_2 \end{bmatrix}$

$$\boldsymbol{W} = \begin{bmatrix} \omega_1 & \\ & \omega_2 \end{bmatrix} = \begin{bmatrix} \mathrm{Im}(\lambda_1) & \\ & \mathrm{Im}(\lambda_2) \end{bmatrix}$$

可见，如果已知某一折减风速(或折减频率)时系统的振动模态参数，就可以由上式得出自激力的系数矩阵 $\boldsymbol{K}_{se}$ 和 $\boldsymbol{C}_{se}$，将其代入式(3)即可确定对应于该折减风速的桥梁断面各颤振导数。

为了提取系统振动模态的参数，这里考虑采用一种修正的最小二乘时域识别方法[7]。值得注意的是，系统振动模态参数方法识别出的每级风速下两组系统振动模态参数所对应的折减风速并非一致，因而为了对颤振导数进行识别，需要先通过插值的方法确定出同一折减风速(或折减频率)时系统的振动模态参数。

3 算例分析

这里考虑采用一种数值方法对上述颤振导数的识别方法进行验证，因而首先需要获得系统振动的响应时程信号。由于颤振导数是桥面振动频率的函数，通常需要先将颤振导数转化成时域形式，然后对系统振动控制方程时程分析，以获得某个风速时系统振动的响应时程。该方法虽然可行，但对颤振导数的时域处理容易影响计算精度。以下建议采用一组特别形式的自激气动力，这样可以直接从系统振动控制方程计算出在初始激励作用下两自由度平板系统的振动响应时程。

两自由度桥梁断面竖向振动的固有频率为 12.0 rad/s，扭转振动的固有频率为 18.0 rad/s。该桥面宽 B=0.5 m，每延米长度质量 m=10 kg/m，质量惯性矩 I_m=0.2 kg·m²/m，空气密度 ρ=1.225 kg/m³。结构竖向和扭转振动阻尼比均取为 0.005。作用在桥梁断面上的自激气动力用以下颤振导数表达：

$$H_1^* = \frac{-\pi}{2K};\ H_2^* = \frac{-\pi}{4K};\ H_3^* = \frac{-\pi}{2K^2};\ H_4^* = \frac{-\pi}{8K^2} \tag{15a}$$

$$A_1^* = \frac{\pi}{8K};\ A_2^* = \frac{-\pi}{8K};\ A_3^* = \frac{\pi}{8K^2};\ A_4^* = \frac{\pi}{32K^2} \tag{15b}$$

风速从零开始直至 16 m/s，每级增加 1 m/s，用非线性颤振时域方法计算出结构的动力响应时程。该平板在 0 m/s、10 m/s 和 16 m/s 风速时的振动位移响应时程信号如图 1 所示。为了进行动力响应分析，需要对结构施加一个较小的初始激励。

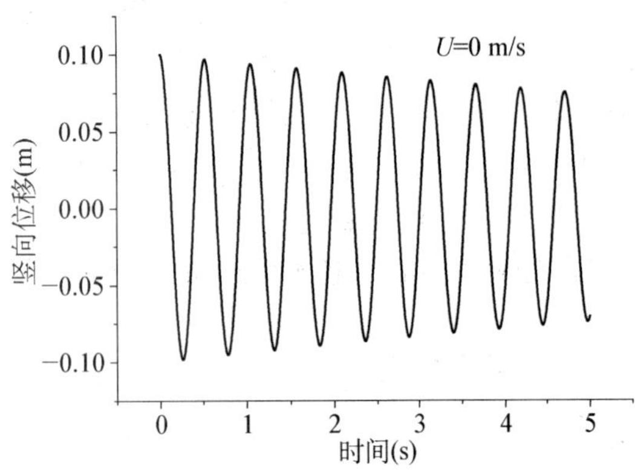

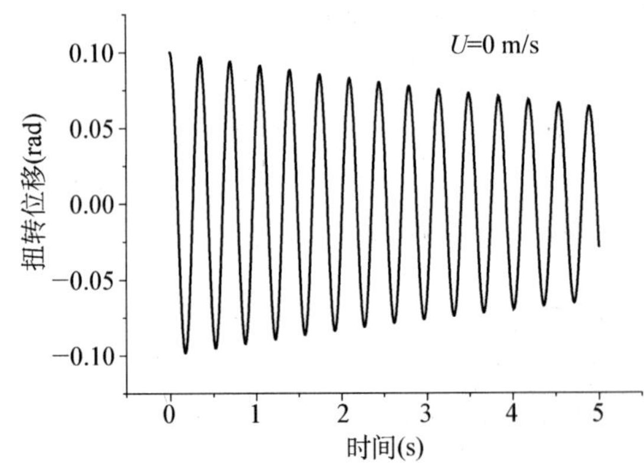

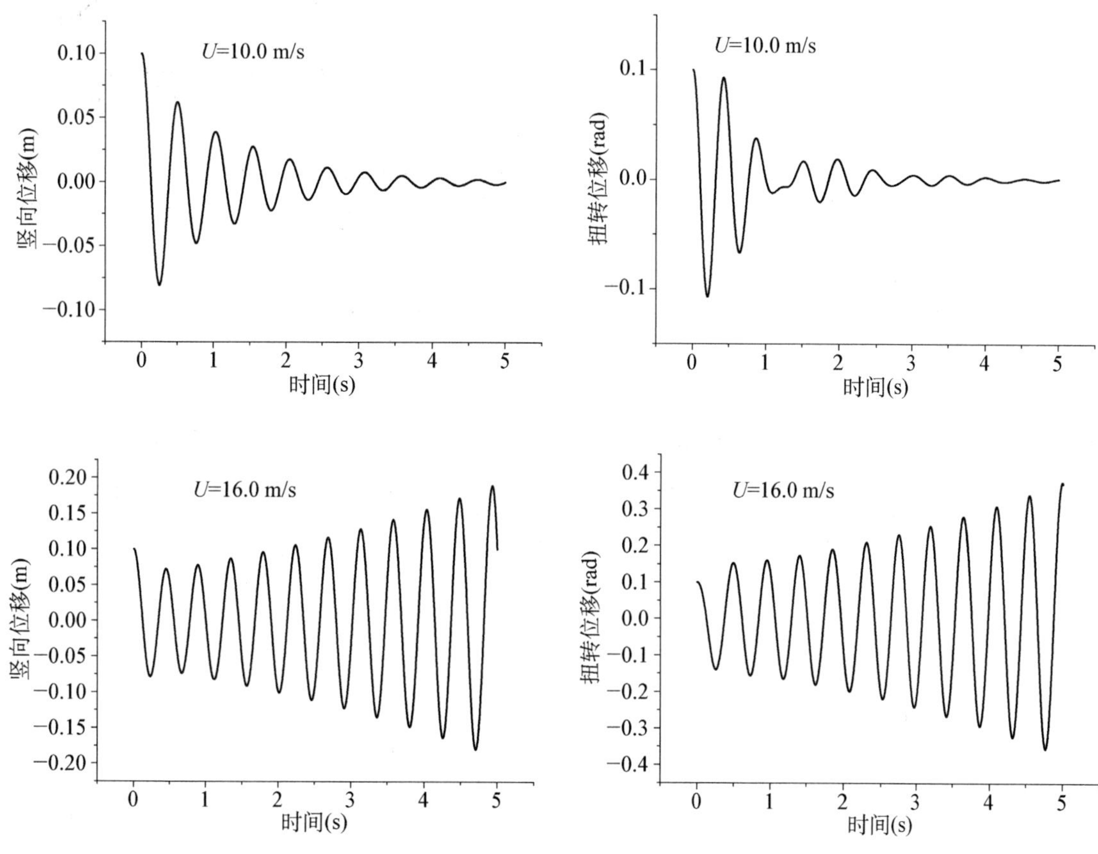

图 1　在不同风速下桥梁断面板振动的位移响应时程

运用上述桥梁断面颤振导数识别方法对以上两自由度系统的颤振导数进行了识别。图 2 中的圆点给出了各风速下系统振动模态的频率和阻尼比的识别结果，图中实线为系统模态特征分析的结果，可见两者几乎完全一致。图 3 中的圆点给出了各颤振导数的识别结果，为了进行比较，图中实线为桥梁断面颤振导数的目标值。可见，各颤振导数的识别结果均与目标值非常吻合，因而上述颤振导数识别方法的可靠性和适用性得到了有效的验证，且该方法能够对桥面颤振发散后的颤振导数进行识别。

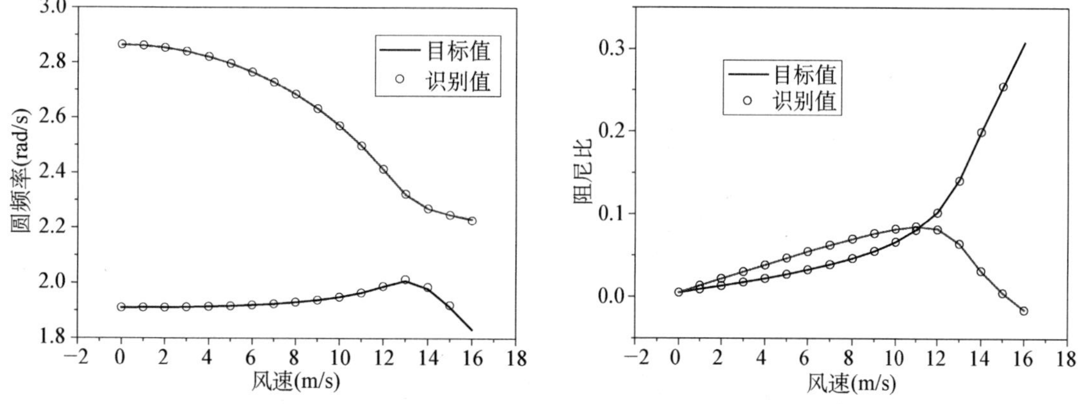

图 2　随风速变化桥梁断面系统振动模态参数的比较

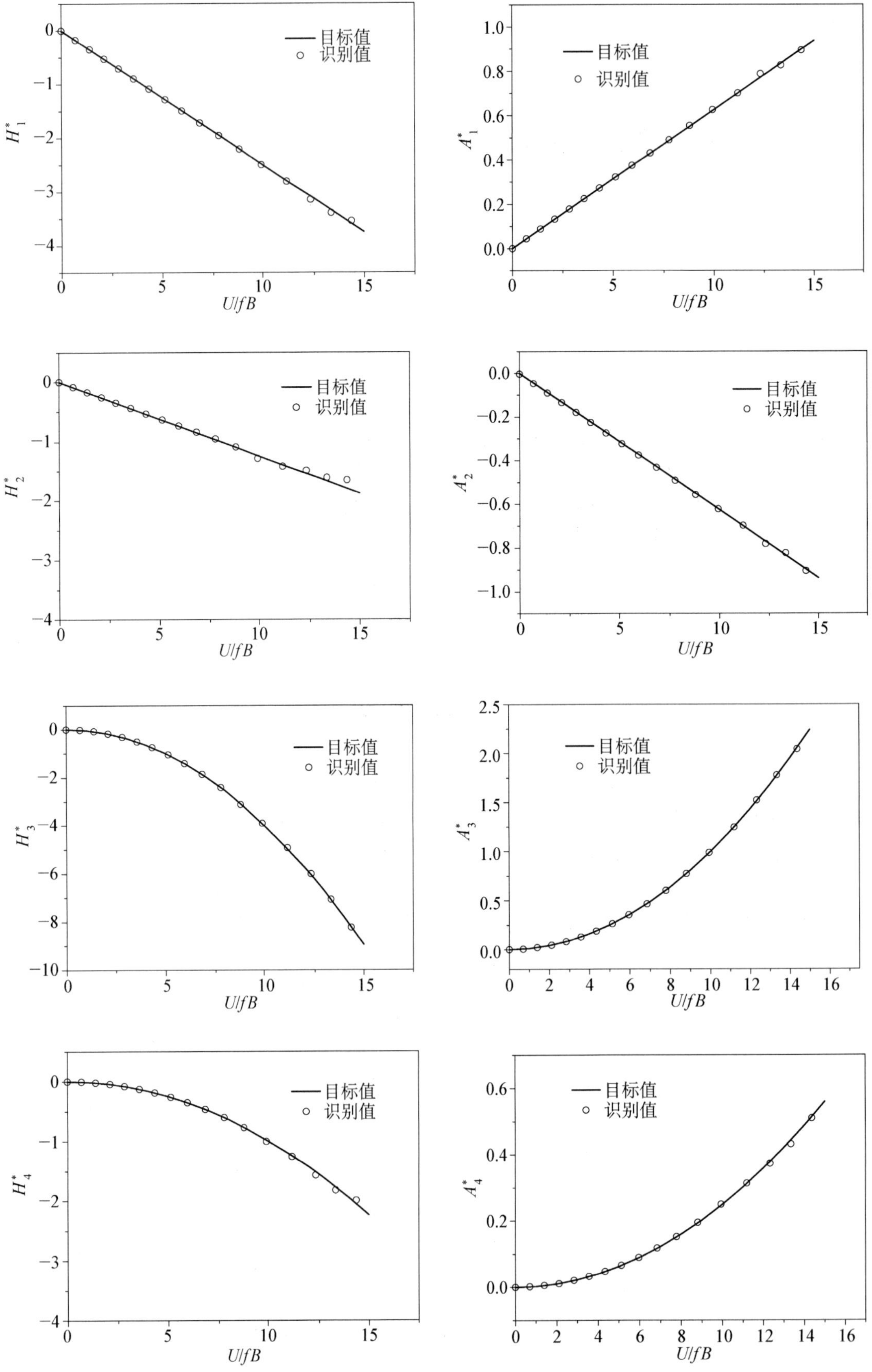

图 3　桥梁断面颤振导数识别结果与目标值的比较

4 结语

针对现有桥梁断面耦合自由振动颤振导数识别方法存在的主要缺陷，本文建立了从系统振动模态参数确定桥梁断面颤振导数的方法，该方法理论严密，从并根本上克服了现有耦合自由振动颤振导数识别方法存在的主要缺陷。该方法的思想内核基于系统复模态特征分析的研究发现，即在确定的折减风速情况下，系统的振动模态参数与桥梁断面各颤振导数存在唯一的对应关系。

作为算例，采用了一种数值方法对上述颤振导数的识别方法进行验证。分析结果发现，桥梁断面系统振动模态的频率和阻尼比的识别结果与目标值两者几乎完全一致，各颤振导数的识别结果均与目标值非常吻合，从而验证了该桥梁断面颤振导数识别方法的可靠性和适用性。此外，该识别方法能够对桥面颤振发散后的颤振导数进行识别。

参考文献

[1] Scanlan R H, Tomko J J. Airfoil and Bridges Deck Flutter Derivatives [J]. Journal of the Engineering Mechanics Division, ASCE, 1791,97(6):1717－1733.

[2] 谢霁明. 识别非定常气动力模型的初脉冲耦合振动法[J]. 空气动力学学报，1986,4(3):258－268.

[3] Sarker P P, Jones N P, Scanlan R H. Identification of Aeroelastic Parameters of Flexible Bridges [J]. Journal of Engineering Mechanics, ASCE, 1994, 120 (8): 1718－1742.

[4] Yamada H, Miyata T, Ichikawa H. Measurement of Aerodynamic Coefficients by System Identification Methods [J]. Journal of Wind Engineering and Industrial Aerodynamics, 1992,41－44:1255－1263.

[5] Iwanmoto M, Fujino Y. Identification of Flutter Derivatives of Bridge Deck from Free Vibration Data [J]. Journal of Wind Engineering and Industrial Aerodynamics, 1995,44－45:55－63.

[6] 张若雪. 桥梁结构气动导数识别的理论和试验研究[D]. 上海：同济大学，1998.

[7] 丁泉顺，陈艾荣，项海帆. 桥梁断面气动导数识别的修正最小二乘法[J]. 同济大学学报，2001,29(1):25－29.

[8] 罗延忠，陈政清. 桥梁颤振导数自由振动识别的分段扩阶最小二乘迭代算法[J]. 振动与冲击，2006,25(3): 48－53.

[9] 李友祥，祝志文，陈政清. 识别桥梁断面颤振导数的快速相关特征系统实现算法[J]. 振动与冲击，2008,27(8):117－120.

[10] 于向东，陈政清. 两自由度及三自由度桥梁断面颤振导数的强迫振动识别法[J]. 铁道学报，2003,25(2): 47－61.

均匀风场中单体高层建筑的阻塞效应试验研究

顾 明* 黄 剑 全 涌

（同济大学土木工程防灾国家重点实验室 中国 上海 200092）

摘 要 基于同步测压技术，在均匀风场中对阻塞度为 4.1%、6.1%、8.4%和 10.1%的矩形单体高层建筑模型分别进行了阻塞效应试验研究。对比了不同阻塞度下各模型平均和脉动风压系数、层风力系数和基底力系数。结果表明：阻塞效应对模型迎风面平均风压的影响可以忽略，但对模型侧面、背风面和顶面平均风压以及各个表面的脉动风压影响都较为显著。随阻塞度增大，建筑层脉动阻力和升力系数均增大，升力系数增幅更为显著；阻塞效应不会显著影响建筑层平均阻力系数的分布规律，但会增大其数值；阻塞效应对层脉动阻力、升力和扭矩系数的影响尤为显著，并使基底阻力功率谱在 2 倍于斯托罗哈数处出现明显谱峰，使基底升力、扭矩功率谱带宽和斯托罗哈数均有所增大。基于试验结果提出了平均风压和层平均阻力系数的阻塞效应修正公式，修正结果较为满意。

关键词 高层建筑；阻塞效应；风洞试验；风压系数；风力系数；修正公式

基金项目：国家自然科学基金重大研究计划项目（91215302，90715040）。

* 顾明，1957 年出生，项海帆教授 1988 级博士后，论文题目“均匀风场中单体高层建筑的阻塞效应试验研究”。

1 引言

风洞试验是研究建筑结构风荷载的重要方法。风洞以洞壁为边界，用有限的空间来模拟真实大气的无限空间必然存在阻塞效应。阻塞效应会使试验结果严重失真。例如，在低速实壁风洞中，阻塞度约为 6.6%时，YF-16 飞机模型的阻力系数约为真值的 1.25 倍[1]；圆形平板的压力系数试验值可高达真值的 2.6 倍以上[2]。建筑风荷载试验时，为了准确模拟建筑物的细节，通常采取尽量大的模型几何缩尺比，但这可能会使阻塞度较大。一般认为将建筑模型的阻塞度控制在 5%以下，可忽略阻塞效应[3]，但相关研究很少，证据并不充分，结论也较为含糊。此外，阻塞效应如何影响建筑的流场特性和气动特性，至今尚无明确结论。阻塞效应常常困扰着结构风工程试验人员，成为试验结果误差的原因之一。

至今涉及建筑结构风洞试验阻塞效应的研究较少，且主要针对二维方柱的平均阻力。文献[4—8]对二维方柱的平均阻力系数阻塞效应进行了研究，并分别提出了修正公式，但研究成果仅用于特定情况下二维方柱的平均阻力系数修正，且不同方法的差别也较大。文献[3]在大气边界层中测量了立方体模型表面风压，指出阻塞度 8%会造成顶面脉动压力增大 10%，并认为低矮房屋的风洞试验中阻塞度为 10%不会对试验结果产生较大影响。文献[9]对高宽比为 2 的方柱模型进行了平均阻力的研究，通过对风洞试验段的改进来修正阻塞效应。在国内，鲜有阻塞效应方面的研究。文献[10]对比了三种缩尺比的低矮房屋标准模型的平均和脉动风压，认为阻塞度 4.9%对风压的影响依然存在。文献[11]基于某高层建筑实际工程项目，比较了两种缩尺比模型的测点平均和脉动风压系数，指出建筑不同位置的阻塞效应不同，现有的阻塞效应修正方法不具有普遍的适用性。

由上述可知，当前对建筑结构风洞试验阻塞效应的研究还没有系统地开展，人们对这方面的理解比较模糊。本文在均匀风场中分别对阻塞度为 4.1%、6.1%、8.4%和 10.1%的单体高层建筑刚性模型进行测压试验，对比了不同阻塞度下模型风压、层风荷载和基底力特性，并基于试验结果提出了平均风压和层平均阻力系数的阻塞效应修正公式。作为系统研究，作者还将开展群体建筑以及紊流风场中建筑模型的阻塞效应研究。

2 风洞试验概况

2.1 风场模拟

试验在同济大学土木工程防灾国家重点实验室 TJ-2 大气边界层风洞中完成。在不同缩尺比模型试验时，采用相同的均匀风场，如图 1 所示，来流平均风速为 14 m/s，湍流度约为 1%。由于风洞边界层的影响，高度在 0.3 m 以下的区域，平均风速和湍流度的均匀性较差。

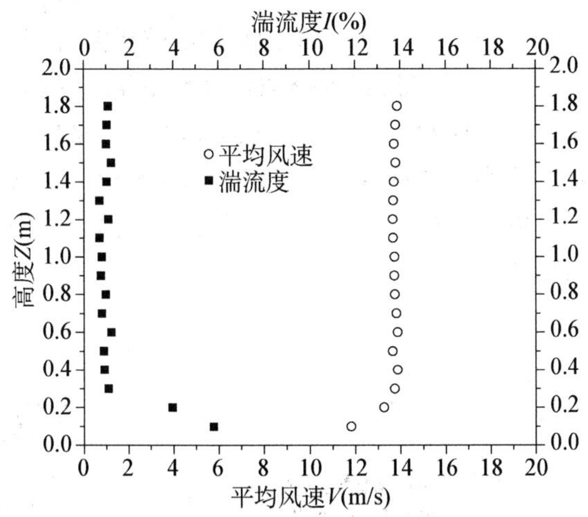

图 1 模型位置平均风速和湍流度剖面

2.2 模型设计

风洞试验模型尺寸见表 1。模型测点布置见图 2。试验模型全部采用 5 mm 厚有机玻璃板制作，测压管长度均采用 1 000 mm，避免了测压管长度不同或管道过长带来的误差。试验数据采用相同的管道修正函数[12]进行修正。由于模型高度较高，为避免振动，在模型顶部和风洞地面之间固定了多组钢丝。图 3 为风洞试验中的基本坐标定义。图 4 为 0°风向角模型俯视图及各面命名，而本文仅在该风向角下进行试验。

表 1 模型尺寸

模型编号	缩尺比	D_x(mm)	D_y(mm)	H(mm)	宽面迎风阻塞度(%)
M1	1∶165	185	277	1 108	4.1
M2	1∶135	226	339	1 355	6.1
M3	1∶115	265	398	1 590	8.4
M4	1∶105	290	435	1 742	10.1

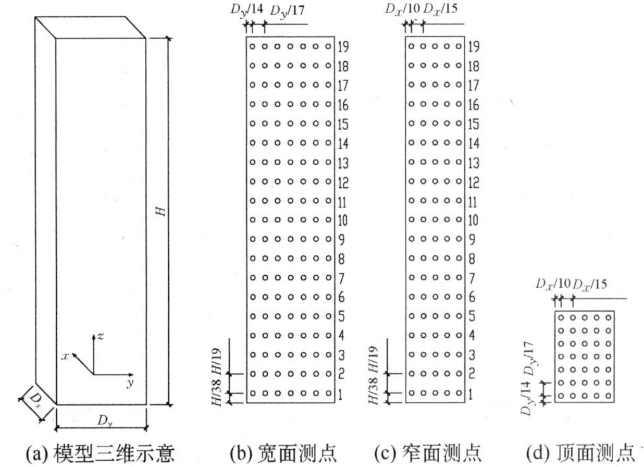

图 2 模型立面及测点布置

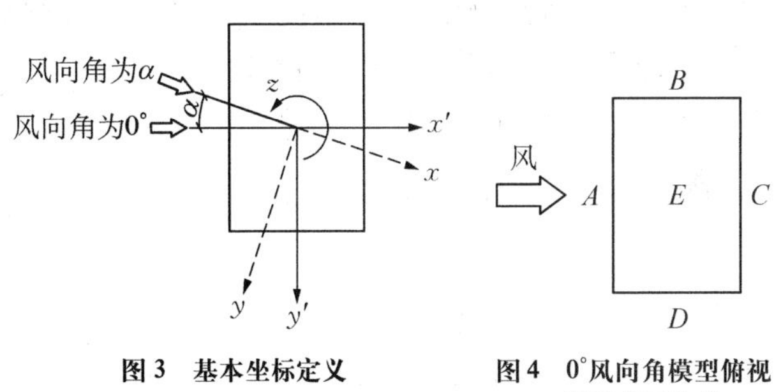

图 3 基本坐标定义

图 4 0°风向角模型俯视图及各面命名

3 参数定义

各测点平均风压和脉动风压定义为：

$$\bar{C}_{Pi}=\frac{\bar{P}_i}{\rho U_H^2/2} \tag{1}$$

$$\tilde{C}_{Pi}=\frac{\tilde{P}_i}{\rho U_H^2/2} \tag{2}$$

模型层三分力由各层测点同步测压试验结果按层积分获得，分别定义如下：

$$\bar{C}_D(z)=\frac{\bar{F}_D(z)}{\rho U_H^2 A(z)/2} \tag{3}$$

$$\tilde{C}_L(z)=\frac{\tilde{F}_L(z)}{\rho U_H^2 A(z)/2} \tag{4}$$

$$\tilde{C}_M(z)=\frac{\tilde{F}_M(z)}{\rho U_H^2 A(z)/2} \tag{5}$$

基底三分力反映了建筑所受风荷载的整体特性，分别定义如下：

$$\bar{C}_D=\frac{\bar{F}_D}{\rho U_H^2 A/2} \tag{6}$$

$$\tilde{C}_L=\frac{\tilde{F}_L}{\rho U_H^2 A/2} \tag{7}$$

$$\widetilde{C}_{\mathrm{M}} = \frac{\widetilde{F}_{\mathrm{M}}}{\rho U_{\mathrm{H}}^2 A/2} \tag{8}$$

式中，z 为该测点层高度；$A(z)$ 为迎风面受风面积；U_{H} 为风洞空载时模型高度处的平均风速；ρ 为空气密度；$\overline{C}_{\mathrm{P}i}$、$\widetilde{C}_{\mathrm{P}i}$ 分别为第 i 点的平均风压系数和脉动风压系数；$\overline{P}_i$ 和 $\widetilde{P}_i$ 分别为第 i 点的风压平均值和根方差值；$\overline{C}_{\mathrm{D}}(z)$、$\widetilde{C}_{\mathrm{D}}(z)$、$\widetilde{C}_{\mathrm{L}}(z)$、$\widetilde{C}_{\mathrm{M}}(z)$ 分别为高度 z 处平均和脉动层阻力系数、脉动层升力系数和脉动层扭矩系数；$\overline{F}_{\mathrm{D}}(z)$、$\widetilde{F}_{\mathrm{D}}(z)$、$\widetilde{F}_{\mathrm{L}}(z)$、$\widetilde{F}_{\mathrm{M}}(z)$ 分别为高度 z 处层阻力平均值、层阻力根方差值、层升力根方差值、层扭矩根方差值；$\overline{C}_{\mathrm{D}}$、$\widetilde{C}_{\mathrm{D}}$、$\widetilde{C}_{\mathrm{L}}$、$\widetilde{C}_{\mathrm{M}}$ 分别为基底平均阻力系数、脉动阻力系数、脉动升力系数、脉动扭矩系数；$\overline{F}_{\mathrm{D}}$、$\widetilde{F}_{\mathrm{D}}$、$\widetilde{F}_{\mathrm{L}}$、$\widetilde{F}_{\mathrm{M}}$ 分别为基底阻力平均值、基底阻力根方差值、基底升力根方差值、基底扭矩根方差值。

为方便分析，定义相对差值 ΔS 如下：

$$\Delta S = \frac{S_{\mathrm{M}j} - S_{\mathrm{M1}}}{S_{\mathrm{M1}}} \tag{9}$$

式中，$S_{\mathrm{M}j}$ 为上述定义的模型 Mj 各种风压系数或力系数值，$j = 1 \sim 4$。

4 风压特性

4.1 平均风压

图 5 为模型各面测点平均风压系数，图中横坐标为测点序号，A、C 面每层 7 个测点，B、D 面每层 5 个测点，E 面共 35 个测点。图 5(a)和(c)中，测点 1—7 为第一层，测点 8—14 为第二层，以此类推。图 5(b)中，测点 1—5 为第一层，测点 6—10 为第二层，以此类推。由图可见，对于迎风面 A 面测点，在较低的位置，M1 的平均风压明显低于其他模型，主要由于边界层的影响；总体来看，A 面平均风压随着阻塞度的增加稍有减小。对于侧面、背风面和顶面，随着阻塞度的增加风吸力明显增大。阻塞效应并没有明显改变各表面平均风压的分布规律。

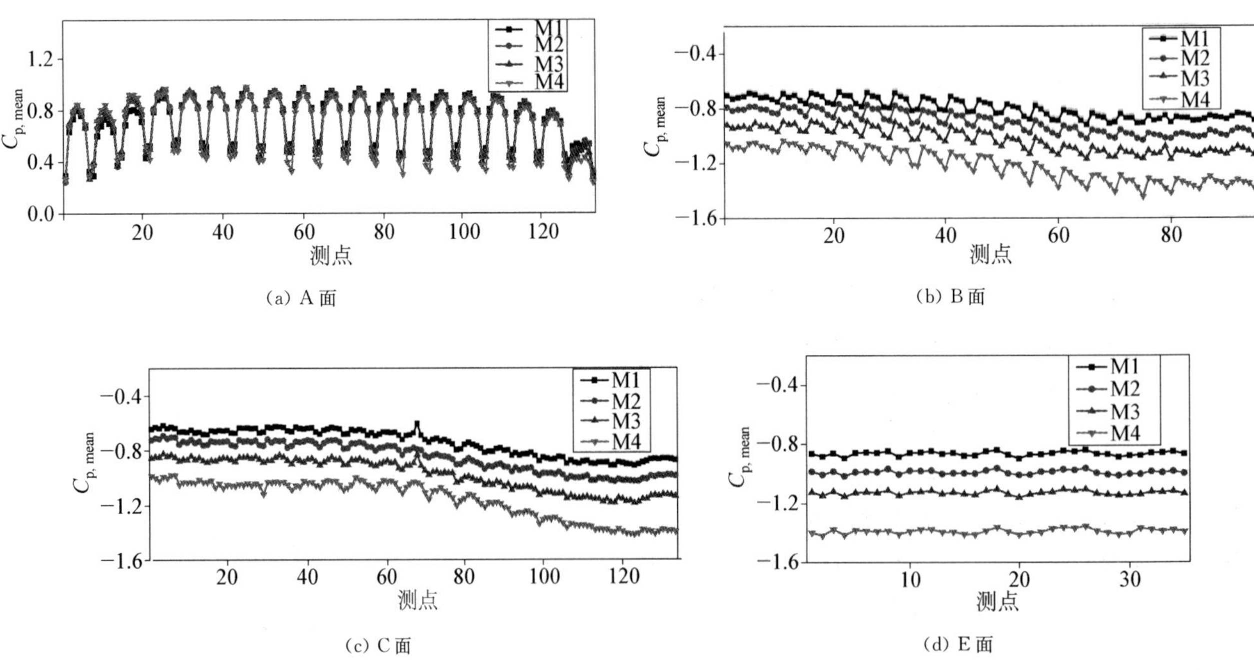

(a) A 面　(b) B 面　(c) C 面　(d) E 面

图 5　模型表面平均风压系数

对不同阻塞度下模型各面平均风压系数相对差值的研究可以发现：在一定阻塞度下，侧面、背风面和顶面各测点的相对差值接近同一数值，阻塞度越大相对差值越大；但迎风面测点，受阻塞度影响较小，随阻塞度增大相对差值略有减小。表 2 列出了各模型表面平均风压系数相对差值的均值。由表可知，模型迎风面的阻塞效应可忽略，相对差值在 5%以内，但侧面、背风面和顶面的阻塞效应比较明显，且在相同阻塞度下平均风压系数相对差值较为接近。对于较大阻塞度的 M3 和 M4 模型，负压区测点平均风压已产生较大的畸变。

表 2　模型表面平均风压系数相对差值的均值　(%)

模型	迎风面 A	侧面 B	背风面 C	侧面 D	顶面 E
M2	−1.2	13.4	13.8	14.0	14.5
M3	−2.1	29.1	30.2	29.1	30.5
M4	−4.7	53.9	52.9	54.0	60.5

4.2　脉动风压

图 5 为模型各面测点脉动风压系数。由图可知，在 A 面较低位置处，M1 和 M2 模型的脉动风压系数明显低于其他模型，这也是由于边界层的影响；A 面脉动风压系数随着阻塞度增加而增大，在靠近角部处，增幅尤为明显。A 面脉动风压主要由来流湍流决定。本次试验采用空风洞的均匀来流，湍流度较小，所以在不同阻塞度情况下，A 面脉动风压系数都较小。模型 B 面和 C 面脉动风压系数的分布情况在不同阻塞度下相似，随阻塞度增加而增大。在侧面和背风面，模型较高位置处的脉动风压系数更为接近。当阻塞度为 10.1% 时，在模型 0.5H 以下，背风面和侧面脉动风压系数的增加更为明显。在 E 面脉动风压系数也随阻塞度增加而增大。总的来看，阻塞效应对模型表面脉动风压系数数值大小和分布形式都有显著影响：迎风面角部的脉动风压系数增幅很大；在侧面靠近背风面的角部处，脉动风压的增幅也比较明显；在背风面也呈现角部脉动风压大，中间位置脉动风压小的趋势。

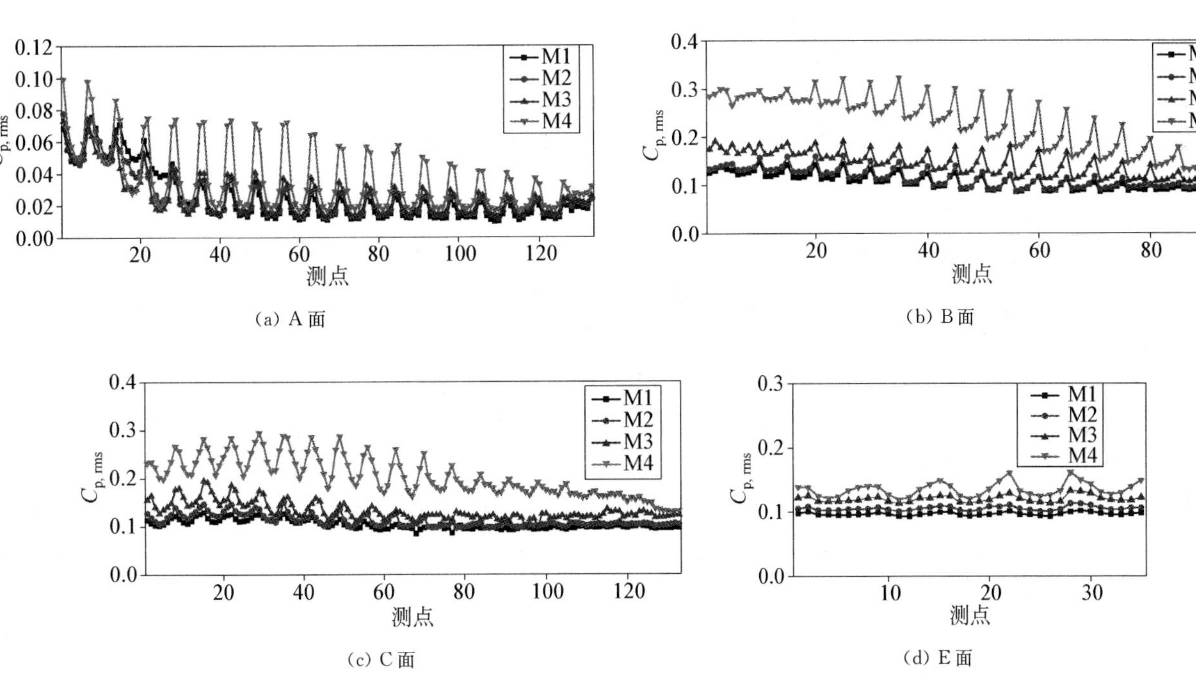

(a) A 面　(b) B 面　(c) C 面　(d) E 面

图 6　模型表面脉动风压系数

5　层风力特性

5.1　阻力系数

图 7 为各模型平均层阻力系数。由图可见，在不同阻塞度下，模型平均阻力系数沿高度的分布规律基本相同，靠近底部和顶部位置的层阻力系数较小，0.2H 和0.8H 处的平均阻力系数较大。同一高度处的平均阻力系数随阻塞度增加而增大。图 8 为各模型平均层阻力系数的相对差值。由图可见，在底部 0.2H 范围内，不同阻塞度下的相对差值都比其他高度大，其主要原因是 M1 模型在该高度处受边界层的影响较大。在 0.2H 高度以上，M2、M3 模型的相对差值都趋于同一数值：M2 模型的相对差值接近 7%；M3 模型的相对差值接近 15%；M4 模型层阻力系数相对差值都大于 20%，在顶部和底部处尤为显著。可以判断，当阻塞度小于 8.4%时，阻塞效应使风洞截面位置流速增加较为均匀。但当阻塞度达到 10.1%时，流速增大的幅度不再均匀：在模型较高和较低位置附近的流速增幅更大。

图 9 为各模型脉动层阻力系数。由图可见，不同阻塞度模型的均方根层阻力系数在接近底部和顶部的数值均较大，阻塞度越大相同层的脉动层阻力系数呈

现增大趋势。图 10 为各模型脉动层阻力系数的相对差值。由图可见，M2 和 M3 模型的脉动层阻力系数的相对差值沿高度接近直线，表明阻塞效应没有影响均方根阻力系数沿高度的分布规律。但 M4 模型的相对差值在 0.4H 处较大，向上或向下递减。M2 模型的相对差值最大为 10%；M3 模型的相对差值最大为 28%；M4 模型的相对差值最大达到 84%。当阻塞度达到 10.1%时，靠近模型底部位置处来流和侧面绕流的阻塞效应尤为明显，当流体经过模型位置处的风洞截面时，压力得到释放流速显著增大，这导致模型底部位置处的脉动风荷载增幅较大。而在模型较高位置的三维流动效应一定程度上抑制了阻塞效应。

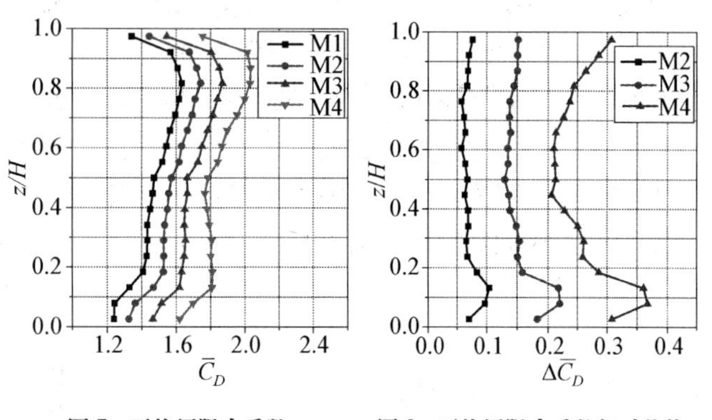

图 7　平均层阻力系数

图 8　平均层阻力系数相对差值

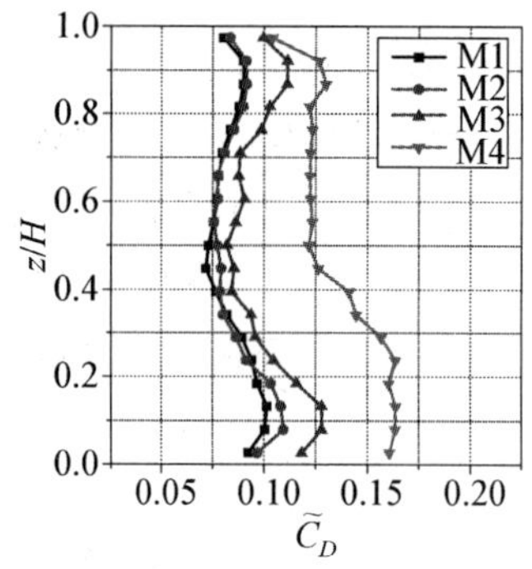

图 9　脉动层阻力系数

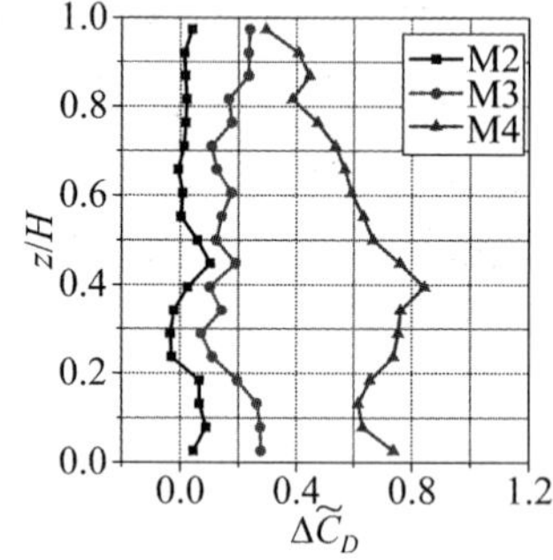

图 10　脉动层阻力系数相对差值

5.2　升力系数

图 11 和图 12 分别为各模型脉动层升力系数和其相对差值。由图可知，脉动升力系数沿高度的分布呈现下大上小的规律，且随阻塞度增大，脉动层升力系数显著增大。M2、M3 和 M4 模型脉动层升力系数的相对差值沿高度的分布近似于直线，阻塞度越大数值和直线的斜率越大。这表明，阻塞度的增大使模型较高位置的均方根升力增大更为明显。M2 模型的相对差值为 14%～40%；M3 模型的相对差值为 41%～82%；M4 模型的相对差值高达 165%～333%。相比于脉动阻力，脉动升力受阻塞度的影响更显著。阻塞效应使模型两侧的绕流风速增大，从而导致了脉动升力系数的增大，尤其对于模型顶部位置处脉动升力系数的影响更大。

5.3　扭矩系数

图 13 为各模型脉动层扭矩系数。由图可见，在不同阻塞度下脉动层扭矩系数沿高度的分布规律与脉动层升力系数相似，但其数值较小。图 14 为各阻塞度下模型脉动层扭矩系数相对差值。由图可见，M2、M3 模型的均方根层扭矩系数相对差值沿高度的分布近似于直线：M2 模型的相对差值约为 20%；M3 模型的相对差值约为 50%。M4 模型的相对差值沿高度呈现“3”形分布，在顶部、底部和 0.6H 处相对差值较小，而在 0.9H 和 0.3H 处相对差值较大，最大达到 2.75。脉动扭矩系数随阻塞度的增大效应主要也是由模型两侧流速的增大和旋涡脱落的加剧造成的。当阻塞度达到 10.1%时，模型接近顶部和底部位置处的两侧旋涡脱落产生的扭转效应比其他位置更加明显。

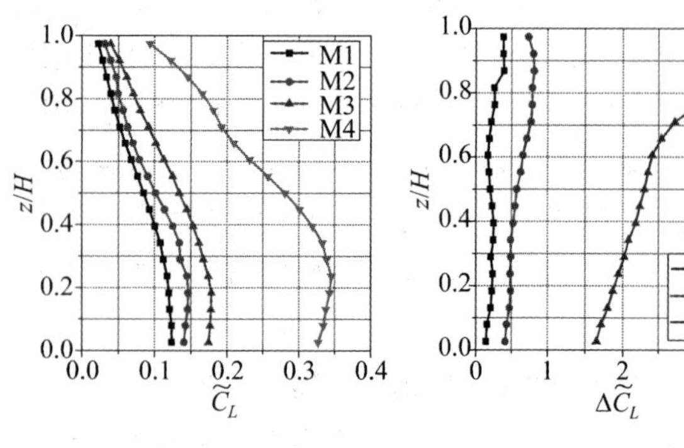

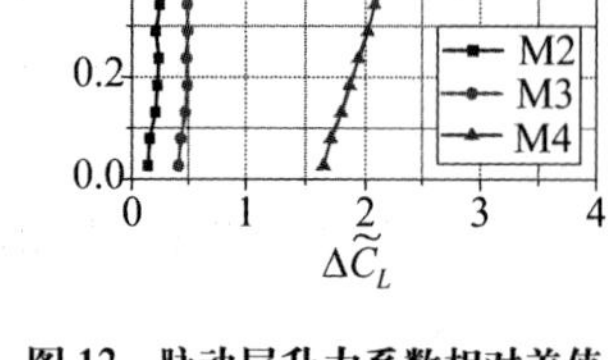

图 11　脉动层升力系数

图 12　脉动层升力系数相对差值

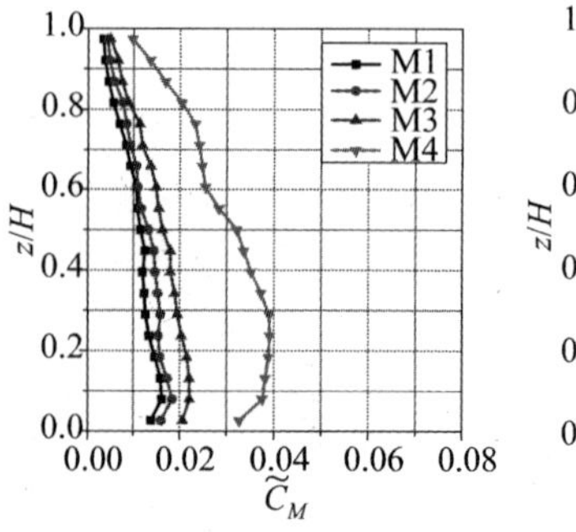

图 13　脉动层扭矩系数

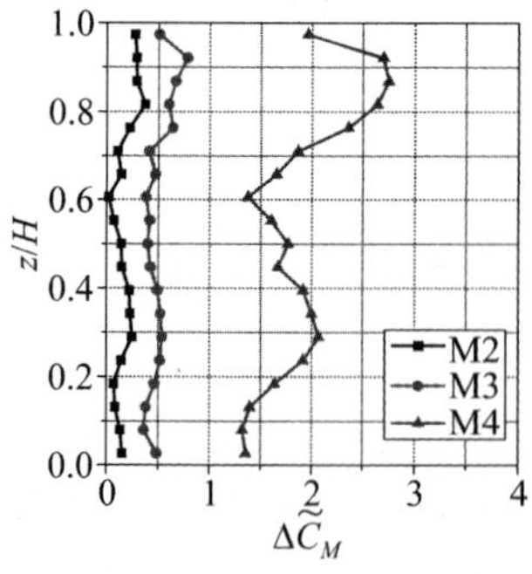

图 14　脉动层扭矩系数相对差值

6 基底力特性

6.1 幅值特性

图 15—图 18 给出了模型基底平均阻力系数、脉动阻力系数、脉动升力系数和脉动扭矩系数随阻塞度的变化。表 3 列出了各基底力系数的相对差值。主要规律为:①模型基底平均阻力系数随阻塞度增加单调增加。当阻塞度为 4.1%~8.4%时,数值增幅相同;当阻塞度为 10.1%时,数值增幅高于其他阻塞度。②模型基底脉动阻力系数,当阻塞度为 4.1%和 6.1%时,数值相差不大,约为 0.06。随阻塞度增加,数值显著增大,当阻塞度为 10.1%时,其数值约为 0.087,相比于阻塞度为 4.1%时增幅约为 45%。③模型基底脉动升力和扭矩随阻塞度的变化规律与平均阻力系数的变化规律类似:数值随阻塞度均为单调增加,当阻塞度为 4.1%~8.4%时,数值增幅相同;当阻塞度为 10.1%时,数值增幅明显高于其他阻塞度。但脉动升力和扭矩随阻塞度变化的增幅要远大于平均阻力系数。当阻塞度为 6.1%时,相对差值约为 24%;当阻塞度为 8.4%时,相对差值约为 60%;当阻塞度为 10.1%时,相对差值约为 2.5 倍。阻塞效应对脉动力的影响幅度要明显高于平均力。

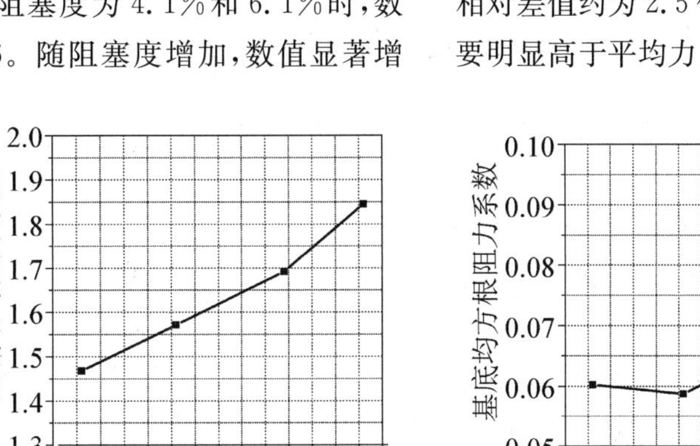

图 15 基底平均阻力系数

图 16 基底脉动阻力系数

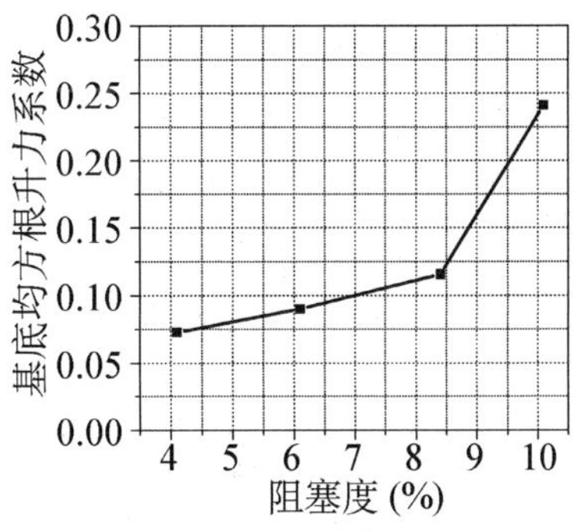

图 17 基底脉动升力系数

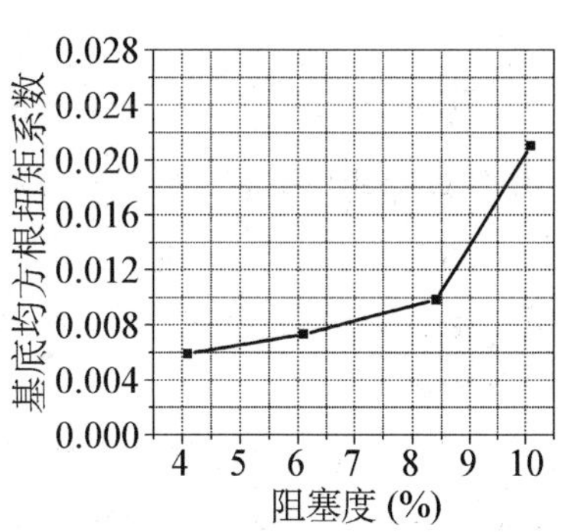

图 18 基底脉动扭矩系数

表 3 基底力系数的相对差值 (%)

	M2	M3	M4
基底平均阻力系数	7.0	15.2	25.7
基底脉动阻力系数	−2.6	12.1	45.1
基底脉动升力系数	24.0	59.3	232.0
基底脉动扭矩系数	23.8	66.1	255.8

6.2 功率谱密度

图 19—图 21 分别为各模型基底阻力系数、升力系数、扭矩系数的功率谱。主要规律如下:①对于基底阻力系数,M1 模型的功率谱没有明显峰值。随着阻塞度增大(M2、M3 和 M4 模型),功率谱在折算频率约为 0.24(约为斯托罗哈数 2 倍)处出现"尖峰",且阻塞度越大"尖峰"越明显。研究表明[13, 14],旋涡脱落所诱发的结构顺风向脉动力主导频率是横风向脉动力主导频率的 2 倍。本文结果与此相同。②对于基底升力系数,各模型功率谱均有明显峰值,峰值较为接近,约为 8。阻塞度越大功率谱带宽有所增大,这表明旋涡脱落

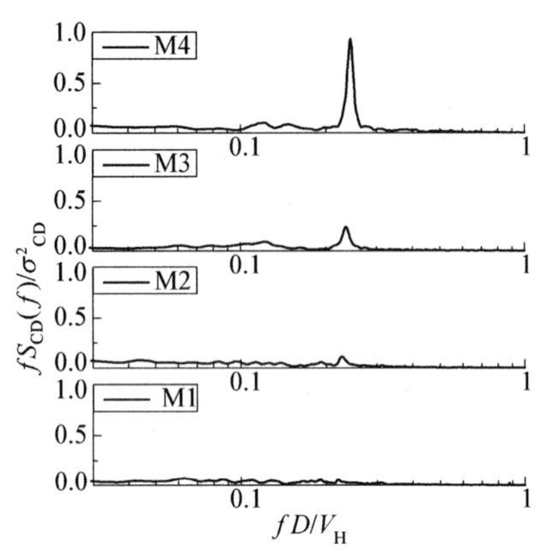

图 19　基底阻力系数功率谱

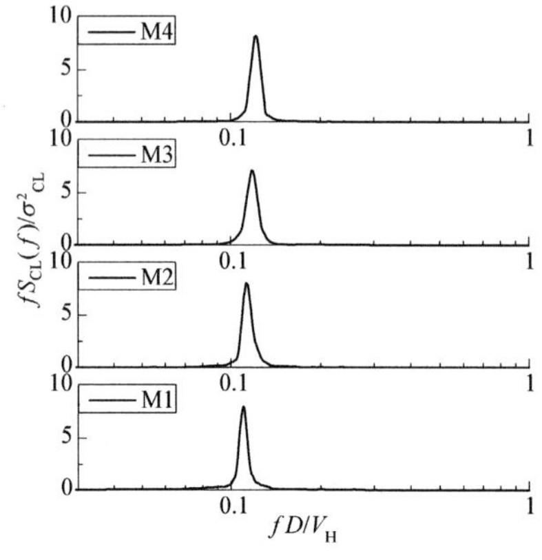

图 20　基底升力系数功率谱

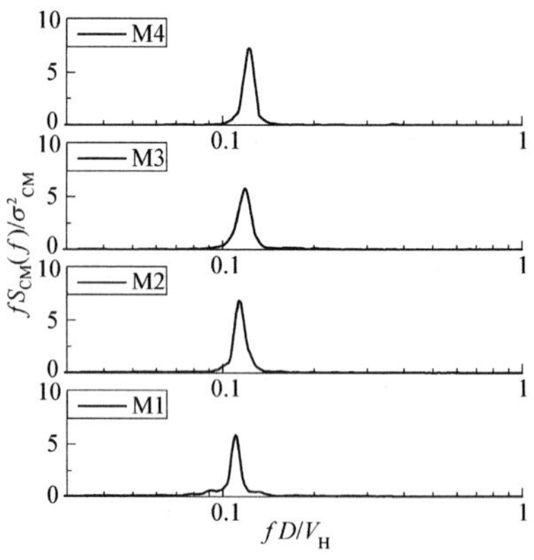

图 21　基底扭矩系数功率谱

的能量更强。M1～M4 模型斯托罗哈数略有增大，数值分别为 0.110、0.113、0.118、0.122，这是由模型位置风洞横截面的流速增大引起。③对于基底扭矩系数功率谱，各模型扭矩功率谱均有明显峰值，峰值范围为 5.7～7.3。随阻塞度增大，功率谱带宽有所增大，且谱峰对应的折算频率也增大，数值分别为：0.110、0.113、0.118、0.122，与斯托罗哈数一致。基底扭矩系数功率谱与基底升力系数功率谱的规律较接近。

7　平均风压及平均阻力的阻塞效应的修正

本试验平均来流风速为 14 m/s，模型的雷诺数范围为 $Re=1.46\times10^5\sim4.17\times10^5$，属于同一量级。并且对于方柱这样的带有尖角的钝体，分离点固定在迎风前缘的角部位置。由此认为，雷诺数的影响可忽略。在风场方面，均匀流场排除了来流的差别。可见阻塞效应是上述结果差别的主要原因。

由于 Peitzman 方法[15]形式简单、物理意义明确，故将其作进一步修正，提出适用于平均阻力系数的阻塞效应修正公式。Peitzman 法根据质量守恒定理推导，假定单位时间内通过管道任意截面的流体的流量相同。在风洞试验中，模型位置截面的风速会大于来流风速。但该方法明显低估了本次试验中的阻塞效应。鉴于此，在 Peitzman 法中引入阻塞效应调整因子 k，修正公式如下所示：

$$q=q_u\frac{1}{\left(1-k\dfrac{S}{A}\right)^2}\tag{10}$$

式中，q 为经过阻塞度修正后的模型处的动压力；q_u 为风洞空载时流经模型处的动压力；k 为阻塞效应调整因子，表征阻塞效应的程度，为待定参数；$\dfrac{S}{A}$ 为阻塞比。

7.1　平均风压的修正

迎风面风压无需修正，通过公式(10)对模型侧面、背风面和顶面负压修正，采用最小二乘拟合，得到相应参数 k，结果见图 22，对图中相同面上所有测点拟合结果进行平均处理，将结果示于表 4 中。由表可见，各面拟合的参数之间的差距较小，为了方便实际应用，并考虑参与测点的附属面积，将 k 取为 2.84。利用公式(10)与本试验拟合的 k 分别对 0°和 90°风向角下 $\dfrac{2}{3}H$ 处测点平均风压系数修正，如图 23 所示，可见修正结果较为满意。

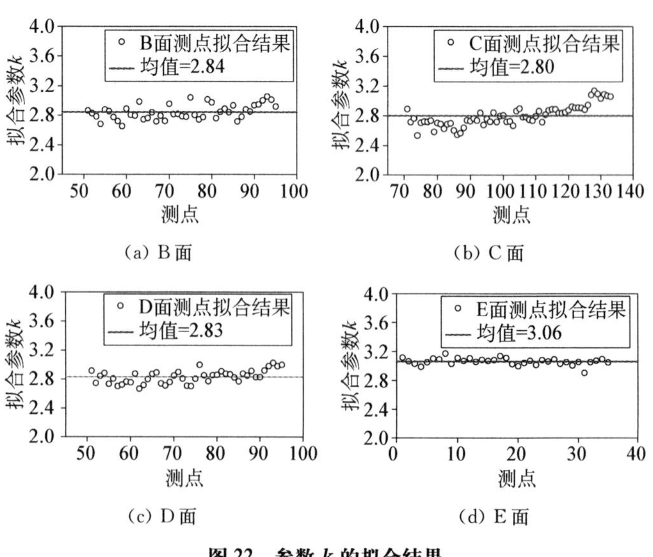

图 22　参数 k 的拟合结果

表 4　各面测点拟合参数的平均值

参数	B 面	C 面	D 面	E 面
k	2.84	2.80	2.83	3.06

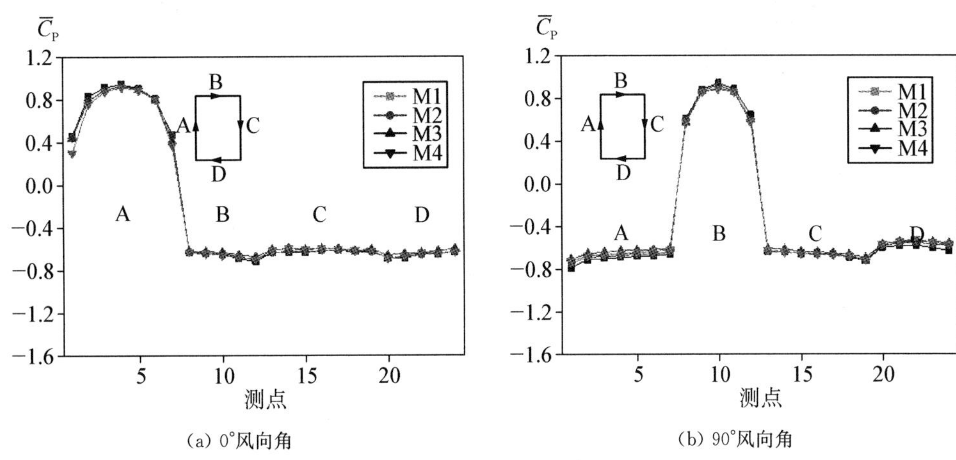

图 23 模型$\frac{2}{3}H$处平均风压系数的修正结果

7.2 平均阻力的修正

使用公式(10)对模型各层平均阻力系数最小二乘拟合，得到相应参数。将参数 k 沿高度的变化情况示于图 24 中。观察到参数 k 在模型高度上符合线性关系，为方便使用，对其线性拟合得到如下表达式：

$$k=\begin{cases}-1.3756z/H+2.0814 & 0<z/H<0.47\\ 1.4157 & 0.47<z/H<0.68\\ 1.4193z/H+0.4469 & 0.68<z/H<1\end{cases}\tag{11}$$

由图 24 和公式(11)可知，在约为 0.5～0.7H 高度处，参数 k 为一定值，随着高度的增加或减小，修正因子增大。这表明，矩形单体高层建筑底部和顶部处的风洞试验阻塞效应最为明显。

采用式(10)和式(11)对各模型层平均风压系数修正，结果示于图 25 中，可见修正结果较为满意。

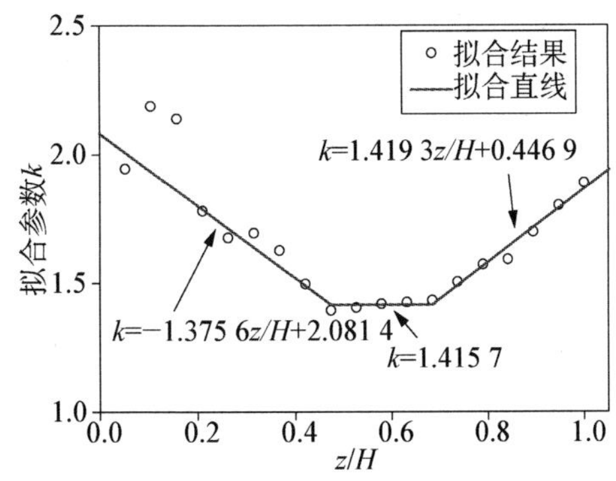

图 24 参数 k 的公式拟合

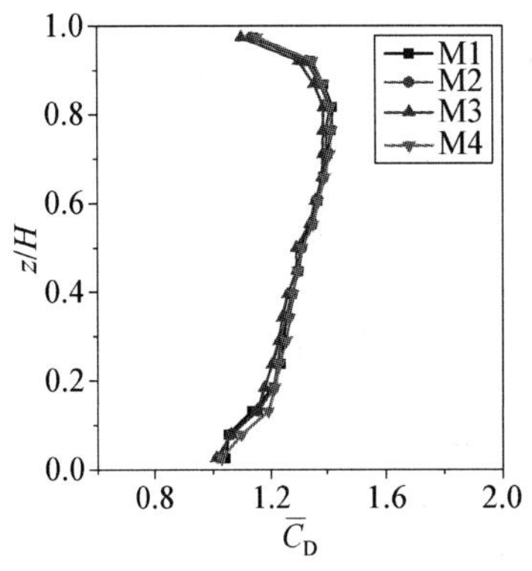

图 25 层平均阻力系数的修正结果

8 结论

(1) 模型迎风面平均正风压随阻塞度的增大而减小；模型负压区(侧面、背风面和顶面)平均风压系数的阻塞效应较大，阻塞度越大负压越大。但平均风压的分布规律没有显著改变。

(2) 模型表面脉动风压的阻塞度效应较大。迎风面靠近角部处、侧面靠近背风面的角部处，脉动风压系数随阻塞度的增幅尤为明显。阻塞度的增大改变了脉动风压的分布规律。

(3) 阻塞效应不会显著影响建筑层平均阻力系数沿高度的分布规律，但会增大其数值。相比而言，建筑层脉动阻力、升力和扭矩系数受阻塞效应的影响较为显著，其数值和分布规律都发生较大变化。

(4) 基底平均阻力系数、脉动阻力系数、脉动升力系数和脉动扭矩系数都随阻塞度增加不同程度增大。相比于基底平均阻力系数，阻塞效应对基底脉动阻力系数的影响更加明显。阻塞度的增大使基底阻力功率谱在 2 倍于斯托罗哈数处出现明显谱峰，且升力、扭矩功率谱带宽、斯托罗哈数都有所增大。

(5) 依据现有试验数据，在文献方法的基础上提出了均匀来流中单体矩形高层建筑平均风压和平均层阻力系数的阻塞效应修正公式，修正结果较为满意。

参考文献

[1] 程厚梅. 风洞实验干扰与修正[M]. 北京：国防工业出版社，2003.

[2] 恽起麟. 风洞实验数据的误差与修正[M]. 北京：国防工业出版社，1996.

[3] Hunt A. Wind-tunnel Measurements of Surface Pressures on Cubic Building Models at Several Scales [J]. Journal of Wind Engineering and Industrial Aerodynamics, 1982,10(2):137 - 163.

[4] Raju K G R, Singh V. Blockage Effects on Drag of Sharp-edged Bodies [J]. Journal of Wind Engineering and Industrial Aerodynamics, 1975,1(3):301 - 309.

[5] Awbi H B. Wind-tunnel-wall Constraint on Two-dimensional Rectangular-section Prisms [J]. Journal of Wind Engineering and Industrial Aerodynamics, 1978,3(4):285 - 306.

[6] Laneville A, Trepanier J Y. Blockage Effects in Smooth and Turbulent Flows: the case of Two-dimensional Rectangular Cylinders [J]. Journal of Wind Engineering and Industrial Aerodynamics, 1986, 22(2 - 3):169 - 176.

[7] Laneville A. Turbulence and Blockage Effects on Two-dimensional Rectangular Cylinders [J]. Journal of Wind Engineering and Industrial Aerodynamics, 1990, 33(1 - 2):11 - 20.

[8] Noda M, Utsunomiya H, Nagao F. Basic Study on Blockage Effects in Turbulent Boundary Layer Flows [J]. Journal of Wind Engineering and Industrial Aerodynamics, 1995,54/55:645 - 656.

[9] Parkinson G V, Cook N J. Blockage Tolerance of a Boundary-layer Wind Tunnel [J]. Journal of Wind Engineering and Industrial Aerodynamics, 1992,42(1 - 3):873 - 884.

[10] 谢壮宁，刘帅，石碧青. 低矮房屋标准模型的风洞试验研究[J]. 华南理工大学学报：自然科学版，2011，39(6):106 - 112.

[11] 王磊，梁枢果，邹良浩，等. 阻塞效应对高层建筑风洞试验的影响分析[J]. 实验力学，2013，28(2):261 - 268.

[12] 周晅毅，顾明. 单通道测压管路系统的优化设计[J]. 同济大学学报：自然科学版，2003，31(7):798 - 802.

[13] 顾明，项海帆. 几种矩形二维柱体节段模型上脉动力的测量[J]. 空气动力学学报，1994，12(1):115 - 119.

[14] 顾明，叶丰. 典型超高层建筑风荷载频域特性研究[J]. 建筑结构学报，2006，27(1):30 - 36.

[15] Peitzman F W. Low Speed Wind Tunnel Investigation to Develop High Attitude Wall Correction in the Northrop 7×10 Foot Low Speed Wind Tunnel [R]. AIAA 78 - 810, 1978.

桥梁断面气动导数识别的三自由度耦合状态强迫振动时域法

郭震山* 朱乐东 项海帆

（同济大学土木工程防灾国家重点实验室 中国 上海 200092）

摘 要 气动导数是描述桥梁断面气动性能的重要参数，在大跨度桥梁颤振和抖振分析过程中起着至关重要的作用。通常情况下具有钝体特征的桥梁断面的气动导数是利用节段模型试验测得的。按照振动驱动机制不同，节段模型试验方法可分为自由振动法和强迫振动法两大类。与自由振动法相比，强迫振动法具有响应信号的信噪比大、气动导数识别结果离散度小、精度高、对应折减风速范围宽等优点。但由于所需试验设备复杂、一次性投资大等原因，强迫振动法一直没有得到深入的研究，目前还处于两自由度水平，识别理论还不完善，识别结果也不太理想。本文提出了具有较高精度的气动导数识别三自由度强迫振动耦合状态时域法，率先实现了通过一次耦合状态强迫振动试验和时域识别方法获得18个气动导数的目标。通过薄平板模型试验对本文所建立的气动导数识别方法的可靠性进行了验证。

关键词 气动导数；参数识别；节段模型；三自由度；强迫振动；耦合状态；时域

颤振是由自激力所引起的一种典型的气动弹性失稳现象。由于其断面的钝体特征，作用在桥梁结构上的自激力只能用经验模型来描述。自1971年Scanlan[1]提出了用气动导数表示的自激力模型后，基于风洞试验得到的气动导数的桥梁颤振分析方法得到了广泛的应用。而后，Scanlan[2]自激力模型又被引入到桥梁抖振分析中，以考虑气动阻尼和气动刚度对抖振响应的影响。因此对桥梁断面气动导数的识别就成为大跨度桥梁颤振和抖振分析中的一个关键环节。桥梁断面的气动导数通常是由节段模型风洞试验获得。按照模型振动驱动机制的不同，节段模型试验可以分为自由振动法和强迫振动法两类。由于自由振动法所需试验设备简单，得到了广泛的发展和应用。但自由振动法自身具有一些固有缺陷，如噪声水平高、高风速下节段模型会出现颤振现象等，使得自由振动法识别出的气动导数稳定性差、离散度高、精度较低，而且所得到的气动导数对应折减风速范围也较窄，无法得到临近颤振临界风速附近的气动导数，在进行颤振分析时只能将其外插。由于气动导数与折减风速之间并非简单的线性关系，因此外插得到的气动导数可靠性较差，会给颤振分析造成较大的误差。与自由振动法相比，强迫振动法具有试验信号信噪比大、识别算法简单、计算量小、气动导数识别精度高、稳定性好、离散度小等优点，同时强迫振动法不存在模型颤振的问题，因而可以得到等于或大于颤振临界风速所对应的折减风速时的气动导数。因此尽管强迫振动法所需设备复杂，近年来对于强迫振动法的研究还是有所增加。

1952年Halfman[3]利用强迫振动法对机翼进行了非定常气动力测量，这可能是最早的利用强迫振动法进行的非定常气动力研究。Ukeguchi[4]首次将强迫振动法用于桥梁端面气动导数识别，之后Falco[5]、Li[6]、Jensen[7]、Cigada[8]、Selvam[9]、陈政清[10]等人先后开展了强迫振动法气动参数识别研究。但目前关于强迫振动法气动参数识别研究的参考文献基本上都是采用分状态振动方法来识别与竖向和扭转相关的8个气动导数，关于侧向气动导数识别的报道很少见，而通过两自由度耦合振动试验直接识别8个气动导数，或通过三自由度耦合振动法识别18个气动导数的文献则更加罕见。因此，本文结合同济大学土木工程防灾国家重点实验室风

* 郭震山，1974年出生，项海帆教授1996级硕士研究生和2001级博士研究生，硕士论文题目“缆索承重桥梁阻尼及其对桥梁颤振稳定性的影响”，博士论文题目“桥梁断面气动导数识别的三自由度强迫振动法”。本文收录于2006年《第7届全国风工程和工业空气动力学学术会议论文集》。

洞试验室开发的节段模型三自由度耦合强迫振动装置，建立了具有较高精度的三自由度耦合状态强迫振动时域气动导数识别方法(以下简称为耦合状态时域法)，率先实现了通过一次竖向、侧向和扭转三自由度耦合状态强迫振动试验和时域识别方法获得18个气动导数的目标。

1 节段模型三自由度耦合强迫振动装置

同济大学土木工程防灾国家重点实验室风洞试验室与国防科技大学等多家单位合作研制了一套节段模型三自由度耦合强迫振动装置。该装置既可以驱动节段模型按预定的频率和振幅进行竖向、横向及扭转单自由度简谐振动，也可以驱动模型实现任意两自由度或三自由度耦合振动，耦合振动中每自由度都是振幅、频率可调的简谐振动。

2 耦合状态时域法识别原理

利用耦合状态强迫振动法在时域内识别气动导数需要解决三个关键问题：一是由作用在节段模型上的外力得到自激力；二是由加速度信号通过数值积分得到位移和速度信号；三是由自激力、位移和速度时程信号利用直接法识别气动导数。

2.1 自激力获取

由于本文所采用的节段模型三自由度耦合强迫振动装置由天平直接驱动节段模型振动，天平与节段模型之间采用了刚性连接，所以节段模型振动中受到的弹性回复力和机械阻尼力可以忽略不计。在特定风速下作用于强迫振动过程中的节段模型上的合力包含如下成分：节段模型系统的重力、模型安装应力、静风荷载、惯性力、模型相对于静止空气运动而产生的气动力(就像扇扇子时产生的空气反作用力，包含分别与速度及加速度相关的两部分气动力)、周期性机械干扰力、特定风速下的自激力以及与强迫振动频率无关的噪声信号。按照荷载类型可以将其分为静荷载及动荷载两个部分，从合力中消除静荷载较为简单，通过去直流分量处理即可剔除。

驱动节段模型做三自由度耦合强迫振动，其中竖向、侧向和扭转均为稳态简谐振动，即：

$$
\begin{aligned}
h(t) &= h_0 e^{i(\omega_h t+\varphi_h)} \\
p(t) &= p_0 e^{i(\omega_p t+\varphi_p)} \\
\alpha(t) &= \alpha_0 e^{i(\omega_\alpha t+\varphi_\alpha)}
\end{aligned} \tag{1}
$$

式中，h_0、p_0 和 α_0 分别为竖向、侧向和扭转振幅；ω_h、ω_p 和 ω_α 分别为竖向、侧向和扭转圆频率；φ_h、φ_p 和 φ_α 分别为竖向、侧向和扭转振动初始相位。此时节段模型所受到的动荷载可以表示为：

$$
\begin{aligned}
L_{dy} &= L_{in}(f_h) + L_{no}(f_h, f_p, f_\alpha) + L_{se,0}(f_h, f_p, f_\alpha) + \\
&\quad L_{se}(f_h, f_p, f_\alpha) + L_{wn} \\
D_{dy} &= D_{in}(f_p) + D_{no}(f_h, f_p, f_\alpha) + D_{se,0}(f_h, f_p, f_\alpha) + \\
&\quad D_{se}(f_h, f_p, f_\alpha) + D_{wn} \\
M_{dy} &= M_{in}(f_\alpha) + M_{no}(f_h, f_p, f_\alpha) + \\
&\quad M_{se,0}(f_h, f_p, f_\alpha) + M_{se}(f_h, f_p, f_\alpha) + M_{wn}
\end{aligned} \tag{2}
$$

式中，L、D 和 M 分别表示竖向力、侧向力和扭矩；f_h、f_p 和 f_α 分别为竖向、侧向和扭转强迫振动频率。式中下标 dy 表示动荷载合力；in 表示惯性力；no 表示与强迫振动频率相同的机械干扰；se，0 表示模型相对于静止空气运动而产生的气动力；se 表示特定风速下的自激力；wn 表示与强迫振动频率无关的随机噪声。式(2)右端项中各分量除 L_{wn}、D_{wn} 和 M_{wn} 与强迫振动频率无关外，其他分量都是强迫振动频率的函数。

对于具有竖向、侧向和扭转三自由度的刚体节段模型，作用在模型每延米上的竖向、侧向自激力和自激扭矩，可用 Scanlan 自激力模型形式表示如下：

$$
\begin{aligned}
L_{se} &= \rho U^2 B\left[K_h H_1^* \frac{\dot h}{U} + K_\alpha H_2^* \frac{B\dot\alpha}{U} + K_\alpha^2 H_3^* \alpha + \right. \\
&\quad \left. K_h^2 H_4^* \frac{h}{B} + K_p H_5^* \frac{\dot p}{U} + K_p^2 H_6^* \frac{p}{B}\right] \\
D_{se} &= \rho U^2 B\left[K_p P_1^* \frac{\dot p}{U} + K_\alpha P_2^* \frac{B\dot\alpha}{U} + K_\alpha^2 P_3^* \alpha + \right. \\
&\quad \left. K_p^2 P_4^* \frac{p}{B} + K_h P_5^* \frac{\dot h}{U} + K_h^2 P_6^* \frac{h}{B}\right] \\
M_{se} &= \rho U^2 B^2\left[K_h A_1^* \frac{\dot h}{U} + K_\alpha A_2^* \frac{B\dot\alpha}{U} + K_\alpha^2 A_3^* \alpha + \right. \\
&\quad \left. K_h^2 A_4^* \frac{h}{B} + K_p A_5^* \frac{\dot p}{U} + K_p^2 A_6^* \frac{p}{B}\right]
\end{aligned} \tag{3}
$$

式中，L_{se}、D_{se} 和 M_{se} 分别为模型每延米上的竖向、侧向自激力和自激扭矩；$\rho=1.225\ \mathrm{kg/m^3}$ 为空气密度；U 为来流风速；B 为主梁宽度；$K_h=(B\omega_h)/U$、$K_p=(B\omega_p)/U$ 和 $K_\alpha=(B\omega_\alpha)/U$ 分别为与竖向、侧向和扭转振动相关的折算频率；ω_h、ω_p 和 ω_α 分别为竖向、侧向和扭转振动圆频率；H_i^*、P_i^*、A_i^* ($i=1\sim 6$)分别为与竖向自激力、侧向自激力和自激扭矩相关的气动导数。

由式(3)可知自激力为节段模型竖向位移 h、竖向速度 $\dot{h}$、侧向位移 p、侧向速度 $\dot{p}$、扭转角 α 及扭转角速度 $\dot{\alpha}$ 的线性函数。由式(1)可知模型位移(扭转角)与加速度(扭转角加速度)之间是线性相关的,由此式(2)可以简化为:

$$
\begin{aligned}
& L_{\mathrm{dy}}(h,\ \dot{h},\ \ddot{h},\ p,\ \dot{p},\ \ddot{p},\ \alpha,\ \dot{\alpha},\ \ddot{\alpha}) \\
&= L_{\mathrm{in}}(\ddot{h}) + L_{\mathrm{no}}(\dot{h},\ \ddot{h},\ \dot{p},\ \ddot{p},\ \dot{\alpha},\ \ddot{\alpha}) + \\
&\quad L_{\mathrm{se,\,0}}(\dot{h},\ \ddot{h},\ \dot{p},\ \ddot{p},\ \dot{\alpha},\ \ddot{\alpha}) + L_{\mathrm{se}}(h,\ \dot{h},\ p,\ \dot{p},\ \alpha,\ \dot{\alpha}) \\
& D_{\mathrm{dy}}(h,\ \dot{h},\ \ddot{h},\ p,\ \dot{p},\ \ddot{p},\ \alpha,\ \dot{\alpha},\ \ddot{\alpha}) \\
&= D_{\mathrm{in}}(\ddot{p}) + D_{\mathrm{no}}(\dot{h},\ \ddot{h},\ \dot{p},\ \ddot{p},\ \dot{\alpha},\ \ddot{\alpha}) + \\
&\quad D_{\mathrm{se,\,0}}(\dot{h},\ \ddot{h},\ \dot{p},\ \ddot{p},\ \dot{\alpha},\ \ddot{\alpha}) + D_{\mathrm{se}}(h,\ \dot{h},\ p,\ \dot{p},\ \alpha,\ \dot{\alpha}) \\
& M_{\mathrm{dy}}(h,\ \dot{h},\ \ddot{h},\ p,\ \dot{p},\ \ddot{p},\ \alpha,\ \dot{\alpha},\ \ddot{\alpha}) \\
&= M_{\mathrm{in}}(\ddot{\alpha}) + M_{\mathrm{no}}(\dot{h},\ \ddot{h},\ \dot{p},\ \ddot{p},\ \dot{\alpha},\ \ddot{\alpha}) + \\
&\quad M_{\mathrm{se,\,0}}(\dot{h},\ \ddot{h},\ \dot{p},\ \ddot{p},\ \dot{\alpha},\ \ddot{\alpha}) + M_{\mathrm{se}}(h,\ \dot{h},\ p,\ \dot{p},\ \alpha,\ \dot{\alpha})
\end{aligned}
\tag{4}
$$

在零风速下节段模型不受到自激力的作用,因而上式可以简化为:

$$
\begin{aligned}
& L_{\mathrm{dy,\,0}}(\dot{h},\ \ddot{h},\ \dot{p},\ \ddot{p},\ \dot{\alpha},\ \ddot{\alpha}) \\
&= L_{\mathrm{in}}(\ddot{h}) + L_{\mathrm{no}}(\dot{h},\ \ddot{h},\ \dot{p},\ \ddot{p},\ \dot{\alpha},\ \ddot{\alpha}) + \\
&\quad L_{\mathrm{se,\,0}}(\dot{h},\ \ddot{h},\ \dot{p},\ \ddot{p},\ \dot{\alpha},\ \ddot{\alpha}) \\
& D_{\mathrm{dy}}(\dot{h},\ \ddot{h},\ \dot{p},\ \ddot{p},\ \dot{\alpha},\ \ddot{\alpha}) \\
&= D_{\mathrm{in}}(\ddot{p}) + D_{\mathrm{no}}(\dot{h},\ \ddot{h},\ \dot{p},\ \ddot{p},\ \dot{\alpha},\ \ddot{\alpha}) + \\
&\quad D_{\mathrm{se,\,0}}(\dot{h},\ \ddot{h},\ \dot{p},\ \ddot{p},\ \dot{\alpha},\ \ddot{\alpha}) \\
& M_{\mathrm{dy}}(\dot{h},\ \ddot{h},\ \dot{p},\ \ddot{p},\ \dot{\alpha},\ \ddot{\alpha}) \\
&= M_{\mathrm{in}}(\ddot{\alpha}) + M_{\mathrm{no}}(\dot{h},\ \ddot{h},\ \dot{p},\ \ddot{p},\ \dot{\alpha},\ \ddot{\alpha}) + \\
&\quad M_{\mathrm{se,\,0}}(\dot{h},\ \ddot{h},\ \dot{p},\ \ddot{p},\ \dot{\alpha},\ \ddot{\alpha})
\end{aligned}
\tag{5}
$$

式(5)中右端项均为振动信号($\dot{h}$、$\ddot{h}$、$\dot{p}$、$\ddot{p}$、$\dot{\alpha}$ 及 $\ddot{\alpha}$)的线性函数,可以将右端项合并:

$$
\begin{aligned}
& L_{\mathrm{dy,\,0}}(\dot{h},\ \ddot{h},\ \dot{p},\ \ddot{p},\ \dot{\alpha},\ \ddot{\alpha}) \\
&= c_{\mathrm{hh}}\dot{h} + m_{\mathrm{hh}}\ddot{h} + c_{\mathrm{hp}}\dot{p} + m_{\mathrm{hp}}\ddot{p} + c_{\mathrm{h\alpha}}\dot{\alpha} + m_{\mathrm{h\alpha}}\ddot{\alpha} \\
& D_{\mathrm{dy,\,0}}(\dot{h},\ \ddot{h},\ \dot{p},\ \ddot{p},\ \dot{\alpha},\ \ddot{\alpha}) \\
&= c_{\mathrm{ph}}\dot{h} + m_{\mathrm{ph}}\ddot{h} + c_{\mathrm{pp}}\dot{p} + m_{\mathrm{pp}}\ddot{p} + c_{\mathrm{p\alpha}}\dot{\alpha} + m_{\mathrm{p\alpha}}\ddot{\alpha} \\
& M_{\mathrm{dy,\,0}}(\dot{h},\ \ddot{h},\ \dot{p},\ \ddot{p},\ \dot{\alpha},\ \ddot{\alpha}) \\
&= c_{\mathrm{\alpha h}}\dot{h} + m_{\mathrm{\alpha h}}\ddot{h} + c_{\mathrm{\alpha p}}\dot{p} + m_{\mathrm{\alpha p}}\ddot{p} + c_{\mathrm{\alpha\alpha}}\dot{\alpha} + m_{\mathrm{\alpha\alpha}}\ddot{\alpha}
\end{aligned}
\tag{6}
$$

式中,$L_{\mathrm{dy,\,0}}(\dot{h},\ \ddot{h},\ \dot{p},\ \ddot{p},\ \dot{\alpha},\ \ddot{\alpha})$、$D_{\mathrm{dy,\,0}}(\dot{h},\ \ddot{h},\ \dot{p},\ \ddot{p},\ \dot{\alpha},\ \ddot{\alpha})$ 和 $M_{\mathrm{dy,\,0}}(\dot{h},\ \ddot{h},\ \dot{p},\ \ddot{p},\ \dot{\alpha},\ \ddot{\alpha})$ 分别表示零风速下三自由度耦合状态强迫振动中节段模型所受到的竖向、侧向、扭转等效阻尼力(矩)和惯性力(矩)的合力。c_{ij} 与 m_{ij} ($i=h,\ p,\ \alpha$;$j=h,\ p,\ \alpha$)分别表示 j 方向振动所引起的 i 方向上的等效阻尼系数和等效惯性系数。

在此引入一个假定:在不同风速下以相同频率和振幅作耦合状态强迫振动的节段模型,$L_{\mathrm{se,\,0}}(\dot{h},\ \ddot{h},\ \dot{p},\ \ddot{p},\ \dot{\alpha},\ \ddot{\alpha})$、$D_{\mathrm{se,\,0}}(\dot{h},\ \ddot{h},\ \dot{p},\ \ddot{p},\ \dot{\alpha},\ \ddot{\alpha})$、$M_{\mathrm{se,\,0}}(\dot{h},\ \ddot{h},\ \dot{p},\ \ddot{p},\ \dot{\alpha},\ \ddot{\alpha})$、$L_{\mathrm{no}}(\dot{h},\ \ddot{h},\ \dot{p},\ \ddot{p},\ \dot{\alpha},\ \ddot{\alpha})$、$D_{\mathrm{no}}(\dot{h},\ \ddot{h},\ \dot{p},\ \ddot{p},\ \dot{\alpha},\ \ddot{\alpha})$ 及 $M_{\mathrm{no}}(\dot{h},\ \ddot{h},\ \dot{p},\ \ddot{p},\ \dot{\alpha},\ \ddot{\alpha})$ 都是稳定的。这样就可以根据零风速下合力及振动信号得到等效阻尼和等效惯性系数 c_{ij} 与 m_{ij},然后在特定风速下利用求得的等效阻尼及等效惯性系数与节段模型实时振动信号就可以得到自激力。

在零风速下进行三自由度耦合状态强迫振动,同步记录长度为 n 点的节段模型所受外力及振动信号,然后利用最小二乘原理即可利用下式求解式(5)右端的各个等效阻尼系数和等效惯性系数:

$$
\boldsymbol{M} = (\boldsymbol{X}^{\mathrm{T}}\boldsymbol{X})^{-1}\boldsymbol{X}^{\mathrm{T}}\boldsymbol{Q}_{\mathrm{dy,\,0}} \tag{7}
$$

式中,

$$
\boldsymbol{Q}_{\mathrm{dy,\,0}} = \begin{bmatrix} L_{\mathrm{dy,\,01}} & D_{\mathrm{dy,\,01}} & M_{\mathrm{dy,\,01}} \\ L_{\mathrm{dy,\,02}} & D_{\mathrm{dy,\,02}} & M_{\mathrm{dy,\,02}} \\ \vdots & \vdots & \vdots \\ L_{\mathrm{dy,\,0}n} & D_{\mathrm{dy,\,0}n} & M_{\mathrm{dy,\,0}n} \end{bmatrix}
$$

$$
\boldsymbol{X} = \begin{bmatrix} \dot{h}_1 & \ddot{h}_1 & \dot{p}_1 & \ddot{p}_1 & \dot{\alpha}_1 & \ddot{\alpha}_1 \\ \dot{h}_2 & \ddot{h}_2 & \dot{p}_2 & \ddot{p}_2 & \dot{\alpha}_2 & \ddot{\alpha}_2 \\ \vdots & \vdots & \vdots & \vdots & \vdots & \vdots \\ \dot{h}_n & \ddot{h}_n & \dot{p}_n & \ddot{p}_n & \dot{\alpha}_n & \ddot{\alpha}_n \end{bmatrix}
$$

$$
\boldsymbol{M} = \begin{bmatrix} c_{\mathrm{hh}} & c_{\mathrm{ph}} & c_{\mathrm{\alpha h}} \\ m_{\mathrm{hh}} & m_{\mathrm{ph}} & m_{\mathrm{\alpha h}} \\ c_{\mathrm{hp}} & c_{\mathrm{pp}} & c_{\mathrm{\alpha p}} \\ m_{\mathrm{hp}} & m_{\mathrm{pp}} & m_{\mathrm{\alpha p}} \\ c_{\mathrm{h\alpha}} & c_{\mathrm{p\alpha}} & c_{\mathrm{\alpha\alpha}} \\ m_{\mathrm{h\alpha}} & m_{\mathrm{p\alpha}} & m_{\mathrm{\alpha\alpha}} \end{bmatrix}
$$

由零风速试验数据求得等效阻尼和等效惯性系数矩阵 $\boldsymbol{M}$ 后,特定风速下三自由度耦合强迫振动中节段模型所受到的自激力可以由下式得到：

$$\boldsymbol{Q}_{se}=\boldsymbol{Q}_{dy}-\boldsymbol{XM} \tag{8}$$

式中，$\boldsymbol{Q}_{se}$ 为特定风速下的自激力时程信号；$\boldsymbol{Q}_{dy}$ 为特定风速下节段模型所受动荷载时程信号；$\boldsymbol{X}$ 为特定风速下振动加速度及速度时程信号；$\boldsymbol{M}$ 为零风速下求得的等效阻尼和等效惯性系数矩阵。

$$\boldsymbol{Q}_{se}=\begin{bmatrix} L_{se1} & D_{se1} & M_{se1}\\ L_{se2} & D_{se2} & M_{se2}\\ \vdots & \vdots & \vdots\\ L_{sen} & D_{sen} & M_{sen}\end{bmatrix}\quad \boldsymbol{Q}_{dy}=\begin{bmatrix} L_{dy1} & D_{dy1} & M_{dy1}\\ L_{dy2} & D_{dy2} & M_{dy2}\\ \vdots & \vdots & \vdots\\ L_{dyn} & D_{dyn} & M_{dyn}\end{bmatrix}$$

2.2 由加速度信号通过数值积分得到位移及速度信号

由加速度时程信号经过数值积分求速度时程信号和位移时程信号是信号处理领域的一个基本问题。在此问题中一直存在两个难点：一是如何得到初始速度和初始位移；二是如何消除数值积分过程中引入的低频噪声。由于强迫振动装置本身的机械振动噪声和外界环境随机激励噪声的影响，得到的加速度信号中混杂了一定的高频噪声，如何得到精确可靠的速度和位移时程信号成为强迫振动时域法识别气动导数的关键问题，至今还没有得到很好的解决。郭震山结合样条函数数值积分、初值求解、椭圆数字滤波、双向滤波技术及信号同步等数字信号处理技术，成功地解决了这一难题，可以得到较为理想的速度和位移时程信号[11]。本文即采用此方法利用加速度时程信号得到了理想的速度和位移时程信号。

2.3 基于最小二乘原理的气动导数识别方法

由三自由度 Scanlan 自激力表达式(3)，令：

$$\begin{Bmatrix}H_1\\H_2\\H_3\\H_4\\H_5\\H_6\end{Bmatrix}=\rho BU^2\begin{bmatrix}\frac{K_h}{U}&&&&&\\&\frac{K_\alpha B}{U}&&&&\\&&K_\alpha^2&&&\\&&&\frac{K_h^2}{B}&&\\&&&&\frac{K_p}{U}&\\&&&&&\frac{K_p^2}{B}\end{bmatrix}\cdot\begin{Bmatrix}H_1^*\\H_2^*\\H_3^*\\H_4^*\\H_5^*\\H_6^*\end{Bmatrix} \tag{9}$$

$$\begin{Bmatrix}P_1\\P_2\\P_3\\P_4\\P_5\\P_6\end{Bmatrix}=\rho BU^2\begin{bmatrix}\frac{K_p}{U}&&&&&\\&\frac{K_\alpha B}{U}&&&&\\&&K_\alpha^2&&&\\&&&\frac{K_p^2}{B}&&\\&&&&\frac{K_h}{U}&\\&&&&&\frac{K_h^2}{B}\end{bmatrix}\cdot\begin{Bmatrix}P_1^*\\P_2^*\\P_3^*\\P_4^*\\P_5^*\\P_6^*\end{Bmatrix} \tag{10}$$

$$\begin{Bmatrix}H_1\\H_2\\H_3\\H_4\\H_5\\H_6\end{Bmatrix}=\rho BU^2\begin{bmatrix}\frac{K_h}{U}&&&&&\\&\frac{K_\alpha B}{U}&&&&\\&&K_\alpha^2&&&\\&&&\frac{K_h^2}{B}&&\\&&&&\frac{K_p}{U}&\\&&&&&\frac{K_p^2}{B}\end{bmatrix}\cdot\begin{Bmatrix}H_1^*\\H_2^*\\H_3^*\\H_4^*\\H_5^*\\H_6^*\end{Bmatrix} \tag{11}$$

则公式(3)变形为：

$$\begin{aligned}L_{se}&=H_1\dot{h}+H_2\dot{\alpha}+H_3\alpha+H_4h+H_5\dot{p}+H_6p\\D_{se}&=P_1\dot{p}+P_2\dot{\alpha}+P_3\alpha+P_4p+P_5\dot{h}+P_6h\\M_{se}&=A_1\dot{h}+A_2\dot{\alpha}+A_3\alpha+A_4h+A_5\dot{p}+A_6p\end{aligned} \tag{12}$$

在得到了自激力及节段模型位移及速度时程信号之后，式(12)成为三个相互不耦合的线形方程组，求这三个方程组的最小二乘解就可以得到全部气动导数：

$$\begin{aligned}\boldsymbol{H}&=(\boldsymbol{S}^{\mathrm{T}}\boldsymbol{S})^{-1}\boldsymbol{S}^{\mathrm{T}}\boldsymbol{L}_{se}\\\boldsymbol{P}&=(\boldsymbol{R}^{\mathrm{T}}\boldsymbol{R})^{-1}\boldsymbol{R}^{\mathrm{T}}\boldsymbol{D}_{se}\\\boldsymbol{A}&=(\boldsymbol{S}^{\mathrm{T}}\boldsymbol{S})^{-1}\boldsymbol{S}^{\mathrm{T}}\boldsymbol{M}_{se}\end{aligned} \tag{13}$$

式中，$\boldsymbol{L}_{se}$、$\boldsymbol{D}_{se}$、$\boldsymbol{M}_{se}$分别为 n 点的自激力时程信号组成的列向量，$\boldsymbol{S}$ 和 $\boldsymbol{R}$ 为由节段模型振动速度及位移时程信号组成的矩阵，$\boldsymbol{H}$、$\boldsymbol{P}$ 和 $\boldsymbol{A}$ 为变形后的气动导数组成的列向量，表达式如下：

$$\begin{aligned}\boldsymbol{L}_{se}&=\{L_{se1}\quad L_{se2}\quad\cdots\quad L_{sen}\}^{\mathrm{T}}\\\boldsymbol{D}_{se}&=\{D_{se1}\quad D_{se2}\quad\cdots\quad D_{sen}\}^{\mathrm{T}}\\\boldsymbol{M}_{se}&=\{M_{se1}\quad M_{se2}\quad\cdots\quad M_{sen}\}^{\mathrm{T}}\end{aligned}$$

$$\boldsymbol{S}=\begin{bmatrix}\dot{h}_1 & \dot{\alpha}_1 & \alpha_1 & h_1 & \dot{p}_1 & p_1\\ \dot{h}_2 & \dot{\alpha}_2 & \alpha_2 & h_2 & \dot{p}_2 & p_2\\ \vdots & \vdots & \vdots & \vdots & \vdots & \vdots\\ \dot{h}_n & \dot{\alpha}_n & \alpha_n & h_n & \dot{p}_n & p_n\end{bmatrix}$$

$$\boldsymbol{R}=\begin{bmatrix}\dot{p}_1 & \dot{\alpha}_1 & \alpha_1 & p_1 & \dot{h}_1 & h_1\\ \dot{p}_2 & \dot{\alpha}_2 & \alpha_2 & p_2 & \dot{h}_2 & h_2\\ \vdots & \vdots & \vdots & \vdots & \vdots & \vdots\\ \dot{p}_n & \dot{\alpha}_n & \alpha_n & p_n & \dot{h}_n & h_n\end{bmatrix}$$

$$\boldsymbol{H}=\{H_1\quad H_2\quad H_3\quad H_4\quad H_5\quad H_6\}^{\mathrm{T}}$$

$$\boldsymbol{P}=\{P_1\quad P_2\quad P_3\quad P_4\quad P_5\quad P_6\}^{\mathrm{T}}$$

$$\boldsymbol{A}=\{A_1\quad A_2\quad A_3\quad A_4\quad A_5\quad A_6\}^{\mathrm{T}}$$

得到 **H**、**P** 和 **A** 之后，利用式(9)—式(11)即可得到无量纲化的气动导数 H_i^*、P_i^* 和 A_i^* ($i=1, 2, \cdots, 6$)。由气动导数的求解过程可知，三个自由度方向的气动导数求解过程互不相关，任意自由度方向气动导数估计误差不会影响其他自由度方向气动导数的求解精度，这一优势是自由振动法利用模态识别技术识别气动导数所不具备的。

3 薄平板断面气动导数识别

理想薄平板为无厚度平板，因此试验所采用的薄平板模型应具有尽量大的宽高比。综合考虑风洞阻塞率、模型刚度、模型重量等因素，制作了如图 1 所示的薄平板节段模型。该模型宽高比为 22.5，两侧设置了三角形风嘴，使其气动性能尽量接近理想薄平板。在模型构造上，以三根不锈钢方管及铝质端板为构架，外覆三夹板，既保证了模型刚度又减轻了重量。

采用耦合状态时域法识别了图 1 所示薄平板断面的气动导数，试验参数见表 1。通过试验识别出的 8 个气动导数 H_i^* 和 A_i^* ($i=1, 2, 3, 4$) 如图 2 所示。为便于比较，图 2 中还给出了张若雪在自由振动试验中利用总体最小二乘法(ULS 法)所得到的该薄平板断面的气动导数[12]以及理想薄平板气动导数理论解。由图 2 可以得到以下发现：

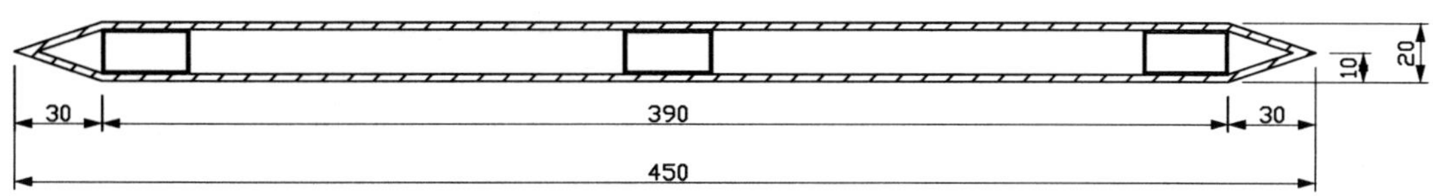

图 1　薄平板模型断面尺寸及构造

表 1　薄平板模型耦合状态强迫振动时域法气动导数识别试验参数

竖向振动频率	1.464 8 Hz	竖向振幅	0.008 m
侧向振动频率	0.976 56 Hz	侧向振幅	0.008 m
扭转振动频率	3.125 Hz	扭转振幅	1°
风攻角	0°	采样频率	500 Hz
采样点数	131 072	抗混滤波截止频率	10 Hz

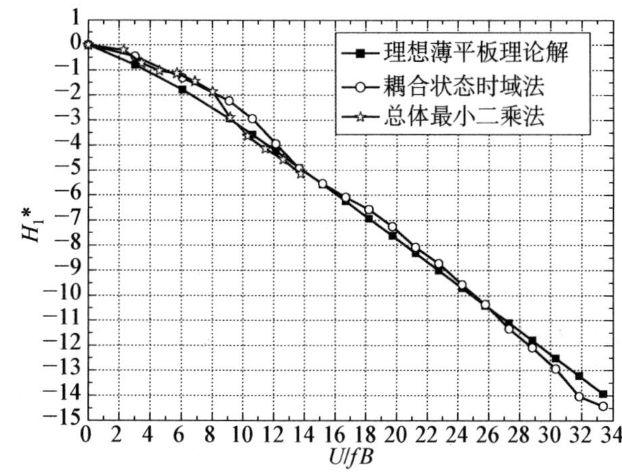

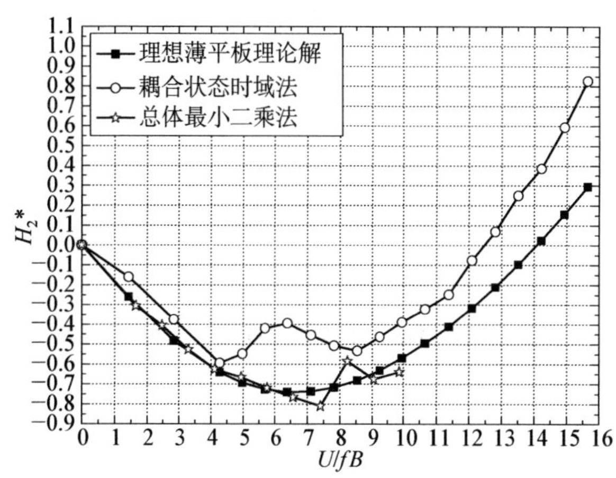

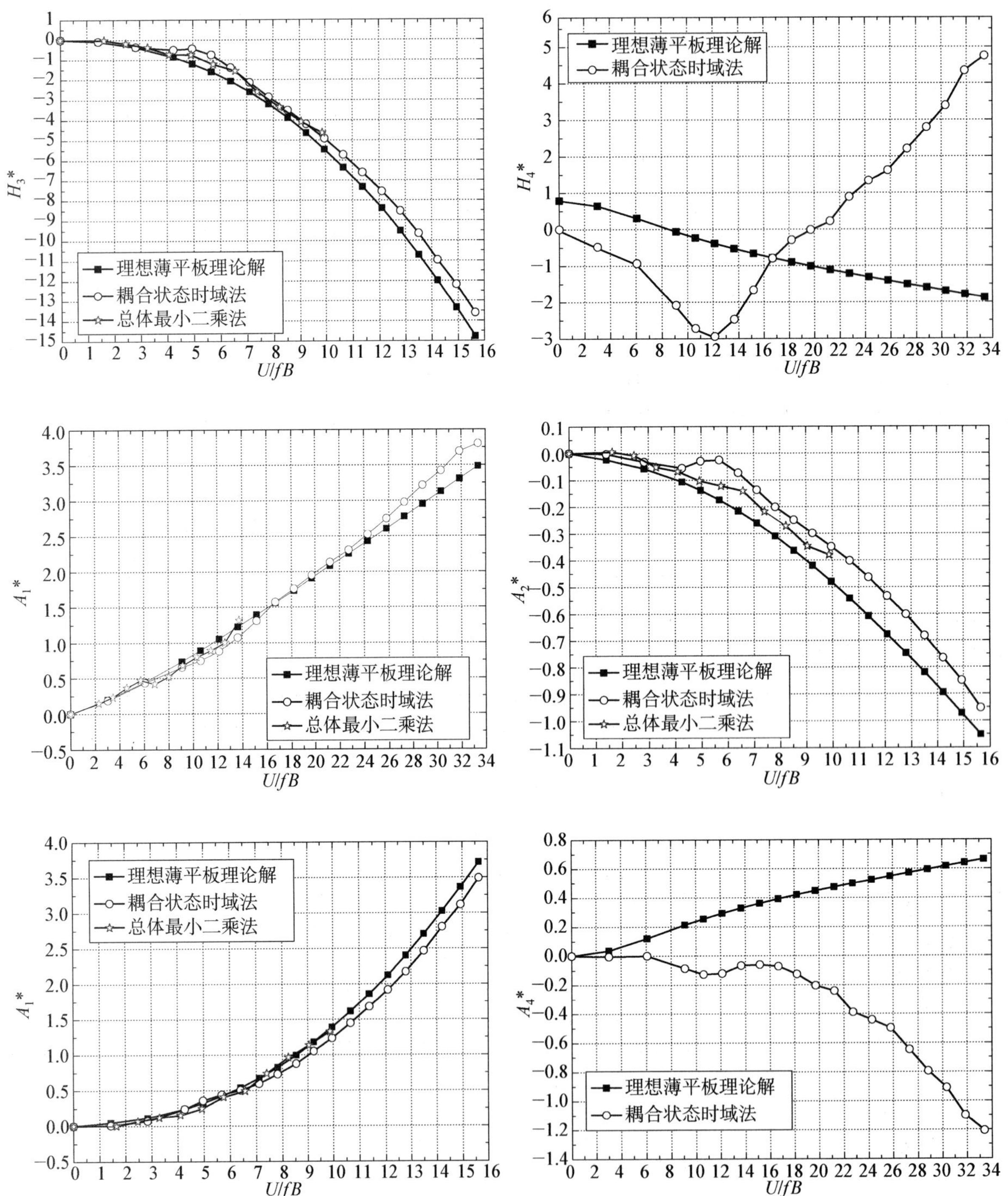

图 2　薄平板气动导数耦合状态强迫振动时域法、自由振动总体最小二乘法实测值及理想薄平板理论解对比

（1）在折减风速 $U/fB=3\sim7$（与竖向振动相关气动导数）及 6～14（与扭转振动相关气动导数）范围内，节段模型受到涡振力的影响，因此耦合状态时域法实测值与理论值之间有较大的差异。

（2）在所测折减风速范围内，气动导数 H_i^* 和 A_i^* $(i=1, 3)$ 分状态频域法实测值与理论值之间的偏差在 10%之内。在折减风速 $U/fB=0\sim15.64$ 范围内，气动导数 A_2^* 分状态频域法实测值与理论值具有相同的趋势性。两者之间的数值偏差随风速增大而减小，在折减风速为 15.64 时，二者偏差为 7.5%。在折减风速 $U/fB=0\sim15.64$ 范围内，气动导数 H_2^* 分状态频域法实测值与理论值具有相同趋势性，但二者数值偏差较大。

(3) 气动导数 H_4^* 和 A_4^* 耦合状态时域法实测值与理论解不符合。气动导数 H_4^* 和 A_4^* 分别表示竖向位移 h 所引起的竖向自激力和自激扭矩，因此节段模型竖向位移 h 所引起的自激力（自激力矩）较小，导数识别误差相对较大，是造成这两个气动导数分状态频域法实测值与理想薄平板理论解不符合的原因。这表明 H_4^* 和 A_4^* 对自激力的贡献较小，对颤振性能影响不大，这也是 Scanlan 最初提出的颤振自激力模型中仅包含 6 个气动导数 H_i^* 和 A_i^* ($i=1, 2, 3$) 的原因。

(4) 对比耦合状态和属于自由振动法范畴的总体最小二乘法（ULS 法）气动导数实测值可知：两组气动导数除 H_2^* 和 A_1^* 外差别都很小。但耦合状态时域法在气动导数离散度和所测折减风速范围方面都优于总体最小二乘法。需要特别指出的是 ULS 法在每个风速下都需要进行多次数据采集，然后根据气动导数识别结果人为判断其正确性并决定取舍，最后对多组数据平均得到一个风速下的气动导数。这种方法的随意性大，易对气动导数平均值产生人为影响。而耦合状态时域法在试验过程中不需对气动导数值进行判断和取舍，因而不会人为影响最终的气动导数实测值。

(5) 由于试验所采用的薄平板断面有一定厚度，与理想薄平板断面的气动性能具有一定差异，所以试验用薄平板断面气动导数与理论解应该具有相同的趋势性，但数值上必然有一定的差别，由此可以认为本文建立的耦合状态时域法是可靠的。耦合状态时域法和总体最小二乘法所得到的两组气动导数差别较小也进一步验证了其可靠性，对比两组气动导数还可以发现耦合状态时域法具有气动导数识别离散度小、对应折减风速范围宽等优势。

4 结语

本文建立了气动导数识别的三自由度耦合状态强迫振动时域法原理和试验技术。然后通过薄平板节段模型试验对识别方法的可靠性进行了检验。通过以上的研究，可以初步得出如下结论：

(1) 本文建立了全新的三自由度耦合状态强迫振动时域气动导数识别方法，该方法结合自激力获取、加速度数值积分得到位移和速度信号以及气动导数识别方法等创新技术和方法，首先实现了在时域范围内对三自由度耦合状态强迫振动中节段模型进行气动导数识别。

(2) 本文所建立的自激力获取方法首次明确提出强迫振动的合力中包含节段模型相对静止空气振动而受到的气动力以及与强迫振动频率相同的机械干扰等成分，并利用等效阻尼系数和等效惯性系数及特定风速下的实时振动信号来有效剔除自激力以外的其他分量，试验结果表明该方法可以得到精确的自激力。

(3) 在得到自激力和位移、速度时程信号后，首次利用最小二乘法进行时域三自由度耦合强迫振动气动导数识别。该方法使得三个自由度方向的气动导数求解过程互不相关，任意自由度方向的气动导数计算误差不会影响到其他自由度方向气动导数的求解精度。

(4) 利用耦合状态时域识别方法和试验技术识别得到的薄平板断面主要气动导数与理想薄平板气动导数理论解相比具有较好的一致性，证明了该识别方法和试验技术的可靠性。

(5) 与属于自由振动法的总体最小二乘法相比，耦合状态时域法在气动导数离散度和所测折减风速范围方面都更好，而且耦合状态时域法在试验过程中不需对气动导数值进行判断和取舍，因而不会人为影响最终的气动导数实测值。

(6) 采用三自由度耦合状态强迫振动时域法进行气动导数识别，在试验过程中也不需要人工选择适当的试验样本，也不会发生节段模型颤振发散现象，通过一次试验即可获得所有三自由度共 18 个气动导数，因此该方法是一种方便可靠的实用气动导数识别方法。

参考文献

[1] Scanlan R H, Tomko J J. Airfoil and Bridges Deck Flutter Derivatives [J]. Journal of Mechanism Engineering, ASCE, 1971,97(6):1717-1737.

[2] Scanlan R H, Gade R H. Motion of Suspension Bridge Spans under Gusty Wind [J]. Journal of Structural Engineering, ASCE, 1977,103(9):1867-1883.

[3] Halfman R L. Experimental Aerodynamic Derivatives of a Sinusoidally Oscillating Airfoil in Two Dimensional Flow [R]. Washington D C: NACA Technical Report 1108,1952.

[4] Ukeguchi N, Saketa H, Nishitani H. An Investigation of Aeroelastic Instability of Suspension Bridges [C]// The International Symposium on Suspension Bridges, Lisbon, 1966:273-284.

[5] Falco M, Curami A, Zasso A. Nonlinear Effects in Sectional Model Aeroelastic Parameters Identification [J]. Journal of Wind Engineering and Industrial Aerodynamics, 1992,42:1321-1332.

[6] Li Q C. Measuring Flutter Derivatives for Bridge Sectional Models in Water Channel [J]. Journal of Mechanism Engineering, ASCE, 1995, 121 (1): 90-102.

[7] Jensen A G. Fluid Dynamic Derivatives: Marine and Wind Engineering Approaches [J]. Journal of Wind Engineering and Industrial Aerodynamics, 1997, 69-71:777-793.

[8] Cigada A, Falco M, Zasso A. Development of a New System to Measure Aerodynamic Forces on Section Models [C]//Larose & Livesey (eds). Wind Engineering into the 21st Century. Rotterdam: 1999.

[9] Selvam R P, Govindaswamy S. A Report on Aeroelastic Analysis of Bridge Girder Section using Computer Modeling [R]. Arkansas: Report of University of Arkansas for Mack Blackwell Transportation Center, 2001.

[10] 陈政清,于向东.大跨桥梁颤振自激力的强迫振动法研究[J].土木工程学报,2002,35(5):34-41.

[11] 郭震山.桥梁断面气动导数识别的三自由度强迫振动法[D].上海:同济大学,2006.

[12] 张若雪.桥梁结构气动参数识别的理论和试验研究[D].上海:同济大学,1998.

Identification of 18 Flutter Derivatives of Bridge Decks

Airong Chen Xianfei He* Haifan Xiang

(Department of Bridge Engineering, SKLDCE,

Tongji University, Shanghai 200092, China)

Abstract

Current theories for analyzing the responses of bridges to wind are based on their flutter derivatives, which can be extracted from the wind-tunnel tests. Based on the existing identification theory by using the experimental system of 2 - DOF sectional models, the general least-squares theory for identifying 18 flutter derivatives of bridge deck sections is developed in this paper. All 18 flutter derivatives of three typical kinds of bridge decks, i. e., a plate section, a streamlined box girder section and a π-shaped section are obtained from the free vibration time histories of motions by employing the general least-squares theory. The flutter derivatives from testing are compared with the results from CFD approach. Furthermore, the estimated values based on the pseudo-steady formulation are also verified with

1 Introduction

System identification (SID) methods have been employed to extract flutter derivatives of bridge decks, such as the ordinary least-squares (OLS)[1,2], instrumental variable (IV)[3], Kalman filtering[4,5], maximum likelihood (ML)[2,6], limited information maximum likelihood (LIML)[7]. All these methods work well under lower noise level, but as for high noise, the results seem unsatisfactory. More details of these methods can be referred to in[8]. In 1992, Sarkar and Scanlan[9] developed the modified Ibrahim time-domain (MITD) method to extract all the direct and cross derivatives from the coupled free vibration data of 2 - DOF sectional model. The method not only simplifies the identification procedure, but also works well under high noise level. However, it requires the selection of the time shifts N1 and N2. Although Sarkar and Scanlan have found an empirical formula to select the two time shifts close to optimal values, the formula does not satisfy under some conditions and the values of N1 and N2 will affect the accuracy of flutter derivatives.

In most testings, the lateral flutter derivatives were ignored, until Jones and Singh[10] identified all 18 flutter derivatives of Tsurumi Deck by using MITD method in 1995. However, the work in this field is very limited and needs to be further investigated.

Based on MITD theory and least-squares theory [11], the general least-squares theory for identifying 18 flutter derivatives of bridge deck sections is presented in this paper. In this method, a unified error function composed of three error components of vertical, torsional and lateral motions is defined as the objective function to optimize the flutter derivatives. The initial values in the iteration procedure for the optimization of the flutter derivatives are provided by MITD method. Besides, the

* 何宪飞, 年出生,项海帆教授 1998 级硕士研究生,论文题目"桥梁断面三自由度颤振导数识别"。本文曾发表于 *Journal of Wind Engineering and Industrial Aerodynamics* 2002 年第 90 卷,第 2007 - 2022 页。

the experimental results. Experimental determination and study of all 18 derivatives will significantly advance the understanding of the physical mechanism of bridges to wind loading.

Keywords 3 - DOF sectional model; Aerodynamic self-excited force; Flutter derivatives

influence of noises in measured data is considered in the identifying approach, which effectively improves the ability of noise resistance for the method.

2 Aerodynamic Force Model

The motion equations of a bridge deck section in smooth wind flow can be written as follows:

$$m(\ddot{h}+2\zeta_h\omega_h\dot{h}+\omega_h^2 h)=L_{se} \tag{1a}$$

$$I(\ddot{\alpha}+2\zeta_\alpha\omega_\alpha\dot{\alpha}+\omega_\alpha^2\alpha)=M_{se} \tag{1b}$$

$$m(\ddot{p}+2\zeta_p\omega_p\dot{p}+\omega_p^2 p)=P_{se} \tag{1c}$$

where m and I are the model mass and mass inertia moment per unit length, respectively; ζ_h, ζ_α and ζ_p are the mechanical damping ratios in bending, torsion and swaying, respectively; ω_h, ω_α and ω_p are the corresponding natural mechanical frequencies; L_{se}, M_{se} and P_{se} are the aerodynamic self-exited forces and moment, respectively, given by

$$L_{se}=\rho U^2 B\left[KH_1^*\frac{\dot{h}}{U}+KH_2^*\frac{B\dot{\alpha}}{U}+K^2H_3^*\alpha+K^2H_4^*\frac{h}{B}+KH_5^*\frac{\dot{p}}{U}+K^2H_6^*\frac{p}{B}\right] \tag{2a}$$

$$M_{se}=\rho U^2 B^2\left[KA_1^*\frac{\dot{h}}{U}+KA_2^*\frac{B\dot{\alpha}}{U}+K^2A_3^*\alpha+K^2A_4^*\frac{h}{B}+KA_5^*\frac{\dot{p}}{U}+K^2A_6^*\frac{p}{B}\right] \tag{2b}$$

$$P_{se}=\rho U^2 B\left[KP_1^*\frac{\dot{h}}{U}+KP_2^*\frac{B\dot{\alpha}}{U}+K^2P_3^*\alpha+K^2P_4^*\frac{h}{B}+KP_5^*\frac{\dot{p}}{U}+K^2P_6^*\frac{p}{B}\right] \tag{2c}$$

where K is defined as $B\omega/U$ and is known as the reduced frequence; ρ is the air density at the appropriate temperature; B is the sectional model deck width, U is the mean velocity of the coming wind and H_i^*, A_i^*, P_i^* ($i=1, \cdots, 6$) are the flutter derivatives.

Eq. (1) can be written in matrix style:

$$\ddot{x}+\boldsymbol{C}^e\dot{x}+\boldsymbol{K}^e x=0 \tag{3}$$

where $\boldsymbol{x}(t)=[h(t)\alpha(t)p(t)]^T$. $h(t)$, $\alpha(t)$ and $p(t)$ are, respectively, the vertical, torsional and lateral displacements of the bridge, and

$$\boldsymbol{C}^e=\begin{bmatrix}2\zeta_h\omega_h-H_1 & -H_2 & -H_5\\ -A_1 & 2\zeta_\alpha\omega_\alpha\alpha-A_2 & -A_5\\ -P_1 & -P_2 & 2\zeta_p\omega_p-P_5\end{bmatrix} \tag{4a}$$

$$K^e = \begin{bmatrix} \omega_h^2 - H_4 & -H_3 & -H_6 \\ -A_4 & \omega_\alpha^2 - A_3 & -A_6 \\ -P_4 & -P_3 & \omega_p^2 - P_6 \end{bmatrix} \tag{4b}$$

$[C^e]$ and $[K^e]$ are the damping and stiffness matrices of the wind-bridge system. In Eq. (4)

$$H_1 = \frac{\rho B^2 \omega}{m} H_1^*, \; H_2 = \frac{\rho B^3 \omega}{m} H_2^*, \; H_3 = \frac{\rho B^3 \omega^2}{m} H_3^*$$

$$H_4 = \frac{\rho B^2 \omega^2}{m} H_4^*, \; H_5 = \frac{\rho B^2 \omega}{m} H_5^*, \; H_6 = \frac{\rho B^2 \omega^2}{m} H_6^*$$

$$A_a = \frac{\rho B^3 \omega}{I} A_a^*, \; A_2 = \frac{\rho B^4 \omega}{I} A_2^*, \; A_3 = \frac{\rho B^4 \omega^2}{I} A_3^*$$

$$A_4 = \frac{\rho B^3 \omega^2}{I} A_4^*, \; A_5 = \frac{\rho B^3 \omega}{I} A_5^*, \; A_6 = \frac{\rho B^3 \omega^2}{I} A_6^*$$

$$P_1 = \frac{\rho B^2 \omega}{m} P_1^*, \; P_2 = \frac{\rho B^3 \omega}{m} P_2^*, \; A_3 = \frac{\rho B^3 \omega^2}{m} P_3^*$$

$$P_4 = \frac{\rho B^2 \omega^2}{m} P_4^*, \; P_5 = \frac{\rho B^2 \omega}{m} P_5^*, \; P_6 = \frac{\rho B^2 \omega^2}{m} P_6^*$$

in which, ρ is the air density at the appropriate temperature and B is the width of the sectional model. If the mode parameters can be obtained from the free vibration responses of the system, then the flutter derivatives can be determined from the difference of $[C^e]$, $[K^e]$ and $[C]$, $[K]$, respectively. $[C]$, $[K]$ are the mechanical damping and mechanical stiffness matrices.

3 Mode Parameters Determined by General Least-squares Theory

Eq. (1) can be further written as

$$\dot{Y} = AY \tag{5}$$

in which,

$$Y = [x \quad \dot{x}]^T \tag{6a}$$

$$\dot{Y} = [\dot{x} \quad \ddot{x}]^T \tag{6b}$$

$$A = \begin{bmatrix} 0 & E \\ -K^e & -C^e \end{bmatrix} \tag{6c}$$

According to the complex-mode theory, the matrix A has six complex conjugate eigenvalues for 3 - DOF system. Then the estimated values of the mth sampling data of the response of a sectional model with 3 - DOF, i. e. vertical bending, torsion and lateral bending, are constructed as

$$\hat{h}_m = \sum_{r=1}^{3} (A_{hr} e^{\lambda_r m\Delta t} + A_{hr}^* e^{\lambda_r^* m\Delta t}) \tag{7a}$$

$$\hat{\alpha}_m = \sum_{r=1}^{3} (A_{\alpha r} e^{\lambda_r m\Delta t} + A_{\alpha r}^* e^{\lambda_r^* m\Delta t}) \tag{7b}$$

$$\hat{p}_m = \sum_{r=1}^{3} (A_{pr} e^{\lambda_r m\Delta t} + A_{pr}^* e^{\lambda_r^* m\Delta t}) \tag{7c}$$

where λ_r and A_r are assumed to be

$$\lambda_r = \alpha_r + i\beta_r, \; \lambda_r^* = \alpha_r - i\beta_r \tag{8a}$$

$$A_r = U_r + iV_r, \; A_r^* = U_r - iV_r \tag{8b}$$

Substituting Eq. (8) into Eq. (7), respectively, yields

$$\hat{h}_m = 2\sum_{r=1}^{3} e^{\alpha_r m\Delta t}[U_{hr}\cos(\beta_r m\Delta t) - V_{hr}\sin(\beta_r m\Delta t)] \tag{9a}$$

$$\hat{\alpha}_m = 2\sum_{r=1}^{3} e^{\alpha_r m\Delta t}[U_{\alpha r}\cos(\beta_r m\Delta t) - V_{\alpha r}\sin(\beta_r m\Delta t)] \tag{9b}$$

$$\hat{p}_m = 2\sum_{r=1}^{3} e^{\alpha_r m\Delta t}[U_{pr}\cos(\beta_r m\Delta t) - V_{pr}\sin(\beta_r m\Delta t)] \tag{9c}$$

Thus, the error vectors between the estimated values and measured values are

$$\{e_h\}^T = \{e_{h1} \quad e_{h2} \quad \cdots \quad e_{hm}\}^T \tag{10a}$$

$$\{e_\alpha\}^T = \{e_{\alpha 1} \quad e_{\alpha 2} \quad \cdots \quad e_{\alpha m}\}^T \tag{10b}$$

$$\{e_p\}^T = \{e_{p1} \quad e_{p2} \quad \cdots \quad e_{pm}\}^T \tag{10c}$$

$$e_{hm} = h_m - \hat{h}_m, \; e_{\alpha m} = \alpha_m - \hat{\alpha}_m, \; e_{pm} = p_m - \hat{p}_m \tag{11}$$

where e_{hm}, $e_{\alpha m}$, e_{pm} are the errors between the mth estimate value and sampling data of vertical, torsional and lateral displacements, respectively.

In order to use time histories of h, α and p simultaneously to identify the flutter derivatives, an error function is defined as

$$J=\{e_h\}^T\{e_h\}+\{e_\alpha\}^T\{e_\alpha\}+\{e_p\}^T\{e_p\} \tag{12}$$

Eq. (11) can be separated to linear least-squares and nonlinear least-squares problems and an alternate iteration technique is adopted.

3.1 First Step of the General Least-squares Theory

$\lambda_r(r=1, 2, 3)$ obtained from MITD method is treated as the initial values λ_r^0. Introduce two new variables as

$$C_{mr}=2e^{\alpha_r^0 m\Delta t}\cos(\beta_r^0 m\Delta t) \tag{13a}$$

$$S_{mr}=2e^{\alpha_r^0 m\Delta t}\sin(\beta_r^0 m\Delta t) \tag{13b}$$

and substituting them into Eq. (9), the objective function becomes

$$J=J_1+J_2+J_3 \tag{14}$$

where

$$J_1=[\{h\}-([C]\{U_h\}-[S]\{V_h\})]^T[\{h\}-([C]\{U_h\}-[S]\{V_h\})] \tag{15a}$$

$$J_2=[\{\alpha\}-([C]\{U_\alpha\}-[S]\{V_\alpha\})]^T[\{\alpha\}-([C]\{U_\alpha\}-[S]\{V_\alpha\})] \tag{15b}$$

$$J_3=[\{p\}-([C]\{U_p\}-[S]\{V_p\})]^T[\{p\}-([C]\{U_p\}-[S]\{V_p\})] \tag{15c}$$

In Eq. (15)$[C]=[C_{ij}]$, $[S]=[S_{ij}]$ $(i=1, 2, \cdots, m; j=1, 2, 3)$. Letting

$$\frac{\partial J}{\partial\{U_h\}}=0,\ \frac{\partial J}{\partial\{V_h\}}=0,\ \frac{\partial J}{\partial\{U_\alpha\}}=0,\ \frac{\partial J\partial}{\{V_\alpha\}}=0,\ \frac{\partial J}{\partial\{U_p\}}=0,\ \frac{\partial J}{\partial\{V_p\}}=0$$

the coupled equations in matrix style can be obtained as follows:

$$\begin{bmatrix}\boldsymbol{A} & \boldsymbol{D}\\ \boldsymbol{D}^T & \boldsymbol{B}\end{bmatrix}\begin{Bmatrix}U_h\\ V_h\end{Bmatrix}=\begin{Bmatrix}X_h\\ Y_h\end{Bmatrix} \tag{16a}$$

$$\begin{bmatrix}\boldsymbol{A} & \boldsymbol{D}\\ \boldsymbol{D}^T & \boldsymbol{B}\end{bmatrix}\begin{Bmatrix}U_\alpha\\ V_\alpha\end{Bmatrix}=\begin{Bmatrix}X_\alpha\\ Y_\alpha\end{Bmatrix} \tag{16b}$$

$$\begin{bmatrix}\boldsymbol{A} & \boldsymbol{D}\\ \boldsymbol{D}^T & \boldsymbol{B}\end{bmatrix}\begin{Bmatrix}U_p\\ V_p\end{Bmatrix}=\begin{Bmatrix}X_p\\ Y_p\end{Bmatrix} \tag{16c}$$

where

$$\boldsymbol{A}=[C]^T[C],\ \boldsymbol{B}=[S]^T[S],\ \boldsymbol{D}=-[C]^T[S]$$

$$\boldsymbol{X}_h=[C]^T\{h\},\ \boldsymbol{X}_\alpha=[C]^T\{\alpha\},\ \boldsymbol{X}_p=[C]^T\{p\}$$

$$\boldsymbol{Y}=-[S]_h^T\{h\},\ \boldsymbol{Y}_\alpha=-[S]^T\{\alpha\},\ \boldsymbol{Y}_p=-[S]^T\{p\}$$

Solving the above equations, U_r and V_r can be obtained, which are then treated as the initial values U_r^0 and V_r^0. Substituting them into Eq. (15), the initial value of the objective function J^0 can be found.

3.2 Second Step of the General Least-squares Theory

Substitute U_r^0 and V_r^0 into Eq. (9), still taking λ_r^0 as the initial value and assuming

$$\alpha_1=\alpha_1^{(0)}+\Delta_1,\ \alpha_2=\alpha_2^{(0)}+\Delta_2,\ \alpha_3=\alpha_3^{(0)}+\Delta_3$$
$$\beta_1=\beta_1^{(0)}+\Delta_4,\ \beta_2=\beta_2^{(0)}+\Delta_5,\ \beta_3=\beta_3^{(0)}+\Delta_6 \tag{17}$$

Thus, the problem of solving α_r and β_r is transferred into the problem of finding $\Delta_j(j=1, 2, 3, 4, 5, 6)$. Making Eq. (9) series expansion about $\alpha_r^{(0)}$ and $\beta_r^{(0)}$, and omitting the items of two and higher order of Δ_j,

$$\hat{h}_m=h_{m0}+\sum_{j=1}^{6}h_{m,j}\Delta_j \tag{18a}$$

$$\hat{\alpha}_m=\alpha_{m0}+\sum_{j=1}^{6}\alpha_{m,j}\Delta_j \tag{18b}$$

$$\hat{p}_m=p_{m0}+\sum_{j=1}^{6}p_{m,j}\Delta_j \tag{18c}$$

where

$$h_{m0}=2\sum_{r=1}^{3}e^{\alpha_r^{(0)}m\Delta t}[U_{hr}\cos(\beta_r^{(0)}m\Delta t)-V_{hr}\sin(\beta_r^{(0)}m\Delta t)] \tag{19a}$$

$$\alpha_{m0}=2\sum_{r=1}^{3}e^{\alpha_r^{(0)}m\Delta t}[U_{\alpha r}\cos(\beta_r^{(0)}m\Delta t)-V_{\alpha r}\sin(\beta_r^{(0)}m\Delta t)] \tag{19b}$$

$$p_{m0}=2\sum_{r=1}^{3}e^{\alpha_r^{(0)}m\Delta t}[U_{pr}\cos(\beta_r^{(0)}m\Delta t)-V_{pr}\sin(\beta_r^{(0)}m\Delta t)] \tag{19c}$$

For $j=1, 2, 3$:

$$h_{m,j} = 2m\Delta t[U_{hj}\cos(\beta_j^{(0)} m\Delta t) - V_{hj}\sin(\beta_j^{(0)} m\Delta t)]e^{\alpha_j^{(0)} m\Delta t} \tag{20a}$$

$$\alpha_{m,j} = 2m\Delta t[U_{\alpha j}\cos(\beta_j^{(0)} m\Delta t) - V_{\alpha j}\sin(\beta_j^{(0)} m\Delta t)]e^{\alpha_j^{(0)} m\Delta t} \tag{20b}$$

$$p_{m,j} = 2m\Delta t[-U_{pj}\cos(\beta_j^{(0)} m\Delta t) - V_{pj}\sin(\beta_j^{(0)} m\Delta t)]e^{\alpha_j^{(0)} m\Delta t} \tag{20c}$$

For $j = 4, 5, 6$:

$$h_{m,j} = 2m\Delta t[-U_{h(j-3)}\sin(\beta_{(j-3)}^{(0)} m\Delta t) - V_{h(j-3)}\cos(\beta_{(j-3)}^{(0)} m\Delta t)]e^{\alpha_{(j-3)}^{(0)} m\Delta t} \tag{21a}$$

$$\alpha_{m,j} = 2m\Delta t[-U_{\alpha(j-3)}\sin(\beta_{(j-3)}^{(0)} m\Delta t) - V_{\alpha(j-3)}\cos(\beta_{(j-3)}^{(0)} m\Delta t)]e^{\alpha_{(j-3)}^{(0)} m\Delta t} \tag{21b}$$

$$p_{m,j} = 2m\Delta t[-U_{p(j-3)}\sin(\beta_{(j-3)}^{(0)} m\Delta t) - V_{p(j-3)}\cos(\beta_{(j-3)}^{(0)} m\Delta t)]e^{\alpha_{(j-3)}^{(0)} m\Delta t} \tag{21c}$$

Further, the coupled equations are written on the basis of $(\partial J/\partial \Delta_j) = 0$ as

$$[[R^h] + [R^\alpha] + [R^p]]\{\Delta_j\} = \{b_h\} + \{b_\alpha\} + \{b_p\}, \tag{22}$$

where

$$R_{ij}^h = [\sum^m_{m=1} h_{mi} \cdot h_{mj}] \tag{23a}$$

$$R_{ij}^\alpha = [\sum^m_{m=1} \alpha_{mi} \cdot \alpha_{mj}] \tag{23b}$$

$$R_{ij}^p = [\sum^m_{m=1} p_{mi} \cdot p_{mj}] \tag{23c}$$

$$b_{hi} = [\sum^m_{m=1} h_{mi} \cdot (h_m - h_{m0})] \tag{24a}$$

$$b_{\alpha i} = [\sum^m_{m=1} \alpha_{mi} \cdot (\alpha_m - \alpha_{m0})] \tag{24b}$$

$$b_{pi} = [\sum^m_{m=1} p_{mi} \cdot (p_m - p_{m0})] \tag{24c}$$

Δ_j can be obtained by solving the above coupled equation. α_r and β_r modified with Δ_j are treated as the new initial values for the next iteration until the values of $|\Delta_j|$ are smaller than the allowable error.

3.3 Third Step of the General Least-squares Theory

Use α_r and β_r, the results of nonlinear least-squares in Section 3.2, to obtain the new objective function J. The iteration of Section 3.1 is made until the value of $|J^{k+1} - J^k|$ is smaller than the allowable value.

4 Recovering Damping and Stiffness Matrices

Based on the determined mode parameters only when the system damping and stiffing matrices are obtained can flutter derivatives be extracted. The expression for $h(t)$, $\alpha(t)$, $p(t)$, $\dot{h}(t)$, $\dot{\alpha}(t)$, $(\dot{p})(t)$ and $\ddot{h}(t)$, $\ddot{\alpha}(t)$, $\ddot{p}(t)$ can be written as follows:

$$\ddot{x} = 2\sum_{r=1}^{3} e^{\alpha_r t}[U_r\cos(\beta_r t) - V_r\sin(\beta_r t)] \tag{25a}$$

$$\dot{x} = 2\sum_{r=1}^{3} e^{\alpha_r t}[\bar{U}_r\cos(\beta_r t) - \bar{V}_r\sin(\beta_r t)] \tag{25b}$$

$$x = 2\sum_{r=1}^{3} e^{\alpha_r t}[\tilde{U}_r\cos(\beta_r t) - \tilde{V}_r\sin(\beta_r t)] \tag{25c}$$

The time histories of acceleration can be obtained in the experiments, so $\bar{U}_r$, $\bar{V}_r$ and $\tilde{U}_r$, $\tilde{V}_r$ are needed to be expressed in the function of U_r and V_r. Differentiating Eq. (25c), one gets

$$\tilde{U}_r = \frac{(\alpha_r^2 - \beta_r^2)U_r + 2\alpha_r\beta_r V_r}{(\alpha_r^2 + \beta_r^2)^2} \tag{26a}$$

$$\tilde{V}_r = \frac{(\alpha_r^2 - \beta_r^2)V_r - 2\alpha_r\beta_r U_r}{(\alpha_r^2 + \beta_r^2)^2} \tag{26b}$$

$$\bar{U}_r = \alpha_r\tilde{U}_r - \beta_r\tilde{V}_r \tag{27a}$$

$$\bar{V}_r = \beta_r\tilde{U}_r + \alpha_r\tilde{V}_r \tag{27b}$$

$\mathbf{Y}$ and $\dot{\mathbf{Y}}$ in Eq. (5) can be written as

$$\mathbf{Y} = \{h \quad \alpha \quad p \quad \dot{h} \quad \dot{\alpha} \quad \dot{p}\}^T = BZ \tag{28a}$$

$$\dot{\mathbf{Y}} = \{\dot{h} \quad \dot{\alpha} \quad \dot{p} \quad \ddot{h} \quad \ddot{\alpha} \quad \ddot{p}\}^T = CZ \tag{28b}$$

In which,

$$\mathbf{Z} = \{e^{\alpha_1 t}\cos(\beta_1 t), e^{\alpha_1 t}\sin(\beta_1 t), e^{\alpha_2 t}\cos(\beta_2 t), e^{\alpha_2 t}\sin(\beta_2 t), e^{\alpha_3 t}\cos(\beta_3 t), e^{\alpha_3 t}\sin(\beta_3 t)\}^T \tag{29}$$

Then, the eigenmatrix **A** can be determined from the equation $\boldsymbol{A} = \boldsymbol{C}\boldsymbol{B}^{-1}$ from which the damping and stiffness matrices can be obtained.

5 Determination of Initial Structural Mode Parameters

At higher reduced velocities, the vertical and lateral dampings are very high, and the vertical and lateral motions are damped more quickly than the torsional motion. So the difference of vertical, torsional and lateral vibration data is dramatic, which makes data matrix singular and flutter derivatives cannot be identified accurately any more. In general least-squares theory, at first, the vibration time histories are modified as the following approach: to find the maximum amplitude of the vertical, torsional and lateral vibration data, the smaller time history is simplified appreciably. Secondly, the vertical and lateral motions are enlarged through changing the stimulation point on the model at the testing. The results of the wind tunnel experiment show that the approaches mentioned above are efficient.

At the same time, the noise signal is considered when the initial frequency and damping are identified by MITD method. So the structural mode is mixed with the noise mode, and the tracing mark approach is applied to identify the structural mode from the noise mode. Generally speaking, the mode parameters of structures at the zero wind speed are all known, thus making it the initial estimate values of structural mode parameters $\lambda_i^0 (i = 1, 2, 3)$ at the zero wind speed. The detailed procedure is as follows:

For the first level wind speed, the estimate values of structural mode

$$\tilde{\lambda}_i^1 = \lambda_i^0 (i = 1, 2, 3) \tag{30}$$

For the second level wind speed, the estimate values of structural mode

$$\tilde{\lambda}_i^2 = \lambda_i^1 + \frac{V_2 - V_1}{V_1 - V_0}(\lambda_i^1 - \lambda_i^0)(i = 1, 2, 3) \tag{31}$$

For the nth level wind speed, the estimate values of structural mode

$$\begin{aligned}\tilde{\lambda}_i^n = {} & \frac{(V_n - V_{n-2})(V_n - V_{n-1})}{(V_{n-3} - V_{n-2})(V_{n-3} - V_{n-1})}\lambda_i^{n-3} + \\ & \frac{(V_n - V_{n-3})(V_n - V_{n-1})}{(V_{n-2} - V_{n-3})(V_{n-2} - V_{n-1})}\lambda_i^{n-2} + \\ & \frac{(V_n - V_{n-3})(V_n - V_{n-2})}{(V_{n-1} - V_{n-3})(V_{n-1} - V_{n-2})}\lambda_i^{n-1} (i = 1, 2, 3)\end{aligned} \tag{32}$$

Thus, the structural mode can be determined by the comparison of the estimate mode parameters and the identified parameters with MITD method.

6 3-DOF Sectional Model Experiments

6.1 Sectional Model Parameters

Three typical different types of sectional model are included in the experiments, which are a plate section, a streamlined box girder section and a π-shaped section (Fig. 1). The experiments are performed in the TJ-1 boundary layer wind tunnel at the Tongji University. The working section of the wind tunnel is 1. 8 m in height and 1. 8 m in width. According to the dimensions of the work section, the parameters of the section models are determined as shown in Table 1.

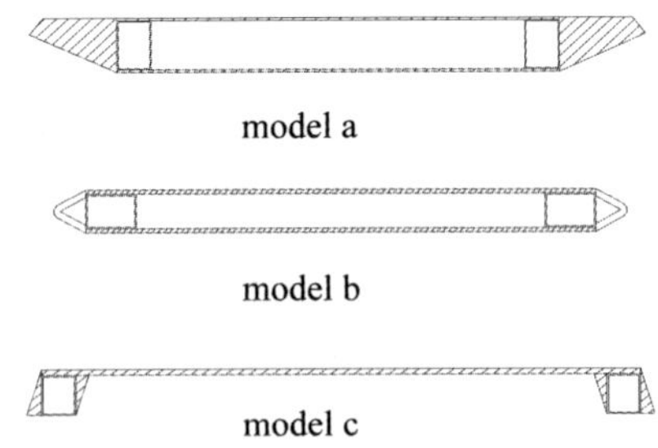

Fig. 1 Three types of sectional model

Table 1 Parameters of Sections

Type	a	b	c
Length (m)	1. 6	1. 6	1. 6
Width (m)	0. 46	0. 45	0. 452
Height (m)	0. 045	0. 032	0. 046
Mass (kg/m)	5. 06	4. 96	6. 625
Mass (inertia moment) (kg · m²/m)	0. 093 7	0. 096 9	0. 153 82

6.2 Experimental Results Compared with CFD Method and Estimated Formulation

In works in the past, P_i^* were often neglected in the analysis because they could not be measured in most testings and their effects were assumed to be small. Therefore, their actual contribution in the multimodal response of bridges has not yet been truly assessed. Lateral flutter derivatives and those associated with along wind motion have been evaluated by using approximated formulas. Estimations of P_i^*, $i=1, \cdots, 6$, are often based on pseudo-steady formulation [12]. Scanlan expressed P_i^* as follows:

$$P_2^* = \frac{1}{2K}\frac{dC_D}{d\alpha_w} \tag{33a}$$

$$P_3^* = \frac{1}{2K^2}\frac{dC_D}{d\alpha_w} \tag{33b}$$

$$P_5^* = -\frac{1}{K}C_D \tag{33c}$$

Chen and Matsumoto [12] used following formulas for three-dimensional flutter analysis:

$$P_1^* = \frac{1}{2K}\left(\frac{dC_D}{d\alpha_w} - C_L\right) \tag{34a}$$

$$P_2^* = -\frac{1}{8K}\left(\frac{dC_D}{d\alpha_w} - C_L\right) \tag{34b}$$

$$P_3^* = \frac{1}{2K^2}\frac{dC_D}{d\alpha_w} \tag{34c}$$

$$P_5^* = -\frac{1}{K}C_D \tag{34d}$$

$$H_5^* = \frac{1}{K}C_L \tag{34e}$$

$$A_5^* = -\frac{1}{K}C_M \tag{34f}$$

where C_D is the static drag coefficient and α_w is the angle of incidence of the wind. Forms of this type have been assumed in studies in the absence of experimental values and subsequently used for the flutter analysis.

For model a, the flutter derivatives are obtained from both the 3 - DOF experiment and CFD method. All 18 flutter derivatives from both methods are plotted in Fig. 2. The coefficients H_1^*, H_4^*, A_1^*, A_4^*, P_1^*, P_4^*, associated with vertical motion were calculated using the vertical frequency. The coefficients H_2^*, H_3^*, A_2^*, A_3^*, P_2^*, P_3^* associated with torsional motion were calculated using the torsion frequency and the coefficients H_5^*, H_6^*, A_5^*, A_6^*, P_5^*, P_6^* associated with lateral motion were calculated using the sway frequency.

The trends of experimental results are consistent with the results from CFD method. For values of P_i^*, only at higher reduced velocities, the results are different between both approaches. Compared with 2 - DOF sectional model experiment, both 3 - DOF sectional model experiment and CFD method for identifying all 18 flutter derivatives are in the initial studying stage and need further investigation. It is interesting to note that there is good agreement between them for flutter derivatives H_1^*, H_2^*, H_3^*, A_1^*, A_2^*, A_3^*.

Furthermore, the approximate values of P_i^* from the pseudo-steady formulations are also plotted in Fig. 2. The trends between the experimental results and estimated values are also coincident.

6.3 Experimental Results for Different Models

Since the flutter derivatives associated with vertical motion and torsional motion have been familiar to people, the lateral flutter derivatives P_i^* are mainly focused in this paper. The P_i^* of different models are plotted in Fig. 3.

The most important lateral derivatives are P_5^*, P_2^* and P_3^*, which represent the damping of lateral motion, the lateral damping and lateral stiffness provoked by the torsional motion, respectively. The value of P_5^* decreases with the increase of reduced velocity and keeps negative all along for all models, which shows that the lateral damping increases with the increase of wind speed. For streamlined section, P_2^* keeps negative and P_3^* keeps positive. For bluff section, the trends of P_2^* and P_3^* are complex than those of streamlined section. With increase of reduced velocity, they increase first, and then decrease.

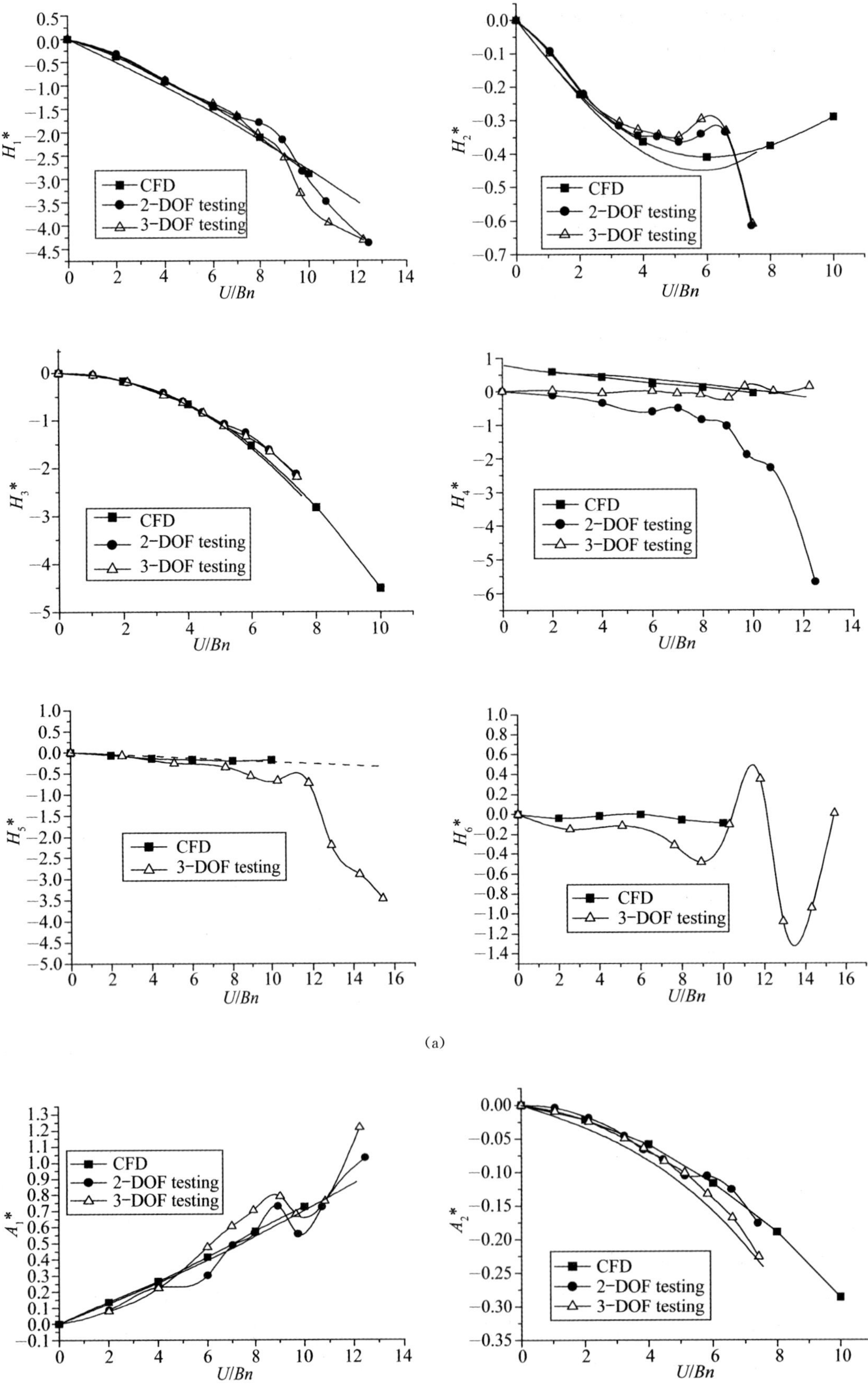

(a)

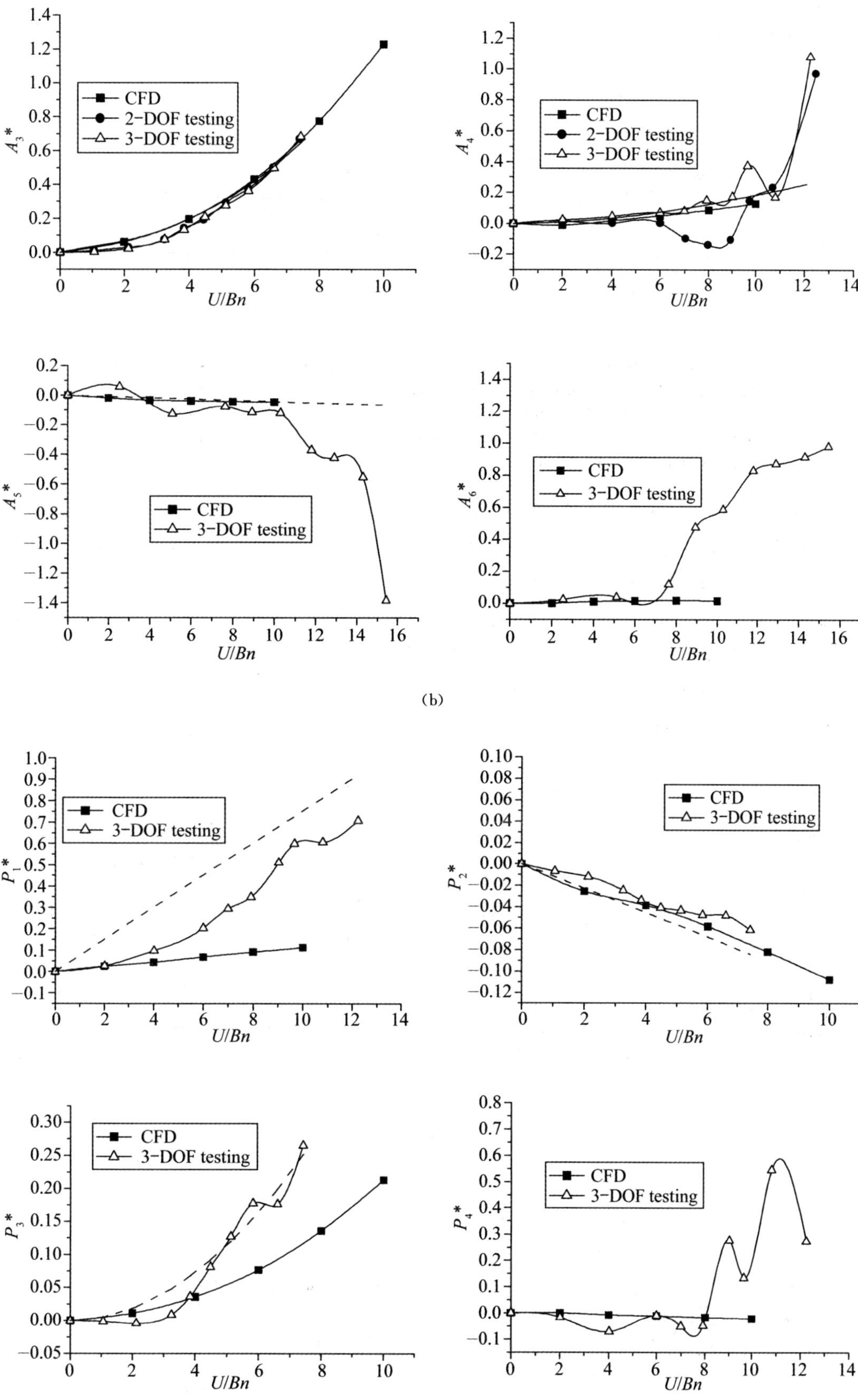

(b)

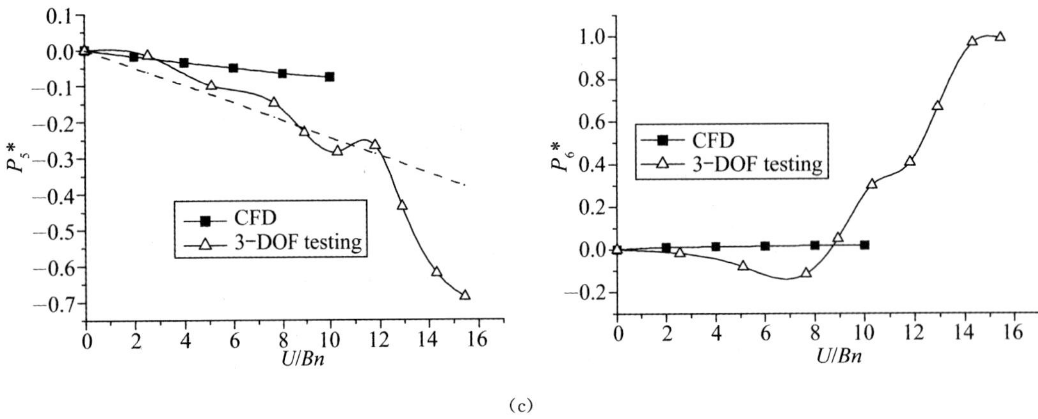

(c)

Fig. 2 (a) Derivatives H_i^* of model a ($i=1, 2, \cdots, 6$). Note: straight lines are from Theodorsen's theoretical solution. Dashed lines are from Chen [Eq. (34)]. (b) Derivatives A_i^* of model a ($i=1, 2, \cdots, 6$). Note: straight lines are from Theodorsen's theoretical solution. Dashed lines are from Chen [Eq. (34)]. (c) Derivatives P_i^* of model a ($i=1, 2, \cdots, 6$). Note: dashed lines are from Chen [Eq. (34)]

The trends of P_1^* develop very well with the increase of reduced velocity for all sections. P_6^* has different rules for different sections. For model a, the values decrease in the lower reduced velocity and then increase in the higher reduced velocity; for model b, with the increase of reduced velocity, the values increase first, and then reduce; for model c, the trends are more complex.

The case of derivatives P_4^* is very similar with P_6^*, in other words, P_4^* also has different rule for different sections. More details can be referred to in Fig. 3.

Although all 18 flutter derivatives are obtained from the 3 - DOF sectional model experiments, further study of their full significance and contribution towards bridge flutter is necessary.

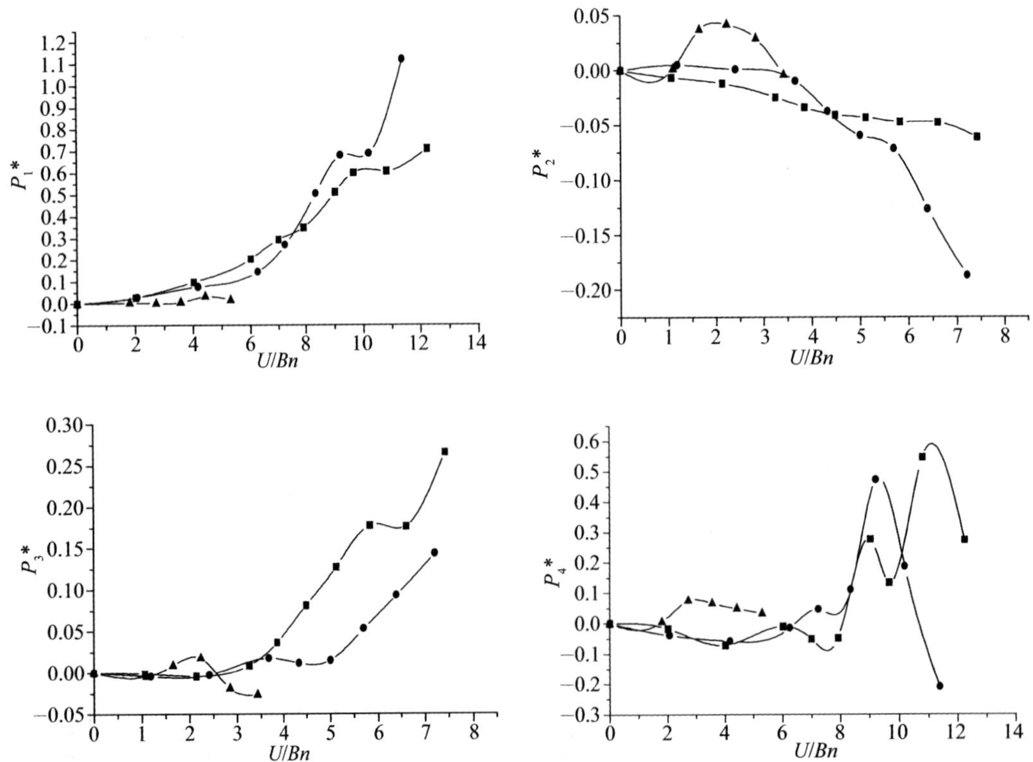

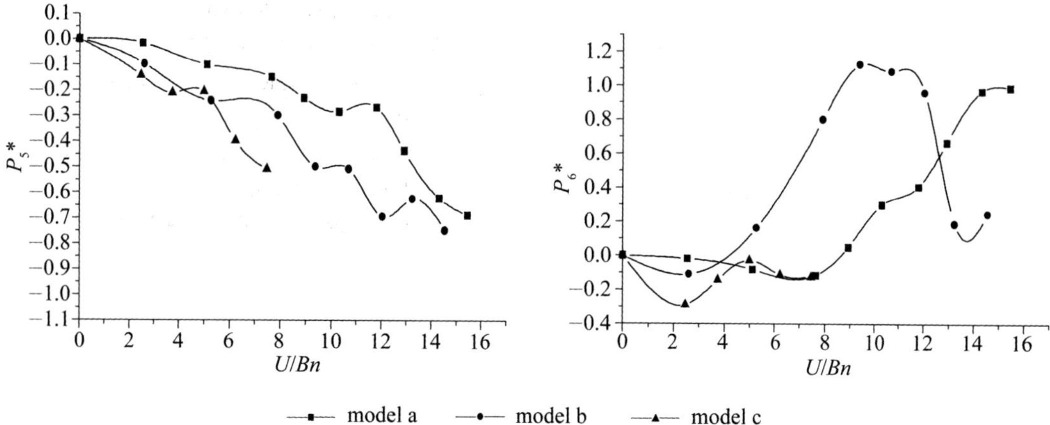

Fig. 3 Flutter Derivatives P_i^* of Different Sectional Models ($i = 1, 2, \cdots, 6$)

7 Concluding remarks

With the current trend of increasing span and use of light-weight materials, consideration of the flutter derivatives associated with lateral motion will become important. Based on existing theory, the general least-squares theory is developed in one test. Flutter derivatives of different bridge deck sections have been studied and some rules of lateral derivatives have also been displayed. Further study of their full significance and contribution towards bridge flutter is necessary to understand physical mechanism of bridges to wind loading.

8 Acknowledgements

This research was partially supported by the National Science Foundation of China under Grant No. 59895410.

References

[1] Isermann R, et al. Comparison of Six On-line Identification and Parameter Estimation Methods [J]. Automatica, 1974,10:81 - 103.

[2] Lee R C K. Optimal Estimation Identification and Control: Research Monograph 28 [M]. Cambridge: Massachusetts Institute of Technology Press, 1964.

[3] Rowe I H. A Bootstrap Method for the Statistical Estimation of Model Parameters [J]. International Journal of Control, 1970,12(5):721 - 738.

[4] Yamada H, Miyata T, Ichikawa H. Identification of Aerodynamic Parameters of a Bridge Deck [C]// Proceedings of the 11th National Symposium on Wind Engineering, Tokyo, Japan, 1990: 55 - 60 (in Japanese).

[5] Hoshiya M, Saitoh E. Structural Identification by Extended Kalman Filter [J]. Journal of Engineering Mechanics, ASCE, 1984,110(12):1757 - 1779.

[6] Kashyap R L. Maximum Likelihood Identification of Stochastic Linear Systems [J]. Trans IEEE Autom Control, 1970, AC - 15(1):25 - 34.

[7] Kashyap R L, Nasburg R E. Parameter Estimation in Multivariate Stochastic Difference Equations [J]. Trans IEEE, 1974, AC - 19:784 - 797.

[8] Shinozuka, et al. Identification of Linear Structural Dynamic System [J]. Journal of Engineering Mechanics, ASCE, 1982,108(6):1371 - 1390.

[9] Sarkar P P, et al. System Identification for Estimation of Flutter Derivatives[J]. Journal of Wind Engineering and Industrial Aerodynamics, 1992, 41 - 42: 1243 - 1254.

[10] Singh L, et al. Simultaneous Identification of 3 - DOF Aerodynamic Parameters [C]// 9ICWE, New Delhi, India, 1995.

[11] Gu Ming, Zhang Ruoxue, Xiang Haifan. Identification of Flutter Derivatives of Bridge Decks [J]. Journal of Wind Engineering and Industrial Aerodynamics , 2000,84:51 - 162.

[12] Chen Xinzhong, et al. Aerodynamic Coupling Effects on Flutter and Buffeting of Bridges [J]. Journal of Engineering Mechanics, ASCE, 2000,126(1):17 - 26.

考虑周边环境影响的闵浦大桥桥塔气弹模型试验研究

胡晓红[1*]　马如进[2]
（1 同济大学土木工程防灾国家重点实验室　中国　上海　200092）
（2 同济大学桥梁工程系　中国　上海　200092）

摘　要　群体建筑物之间的干扰效应一直以来都是研究者们关注的问题。本文以上海闵浦大桥为工程背景，借助桥塔气弹模型试验，在均匀流场和紊流场中进行了平均风响应以及抖振响应的测试，比较了邻近冷却塔的干扰效应对桥塔风致振动的影响。研究表明，均匀流场下冷却塔会放大结构抖振响应，而紊流场会降低这种放大效应。

关键词　闵浦大桥；周边环境影响；桥塔；气弹模型试验；抖振响应

1　引言

群体建筑物之间的相互干扰效应早在20世纪30年代就被发现，通过风洞试验发现，如果在临近美国帝国大厦的两个街区之内新增两幢建筑，帝国大厦的扭转响应将会加倍[1]，遗憾的是这一重大发现在接下来的30年中并没有引起人们太多的注意，大部分的研究主要还是集中在单个建筑的风效应上，而没有考虑多个建筑物之间的干扰效应。直到1965年，英国渡桥电厂两排8个冷却塔中的后三个在不大的风速下倒塌[2]，建筑物之间的干扰效应才引起人们的注意，并且这一事件的发生极大地推动了在风荷载的作用下建筑群互相之间干扰效应的研究。随后各国学者通过测力或者测振试验，以及数值模拟手段来研究建筑群之间的干扰效应[3—6]。在我国，相关的研究工作开始于20世纪80年代，主要针对实际工程，如对金茂大厦在周边建筑群的干扰效应下的风荷载与响应的变化情况做了详细的研究，发现干扰效应的影响相当之大[7,8]。然而，干扰效应是相当复杂的，受到诸多因素的影响，如建筑物之间的相对距离，建筑物的几何外形，建筑物与周边建筑群的相对高度，建筑物所处的风环境，来流风速，来流风向角，等等。因此，要对干扰效应有进一步的理解，还有相当繁多的研究工作需要进行。

本文介绍了已建成通车的上海闵浦大桥桥塔受周边环境下干扰效应的风致振动试验研究。闵浦大桥设计为主跨708 m的双层钢桁架斜拉桥。桥塔采用混凝土H形桥塔，塔高210 m。桥塔的总体布置设计方案见图1。大桥位于市区建筑物较密集地区，尤其是在桥塔附近800 m范围内有2个高度约150 m的冷却塔（图2），这个距离与桥塔本身的高度相当，而且这两座冷却塔本身的高度也与桥塔高度相当。以往对于干扰效应的研究已经表明，当上游建筑的高度及其与下游建筑的距离与下游建筑的高度相当时，会对桥塔产生强烈的干扰效应。为此，本文通过对桥塔自立状态的气弹模型试验，以及考虑邻近冷却塔的影响开展了风洞试验研究，获得了在均匀流场和紊流场中，桥塔塔顶顺风向、横风向的平均位移响应与均方根响应，得出了有关冷却塔对桥塔风振响应干扰效应的一些结论，并应用于设计。

* 胡晓红，1977年出生，项海帆教授1999级硕士研究生，论文题目“大跨度拱桥等效风荷载试验研究”。
本文曾发表于 *International Journal of Stuctural Stability and Dynamics* 2013年第13卷第5期。

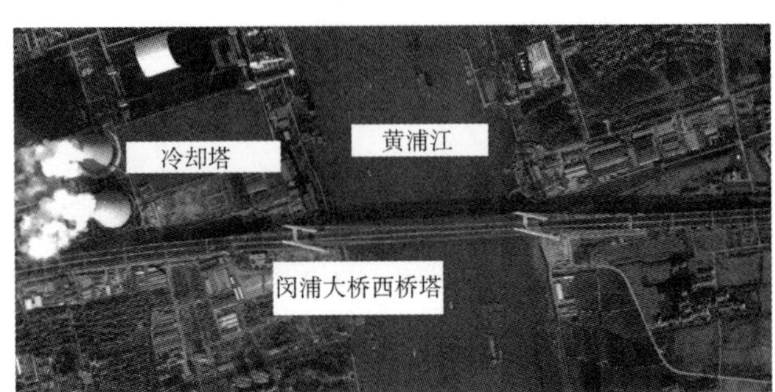

图 1 闵浦大桥周边环境

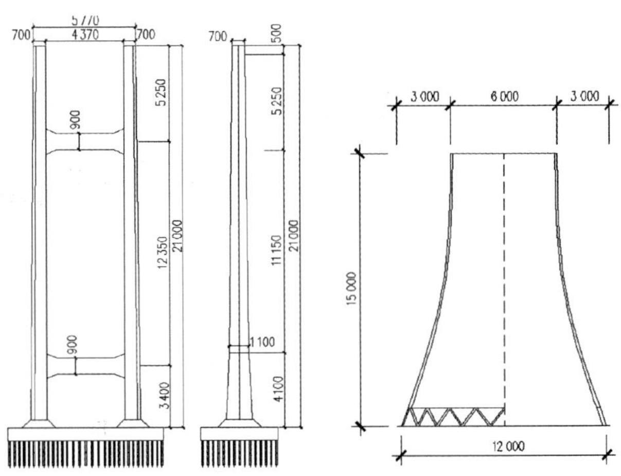

图 2 闵浦大桥桥塔设计图及周边的 150 m 高冷却塔

2 桥塔结构动力特性分析

首先针对闵浦大桥桥塔进行了动力特性分析，得到桥塔的前 4 阶振型如表 1 所示。其中以顺桥向一阶振动频率最低为 0.180 Hz，横桥向一阶振动频率最低为 0.299 Hz，而桥塔绕自身中心轴扭转一阶频率为 0.556 Hz。高阶振型的频率均大于 1 Hz，在风荷载作用下难以产生较大的振动，因此在风洞试验过程中重点针对前 4 阶振型进行了研究。

表 1 桥塔自立状态动力特性（实桥与模型对比）

模态形状				
振型特点	1(立面)	2(侧面)	3(立面)	4(立面)
实桥频率(Hz)	0.180	0.299	0.556	1.061
模型目标值(Hz)	2.160	3.593	6.672	12.74
模型实测值(Hz)	2.10	3.65	6.60	13.25
误差	0.94%	1.38%	1.08%	5.45%
模型阻尼比	0.34%	0.87%	0.66%	—

桥塔气弹模型比例 1∶144，通过调节钢芯棒的截面尺寸可以比较准确地模拟模型的刚度，从而使得模型的频率与实桥的频率达到匹配。针对模型的动力特性测试表明，设计出的气弹模型除高阶振型误差略大之外，前 3 阶振型的频率与目标值的误差最大为 1.38%。同时模型的阻尼比均小于 1%，对于混凝土桥塔结构而言，已经能够满足阻尼比模拟的要求。

3 试验工况

由于闵浦大桥周边地形环境复杂（如图 1 所示），其中最特殊的一点在于在闵浦大桥上游有两个大型的冷却塔，它们对于闵浦大桥的影响是本论文将要探讨的主要焦点。在工况设计过程中，为了考察这种影响，将 2 个冷却塔放在桥塔的来流方向，如图 3 所示。试验在同济大学 TJ－2 风洞进行，模拟了风偏角 58°、63°、68°、72°、76°、85°和 90°情况，其中风偏角是以顺桥向 90°定义。在冷却塔偏离来流较大的角度时，受到空间限制，减少了冷却塔的数量。

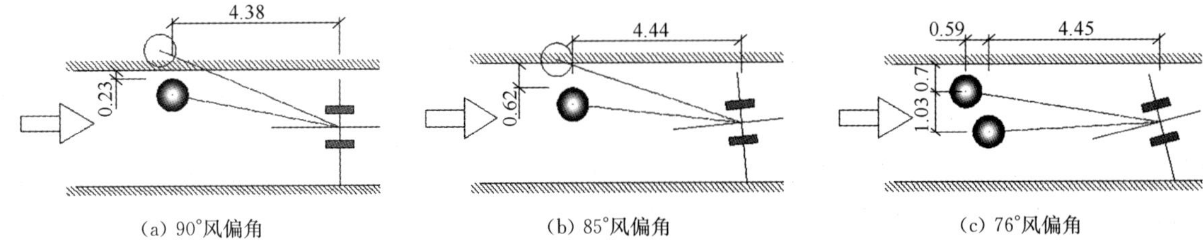

(a) 90°风偏角　(b) 85°风偏角　(c) 76°风偏角

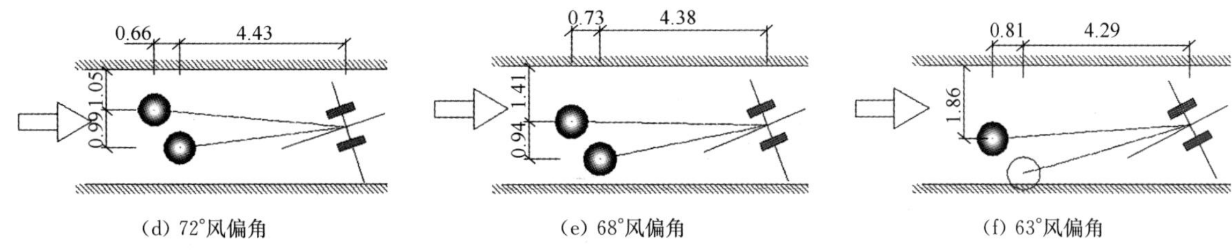

(d) 72°风偏角　　(e) 68°风偏角　　(f) 63°风偏角

图 3　考虑冷却塔影响的桥塔试验工况示意图

4　均匀流场下试验结果

首先通过气弹模型试验获得了均匀流场下的气弹模型振动响应。图 4 给出了在 58°、63°、68°、72°、76°、85°、90°等几个风偏角下，有无冷却塔干扰下，桥塔塔顶的顺桥向与横桥向位移响应平均值比较，其中，图 4(a)是顺桥向位移比较，图 4(b)是横桥向位移比较。从图中可以看出在均匀流场下，上游冷却塔对下游桥塔塔顶顺桥向位移平均值的干扰效应比较小，而对横桥向位移平均值的影响比较大。从图 4(b)可以看出，当两个冷却塔处于桥塔来流正前方时(如 72°、76°)，横桥向的平均风位移响应甚至会出现位移方向的趋势性不同。

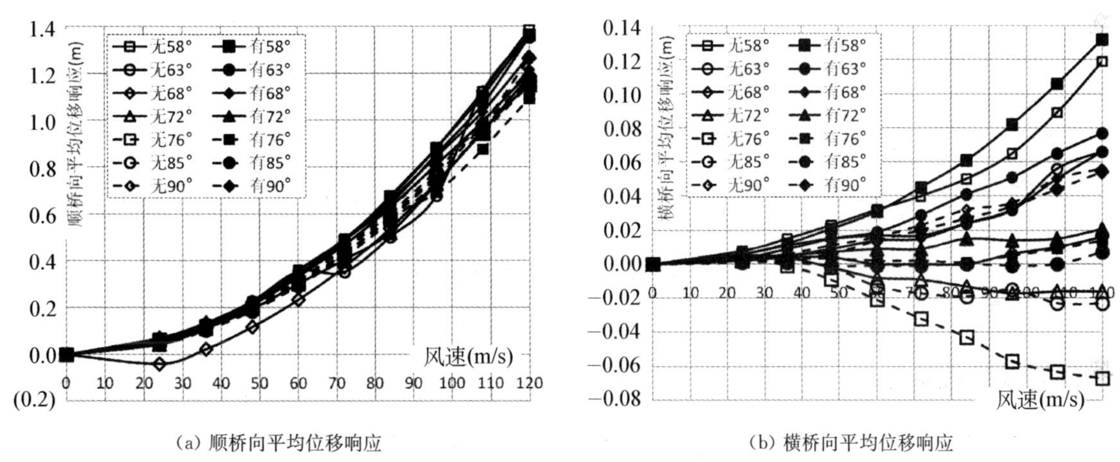

(a) 顺桥向平均位移响应　　(b) 横桥向平均位移响应

图 4　均匀流场下平均值响应比较

均匀流场下的结构抖振响应，除了来自结构特征紊流外，主要是受到上游冷却塔尾流的影响。图 5 和图 6 分别给出了在 72°风偏角和 90°风偏角情况下的结构抖振响应比较。由图 5(a)可以看出，在没有冷却塔的来流 72°风偏角的情况下，结构自身特征紊流产生的抖振响应很小，而当前方有冷却塔的情况下，抖振响应明显增大，并且在 72°风偏角的情况下，形成一个脉动响应的峰值区域，这个区域的范围大致在 70～80 m/s 附近。为了分析桥塔在此风速范围发生大幅振动的机理，可以通过圆柱尾流的特征频率找出其中关系。众所周知，圆柱的斯特罗哈数 S_t 为 0.2，而 $S_t = fD/U$，要使得下游桥塔产生较大的顺桥向振动，则上游冷却塔的尾流中会存在较大的能够引起桥塔这阶振型的能量漩涡。由表 1 可知该振型的频率为 0.18 Hz，则发生风速 $U = fD/S_t$。鉴于冷却塔外形沿高度是变化的，对桥塔振动影响较大的漩涡处于冷却塔上方，可以认为冷却塔的截面尺寸为 60～100 m。因此可以推算引起桥塔大幅振动的发生风速在 54～90 m/s。可见图 5 中放大效应较明显的区域正处在此风速范围。由此可以得出，上游冷却塔有规则的尾流是引起下游桥塔在高风速发生较大振动的根本原因。

对于横桥向振动响应，冷却塔的干扰效应同样是放大作用。但是可以发现，这种放大效应与顺桥向相比有一定的减弱。

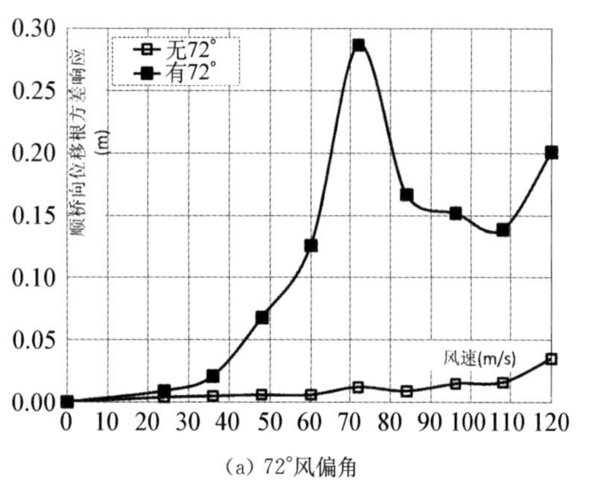

(a) 72°风偏角

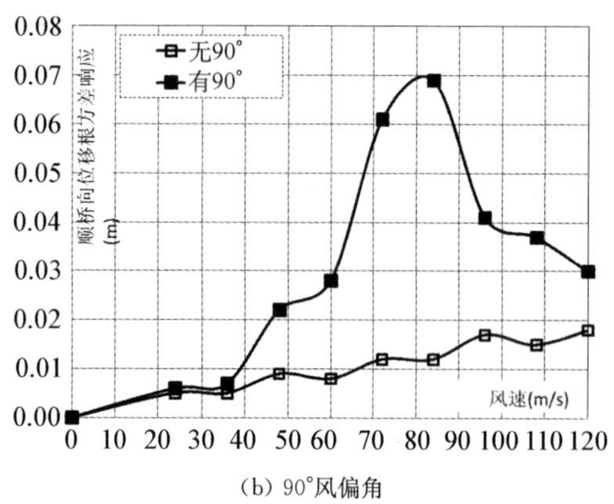

(b) 90°风偏角

图 5 均匀流场下顺桥向位移根方差比较

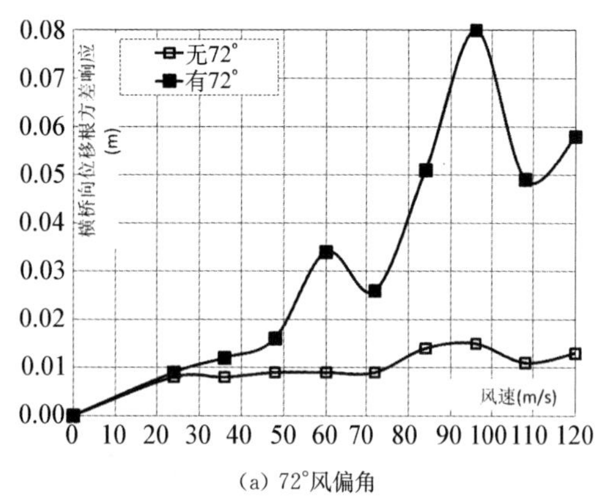

(a) 72°风偏角

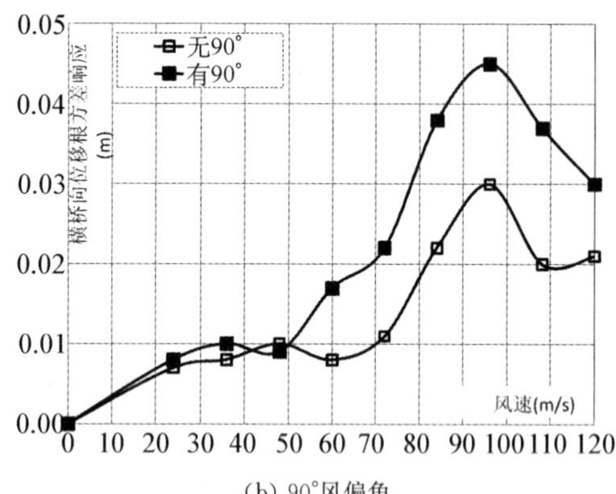

(b) 90°风偏角

图 6 均匀流场下横桥向位移根方差比较

5 紊流场下试验结果

均匀流场下的试验结果发现了较为强烈的放大效应,然而实际结构处于自然的紊流风场之中,因此需要研究紊流场下冷却塔对桥塔的风荷载的干扰效应。试验同样在 TJ－2 风洞模拟了 B 类紊流风场。通过风振响应测量,得到了不同风偏角下的静风响应与抖振响应及冷却塔的干扰比较。图 7 给出了不同风偏角下的平均风响应及有无冷却塔的比较。通过结果比较得出了与均匀流场类似的结论,即冷却塔对顺桥向的平均风荷载响应影响较小,对横桥向的平均风响应有一定的影响。

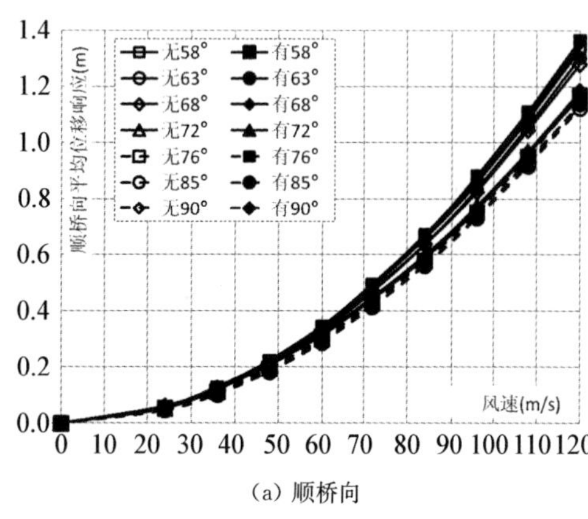

(a) 顺桥向

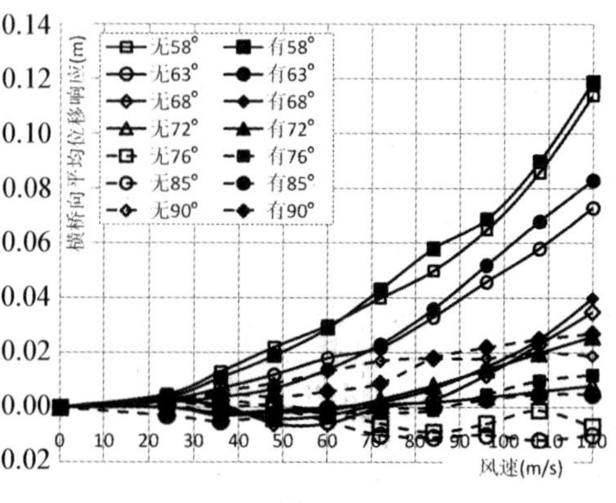

(b) 横桥向

图 7 紊流场下平均位移响应比较

图 8、图 9 给出了两个典型的风偏角下的抖振位移响应及有无冷却塔的比较。由图中可以发现如下几个规律：①紊流场降低了冷却塔对下游桥塔抖振响应的影响；②冷却塔的干扰效应受来流方向影响较大，当冷却塔处于桥塔前方时，冷却塔对下游桥塔抖振响应的放大效应最为明显；当冷却塔偏离来流方向时，干扰效应逐渐降低，如图 8(b)与图 9(b)中所示的干扰效应基本消失。

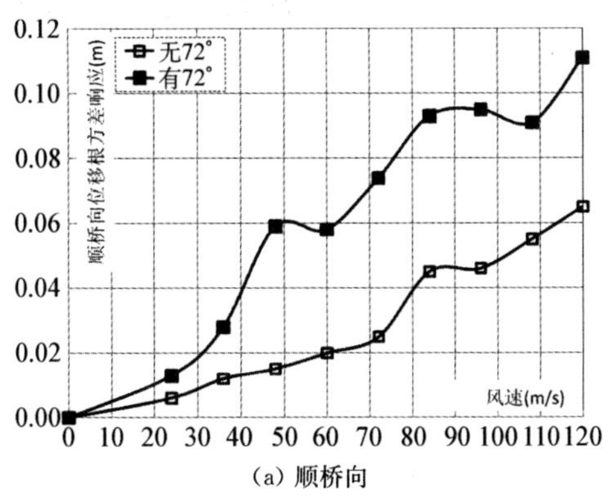

(a) 顺桥向

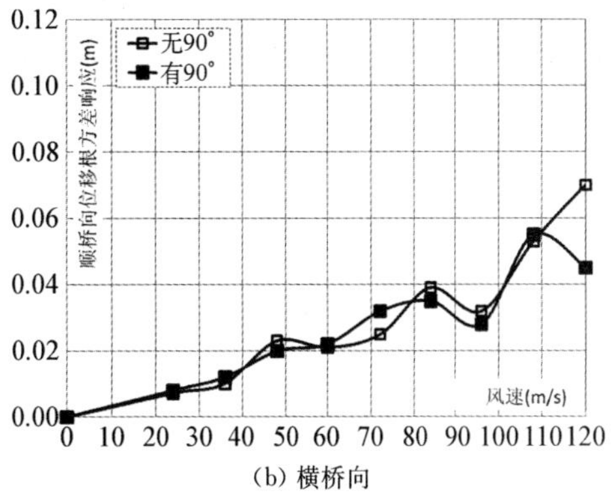

(b) 横桥向

图 8　顺桥向位移根方差比较

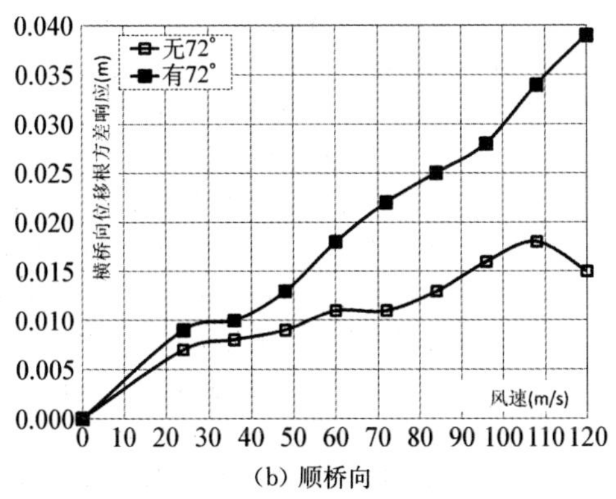

(b) 顺桥向

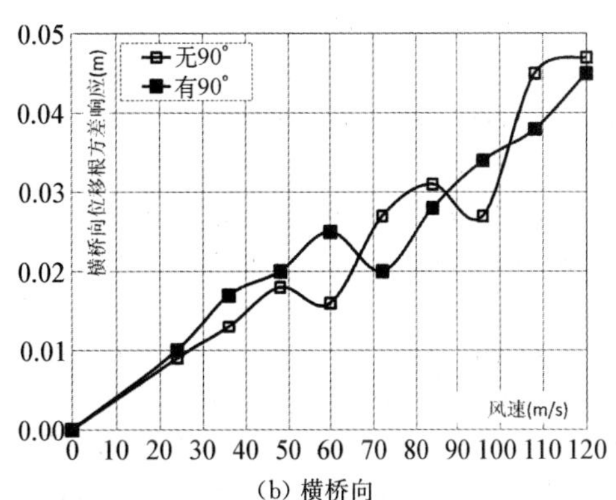

(b) 横桥向

图 9　横桥向位移根方差比较

6　分析讨论

为了考察冷却塔对下游桥塔抖振响应的放大效应，这里定义放大系数 $\lambda = R_1/R_0$，其中 R_0 为不受冷却塔影响时结构的抖振响应，R_1 为受冷却塔影响时结构的抖振响应。通过分析紊流场下的放大系数，可以得到 λ 随风偏角变化的规律，如图 10 所示。由图中可以发现，72°为放大作用最明显的风偏角，此时冷却塔位于桥塔正前方，当冷却塔偏离来流 15°以上时，放大效应基本消失。同时，放大效应对于结构不同方向的振动也有所不同，对于顺桥向抖振放大系数 λ 达到 2.25，扭转向抖振放大系数也能达到 2.2，横桥向的抖振放大系数 λ 最大为 1.8。

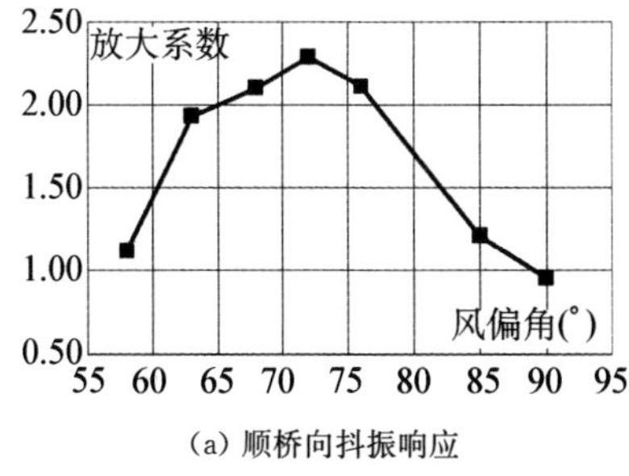

(a) 顺桥向抖振响应

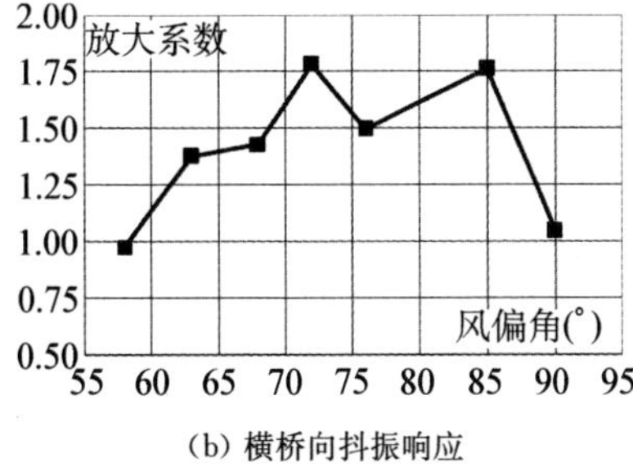

(b) 横桥向抖振响应

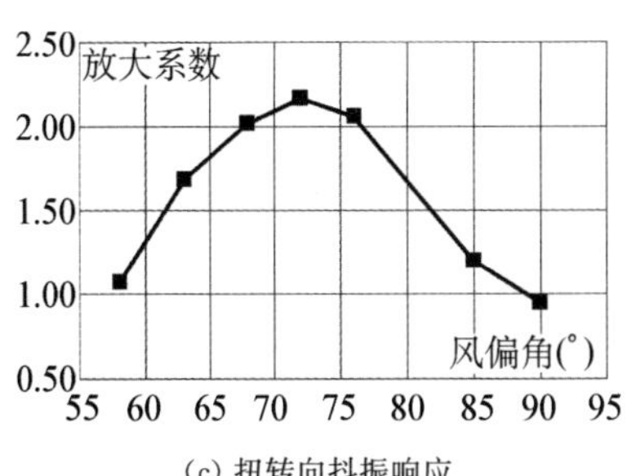

(c) 扭转向抖振响应

图 10　冷却塔对下游桥塔抖振响应的放大效应

7 结论

本文通对闵浦大桥桥塔气弹模型试验研究了上游冷却塔对下游桥塔的干扰效应,通过研究表明,体量较大的冷却塔在距离桥塔较近的上游,会产生对桥塔风荷载响应的干扰效应。在均匀流场下,这种干扰效应非常明显,并且受到冷却塔有规则的尾流影响,会使得下游桥塔的低阶振型发生明显的共振响应。紊流场对于这种干扰效应有明显的抑制作用。当冷却塔处于桥塔来流风正前方时,干扰效应能够使得顺桥向的抖振振动响应放大 2.25 倍,可见这种干扰效应仍然不容忽视。

参考文献

[1] Harris C L. Influence of Neighboring Structures on the Wind Pressure on Tall Buildings [J]. Bureau of Standards, Journal of Research, 1934 (Research Paper RP 637): 103 - 118.

[2] Armitt J. Wind Loading on Cooling Towers [J]. Journal of Structural Division, ASCE, 1980,106:623 - 641.

[3] Paterson D A, Papenfuss A T. Computation of Wind Flows around Two Tall Buildings[J]. Journal of Wind Engineering and Industrial Aerodynamics, 1993,50:69 - 74.

[4] Song C S, He J. Computation of Wind Flow around a Tall Building and the Large Scale Vortex Structure[J]. Journal of Wind Engineering and Industrial Aerodynamics, 1993,46:219 - 228.

[5] 陈素琴.建筑群中建筑物间的相互气动干扰的数值研究[D].上海:同济大学,2000.

[6] English E C, Fricke F R. The Interference Index and its Prediction Using a Neural Network Analysis of Wind-tunnel Data [J]. Journal of Wind Engineering and Industrial Aerodynamics, 1999,83:567 - 575.

[7] 黄鹏,顾明,张峰.上海金茂大厦静风荷载研究[J].建筑结构学报,1999,20(6):63 - 68.

[8] 顾明,周印,张峰.金茂大厦风致振动的实验研究[J].振动工程学报,2000,3(2):188 - 194.

拉索覆冰的静气动力及驰振特性研究

李加武* 王 新 张 悦 方 成 屈东洋
(长安大学公路学院 中国 陕西 710064)

摘 要 斜拉桥逐渐成为技术成熟的桥梁,也日渐受设计者欢迎,但斜拉索的振动一直倍受人们关注,而现有研究成果或减振措施多是针对拉索风雨振动,或者参数振动问题。低温环境的风雨会激发拉索振动,同时还会造成拉索表面覆冰,改变拉索的表面特性和断面形状,可能加剧拉索振动。为研究拉索表面覆冰形态及可能导致的拉索驰振,在低温环境下,通过人工降雨,研究拉索表面覆冰形态;将覆冰形态抽象为几类典型计算模型,利用CFD技术,计算不同风向角下拉索的静气动力系数,通过邓哈托判据,初步判断拉索驰振发生的可能性。试验及计算发现,覆冰会强烈改变拉索表面特性和断面形状,覆冰拉索的驰振可能性大大增加,确定了覆冰拉索发生驰振的风向角范围。

关键词 斜拉索;覆冰;驰振;气动力系数

1 引言

斜拉桥的跨径越来越大,例如中国的苏通长江大桥,跨度达1 088 m。跨径日益增加的斜拉桥的拉索长度也越来越长,拉索的振动问题也日渐突出。斜拉桥的拉索振动,尤其是拉索的风雨振动,已经进行了多年的研究,拉索的风雨振动的机理仍然在探索,人们也研制出多种拉索振动的有效控制措施。这些拉索的振动都是考虑拉索风雨振动,但在我国北方,或者山区桥梁,以及南方部分地区,低温环境的雨后拉索易结冰。覆冰后拉索的外形被严重改变,气动性能,尤其是静气动力系数与圆形断面的系数相差甚远。雨量的不同,风速风向的不同,会影响拉索表面的结冰形式。拉索覆冰研究文献相对较少,而拉索与输电线类似,研究输电线覆冰问题相对较多。Majid[1]在研究输电线覆冰脱落对输电线影响的同时,提及覆冰对输电线驰振的影响,但他仅仅假定表面覆冰服从某一种形式,也未见其进行输电线覆冰形式的试验。Yu[2]等人详细阐述了输电线的三维振动机理,但对于覆冰拉索气动性能的研究仍然不足。李寿英、黄韬[3-5]等参考已有研究成果假定了几类拉索覆冰类型,并通过风洞试验测量了拉索的静气动力系数,然后进行了拉索驰振特性分析,但覆冰类型是借鉴于输电线的覆冰形式。由于输电线的线径及空中姿态与拉索相差较大,文献[3]、[4]所参考的覆冰类型值得商榷。升力系数和阻力系数是拉索非常重要的气动性能参数,它们能够反映静态的拉索气动性能,同时根据邓哈托判别公式(Den Hartog[6], Nigol[7]):

$$\delta_{\mathrm{d}} = \frac{\mathrm{d}C_{\mathrm{L}}}{\mathrm{d}\alpha} + C_{\mathrm{D}} < 0 \tag{1}$$

可以得到拉索发生驰振的可能范围。因此,升力系数和阻力系数随风攻角的变化曲线至关重要。而覆冰拉索气动力系数随风向角变化规律对拉索断面形状、表面特性很敏感,需要试验研究拉索表面覆冰特性。黄韬在其硕士论文[8]中研究了覆冰拉索驰振稳定性,但是缺少斜拉索覆冰形状实验研究。

本文在低温环境下,对不同倾角、直径的拉索进行人工降雨,研究拉索的覆冰特性;将不同覆冰类型的拉索抽象成计算模型,利用CFD技术计算拉索的静气动力系数;再根据邓哈托判据,研究拉索可能发生驰振的特性。

* 李加武,1972年出生,项海帆教授2000级博士研究生,论文题目"桥梁断面雷诺数效应及其控制研究"。

2 拉索覆冰特性试验

拉索的覆冰形式与拉索直径、拉索倾角、风速风向以及降雨量均有关系。为了研究拉索的覆冰特性，本文选择两种拉索的直径，两个倾角，制作了拉索刚性节段模型。模型试验在野外，环境温度为－5～－10℃，设计了简易雾状洒水装置，降水量为 7 mm(小到中雨降水等级)，模拟低温环境的降水，但因环境无固定风向的自然风，结冰试验没有模拟风对结冰的影响。

2.1 工程背景

青海哇加滩黄河特大桥桥跨布置为 (104＋116＋560＋116＋104)m，主梁采用了典型"π"形梁，拉索保护套筒的直径分别为 160 mm 和 120 mm。青海哇加滩黄河特大桥位于青海省东部的黄南藏族自治州、海东地区，为我国典型的西部高寒山区，灾害性气候频发，桥梁抗风问题复杂。为正确评价大桥在施工、运营阶段的抗风安全性能，有必要开展有关抗风专题研究。这其中，斜拉索覆冰形式以及拉索驰振特性的研究和分析至关重要。

2.2 试验模型

拉索表面材料特性对结冰特性有影响，模型选用与拉索表面材料同性质的 PE 管材，表面光洁，由简易支架支撑，模型为拉索 1∶1 的截断模型，模型照片如图 1 所示。

图 1 试验照片

每次降雨结冰试验持续 8 h，每次试验重复 3 次，并记录测量覆冰特征参数，进行统计分析得到覆冰的基本特征。

2.3 试验工况

由于试验设备所限，试验仅模拟了一种降雨量，24 h 降雨量约为 7 mm，相当于气象学上的小到中雨降雨级别。拉索直径选用了常用的索径，120 mm 和 160 mm 两种。拉索的倾角为 30°和 35°。

2.4 试验结果

试验发现拉索覆冰的形式主要有三种，如图 2 所示，分别是离散冰凌[图 2(a)]，称之 A 型覆冰；非均匀扩径[图 2(b)]，称之 B 型覆冰；类似轴向流冰布[图 2(c)]，称之 C 型覆冰。为便于建立 CFD 几何模型，分别给出三类覆冰如图 3 所示的几何简图。

(a) 类型 A

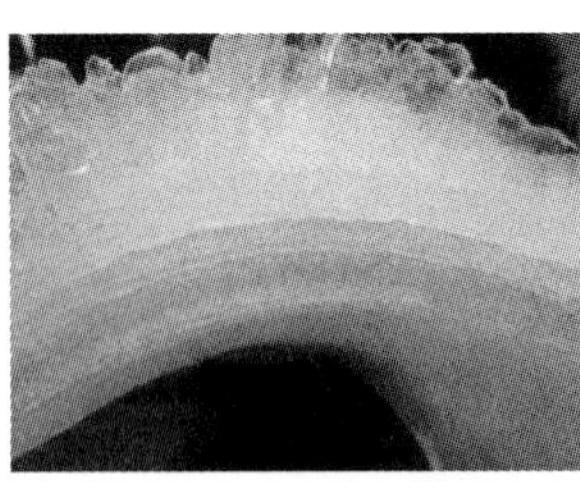

(b) 类型 B

(c) 类型 C

图 2 拉索覆冰试验

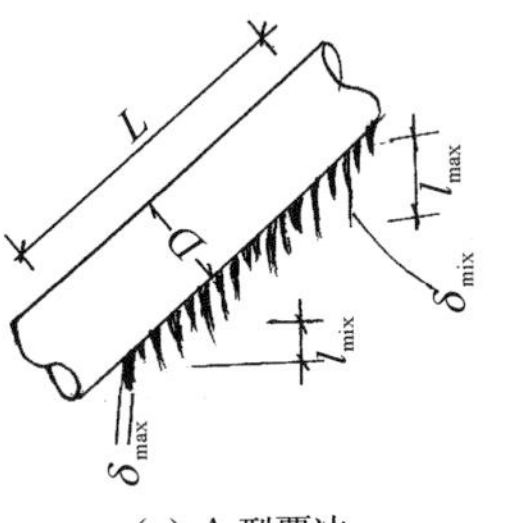

(a) A 型覆冰

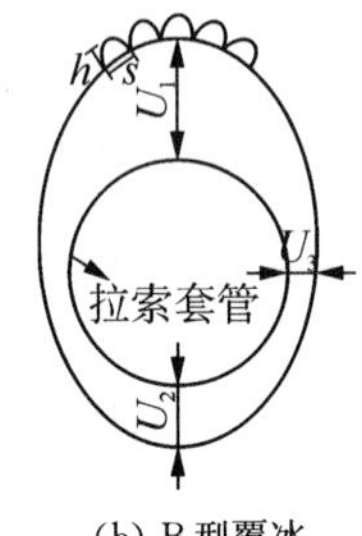

(b) B 型覆冰

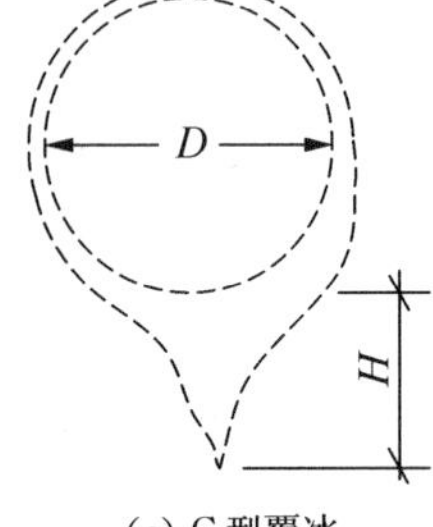

(c) C 型覆冰

图 3 覆冰简化图示

2.4.1　A型覆冰的特征

A型覆冰是离散的冰凌，影响该类覆冰的气动参数大小有最长及最短冰凌的直径、单位长度的冰凌根数。单位长度冰凌的根数越多(图4)，冰凌间距越小，阻风面积越大，阻力系数相对较大。图5及图6分别为几次结冰试验得到的长冰凌和短冰凌直径与拉索直径比值，图7及图8分别是每次结冰试验得到的长冰凌及短冰凌长度与拉索直径的比值。试验结果表明，冰凌最长达到拉索直径的1.6倍，最短也会达到拉索直径的0.6倍。试验得到的冰凌参数，可抽象出A型覆冰的计算简图[图3(a)]。

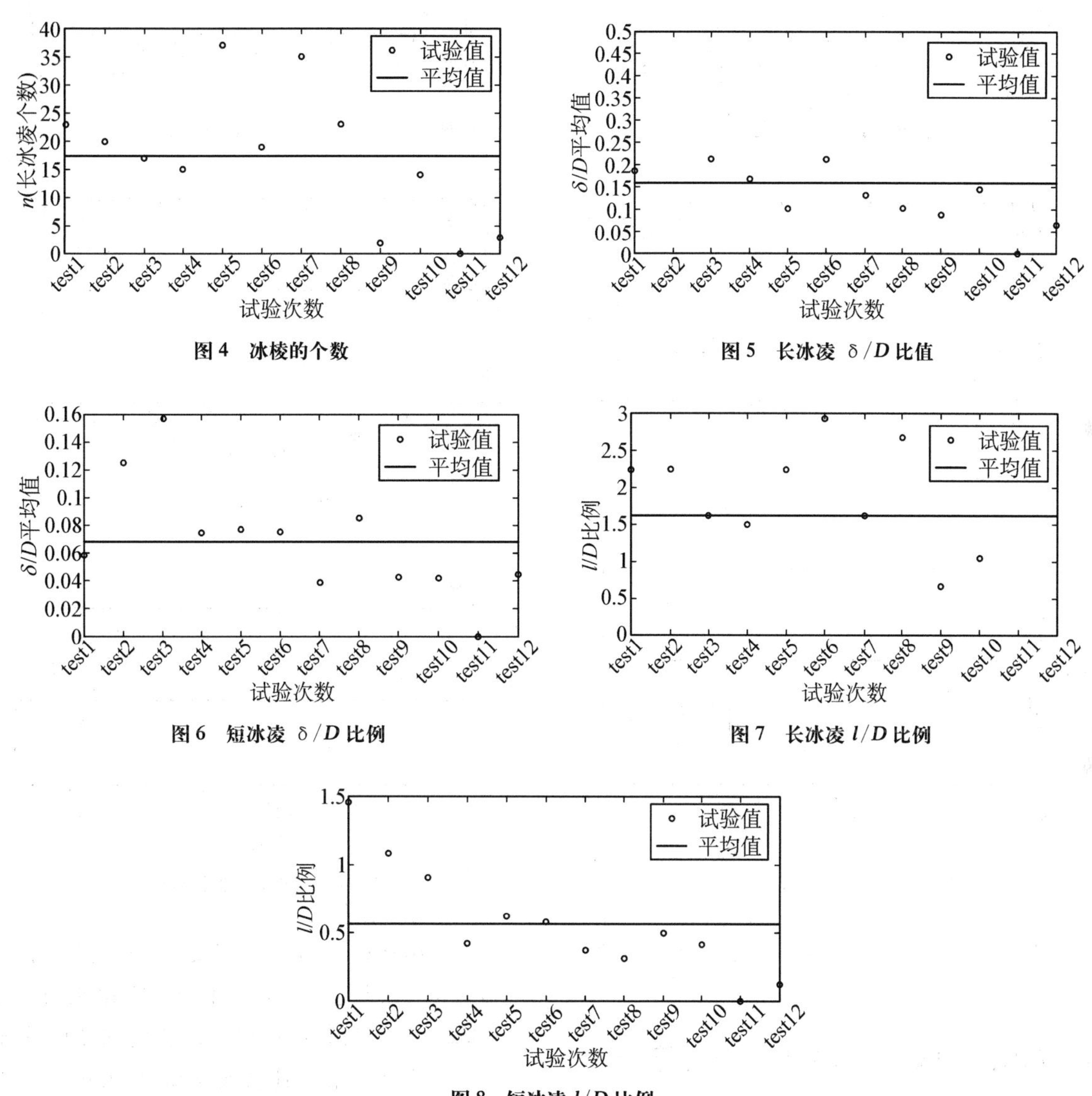

图4　冰棱的个数

图5　长冰凌 δ/D 比值

图6　短冰凌 δ/D 比例

图7　长冰凌 l/D 比例

图8　短冰凌 l/D 比例

2.4.2　B型覆冰的特征

B型覆冰为沿着拉索径向不均匀扩径，上表面还出现粒状冰，使覆冰表面不再光滑，增加了表面粗糙度。这类覆冰特点是除了在上表面出现粒状冰外，拉索的上表面扩径大于下表面。由于环境温度过低，落在上表面的雨水向下表面滑落时，快速结冰，从而导致上表面扩径大于下表面。图3(b)为B型覆冰的计算简图，其主要参数通过试验统计得到，由图9—图11可见，μ_1/D、μ_2/D、μ_3/D 平均值分别为0.39、0.11、0.17。而粒状冰珠的尺寸如图12和图13所示，平均高度 $h=0.585$ cm，平均宽度 $s=2.375$ cm。

2.4.3　C型覆冰的特征

当拉索下缘的A型覆冰的离散冰凌相互连接，似乎在拉索下缘挂着一块“冰布”，即C型覆冰，如图2(c)所示，其简化图示如图3(c)所示。通过重复试验得到C型覆冰的冰布高度 H，如图14所示，其平均值约为

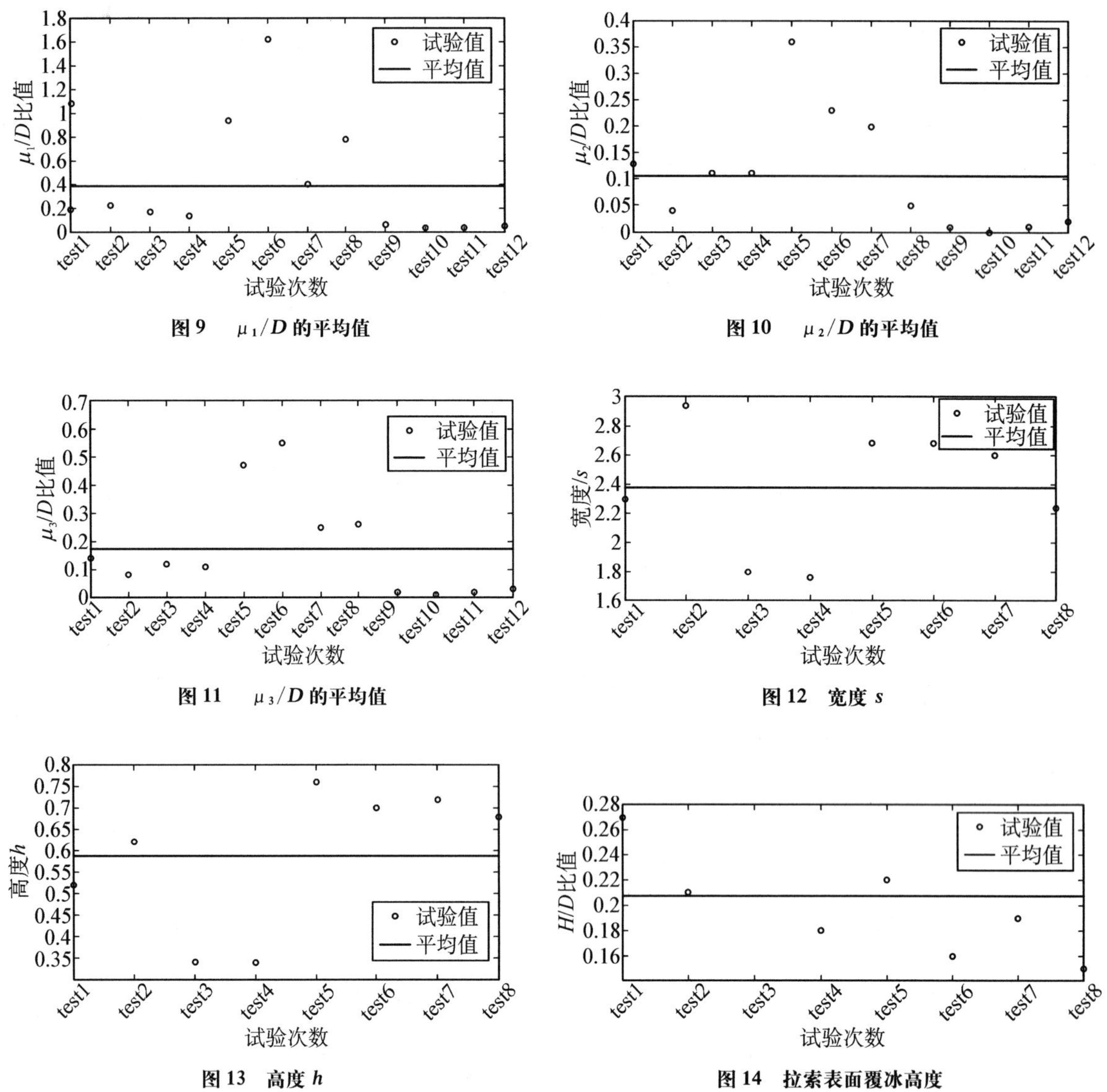

图 9　μ_1/D 的平均值

图 10　μ_2/D 的平均值

图 11　μ_3/D 的平均值

图 12　宽度 s

图 13　高度 h

图 14　拉索表面覆冰高度

拉索直径的 0.21 倍，以此参数计算 C 型拉索的气动力系数。

3　覆冰拉索气动力系数的 CFD 计算

鉴于 CFD 计算静气动力精度是可接受的，下文给出的覆冰拉索的静气动力系数，基于 CFD 计算结果，并用高次多项式拟合，得到升力、阻力系数与风向角变化关系式。

3.1　计算模型

根据试验结果得到的几何参数，在 fluent 里面分别建立三种不同类型的覆冰拉索有限元模型。湍流模型选择 SST k－ω 模型，采用 SIMPILEC 方法求解方程，Second Order Upwind type 方法离散湍流动能和湍流耗散比率，三维立方体或二维矩形模拟流场。为了确保风阻率小于 5%，流场模型的长度和宽度均设置较大。在拉索承受静风荷载或振动时，力矩系数贡献很小，故 CFD 计算气动力系数时，只提取横向力系数，包括升力及阻力系数，而力矩系数未提取。

A 型覆冰参数沿拉索轴向是变化的，无法简化为二维平面模型，A 型覆冰 CFD 计算时，建立三维计算域，图 15(a)为 A 型覆冰的 CFD 计算模型。由于 B 型及 C 型覆冰沿拉索轴向变化小，CFD 采用二维计算域，图 15(b)、图 15(c)分别为 B 型和 C 型覆冰的 CFD 计算模型。

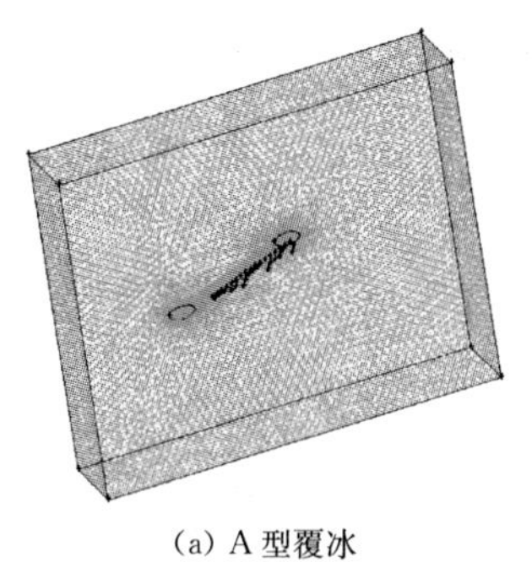
(a) A 型覆冰

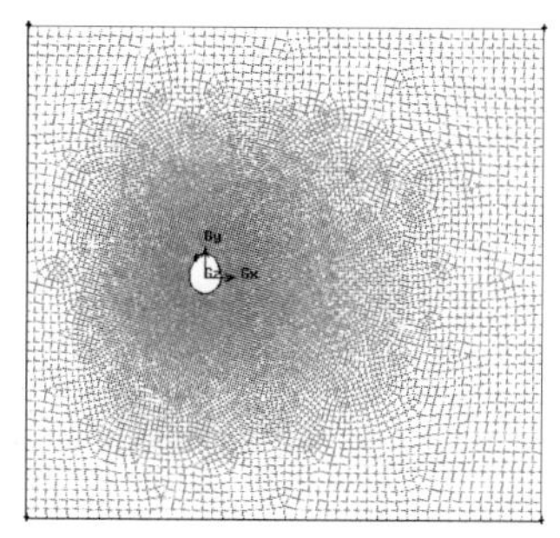
(b) B 型覆冰

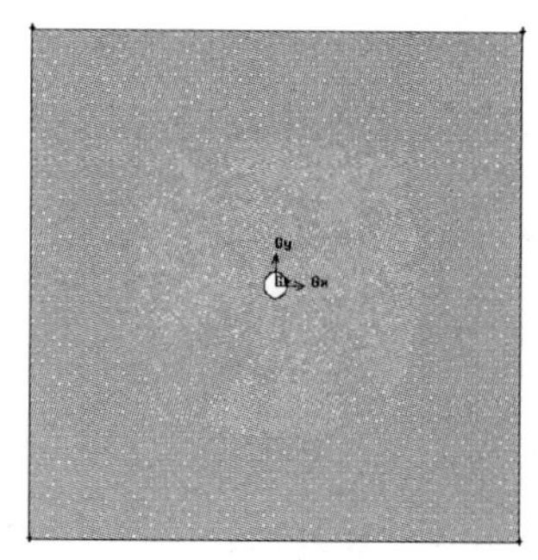
(c) C 型覆冰

图 15　覆冰拉索 CFD 计算模型

3.2　计算结果

为判断覆冰拉索发生驰振的可能，CFD 计算给出不同风向角的覆冰拉索的阻力系数、升力系数。图 16—图 18 分别为 A 型、B 型、C 型覆冰拉索的升力、阻力系数的计算值，图中实线为拟合的高次多项式曲线，风向角以弧度为单位。

由图可见，A 型和 C 型两种覆冰拉索阻力系数随风向角的变化较为接近，因为这两类覆冰形式较为接近，都在拉索下缘出现“稳定板”的结构。A 型的稳定板是透风的，而 C 型是不透风的，其升力系数随攻角变化差别大。而 B 型覆冰拉索外形与圆类似，但因拉索上缘出现粒状冰珠，其阻力系数与圆形拉索有所差别。

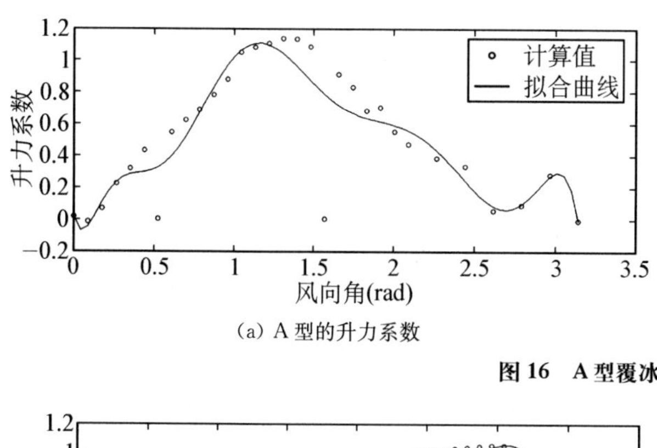

(a) A 型的升力系数

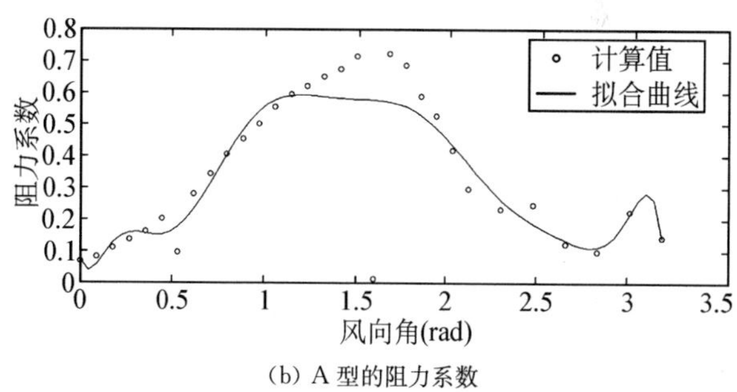

(b) A 型的阻力系数

图 16　A 型覆冰拉索的气动力系数

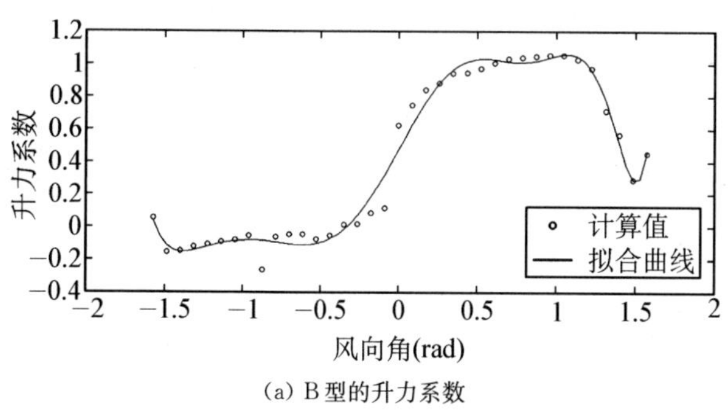

(a) B 型的升力系数

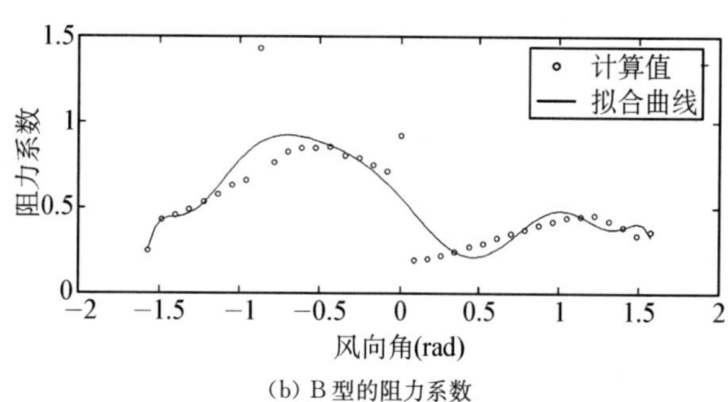

(b) B 型的阻力系数

图 17　B 型覆冰拉索的气动力系数

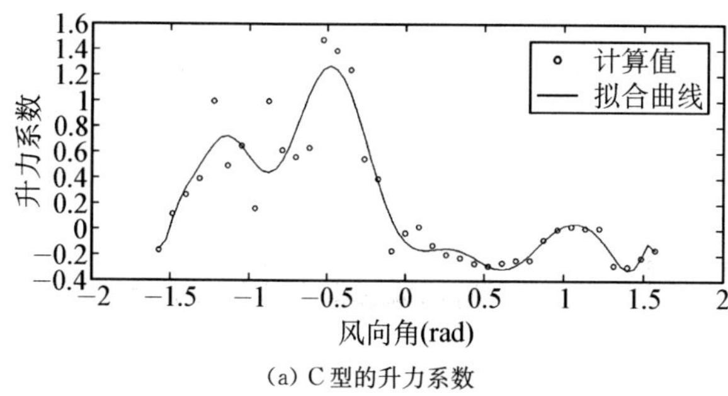

(a) C 型的升力系数

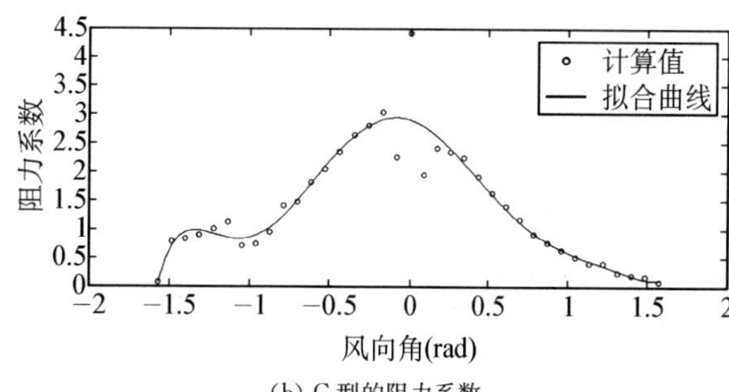

(b) C 型的阻力系数

图 18　C 型覆冰拉索的气动力系数

4 覆冰拉索驰振特性

4.1 静气动力系数的多项式拟合

如上文所述，针对三类覆冰类型的拉索进行 CFD 计算，得到拉索各个风向角下的升力系数、阻力系数。判别拉索的驰振可能性仍用邓哈托判据，为了便于对静力系数进行微分计算，将 CFD 计算结果拟合成关于风向角的高次多项式。式(2)、式(3)分别为 A 型覆冰拉索的升力系数和阻力系数关于风向角的高次多项式，并在图 16 中列出多项式的走势。B 型和 C 型覆冰拉索也作同样处理，并分列在式(4)—式(7)中。

A 型覆冰拉索的静气动力系数拟合多项式：

$$C_L = -0.1124\alpha^{11} + 2.1936\alpha^{10} - 18.7492\alpha^9 + 91.5396\alpha^8 - 279.5310\alpha^7 + 550.1151\alpha^6 - 694.1237\alpha^5 + 541.8282\alpha^4 - 243.5694\alpha^3 + 55.4840\alpha^2 - 4.083\alpha + 0.0221 \tag{2}$$

$$C_D = -0.2247\alpha^{11} + 3.9023\alpha^{10} - 29.3304\alpha^9 + 124.8389\alpha^8 - 330.4164\alpha^7 + 561.8089\alpha^6 - 611.6642\alpha^5 + 411.4585\alpha^4 - 158.4480\alpha^3 + 30.4605\alpha^2 - 1.901\alpha + 0.0774 \tag{3}$$

B 型覆冰拉索的静气动力系数拟合多项式：

$$C_L = 0.1782\alpha^{10} + 0.3038\alpha^9 - 0.8721\alpha^8 - 1.7819\alpha^7 + 1.2803\alpha^6 + 3.6413\alpha^5 - 0.6499\alpha^4 - 3.3603\alpha^3 + 0.0646\alpha^2 + 1.7628\alpha + 0.4723 \tag{4}$$

$$C_D = -0.2457\alpha^{10} - 0.0124\alpha^9 + 1.4972\alpha^8 + 0.2081\alpha^7 - 3.1059\alpha^6 - 0.9061\alpha^5 + 2.3815\alpha^4 + 1.5750\alpha^3 - 0.4562\alpha^2 - 1.0127\alpha + 0.5573 \tag{5}$$

C 型覆冰拉索的静气动力系数拟合多项式：

$$C_D = 0.0420\alpha^8 + 0.3813\alpha^7 - 0.8592\alpha^6 - 1.5919\alpha^5 + 3.2866\alpha^4 + 1.9734\alpha^3 - 4.6464\alpha^2 - 0.8961\alpha^1 + 2.8941 \tag{6}$$

$$C_L = -0.9629\alpha^{15} + 0.4617\alpha^{14} + 9.3372\alpha^{13} - 5.0258\alpha^{12} - 36.7201\alpha^{11} + 21.8345\alpha^{10} + 74.5854\alpha^9 - 47.9925\alpha^8 - 81.5950\alpha^7 + 55.6324\alpha^6 + 44.1977\alpha^5 - 32.1116\alpha^4 - 7.7837\alpha^3 + 7.5974\alpha^2 - 1.3318\alpha - 0.0986 \tag{7}$$

4.2 驰振特性判断

利用公式(1)的邓哈托判据，分别得到 A 型[式(8)]、B 型[式(9)]、C 型[式(10)]覆冰拉索的邓哈托判据的值 δ_d，当 δ_d 小于零时，覆冰拉索可能出现驰振。根据 δ_d 的表达式，绘制成关于风向角的图，并确定出现驰振可能的风向角。

根据图 19 或式(8)，当：$\alpha \in [0, \pi/72] \cup [31\pi/72, 41\pi/72] \cup [5\pi/8, \pi]$ 时，A 型覆冰拉索可能发生驰振。A 型拉索发生驰振的风向角范围较大，主要因为拉索下缘出现一列冰凌，严重改变了拉索的圆形特性。

$$\delta_d = -0.2247\alpha^{11} + 2.6659\alpha^{10} - 7.3944\alpha^9 - 43.9039\alpha^8 + 401.9004\alpha^7 - 1394.9\alpha^6 + 2689\alpha^5 - 3059.2\alpha^4 + 2008.9\alpha^3 - 700.25\alpha^2 + 109.067\alpha - 4.006 \tag{8}$$

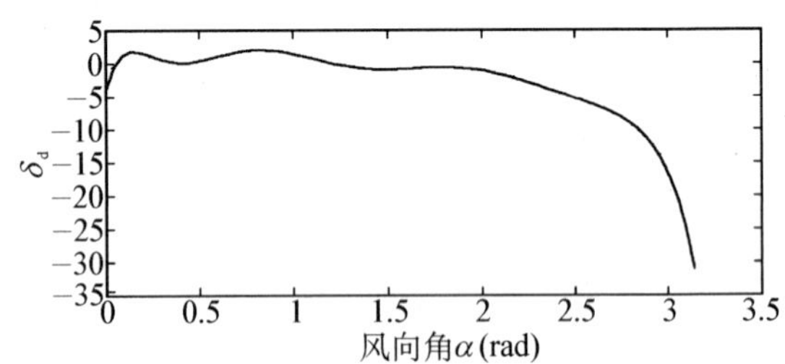

图 19 A 型覆冰拉索 δ_d 和 α 的关系

根据图 20 或式(9)，当风向角取值 $\alpha \in (-18\pi/36, -17\pi/36) \cup (13\pi/36, 17\pi/36)$ 时，B 型覆冰拉索可能发生驰振。B 型拉索发生驰振的风向角范围比 A 型覆冰要小，或许是因为此类覆冰是扩径，对拉索形状改变不多，其特性与圆形断面较为接近。

$$\delta_d = -0.2457\alpha^{10} + 1.7696\alpha^9 + 4.2314\alpha^8 - 6.7687\alpha^7 - 15.5792\alpha^6 + 6.7757\alpha^5 + 20.588\alpha^4 - 1.0246\alpha^3 - 10.5371\alpha^2 - 0.8835\alpha + 2.3201 \tag{9}$$

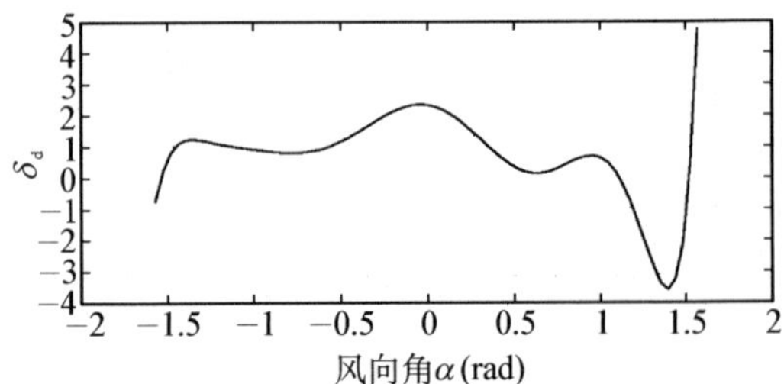

图 20 B 型覆冰拉索 δ_d 和 α 的关系

由图 21 或式(10),得,当 $\alpha \in (-12\pi/36, -11\pi/36) \cup (-4\pi/36, -2\pi/36) \cup (13\pi/36, 16\pi/36)$ 时,C 型覆冰拉索可能发生驰振。C 型拉索发生驰振的风向角范围很小,可能由于拉索下缘冰凌连成冰布,起到了稳定板的作用,因此 C 型覆冰似乎会改善拉索的驰振特性。

$$\begin{aligned}\delta_d = & -14.4435\alpha^{14} + 6.4638\alpha^{13} + 121.3836\alpha^{12} - \\ & 60.3096\alpha^{11} - 403.9211\alpha^{10} + 218.3450\alpha^{9} + \\ & 671.3106\alpha^{8} - 383.5587\alpha^{7} - 572.0242\alpha^{6} + \\ & 332.2025\alpha^{5} + 224.2751\alpha^{4} - 126.473\alpha^{3} - \\ & 27.9975\alpha^{2} + 14.2987\alpha + 1.5623 \end{aligned} \tag{10}$$

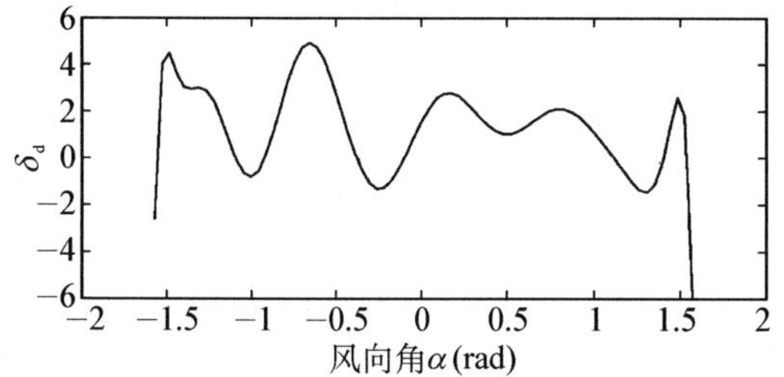

图 21　C 型覆冰拉索 δ_d 和 α 的关系

5　结语

本文通过结冰试验,得到了覆冰类型,以此为依据,归纳出覆冰拉索的类型及其相应的参数特征,并进行了 CFD 计算,得到了覆冰拉索的静气动力系数,进而进行了驰振判断。综合上文可得出如下结论:

(1) 拉索覆冰类型不同于输电线覆冰形式,常见形式有三类,即拉索下缘离散冰凌的 A 型覆冰,沿拉索径向不均匀扩径的 B 型覆冰,以及拉索下缘类似布状冰凌的 C 型覆冰。

(2) 不同类型的覆冰,会严重改变拉索外形,从而改变静气动力与风向角的关系,覆冰拉索的静气动力系数与圆形拉索静气动力系数相差甚远。

(3) 尽管拉索的覆冰严重改变了拉索的断面特性,但是并非所有改变都会恶化拉索的驰振性能,C 型覆冰似乎会改善拉索的驰振特性。

由于条件所限,在结冰试验中我们忽略了风向对覆冰的影响。不同地理环境肯定会影响空气流动的方向。因为雨水在拉索上的流动轨迹受重力和风向共同决定,重力不会改变,所以风向直接决定了雨水的轨迹,那么风向必定会对覆冰形状产生很大的影响。除此之外,实验中我们只考虑了一种恒定不变的降雨量,而不同的降雨量会明显影响覆冰的几何参数。因此对于拉索覆冰问题,我们仍需要进一步研究和探索。

参 考 文 献

[1] Majid K K. Ice Shedding from Cables and Conductors-A Acking Model of Atmospheric Ice[D]. Quebec: Universite Du Quebec, 2007.

[2] Yu P, Desai Y M, Shah A H, et al. Three-degree-of-freedom Model for Galloping: Part Ⅰ: Formulation [J]. Journal of Engineering Mechanics, 1993, 119 (12):2404 - 2425.

[3] 李寿英,黄韬,叶继红. 覆冰斜拉索驰振稳定性的理论研究[J]. 振动与冲击,2013,32(1):122 - 127.

[4] 李寿英,黄韬,叶继红. 覆冰斜拉索气动力的试验与数值研究[J]. 湖南大学学报:自然科学版,2012,39(8):2 - 6.

[5] 李寿英,顾明. 斜直圆柱绕流的 CFD 模拟[J]. 空气动力学学报,2005,23(2):222 - 227.

[6] Hartog J P D. Transmission Line Vibration due to Sleet [J]. Transactions American Institute of Electrical, 1932,51(4):1074 - 1076.

[7] Nigol O, Buchan P G. Conductor Galloping: Part Ⅰ: Den Hartog Mechanism[J]. IEEE Transmission on Power Apparatus and Systems, 1981(2):699 - 707.

[8] 黄韬. 覆冰斜拉索驰振稳定性研究[D]. 长沙:湖南大学,2011.

等长双悬臂梁等效风荷载实用计算方法

刘志刚* 陈艾荣 项海帆

（同济大学土木工程防灾国家重点实验室 中国 上海 200092）

摘 要 一些桥梁在双悬臂施工状态下的等效风荷载问题比较特殊，以往的文献对其讨论很少。本文对这种情况下等效风荷载的计算方法进行了研究，并给出了简洁的实用计算公式。实例分析和比较表明，本文给出的实用计算公式具有很好的精度，无需查阅图表和插值，适于工程应用，并可为我国正在编写的桥梁抗风设计规范提供参考。

关键词 双悬臂梁；等效风荷载；实用计算方法；背景响应；共振响应

1 引言

近地自然风，特别是阵风总是呈现出某种程度的紊流特性，它在结构上引起的脉动风荷载一般随时间和空间发生不规则的变化，是一种宽带随机过程，其大小和分布形式在不停地发生变化，脉动风荷载某一种可能的大小和分布形式可能引起结构响应 A（如结构上某点的位移、某一截面的弯矩等）的最大值，而脉动风荷载另一种可能的大小和分布形式则会引起结构响应 B 的最大值，一般来说这两种情况对应的风荷载的大小和分布形式是不同的。用于设计的等效风荷载应能重现结构某一响应可能发生的最大值，这正是所谓等效风荷载中“等效”二字的含义。这里需要强调的是，不同的结构响应将对应于不同的等效风荷载。

结构某一响应的影响线是结构所受荷载和该结构响应的传递函数，如前所述，不同响应影响线将对应于不同的等效风荷载。当所求结构响应的影响线沿线状结构展长有符号变化时，等效风荷载的求解比影响线不变号时要复杂得多[1]，目前各国风荷载规范或指南中仍很少给出这种情况下的风荷载计算方法。1982 年 ASCE 桥梁荷载委员会（ASCE Committee on Loads and Forces on Bridges）注意到了这一问题，但仍未能给出双悬臂梁所受不平衡风荷载（Unbalanced Wind Loading on Double Cantilever Bridges）的计算方法，而将其作为一个需要进一步研究的问题（Bridge Loading: research needed, 1982）。1989 年版的 ECSS 规范给出了一种计算双悬臂梁所受不平衡风荷载的方法，但该方法十分复杂而不适于工程应用[2]，1995 年的 Eurocode 1 则没有提供有关这一类问题的解决方法。文献[2，3]对双悬臂梁在风荷载作用下立柱扭矩的计算方法以算例的形式进行了讨论，针对这一具体情况给出与其他情况下不同的等效风荷载的定义（将等效风荷载系数定义为立柱最大扭矩与仅一侧悬臂在平均风荷载作用下产生的立柱扭矩的比值），这将使风荷载的统一表达变得更加复杂，不便于工程应用和规范的编写。本文将在统一的等效风荷载的定义的基础上对这种情况下等效风荷载的计算方法进行研究，并将给出适于工程应用的实用计算方法。

2 基本理论

2.1 等效风荷载

本文将等效风荷载 $Q(x)$ 定义为，其引起的结构某一响应 y 与实际风

* 刘志刚，1976 年出生，项海帆教授 1998 级硕士研究生，论文题目“桥梁顺风向风荷载研究”。本文曾发表于《同济大学学报》2002 年第 30 卷第 5 期。

荷载作用时该响应可能发生的最大值 $y_{max}=\bar{y}+y_d$ 相同。为方便工程应用，一般将 $Q(x)$ 定义为均布或分段均布静荷载，即

$$Q(x)=\bar{P}+s_b(x)\cdot y_d/\gamma_b \tag{1}$$

其中，$\bar{P}$ 和 $\bar{y}$ 分别为平均风荷载和平均风响应；y_d 为脉动风荷载作用下的响应，γ_b 为响应 y 的影响线 $I(x)$ 所围绝对面积，$\gamma_b=\int_0^L|I(x)|\,dx$；$s_b(x)=\dfrac{I(x)}{|I(x)|}=\begin{cases}1,\ I(x)\geqslant 0\\-1,\ I(x)<0\end{cases}$ 为影响函数 $I(x)$ 的符号函数。令：

$$G_y(x)=Q(x)/\bar{P}=1+s_b(x)\cdot y_d/\bar{P}\gamma_b \tag{2}$$

$G_y(x)$ 为等效风荷载和平均风荷载的比值，称为对应于响应 y 的等效风荷载系数或阵风响应系数。于是：

$$y_{max}=\bar{P}\int_0^L G_y(x)I(x)dx \tag{3}$$

需要指出的是，这里的响应 y 不一定是结构的位移响应，它也可以是结构其他任何响应，且以上等效风荷载的定义对各种形状的不变号和变号影响线均适用。

2.2 背景响应和背景风荷载

背景响应是指脉动风荷载中不引起结构共振的成分引起的结构响应。若如图 1 所示水平线状结构某一响应 y 的影响函数为 $I(x)$，则当风场特性沿结构展长不变时在脉动风荷载 $p(x,t)=\rho C_D AUu(x,t)$ 作用下该结构的背景响应 $y_b(x,t)$ 可表示为[1,3]：

$$y_b(x,t)=\int_0^L p(x,t)I(x)dx \tag{4}$$

其中，ρ 为空气密度；C_D 为线状结构断面的阻力系数；U 和 $u(x,t)$ 分别为平均风速以及零均值的脉动风速。定义等效均布（或分段均布）背景脉动风荷载 $q_b(t)$ 为：

$$q_b(t)=y_b(t)/\gamma_b \tag{5}$$

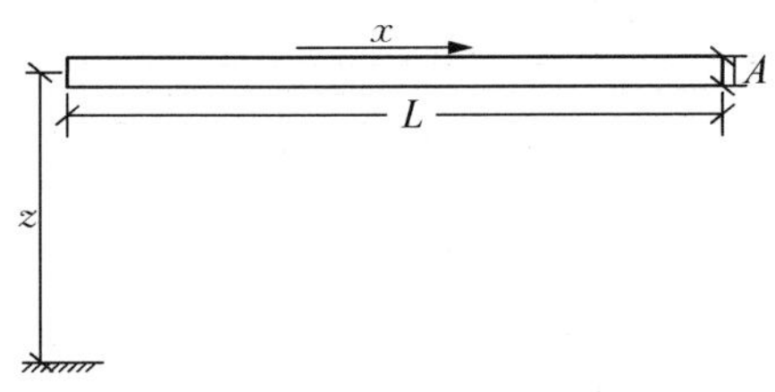

图 1 水平线状结构

则其功率谱密度 $S_{qb}(n)$ 及其根方差 σ_{yb} 可表示为：

$$S_{qb}(n)=\frac{4\bar{P}^2}{U^2}\cdot S_u(n)\cdot\chi_a^2(n)\cdot\chi_m^2(n) \tag{6}$$

$$\sigma_{qb}=\sqrt{\int_0^\infty S_{qb}(n)dn} \tag{7}$$

$$\chi_m^2(n)=\frac{1}{\gamma_b^2}\int_0^L\int_0^L I(x_1)I(x_2)\psi(x_1,x_2,n)dx_1dx_2 \tag{8}$$

其中，$\psi(x_1,x_2,n)$ 可根据 Davenport 的经验公式近似表达为 $\psi(x_1,x_2,n)=e^{-\lambda rn/U}$；$\lambda$ 为描述风场相关程度的风场相关系数；$r=|x_2-x_1|$，为两点间的距离；n 为频率(Hz)；$\chi_a^2(n)$ 为桥梁截面的气动导纳，对于扁平截面一般近似取为 Sears 函数，$\chi_a^2(n)=\dfrac{1}{1+\pi K}$，或偏保守地取为 1，$K=\dfrac{2\pi nD}{U}$，$D$ 为桥宽；$S_u(n)$ 为水平风谱，本文取为 Simiu 给出的沿高度变化的风谱，$\dfrac{nS_u(n)}{u_*^2}=\dfrac{200f}{(1+50f)^{5/3}}$，$f=nz/U$。于是等效背景荷载 Q_b 可表示为：

$$Q_b=g_b\sigma_{qb} \tag{9}$$

峰值因子 g_b 一般取为 $g_b=3.5$[1,3,4,5]。

2.3 共振响应和惯性风荷载

共振响应是脉动风荷载引起结构发生共振时的响应。根据随机振动理论，线状结构在脉动风荷载 $p(x,t)=\rho C_D AU[u(x,t)-\dot{y}(x,t)]$ 的作用下发生的共振加速度响应 $a(t)$ 的根方差 $\sigma_a(x)$ 可近似表示为[1]：

$$\sigma_a(x)=\sqrt{\sum_{i=1}^\infty\sigma_{ai}^2(x)} \tag{10}$$

$$\sigma_{ai}^2(x)=\frac{4\bar{P}^2I_u^2\phi_i^2(x)\gamma_i^2}{M_i^{*2}}\int_0^\infty(2\pi n)^4|H_i(n)|^2\frac{S_u(n)}{\sigma_u^2}J_i^2(n)\chi_a^2(n)dn \tag{11}$$

$$J_i^2(n)=\frac{1}{\gamma_i^2}\int_0^L\int_0^L\phi_i(x_1)\phi_i(x_2)\psi(x_1,x_2,n)dx_1dx_2 \tag{12}$$

其中，$\gamma_i=\int_0^L|\phi_i(x)|\,dx$；$\phi_i(x)$ 为第 i 阶振型函数；$M_i^*=\int_0^L m(x)\phi_i^2(x)dx$ 为对应于第 i 阶振型的广义质

量，$m(x)$ 为桥梁每延米质量；$I_u=\dfrac{1}{\ln z/z_0}$ 为紊流度，z_0 为地形粗糙高度；$|H_i(n)|$ 为第 i 阶振型对应的机械导纳。若各阶振型最大响应出现的概率相同[1,2,8,9]，则有：

$$g_a\sigma_a(x)=\sqrt{\sum_{i=1}^{\infty}g_{ai}^2\sigma_{ai}^2(x)} \tag{13}$$

$$g_{ri}=\sqrt{1.175+2\ln(n_iT)} \tag{14}$$

第 i 阶振型引起的桥梁单位长度上的惯性荷载 $p_{ri}(x)$ 及共振响应 y_{ri} 可按下式计算：

$$p_{ri}(x)=g_{ri}m(x)\sigma_{ai}(x) \tag{15}$$

$$y_{ri}=\int_0^L p_{ri}(x)I(x)\mathrm{d}x \tag{16}$$

2.4 等效风荷载系数

求得背景响应 y_b 和共振响应 y_{ri} 后，即可得总响应 y_{max} 和等效风荷载系数 $G(x)$ 为：

$$y_{max}=\bar{y}+y_d=\bar{y}+\sqrt{y_b^2+\sum_{i=1}^{\infty}y_{ri}^2} \tag{17}$$

$$G_y(x)=1+s_b(x)\sqrt{\frac{y_b^2}{\bar{P}^2\gamma_b^2}+\sum_{i=1}^{\infty}\frac{y_{ri}^2}{\bar{P}^2\gamma_b^2}} \tag{18}$$

3 等长双悬臂梁等效风荷载实用计算方法

3.1 影响函数和振型函数

对于图 2 所示的等长双悬臂梁，一般对水平梁在风荷载作用下产生的立柱扭矩较为关心[1,2,3]，则：

$$I_T(x)=x-L/2 \tag{19}$$

这里只考虑悬臂梁绕立柱扭转振型对立柱扭矩的贡献（高阶振型的贡献对等效风荷载的贡献很小[1,3,6,7,8]），并近似假设振型函数为[1,2,3]：

$$\phi_1(x)=2x/L-1 \tag{20}$$

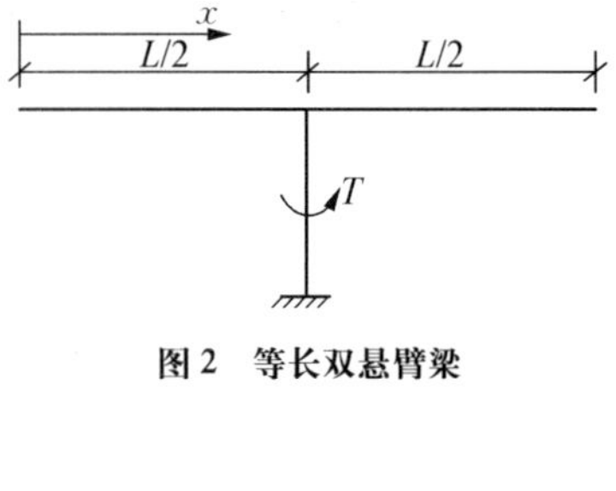

x L/2 L/2 T

图 2 等长双悬臂梁

3.2 背景响应和背景风荷载

令无量纲背景荷载系数 B_m 为：

$$B_m=\int_0^{\infty}\frac{S_u(n)}{\sigma_u^2}\chi_m^2(n)\chi_a^2(n)\mathrm{d}n=k_{am}^2\theta_b^2B \tag{21}$$

其中 B 表示 $I(x)=1$ 且 $\chi_a^2(n)=1$ 时的背景荷载系数，可近似按下式计算：

$$\sqrt{B}=\sqrt{\int_0^{\infty}\frac{S_u(n)}{\sigma_u^2}\chi^2(n)\mathrm{d}n}\approx\frac{1}{1+0.045r_L^{0.523}} \tag{22}$$

其中，无量纲参数 $r_L=\lambda L/z$，$\chi^2(n)=\dfrac{2}{c^2}(c-1+\mathrm{e}^{-c})$ 为 $I(x)=1$ 时 $\chi_m^2(n)$ 的值，折减频率 $c=n\lambda L/U$；θ_b^2 表示考虑不同形状的影响线对 B 的修正，当 $I_T(x)=x-L/2$ 时，θ_b^2 可按下式近似计算：

$$\theta_b^2=\int_0^{\infty}\frac{S_u(n)}{\sigma_u^2}\chi_m^2(n)\mathrm{d}n\Big/\int_0^{\infty}\frac{S_u(n)}{\sigma_u^2}\chi^2(n)\mathrm{d}n\approx\frac{r_L}{0.431r_L^{1.071}+4.69r_L^{0.677}} \tag{23}$$

k_{am}^2 表示考虑气动导纳时对 θ_b^2B 的修正，可按下式近似计算

$$k_{am}=\sqrt{\frac{\int_0^{\infty}\frac{S_u(n)}{\sigma_u^2}\chi_a^2(n)\chi_m^2(n)\mathrm{d}n}{\int_0^{\infty}\frac{S_u(n)}{\sigma_u^2}\chi_m^2(n)\mathrm{d}n}}\approx\begin{cases}1 & \chi_a^2(n)=1\\ \dfrac{1+3.785r_L^{0.4}}{1+3.785r_L^{0.4}+7.8r_D^{0.6}} & \chi_a^2(n)=\text{Sears Function}\end{cases} \tag{24}$$

其中 $r_D=D/Z$。于是由式(6)、式(7)、式(9)和式(21)可得等效背景风荷载 $Q_b(x)$ 可表示为：

$$Q_b(x)=g_b\sigma_{qb}s_b(x)=2g_bI_uk_{am}\theta_b\sqrt{B}\cdot s_b(x)\cdot\bar{P} \tag{25}$$

背景响应 y_b 可表示为：

$$y_b=\int_0^L Q_b(x)\cdot I(x)\mathrm{d}x=2g_bI_uk_{am}\theta_b\sqrt{B}\cdot\bar{P}\gamma_b \tag{26}$$

3.3 共振响应和惯性风荷载

令无量纲惯性荷载系数 R_1 为：

$$R_1 = \int_0^{\infty} S_1(n)\mathrm{d}n \tag{27}$$

$$S_1(n) = (2\pi n)^4 \ |H_1(n)|^2 J_1^2(n)\ \chi_a^2(n) S_u(n)/\sigma_u^2 \tag{28}$$

由于机械导纳$|H_1(n)|^2$的特点，只有频率在n_1附近的$S_1(n)$对R_1有明显贡献，这是由于拟静态的背景风荷载不能引起稳态的结构加速度响应[1, 3, 6, 7, 8]，因此可近似将R_1表示为：

$$R_1 \approx S_1(n_1) \cdot \pi \tilde{\zeta}_1 n_1 = S_1 E_1 / \tilde{\zeta}_1 \tag{29}$$

$$S_1 = J_1^2(n_1)\ \chi_a^2(n_1) \tag{30}$$

$$E_1 = \frac{26.2 f_1}{(1+50 f_1)^{5/3}} \tag{31}$$

其中折减频率$f_1 = n_1 z/U$，一阶振型对应的表观阻尼比$\tilde{\zeta}_1 = \zeta_s + \zeta_{a1} = (1+\beta_{a1})\zeta_s$，$\zeta_s$为结构阻尼比，$\zeta_{a1}$为一阶振型对应的气动阻尼比，$\beta_{a1} = \rho U C_D A / 2m\zeta_s\omega_1$。$S_1$和$E_1$分别称为一阶振型对应的尺寸折减系数和共振能量系数，当$\phi_1(x) = 2x/L - 1$时可近似取：

$$J_1^2(n_1) = \frac{1}{\gamma_1^2}\int_0^L\int_0^L \phi_1(x_1)\phi_1(x_1)\psi(x_1,\ x_2,\ n_1)\mathrm{d}x_1\mathrm{d}x_2$$

$$\approx \frac{c_1}{0.38c_1^2 + 1.22c_1 + 3.85} \tag{32}$$

其中$c_1 = n_1\lambda L/U$。于是可得单位长度上的惯性荷载$p_{r1}(x)$及共振响应y_{r1}为：

$$p_{r1}(x) = 2g_{r1} I_u \bar{P} \mu_1(x) \sqrt{R_1} \tag{33}$$

$$y_{r1} = 2g_{r1} I_u \theta_1 \sqrt{R_1} \cdot \bar{P}\gamma_b \tag{34}$$

$$\mu_1(x) = m(x)\phi_1(x)\int_0^L |\phi_1(x)|\ \mathrm{d}x \Big/ \int_0^L m(x)\phi_1^2(x)\mathrm{d}x \tag{35}$$

$$\theta_1 = \int_0^L \mu_1(x) I(x)\mathrm{d}x \Big/ \int_0^L |I(x)|\ \mathrm{d}x \tag{36}$$

当$I(x) = x - L/2$，$\phi_1(x) = 2x/L - 1$且$m(x) = m$沿双悬臂梁全长不变时可得：

$$\mu_1(x) = 3(x/L - 1/2) \tag{37}$$

$$\theta_1 = 1 \tag{38}$$

3.4 等效风荷载系数和立柱扭矩

由式(14)、式(26)和式(34)可得：

$$G_y(x) = 1 + 2I_u s_b(x)\ \sqrt{g_b^2 k_{am}^2 \theta_b^2 B + g_{r1}^2 \theta_1^2 R_1} \tag{39}$$

由于平均风引起的立柱扭矩为零，由式(3)可得立柱总扭矩为：

$$T = \bar{P}\int_0^L G(x) I(x)\mathrm{d}x = I_u\ \sqrt{g_b^2\theta_b^2 B + g_{r1}^2 R_1} \cdot \bar{P}L^2/2 \tag{40}$$

其中$g_b \approx 3.5$，$g_{r1} \approx \sqrt{1.175 + 2\ln 600 n_1}$，$\sqrt{B}$、$\theta_b^2$和$k_{am}$可分别按式(22)、式(23)和式(24)近似计算，R_1可近似按式(29)、式(30)、式(31)和式(32)计算。

4 算例分析

表1列出了计算结构和风场的基本参数，各符号的意义同前，结构形式可参考图2。本例不考虑气动导纳的影响，即取$k_{am} = 1$，$S_1 = J_1^2(n_1)$。表2列出了立柱扭矩的计算结果，并与文献[3]给出的计算结果进行了比较。本文方法得到的立柱扭矩大体上与文献[3]给出的结果一致。文献[3]给出的结果较大的原因是该文献采用了不同的空间相关模型、脉动风速谱，并取$g_b = g_{r1}$(本例中g_{r1}均大于3.5)。文献[3]中定义等效风荷载系数为总响应与平均风荷载作用在一侧悬臂上时得到的立柱扭矩的比值，是随具体情况而变化的方法，而本文方法则具有较好的通用性。表2还列出了忽略共振响应后得到的立柱扭矩及其相对误差。由表2可见本算例中三种情况均不能忽略结构的动力放大效应。

表1 计算结构和风场的基本参数

ρ(kg/m³)	U(m/s)	z_0(m)	λ	L(m)	A(m)	z(m)	ζ_s	m(kg/m)	C_D	n_1(Hz)
1.25	36.2	0.01	10	50, 150, 300	5	50	0.008	2 500	0.6	2.0, 1.0, 0.5

表 2 风载引起的立柱最大扭矩计算结果和比较

L (m)	n_1 (Hz)	本文方法								文献[3]
		I_u	$\tilde{\zeta}_1$	g_{r1}	θ_{bT}	B	R_1	扭矩 (×10^6 N·m)		扭矩 (×10^6 N·m)
								式(40)	忽略共振响应	
50	2.0	0.117	0.010	3.92	0.365	0.870	0.163	0.711 9	0.428 2(−39.9%)	0.883 0
100	1.0	0.117	0.012	3.74	0.473	0.790	0.148	6.655 8	4.758 8(−28.5%)	8.292 6
300	0.5	0.117	0.017	3.55	0.548	0.723	0.162	28.050	21.098(−24.8%)	31.512

5 结论

本文的主要工作和结论如下：

(1) 给出了适用于各种形状的不变号和变号影响线的等效风荷载的定义。

(2) 在统一的等效风荷载的定义的基础上给出了等长双悬臂梁等效风荷载的实用计算方法。

(3) 算例分析表明，本文给出的实用计算公式十分简洁，且具有很好的精度，无需查阅图表，适于工程应用。

(4) 本文方法与文献[2]和文献[3]提供的方法相比具有更好的通用性，且概念清晰，简便易用，可为我国正在编写的桥梁抗风设计规范提供参考。

参考文献

[1] 刘志刚. 桥梁顺风向风荷载研究[D]. 上海：同济大学，2001.

[2] Mendes P A, Branco F A. Unbalanced Wind Buffeting Effects on Bridges During Double Cantilever Erection Stages [J]. Wind and Structures, 2001, 4(1): 45 - 62.

[3] Dyrbye C, Hansen S O. Wind Loads on Structures [M]. Chichester: John Wiley & Sons Ltd, 1997.

[4] Solari G. Gust Buffeting: I: Peak Wind Velocity and Equivalent Pressure [J]. Journal of Structural Engineering, ASCE, 1993, 119: 365 - 382.

[5] Zhou Y, Kareem A, Gu M. Gust Loading Factors for Design Applications [C]// Larsen, Larose, Livesey. Wind Engineering into the 21st Century: Proceedings of the Tenth International Conference on Wind Engineering. Rotterdam: Balkema, 1999: 169 - 176.

[6] Chen A R, Xiang H F, Liu Z G. Practical Formulas for Estimating Equivalent Wind Loads of Suspension Bridges[C]//First International Symposium on Wind and Structures for the 21st Century. Cheju: Techno-Press, 2000: 445 - 452,

[7] Solari G. Gust Buffeting: Ⅱ: Dynamic Alongwind Response [J]. Journal of Structural Engineering, ASCE, 1993, 119: 383 - 398.

[8] 张相庭. 结构风压和风振计算[M]. 上海：同济大学出版社，1985.

[9] 张相庭，王志培，黄本才. 结构振动力学[M]. 上海：同济大学出版社，1994.

基于数字摄影测量的斜拉桥气弹模型拉索振动响应测量技术研究

马如进* 陈艾荣

（同济大学桥梁工程系 中国 上海 200092）

摘 要 在斜拉桥气弹模型风洞试验中，由于被关注的拉索细且长，往往难以采用常规的测量手段获得其振动响应数据。为此，本文利用数字摄影测量的方法，在斜拉桥全桥气弹模型风洞试验中对拉索结构实现振动位移的动态测量。论文介绍了该方法的基本原理，并通过某斜拉桥进行了实测研究，获得了该桥气动失稳状态时的拉索振动形态，为桥梁颤振发散机理的研究提供了直接依据。论文最后讨论了拉索位移测量方法的误差，并提出改进测量精度的对策。

关键词 气弹模型试验；拉索；振动响应测量；图像识别

基金项目 国家自然科学基金(50708073)；“十一五”国家科技支撑计划(2009BAG15B01)。

气弹模型风洞试验是现阶段研究桥梁抗风的主要方法，是了解结构抗风性能、验证结构抗风安全度的重要途径[1]。针对缆索承重体系桥梁，目前气弹模型风洞试验主要观测主梁、桥塔的振动响应，而斜拉索、主缆等构件却不在风洞试验研究范围之列，其原因在于此类构件重量轻、外形小，不适用于目前的振动、位移测量设备。因此，使用数字摄影测量是一个较好的解决方案。

美国摄影测量与遥感协会(ASPRS)对摄影测量的定义为：通过对拍摄图像的记录、测量和解译的过程来获取有关物理对象的可靠信息的科学与技术[2]。数字摄影测量技术是摄影测量和数字图像识别相结合的产物，其核心内容包括获取图像坐标、图像坐标的物理坐标还原以及借助计算机对数字图像进行位移数据处理。得益于数字图像识别从 21 世纪 80 年代中期到 90 年代所取得的突飞猛进的发展[3]，数字摄影测量的精度大幅提高。该技术所需设备简单，操作空间要求少，亦可改善传统测量仪器的量程限制，且测量点数量可以任意设置，节省试验经费。随着数字摄像设备成本下降和性能大幅提高，越来越多的土木结构试验和检测开始应用数字摄像与识别技术[4]，对结构物的位移、变形、混凝土裂缝等进行识别和测量。本文针对这种技术在桥梁风洞试验中的应用进行分析及讨论。

1 识别原理与试验方案

风洞试验中使用图像识别的原理是通过数字摄影机拍摄运动中的测量目标，在拍摄的每一帧图像中通过一定算法对测量目标进行捕捉，并通过图像中目标运动状态与参照物之间的比较得到目标的实际运动状态，最终获得目标的位移测量值。构成图像识别系统的要素包括摄影机、拍摄画面范围、目标、参考长度、目标运动轨迹(图 1)。

本文以某超大跨径斜拉桥气弹模型试验作为研究对象(图 2)。该桥设计跨径为 1 088 m，最长拉索长度为 577 m。在风洞试验桥梁失稳状态过程中，拉索产生了较大的摆动振幅[5]。本文利用数字摄影机对拉索振动进行了测量，以期为深入地研究该桥气动失稳形态以及气动失稳过程中拉索发挥的作用提供必要的数据支撑。

* 马如进，1978 年出生，项海帆教授 1999 级硕博连读研究生，博士论文题目“基于气动弹性模型的桥梁断面颤振导数识别”。本文曾发表于《同济大学学报》2011 年第 39 卷第 10 期，第 1447—1451 页。

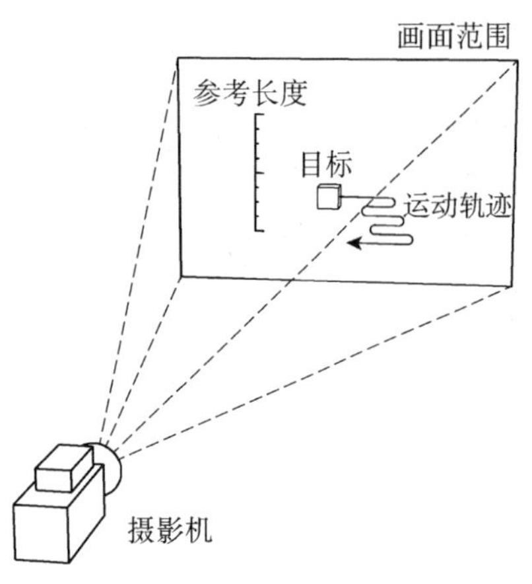

图 1　摄影测量原理示意图

图 2　苏通大桥全桥气弹模型

从前期试验现象的观测来看，该斜拉桥在较高试验风速下发生了整体结构气动失稳现象。发生该现象时，主梁发生较大的周期性竖向位移和侧向位移；拉索发生较大幅度侧向变形；由于中跨和边跨的拉索索力不平衡，桥塔亦发生较大幅度的纵向位移。由以上现象可知，就拉索上任意一点来看，其位移应为复杂的空间运动。从对该气动失稳现象的研究意义来看，测量的主要对象为此时结构风致振动的频率以及拉索的振型。因此，受限于试验条件，本次数字摄影测量采用了拉索目标测量点位移在横截面上的一维投影图像。

在测量过程中，以最长拉索的中点作为试验点，考虑到桥梁横断面上下游一对拉索的影响，在研究过程中考察了一组最长拉索，即迎风侧和背风侧两根拉索。斜拉索测试点标记在斜拉索所需测点处(图 3)。标记本身选择轻质材料，且要求其自身反光性能较好，同时在外形上不能显著改变斜拉索的气动性能。测量系统的空间关系是本文测量方法的关键。图 4 为测量系统的平面布置图。同时，摄影机保持与测点相同的高程。摄影机采集的一组动态图像示例如图 5 所示。

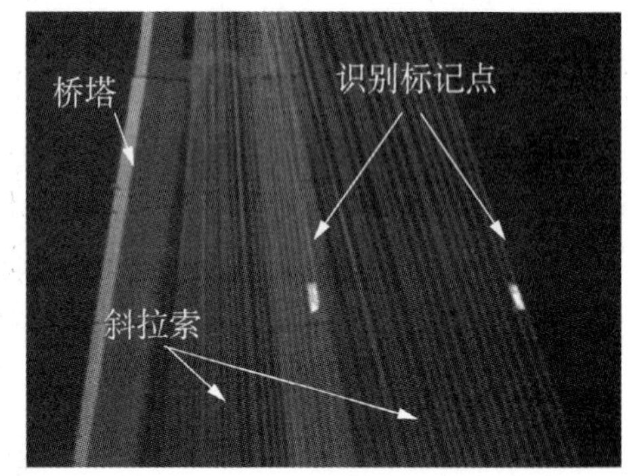

图 3　标记点位置

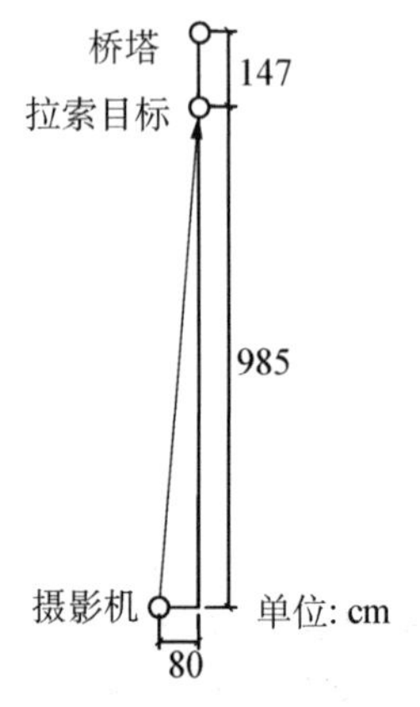

图 4　测量系统平面布置图

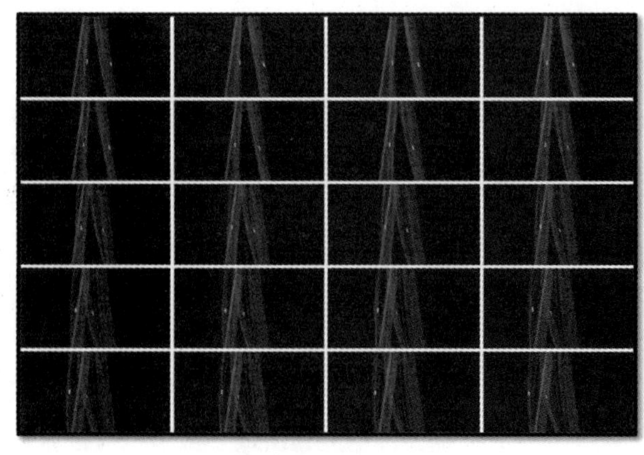

图 5　测量图像序列

2 图像识别算法

通过摄影机导入的 24 - bit 图像由红、绿和蓝 3 个通道组成，每个波段的灰度分级为 256 级。在图像处理中仅直接选取了动态范围较高的红色通道，对像素灰度进行处理和分析。通过 Matlab 程序将每一张图片文件的信息转换成包含每个像素信息的矩阵，利用数学处理找到目标点所在单幅图像中的位置。程序识别的大致步骤包括：图像预处理、搜索独立块区域以及计算目标区域中心点。

本试验中拉索上的识别对象为较背景明显的标记点，不能在标记点上加入更多的识别信息。本文的标记点识别方法为：对处理后的目标区域形成非零区域的像素取形心位置。这一过程中，由于识别区域已完成二值化过程，边缘识别简化为以发现非零像素为依据，而没有采用常规的边缘检测算子，因此亦不考虑目标边缘亚像素问题。

2.1 图像预处理

图像预处理是指通过一定算法对原始图像进行优化以便进行识别分析操作[6]。本文图像预处理的目的在于提高图像的动态范围以及筛选必要的识别图像，便于后期识别算法的应用。图像预处理将清除低于某个灰度阈值的像素，实现对图像的二值化。其具体操作步骤为：①调整图像的特性，如亮度、对比度或 Gamma 值；②分析得到图像的灰度柱状图；③统计各灰度值包含的像素量；④自最高灰度值累计像素量，直至累计数达到总数的某个比例，如 1%；⑤根据上一步停止的亮度值，清除所有低于该灰度值的像素。图像预处理能够有效改善区域识别的命中率。图 6 为采集得到某张图像的柱状图。调整图像的亮度过滤比例值将明显改变识别画面的构成，从而改变识别命中率。图 7 为不同过滤阈值对应的图像预处理结果。

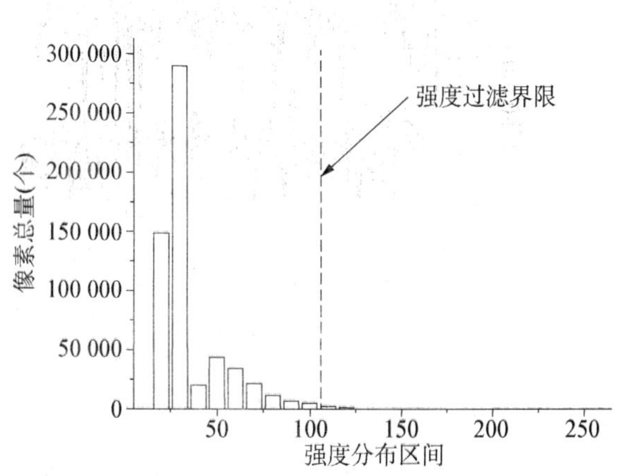

图 6　某张图像中各亮度区段单元格数量分布

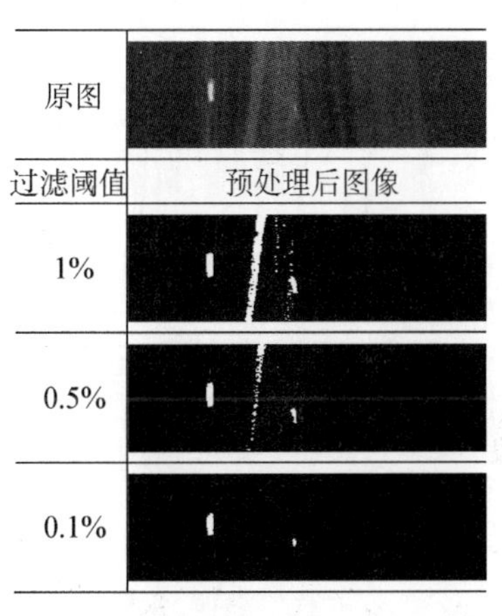

图 7　不同过滤阈值对某张图像过滤的影响

从以上调试可见，信号筛选阈值太低会生成过多的干扰区域，这将不利于正确区域的选择。而信号筛选阈值太高则会删除原本需要的区域。正确选择图像调整的策略能够有效改善图像信息的识别。

2.2 搜索独立块区域

搜索独立块区域能够将预处理后的图像中的独立块区域搜索出来，其中必然包含所需目标点形成的区域。搜索步骤示意如图 8 所示，具体可以表述如下：①为每个像素编号；②从图像最左上角开始扫描像素，如果发现灰度非零像素，则为该像素创建区域存储区，把该像素的序列号存储其中；③扫描该灰度非零像素周围的像素，如再发现灰度非零像素，则也将其序列号存储到由上一个灰度非零像素创建的存储区，为了提高扫描效率，扫描像素按顺序仅限初始位置的右、右下、下以及左下 4 个位置，如图 9 所示；④扫描之后非

搜索 →

1	2	3	4	5	6	7
8	9	10	11	12	13	14
15	16	17	18	19	20	21
22	23	24	25	26	27	28
29	30	31	32	33	34	35

图 8　非零区域搜索示意图

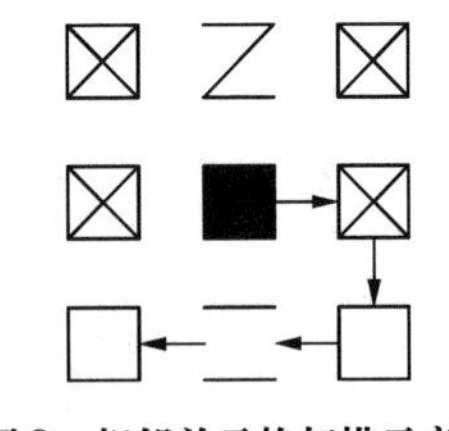

图 9　相邻单元格扫描示意图

零像素的序列号并存储在邻近的区域存储区内，若其序列号已在其中，则不再进行此操作。

2.3　选择目标区域

搜索图像中非零像素独立区域，找到目标区域。本试验中因设置背景反差较大，目标区域能够被较好表现，即包含像素量最大的两个独立区域即为拉索运动图像中的两个测试点。找到目标区域后可通过物理坐标均值获得该目标区域的中心点。

3　数据识别与分析

3.1　识别结果

根据测量系统平面布置尺寸转换识别结果。依照图 4 的坐标信息，摄影机视轴与全桥模型轴线夹角为 4.64°，标记点的横向位移乘以 1.003 3 的放大系数。通过参考长度计算可得到转换比例为 0.694 mm/像素。部分识别结果数据见图 10，其中，图 10(a)和(b)为 8 m/s 试验风速下的斜拉索响应时程。图 10(c)和(d)为 8.8 m/s 试验风速下的斜拉索响应时程，此风速下斜拉桥气弹模型整体发生气动失稳。

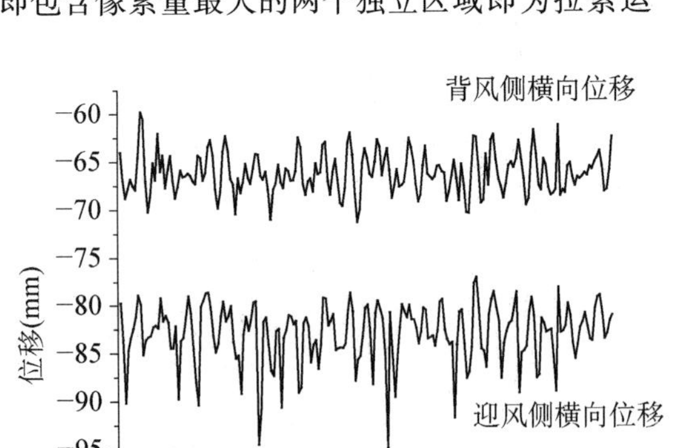

(a) 横向位移 (风速 $U=8$ m/s)

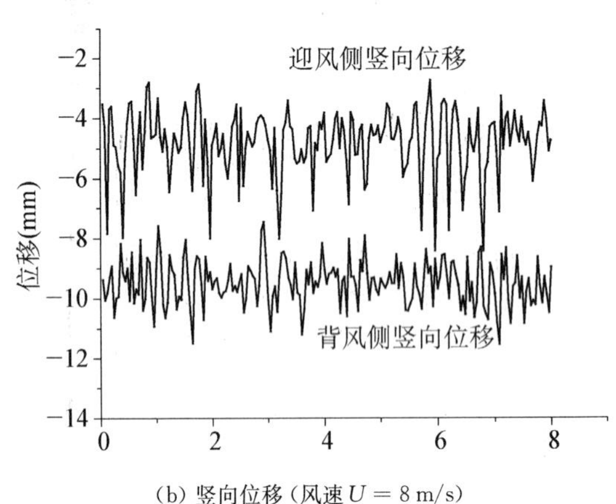

(b) 竖向位移 (风速 $U=8$ m/s)

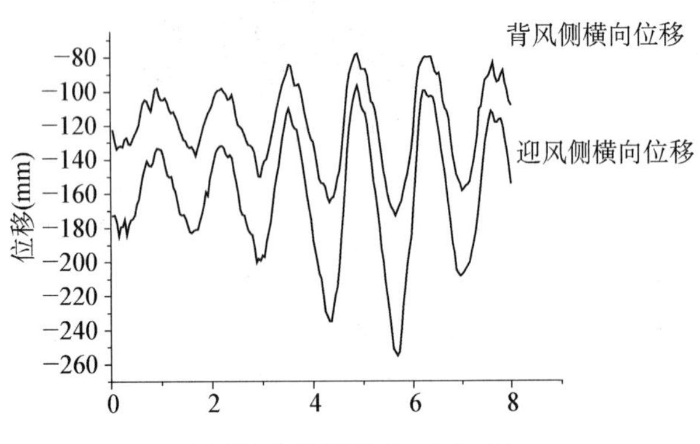

(c) 横向位移 (风速 $U=8.8$ m/s)

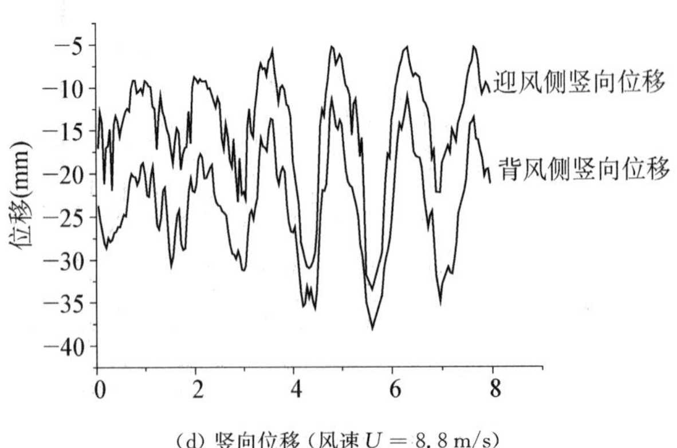

(d) 竖向位移 (风速 $U=8.8$ m/s)

图 10　标记点风振位移曲线

3.2　数据分析

针对图像识别的数据进行分析，可以得到各个标记点不同风速下位移均值，如图 11 所示，表 1 给出了 2 个不同风速下各测点位移响应根方差。拉索的平均风响应除了包含自身受到风荷载作用下的响应之外，还受到了主梁变位引起的拉索附加位移。由图 11 所示的拉索中点位移平均值变化趋势大体服从 2 次抛物线的变化规律。此外，受尾流效应的影响，背风侧拉索的横桥向位移小于迎风侧拉索。受拉索倾斜方向的影响，背风侧拉索测点的竖向位移大于迎风侧。

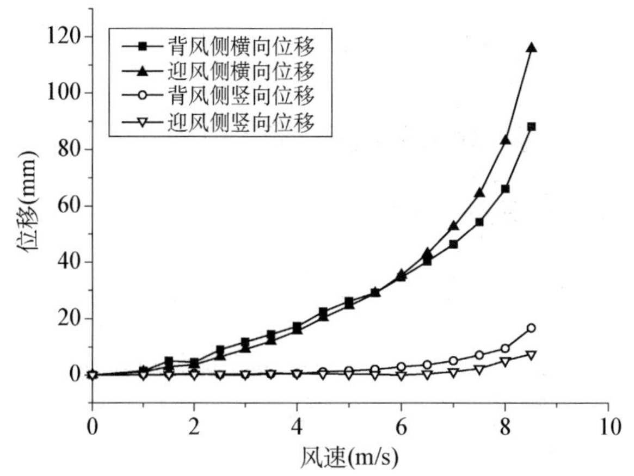

图 11　标记点各个风速下位移均值

表 1　不同风速下各测点位移响应根方差　(mm)

拉索位置	风速=8 m/s		风速=8.8 m/s	
	横向	竖向	横向	竖向
背风侧	2.120	0.792	23.018	5.783
迎风侧	3.524	1.972	33.759	5.552

为了考察拉索振动响应与主梁响应的关系，图 12 为全桥气弹模型气动失稳状态时拉索测点与主梁跨中横向振动响应的功率谱图。数据表明，拉索侧向振动的主要频率为 0.883 8 Hz，主梁振动的主要频率为0.874 8 Hz，可以发现结构气动失稳发生时，拉索振动与主梁一致。

最后可以利用该方法得到的拉索振动位移响应，对该桥的气动失稳状态进行再现，并绘制得出气动失稳状态时(试验风速为 8.8 m/s)拉索在不同时点(0～$T/2$)的等比例振型图(图 13)。根据该失稳形态分时图可以看出，在气动失稳时，拉索参与振动所占成分不可忽略，并且该桥的气动失稳有别于传统斜拉桥的主梁弯扭耦合的气动失稳形态。

从分析结果来看，标记点的位移被识别出来，而其在高风速下的运动形态也同结构整体运动形态一致，表明数字摄影测量能够有效测量拉索构件的位移，能够准确反映所需的拉索风致振动形态，具有一定的实用性和准确性。

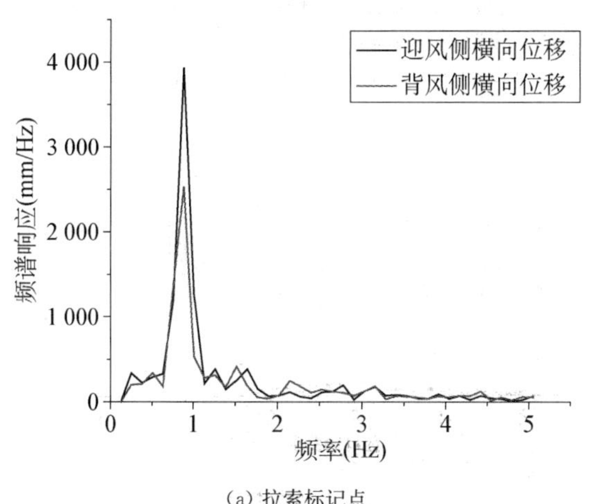

(a) 拉索标记点

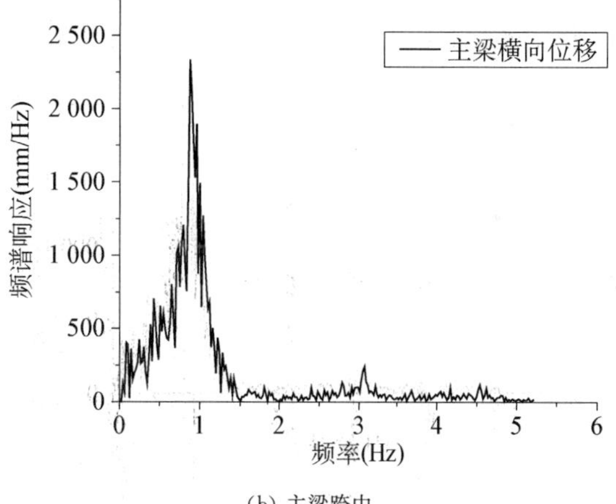

(b) 主梁跨中

图 12　横桥向振动频域信号 (风速 U = 8.8 m/s)

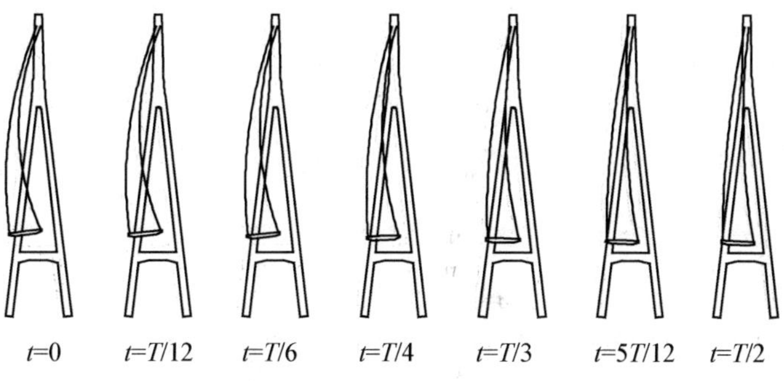

图 13　气动失稳半周期形态图 (风速 U = 8.8 m/s)

3.3 误差与校正讨论

本识别算法基于测点图像的区域，而识别区域边缘是根据处理后图像的灰度变化为依据，因此这种算法在边缘识别的精度为像素级，受到摄影器材解析度的影响，其精度在 2 mm 左右。

其次，该算法是根据处理后图像进行区域搜索。而受到标记点的形状、拉索的转动以及光照条件的影响，摄影机拍摄到的测点图像并非保持稳定，在不同时点上区域识别中心点的波动可达到 5 mm。但由于标记点在横风向尺度较小，对相对重要的横向位移影响较小。

为了从试验手段上改善图像识别结果的准确性，试验者尽可能选择分辨率高、拍摄速度高且具高感光性能的摄影设备；同时，试验者应尽可能增大标记点亮度，降低背景亮度，增大测试环境反差；摄影方向尽可能垂直于标记点运动平面，并增大测量距离。此外可通过畸变校正图来修正镜头畸变。

4 结语

从试验结果看，基于数字图像识别的摄影测量方法可认为是一种弥补激光位移计和加速度计缺陷的有效方法。从本次试验的结果来看，使用该方法得到的结果准确地反映出模型的风致振动响应特性，为研究该结构抗风性能提供了依据。

从试验过程来看，数字摄影测量对试验设备和试验场地的要求较低。对程序进行简单改进后可对同一画面内多个目标进行分析识别，在识别目标间干扰较小的情况下可以大大增加测点数。此外，使用多台摄影机即可对复杂的空间运动轨迹进行测量。因此，该方法能够为风洞试验带来极大的便利。

尽管如此，该方法的识别速度还比较低，每一个数据点的获取时间比较长。对于采样时间为 60 s 或者更长的情况下，该方法还不能够实时或者在短时间内提取测量结果。因此现阶段该方法只能作为当激光位移计和加速度计失效情况下的补充手段。这一点将在进一步工作中通过使用更高效的算法和策略加以改善。

参考文献

[1] 项海帆.我国大跨度缆索承重桥梁的空气动力性能研究[J].力学季刊，2000，21(4)：393-400.

[2] Ji Yunfeng. Videogrammetric Technique for Structural Dynamic Applications [D]. Hong Kong: Hong Kong University of Science and Technology, 2007.

[3] Rafael C Gonzalez, Richard E Woods. Digital Image Processing. 2nd Edition [M]. Englewood Cliff: Prentice Hall, 2002.

[4] 曲哲，陆新征，叶列平，等.数字摄影测量在混凝土梁受剪性能研究中的应用[J].建筑结构学报，2006(增刊)：936-939.

[5] 陈艾荣.苏通长江公路大桥全桥气弹模型风洞试验研究[R].上海：同济大学土木工程防灾国家重点实验室，2004.

[6] Mantas J. Methodologies in Pattern Recognition and Image Analysis-A Brief Survey [J]. Pattern Recognition, 1987, 20(1): 1-6.

分离双箱梁门式起重机风力系数 CFD 分析与风洞试验研究

庞加斌*

（同济大学汽车学院　上海地面交通工具风洞中心　中国　上海　200092）

摘　要　某 1 000 t 双箱梁门式起重机工程案例，原设计利用规范查表计算风力系数，但制造无法通过安全验收。经过初步空气动力评估和 CFD 分析，发现套用规范的风力系数过于保守，因此应采用规范允许的风洞试验确定设计风力系数，降低主梁设计风荷载 20%以上。研究证明了分离双箱梁的空气动力减阻优势，为该大型门式起重机的安全验收提供了可靠的数据支撑，为建造方节约了大量成本。

关键词　门式起重机；分离双箱梁；风力系数

1　案例介绍

大型门式起重机是诸多港口重要的货物装卸设备，近十年内中国制造的市场份额巨大，港口起重机的规模也越来越大。本文研究的对象是一台国内企业自主设计建造的 1 000 t 门式起重机，如图 1 所示，整机宽度 176.35 m，高度 87.55 m，长度 38.98 m（轨道方向）。

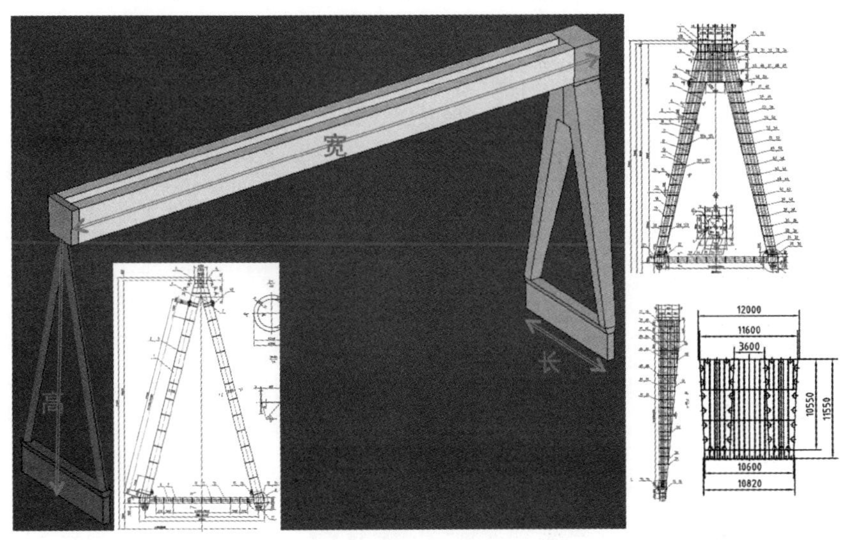

图 1　1 000 t 门式起重机

1.1　主梁断面

整个起重机结构中，主梁断面最大，并且超 100 m 的高度通过杠杆原理放大基础承载负荷，因此主梁是设计风荷载的主要贡献构件。起重机的主梁断面如图 2 所示，为分离双箱结构形式，起重机小车在梁上方行走，吊索从双箱之间的空隙通过。

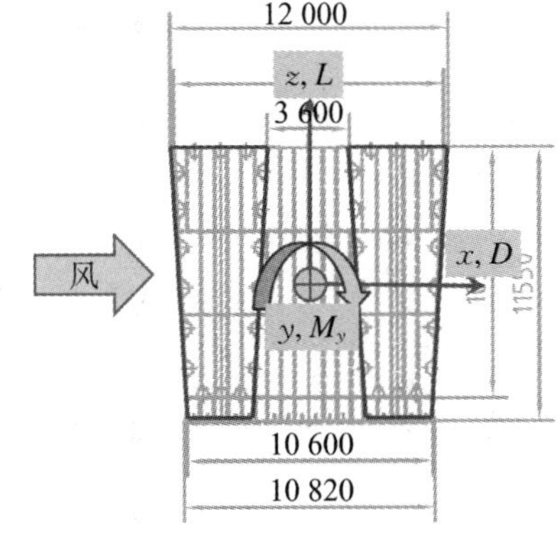

图 2　双箱梁断面

*　庞加斌，1970 年出生，项海帆教授 2002 级博士研究生，论文题目“沿海和山区强风特性的观测分析与风洞模拟研究”。

1.2 设计规范及原设计风力系数

起重机设计有专业的设计规范[1, 2]，风荷载部分与建筑结构抗风设计规范[3]基本一样，其中关键是“风力系数 C”的选取，风力系数的定义等同于“体型系数”。

设计规范[1]中的风力系数如表 1 所示，由于表中没有分离双箱截面数据，原设计选择起重机主梁的外廓形状，用“箱型截面构件”的风力系数设计。1 000 t 起重机主梁长细比 $l/d=16$，高宽比 $b/d=1$，表 1 中对应 $l/d=20$ 的风力系数 $C=1.75$。

表 1 门式起重机主梁的风力系数

类型	说明			空气动力长细比 l/b 或 L/D					
				≤5	10	20	30	40	≥50
单根构件	轧制型钢、矩形型材、空心型材、钢板			1.30	1.35	1.60	1.65	1.70	1.90
	圆形型钢构件	$Dv_s<6\ m^2/s$		0.75	0.80	0.90	0.95	1.00	1.10
		$Dv_s\geqslant 6\ m^2/s$		0.60	0.65	0.70	0.70	0.75	0.80
	箱型截面构件，大于 350 mm 的正方形和 250 mm×450 mm 的矩形		b/d						
			≥2	1.55	1.75	1.95	2.10	2.30	
			1	1.40	1.55	1.75	1.85	1.90	
			0.5	1.00	1.20	1.30	1.35	1.40	
			0.25	0.80	0.90	0.90	1.00	1.00	
单片平面桁架	直边型钢桁架结构			1.70					
	圆形型钢桁架结构	$Dv_s<6\ m^2/s$		1.20					
		$Dv_s\geqslant 6\ m^2/s$		0.80					
机器房等	地面上或实体基础上的矩形外壳结构			1.10					
	空中悬置的机器房或平衡重等			1.20					

注：1. 单片平面桁架式结构上的风荷载可按照单根构件的风力系数逐根计算后相加，也可整片方式选用直边型钢或圆形型钢桁架结构的风力系数进行计算；当桁架结构由直边型钢和圆形型钢混合制成时，宜根据每根构件的空气动力长细比和不同气流状态[$Dv_s<6\ m^2/s$ 或 $Dv_s\geqslant 6\ m^2/s$，D 为圆形型钢直径，单位为 m]，采用逐根计算后相加的方法。

2. 除了本表提供的数据之外，由风洞试验或实物模型实验获得的风力系数数值，也可以使用。

值得注意的是：表 1 备注中也指出，设计规范建议不能套用的截面，风力系数应用风洞试验确定，但该工程设计时未考虑风洞试验。

1.3 工程问题

此工程验收时遇到重大技术问题：关键部件（主要是行走机构）负载能力不足，其中有重量、基本风速、阵风因子、安全系数等诸多争议。

更换关键零部件不仅代价高昂，并且技术可行性不大，市场可供选择轴承等部件也很难找到。企业在制造能力范畴内，没有解决方案。因而制造方需要寻找科学的、经济的解决方案。

2 经验评估和 CFD 分析

根据空气动力学基础比较容易预估，图 2 所示的分离双箱截面风力系数一定更小，设计选择 $C=1.75$ 应有较大的安全裕量；理由：分离箱截面之间的缝隙等效于增大梁宽度，即增大 b/d，能够减小整体气动阻力。

换言之，设计风荷载可以降低。如果能够证明，则可以解决 1.3 节所述的工程问题，而不必耗费高昂成本更换关键零部件。

因此，作者建议技术解决方案以“风力系数”研究为突破口。

经验预估给企业定性的方向，但需要试验验证，为节约时间和资源，首先用 CFD 方法评估。

2.1 模型

模型重点考虑基本的几何外形，真实结构的细节，如小车、维修吊、栏杆以及其他一些对风荷载影响较小的部件不予考虑。实际风荷载计算时，应根据规范或经验公式给予合理的修正。

三角形网格贴附于模型表面。在流动信息丰富且形状突变表面布置较小网格，网格间距约为 5 mm。在其他表面布置稍大网格，网格间距约为 10 mm，模型如图 3 所示。

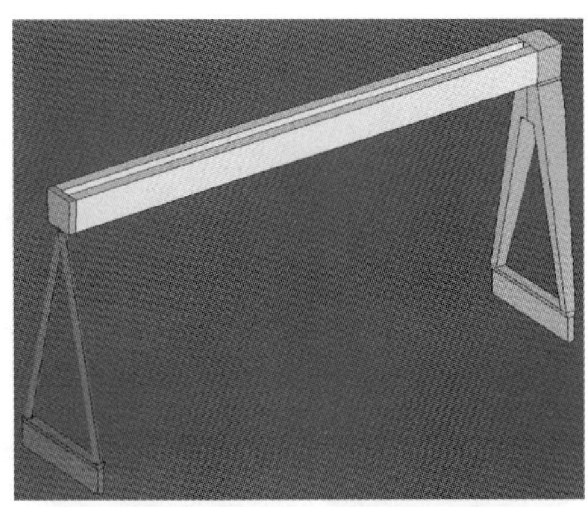

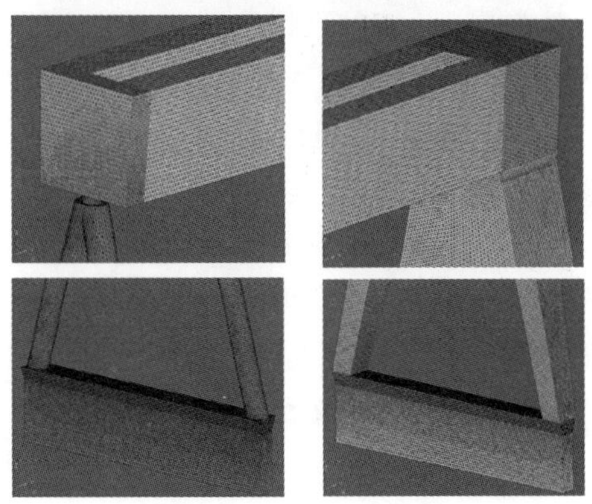

图 3 CFD 模型及面网格

2.2 CFD 分析结果

图 4 为双箱梁截面的压力分布，两箱之间的压力分布基本相等，即流动为“死水区”，此分离间隙“缓解”了流动分离，减小了后梁背面的负压，整体气动阻力减小。

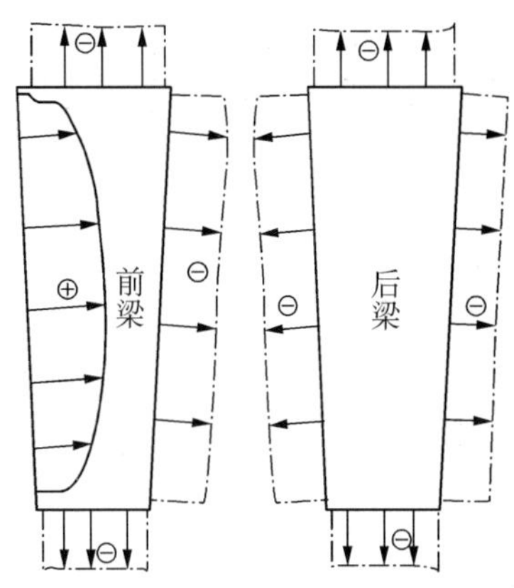

图 4 分离箱梁截面的气动压力分布

考虑端部三维效应，为了得到更准确的风力系数，将整个主梁分为 8 段，如图 5 所示，每段的风力系数结果如表 2 所示。整个主梁的风力系数为 1.406，比原设计 1.75 降低 20%。

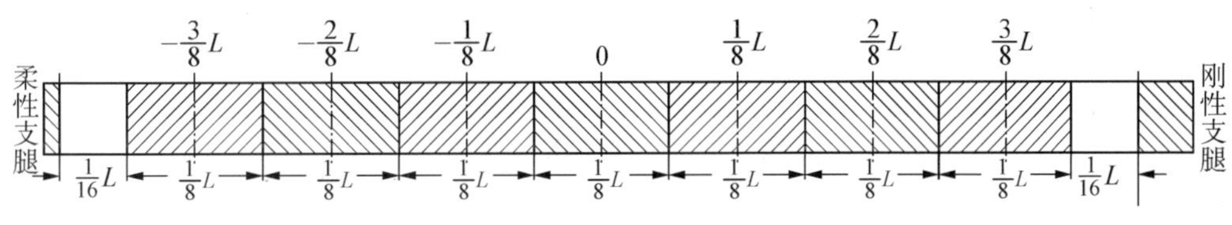

图 5 主梁分段图

表 2 主梁的风力系数 CFD 结果

中心线位置	风力系数 C(CFD 结果)
$-\frac{3}{8}L$	1.512
$-\frac{2}{8}L$	1.390
$-\frac{1}{8}L$	1.388
0	1.381
$\frac{1}{8}L$	1.393
$\frac{2}{8}L$	1.395
$\frac{3}{8}L$	1.357
整梁风力系数	1.406

3 风洞试验验证

继续用风洞试验验证，在同济大学汽车风洞中做 1/40 缩比模型表面测压，主梁截面的测压点布置如图 6 所示，风洞试验的模型和测压截面与 CFD 分析数据

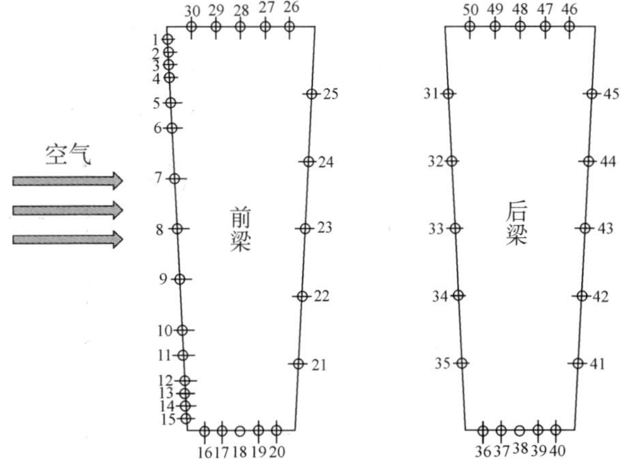

图 6 测压孔分布图

完全对应,整个主梁分 8 个截面测压。风力系数结果见表 3,数值较 CFD 结果略小。整个主梁的风力系数为 1.364,比原设计 1.75 降低 22%。

经制造方重新校核设计荷载,项目顺利通过安全验收。

表 3 主梁的风力系数风洞试验结果

中心线位置	风力系数 C(风洞试验结果)
$-\frac{3}{8}L$	1.534
$-\frac{2}{8}L$	1.378
$-\frac{1}{8}L$	1.332
0	1.283
$\frac{1}{8}L$	1.293
$\frac{2}{8}L$	1.281
$\frac{3}{8}L$	1.361
整梁风力系数	1.364

4 结论和建议

分离箱截面的风力系数,较同等尺寸的单箱梁要小。

对于 1 000 t 这类大型的门式起重机结构,风荷载对关键部件的成本影响很大,设计时应考虑空气动力学评估,应根据规范允许的途径,采用风洞试验数据作为结构荷载的设计依据。

5 后记

作者在项老师的教导下工作和生活 6 年半,最大的收获是"理论和实践有机结合的科技工作理念":科技工作者必须以扎实的理论为基础,在实践中有效并合理地应用,解决实际工程技术问题;反之,实际工程技术必须以严谨的科学基础为支撑。

本文小小的工作,正是空气动力学和风工程科学基础在实际工程项目的突发技术问题中的应用,利用严谨的科学方法,解决了严峻的企业难题。

谨以此文,作为对项老师和老一辈科学家的治学精神和高尚品格的崇敬及传承。

参考文献

[1] 中华人民共和国建设部. GB50009—2001 建筑结构荷载规范[S]. 2006 年版. 北京:中国建筑工业出版社,2006.

[2] 中华人民共和国质量监督检验检疫总局. GB/T 3811—2008 起重机设计规范[S]. 北京:中国标准出版社,2008.

[3] FEM. 欧洲起重机械设计规范:FEM 标准—1998 版(上海振华港口机械公司译丛). 潘种林译. 上海:振华港机.

青草背长江大桥风场实测与风致车桥振动分析

王小松*
（重庆交通大学桥梁系　中国　重庆　400074）

摘　要　本文以重庆青草背长江大桥为工程背景，开展了桥位处风场实测与分析，基于随机车流分布并考虑路面不平整度，分别开展了规范风场和实测风场中不同风速下的车辆—桥梁耦合振动分析。研究表明，实测风场与规范风场在谱密度函数中存在较为明显的差异，这种差异会在大跨度桥梁风致车桥响应中得以体现。

关键词　风场实测；谱密度；车桥耦合

1　工程概况

重庆青草背长江大桥主桥为单跨 788 m 的悬索桥（如图 1 所示），大桥南岸位于涪陵区龙桥办事处，北岸位于涪陵区李渡镇，大桥所处位置具有比较典型的山区地形地貌特征。主缆跨径布置为南边跨 245 m（无吊索）、中跨 788 m 和北边跨 245 m（无吊索）。主缆中心距为 28.7 m，吊索间距为 16.0 m（近塔吊索距塔中心线 18.0 m）。主桥加劲梁采用正交异性板流线型扁平钢箱梁，梁高 3.5 m，宽 30.7 m。大桥的路线等级为双向四车道高速公路，设计车速为 80 km/h，荷载标准为公路—Ⅰ级。

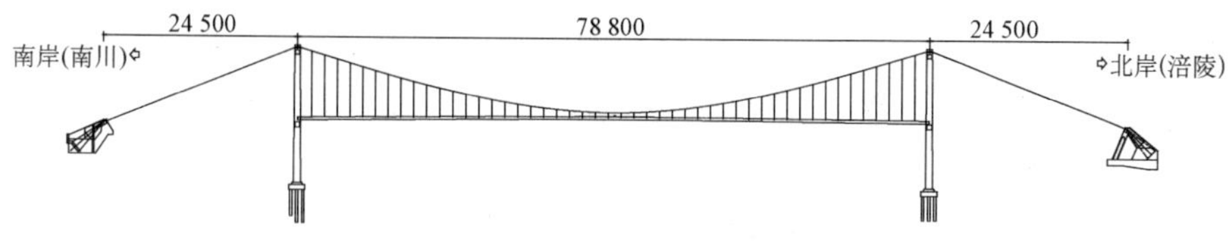

图 1　青草背长江大桥立面图

2　实测风场参数

在桥位处布置有三维超声风速仪，以不间断地记录现场风速时程。在桥塔施工完成后，在主梁上方约 16 m 高度处上塔柱布置内伸悬臂，其端部布置风速仪；在主梁合龙后，在 1/4 主跨位置处的吊杆中部布置支架并放置风速仪。风速仪已连续工作一年并仍然在继续工作。

对当前得到的实测风速数据进行 PSD 变换到频域信号，从而得到各组数据的功率谱密度函数。其中，为提高分析精度，取用的风速记录具有风速较大且平均风速变化较小的特点，采用 10 min 作为计算时距，并采用分段平滑和加窗技术进行功率谱分析。参照我国公路桥梁抗风设计规范使用的 Simiu 谱和 Panofsky 谱的莫宁坐标表达式，用非线性最小二乘法进行修正，编制 Matlab 程序进行参数拟合，得出了诸多组数据的拟合曲线。典型的水平向和竖向风谱统计曲线及其与规范谱的对比如图 2 和图 3 所示。

实测得到的水平拟合谱在低频段（$f < 0.2$ Hz）比规范 Simiu 谱低，在高频段较 Simiu 谱高，两者在频域上的能量分布规律不同；而竖向风谱也有相似的规律，即在低频段（$f < 0.5$ Hz）实测拟合谱平均比规范 Panofsky 谱

* 王小松，1977 年出生，项海帆教授 2003 级博士研究生，论文题目“车-桥-风相互作用的理论分析”。本文被收录于 2013 年 7 月 29 日至 8 月 3 日在成都召开的第 16 届全国结构风工程会议论文集。

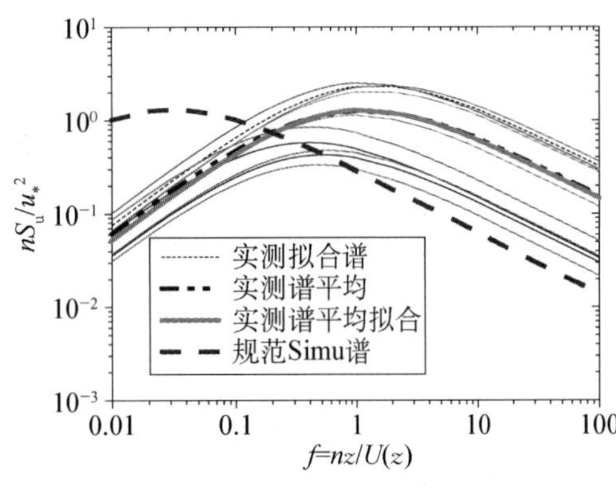

图 2 水平向风谱与规范谱的对比

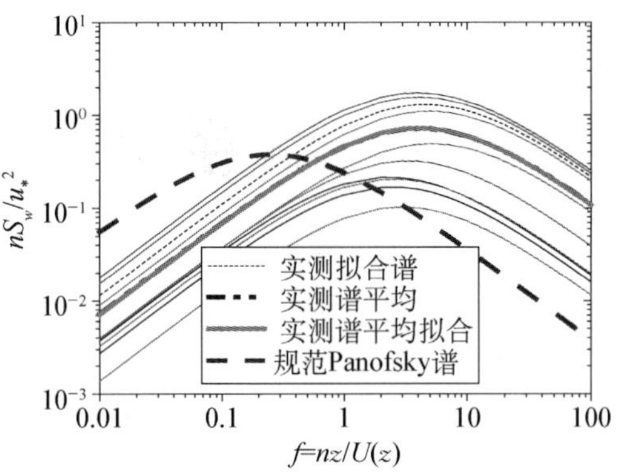

图 3 竖向风谱与规范谱的对比

低，在高频段较 Panofsky 谱高。

本文基于实测风速数据给出桥位处的拟合谱如下。

$$水平向：\frac{nS_u(z, n)}{u_*^2}=\frac{5.36f}{(1+1.36f)^{5/3}}$$

$$竖向：\frac{nS_w(z, n)}{u_*^2}=\frac{0.623f}{(1+1.49f)^2}$$

3 随机车流分布

在实际的车流统计中，若对所有过往车辆的具体情况(如车重、车型、车辆间距及车速等)进行实时统计，将具有较大的难度，因此，一般对所有车辆按重量或车型分类，再根据统计结果确定各类车辆的代表车型、轴重、轴距和轮距、车辆车速构成比率。与此同时，实际桥梁上车辆类型和参数的随机性极大，过多地考虑车辆模型和尺寸、悬挂和质量等参数的随机性将需要大量的 Monte Carlo 模拟计算次数。为降低计算量而又考虑不同代表车型的影响，模拟的随机车流只考虑如表 1 所示 5 种车型的随机组合。

表 1 随机车流采用的代表车型信息

序号	车型代号	特征	车辆参数来源
1	A	三轴，货车，总重 52 t	文献[1]
2	B	两轴，货车，总重 20.6 t	文献[2]
3	C	两轴厢式货车，满载，总重 7.5 t	文献[3]
4	D	两轴厢式货车，空载，总重 4.0 t	文献[3]
5	E	福特 Granada 轿车，总重 1.55 t	文献[1]

基于文献[2]的思想，采用 Monte Carlo 方法生成的青草背长江大桥随机车流分布如图 4 所示。其中，正向车道(第 1、2 车道，车辆从左往右行驶)上车流长度约 3 000 m，逆向车道(第-1、-2 车道，车辆从右往左行驶)上车流长度约 4 000 m，总计 52 辆车。快车道车速取 100 km/h，慢车道车速取 80 km/h。在后续的动力分析初始时刻，正向车道车流的右端位于桥梁主梁左端部，逆向车道车流的左端位于桥梁主梁的右端部；待所有车辆经过主梁，大约耗时 165 s。

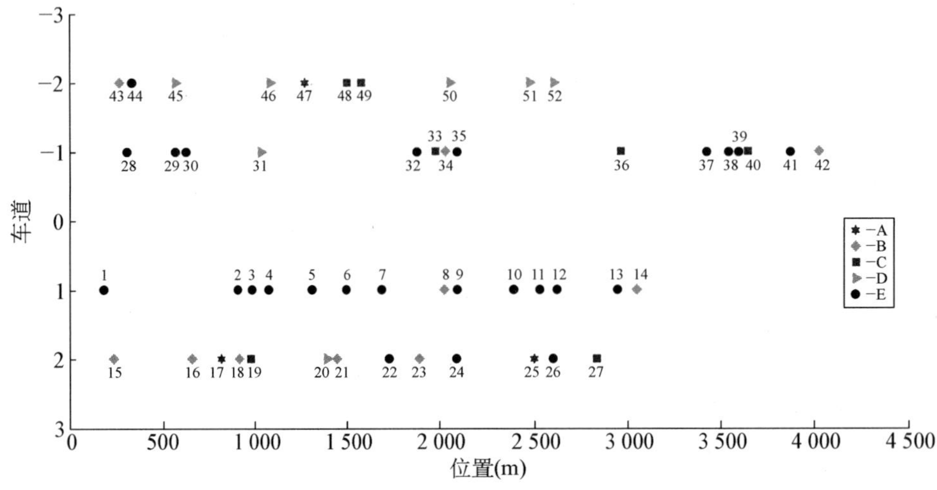

图 4 随机车流分布示意图

4 路面不平整度

路面不平整度是车桥振动系统的主要振源。鉴于试验法直观、有效，但费力、耗时多、不经济，一般通过理论分析进行路面的建模并采用计算机进行数值模拟，以求对车辆平顺性进行分析和预测。本文依据中国国家标准《车辆振动输入路面平度表示方法》(GB7031—86)[4]中的位移功率谱密度函数，采用改进的谐波合成法[5]模拟多维路面不平整度。

取路面不平度系数 $G_d(n_0)$ 为 16，对应国家标准 GB7031—86 规定的 A 级路面，模拟生成的路面不平整序列如图 5 所示(仅展示部分长度范围)。

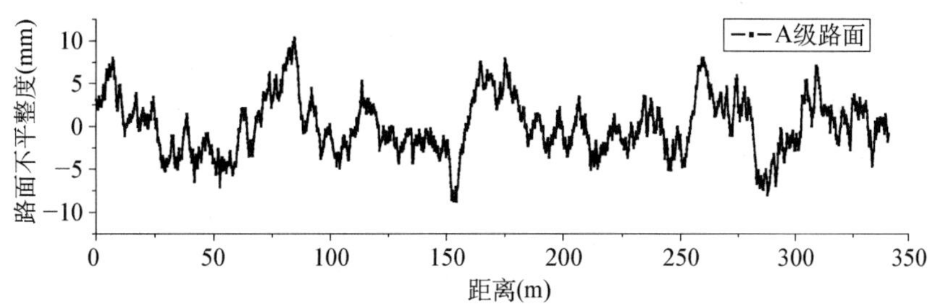

图 5 A 级路面不平整度序列

5 气动参数的确定

青草背长江大桥并未开展风洞试验和 CFD 计算，因此主梁断面的气动参数取用同济大学风洞试验室主梁断面气动参数数据库中类似断面的数据。

由于未开展全偏角下桥上运行车辆的气动参数风洞试验或 CFD 计算，因此车辆气动参数采用国内外相关文献[2，3，6，7]的数据开展研究工作。

6 分析工况

基于上述随机车流分布并考虑 A 级路面不平整度，分别开展了规范风场和实测风场中不同风速下的车辆—桥梁耦合振动分析。其中，各风场情况下的主梁平均风速分别取 0、5、10、15、20、25、30 m/s，则共有 2×7 = 14 个分析工况。

桥梁上车辆始终遭受路面不平整度的激励；数值生成的规范风场和数值再现的实测风场的长度范围均为 1 000 m，覆盖青草背长江大桥主梁(共计 788 m 长)，并在南北端部向外延伸 (1 000 − 788)/2 = 106 m。

7 桥梁的响应与分析

在随机车流和规范风场的情况下，不同风速时桥梁跨中竖向和横向位移响应分别如图 6 和图 7 所示。

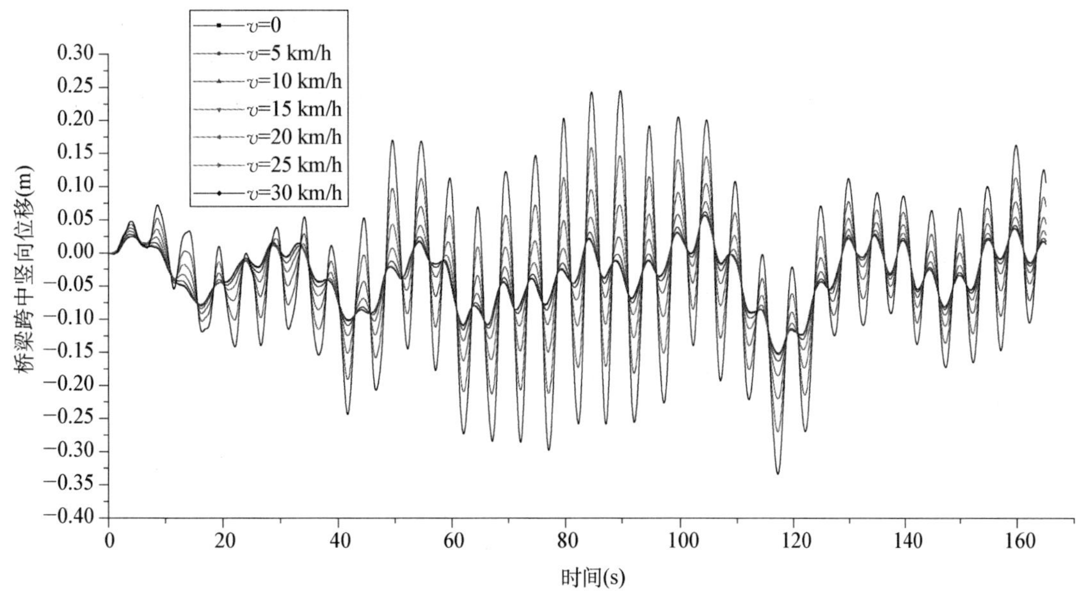

图 6 规范风场中不同风速时的桥梁跨中竖向位移响应

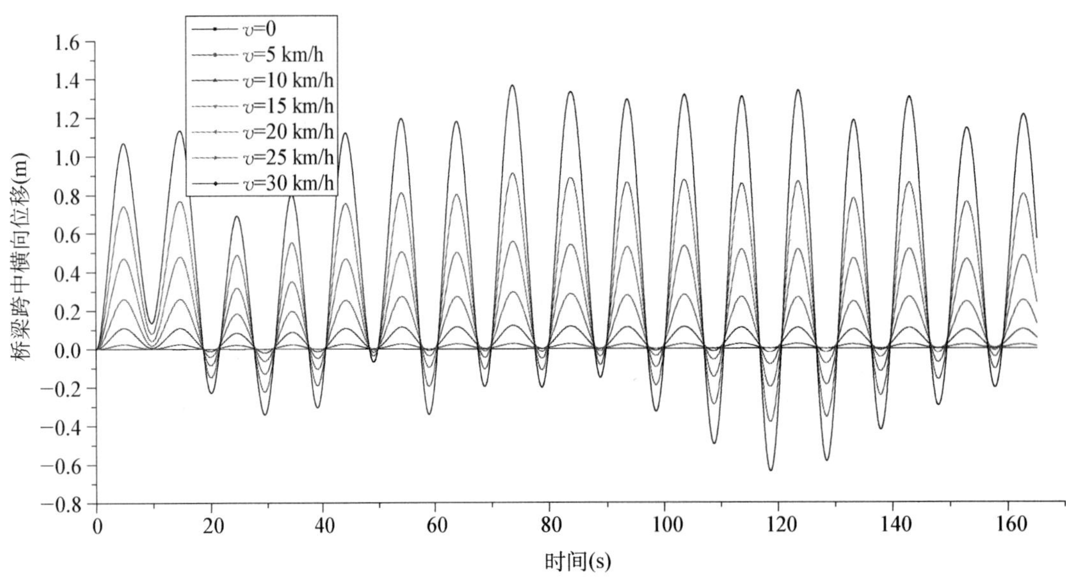

图 7 规范风场中不同风速时的桥梁跨中横向位移响应

在随机车流和风荷载的情况下，桥梁跨中位移在不同风场中的均方根(RMS)对比如图 8—图 10 所示。

根据计算结果可知：

(1) 桥梁跨中的竖向、横向和扭转角位移 RMS 值均与风速大小成非线性递增关系。

(2) 桥梁跨中竖向位移和扭转角位移体现为车辆与风荷载共同作用点效果。在低风速(20 m/s 及以下)时，车辆的作用效应占主导；在高风速(大于等于 25 m/s)时风荷载的作用效应占主导。

(3) 桥梁跨中横向位移完全由风荷载的作用效应控制。

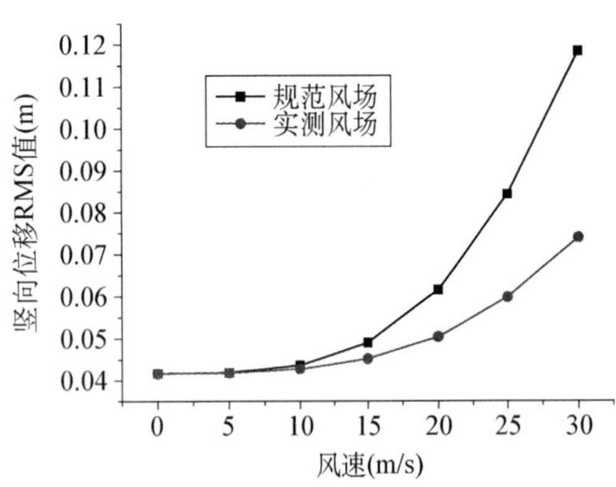

图 8 不同风场中桥梁跨中竖向位移 RMS 对比

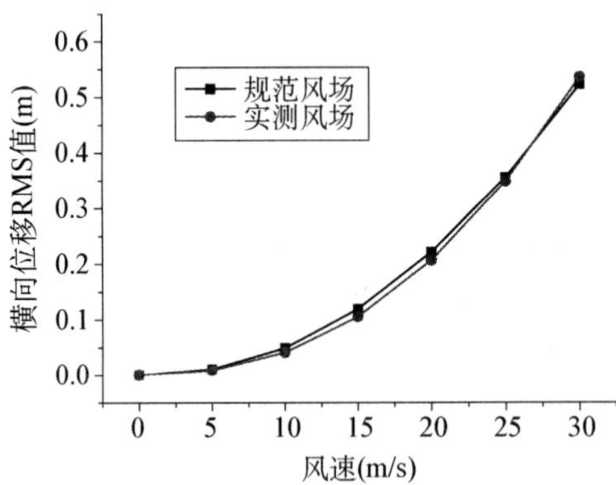

图 9 不同风场中桥梁跨中横向位移 RMS 对比

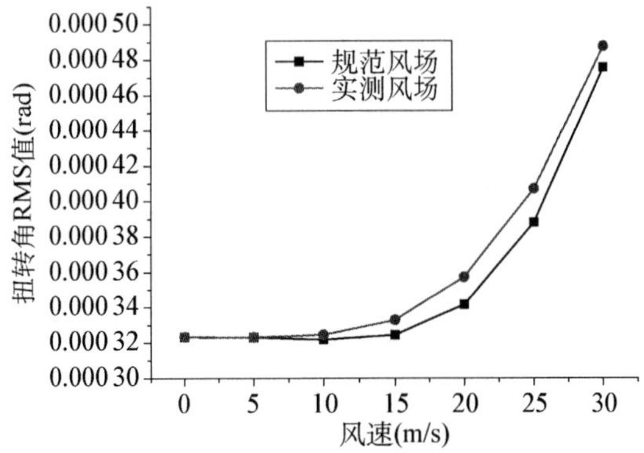

图 10 不同风场中桥梁跨中扭转角 RMS 对比

(4) 作为外部激励，风荷载对于桥梁振动的能量输入主要体现在横向，然后是竖向，最后是扭转角位移方向。

根据计算结果对比可知：

(1) 不同风场中桥梁跨中竖向位移响应的差异较大，规范风场中的响应大于实测风场中的响应。

(2) 不同风场中桥梁跨中横向位移和扭转角位移响应的差异较小。

不同风场中桥梁响应差异的原因在于：首先，桥梁结构的响应主要体现为低阶振型的贡献；其次，风荷载的作用主要体现为低阶频段的激励；然后，桥梁的低阶竖弯频率(前五阶频率均小于 0.5 Hz)在两种风场的脉动风功率谱密度函数对比图中(高风速时的相似率坐标 f 近似为脉动风频率)，对应的规范谱值均大于实测谱值，而谱值的大小代表了能力输入的大小，因此青草背长江大桥在规范风场中的竖向响应要大于实测谱中的竖向响应。对于青草背长江大桥的横向振动响应而言，桥梁的低阶侧弯频率(第 1 阶频率约 0.1 Hz，第 2—6 阶频率分布在 0.31～0.38 Hz)刚好分布在规范谱与实测谱功率谱密度函数的交叉点左侧和右侧，两种风谱对于桥梁横向振动的激励程度大致相当，因此两种风场中桥梁横向振动响应差异不明显。另外，对于青草背长江大桥的扭转角位移响应而言，扭转方向的激励主要受横向风谱控制，故而两种风场中桥梁扭转角位移响应差异亦较小。

8 车辆的响应与分析

本文仅关注车辆的舒适性评价，舒适性评价基于《人体全身振动暴露的舒适性降低界限和评价准则》(GB/T 13442—92)[8]和《人体全身振动环境的测量规范》(GB/T 13441—92)[9]中的 1/3 倍频舒适性频谱评价标准。在随机车流中分别对每一种车辆类型提取响应最大的车辆的分析结果，对于 A、B、C、D 和 E 型车，分别提取序号为 17、18、19、20 和 26 的车辆作为典型车辆，在下文中分别以 TA、TB、TC、TD 和 TE 作为标识。各典型车辆的竖向和横向舒适性评价结果如图 11—图 20 所示。

根据计算结果可知：

(1) 风荷载对于车辆的激励主要体现在横向，车辆横向振动响应 RMS 值与风速大小成非线性递增关系；对于竖向振动，风荷载对车辆的影响不明显。原因在于，风荷载对车辆的激励体现在两个方面：①风荷载对车辆的直接激励；②风荷载作用于桥梁从而形成的对车辆的间接激励。对于直接激励，由于受研究条件限制，仅考虑了风荷载对车辆的横向直接激励，而未考虑风荷

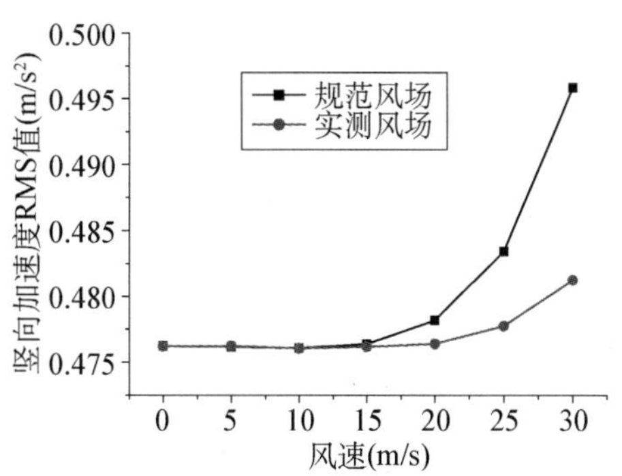

图 11 TA 竖向加速度 RMS 在不同风场中的对比

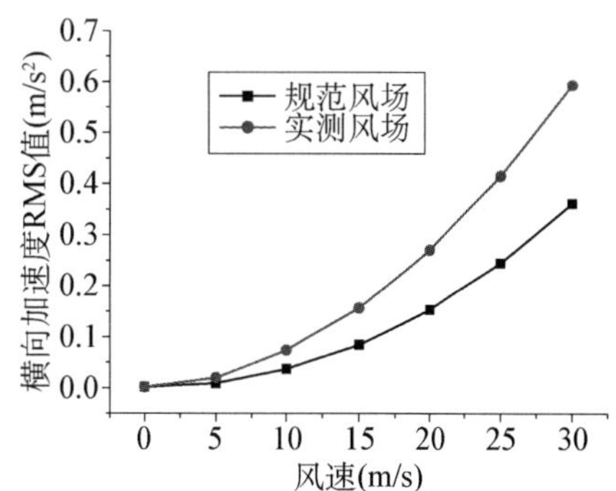

图 12 TA 横向加速度 RMS 在不同风场中的对比

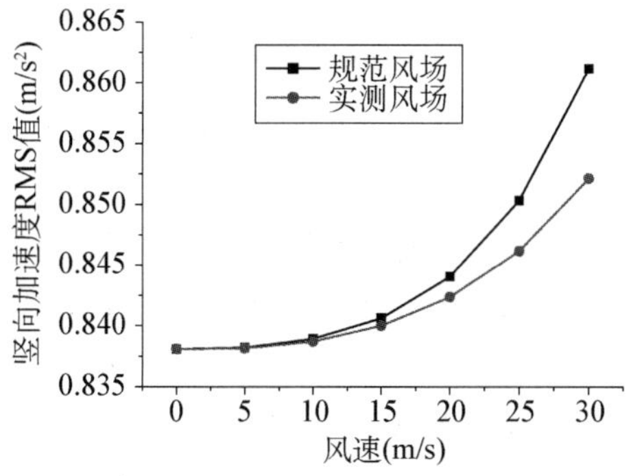

图 13 TB 竖向加速度 RMS 在不同风场中的对比

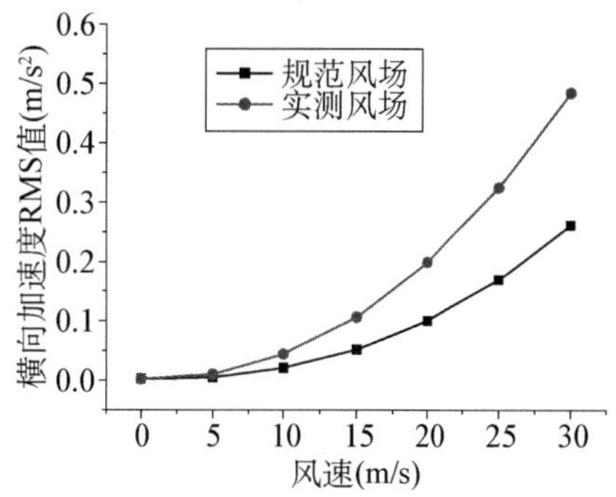

图 14 TB 横向加速度 RMS 在不同风场中的对比

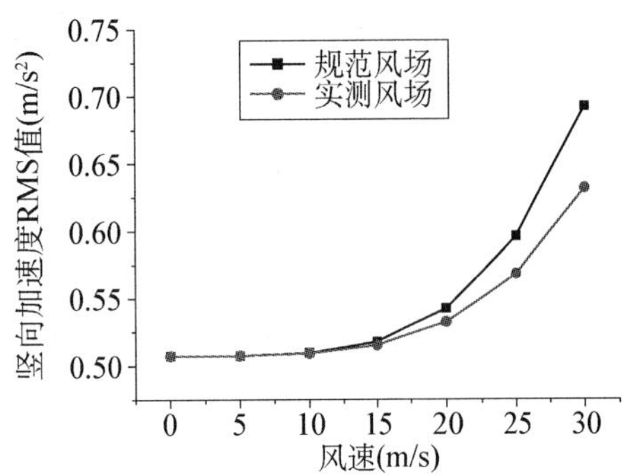

图 15　TC 竖向加速度 RMS 在不同风场中的对比

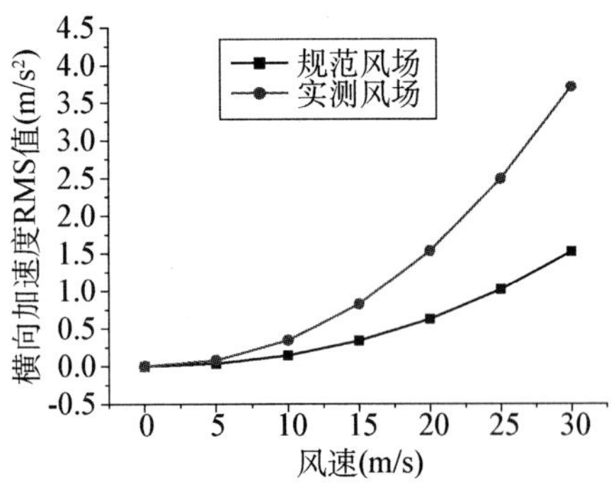

图 16　TC 横向加速度 RMS 在不同风场中的对比

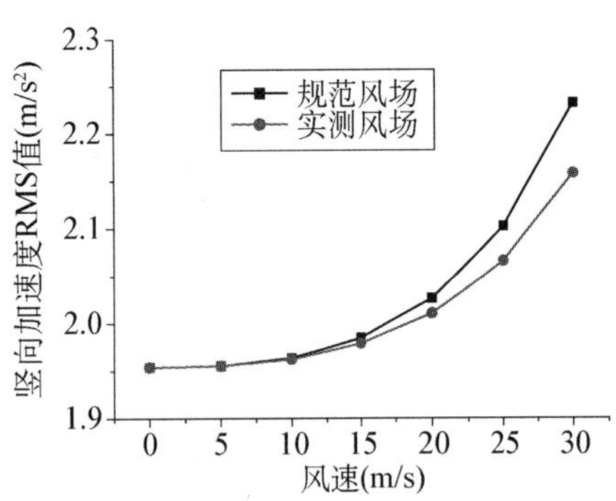

图 17　TD 竖向加速度 RMS 在不同风场中的对比

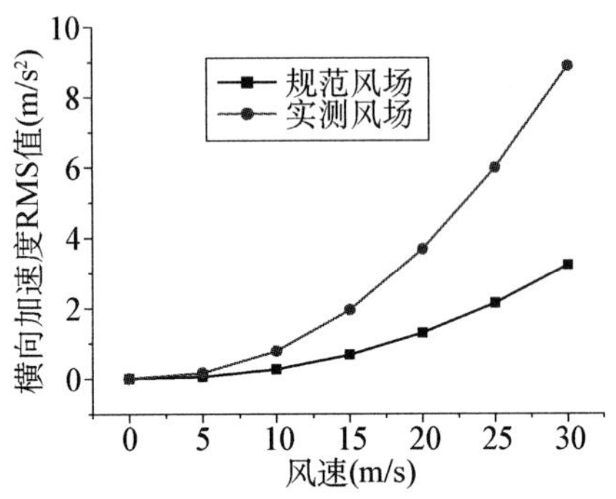

图 18　TD 横向加速度 RMS 在不同风场中的对比

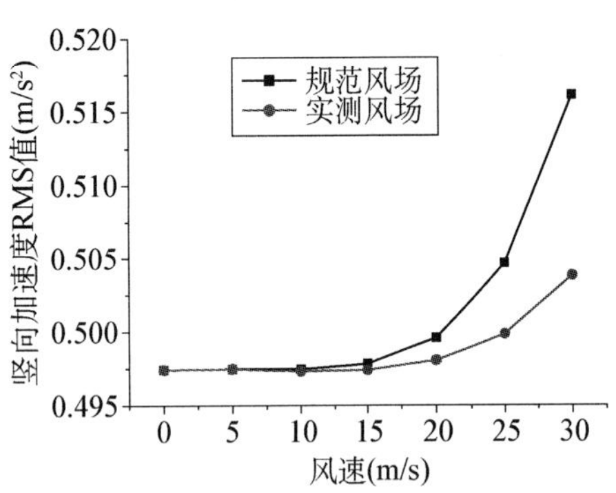

图 19　TE 竖向加速度 RMS 在不同风场中的对比

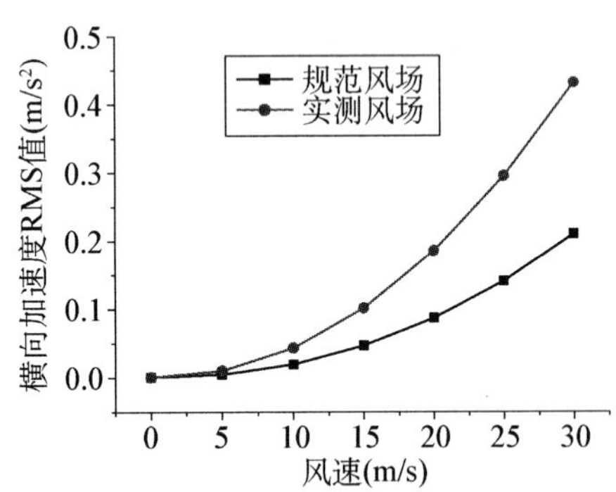

图 20　TE 横向加速度 RMS 在不同风场中的对比

载对车辆的竖向激励；对于间接激励，风荷载对桥梁竖向输入的能量比重本来就较小，而又由于桥梁的振动耗散，因此间接传递到车辆竖向振动方向的能量就更小。

（2）在五种类型的典型车辆中，TA 和 TB 由于车重较大的原因，TE 由于车重和气动力系数均较小的原因，在平均风速高达 30 m/s 的风场中，其竖向与横向舒适性仍满足规范要求；而 TC 和 TD 由于气动参数（侧向迎风面积、气动力参数）综合较大，且车重相对较小，因此其横向舒适性均较为不利。尤其是 TD 车辆，相对于 TC 车辆，其车重较小，风场中的车辆横向振动更显剧烈，TD 和 TC 分别在规范风场中风速为 15 m/s 和约 22 m/s（实测风场中风速为 10 m/s 和约 15 m/s）时横向舒适性指标达到规范限值。

根据计算结果对比可知：

（1）不同风场中车辆的竖向响应差异程度小于车辆横向振动响应差异程度。这是由风荷载对车桥系统的激励主要体现在横向而决定的。

（2）在竖向振动方面，规范风场中的车辆振动要大于实测风场中的车辆振动。这是由于风荷载对车辆的竖向作用主要来自于桥梁传递的风场能量（如前所述的风荷载对车辆的间接激励），而规范风场中的桥梁竖向振动强度要高于实测方程中的振动强度。

(3) 在横向振动方面,实测风场中的车辆振动要大于规范风场中的车辆振动。原因在于:①风荷载对车辆的横向作用主要来自于风荷载对车辆的直接激励;②车辆的横向振动频率(各车辆的一阶横向振动频率中,TA为0.85 Hz, TB为0.95 Hz, TC为0.84 Hz, TD为0.92 Hz, TE为1.07 Hz)在脉动风场功率谱密度函数对比图中,对应的实测风场的谱值均大于规范风场谱值,因而实测风场的能量输入更大。

9 主要结论

本文以重庆青草背长江大桥为工程背景,开展了桥位处风场实测与分析,基于随机车流分布并考虑路面不平整度,分别开展了规范风场和实测风场中不同风速下的车辆—桥梁耦合振动分析。研究得到以下主要结论:

(1) 实测得到的水平拟合谱在低频段($f<0.2$ Hz)比规范Simiu谱低,在高频段较Simiu谱高,两者在频域上的能量分布规律不同;而竖向风谱也有相似的规律,即在低频段($f<0.5$ Hz)实测拟合谱平均比规范Panofsky谱低,在高频段较Panofsky谱高。

(2) 桥梁跨中的竖向、横向和扭转角位移RMS值均与风速大小成非线性递增关系;桥梁跨中竖向位移和扭转角位移体现为车辆与风荷载共同作用点效果。在低风速(20 m/s及以下)时,车辆的作用效应占主导;在高风速(大于等于25 m/s)时风荷载的作用效应占主导;桥梁跨中横向位移完全由风荷载的作用效应控制;作为外部激励,风荷载对于桥梁振动的能量输入主要体现在横向,然后是竖向,最后是扭转角位移方向。

(3) 风荷载对于车辆的激励主要体现在横向,车辆横向振动响应RMS值与风速大小成非线性递增关系;对于竖向振动,风荷载对车辆的影响不明显。

(4) 车辆的自重对于其响应具有较大影响,较小自重的车辆的影响较为剧烈。

(5) 由于不同风场的功率谱差异以及桥梁自身基频的分布特点,不同风场中桥梁跨中竖向位移响应的差异较大,规范风场中的响应大于实测风场中的响应;不同风场中桥梁跨中横向位移和扭转角位移响应的差异较小。

(6) 由于不同风场的功率谱差异以及车辆自身基频的特点,规范风场中的车辆竖向振动要大于实测风场中的车辆振动,而实测风场中的车辆横向振动要大于规范风场中的车辆振动,且不同风场中车辆的竖向响应差异程度小于车辆横向振动响应差异程度。

参考文献

[1] 周立. 大跨度桥梁风振和车辆振动响应及其疲劳性能研究[D]. 上海:同济大学,2008

[2] 同济大学桥梁工程系. 公路与轨道交通合建桥梁行车安全性与舒适性研究报告[R]. 上海:同济大学,2009.

[3] Xu Y L, Guo W H. Dynamic Analysis of Coupled Road Vehicle and Cable-stayed Bridge Systems under Turbulent Wind [J]. Engineering Structures, 2003,25(4):473-486.

[4] 中华人民共和国机械工业部. GB7031—86 车辆振动输入路面平度表示方法[S]. 北京:中国标准出版社, 1986.

[5] Deodatis G. Simulation of Ergodic Multivariate Stochastic Processes [J]. Journal of Engineering Mechanics, 1996,122(8):778-787.

[6] 韩万水,陈艾荣. 随机车流下的风-汽车-桥梁系统空间耦合振动研究[J]. 土木工程学报,2008,41(9):97-102.

[7] 同济大学桥梁工程系. 公轨两用双层独塔斜拉桥车桥耦合振动性能研究报告[R]. 上海:同济大学,2009.

[8] 全国机械振动和冲击标准化技术委员会. GB/T 13442—92 人体全身振动暴露的舒适性降低界限和评价准则[S]. 北京:中国标准出版社,1992.

[9] 全国机械振动和冲击标准化技术委员会. GB/T 13441—92 人体全身振动环境的测量规范[S]. 北京:中国标准出版社,1992.

不同风嘴形式的大跨度分体箱梁悬索桥颤振性能

杨詠昕* 周 锐 李 渊 葛耀君

（同济大学土木工程防灾国家重点实验室 中国 上海 200092）

摘 要 分体箱梁可以有效地改善整体式钢箱梁断面的气动稳定性能，但不同的风嘴类型对分体箱梁的颤振稳定性能改善程度不同。通过节段模型风洞试验对两种风嘴形式的分体箱梁的颤振性能随槽宽演化规律进行了研究，将其与Larsen、Sato和作者前期的研究结果进行了对比，并从结构动力特性参数和气动外形两个关键方面解释了研究结果差异的原因。结果表明，不对称风嘴形式分体箱梁的颤振稳定性能对槽宽比的变化比较敏感，存在一个"最优槽宽比"；对称风嘴形式分体箱梁对槽宽比的变化相对不太敏感，特别是当槽宽比较大时。与Larsen研究结果的差异主要是由结构及动力特性参数的改变造成的，其中质量惯性矩的增大和扭弯比的减小起到了重要作用；与Sato研究所得结论的差异则主要源于气动外形的不同，特别是高宽比的改变。

关键词 分体箱梁；颤振性能；风嘴形式；槽宽比；动力特性参数；气动外形

* 杨詠昕，1974年出生，项海帆教授1999级硕博连读研究生，论文题目"大跨度桥梁二维颤振机理及其应用研究"。

1 引言

随着桥梁设计和施工水平的不断提高，现代桥梁的跨度记录不断被刷新，如2012年建成的俄罗斯Russky Island Bridge斜拉桥达到了1 104 m，而悬索桥跨度纪录更是接近2 000 m，进入21世纪后，世界桥梁工程逐步进入跨海联岛工程建设的新时期，桥梁跨度将进一步增大，预计将突破2 000 m甚至超过3 000 m。桥梁跨度大幅度增长带来的主要问题是结构刚度的急剧下降，这就使得风致振动对桥梁安全性的影响更加突出。桥梁结构的风致振动问题，尤其是桥梁颤振问题，已成为大跨度桥梁设计的主要控制因素之一[1]。

作为"第三代钢梁"的分体箱梁是继闭口箱梁之后又一次重大革新，其主要优点是改善了空气动力性能和提高了颤振临界风速。对于分体箱梁性能的探索和工程应用受到了世界各国桥梁工程界的普遍关注[2]。目前，我国已建成的包括浙江西堠门大桥、上海长江大桥、香港昂船洲大桥等大跨度缆索承重桥梁均采用了分体箱梁主梁。现有的理论和试验研究[3-11]均表明在箱形主梁的中央开槽可有效地提高结构的颤振稳定性能。丹麦学者Larsen[3-4]在直布罗陀海峡大桥可行性研究中指出分体箱梁的颤振临界风速随槽宽增加而持续上升，并可拟合成指数律表达式；日本学者Sato[5-6]通过节段模型风洞试验研究了开槽位置和槽宽对分体箱梁结构颤振性能的影响规律，其结论是在断面中央开槽效果最好，且结构的颤振临界风速随着槽宽增加保持增长趋势，此后他又通过一座构想中的2 800 m主跨悬索桥的全桥气弹模型风洞试验验证了分体箱梁断面在改善结构颤振稳定性能上的有效性[7]；笔者[8-11]对不对称风嘴形式分体箱梁的颤振性能及机理进行了研究，结果表明：当槽宽比不大时，结构颤振临界风速随槽宽比增加而增大；当槽宽比达到最优槽宽比时颤振临界风速达到极大值；此后如果槽宽比继续增大，结构颤振稳定性能反而下降。

槽宽比作为分体箱梁断面气动外形特征最关键的一个参数，它同结构颤振稳定性能的关系仍然存在争议，该争议主要体现在颤振临界风速到底是随着槽宽比的增加而持续增大还是先增后减。产生该争议的原因是以上研究除了结构动力特性参数不同之外，断面气动外形也有差异：Larsen和Sato所选断面的风嘴形式均是对称的，而笔者前期研究选择的分体箱梁断面的风嘴形式则是工程应用中常见的不对称形式。因此,有理由认为风嘴形式的不同是造成上述争议可能的重要原因之一。故笔者在前期研究基础之上,综合研究不对称和对称两种风嘴形式分体箱梁的颤振性能随槽宽的演化规律,并从结构动力参数和气动外形两个关键影响因素方面分析了以上研究结果存在差异的原因。

2 分体箱梁颤振性能的槽宽影响规律

笔者分别对不对称和对称风嘴形式的分体箱梁进行了节段模型风洞试验研究,并对比了颤振临界风速 U_{cr} 及临界风速增长率 β 与槽宽比 D/B_s(D 为开槽宽度,B_s 为模型实体部分宽度)的关系,其中 $\beta=(U_{cr}-U_{cr0})/U_{cr0}$,式中 U_{cr} 和 U_{cr0} 分别为开槽断面和原型断面的颤振临界风速。

2.1 基本断面

两种断面模型均选用了六种槽宽比 D/B_s:0%,20%,40%,60%,80%和100%。通过调整端横梁的长度来调节槽宽比,通过调整配重大小及其位置来保证质量和质量惯性矩的恒定。模型断面图和相应的结构参数分别见图1和表1。

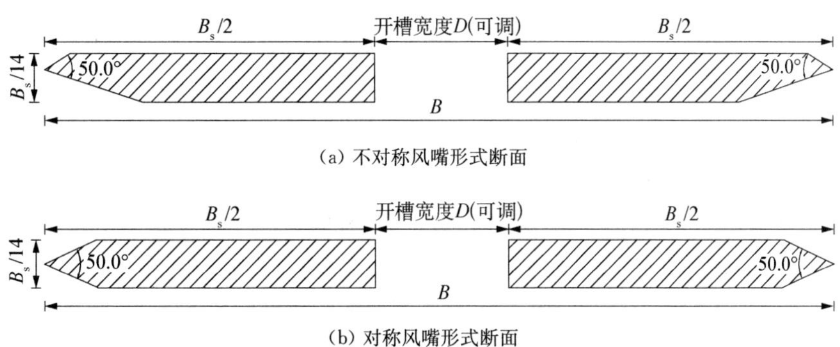

(a) 不对称风嘴形式断面

(b) 对称风嘴形式断面

图1 两种分体箱梁断面的模型断面图

表1 不同槽宽比两个模型的参数

	参数名称	单位	槽宽比					
			0%	20%	40%	60%	80%	100%
几何尺度	长度 L	m	0.8	0.8	0.8	0.8	0.8	0.8
	宽度 B	m	0.14	0.168	0.196	0.224	0.252	0.28
	高度 H	m	0.01	0.01	0.01	0.01	0.01	0.01
	风嘴角度	°	50	50	50	50	50	50
等效质量	单位长度质量 m	kg/m	1.91	1.91	1.91	1.91	1.91	1.91
	单位长度质量惯性矩 I_m	kg·m²/m	0.019	0.019	0.019	0.019	0.019	0.019
频率	竖弯 f_h	Hz	2.4	2.4	2.4	2.4	2.4	2.4
	扭转 f_t	Hz	5.568	5.568	5.568	5.568	5.568	5.568
阻尼	竖弯阻尼比 ξ_h	‰	5	5	5	5	5	5
	扭转阻尼比 ξ_t	‰	5	5	5	5	5	5

试验采用弹簧悬挂二元刚体节段模型,在均匀流场中进行了+3°、0°和−3°三个风攻角的试验。采用修正的最小二乘法颤振导数识别方法,利用自由振动识别颤振导数。

2.2 不同风嘴形式下的颤振性能对比

常见初始风攻角范围内,最低颤振临界风速对应工况下,对比不对称风嘴形式和对称风嘴形式分体箱梁断面的颤振临界风速及临界风速增长率如图2所示。

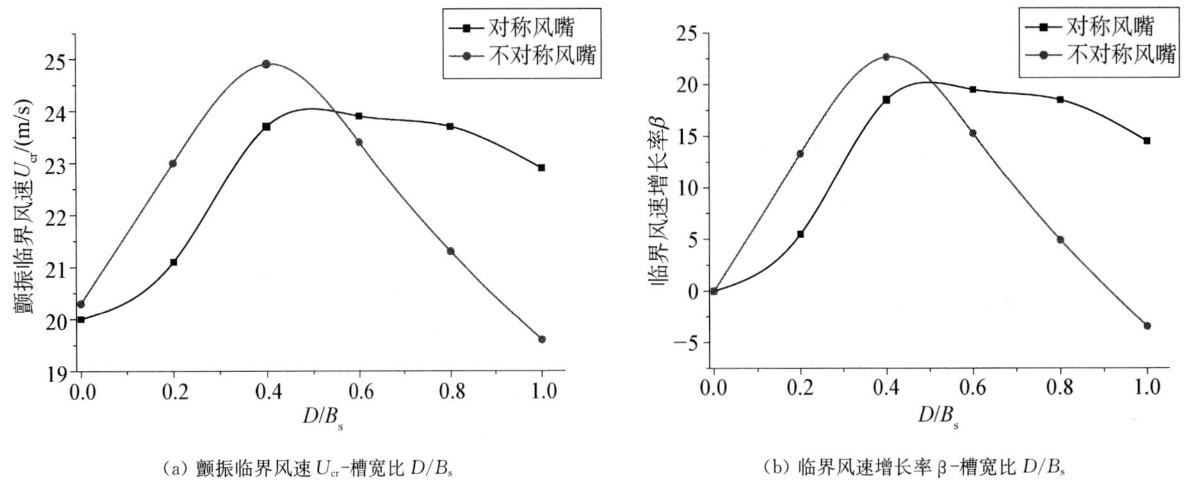

(a) 颤振临界风速 U_{cr}-槽宽比 D/B_s

(b) 临界风速增长率 β-槽宽比 D/B_s

图 2 不同风嘴形式断面的颤振性能对比

由图 2 可以发现:①两种断面的最低颤振临界风速都较高,并且都随槽宽比的增加而先增大后减小,两种断面的颤振临界风速都在 40%槽宽比达到最大。②0～40%槽宽比范围内,对称风嘴分体箱梁的颤振临界风速及颤振临界风速增长率低于不对称风嘴分体箱梁断面的;60%～100%槽宽比范围内,对称风嘴分体箱梁的颤振临界风速及颤振临界风速增长率高于不对称风嘴分体箱梁的。不对称风嘴分体箱梁断面在槽宽比较大时,出现了颤振稳定性能较原型断面下降的现象,而对称风嘴分体箱梁断面则没有。③因此,当槽宽比较小时,不对称风嘴分体箱梁断面的颤振稳定性优于对称风嘴分体箱梁的;当槽宽比较大时,前者劣于后者的;而且不对称风嘴分体箱梁断面的颤振稳定性能对槽宽比变化的敏感度高于对称风嘴分体箱梁断面的。

3 槽宽比影响规律对比分析

笔者及国外学者对分体箱梁断面的颤振性能研究所采用的断面都不相同,研究结果也不尽相同,这些基本断面如图 3 所示,相应的参数对比如表 2 所示。

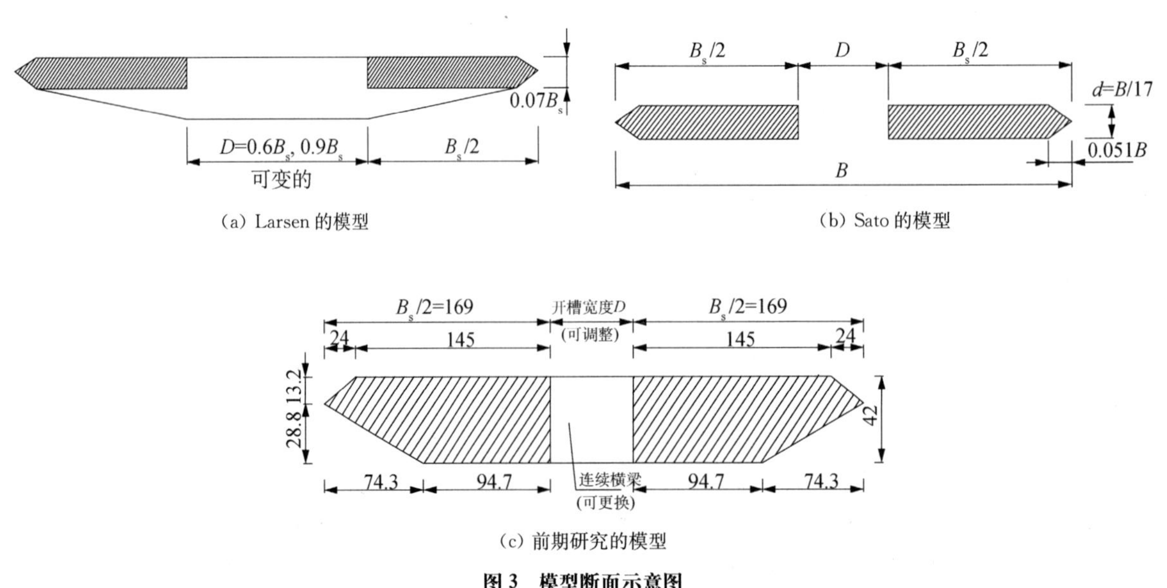

(a) Larsen 的模型

(b) Sato 的模型

(c) 前期研究的模型

图 3 模型断面示意图

表 2 模型的结构参数对比

模型	几何尺寸		质量(kg/m)	质量惯性矩 I_m ($kg \cdot m^2/m$)	竖弯频率 f_h(Hz)	扭转频率 f_t(Hz)	扭弯比 f_h/f_t
	宽度 B_s(m)	宽度比					
Larsen	0.813	1/14.3	6.17	0.56	1.08	1.58	1.46
Sato	0.502*	1/17.0*	4.94	0.16	1.16	2.49	2.10
前期研究	0.338	1/8.1	6.72	0.37	1.34	2.66	1.98
本文不对称风嘴	0.140	1/14.0	1.91	0.02	2.40	5.57	2.32
本文对称风嘴	0.140	1/14.0	1.91	0.02	2.40	5.57	2.32

3.1 与Larsen和Sato的研究结果对比

Larsen对图3(a)中断面的颤振稳定性能进行了研究，并得出该断面的颤振临界风速随着槽宽比的增加而增大的结论，具体研究结果如图4所示(图中，横轴为开槽宽度与模型断面实体部分的比值，竖轴为不同槽宽比断面的颤振临界风速与采用Selberg颤振风速简化计算公式所得原型断面的颤振临界风速的比值[12])。为便于对比，将本文研究结果转换为与Larsen一致的方式进行描述和对比(均为0°初始风攻角)。

由图4和表3可以发现，当槽宽比较小时，不论是对称风嘴形式断面还是不对称风嘴形式断面，本文试验所得结论与Larsen基本保持一致。然而槽宽比进一步增大之后，三种断面的颤振性能差异较大，Larsen的模型颤振临界风速继续随着槽宽比的增加而大幅增加，本文试验所选对称风嘴形式断面的颤振临界风速随着槽宽比的增加几乎不变，仅是微幅增加，而不对称风嘴形式断面的颤振临界风速则随着槽宽比的增加而先增大后减小。

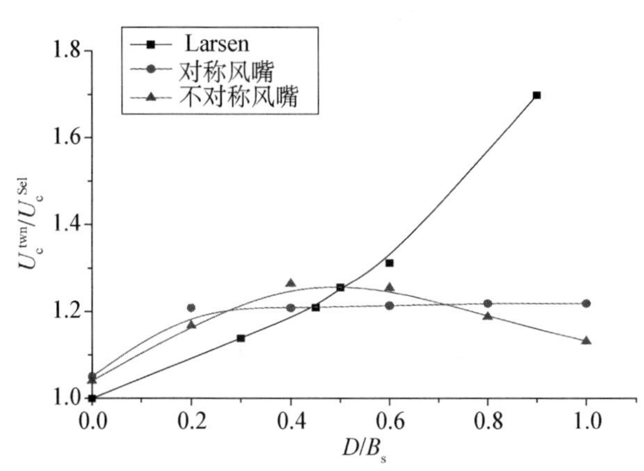

图4 本文与Larsen研究结果的对比

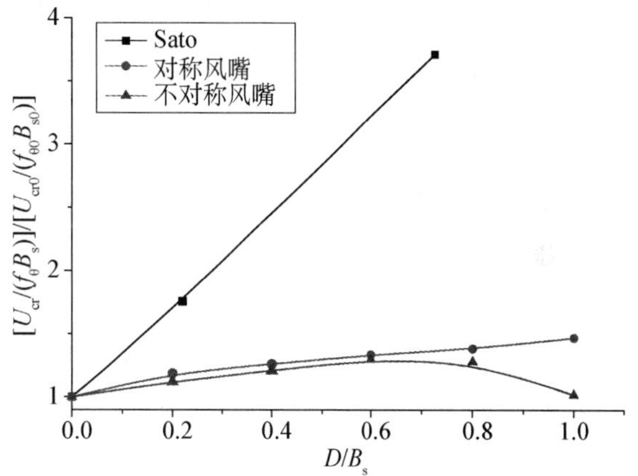

图5 本文与Sato研究结果的对比

表 3 本文与Larsen、Sato研究结果差异分析

本文与Larsen研究结果差异分析			本文与Sato研究结果差异分析		
槽宽比	与对称风嘴断面差异(%)	与不对称风嘴断面差异(%)	槽宽比	与对称风嘴断面差异(%)	与不对称风嘴断面差异(%)
0	−4.08	−3.15	0	0	0
0.2	−10.84	−7.74	0.2	41.99	50.51
0.4	−2.41	−6.72	0.4	91.68	99.98
0.6	9.52	5.97	0.6	139.56	146.20
0.8	27.13	30.39			

Sato对图3(b)中断面的颤振稳定性能进行了研究，并得出在箱梁中央开槽能提高结构的颤振稳定性能，且提高程度随着槽宽比的增加而增加的结论，具体结果如图5所示。为便于比较，将本文研究结果转换

为与 Sato 一致的方式进行描述和对比。由图 5 和表 3 可以发现，本文所选对称风嘴形式断面的折减颤振临界风速增长率尽管低于 Sato 实验所得结论，但二者在整体趋势上还是比较一致的，都是随着槽宽比的增加而增大；而不对称风嘴形式分体箱梁的折减颤振临界风速增长率依然随着槽宽比的增加先增大后减小，只是折减颤振临界风速增长率最大时，与之对应的槽宽比为 60%左右（这里采用的扭转频率是发生颤振时的实测扭转频率）。

4 影响因素分析

从结构及动力特性参数和气动外形两方面出发，对上述研究结果差异的原因进行具体分析。

4.1 结构及动力特性参数的影响

对于不对称风嘴分体箱梁面，从总体规律上看，本文研究结果与笔者前期研究结果比较接近，结构颤振临界风速都是随着槽宽比增加而先增后减，存在一个最优开槽宽度，不同之处在于颤振临界风速的变化幅度，其原因是由于二者断面的扭弯频率比有差别。

针对对称风嘴形式断面颤振性能出现的较大分歧，以本文所选模型的结构及动力参数为基础，结合 Larsen 及 Sato 模型参数，每次仅改变一个参数，保持其他参数不变，并在相邻参数中间插值，基于二维三自由度耦合颤振分析（2d3DOF）[12]计算颤振临界风速，然后利用 Sleberg 颤振临界风速简化计算公式[13]来探讨结构及力特性各参数对断面颤振性能的影响。五种重要参数所对应工况编号如表 4 所示（其中，本文模型参数对应下标为 1，Sato 的下标为 3，Larsen 的下标为 5，其他下标为对应插值所得）。

表 4 五种重要参数对应编号

质量 m(kg)		质量惯性矩 I_m(kg·m²/m)		竖弯频率 f_h(Hz)		扭转频率 f_t(Hz)		宽度 B_s(m)	
m_1	1.910	I_{m1}	0.019	f_{h1}	2.40	f_{t1}	5.57	B_{s1}	0.140
m_2	3.425	I_{m2}	0.091	f_{h2}	1.78	f_{t2}	4.03	B_{s2}	0.321
m_3	4.940	I_{m3}	0.163	f_{h3}	1.16	f_{t3}	2.49	B_{s3}	0.502
m_4	5.555	I_{m4}	0.362	f_{h4}	1.12	f_{t4}	2.03	B_{s4}	0.658
m_5	6.170	I_{m5}	0.560	f_{h5}	1.08	f_{t5}	1.58	B_{s5}	0.813

进一步分析 Larsen 和 Sato 所用模型断面的相关参数，见表 5，可以发现：对于 Sato 所选断面，质量惯性矩的影响最大，扭弯比的影响相对较小；对于 Larsen 所选断面，依然是质量惯性矩的影响最大，但扭弯比的影响达到−50%左右，也不容忽视。因此，质量惯性矩的影响需要重点关注，同时不能忽视扭弯比的作用。

表 5 结构及动力特性参数对颤振性能影响

参数	η(%)	
	Sato	Larsen
m	26.82	34.06
I_m	71.14	133.00
f_t/f_h	−12.12	−50.79

因此，从结构及动力特性参数的角度看，质量惯矩大幅增加以及扭弯比的减小导致开槽断面颤振临界风速相对于原型断面的增加幅度增大，并且在一定程度上促进了颤振临界风速随着槽宽比的增加而增大，是造成 Larsen 断面颤振临界风速随着槽宽比的增加而增大的幅度大于本文所选断面的重要原因；同时，Sato 断面颤振临界风速高于本文结论的原因中，质量惯性矩的增大带来的影响高于扭弯比的减小。

4.2 气动外形的影响

然后，保证所有断面的结构及动力特性参数与本文所选相应断面的一致，考虑断面气动外形对颤振临界风速的影响：将他人所选断面的结构及动力特性参数赋给本文所选断面，然后结合本文风洞试验获得的气动导数，采用 2d3DOF 方法[12]求解各断面的颤振临界风速，得到相应的颤振临界风速增长率曲线，最后将该曲线与他人的结果进行对比。和 Larsen 及作者前期研究的结论对比时，直接采用颤振临界风速增长率，此处 $\eta=(U_{cr}-U_{cr0})/U_{cr0}\times 100$；与 Sato 的结论对比时，采用折减颤振临界风速的增长率，对应的 $\eta=[U_{cr}/(f_\theta \cdot B_s)-U_{cr0}/(f_{\theta 0}\cdot B_{s0})]/U_{cr0}/(f_{\theta 0}\cdot B_{s0})\times 100$，其中，$U_{cr}$、$f_\theta$ 及 B_s 分别为不同槽宽比下的颤振临界风速、扭转频率和断面实体宽度（Sato 所用断面的 B_s 一直在变化，而本文所用断面的 B_s 保持不变），U_{cr0}、$f_{\theta 0}$ 及 B_{s0} 则为原型断面的颤振临界风速、扭转频率和模型实体宽度。相关对比结果如图 6 所示。

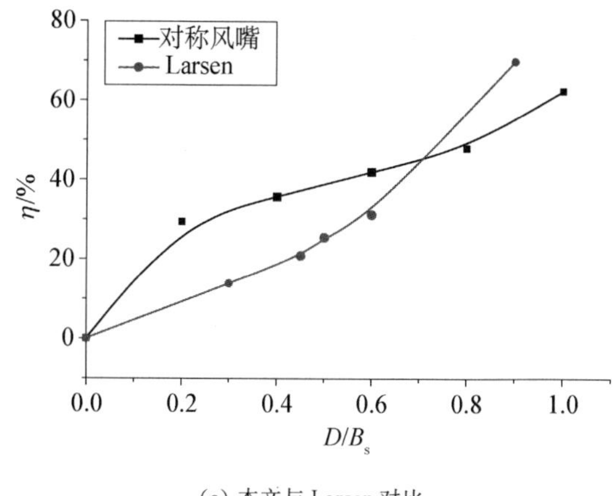

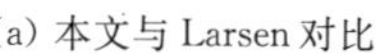

(a) 本文与 Larsen 对比

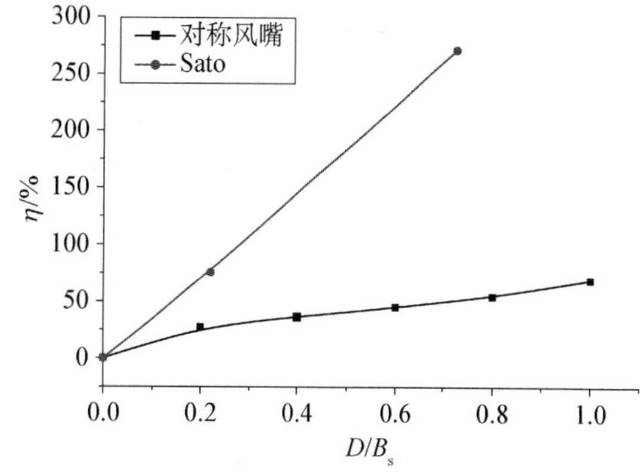

(b) 本文与 Sato 对比

图 6　统一结构动力参数后的 β 与 D/B_s 关系

由图 6 可以发现，对于不对称风嘴形式断面，本文所选断面的颤振临界风速增长率随槽宽比的整体变化规律与前期研究的相似。前期研究所选断面的高宽比（接近 1/8）与本文所选断面的高宽比（1/14）相差较大，但是其风嘴角度（50°）和本文的相同，由此可见风嘴角度对不对称风嘴分体箱梁断面颤振性能随槽宽的整体演化规律的影响程度大于高宽比的影响。对于对称风嘴形式断面，整体而言本文研究结果与 Larsen 的比较接近，颤振临界风速都是随着槽宽比的增加而不断增大，只是 20％槽宽比以后，本文所选断面的颤振临界风速增长率稍微小于 Larsen 的。因为 Larsen 所用模型的宽度远大于本文所选断面，但其高宽比接近 1/14，这与本文所用的比较接近，且其风嘴角度（53°）也和本文的（50°）差异不大。因此保证结构及动力特性参数一致时，上述气动外形的差异对最终结论的影响相对较小。

尽管颤振临界风速增长率都是随着槽宽比的增加而不断增大，Sato 所用模型的折减颤振临界风速增长幅度仍然以较大的幅度高于本文所选断面的。而 Sato 所选模型的高宽比为 1/17，较本文所用模型的 1/14 更小，其模型的风嘴角度（60°）较本文所用模型的（50°）更大，除此之外，Sato 的模型的实体宽度随着槽宽比的增大而不断减小，导致断面的高宽比（模型高度与实体部分的宽度的比值）不断增大。故总体而言，两种模型的气动外形相差较大。

5　结论

通过对两种风嘴形式的大跨度分体箱梁桥梁颤振性能对比研究，可以得到以下主要结论：

（1）不对称风嘴分体箱梁断面的颤振稳定性能对槽宽比的变化比较敏感，颤振临界风速随着槽宽比的增加而先增大后减小，存在一个“最优槽宽比”。

（2）在 40％槽宽比以前，对称风嘴分体箱梁断面的颤振稳定性能对槽宽比的变化比较敏感，40％槽宽比以后，该断面的颤振稳定性能对槽宽比的变化敏感度降低。

（3）本文与 Larsen 研究结果的差异主要是由结构及动力特性参数的改变造成的，其中质量惯性矩的增大和扭弯比的减小起到了重要作用，气动外形的影响程度相对较小；与 Sato 研究所得结论的差异则主要源于气动外形的不同，特别是高宽比的改变。

参 考 文 献

[1] 项海帆,葛耀君.悬索桥跨度的空气动力极限[J],土木工程学报,2005,38(1):60-70.

[2] Fumoto K. Large-scale Wind Tunnel Test of Super Long Suspension Bridge with Slotted One-box Girder [C]// Proceedings of the Sixth Asia-Pacific Conference on Wind Engineering APCWE VI. 2005.

[3] Larsen A. Aerodynamic Aspects of the Final Design of the 1 624 m Suspension Bridge across the Great Belt [J]. Journal of Wind Engineering and Industrial Aerodynamics, 1993,48(2):261-285.

[4] Larsen A, Astiz M A. Aeroelastic Consideration for the Gibraltar Bridge Feasibility Study [M]// Larsen & Esdahl (eds). Bridge Aerodynamics. Rotterdam: Balkema,1998,165-173.

[5] Sato H, Ogihara K. Aerodynamic Characteristics of Slotted Box Girders [C]// Proceedings of Bridges into 21st century. 1995:721-728.

[6] Sato H, Kusuhara S. Aerodynamic Characteristics of Super Long-span Bridges with Slotted Box Girder [J]. Journal of Wind Engineering and Industrial Aerodynamics, 2000,88,297-306.

[7] Sato H, Hirahara N. Full Aeroelastic Model Test of a Super Long-span Bridge with Slotted Box Girder [J]. Journal of Wind Engineering and Industrial Aerodynamics, 2002,90,2023-2032.

[8] 杨詠昕,葛耀君,项海帆.大跨度桥梁中央开槽颤振控制效果和机理研究[J].土木工程学报,2006,36(7):74-80.

[9] 杨詠昕,葛耀君,曹丰产.大跨度悬索桥中央开槽箱梁断面的颤振性能[J].中国公路学报,2007,20(3):35-40.

[10] Yang Yongxin, Ge Yaojun, Xiang Haifan. Aerodynamic Flutter Control for Typical Girder Sections of Long-Span Cable-Supported Bridges [J]. Journal of Wind and Structures, 2009,12(3):205-217.

[11] 邹小洁.超大跨度悬索桥颤振控制措施及其机理研究[D]上海:同济大学,2005.

[12] 杨詠昕.大跨度桥梁二维颤振机理及其应用研究[D].上海:同济大学,2002.

超大跨度斜拉桥抗风稳定性三维非线性分析

张新军*

（浙江工业大学建筑工程学院　中国　浙江　310014）

摘　要　随着斜拉桥跨度的持续增长，结构更趋于轻柔，风作用下的结构稳定性已成为超千米主跨斜拉桥设计和研究的重要问题。本文采用大跨度桥梁三维非线性空气静力和动力稳定性分析方法，对1 400 m主跨的超大跨度斜拉桥进行了抗风稳定性分析，并与同等主跨的悬索桥进行了对比，从抗风性能角度探讨了斜拉桥在超千米主跨桥梁中应用的合理性。结果表明：与同等主跨的悬索桥相比，斜拉桥的结构刚度更大，风作用下结构的空气静力和动力稳定性更好，适宜用于超千米主跨的大跨度桥梁。

关键词　超大跨度斜拉桥；结构动力特性；空气静力稳定性；空气动力稳定性

1　前言

从1956年德国工程师迪辛格研究设计了第一座现代斜拉桥——瑞典的斯特洛姆桑特桥起，斜拉桥以其跨越能力的优势和良好的受力性能得到了飞速的发展，香港昂船洲大桥和苏通长江大桥分别以1 018 m和1 088 m的主跨实现了斜拉桥跨度千米级的突破，紧随其后俄罗斯的海参崴Russky岛大桥（主跨1 104 m）也于2012年7月建成。当前，世界桥梁工程正进入跨海联岛工程建设的新时期，斜拉桥的跨径仍在继续增大。世界上，主要是在亚洲，还有多座大跨度斜拉桥正在规划中，其中不乏主跨超过1 000 m的超大跨度斜拉桥，如韩国计划在东南部的马山市和Geoje岛的连岛工程中采用主跨1 200 m的斜拉桥方案。由于斜拉桥在刚度、抗风性能、拉索可更换、施工简便、无锚碇等方面的优越性，在近年来的国际跨海工程方案竞赛中，斜拉桥方案都优于悬索桥而被采用，斜拉桥已成为当代大跨度桥梁的主流桥型[1]。斜拉桥极限跨度的研究也表明：1 200 m以下是比较合适的区域，1 200～1 500 m斜拉桥仍具有竞争力。

随着斜拉桥跨径的持续增大，结构更加轻柔，结构的弯曲和扭转刚度随之降低，风作用下结构的稳定性问题已成为影响和控制其设计的主要因素。结构的抗风稳定性包括静力风荷载和动力风荷载作用下结构的稳定性，前者主要指静风扭转发散或横向屈曲失稳，而后者则主要指颤振稳定性。迄今为止，人们对跨径在千米及以下的斜拉桥开展了比较系统的抗风研究，但对于超千米以上更大跨径的超大跨度斜拉桥的抗风性能研究则非常少。为此，本文针对主跨1 400 m的超大跨度斜拉桥设计方案，采用大跨度桥梁三维非线性空气静力和动力稳定性分析方法，对其抗风稳定性进行了分析，并与同等主跨的悬索桥进行了对比，从抗风性能角度探讨了斜拉桥在超千米主跨桥梁中应用的合理性。

2　桥梁简介

2.1　斜拉桥设计方案

图1为一主跨1 400 m的超大跨度斜拉桥设计方案[2]，桥跨布置为680+1 400+680 m，中跨长度约为边跨的2倍，边跨端部设置间距为100 m的3个辅助墩以提高结构的整体刚度。A形桥塔高约327 m，采用全钢结构，其

* 张新军，1971年出生，项海帆教授1997级博士研究生，论文题目“大跨度桥梁三维非线性颤振分析”。

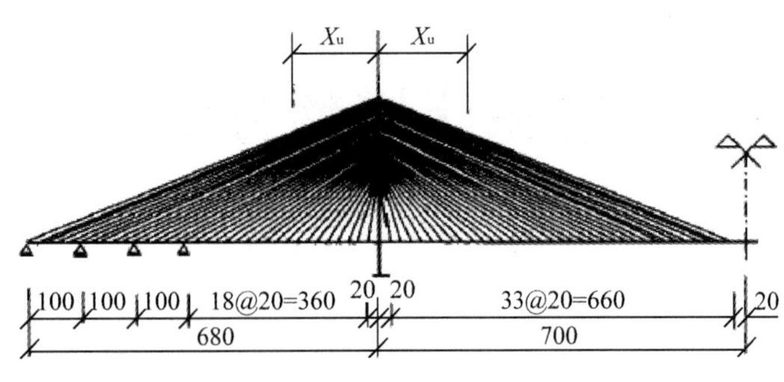

图 1 主跨 1 400 m 斜拉桥总体布置图

中桥面以上高度约 287 m。斜拉索在桥面主梁上的锚固间距为 20 m,在桥塔上的锚固间距为 4 m,共设置了 4×34 对斜拉索。桥面主梁采用扁平状流线形钢箱梁,宽 35 m,高 3.5 m。为了确保桥梁的稳定性和侧向抗风性能,在桥塔两侧各 80 m 范围内对桥面主梁进行了截面加强。

2.2 悬索桥

为验证斜拉桥结构在超千米跨度桥梁中的适用性,选取与此跨度类似的悬索桥——江阴长江大桥作为比较对象。江阴长江大桥是单跨悬索桥,主跨 1 385 m,桥跨布置如图 2 所示。主梁采用流线形扁平状闭口钢箱梁,梁宽 36.9 m,梁高 3.0 m。主缆间距 32.5 m,吊杆间距 16 m,主缆矢跨比为 1/10.5。桥塔采用门式框架结构,南塔高 187 m,北桥塔高 184 m。

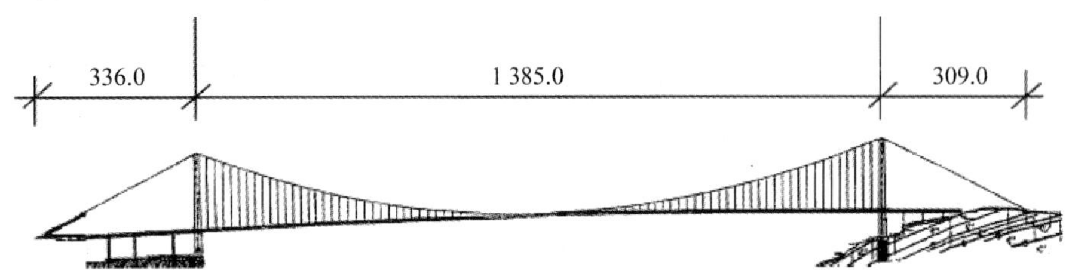

图 2 江阴长江大桥总体布置图

3 结构动力特性分析

3.1 有限元模型建立

图 3(a)为斜拉桥设计方案的三维有限元分析模型,该模型采用了两种单元类型:主梁、塔柱和塔横梁等简化为非线性空间梁单元,斜拉索则简化为非线性空间桁架单元。主梁采用鱼骨式模型,即把桥面系的刚度(竖向和横向弯曲刚度以及扭转刚度)和质量(平动质量和转动惯量)集中在中间节点上,并采用刚臂连接主梁与拉索。主梁与锚固墩之间保持沿横向、竖向、绕纵轴、竖轴四个自由度的从属关系,以及沿纵向、绕横轴运动放松;主梁与桥塔交叉处纵向按漂浮体系考虑,侧向被桥塔所约束。

图 3(b)为江阴长江大桥的三维有限元模型,主梁采用鱼骨式计算模型,主缆和吊杆简化成非线性空间桁架单元,主梁、塔柱和塔横梁则简化成非线性空间梁单元,并采用刚性横梁联系主梁和吊杆。主梁在桥塔处竖向简支在塔柱下横梁上,侧向则被塔柱所约束。

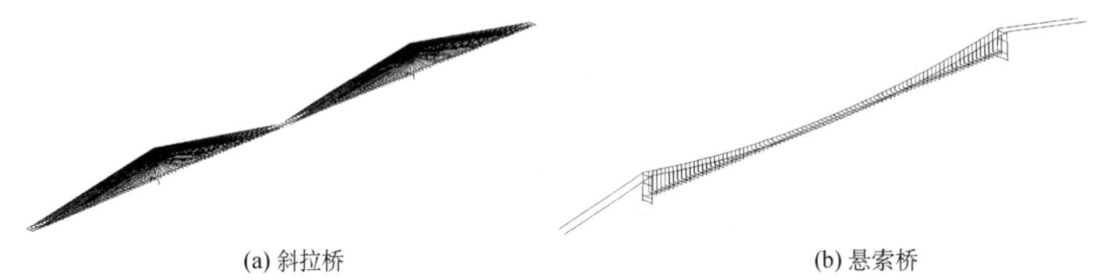

(a) 斜拉桥 (b) 悬索桥

图 3 结构三维有限元计算模型

3.2 结构动力特性分析与比较

采用基于子空间迭代法的结构动力特性有限元分析方法,对上述的斜拉桥设计方案和江阴长江大桥进行了结构前 30 阶振型的分析,表 1 列出了以桥面主梁振动为主的动力特性分析结果。

从表中可以看出,与同等主跨的悬索桥相比,斜拉桥在竖弯自振频率、侧弯自振频率和扭转自振频率上都有相应的提高,尤其是扭转自振频率提升幅度最显

表 1 同等主跨的斜拉桥与悬索桥动力特性的比较

振型	悬索桥	斜拉桥	振型形状[①]
竖弯	0.134 1	0.182 2	1-S
	0.104 4	0.211 7	1-AS
	0.187 4	0.264 9	2-S
	0.200 0	0.303 6	2-AS
	0.257 5	0.377 4	3-S
	0.310 0	0.429 4	3-AS
侧弯	0.052 0	0.057 1	1-S
	0.123 5	0.166 6	1-AS
扭转	0.273 0	0.416 9	1-S
	0.267 8	0.549 1	1-AS

注:① 数字表示振型阶次;S表示对称振型;AS表示反对称振型。

著。因此,与同等跨径的悬索桥相比,斜拉桥具有更高的竖弯自振频率、侧弯自振频率和扭转自振频率,也说明斜拉桥具有更大的结构刚度。

4 空气静力稳定性分析

4.1 斜拉桥设计方案的空气静力稳定性

采用大跨度桥梁三维非线性空气静力分析程序[3],在−3°、0°、3°初始风攻角下,对斜拉桥方案进行了空气静力分析。分析时,设计方案简化为空间杆系结构有限元模型,桥面主梁采用脊骨梁计算模型,桥面主梁和桥塔采用空间梁单元模拟,斜拉索采用空间杆单元模拟,斜拉索与桥面主梁间采用刚臂单元模拟。由于设计方案桥主梁的高度、宽度和断面形状基本与泰州长江大桥的主梁断面一致,因此主梁的静力三分力系数采用了泰州长江大桥节段模型风洞试验结果[4];拉索和桥塔仅考虑阻力分量的作用,拉索的阻力系数0.8,桥塔的阻力系数为2.0。各风攻角下主梁的最大竖向、横向及扭转位移随风速增加的变化趋势如图4所示。

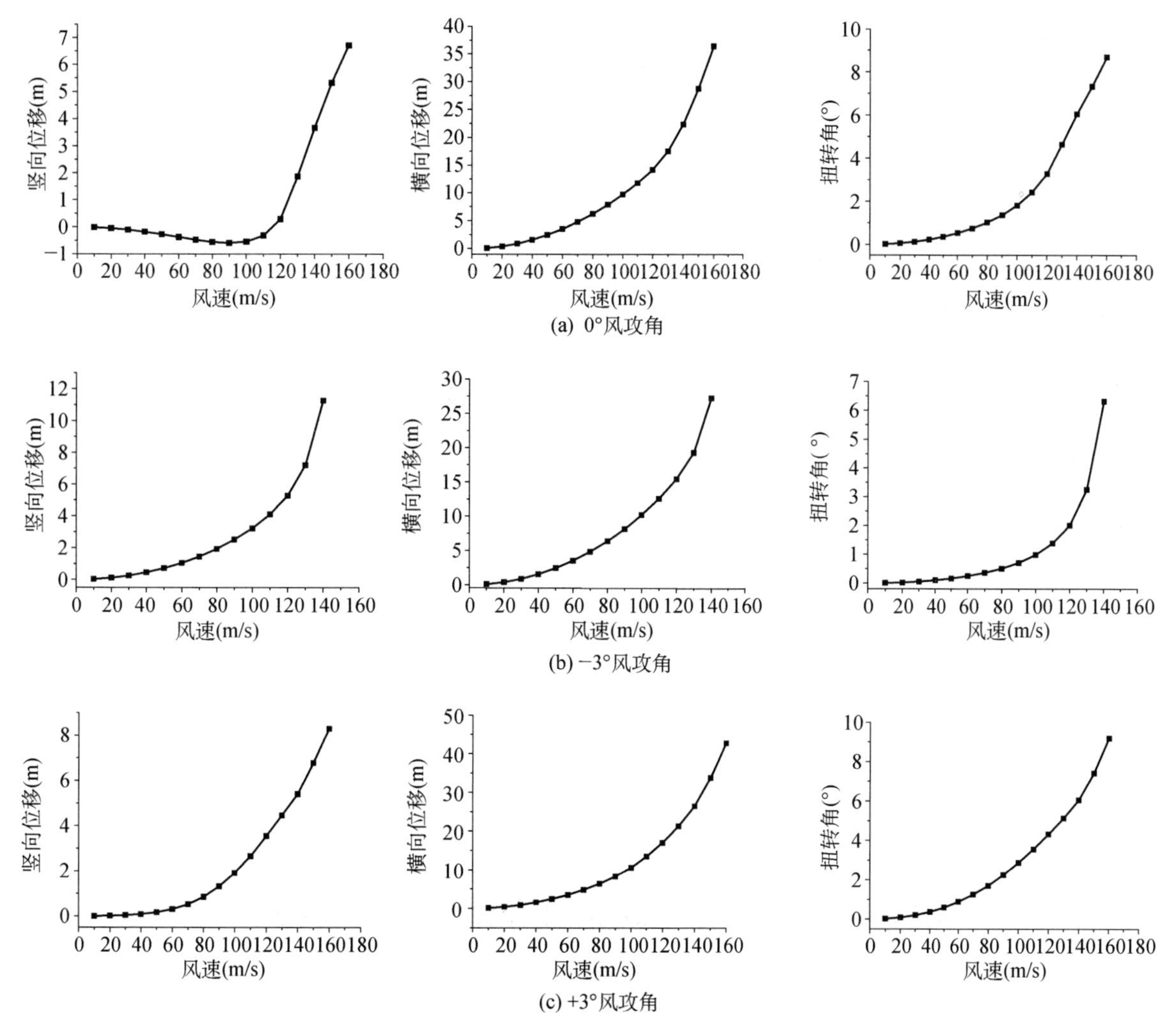

图 4 主梁的最大竖向、横向及扭转位移随风速增加的变化趋势

在各风攻角下，主梁的最大竖向位移和最大横向位移均出现在跨中，而最大扭转角则出现在距离跨中360～200 m之间，并随着风速的增大向跨中靠拢。

在0°风攻角下，当风速较低时，主梁各方向的位移都较小。随着风速的增加，主梁的位移呈现非线性的增长趋势。风速较低时，主梁向下挠曲，至风速100 m/s时达到最大值；此后主梁开始上抬，当风速大于110 m/s后，主梁跨中竖向位移加速增长，表明结构开始丧失稳定性。主梁横向位移和扭转角始终按非线性规律增长，大约在110 m/s时出现拐点，此后急剧增大。因此，该桥的静风失稳形态主要表现为主梁空间弯扭耦合的失稳形态，以主梁竖弯和扭转失稳变形为主，伴随着横向弯曲变形，静风失稳临界风速在110 m/s左右。

在－3°风攻角下，主梁向下挠曲变形，并没有出现0°风攻角时的位移改变方向情况。风速较低时，主梁各方向的位移都较小，且随着风速的增加主梁的位移按非线性规律增长。当风速达到110 m/s时，主梁的竖向和扭转位移变化曲线都出现拐点，此后两者都迅速增大，结构开始丧失稳定性。主梁横向位移增长则比较平稳，在风速130 m/s后才急剧增大。因此，在－3°风攻角下，该桥静风失稳形态也主要表现为以主梁竖弯和扭转失稳变形为主的空间弯扭耦合失稳形态，同时伴随着横向弯曲变形，静风失稳临界风速也在110 m/s左右。

在＋3°风攻角下，主梁向上挠曲变形，当风速小于80 m/s时主梁各方向的位移基本按线性规律增长，此后主梁各方向的位移都呈现出明显的非线性增长趋势。主梁的竖向位移变化曲线在80 m/s时出现拐点，而横向和扭转位移则始终没有出现明显的拐点。由此可见，在＋3°风攻角下，该桥静风失稳形态主要以主梁竖弯为主，同时伴随着横向弯曲和扭转变形，失稳临界风速在80 m/s左右，是3个风攻角下最小的，由此说明该桥在＋3°风攻角下最容易发生静风失稳。

4.2 与同等主跨悬索桥空气静力稳定性的比较

为了从抗风性能角度探讨斜拉桥在主跨超千米桥梁中的适用性，对同等主跨的悬索桥——江阴长江大桥进行了空气静力稳定性分析，同时与斜拉桥进行了比较，各风攻角下主梁的竖向、横向的扭转位移随风速增加的变化趋势比较如图5所示。

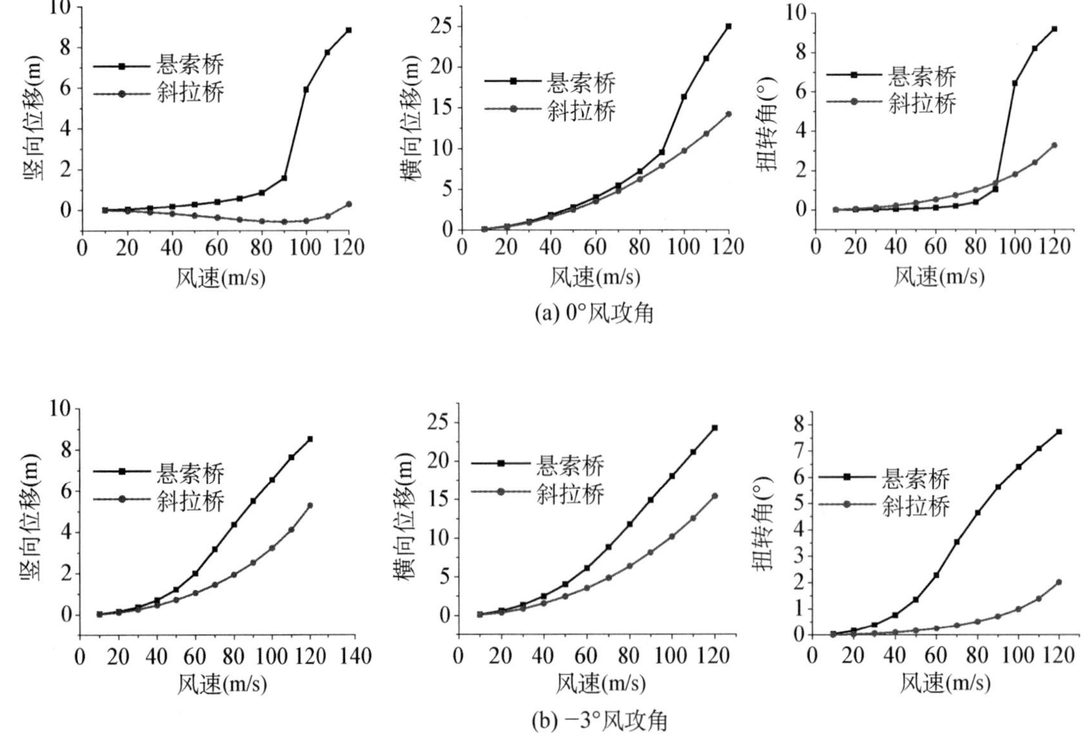

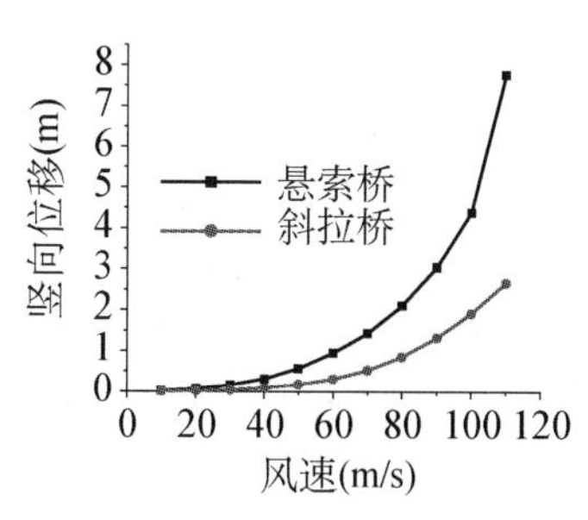

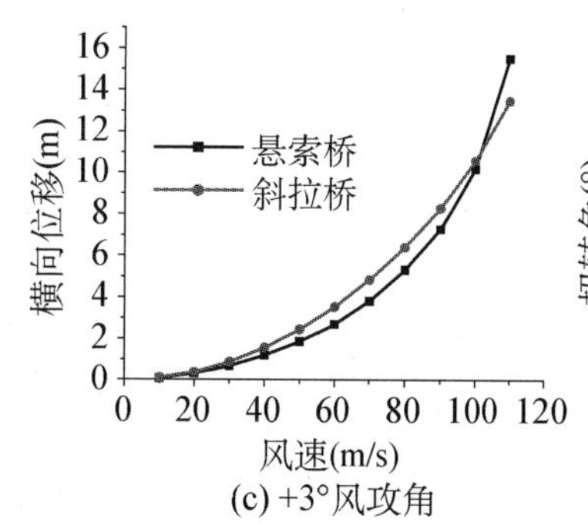

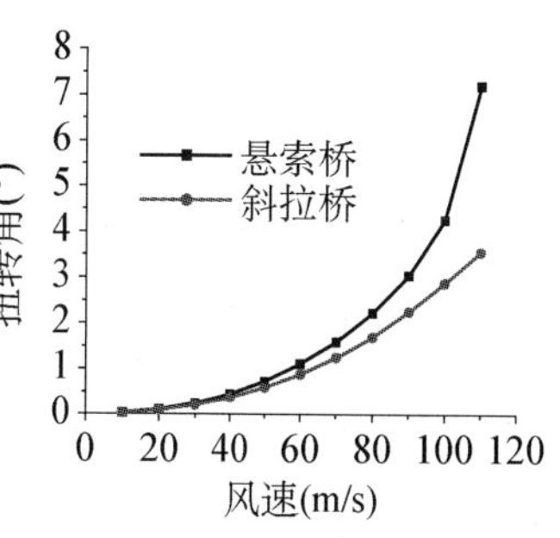

(c) +3°风攻角

图 5　同等主跨斜拉桥和悬索桥的空气静力性能比较

0°风攻角下，当风速较低时，斜拉桥和悬索桥的各方向的位移都比较接近，当风速达到 90 m/s，悬索桥的竖向和扭转位移突然急剧增大，结构开始进入失稳状态，此后两者间的结构位移差距非常大。与斜拉桥相似，悬索桥的静风失稳形态也表现为以主梁竖弯和扭转变形为主的空间弯扭耦合失稳形态，同时牵连着横向弯曲变形。悬索桥的失稳临界风速在 90 m/s 左右，而同等主跨的斜拉桥的失稳临界风速则在 110 m/s 左右，可见在同等主跨情况下，斜拉桥的空气静力稳定性比悬索桥更好。

在－3°和＋3°风攻角下，在相同的风速下，斜拉桥的竖向和横向位移以及扭转角均比悬索桥小，而且风速越高，斜拉桥的各向位移明显比悬索桥大大减小。由此，进一步说明了在同等主跨情况下，斜拉桥的静风性能更好。因此从静风性能角度而言，在主跨超千米时采用斜拉桥结构体系是适宜的。

5　空气动力稳定性分析

采用三维非线性空气动力稳定性分析方法[3]，在0°和±3°风攻角下对斜拉桥设计方案和江阴长江大桥进行了空气动力稳定性分析，两者的空气动力失稳临界风速的比较如表 2 所示。分析时，桥面主梁的气动导数分别取用泰州长江大桥和江阴长江大桥的节段模型风洞试验结果[4][5]，并考虑了结构前 30 阶振型的参与，结构的阻尼比均为 0.5%。

表 2　同等主跨悬索桥与斜拉桥空气动力失稳临界风速的比较　(m/s)

风攻角	斜拉桥	悬索桥
0°	111.8(117.9)	67.3(79.3)
＋3°	97.3	48.8
－3°	120.9	62.2

注：圆括号内数值为采用理想平板气动导数的计算结果。

可以看出，与同等主跨的悬索桥相比，斜拉桥的空气动力失稳临界风速有很大幅度的提高，提高幅度将近 1 倍。究其原因，如表 1 所示，与同等主跨悬索桥相比，斜拉桥具有更高的竖弯、侧弯和扭转自振频率，尤其是扭转自振频率，显著提高了结构的空气动力稳定性。因此，在超千米跨度情况下，斜拉桥也具有很好的空气动力稳定性，在抗风稳定性方面具有明显的优势。

6　结语

本文采用三维非线性空气静力和动力稳定性分析方法，对 1 400 m 主跨的超大跨度斜拉桥进行了抗风稳定性分析，并与同等主跨的悬索桥进行对比。研究结果表明：与同等主跨的悬索桥相比，斜拉桥的结构刚度更大，空气静力和动力稳定性更好，适宜用于超千米跨度的大跨度桥梁。

参 考 文 献

[1] 项海帆. 世界大桥的未来趋势——2011 年伦敦国际桥协会议的启示[J]. 桥梁,2012,3:12 - 16.

[2] Masatsugu Nagai, Yozo Fujino, Hiroki Yamaguchi, Eiji Iwasaki. Feasibility of a 1 400 m Span Steel Cable-Stayed Bridge [J]. Journal of Bridge Engineering, ASCE, 2004,9(5):444 - 452.

[3] Zhang Xinjun, Sun Bingnan, Xiang Haifan. Nonlinear Aerostatic and Aerodynamic Analysis of Long-span Cable-stayed Bridges Considering Wind-structure Interactions [J]. Journal of Wind Engineering and Industrial Aerodynamics, 2002,90(9):1065 - 1080.

[4] 陈艾荣. 泰州长江公路大桥结构抗风性能研究报告(四)——三塔悬索桥方案节段模型风洞试验[R]. 上海:同济大学土木工程防灾国家重点实验室,2006.

[5] 项海帆,林志兴,等. 江阴长江大桥抗风性能研究[R]. 上海:同济大学土木工程防灾国家重点实验室,1996.

桥梁断面气动导纳函数全分量识别算法与应用

赵　林* 　葛耀君

（同济大学土木工程防灾国家重点实验室　中国　上海　200092）

摘　要　现存的各种桥梁断面导纳函数识别方法，为了便于求解忽略了脉动风速互谱的作用，且假定脉动风水平和竖向分量对抖振力导纳函数分量作用等效，识别过程缺少对算法系统和试验采样误差影响的标定，导纳函数识别结果缺少验证等。针对上述问题，采用互谱导纳识别方法，考虑了多种影响因素的共同作用，详细标定了算法系统和试验测量误差的影响，基于测量稳定性和精度较高的节段模型高频天平测力方法识别了流线形箱梁桥梁节段 Scanlan 抖振气动力全部 6 个导纳函数分量，初步验证了互谱法识别的多分量气动导纳函数结果的正确性和工程适用性，更正了工程应用中采用单一分量导纳函数假定带来的对抖振气动力表达式认识上的偏差。

关键词　导纳函数；流线形箱梁；互谱方法；高频测力天平；多分量导纳函数

基金项目　科技部国家重点基础研究 973 计划（2013CB036300）；交通部应用基础研究项目（2013319822070）；国家自然科学基金项目（91215302、51178353 和 51222809）；新世纪优秀人才支持计划。

* 赵林，1974 年出生，项海帆教授 2000 级博士研究生，论文题目“风场模式数值模拟与大跨桥梁抖振概率评价”。

1　引言

气动导纳函数的物理意义是桥梁断面对来流风速不同频率成分有选择地放大，或者说对抖振气动力准定常表达式的数学修正。对于主梁断面，通常采用如下抖振力表达式：

$$L_b(t)=\rho UB\{C_L(\alpha)\chi_{Lu}u(t)+1/2[C_L'(\alpha)+C_D(\alpha)]\chi_{Lw}w(t)\} \quad (1a)$$

$$D_b(t)=\rho UB[C_D(\alpha)\chi_{Du}u(t)+1/2C_D'(\alpha)\chi_{Dw}w(t)] \quad (1b)$$

$$M_b(t)=\rho UB^2[C_M(\alpha)\chi_{Mu}u(t)+1/2C_M'(\alpha)\chi_{Mw}w(t)] \quad (1c)$$

式中，L、D、M 分别为升力、阻力和扭矩抖振气动力，当其为下标时表示与该气动力项相关的参量；ρ、U 分别为空气密度和来流风速，B 为桥面宽度，C 为静气动力系数，C' 为静气动力系数对攻角导数，χ 为气动导纳函数；u、w 分别为水平和竖向脉动风速分量，当其为下标时表示与该风速分量相关的参量。

气动导纳可以通过节段模型风洞试验同步测量抖振力和来流脉动风速的方法来确定。根据抖振力测量方法的不同，气动导纳的识别方法分为高频天平测力法、表面风压测量积分法和紊流场随机响应系统辨识法。其中，前两种统称为直接测量法，后一种称为间接测量法。1984 年，谢霁明[1]较早地开展了桥梁主梁断面气动导纳识别方法的研究工作，但只是在理论上进行了公式推导，并未有试验数据，从而无法验证其假设。1994 年，Sarker[2]利用高频测力天平和热线风速仪测量抖振力谱和风速谱，假定了以二次多项式表达的气动导纳函数关系式，而事实上，气动导纳函数关系可能远非简单的二次多项式表达所能描述。1997 年，Larose[3]采取节段模型测压的方式，直接测得表面力和力矩，结合 Davenport 抖振升力谱公式计算得出了横风向气动导纳函数，Larose 未对关于气动力矩的导纳函数进行测试。而后顾巍(2000)[4]、靳欣华(2003)[5]沿用类似的试验手段，进一步研究了气动导纳函数的多种影响因素。赵林(2003)[6]采用测压法和互谱方法针对三种典型桥梁主梁断面，即类平板、流线和钝体断面，识别出全部的 6 个导纳函数分量。陈斌(2006)[7]针对类平板断面，采用节段模型测压法和高频天平测力法，结合零点分离法分步识别出 6 个导纳函数分量，识别过程近似采用导纳函数与模型来流攻角无关的假定。韩艳

(2007)[8]采用主动格栅技术及高频天平测力法，利用单一来流脉动风频率识别桥梁断面的 6 个复气动导纳。马存明(2007)[9]考虑桥梁断面来流脉动风三维流动效应采用节段模型测压法识别出全部的 6 个导纳函数分量。李丽(2007)[10]推导了可反映紊流各脉动分量对非定常气动力荷载影响的气动导纳函数识别公式，结合高频动态天平技术完善了包含 6 个气动导纳函数非定常气动荷载模型。

除了上述导纳函数识别的直接测量方法，间接测量法试验应用研究亦有所展开。1998 年，张若雪[11]采用紊流场节段模型试验和确定性系统辨识总体最小二乘法相结合的方法识别了江阴大桥主梁断面的气动导纳函数。2004 年，秦仙蓉[12]采用紊流场节段模型试验和随机系统辨识法对类平板断面和柳州红光大桥桥梁断面的气动导纳进行了识别。上述两种导纳间接测量识别法受试验精度影响较大，结果稳定性难于保证。

现存的各种导纳函数识别方法几乎都是基于两点假定，其一，忽略脉动风速水平和竖向分量的互功率谱，即 $S_{uw}=S_{wu}=0$；再者，假定脉动风速水平和竖向分量对抖振力导纳函数分量作用等效，即

$$\chi_{Fu}=\chi_{Fw}=\chi_{F,\ F=L,\ D,\ M} \tag{2}$$

对于第一点假设，可以实际考查风洞试验室和现场实测风速结果，如图 1 所示。

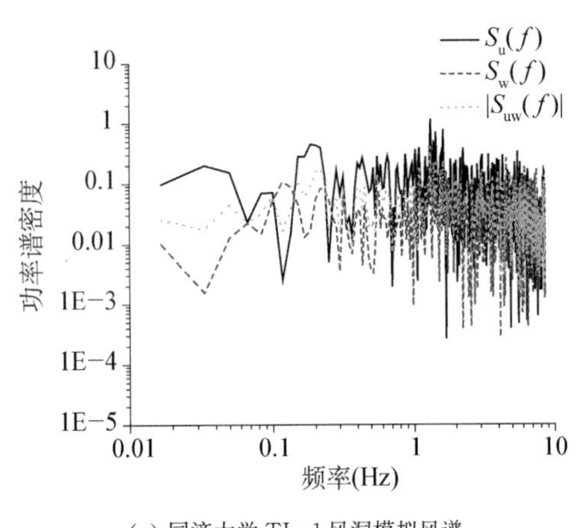

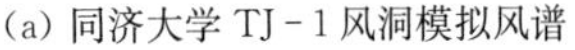
(a) 同济大学 TJ－1 风洞模拟风谱

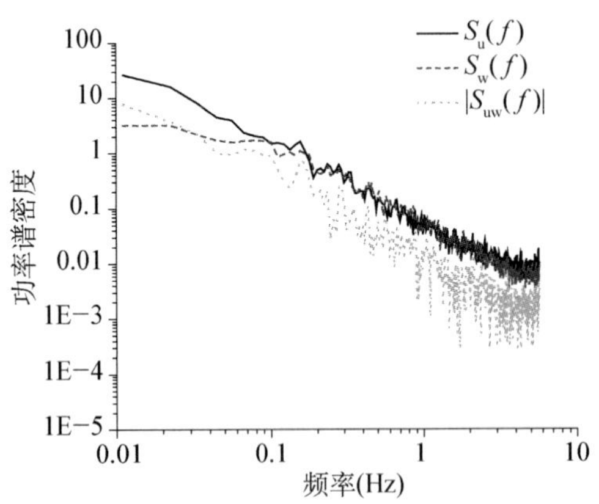

(b) 上海崇明岛侯家镇气象站实测风谱

图 1　脉动风速水平与竖向分量的自谱与互谱函数

脉动风速的互谱与自谱函数有相近的分布形式和量值，其对于抖振力的贡献有待进一步确定。对于第二项假定，可由式(1)出发，实际衡量 χ_{Fu}、χ_{Fw}，如果两者对于抖振力谱贡献相同，由于三分力系数导数 C_F' 常为 C_F 的数倍至数十倍，可以确认在抖振力表达式中来流竖向脉动分量对于抖振力起到了绝对主导的贡献作用，乃至可以忽略来流水平脉动风的效应，这一点也是值得商榷的地方。除了识别方法的差异，上述各类导纳函数识别结果差异较大，即便对于非常相似的桥梁断面，在较低的折算频率区段差别亦非常明显，导致差别的原因可能在于识别方法系统误差没有准确标定，试验测量误差对于识别结果精度的影响缺少验证。上述两点假定对于导纳函数识别结果的影响，以及忽略识别算法系统标定过程和试验采样误差的影响，是否为导致流线形桥梁断面导纳结果与 Sears 函数差异的主要原因有待证明。

2　互谱识别方法

为了通过一次试验识别出式(1)中的全部 6 个导纳分量，可以利用脉动风速两个分量和三分量抖振力方程之间的相关函数建立 6 组方程来求解 6 个导纳分量。以升力为例，求 $L(t)$ 和 $u(t)$、$w(t)$ 之间的互相关函数得：

$$R_{Lu}(\tau)=\rho UB\{C_L(\alpha)\,\chi_{Lu}(\omega)R_u(\tau)+1/2[C_L'(\alpha)+C_D(\alpha)]\,\chi_{Lw}(\omega)R_{wu}(\tau)\} \tag{3a}$$

$$R_{Lw}(\tau)=\rho UB\{C_L(\alpha)\,\chi_{Lu}(\omega)R_{uw}(\tau)+1/2[C_L'(\alpha)+C_D(\alpha)]\,\chi_{Lw}(\omega)R_w(\tau)\} \tag{3b}$$

对式(3)两端进行傅立叶变换得升力和脉动风速两分量之间的互功率谱方程为：

$$S_{Lu}(\omega)=\rho UB\{C_L(\alpha)\,\chi_{Lu}(\omega)S_u(\omega)+1/2[C_L'(\alpha)+C_D(\alpha)]\,\chi_{Lw}(\omega)S_{wu}(\omega)\} \tag{4a}$$

$$S_{\mathrm{Lw}}(\omega)=\rho UB\{C_{\mathrm{L}}(\alpha)\chi_{\mathrm{Lu}}(\omega)S_{\mathrm{uw}}(\omega)+1/2[C_{\mathrm{L}}'(\alpha)+C_{\mathrm{D}}(\alpha)]\chi_{\mathrm{Lw}}(\omega)S_{\mathrm{w}}(\omega)\} \tag{4b}$$

联立式(4a)与式(4b)，可求解升力气动导纳的两个分量：

$$\chi_{\mathrm{Lu}}(\omega)=\frac{S_{\mathrm{w}}(\omega)S_{\mathrm{Lu}}(\omega)-S_{\mathrm{wu}}(\omega)S_{\mathrm{Lw}}(\omega)}{\rho UBC_{\mathrm{L}}(\alpha)[S_{\mathrm{u}}(\omega)S_{\mathrm{w}}(\omega)-S_{\mathrm{wu}}(\omega)S_{\mathrm{uw}}(\omega)]} \tag{5a}$$

$$\chi_{\mathrm{Lw}}(\omega)=\frac{S_{\mathrm{u}}(\omega)S_{\mathrm{Lw}}(\omega)-S_{\mathrm{uw}}(\omega)S_{\mathrm{Lu}}(\omega)}{1/2\rho UB[C_{\mathrm{L}}'(\alpha)+C_{\mathrm{D}}(\alpha)][S_{\mathrm{u}}(\omega)S_{\mathrm{w}}(\omega)-S_{\mathrm{uw}}(\omega)S_{\mathrm{wu}}(\omega)]} \tag{5b}$$

式中，R_{u}、R_{w} 分别为脉动风水平和竖向分量自相关函数；R_{wu}、R_{uw}分别为脉动风水平和竖向分量之间互相关函数；S_{u}、S_{w} 分别为脉动风速水平和竖向分量自谱函数；$S_{\mathrm{wu}}=\overline{S}_{\mathrm{uw}}$ 互为共轭复数，为脉动风速水平和竖向分量的互功率谱；S_{Lu}、S_{Lw}分别为脉动升力和脉动风速水平、竖向两分量之间的互功率谱。为了与 Sears 函数导纳理论解进行比较，根据导纳函数与抖振力谱的换算关系将识别的多分量导纳函数等效地换算为等效导纳函数的表达形式：

$$|\phi_{\mathrm{LL}}(K)|^2=\frac{4C_{\mathrm{L}}^2(\alpha)|\chi_{\mathrm{Lu}}|^2S_{\mathrm{u}}(K)+[C_{\mathrm{L}}'(\alpha)+C_{\mathrm{D}}(\alpha)]^2|\chi_{\mathrm{Lw}}|^2S_{\mathrm{w}}(K)}{\{4C_{\mathrm{L}}^2(\alpha)S_{\mathrm{u}}(K)+[C_{\mathrm{L}}'(\alpha)+C_{\mathrm{D}}(\alpha)]^2S_{\mathrm{w}}(K)\}} \tag{6}$$

式中，$|\phi_{\mathrm{LL}}^2(K)|$ 为升力等效导纳函数。同理，可以求得阻力和扭矩气动导纳的两个分量及等效导纳函数式，具体内容参见文献[5]、[6]。

3 识别理论数值检验

3.1 数值检验方法

Monte-Carlo 随机变量模拟技术可以有效地解决脉动风波模拟问题。采用 Deodatis[13] 谐波合成法再现了脉动风时程，风波时程自功率谱与目标功率谱比较结果如图 2 所示。

数值验检过程导纳函数暂取 Sears 函数，以 $|\phi_{\mathrm{sears}}|^2S_{\mathrm{u}}(\omega)$ 和 $|\phi_{\mathrm{sears}}|^2S_{\mathrm{w}}(\omega)$ 为目标谱生成导纳函数修正后的脉动风速时程分量$\chi_{\mathrm{Fu}}u(t)$ 和$\chi_{\mathrm{Fw}}w(t)$ 时间历程，结合表 1 虚拟节段模型参数和式(1) 生成抖振力气动力时程，再由互谱方法识别导纳函数分量及其等效导纳函数，与预期导纳函数比较验证识别方法正确性及标定识别系统误差。

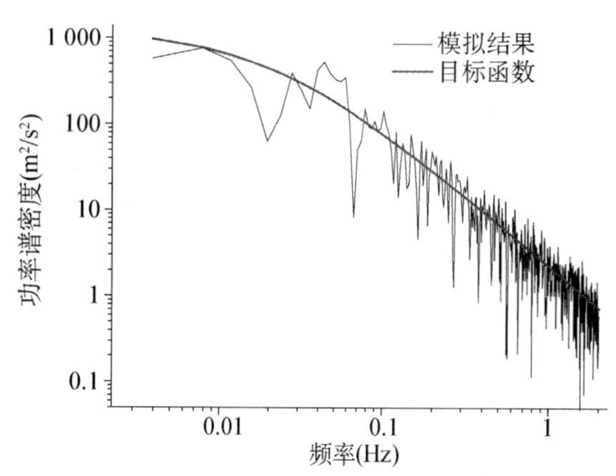

图 2 模拟脉动风功率谱密度函数与目标函数比较

表 1 虚拟节段模型参数

模型宽度	0.30 m	模型厚度	0.03 m	截止频率	$50\times2\pi$ rad/s
阻力系数	0.134	阻力系数导数	3.324	采样时距	0.01s
升力系数	0.290	升力系数导数	5.026	频率等分数	16 384
扭矩系数	0.012	扭矩系数导数	0.729	采样时间	600 s

3.2 参数优化

对于 100 Hz 采样频率和 60 s 采样时间随机过程序列，由互谱识别方法，比较了来流风速 5～10 m/s、紊流度 10%～30%、规范风谱和风洞实测谱、谱密度估计重叠点数 512～1 536(FFT 变换总点数取 4 096)等参数取值时，标定系统误差。导纳函数离散频率点数值识别结果 $F(\omega)$采用双对数 3 阶多项式拟合：

$$\lg(F(\omega))=\sum_{i=0}^{3}[a_i\lg^i(\omega B/U)] \tag{7}$$

式中，a_i 为拟合参数。对于脉动风速和抖振力时程采用不同的随机种子分别进行了 10 次随机过程模拟和导纳函数识别。限于文章篇幅，以 10.2 m/s 来流风速和 10.2%紊流度为例，图 3、图 4 列举了“No. 1—No. 10”10 次数值试验中不同功率谱密度估计重叠点数导纳识别结果验证过程。

对于不同参数取值的导纳识别过程，数值识别结果在整体频段离散性较大，双对数坐标多项式拟合结果在低频段 ($6.28fB/U<0.1$) 变异性较大，而在较高的频段，多项式拟合结果变异性相对较小；导纳函数识别结果与谱估计参数密切相关，随重叠点数的增加，导

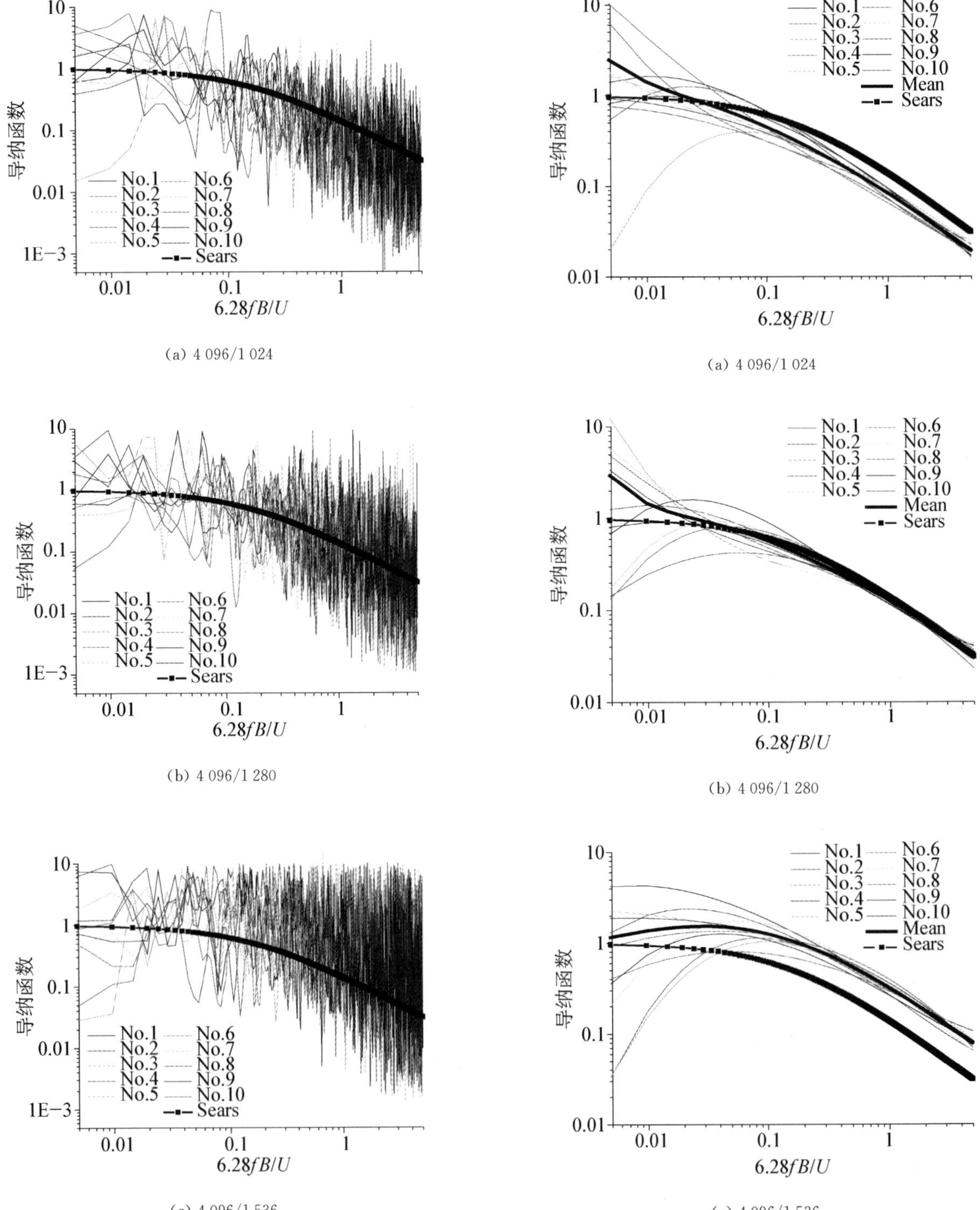

(a) 4 096/1 024

(b) 4 096/1 280

(c) 4 096/1 536

图 3　不同总点数/重叠点数取值时数值识别结果

(a) 4 096/1 024

(b) 4 096/1 280

(c) 4 096/1 536

图 4　不同总点数/重叠点数取值时对数拟合结果

纳函数识别结果递增；比较不同的重叠点数，对数多项式导纳拟合曲线可知，1 280 重叠点数拟合平均结果与目标值 Sears 函数在较高频段吻合较好（$6.28fB/U \geqslant 0.1$），综合考虑识别结果的离散性和与目标值接近程度，当 $6.28fB/U \geqslant 0.1$ 拟合结果最优。优化识别结果如图 5 所示。

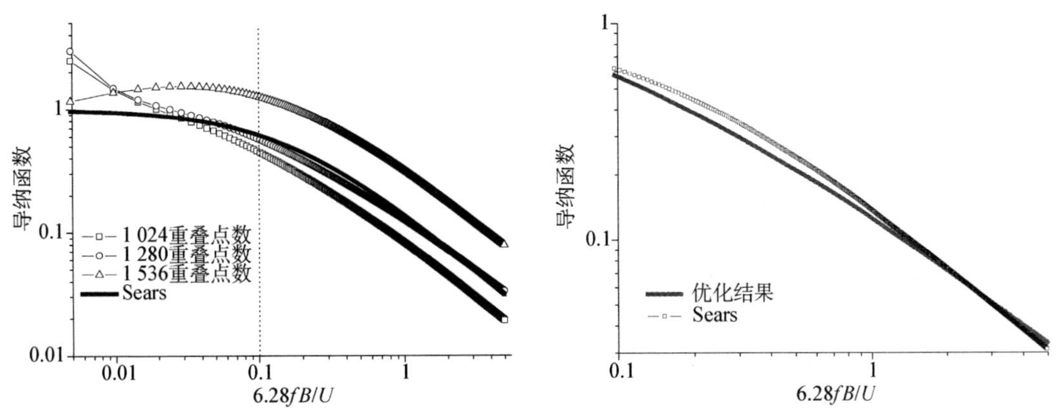

图 5　10.2 m/s 来流风速和 10.2%紊流度互谱法优化识别结果

表 2　基于 100 Hz、60 s 采样参数导纳函数互谱方法识别优化方案

方案编号	平均风速/(m/s)	紊流度	风谱函数	谱估计参数 总点数/重叠点数	数值结果 变异系数	拟合结果 变异系数
1	10.0	10.2%	规范谱	4 096/1 280	1.72	0.11
2	5.0	9.4%	规范谱	4 096/1 280	1.83	0.12
3	10.0	33.6%	规范谱	4 096/768	1.03	0.08
4	10.0	22.2%	规范谱	4 096/1 024	1.36	0.10
5	10.0	14.3%	风洞实测值	4 096/1 280	1.54	0.09

表 2 中详细列举了 5 种不同参数取值方案采用互谱识别方法优化参数取值，数值结果和拟合结果变异系数定义如式(8)所示：

$$
\begin{aligned}
\delta_{\text{Discrete}} &= \underset{i=1,\ K=0}{\overset{i=Times,\ K=Fre}{\text{COV}}}\left(\frac{F_{\text{Discrete}}(i,\ K)}{F_{\text{Fitting, mean}}(K)}\right) \\
\delta_{\text{Fitting}} &= \underset{i=1,\ K=0}{\overset{i=\text{Times},\ K=Fre}{\text{COV}}}\left(\frac{F_{\text{Fitting}}(i,\ K)}{F_{\text{Fitting, mean}}(K)}\right)
\end{aligned}
\tag{8}
$$

式中，COV 为计算变异系数的数学符号，$Times$ 为试验重复次数，Fre 为折算频率 K 上限，$K = 6.28fB/U$，F_{Discrete}、F_{Fitting}、$F_{\text{Fitting, mean}}$ 分别为离散频率点数值结果、对数多项式拟合结果及拟合结果均值。图 6 给出了 5 种方案优化参数导纳函数识别结果与目标函数比较结果。图 7 给出了基于优化参数导纳函数分量(以升力导纳为例)与两向抖振气动力贡献率比较结果。

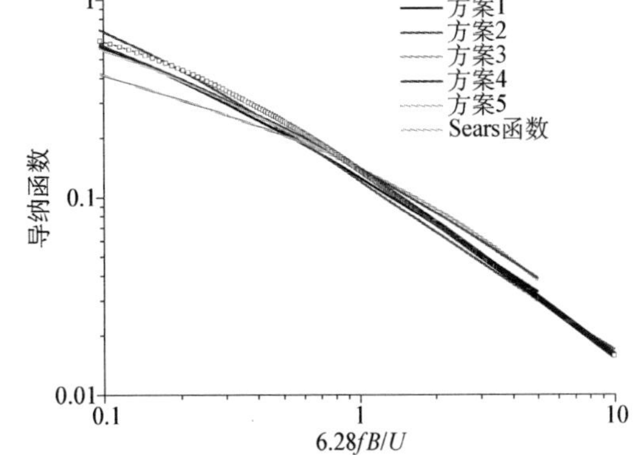

图 6　基于优化参数等效导纳函数识别结果与目标值比较

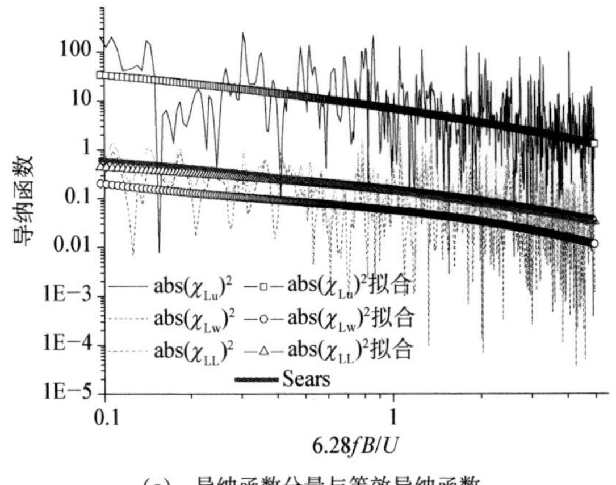

(a)　导纳函数分量与等效导纳函数

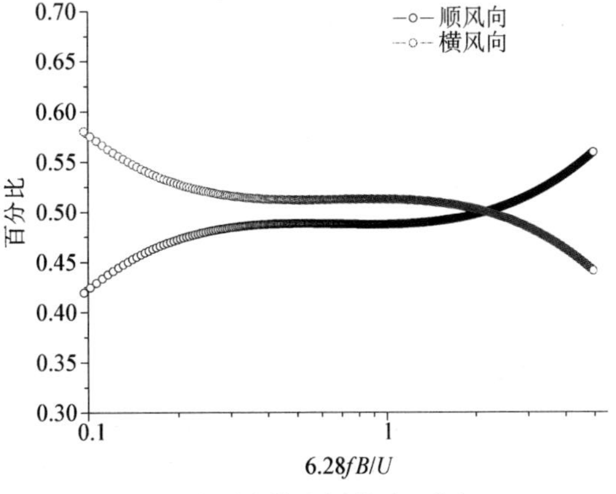

(b) 顺风向与横风向抖振力贡献率

图 7　基于优化参数导纳函数分量与两向抖振气动力贡献率比较（以升力项为例）

综合数值验证结果，可以得出以下结论：

(1) 导纳函数数值识别结果在整体频段离散性较大，数值结果平均变异系数介于 1.03～1.83；对数拟合结果 ($6.28fB/U \geqslant 0.1$) 相对比较稳定，拟合结果平均变异系数介于 0.08 ～ 0.12。

(2) 互谱方法可方便给出导纳函数的全部 6 个分量，导纳函数识别结果与基本参数取值密切相关，有必要标定不同参数取值条件下系统识别误差。

(3) 导纳函数两向分量取值结果差别较大，与等效导纳函数结果可能存在数倍至数十倍的差别；抖振力 u 和 w 两向分量功率谱密度贡献率在整个频段比较接近。

4 风洞试验导纳识别

设计具有代表性的流线形箱梁桥梁主梁节段模型，如图 8 所示，模型采用轻质薄壁木质材料加工，具有足够的刚度，在试验风速作用下不会出现明显变形和振动。

试验在同济大学 TJ－1 边界层风洞中进行，试验段尺寸：宽 1.2 m，高 1.8 m，长 18 m，测力设备采用底支式五分量应变天平。节段模型包括被测量段(25～30 cm 长度)，上补偿段(30 cm 长度)和下补偿段(15 cm 长度)，节段模型分段拼装及在风洞中安装情况参见图 9 所示，测力系统固有频率约 25～30 Hz，远大于测量关心频段，满足高频测力试验要求，气动力及脉动风速测量采用参数为 100 Hz 和 60 s。在均匀流场中进行了流线形箱梁－9°至＋9°以 1°为增量的静风三分力系数识别。采用被动格栅共模拟了四类均匀紊流场，紊流场脉动特性均值参见表 3，表中 I 和 L 分别为来流紊流度和积分尺度。

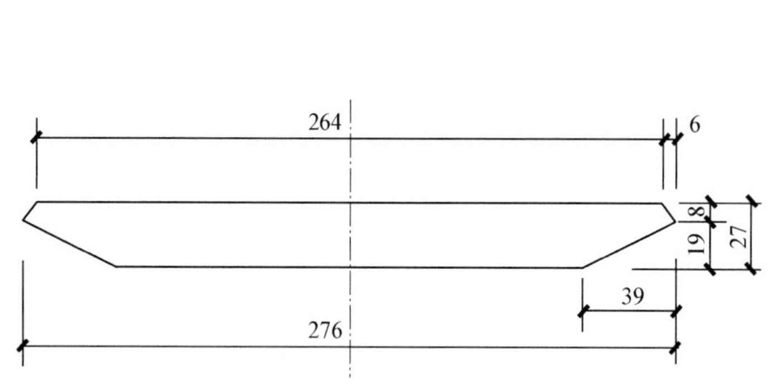

图 8　流线形箱梁模型 (单位：mm)

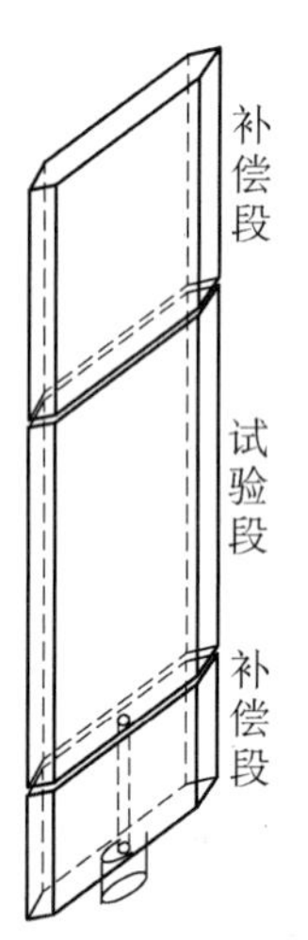

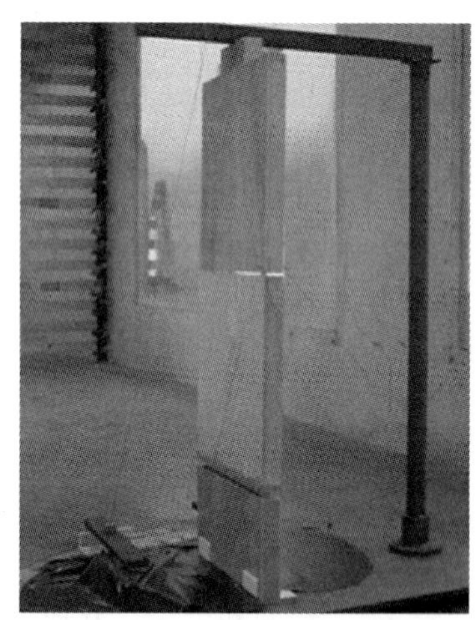

图 9　节段模型拼装及在 TJ－1 风洞中安装情况示意

表 3　四类紊流场脉动特性均值 (4～9 m/s 来流风速)

编号	I_u	I_w	L_u^x/cm	L_w^x/cm
1	11.5%	6.5%	20.17	11.97
2	19.8%	13.9%	25.52	17.45
3	26.8%	14.9%	30.61	14.51
4	30.0%	17.2%	34.98	16.25

4.1 试验误差分析

在 9.62 m/s 平均风速和 11.5%紊流度条件下，比较 10 次试验等效导纳函数结果(图 10)，数值结果在各个频率点离散度较大，各个导纳分量变异系数介于 1.46～1.49；拟合结果相对比较稳定，最大变异系数为 0.10～0.13。

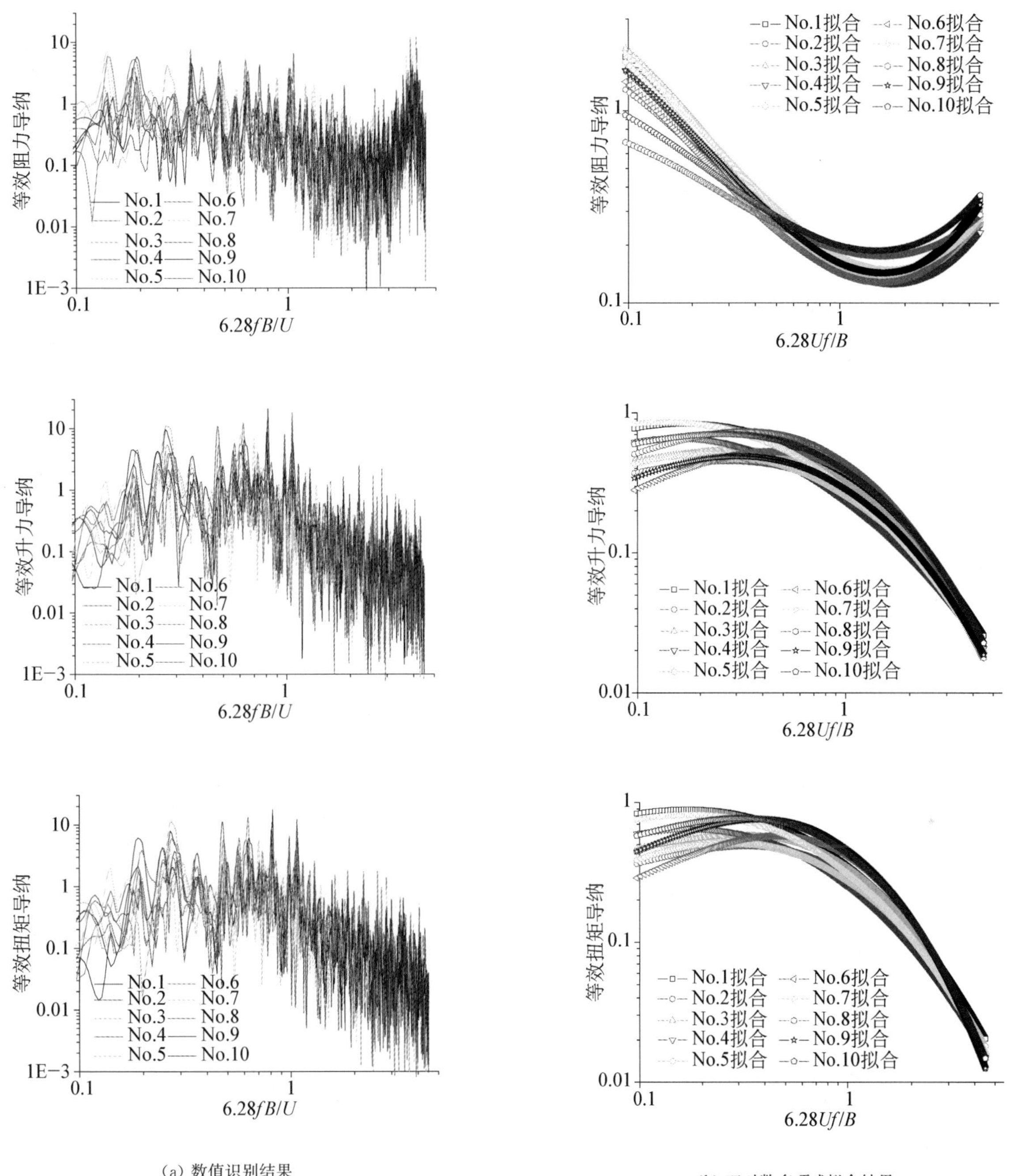

图 10　10 次试验等效导纳函数结果比较

4.2 参数效应分析

4.2.1 紊流度效应

图 11 比较了不同紊流度条件下等效导纳函数试验结果，可知识别结果随紊流度有明显改变，试验中未发现导纳函数随紊流度有明显趋势性的变化。

4.2.2 攻角效应

图 12 比较了不同攻角条件下等效导纳函数结果，可知识别结果在小攻角范围内(−1°～+1°)一般差异性较小，在较大攻角工况(−3°和+3°)中可能有较大的变化，试验中未发现导纳函数随来流风攻角有明显趋势性的变化。

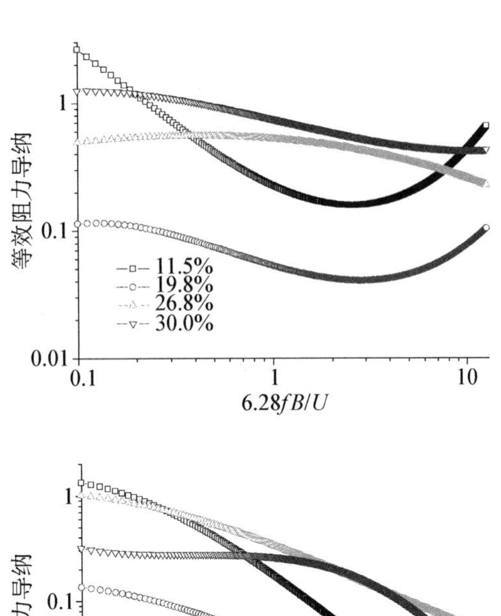

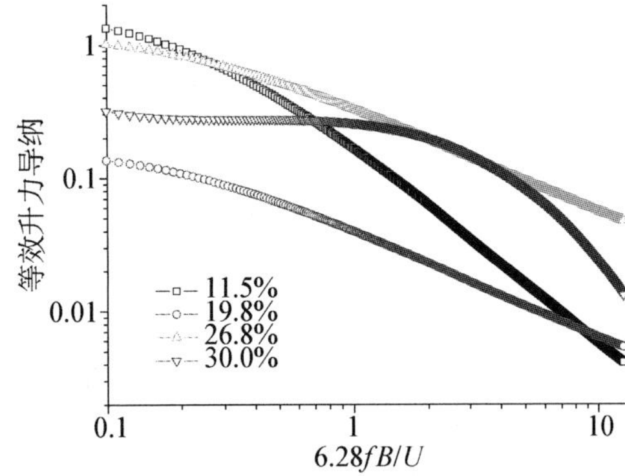

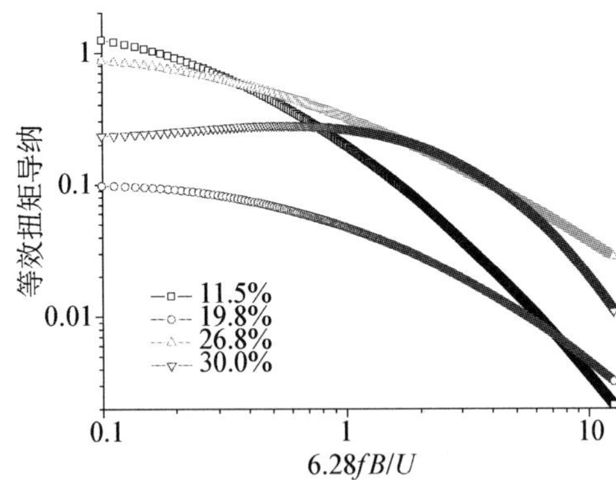

图 11 流线形箱梁模型不同紊流度等效导纳函数结果比较(0°攻角，4.6～5.6 m/s 风速)

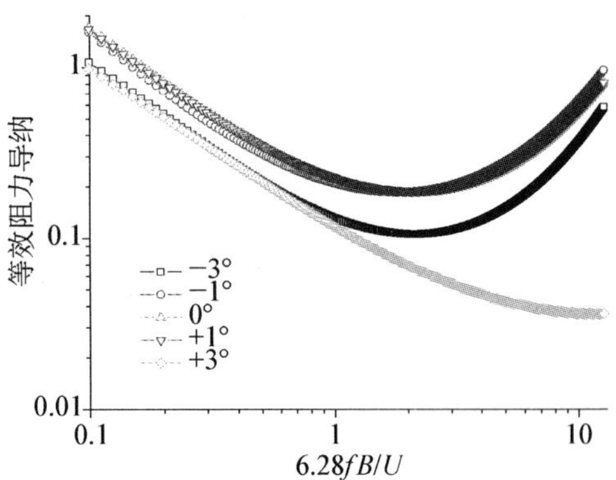

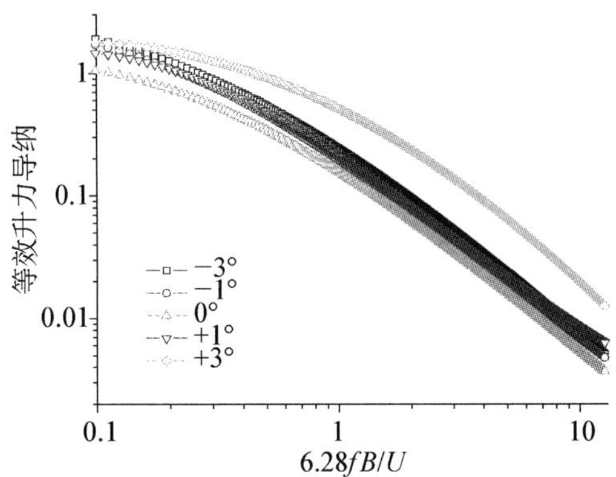

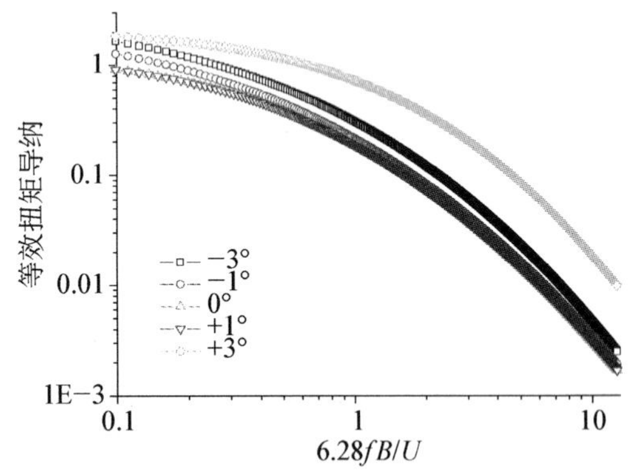

图 12 流线形箱梁模型不同攻角等效导纳函数结果比较(5.6 m/s 风速，11.5%紊流度)

4.3 结果对比

表 4 比较了流线形箱梁模型等效导纳结果和薄机翼断面 Sears 函数解析解。参考试验误差分析结果，不妨取双对数多项式拟合结果变异系数为 0.15，表中阴影背景数据为与 Sears 函数比较超出试验误差范围内(±2.0σ)的结果，表中加粗及斜体数据结果为介于试验误差范围内(±2.0σ)的结果。比较可知，三向抖振力等效导纳函数不相同，其中导纳函数试验结果与 Sears 函数在低频段($K \leqslant 1.0$)吻合较好。

表 4 不同折算频率等效导纳结果比较(0°攻角，5.60 m/s 来流，11.5%紊流度)

节段模型	折算频率 $K=0.2$			折算频率 $K=0.5$			折算频率 $K=1.0$			折算频率 $K=3.0$		
	$\|\Phi_{DD}\|^2$	$\|\Phi_{LL}\|^2$	$\|\Phi_{MM}\|^2$	$\|\Phi_{DD}\|^2$	$\|\Phi_{LL}\|^2$	$\|\Phi_{MM}\|^2$	$\|\Phi_{DD}\|^2$	$\|\Phi_{LL}\|^2$	$\|\Phi_{MM}\|^2$	$\|\Phi_{DD}\|^2$	$\|\Phi_{LL}\|^2$	$\|\Phi_{MM}\|^2$
试验结果	***0.80***	***0.73***	***0.70***	***0.34***	***0.34***	***0.37***	***0.22***	0.15	***0.18***	0.19	0.03	0.03
解析解	0.61		—	0.38		—	0.24		—	0.09		—

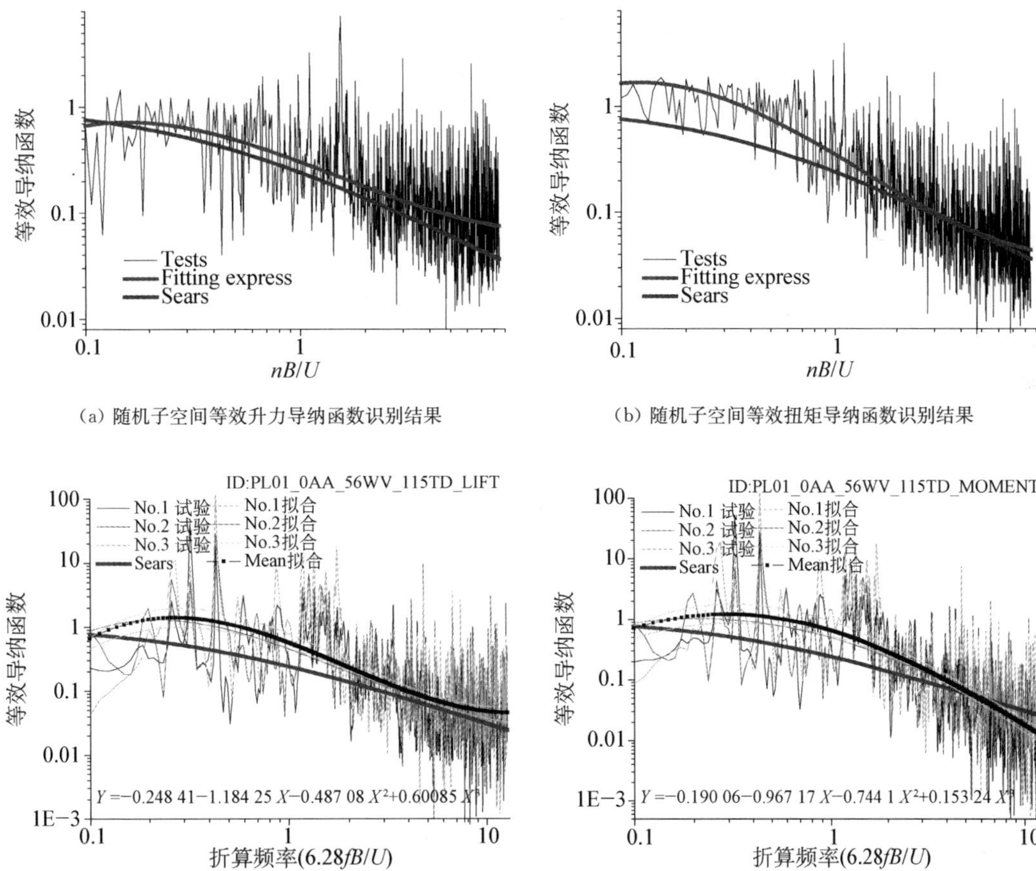

(a) 随机子空间等效升力导纳函数识别结果　　(b) 随机子空间等效扭矩导纳函数识别结果

(c) 本文等效升力导纳函数识别结果　　(d) 本文等效扭矩导纳函数识别结果

图 13　流线形箱梁模型不同方法导纳识别结果比较（0° 攻角，11.5% 紊流度，5.3 m/s 风速）

气动导纳的理论研究与试验识别工作已经开展多年，目前可以达到一些共同的认识，即在模拟近于 Sears 理论推导的条件时（刚性机翼＋正弦阵风及谐波组合阵风），在高频段（折算频率 $6.28fB/U \leqslant 0.6$）理论值与试验值具有较好的吻合，而在低频段试验值低于 Sears 函数理论值，可能的原因为波的形式为非正弦形式。而后，Larose[3]、陈斌[7]、Matsuda[14] 和蒋永林[15] 等人在识别桥梁断面气动导纳函数时，同样发现在低频段，试验值较 Sears 函数偏低情况。参考图 13 本文互功率谱与秦[12] 随机子空间导纳函数识别结果对比，一方面间接验证本文结果的正确性，另一方面表明基于数值验证优化参数的导纳函数互谱方法识别结果可有效地克服上述问题，进一步将流线形箱梁断面等效导纳识别结果识别精度扩展到 $6.28fB/U \geqslant 0.1$ 的范围内。

5　结语及展望

通过流线形箱梁导纳函数识别及理论分析，可以总结得出以下结论：

（1）对于不同导纳函数识别方法，识别结果精度受到采样频率、来流紊流度和谱估计参数等影响，有必要首先采用数值验证进行参数优化；尽管导纳函数两向分量取值结果差别较大，三向气动力 u 和 w 项抖振力分量功率谱密度贡献率在整个频段比较接近。

（2）流线形箱梁模型等效导纳函数识别结果，与薄机翼断面 Sears 函数解析解和随机子空间识别结果比较，对于 0°攻角和 11.5% 来流紊流度情况，当折算频率 $K \geqslant 0.1$ 时可以获得比较接近的试验结果。

（3）对于流线形箱梁桥梁断面，等效升力和扭矩导纳函数总体上随折算频率增加呈递减趋势，由于涡激力效应的影响，在涡脱频率段导纳函数存在明显峰值；等效阻力导纳函数随折算频率增加存在上翘趋势。

（4）桥梁断面导纳函数识别结果与来流紊流度、模型攻角等密切相关；试验中未发现导纳函数随来流紊流度和模型攻角有明显趋势性变化。

在桥梁断面气动导纳识别工作中，采用互谱导纳函数识别方法，识别了具有代表意义的典型类流线形箱梁桥梁主梁断面气动导纳函数的全部 6 个分量。验证类流线形箱梁在特定条件下(0°攻角，11.5%紊流度)导纳函数采用 Sears 函数具有一定的合理性，而采用导纳函数 1.0 抖振响应结果非常偏于保守，同时指出传统导纳函数识别过程假定气动力表达式两向导纳分量作用等效原则不尽合理。

6 致谢

笔者在攻读博士三年和随后于同济大学工作的十余年间，时时感受到项海帆教授率先垂范的熏陶和教导，国际化的视野，不计功名利禄的奉献精神，由本职工作点滴积累立志推动国家科技进步的决心，均为学生的成长树立了楷模。项先生临近八十高龄亦笔耕不辍，眷顾桥梁建设事业的发展；每次见面，均仔细叮嘱后辈积极上进，这种以身作则的忘我工作态度，是当今社会中少见的正能量，亦能带领我们抵挡社会中的求名求利的浮躁气息。

逢此八十寿辰之际，祝愿项先生健康长寿、目睹心中的宏愿早日实现！

参考文献

[1] 谢霁明. 识别非定常气动力模型的初脉冲耦合振动法[J]. 空气动力学学报，1986，3：258－267.

[2] Sarkar P P, Jones N P, Scanlan R H. Identification of Aeroelastic Parameters of Flexible Bridges [J]. Journal of Engineering Mechanics, ASCE, 1994, 120(8): 1718－1741.

[3] Larose G L, Tanaka H, Gimsing N J, et al. Direct Measurement of Buffeting Wind Forces on Bridge Decks [J]. Journal of Wind Engineering and Industrial Aerodynamics, 1997, 74－76: 809－818.

[4] 顾巍. 博士后研究工作报告：钝体桥梁断面的气动导纳试验技术与研究[D]. 上海：同济大学，2000.

[5] 靳欣华. 博士学位论文：桥梁断面气动导纳识别理论及试验研究[D]. 上海：同济大学，2003.

[6] 赵林. 博士学位论文：风场模式数值模拟与大跨度桥梁抖振概率评价[D]. 上海：同济大学，2003.

[7] 陈斌. 博士学位论文：识别气动参数的测压法试验研究[D]. 上海：同济大学，2006.

[8] 韩艳. 博士学位论文：桥梁结构复气动导纳函数与抖振精细化研究[D]. 长沙：湖南大学，2007.

[9] 马存明. 博士学位论文：流线箱型桥梁断面三维气动导纳研究[D]. 成都：西南交通大学，2007.

[10] 李丽. 博士学位论文：桥梁气动导纳函数研究及其应用[D]. 成都：西南交通大学，2007.

[11] 张若雪. 博士学位论文：桥梁断面气动参数识别理论和试验研究[D]. 上海：同济大学，1998.

[12] 秦仙蓉，顾明. 桥梁结构气动导纳识别的随机子空间方法[J]. 同济大学学报，2004，32(4)：421－425.

[13] Deodatis G. Simulation of Ergodic Multivariate Stochastic Processes [J]. J Engrg Mech ASCE, 1996, 122(8): 778－787.

[14] Kazutoshi Matsuda, Yuichi Hikami, et al. Aerodynamic Admittance and the 'Strip Theory' for Horizontal Buffeting Forces on a Bridge Deck [J]. Journal of Wind Engineering and Industrial Aerodynamics, 1999, 83: 337－346.

[15] 蒋永林. 博士学位论文：斜拉桥抖振响应分析[D]. 成都：西南交通大学，2000.

大悬臂箱梁涡激共振抑振措施及机理研究

周志勇* 葛耀君

（同济大学土木工程防灾国家重点实验室，桥梁结构抗风技术交通行业重点实验室 中国 上海 200092）

摘 要 基于大比例节段模型风洞试验和计算流体动力学（CFD）方法进行大悬臂箱梁涡激共振抑振措施及机理研究。以港珠澳大桥深水区非通航孔桥为例，对其进行大比例节段模型风洞试验。风洞试验结果显示，边防撞栏是诱发竖弯涡振的原因。CFD数值模拟表明，边防撞栏和路缘石之间的距离不足以使其间的流速加快，两者之后是近似的死水区，形成连续的旋涡脱落现象，主导涡激共振的发生。据此，设计了三种形式的风嘴结构（梯形风嘴、翼型风嘴和小翼型风嘴）以加快边防撞栏与路缘石之间的流速，避免其后形成连续的旋涡脱落现象。CFD数值模拟及桥面风速测量均表明各测点风速较原型断面有一定程度提高，在卓越频率处的能量有较大衰减，表明风嘴对边防撞栏后的流速起到了加速作用。最后，针对上述三种气动措施，分别进行风洞试验，并与原型断面的结果进行对比，三种气动措施均可以在不同程度上抑制主梁竖弯涡振。

关键词 大悬臂箱梁；涡振；风嘴；CFD；大比例节段模型试验；机理

* 周志勇，1971年出生，项海帆教授1999年博士后，论文题目“离散涡方法用于桥梁截面气动弹性问题的数值计算”。

1 引言

随着我国桥梁建设事业的发展，大跨度的桥梁结构建造得越来越多，由于这些结构具有刚度小、柔性大、阻尼小和重量轻的特点，因而对风作用的敏感性强，涡激振动就是一种大跨度桥梁中常见的现象。来流在钝体表面会发生附面层分离、分离剪切层卷起，形成旋涡交替脱落的流动现象，这种流动现象将引起结构所受气动力的周期性变化及结构振动，这种空气动力学现象称为涡激振动。涡激振动是大跨度桥梁在低风速下很容易出现的一种风振现象，具有强迫和自激振动的双重特性，是一种限幅振动。尽管涡激振动不会像颤振或驰振那样导致发散，但由于是低风速下常易发生的振动，且振幅之大足以影响行车安全，甚至可能诱发拉索参数共振等其他类型致命的气动不稳定，因此桥梁的涡激振动评价与控制已成为桥梁抗风设计研究中日益重要的课题。

抑制涡振的气动措施一般包括在主梁断面上设置导流板、抑流板、分流板、扰流板、整流板、风嘴、稳定板、中央挡板以及通风导流的格栅等。采用气动措施来抑制涡激振动的基本原理是通过改变桥梁断面的气动外形来改变气流在结构表面的流动和分离，破坏漩涡的形成或改变其漂移的速度，从而在整体效果上抑制涡振的发生。由于目前人们对流固耦合振动认识的局限，虽然已经可以针对具体的主梁断面找到不同的气动措施来有效地控制涡激振动，但对其中的机理还不能给出定量、清晰的解释。

目前，国内外诸多学者已经通过风洞试验或数值模拟分析在研究涡振机理方面进行了一些有益的尝试。Nagao（1995，1997）通过烟雾法和测压法从微观上研究了栏杆对桥梁涡振性能的影响，认为有的栏杆断面会引发涡振且几乎所有的栏杆都会放大竖弯涡振振幅。EI-Gammal M（2007）在研究展向正弦扰流板的制振机理时，测量了涡振振动发生时的节段模型表面压力以及尾流区的速度分布，通过分析压力均值、方差、频谱等统计特性，揭示了展向正弦扰流板的制振机理。Allan Larsen（2012）通过风洞试验研究了3种梯形箱梁几何尺寸对涡振的影响，并证明可以找出一个没有涡振的断面形状，并指出下甲板与斜腹板的夹角是一个重要的影响参数，文章也对比了安装栏杆的情况，并进行了流场显示和尾流涡脱频率测试。

孙延国等(2012)通过大跨度悬索桥 1∶20 的大比例节段模型风洞试验，认为在检修轨道两侧布置导流板可以改善主梁的涡激振动性能，内侧布置导流板能将主梁底板的气流引离尾部，从而抑制主梁的涡激振动。管青海等(2013)通过同步测振和测压均匀风场风洞试验，分析了带大悬臂箱梁两个竖向涡振区的振幅与锁定风速区间，结果表明：两个竖向涡振区是由具有不同 Strouhal 数的两个独立气流涡脱所致；低风速涡振区涡激力主要来源于箱梁上表面中部两道防护栏区域和下表面背压区的气流脉动，高风速涡振区涡激力主要来源于箱梁上表面下游区域和下表面背压区的气流脉动，两者在上表面的气流涡脱相互独立。

Sarwar 等(2010)通过 CFD 计算，对抑振措施增加之前与之后的计算流场显示进行了详细的说明对比，以解释流场特性的改变和抑振措施的抑振机理。孟晓亮等(2011)通过 CFD 方法对主梁断面外部绕流形态进行了数值模拟，对风嘴形状与流动分离之间的关系进行了分析。曹丰产等(2007)通过 CFD 方法分析了箱梁断面的气流速度和压强分布及作用于桥梁断面的气动力的频谱。周志勇(2007)等采用离散涡方法及流场可视化技术识别桥梁 Π 形板梁断面的旋涡脱落机制。流场可视化显示，来流绕过振动的 Π 形板梁断面时，在主梁断面前缘下部分离泡形成并发展为主涡结构，主涡结构沿主梁断面下表面漂移并经断面后缘下端进入尾流，主涡结构的形成时间及沿主梁断面的漂移过程对气动力起直接的主导作用。Larsen (2000)利用二维随机离散涡方法软件(DVMFLOW)，显示了原 Tacoma 桥断面绕流流动和结构相互作用的全过程。研究表明旋涡沿主梁的漂移会使升力的作用点同时漂移，造成升力矩从正向负转化，当涡的间距和桥面跨度达到一定的配合关系将激起发散的扭转振动。

综上所述，大悬臂箱梁断面旋涡脱落现象较复杂，其抑振措施也较难寻找，而已有研究主要针对扁平闭口钢箱梁这一典型主梁断面进行。为此，本文以港珠澳大桥深水区非通航孔桥为研究背景，基于大比例节段模型风洞试验和计算流体动力学(CFD)方法进行大悬臂箱梁涡激共振抑振措施及机理研究，并设计了三种形式的风嘴结构(梯形风嘴、翼型风嘴和小翼型风嘴)。针对上述三种气动措施，分别进行风洞试验，并与原型断面的结果进行对比，三种气动措施均可以在不同程度上抑制主梁竖弯涡振。

2 工程背景及试验概况

2.1 桥梁概述

深水区非通航孔桥是港珠澳大桥的重要组成部分，标准联为 6×110 m 连续梁桥，标准联采用等宽连续大悬臂钢箱桥，主梁采用单箱双室整幅等梁高钢箱梁，梁高 4.5 m，宽 33.1 m(图 1)，悬臂宽度约占整个主梁宽度的 1/6。

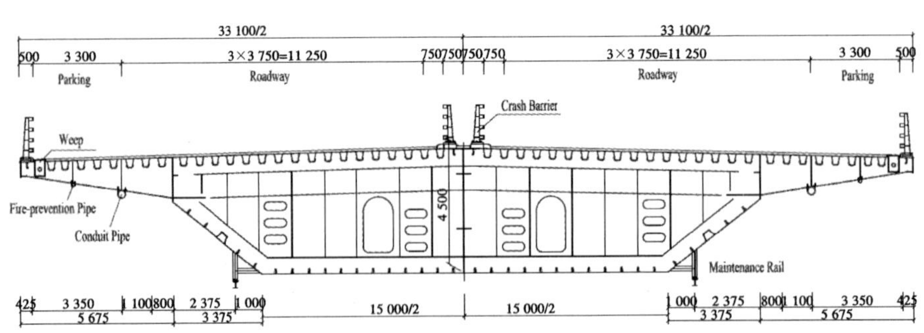

图 1 大悬臂钢箱梁横断面(单位：mm)

2.2 大比例节段模型试验

大比例刚体节段模型风洞试验在同济大学 TJ-3 风洞中进行。为使试验雷诺数较大，同时更精确地模拟箱梁的构造细节，使试验结果更接近实际，设计制作几何缩尺比为 1∶20，长度为 3.6 m 的大比例节段模型。涡激共振现象与结构阻尼比密切相关，不同振幅下的结构阻尼比也不尽相同。为此，进行风洞试验前，对不同初始激励下的结构阻尼比进行了测量，从结构自由衰减曲线获得的结构阻尼比分别为 3.3‰、3.0‰ 及 2.5‰。

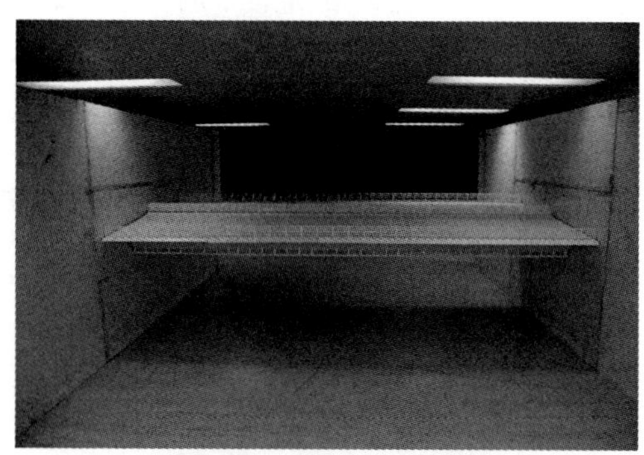

(a) 成桥状态

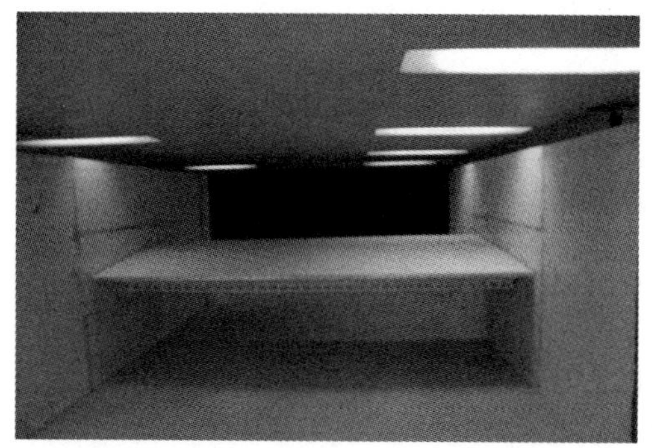

(b) 施工状态

图 2 风洞中的主梁大比例节段模型

2.3 试验结果

试验在均匀流场中进行,结果发现:在风攻角为 0°及+3°条件下,主梁原型断面均出现明显的竖弯涡振现象,在风攻角为−3°时,没有此现象发生。如图 3 所示。

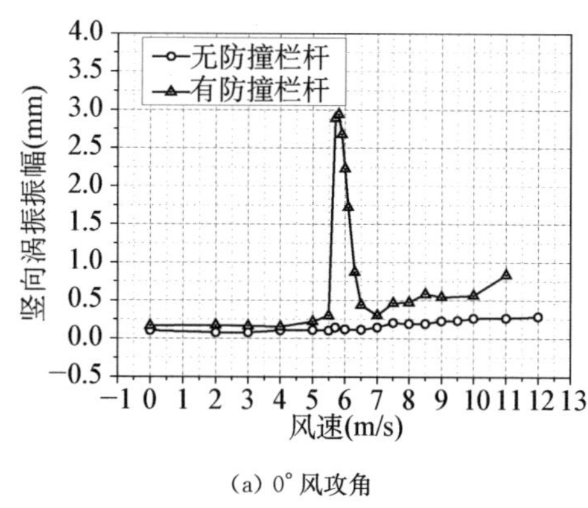

(a) 0° 风攻角

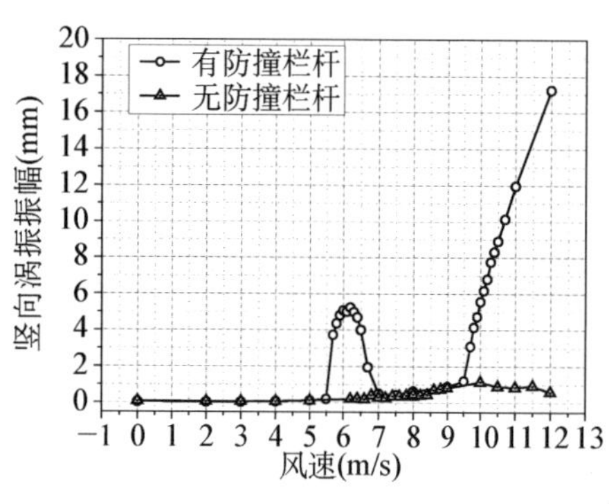

(b) +3° 风攻角

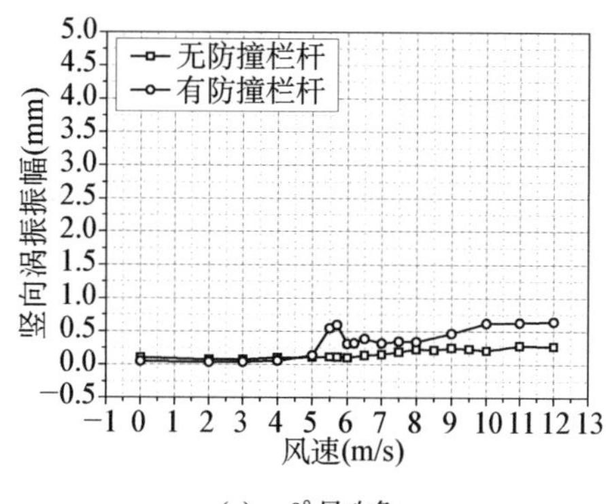

(c) −3° 风攻角

图 3 竖弯涡振响应

其中,在 0°攻角工况下,涡振风速锁定区间为 5.7~6.1 m/s,最大竖向涡振振幅达到约 3 mm;在+3°攻角工况下,涡振风速锁定区间为 5.7~6.7 m/s,最大竖向涡振振幅达到约 5 mm,以及出现更加剧烈的高风速涡振。

但是,在这两种工况下,我们将原型断面中的防撞栏杆全部去掉,呈现裸桥状态,结果发现前面所产生的竖弯涡振现象全部消失。

由以上试验结果可以初步确定,该主梁断面的竖弯涡振现象是由于防撞栏杆导致的。

3 涡振产生原因分析及对策

3.1 明确诱导涡激共振发生的旋涡脱落

采用 ANSYS 提供的 Fluent 有限体积法求解器进行主梁断面绕流流场的数值计算。为了将计算域的设置对计算结果的影响减到最小，计算域的范围要设置得较大，以避免局部的“压缩效应”。计算域的大小可以用阻塞率来衡量，一般数值模拟中阻塞率应不大于3%。计算域设置为 $55D\times35D$，见图 4，其中 D 表示主梁断面的高度。

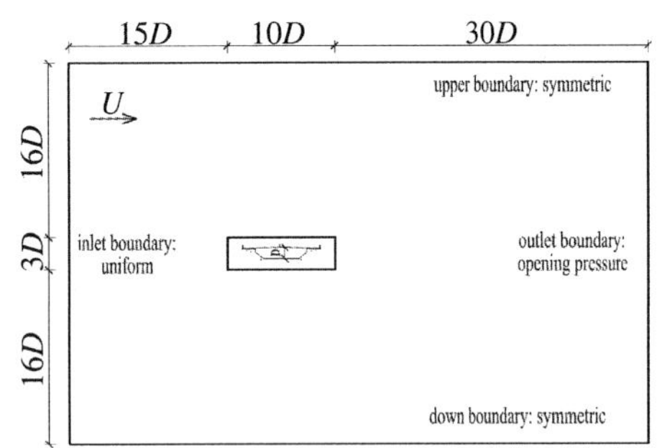

图 4 计算域划分及边界条件处理

采用多块结构化网格进行计算域离散，网格数量为 100 万左右，同时在加劲梁断面表面进行一定的局部加密。网格划分如图 5 所示，计算参数见表 1。其中，雷诺数设定为 10^6 左右。

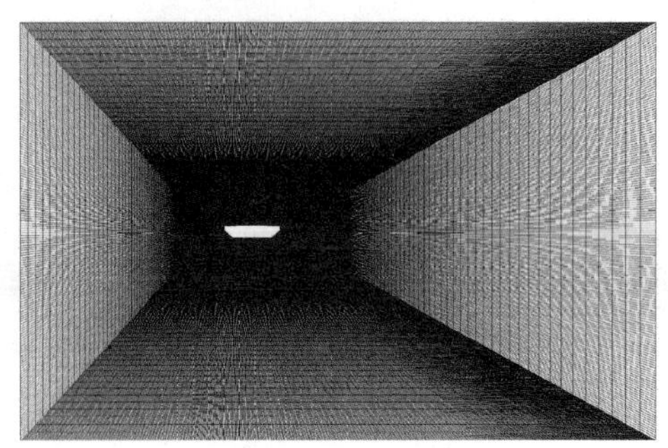

图 5 计算域网格划分

表 1 计算方法及参数列表

空间离散	对流项离散	扩散项离散	压力、速度耦合	湍流模型	网格数量
有限体积法	二阶迎风差分	二阶中心差分	Simple 算法	Realizable $\kappa-\varepsilon$ 模型	约 100 万

图 6 为 CFD 数值模拟得到的原型断面的速度场云图。涡激共振现象的发生离不开桥梁断面上连续的旋涡脱落现象。从图 6 可有如下两个基本认识：

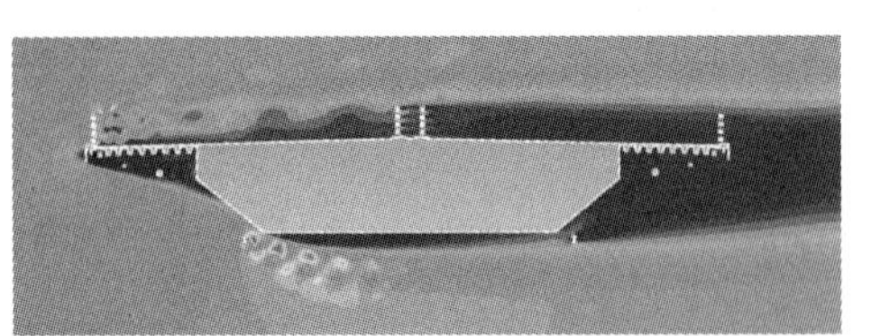

图 6 原型断面 0° 攻角速度场云图

(1) 图 6 显示，在边防撞栏后的上甲板区域速度场分布不均匀，表明这些区域是涡量的密集区；在检修轨道后存在连续的旋涡脱落现象，但旋涡距主甲板较远。由于旋涡对结构的激振力与其强度成正比，与距离的平方成反比，因此，该旋涡对主梁的影响不大。

(2) 图 6 显示，在路缘石后存在较明显的分离涡 1，在边防撞栏后显示有多个分离涡(分离涡 2)，说明在路缘石、边防撞栏后存在连续的旋涡脱落现象。从图 6 还可看出，分离涡 2 在边防撞栏及路缘石后产生，两者之间的距离不足以使其间的流速加快，两者之后是近似的死水区，即使对路缘石进行倒角处理，在其后仍存在分离涡 2(图 7)。

基于上述认识，上甲板表面的连续脱落的分离涡 1 及分离涡 2 主导主梁涡激共振的发生，特别是分离涡 2 的作用。

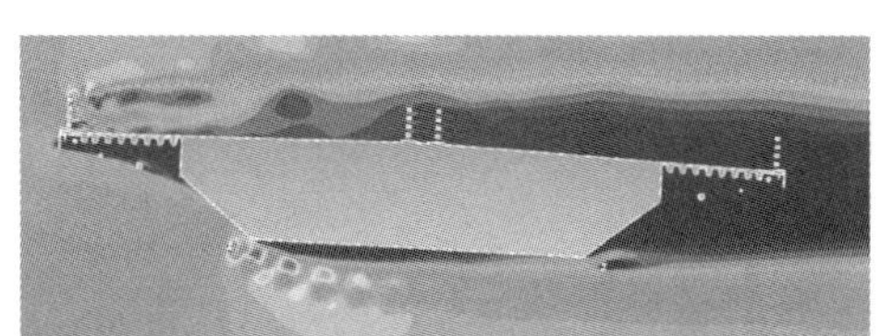

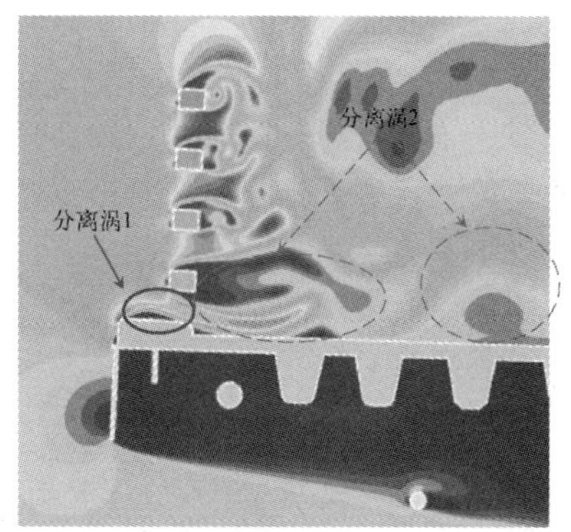

图 7　原型断面(路缘石倒角处理)+3°攻角速度场云图

3.2　抑制涡激共振发生的对策及气动措施

由于边防撞栏与路缘石之间构成的近似死水区是分离涡 2 产生的原因,因此采取措施加快边防撞栏与路缘石之间的流速也许是较可行的方法(表 2),气动措施分别为:①增设梯形风嘴;②增设翼形风嘴;③增设小翼形风嘴。

表 2　涡振抑制措施

梯形风嘴	翼形风嘴	小翼形风嘴

原型断面与三种气动措施的平均速度流场计算结果见图 8。从图 8 可见,原型断面在桥面板处流场速度较低,增设梯形风嘴、翼形风嘴及小翼形风嘴能较好地加快边防撞栏与路缘石之间流速,从而减弱分离涡 2 的强度,因而可抑制涡振的发生。

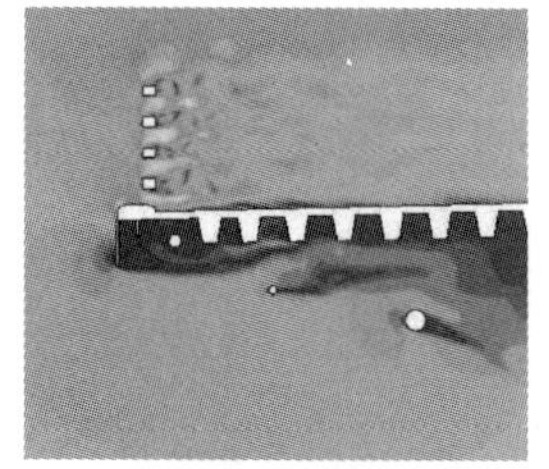

(a) 原型断面

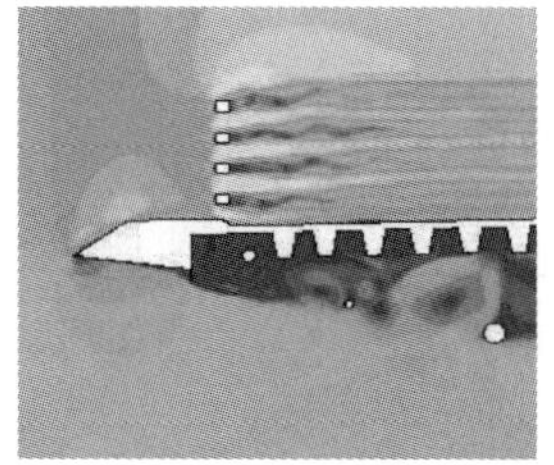

(b) 梯形风嘴

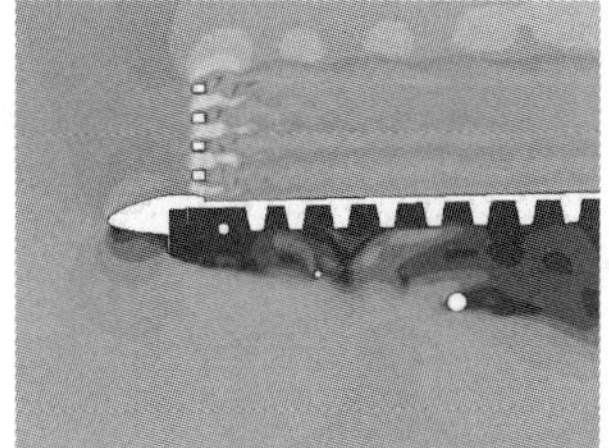

(c) 翼形风嘴

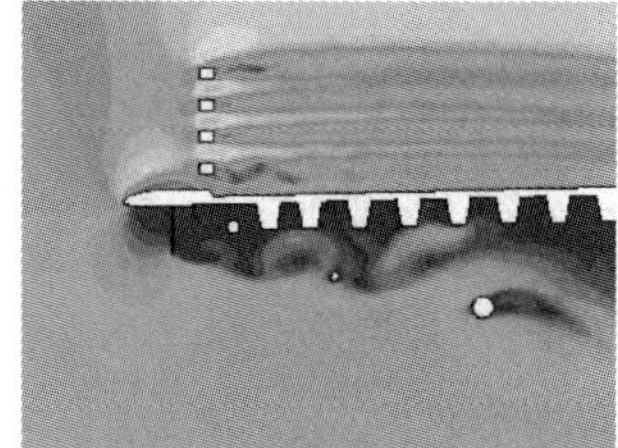

(d) 小翼形风嘴

图 8　原型断面与三种气动措施的速度流场图

3.3　风场测速试验

此外,在最大涡振振幅风速下,针对原型断面及增设翼形风嘴的主梁断面,采用了三维脉动风速测量仪,对断面上表面流速进行测量。对边防撞栏后 80～560 mm 的 4 处位置设置测点,并且在每处位置在三个不同高度处同时布置探头,分别距桥面 32 mm、65 mm、120 mm,测点布置见图 9。

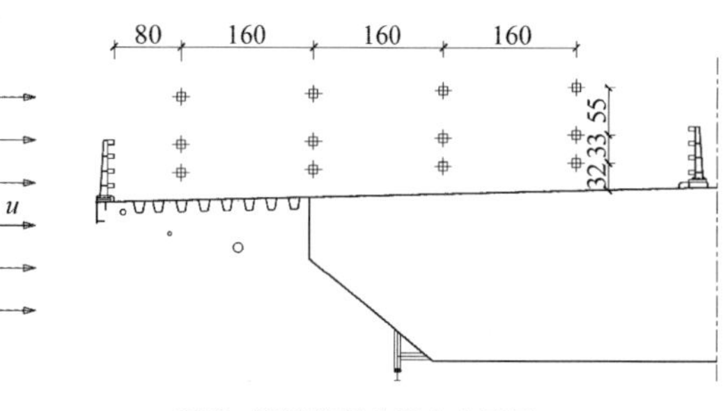

图 9　眼镜蛇探头测点布置图

在最大涡振振幅风速下，原型断面及增设翼形风嘴断面上表面各测点风速平均值如图 10 所示。图 10 显示，增设风嘴后，各测点风速较原型断面有一定程度提高，表明风嘴对边防撞栏后的流速起到了加速作用。

在最大涡振振幅风速下，原型断面及增设翼形风嘴断面上表面各测点风速功率谱见图 11。图 11 显示，原型断面卓越频率最为集中，为节段模型的振动频率，而增设翼形风嘴断面在卓越频率处的能量有较大衰减。

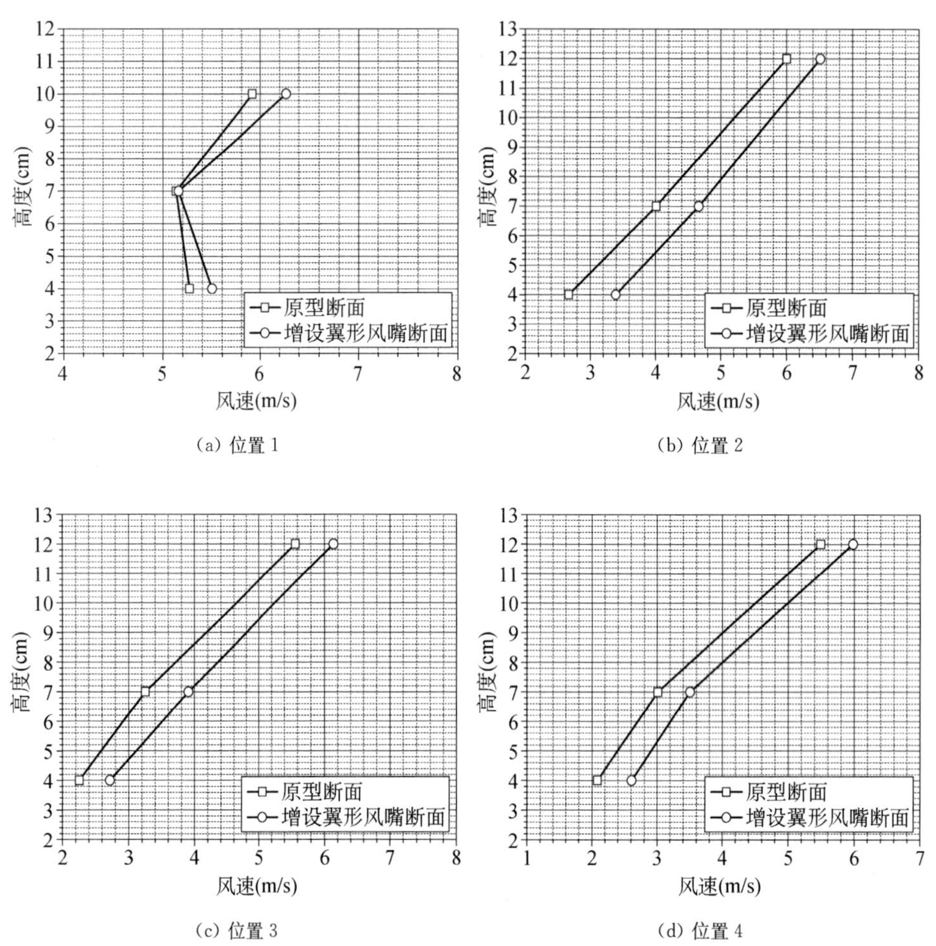

(a) 位置 1　(b) 位置 2

(c) 位置 3　(d) 位置 4

图 10　各测点在最大涡振振幅风速下风速平均值

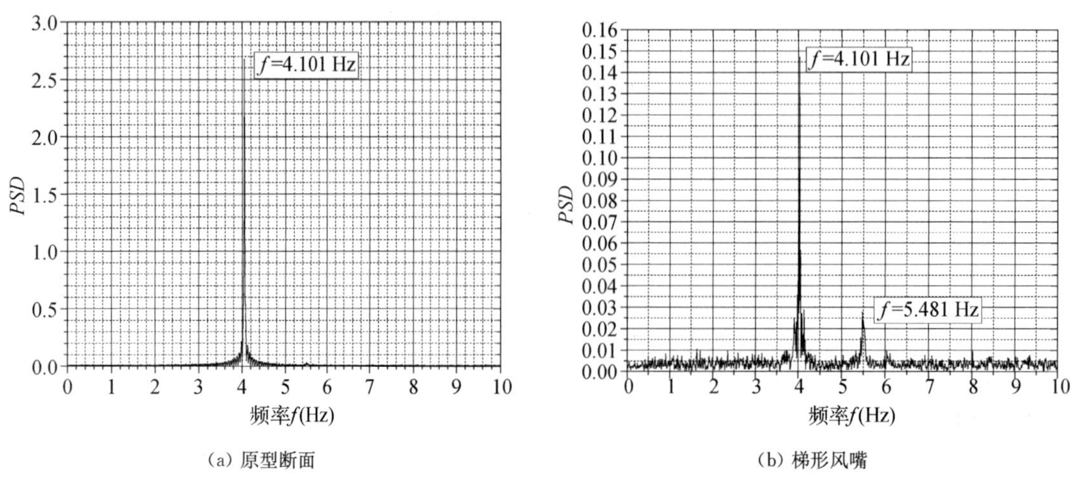

(a) 原型断面　(b) 梯形风嘴

图 11　原型断面及增设翼形风嘴断面在最大涡振振幅情况下速度功率谱

由于靠近桥面板处流场气动力对桥面板的作用最大，所以我们仅列出测点底部处的风速功率谱，如图 12 所示。图 12 显示，增设翼形风嘴后，在各位置处，在主桥第一阶竖弯频率(0.806)处，流场能量较原型断面有一定程度降低。

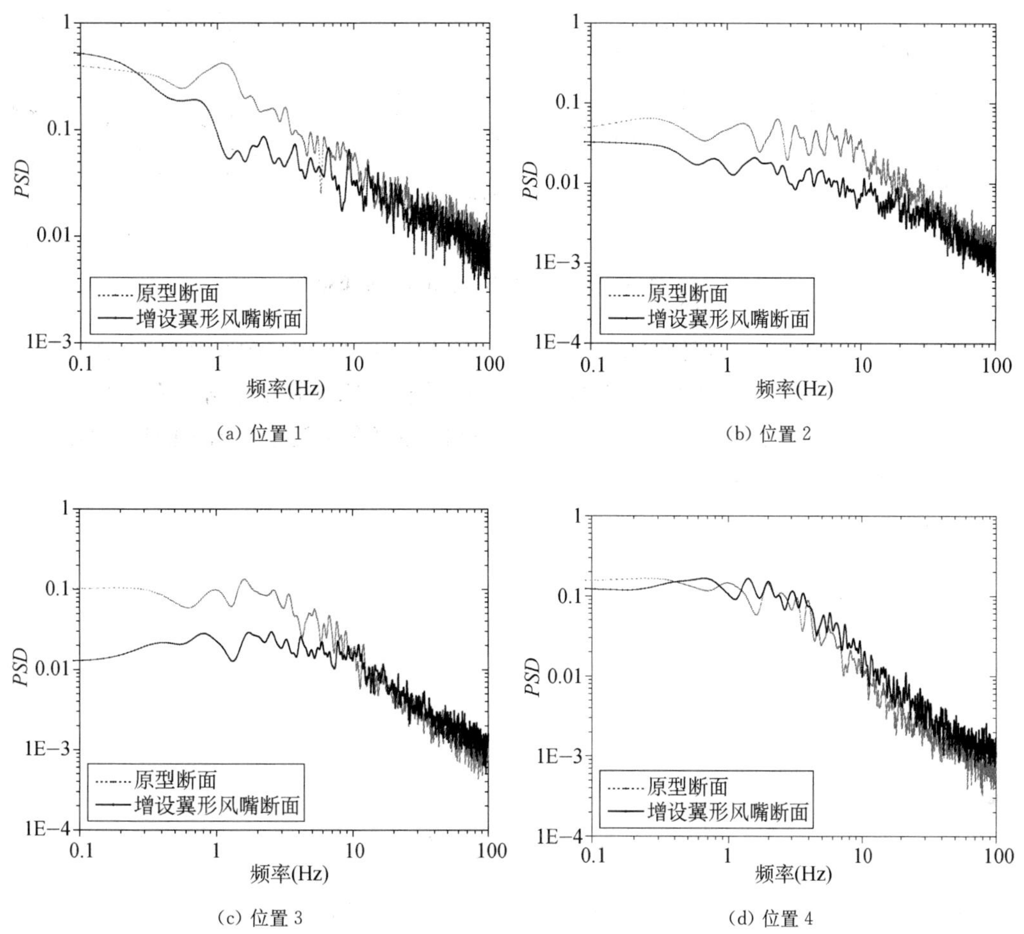

(a) 位置 1　(b) 位置 2

(c) 位置 3　(d) 位置 4

图 12　各测点底部风速功率谱(双对数坐标)

4　针对增设气动措施后的断面进行大比例节段模型涡振风洞试验

针对上述三种气动措施，分别进行风洞试验，并与之前的原型断面的结果进行对比，如图 13 显示，三种气动措施均可以在不同程度上抑制主梁竖弯涡振。在 0°攻角工况下，通过增设梯形风嘴与翼形风嘴，竖弯涡振现象消失；通过增设小翼形风嘴，最大竖向涡振振幅大大减小，约达到原型断面的一半值(2 mm)。在 +3°攻角工况下，通过增设梯形风嘴与涡振风速锁定区间没变，最大竖向涡振振幅大大减小，约达到原型断面的一半值(3 mm)。

5　结论

本文基于大比例节段模型风洞试验和计算流体动力学(CFD)方法进行大悬臂箱梁涡激共振抑振措施及机理研究。结论如下：

(1) 风洞试验结果显示，边防撞栏是诱发竖弯涡振的原因。CFD 数值模拟表明，边防撞栏和路缘石之间的距离不足以使其间的流速加快，两者之后是近似的死水区，形成连续的旋涡脱落现象，主导涡激共振的发生。

(2) 设计了三种形式的风嘴结构(梯形风嘴、翼形风嘴和小翼形风嘴)以加快边防撞栏与路缘石之间的

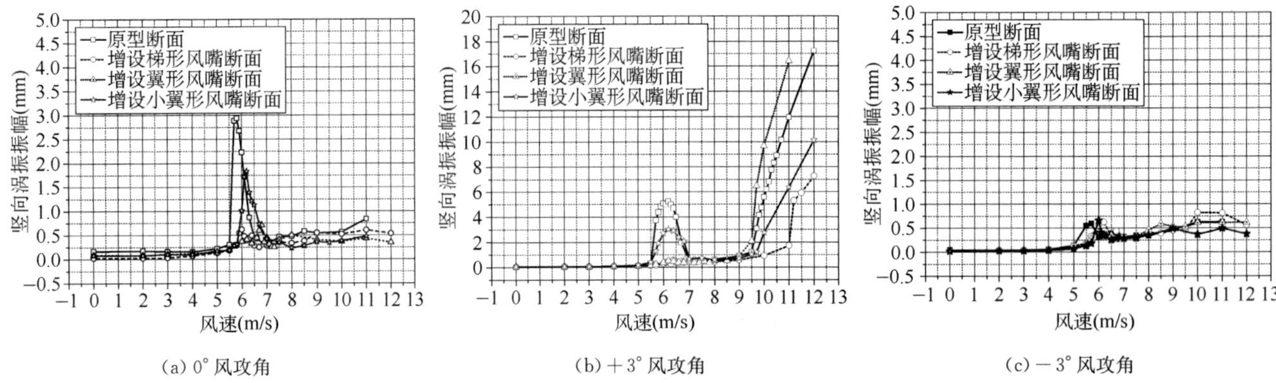

(a) 0° 风攻角　(b) +3° 风攻角　(c) −3° 风攻角

图 13　原型断面与三种抑气动措施试验结果对比

流速，避免其后形成连续的旋涡脱落现象。CFD 数值模拟及桥面风速测量均表明各测点风速较原型断面有一定程度提高，在卓越频率处的能量有较大衰减，表明风嘴对边防撞栏后的流速起到了加速作用。

（3）针对上述三种气动措施，分别进行风洞试验，并与之前的原型断面的结果进行对比，三种气动措施均可以在不同程度上抑制主梁竖弯涡振。

参 考 文 献

[1] Nagao F, et al. Effects of Hand Rails on Vortex Induced Oscillation of Box Girder Bridge[C]//Proc. 6th Int. Conf. on Flow-Induced Vibration, London, UK, 1995.

[2] Nagao F, et al. Effects of Handrails on Separated Shear Flow and Vortex-induced Oscillation [J]. Journal of Wind Engineering and Industrial Aerodynamics, 1997,69:819 - 827.

[3] El-Gammal M, Hangan H, King P. Control of Vortex Shedding-induced Effects in a Sectional Bridge Model by Spanwise Perturbation Method [J]. Journal of Wind Engineering and Industrial Aerodynamics, 2007, 95(8):663 - 678.

[4] Larsen A, Wall A. Shaping of Bridge Box Girders to Avoid Vortex Shedding Response [J]. Journal of Wind Engineering and Industrial Aerodynamics, 2012, 104: 13 - 165.

[5] 孙延国，廖海黎，李明水. 基于节段模型试验的悬索桥涡振抑振措施[J]. 西南交通大学学报，2012，47(2): 218 - 223.

[6] 管青海，李加武，刘健新. 典型箱梁断面双竖向涡振区的成因分析[J]. 长安大学学报，2013，33(4)：40 - 46.

[7] Sarwar M W, Ishihara T. Numerical Study on Suppression of Vortex-induced Vibrations of Box Girder Bridge Section by Aerodynamic Countermeasures[J]. Journal of Wind Engineering and Industrial Aerodynamics, 2010,98(12):701 - 711.

[8] 孟晓亮，郭震山，丁泉顺，等. 风嘴角度对封闭和半封闭箱梁涡振及颤振性能的影响[J]. 工程力学，2011，28(A01)：184 - 188.

[9] 曹丰产，葛耀君，吴腾. 钢箱梁斜拉桥涡激共振及气动控制措施研究[C]//第十三届全国结构风工程学术会议论文集(中册). 2007：668 - 673.

[10] 周志勇，杨立坤. π 形板梁分离扭转颤振机理数值研究[J]. 空气动力学学报，2009，27(6)：683 - 689.

[11] Larsen A. Aerodynamics of the Tacoma Narrow Bridge: 60 Years Later [J]. Structural Engineering International, 2000, 10(4):243 - 248.

分离双幅箱梁桥随机抖振响应频域分析方法

朱乐东[1, 2*]　周　奇[3]　任鹏杰[4]　郭震山[2]　丁泉顺[1, 2]

（1. 同济大学土木工程防灾国家重点实验室　中国　上海　200092；2. 桥梁结构抗风技术交通行业重点实验室　中国　上海　200092；3. 汕头大学土木工程系　中国　广东　515063；4. 中交第一公路勘察设计研究院有限公司　中国　陕西　710075）

摘　要　本文首先提出了同时考虑来流紊流和特征紊流效应的钝体桥梁断面的非定常随机抖振力谱和抖振力跨向根方相干函数经验数学模型，并在此基础上建立了相应的钝体桥梁抖振响应频域分析方法。然后对天津塘沽海河双幅斜拉桥施工阶段最长单悬臂状态的非定常随机抖振响应进行了数值分析，并与气弹模型风洞试验结果进行了比较。

关键词　分离双幅斜拉桥；非定常随机抖振；来流紊流；特征紊流；跨向相关性

基金项目　科技部国家重点实验室基金资助系统性项目（SLDRCE08－A－02）；国家自然科学基金项目（50978204，91215302）。

* 朱乐东，1965 年出生，项海帆教授 1986 级硕士研究生和 1998 级博士研究生，硕士论文题目“大跨斜拉桥颤振条件近似分析方法及颤振后性能研究”，博士论文题目“Buffeting Response of Long Span Cable-supported Bridges under Skew Winds: Field Measurement and Analysis”。本文收录于《第 8 届全国随机振动理论与应用学术会议暨第一届全国随机振动力学学术会议论文集》。

现有各种抖振分析方法都基于准定常抖振力模型，只考虑来流紊流的作用，并采用基于脉动风跨向相干函数经验公式来近似描述抖振力的跨向不完全相关性[1−3]。对于分离双幅桥，由于在振动中两幅主梁可以独立运动，且相互之间存在显著的气动干扰效应，作用在两幅桥上的抖振力及其沿跨向的相关性特性之间具有明显差别，并与单幅桥上的抖振力相比特征紊流效应以及抖振力非定常效应更加显著，气动导纳函数也可能明显不同于平板的 Sears 函数，因此，现有的抖振理论分析方法显然无法满足分离双幅桥的抖振分析需求。然而，为了适应交通流量不断增加的需求，同时也为避免因采用过宽主梁而带来的受力复杂、剪力滞效应显著等问题，分离双幅桥梁逐渐受到桥梁设计者的青睐，并在新建桥梁和既有桥梁扩建的实际工程中得到越来越多的应用，因此，迫切需要对现有抖振分析方法进行进一步的精细化，使得特征紊流效应、抖振力的非定常特性和抖振力跨向不完全相关性能够得到比较充分的考虑，以满足分离双幅桥的抖振响应分析。

1　钝体桥梁断面非定常抖振力谱模型

不同紊流度下双边肋和中央开槽箱梁三种典型桥梁断面紊流场测力试验研究结果[4]显示：作用在钝体桥梁断面上的抖振力自功率谱可以近似表示为来流紊流和特征紊流所产生的抖振力谱的线性叠加：

$$S_{\mathrm{ff}} = S_{\mathrm{ff}}^{\mathrm{w}} + S_{\mathrm{ff}}^{\mathrm{s}} \quad (f = L,\ D,\ M) \tag{1}$$

其中来流紊流抖振升力、阻力和扭矩谱 $S_{\mathrm{ff}}^{\mathrm{w}}(f = L,\ D,\ M)$ 同时受到断面外形和来流紊流特性的影响显著，分布频带较宽、主要能量集中在低频区域。研究结果进一步显示，$S_{\mathrm{ff}}^{\mathrm{w}}$ 仍可根据准定常理论按下式确定，即：

$$\begin{aligned} S_{\mathrm{LL}}^{\mathrm{w}} &= \left(\frac{\rho U^2 B}{2}\right)^2 S_{\tilde{C}_{\mathrm{L}}} \\ &= \left(\frac{\rho UB}{2}\right)^2 \times \left[4C_{\mathrm{L}}^2\,|\chi_{\mathrm{Lu}}^{\mathrm{w}}|^2 S_{\mathrm{uu}} + (C_{\mathrm{D}} + C_{\mathrm{L}}')^2\,|\chi_{\mathrm{Lw}}^{\mathrm{w}}|^2 S_{\mathrm{ww}} \right.\\ &\quad \left. + 2C_{\mathrm{L}}(C_{\mathrm{D}} + C_{\mathrm{L}}')(\chi_{\mathrm{Lu}}^{\mathrm{w}^*}\,\chi_{\mathrm{Lw}}^{\mathrm{w}} S_{\mathrm{uw}} + \chi_{\mathrm{Lu}}^{\mathrm{w}}\,\chi_{\mathrm{Lw}}^{\mathrm{w}^*} S_{\mathrm{wu}})\right] \\ &\approx \left(\frac{\rho UB}{2}\right)^2 |\chi_{\mathrm{L}}^{\mathrm{w}}|^2 \left[4C_{\mathrm{L}}^2 S_{\mathrm{uu}} + (C_{\mathrm{D}} + C_{\mathrm{L}}')^2 S_{\mathrm{ww}} + 4C_{\mathrm{L}}(C_{\mathrm{D}} + C_{\mathrm{L}}')\mathrm{Re}(S_{\mathrm{uw}})\right] \end{aligned} \tag{2}$$

$$S_{DD}=\left(\frac{\rho U^2B}{2}\right)^2 S_{\tilde{C}_D}$$
$$=\left(\frac{\rho UB}{2}\right)^2\times[4C_D^2\,|\chi_{Du}^w|^2S_{uu}+(-C_L+C'_D)^2\,|\chi_{Dw}^w|^2S_{ww}$$
$$+2C_D(-C_L+C'_D)(\chi_{Du}^{w^*}\,\chi_{Dw}^wS_{uw}+\chi_{Du}^w\,\chi_{Dw}^{w^*}S_{wu})]$$
$$\approx\left(\frac{\rho UB}{2}\right)^2\,|\chi_D^w|^2[4C_D^2S_{uu}+(-C_L+C'_D)^2S_{ww}$$
$$+4C_D(-C_L+C'_D)\mathrm{Re}(S_{uw})] \tag{3}$$

$$S_{MM}=\left(\frac{\rho U^2B}{2}\right)^2 S_{\tilde{C}_M}$$
$$=\left(\frac{\rho UB}{2}\right)^2\times[4C_M^2\,|\chi_{Mu}^w|^2S_{uu}+C_M'^2\,|\chi_{Mw}^w|^2S_{ww}$$
$$+2C_MC'_M(\chi_{Mu}^{w^*}\,\chi_{Mw}^wS_{uw}+\chi_{Mu}^w\,\chi_{Mw}^{w^*}S_{wu})]$$
$$\approx\left(\frac{\rho UB}{2}\right)^2\,|\chi_M^w|^2[4C_M^2S_{uu}+C'^2_MS_{ww}$$
$$+4C_MC'_M\mathrm{Re}(S_{uw})] \tag{4}$$

其中，$\tilde{C}_f(f=L,D,M)$ 为脉动气动升力、阻力和扭矩力系数；C'_f为定常气动力系数对风攻角的导数；$S_{\tilde{C}_f}$为随机脉动升力、阻力和扭矩系数谱；χ_{fa}^w为脉动风速分量 $a(=u,w)$ 对抖振力 $f(=L,D,M)$ 贡献的来流紊流气动导纳，是折减频率 $K=\omega B/U$ 的复函数；上标 * 代表复数的共轭；ω 为脉动风的圆频率；χ_f^w 为等效气动导纳，可以通过按下述公式对试验数据进行最小二乘拟合而得到[4—7]：

$$|\chi_f^w(K)|^2=\frac{\alpha}{1+\beta K^\gamma} \tag{5}$$

式中，α、β 和 γ 为待拟合参数。同时，在基于上式的拟合中，特征紊流的影响将被过滤。此外，结果显示，断面外形是影响χ_f^w 的最主要因素，但来流紊流强度对χ_f^w 及其拟合参数也具有一定影响。

相对于来流紊流抖振力谱，式(1)中的特征紊流抖振力谱 $S_{ff}^s(f=L,D,M)$ 具有1个或者多个分布于断面不同斯托拉哈频率周围的窄带峰值区，并且，随着来流紊流强度的增加，峰值区的带宽有所增加，峰值则有所降低。虽然，来流紊流强度会对 S_{ff}^s产生一定影响，但桥梁断面的外形则是影响 S_{ff}^s的最主要因素。研究结果显示，S_{ff}^s不能再用准定常理论来确定，而是需要直接根据风洞试验数据进行拟合。S_{ff}^s可以表达为：

$$S_{ff}^s=\left(\frac{\rho U^2B}{2}\right)^2S_{\tilde{C}_f}^s,\ (f=L,D,M) \tag{6}$$

其中，$S_{\tilde{C}_f}^s$为特征紊流产生的脉动气动力系数谱，可采用以下目标函数进行拟合[4-7]：

$$S_{\tilde{C}_f}^s(K)=\sum_{i=1}^n\left(b_{0i}+\frac{b_{1i}}{(K-b_{2i})^2+b_{3i}}\right) \tag{7}$$

式中，n 为脉动抖振力系数谱中由于特征紊流引起的波峰个数；b_{0i}，b_{1i}，b_{2i}，b_{3i}为第 i 个波峰的拟合参数，一般会受到来流紊流度的一定影响。

2 钝体桥梁抖振力跨向相干函数

封闭箱梁、中央开槽箱梁和半封闭箱梁等多种钝体箱梁断面的测压试验研究结果[5-6]显示，钝体桥梁抖振力跨向相干函数 R 具有以下特点：①随着断面间距 Δ 的增加，R 呈下降趋势，但当间距 Δ 小于某一特征间距Δ_C（一般等于紊流跨向平均积分尺度 $L^y=\sqrt{L_u^y\cdot L_w^y}$ 的一至数倍，L_u^y 和 L_w^y 为来流紊流脉动风速 u 和 w 沿桥跨方向积分尺度）时，R 随Δ 增加的下降速度较慢，甚至有起伏，当Δ 超过Δ_C后，随Δ 的增加，R 迅速下降；②当折减频率趋近零时，R 有下降的趋势，即：在折减频率接近零的区域，R 存在一个峰值，但是，随着间距 Δ 的增加，该峰值逐渐下降，甚至消失；③受特征紊流的影响，在较高的桥宽折减频率 $K_B(=fB/U)$ 区域，R 可能存在多处窄带峰值区，并且其峰值甚至超过 K_B 接近于零时的值；④随着间距 Δ 的增加，上述由特征紊流引起的R 峰值对应的K_B 值基本不变，但对应的间距折减频率 $K_\Delta(=f\Delta/U)$ 是变化的，这表明特征紊流效应与桥梁断面的特征宽度有关，而与断面间距没有直接对应关系，因此不能再用传统的抖振力沿桥跨向根方相干函数模型中的 K_Δ 作为自变量来描述受特征紊流效应影响的跨向根方相干函数；⑤随着间距 Δ 的增加，由特征紊流引起的 R 峰值下降速度相对要慢得多；⑥来流紊流强度对 R 有一定影响，尤其是对低折减频率区，随着紊流度增大，相关性有所上升。

根据上述特点，作者提出了以下考虑特征紊流效应的抖振力跨向相干函数模型来拟合不同折算间距($l_\Delta=\Delta/L^y$)和紊流度下的根方相干函数：

$$R_{f_1f_2}=\frac{1}{p_1(K_B-p_2)^2+p_3}+\frac{1}{K_B+p_4}$$
$$+\sum_{i=1}^n\frac{1}{p_{i5}(K_B-p_{i6})^2+p_{i7}} \tag{8}$$

式中前两项描述来流紊流贡献，级数项描述特征紊流贡献，n 为根方相干函数峰值区个数(如不考虑特征紊流效应的影响，则 $n=0$)，i 为代表第 i 个峰值区，p_1—p_4 以及 p_{i5}、p_{i6}、p_{i7} 为需要根据试验数据拟合的参数，与折算间距 l_Δ 和紊流度有关。

在实际应用时，需要对不同紊流度和不同折算间距 $l_\Delta=\Delta/L^y$ 对应的相干函数试验数据进行最小二乘拟合，得到对应的拟合参数，建立以折算间距和紊流度为变量的跨向相干函数拟合参数 $p_j(j=1\sim4, i5—i7)$ 数据库。抖振分析时，根据实桥折算间距和紊流度，在拟合参数数据库中进行搜索，如有对应的折算间距和紊流度，则可直接采用该折算间距下拟合公式计算根方相干函数值；如没有对应的折算间距和紊流度，可先计算出相邻折算间距和紊流度下的相干函数值，然后通过适当插值方法计算目标折算间距和紊流度下的根方相干函数值。值得注意的是：上述关于折算间距和紊流度的插值不能对拟合参数 p_j 进行，而必须对根方相干函数 $R_{f_1f_2}$，否则无法保证精度。

此外，由于大跨度桥梁抖振响应主要成分为频率较低的基频共振响应和低频脉动风速背景响应，因此，高折减频率区抖振力谱和相干函数的不同取值仅对其低风速区的抖振响应有影响。由于低风速抖振响应很小，对桥梁抗风设计不起控制作用，所以，在抖振力自谱和跨向相干函数拟合时可以忽略充分高折减频率区的特征紊流峰值的影响。

3 钝体桥梁非定常抖振频域分析方法

本文改进的钝体桥梁非定常抖振频域分析方法是在朱乐东建立的大跨度桥梁斜风抖振分析理论和相关程序[8-9]基础上发展的，添加了考虑特征紊流效应、非定常来流气动导纳、抖振力跨向不完全相关性，以及双幅桥上下游梁上抖振力相互之间跨向不完全相关性等功能[7]。关于抖振控制方程的形式以及所采用的虚拟激励求解方法没有变化，参见文献[8]、[9]，本节着重介绍相关改进之处。

根据有限元理论和随机振动理论和第 1、2 节中的讨论，考虑特征紊流效应、非定常来流气动导纳、抖振力跨向不完全相关性的抖振力谱密度矩阵 $\mathbf{S}_{FF}^{b}(\omega)$ 可表示为：

$$\boldsymbol{S}_{FF}^{b}(\omega)=\boldsymbol{P}^{b^*}(\omega)[\boldsymbol{S}_{c^wc^w}(\omega)+\boldsymbol{S}_{c^wc^s}(\omega)+\boldsymbol{S}_{c^sc^w}(\omega)+\boldsymbol{S}_{c^sc^s}(\omega)]\boldsymbol{P}^{bT}(\omega) \tag{9}$$

式中 $\boldsymbol{P}^{b^*}(\omega)$ 和 $\boldsymbol{P}^{bT}(\omega)$ 为转换矩阵，* 代表共轭，T 代表转置，具体表达式参见文献[7]；$\boldsymbol{S}_{c^wc^w}(\omega)$ 和 $\boldsymbol{S}_{c^sc^s}(\omega)$ 分别为来流紊流和特征紊流抖振力自谱，$\boldsymbol{S}_{c^wc^s}(\omega)$ 和 $\boldsymbol{S}_{c^sc^w}(\omega)$ 为来流紊流和特征紊流交叉谱。

通过分析抖振力谱风洞测试结果可以发现，低频范围内特征紊流产生的抖振力谱值明显小于来流紊流产生的抖振力谱值，而高频范围内特征紊流产生的抖振力谱值又要明显大于来流紊流产生的抖振力谱值，因此可以假定来流紊流和特征紊流产生的抖振力符合线性叠加原理，忽略两者的交叉谱 $\boldsymbol{S}_{c^sc^s}(\omega)$ 和 $\boldsymbol{S}_{c^sc^w}(\omega)$，则上式可简化为：

$$\begin{aligned}\boldsymbol{S}_{FF}^{b}(\omega)&\approx\boldsymbol{P}^{b^*}(\omega)\boldsymbol{S}_{c^wc^w}(\omega)\boldsymbol{P}^{bT}(\omega)\\&\quad+\boldsymbol{P}^{b^*}(\omega)\boldsymbol{S}_{c^sc^s}(\omega)\boldsymbol{P}^{bT}(\omega)\\&=\boldsymbol{P}^{b^*}(\omega)\boldsymbol{S}_{cc}(\omega)\boldsymbol{P}^{bT}(\omega)\end{aligned} \tag{10}$$

其中 $\boldsymbol{S}_{cc}(\omega)$ 为总体结构坐标系下系统抖振力向量的谱密度函数矩阵，考虑六分量气动力时它是 $6m\times6m$ 的矩阵($m=\sum_{k=1,\cdots,M}n_k$ 表示随机风荷载激励数，M 是单元数，n_k 是第k 单元的分段数)，考虑三分量气动力时它是 $3m\times3m$ 的矩阵，其表达式如下：

$$\boldsymbol{S}_{cc}(\omega)=\begin{bmatrix}\boldsymbol{S}_{\bar{c}_{1,1}\bar{c}_{1,1}}(\omega)&\cdots&\boldsymbol{S}_{\bar{c}_{1,1}\bar{c}_{n_k,1}}(\omega)&\cdots&\boldsymbol{S}_{\bar{c}_{1,1}\bar{c}_{1,M}}(\omega)&\cdots&\boldsymbol{S}_{\bar{c}_{1,1}\bar{c}_{n_M,M}}(\omega)\\\vdots&&&\ddots&&\ddots&\vdots\\\boldsymbol{S}_{\bar{c}_{n_k,1}\bar{c}_{1,1}}(\omega)&\cdots&\boldsymbol{S}_{\bar{c}_{n_k,1}\bar{c}_{n_k,1}}(\omega)&\cdots&\boldsymbol{S}_{\bar{c}_{n_k,1}\bar{c}_{1,M}}(\omega)&\cdots&\boldsymbol{S}_{\bar{c}_{n_k,1}\bar{c}_{n_M,M}}(\omega)\\\vdots&&&\ddots&&\ddots&\vdots\\\boldsymbol{S}_{\bar{c}_{1,M}\bar{c}_{1,1}}(\omega)&\cdots&\boldsymbol{S}_{\bar{c}_{1,M}\bar{c}_{n_k,1}}(\omega)&\cdots&\boldsymbol{S}_{\bar{c}_{1,M}\bar{c}_{1,M}}(\omega)&\cdots&\boldsymbol{S}_{\bar{c}_{1,M}\bar{c}_{n_M,M}}(\omega)\\\vdots&&&\ddots&&\ddots&\vdots\\\boldsymbol{S}_{\bar{c}_{n_M,M}\bar{c}_{1,1}}(\omega)&\cdots&\boldsymbol{S}_{\bar{c}_{n_M,M}\bar{c}_{n_k,1}}(\omega)&\cdots&\boldsymbol{S}_{\bar{c}_{n_M,M}\bar{c}_{1,M}}(\omega)&\cdots&\boldsymbol{S}_{\bar{c}_{n_M,M}\bar{c}_{n_M,M}}(\omega)\end{bmatrix} \tag{11}$$

矩阵中 $S_{\bar{c}_{i,k}\bar{c}_{j,l}}(\omega)(i=1,\cdots,n_k;\ j=1,\cdots,n_l;\ k=1,\cdots,M,\ l=1,\cdots,M)$ 表示第 k 个单元第 i 个分段的中心位置处和第 l 个单元第 j 个分段的中心位置处的 6×6 阶(考虑六分量气动力时)或 3×3 阶(考虑三分量气动力时)抖振力各分量自谱和交叉谱矩阵。矩阵各元素分别由来流紊流和特征紊流两部分贡献,其中对角元素可表示为:

$$S_{\bar{c}_{i,k}\bar{c}_{i,k}}(\omega)=S^{w}_{\bar{c}_{i,k}\bar{c}_{i,k}}(\omega)+S^{s}_{\bar{c}_{i,k}\bar{c}_{i,k}}(\omega) \tag{12}$$

$S^{w}_{\bar{c}_{i,k}\bar{c}_{i,k}}(\omega)$ 和 $S^{s}_{\bar{c}_{i,k}\bar{c}_{i,k}}(\omega)$ 分别表示来流紊流和特征紊流在第 k 个单元第 i 个分段的中心位置处产生的抖振力谱矩阵。$S^{w}_{\bar{c}_{i,k}\bar{c}_{i,k}}(\omega)$ 由试验得到的气动导纳函数、来流风谱以及相关系数乘积得到(参考第 2 节),而 $S^{s}_{\bar{c}_{i,k}\bar{c}_{i,k}}(\omega)$ 由试验得到的气动力系数谱和相关系数乘积得到。

式(11)中矩阵对角元素为同一位置处同一抖振力分量自谱和不同抖振力分量之间交叉谱组成的谱矩阵,非对角元素为不同位置之间相同或不同抖振力分量之间的交叉谱,根据随机振动理论,广义谱密度矩阵的对角元素和非对角元素之间关系可以通过根方相干函数和相位函数来描述,即:

$$S_{\bar{c}_{i,k}\bar{c}_{j,l}}(\omega)=\sqrt{\left[S_{\bar{c}_{i,k}\bar{c}_{i,k}}(\omega)S_{\bar{c}_{j,l}\bar{c}_{j,l}}(\omega)\right]}\times R_{\bar{c}_{i,k}\bar{c}_{j,l}}(K_B,\ l_\Delta)e^{i\phi} \tag{13}$$

其中,$e^{i\phi}$ 表示两个断面相位关系的函数,由于缺少有规律的数据或经验公式,目前一般按照相位差为零来处理;$R_{\bar{c}_{i,k}\bar{c}_{j,l}}(K_B,\ l_\Delta)$ 为桥梁结构中第 k 个单元第 i 个分段的中心位置处和第 l 个单元第 j 个分段的中心位置处的抖振力根方相干函数,它是桥宽折减频率 K_B 和折算间距 l_Δ 的函数,可以通过风洞试验或现场实测得到。需要指出的是式(13)中的开方号是对其中矩阵元素进行开方,并非是对矩阵开方。

4 双幅斜拉桥非定常抖振分析实例

4.1 天津塘沽海河大桥简介

本文以天津塘沽海河大桥为钝体桥梁抖振响应分析的实例。为了使算例的响应尽可能大,以利于比较,这里取两桥均为最长双悬臂状态,并且新建桥位于上游、既有桥位于下游这一虚拟结果状态为计算对象。

如图 1 所示,该桥是一座新老组合双幅斜拉桥。既有桥建于 2002 年 5 月,新建桥建于 2011 年 11 月,两桥纵轴线间距为 35 m。既有桥主桥为独塔双索面混合梁斜拉桥,跨径布置为 310+3×48+46=500 m;钻石形混凝土桥塔高约 167.2 m;主梁采用半封闭箱梁断面,高 3.0 m,改造后的总宽 24.60 m(含风嘴);桥面跨中处距最高水位为 40.375 m。新建桥位于既有桥的入海口一侧,是一座结构相似的斜拉桥,主桥跨径布置为 310+2×50+2×40=490 m,钻石形混凝土桥塔高约 166.6 m,主梁采用封闭箱梁断面,高度 3.0 m,总宽 25.418 m(含风嘴)。

图 1 天津塘沽海河大桥

4.2 主梁断面抖振力谱试验结果

塘沽海河大桥主梁紊流场风洞测力试验在同济大学 TJ-2 号风洞中完成,根据《公路桥梁抗风设计规范》及该桥桥面高程,紊流度取为 15%,紊流场采用如图 2 所示的被动格栅装置模拟,模拟流场的紊流积分尺度:$L_u^x=21.4$ cm, $L_v^x=8.6$ cm, $L_w^x=7.9$ cm, $L_u^y=11.7$ cm, $L_v^y=11.0$ cm, $L_w^y=8.8$ cm, $L_u^z=10.3$ cm, $L_v^z=7.0$ cm, $L_w^z=10.7$ cm,这里,x、y 和 z 分别代表顺风向(风洞轴向)、水平横风向(风洞横截面的水平轴)、竖向。

图 2 被动格栅紊流生成装置

图 3 为安装于风洞中的塘沽海河桥分离双幅主梁

测力模型。试验模型由测试段和上补偿段组成，长度都是 40 cm，模型几何缩尺比为 1∶60，截面如图 4 所示。测试段下端设置水平隔离板，以降低下部安装附件对流场的干扰，同时消除模型底部三维绕流的影响。试验中采用两杆置于隔离板下的五分量高频应变天平对上下游梁进行同步测力。全封闭和半封闭箱梁试验段模型的质量分别为 1.01 kg 和 1.42 kg，安装在天平上后系统的基频分别为面外弯曲约 32.8 Hz 和 33.4 Hz、面内 49.6 Hz 和 57.6 Hz，扭转 70.8 Hz 和 82.1 Hz。试验风速为 12 m/s。

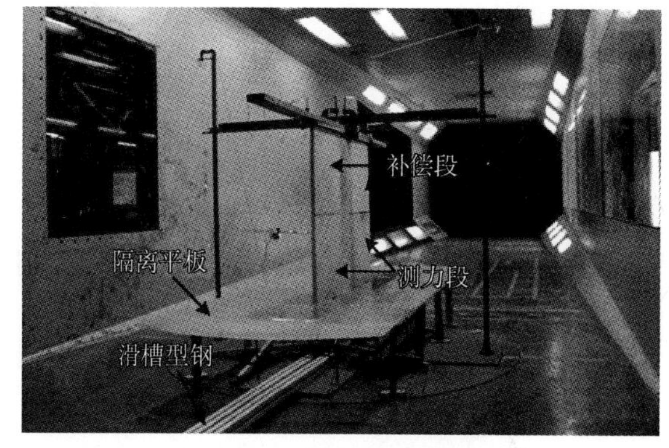

图 3　安装在风洞中的测力模型

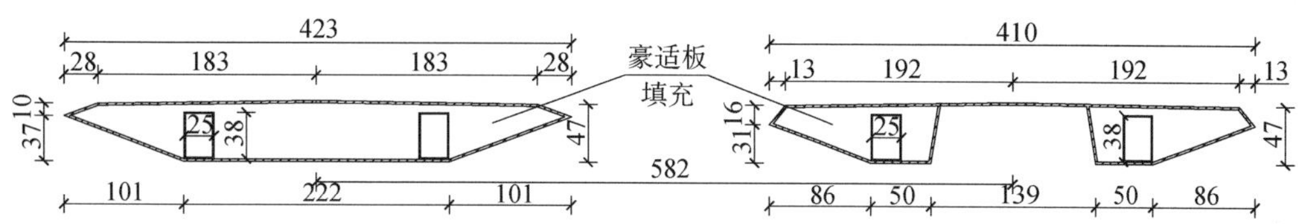

图 4　塘沽海河双幅桥主梁测力节段模型断面图

图 5、图 6 和图 7 分别为塘沽海河桥上、下游两幅主梁的阻力系数谱和阻力等效气动导纳、升力系数谱和升力等效气动导纳以及扭矩系数谱和扭矩等效气动导纳的实测结果。同时，图中也给出了来流紊流和特征紊流产生的脉动抖振力系数谱的拟合结果以及来流紊流气动导纳函数的拟合曲线。从图中可以看出，在低折减频率范围内，来流紊流产生的抖振力谱比特征紊流产生的抖振力谱要大得多，而在高折减频率范围

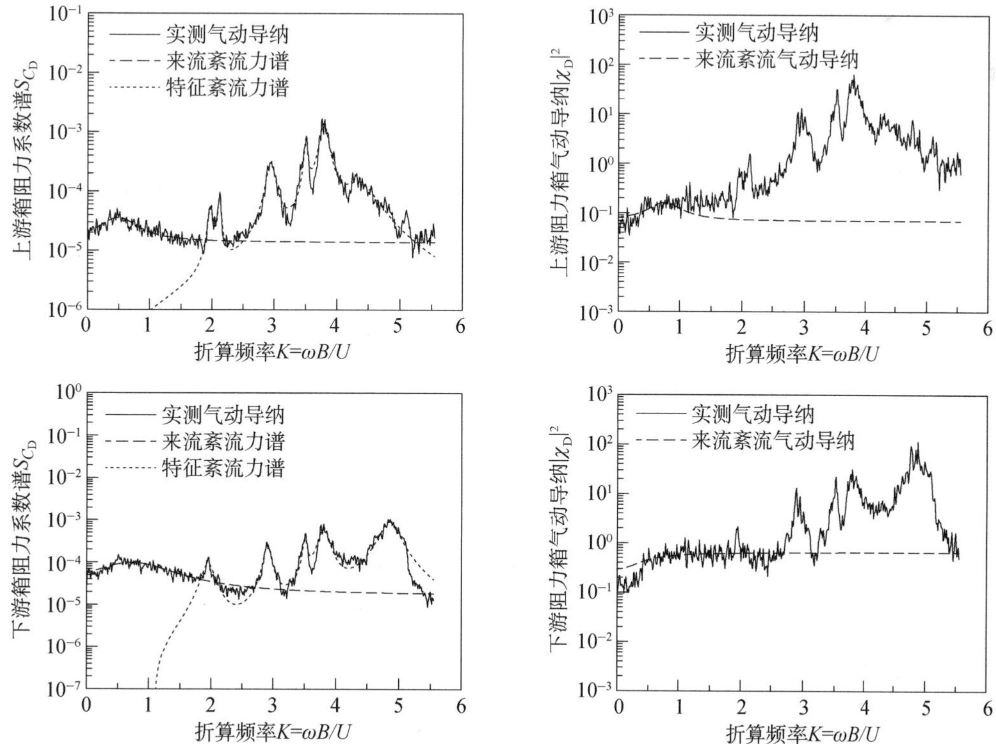

图 5　阻力系数谱和阻力气动导纳试验和拟合结果

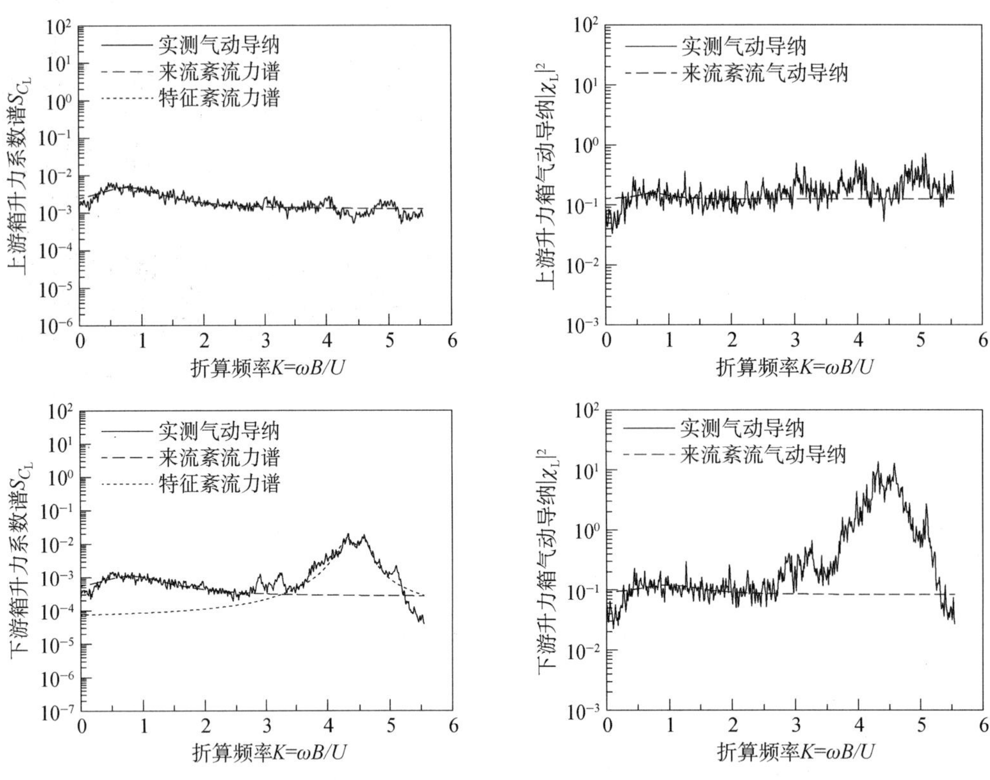

图 6 升力系数谱和升力气动导纳试验和拟合结果

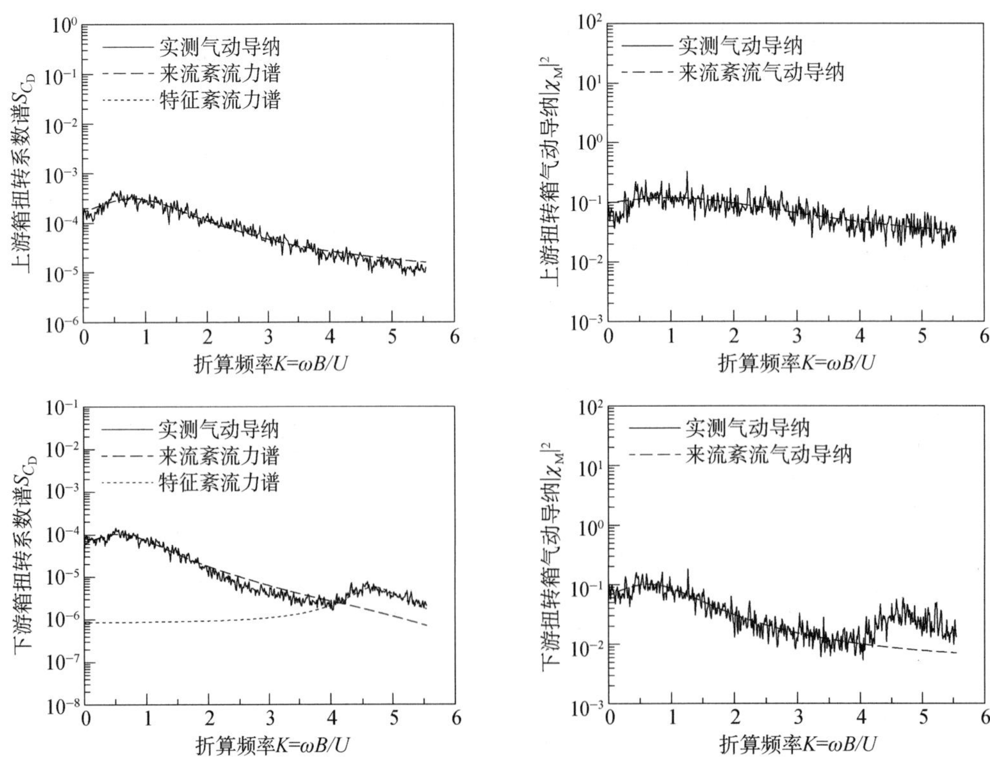

图 7 扭矩系数谱和扭矩气动导纳拟合结果

内，来流紊流产生的抖振力谱要明显小于特征紊流产生的抖振力谱。此外，特征紊流效应对分离双幅桥的主梁断面抖振力谱有着明显的影响，且主要集中在高折减频率区域；特征紊流效应对下游桥的影响要强于对上游桥的影响。

4.3 抖振力跨向根方相干函数试验结果

对塘沽海河双幅斜拉桥主梁抖振力跨向相关性研究是通过节段模型分批同步测压风洞试验方法来进行的。图 8 为安装在 TJ－2 风洞中的双幅桥测压刚体节段模型。测压试验紊流风场与签署测力试验紊流风场相同。模型几何缩尺比也为 1∶60。

如图 9 所示，沿桥跨方向布置了 8 个测压断面，相邻测压断面间距沿着桥跨向逐渐加大，其中最小间距为 19 mm；每个测压断面上的测压点布置相同，即：在全封闭箱梁的每个测压断面上设置 91 测压点，在半封闭箱梁的每个测压断面上设置 60 测压点，其中中间开口部分的桥面板上为双面测压点。

图 8 安装在风洞中的测压模型

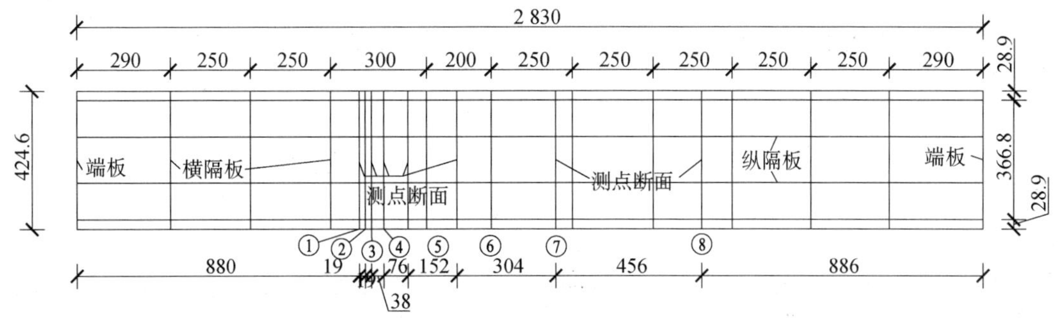

图 9 测压断面跨向布置图

限于篇幅，这里仅给出作用在位于下游既有桥半封闭箱梁上脉动阻力沿跨向根方相干函数 R_{DD} 的试验结果和拟合曲线(图 10)，其他脉动气动力的跨向相干函数的特点和形态与上述 R_{DD} 相似，详细结果参见文献[6]、[7]，关于不同脉动气动力分量之间的跨向相干函数、上下游箱梁脉动气动力之间的相关性等试验结果也可参见文献[6]、[7]，这里也不再详述。

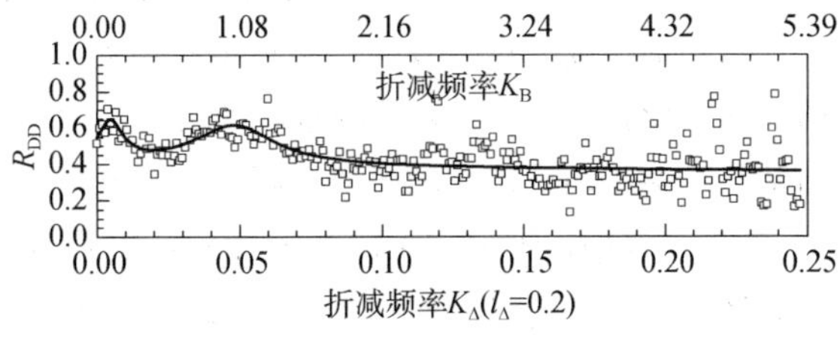

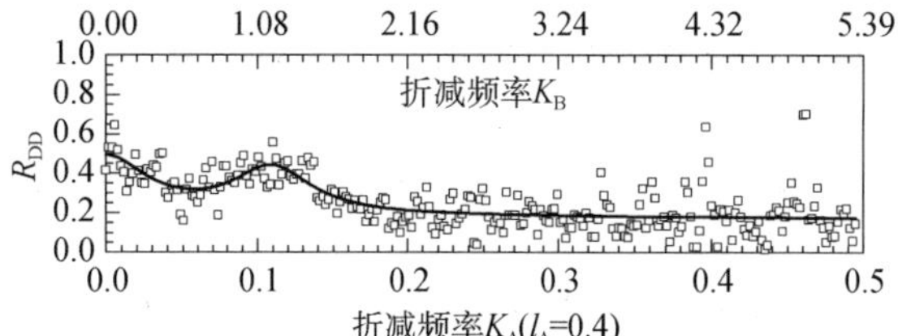

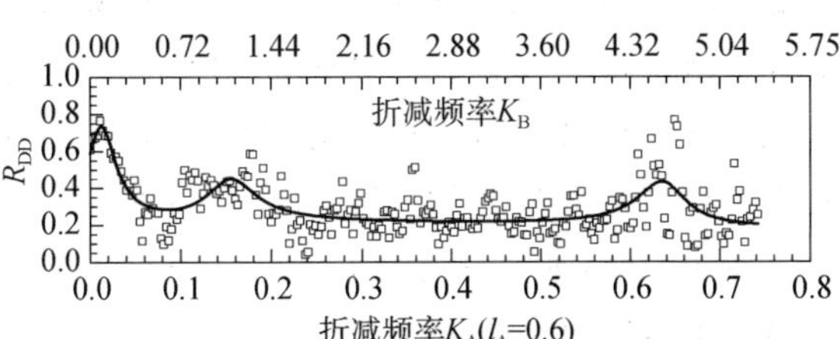

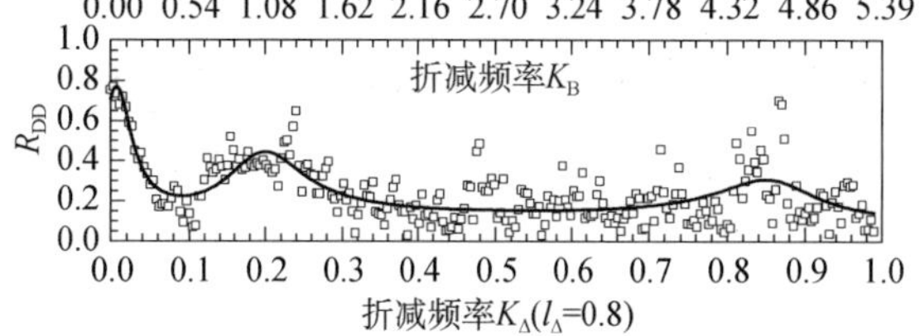

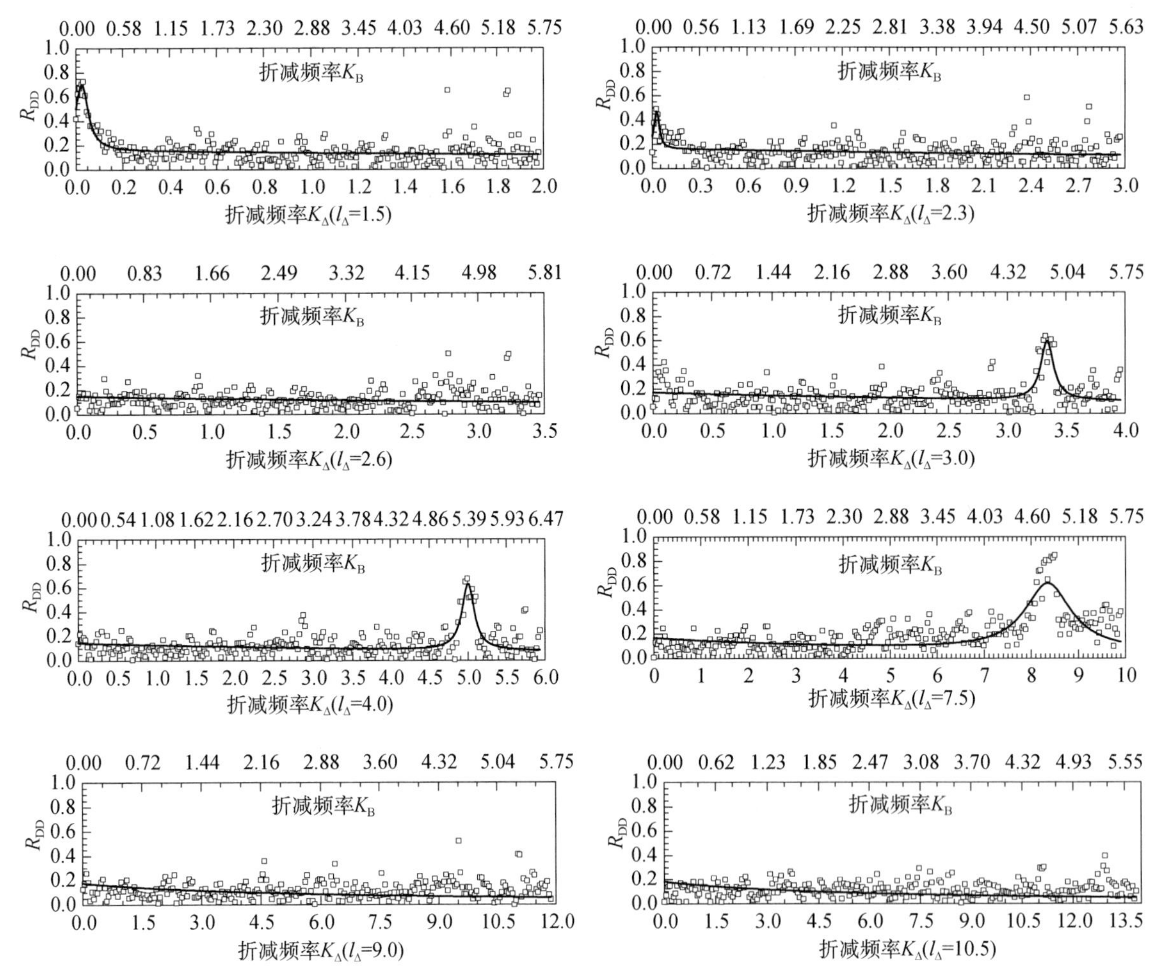

图 10 下游既有桥半封闭箱梁上的脉动阻力根方相干函数 R_{DD}的试验和拟合结果

4.4 抖振计算中的风场参数

天津塘沽海河大桥桥位处地貌可视为规范 B 类地表，粗糙高度取 $z_0=0.058\,\text{m}$，$\alpha=0.161$，主梁跨中离水面高度取 40 m。来流风谱采用基于在气弹模型试验中实测风谱数据的拟合公式，如式(14)所示：

$$S_u(\omega)=0.5u_*^2\,\frac{af_z}{(1+bf_z^{1/m})^{5m/3}} \tag{14}$$

其中纵向脉动风谱拟合系数分别为 $a=7.14$，$b=9.53$，$m=0.89$，竖向脉动风谱拟合系数分别为 $a=1.27$，$b=3.04$，$m=0.76$。

来流脉动风空间根方相干函数按照式(15)计算：

$$R_{aa}=\exp\left[\frac{-n}{U}\sqrt{(c_{ax}r_x)^2+(c_{ay}r_y)^2+(c_{az}r_z)^2}\right] \tag{15}$$

其中，小标 $a=u,\ v,\ w$，相应的衰减系数按经验取值，分别为：$c_{ux}=3$，$c_{uy}=16$，$c_{uz}=10$，$c_{vx}=3$，$c_{vy}=11$，$c_{vz}=7$，$c_{wx}=3$，$c_{wy}=8$ 和 $c_{wz}=7$。

4.5 抖振分析结果和气弹模型试验结果对比

采用前述改进抖振分析方法和试验参数分析了塘沽海河双幅桥的上、下游桥抖振响应，并与气弹模型试验结果和基于两种传统的近似分析方法的计算结果进行了对比，其中，传统方法 1(SearsX＋风相关性)采用用风场相关性替代抖振力相关性、气动导纳按照 Sears 函数计算；传统方法 2(UnitX＋风相关性)采用用风场相关性替代抖振力相关性、气动导纳取值 1。计算频率范围为 0.025～2.5 Hz，频率间隔为 0.005 Hz。这里暂不考虑桥塔和拉索上的脉动风作用以及静风位移的影响。限于篇幅，本文只给出上游新建桥和下游既有桥悬臂端的抖振响应计算结果。

图 11 和图 12 分别为上游新建桥和下游既有桥悬

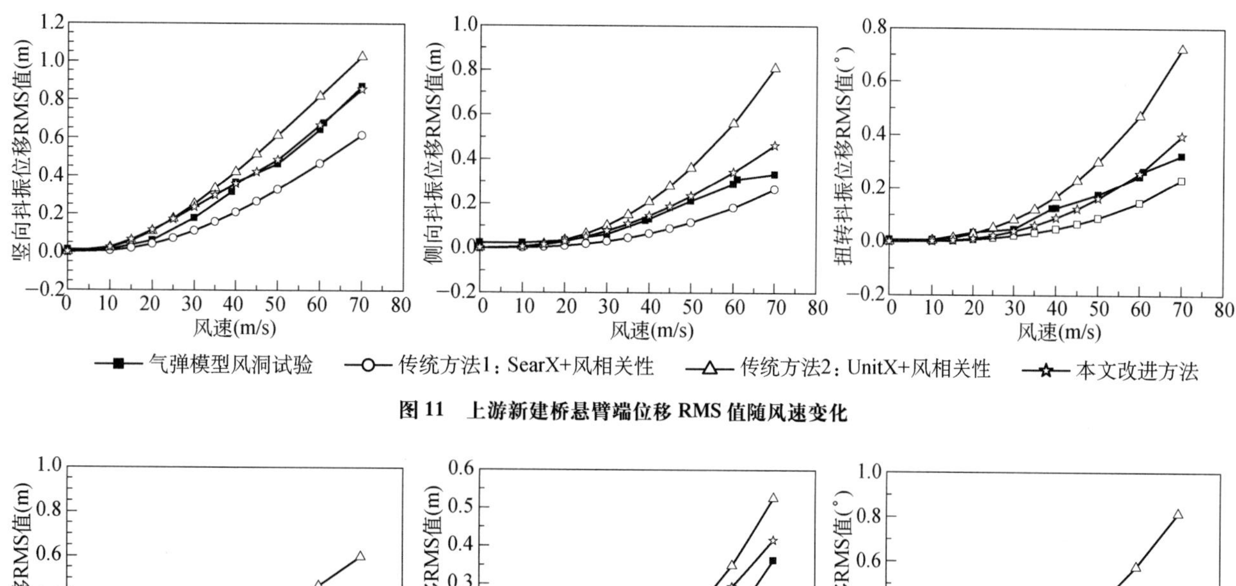

图 11　上游新建桥悬臂端位移 RMS 值随风速变化

图 12　下游既有桥悬臂端位移 RMS 值随风速变化

臂端抖振位移响应根方差(RMS)值随风速变化的各种计算结果比较。从图中可以看出：①无论竖向、侧向还是扭转抖振位移响应，传统方法 1 的计算结果均明显小于风洞试验测试值；传统方法 2 的计算结果都明显大于风洞试验测试值；本文改进方法计算结果基本上介于传统方法 1 和传统方法 2 的计算结果之间；②对于上游桥，竖向抖振位移响应计算值与风洞试验吻合较好；侧向和扭转抖振位移响应在高风速下计算结果略大于风洞试验结果，低风速下计算结果与风洞试验结果吻合较好；③下游桥抖振响应的计算结果的误差要大于上游桥，主要原因可能是上游桥的遮挡效应使得来流紊流的顺风向脉动分量 u 对下游桥的作用显著降低，而等效导纳的使用却明显夸大了 u 分量的作用。

此外，作者还进行了细致的参数分析，限于本文篇幅，不再详细阐述，其主要结果有：①抖振力的跨向相关性要明显好于紊流风的跨向相关性；②特征紊流效应对高风速的抖振效应无明显影响，但对低风速涡振区的抖振效应有显著影响，在桥梁的风致疲劳问题研究中应予以重视。

5　结论

本文建立了基于试验参数，可以考虑特征紊流效应、非定常来流气动导纳、抖振力跨向不完全相关性的钝体桥梁抖振分析频域方法，并应用于天津塘沽海河双幅斜拉桥的抖振响应分析，主要结论如下：

(1) 钝体桥梁断面的非定常抖振力谱可以近似地线性分解为来流紊流抖振力谱和特征紊流抖振力谱，其中，来流紊流抖振力谱可用来流紊流气动导纳和来流脉动风速谱确定，而特征紊流抖振力谱则需要直接采用试验得到的特征紊流抖振力系数谱来确定。

(2) 来流紊流气动导纳可以用有理分式函数来拟合，而特征紊流抖振力系数谱可以用多个有理分式函数的和来拟合。

(3) 由于特征紊流效应的影响，钝体桥梁断面的抖振力跨向相干函数需要采用以宽度折减频率 K_B 和折算跨向间距 Δ/L^y 为自变量的双变量数学模型，其中 K_B 可以桥面特征宽度 B 为特征长度，折算跨向间距以顺风向和竖向脉动风速沿跨向的积分尺度的几何平均值为规一化长度。

(4) 通过对比抖振响应的计算和气弹模型试验结果,验证了所建立的钝体桥梁抖振响分析精细化频域方法的可行性和可靠性,以及比传统方法具有更好的精度。

(5) 抖振力的跨向相关性要明显好于紊流风的跨向相关性;特征紊流效应仅对低风速涡振区的抖振效应有显著影响。

参考文献

[1] Xu Y L, Sun D K, Ko J M, et al. Buffeting Analysis of Long Span Bridges: a New Algorithm [J]. Computers & Structures, 1998,68:303 - 313.

[2] Chen X Z, Kareem A, Matsumoto M. Multimode Coupled Flutter and Buffeting Analysis of Long Span Bridges [J]. Journal of Wind Engineering and Industrial Aerodynamics, 2001,89:649 - 664.

[3] Diana G, Bruni S, Collina A, et al. Aerodynamic Challenges in Super Long Bridges Design [C]// Proc. of International Symposium on Advances in Bridge Aerodynamics: Bridge Aerodynamics, Copenhagen, Denmark. May, 1998:131 - 143.

[4] 文水兵.特征紊流效应对典型桥梁断面脉动气动力谱和气动导纳的影响[D].上海:同济大学土木工程学院,2008.

[5] 赵传亮.硕士学位论文:箱形主梁抖振力空间相关性及其对桥梁抖振响应的研究[D].上海:同济大学,2009.

[6] 任鹏杰.硕士学位论文:分离双幅桥抖振力参数及气动干扰效应研究[D].上海:同济大学,2011.

[7] 周奇.博士学位论文:考虑特征紊流效应和力空间相关性的桥梁抖振分析[D].上海:同济大学,2011.

[8] Zhu L D. PhD Dissertation: Buffeting Response of Long Span Cable-Supported Bridges under Skew Winds: Field Measurement and Analysis [D]. Hong Kong: Hong Kong Polytechnic University, 2002.

[9] Zhu L D, Xu Y L. Buffeting Response of Long-span Cable-supported Bridges under Skew Winds: Part I: Theory [J]. Journal of Sound and Vibration, 2005, 281(3 - 5):647 - 673.

桃李集

项海帆院士80寿辰纪念论文集

桥梁结构设计理论

跨海工程中桥梁与隧道的优缺点分析

肖汝诚* 项海帆

（同济大学桥梁工程系 中国 上海 200092）

摘　要　全球经济发展和交通需求的快速增长促进了跨海工程的发展。全世界已建成大型跨海大桥 30 多座，跨海隧道 20 多条。随着跨海工程的兴起，究竟采用桥梁还是隧道方式跨越更合理，成为跨海工程面临的首要问题。本文从功能性、工程风险、全寿命经济性等方面分析了桥、隧方案各自的优点和不足，为巨型跨海工程的科学决策提供正确和全面的建设理念，以免因不合理选择带来缺憾、隐患和浪费。

关键词　跨海工程；桥隧方案；功能性；全寿命；工程风险

近年来，国内召开了许多以桥梁与隧道工程为主题的论坛和峰会。会上对计划中的琼州海峡通道和渤海海峡通道有不少议论，甚至对目前条件并不成熟的台湾海峡通道也有一些超前的建议。参与会议的桥梁和隧道专家们有一些是各讲各的理，并没有实质性的论证和详细比较。跨海工程中，除了存在各自分建全桥方案和全隧方案的竞争之外，也存在使用如港珠澳大桥那样桥隧联合共建方案的可能性。如果要求公铁同时过海，则还有公铁两用桥梁方案和公铁两用隧道方案的比较。这些方面的比较也较少论及。桥隧双方的专家都对自己的专业怀有深厚的感情，希望能在征服海峡中建立新功的愿望可以理解。然而，双方都应当实事求是、心平气和地开展认真的调查和论证，尊重对方的优点，承认己方的不足，通过创新克服缺点，发挥自身优势以推动技术的发展和进步，应当像欧洲费曼恩海峡通道的前期方案竞赛那样，在高水平桥隧方案竞争中选择最优的解决方案。

作者将从功能性、工程风险、全寿命经济性等方面分析桥隧方案各自的优点和不足，以便能为这些投资数百亿计的巨型跨海工程的科学决策提供正确和全面的建设理念，避免因不合理的干扰和暗箱操作带来不可挽回的缺憾、隐患和浪费。

1　功能性比较

首先要比较的是桥、隧的交通功能，包括同等条件下的行车舒适度、交通量以及交通受环境的影响程度。

从行车舒适度来看，桥梁视野开阔，空气环境和通风采光性好，行车条件舒适，事故发生率低；相比之下，隧道内空气污染严重，噪声大，通风采光性较差，视线受限，司乘人员有压抑感，容易发生追尾和撞壁等交通事故。采用电气化背驮式轨道交通是隧道解决其内部通风等问题的有效方式，该方式在英吉利海峡通道中得到成功应用。但其缺点是交通量受限，不够人性化。费曼恩海峡通道放弃了背驮式轨道交通方案，采用多车道的沉管隧道方式解决交通。但沉管隧道的长距离过海又将带来通风问题。

从交通量来看，已有研究表明，在正常天气和同样通行条件下，相同时间内大桥的交通量大于隧道，上海外环线经常在黄浦江隧道段出现拥堵便是其例。从交通受环境的影响程度来看，一般情况下，跨海大桥在雷雨、大

* 肖汝诚，1962 年出生，项海帆教授 1994 级博士研究生，论文题目“确定大路径桥梁结构合理设计状态的理论与方法研究”。本文曾发表于《桥梁》杂志 2013 年第 6 期。

风或浓雾天气下，行车会受到较大影响，甚至需封锁交通。因此大桥方案必须认真考虑当地气象环境对工程方案的影响。隧道方案则不受气候变化的影响，能做到通道的全天候运营，具有稳定的运行能力。但是，当两侧接线因气候条件封闭交通，隧道的交通功能也将受到影响。桥梁只要突破传统设计，将行车道布置在封闭的桁架梁内部，如图 1 所示，从技术上讲，完全可以解决雷雨、大风或浓雾天气对行车的影响问题，实现全天候运营。1992 年建成的香港青马大桥就是成功的工程实例。

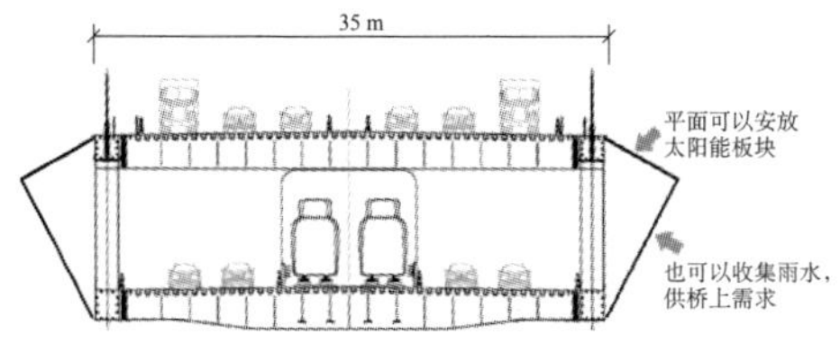

图 1　全天候运营桥梁断面布置

除了交通功能，桥梁还具有景观功能。在原来空无一物的空间中，桥梁作为新的构筑物，与桥位处的自然景观及其他人工构筑物一起，构成整体景观，丰富了周围的环境，给生活场所带来变化。同其他建筑物一样，人类在建造过程中不断地将审美的追求和创造渗透到桥梁建筑中，给人以美感。驾车行驶在桥上，大自然的山水海天给人以赏心悦目的感觉。而隧道基本保持原有两岸的自然风貌，一般不能产生标志性景观。为了消除驾驶员的枯燥和疲劳，隧道还要在洞内模拟人工景观。

可见，桥梁和隧道在功能上各具优缺点。只有确定了工程背景和建设条件，才能科学、合理地比较桥隧功能的优劣。

2　工程风险比较

工程风险包括环境风险、结构安全风险、运营风险和战争风险等。

首先是环境风险。跨海大桥的桥墩施工对生态环境（如珊瑚礁保护区等）是有影响的。由于大桥占用水面和水下空间，对水环境和水动力也有一定影响。但是桥梁可以通过改变桥位避开保护区域，且运营阶段对环境影响小，车辆废气扩散快。相比之下，钻爆法或盾构法施工的隧道在建设和运营阶段对生态环境和水动力影响小，但要对开挖过程中产生的弃渣进行有效的处理和利用，而沉管隧道在建设阶段对生态环境将产生影响。另外，运营期间汽车尾气在隧洞中较集中，需要有完善的通风措施。

其次是结构安全风险，包括设计、施工风险和运营阶段结构在各种极端作用下的安全风险。随着桥梁结构抗风、抗震、防撞技术和设计理论的发展，在水深 50 m内的大型桥梁的设计风险变得相对较小；桥墩与地基基础为点式接触，在设计中可采用钻探手段查明桥墩处的地质情况，有效地排除地质风险隐患；桥梁施工过程中不可预见的因素相对较少，风险相对也较小。十余座跨海大桥的成功建成，用事实说明了我国已具备抗桥梁设计、施工风险的能力。但是，世界上已建成的最深基础为 65 m 水深的希腊 Rion-Antirion 桥基础，超过这个深度的基础建设风险有待评估。运营阶段，美国旧金山金门大桥等在其近百年的运营中，经历了强震大风的考验，证明了桥梁在极端作用下的抗风险能力。隧道与桥梁一样，具有良好的抗极端作用风险的能力，没有抗风和船撞的风险，但相对桥梁而言，其地质透水情况难以完全预先探明，施工中须防止地质较差地段或断层破碎带水的突然涌入或发生断层塌落事故，不可预见的地质因素较多，具有一定的工程风险（如上海吴淞黄浦江隧道事故）。隧道通风塔与大桥的墩塔相比，建设困难，风险较大。

运营期间桥梁抗灾能力较强，对火灾、水灾和意外交通事故可以实施陆上或海上施救，救援方案安全便捷。而隧道内受交通断面限制，不利于交通疏导，施救工作难以展开，抗灾能力较差，一旦发生灾害，洞内设施、设备损失也很大，如英吉利海峡海底隧道曾分别在 1996 年、2006 年、2012 年发生过多起火灾，其中 1996 年的火灾造成交通中断一月之久；1999 年 3 月法国的勃朗峰隧道内发生火灾，造成 41 人死亡，交通中断一年半。

最后是战争风险。作为重要的交通要道，桥梁目标明显，易遭受军事打击，一旦主桥倒塌，不仅影响交通功能，还可能影响主航道的顺畅通航，影响军事防御系统的快速启动和作用的发挥。隧道表面看来在战争期间隐蔽性好，不易被摧毁。但实际上，在当今军事科技水平下，对其攻击定位已非难事，加上隧道通风塔、供电系统等薄弱环节，一旦受到攻击，将带来灾难性后果，这说明隧道在战争中也有其致命的风险，而且一旦隧道遭受战争破坏，其修复将成工程难题。

可见，建设跨海桥梁和隧道都存在一定风险，不同项目上风险大小各不相同，有时某些风险是可以通过工程措施减小或规避的，有些却是影响方案选择的关键。

3 全寿命经济性比较

从桥梁与隧道使用寿命看，美国纽约的布鲁克林大桥、旧金山的金门大桥和美国纽约的荷兰隧道、林肯隧道等都有近百年历史。虽然没有百年历史的跨海隧道，但是只要设计合理、养护得当，桥梁与隧道的使用寿命满足 120 年甚至更长年限的建设要求是可以实现的。因此，比较桥梁与隧道全寿命经济性可从其建设成本与运营管养成本来进行。

桥梁的经济性能与跨径、桥型、桥位处水深及其地质条件密切相关，长江下游水深和地质条件下不同桥型的跨径与造价的关系如图 2 所示。一般情况下，水深在 30 m 以内，主跨小于 800 m 的桥梁在价格方面可以与隧道竞争。

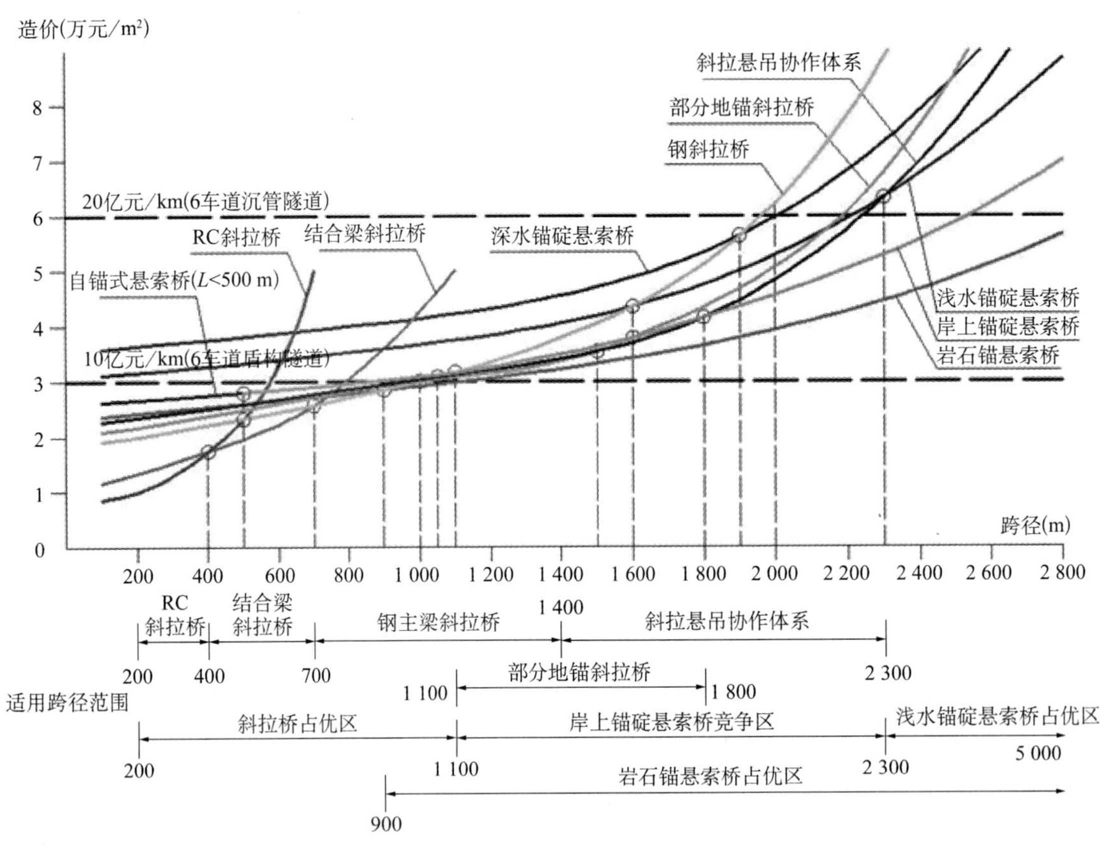

图 2 各桥型的跨径与造价的关系图

长度 10 km 以内的盾构隧道技术已十分成熟，施工速度快，经济性好。如上海长江隧桥工程全长 7.5 km，双管 6 车道，用德国海瑞克盾构机(直径 15.6 m)单侧掘进施工，不到两年就已贯通(最高掘进速度 20 m/24 h)，总造价仅 70 亿元，每公里不足 10 亿元。如果隧道在 20 km 以内，可双边同时掘进，中间合龙，在通航要求较高的深水海域，其造价也将优于桥梁方案。然而，当海峡宽度超过 20 km，公路交通量需求 6 车道并设紧急停车带时就要考虑能适应较大宽度的沉管隧道，其造价将会高于桥梁方案，如港珠澳大桥，主体桥梁工程每公里仅 5.4 亿元，而岛隧工程每公里高达 15.6 亿元。

德国和丹麦之间费曼恩海峡通道的方案比较是一个值得参考的工程实例。通道位置处河床断面和地质情况如图 3 所示。业主委托两家著名设计咨询公司分别对桥梁和隧道进行了同深度设计。隧道方案长 18.5 km，拟采用沉管隧道，双车道加宽至 11 m，并在墙上用屏幕模拟海景以消除驾驶员疲劳，如图 4 所示。桥梁方案主桥拟采用 2×724 m 的三塔钢桁梁斜拉桥，引桥为 200 m 跨径的钢混组合连续桁梁桥，双层通车，上层为 4 个汽车道，下层为双线铁路，如图 5 所示。

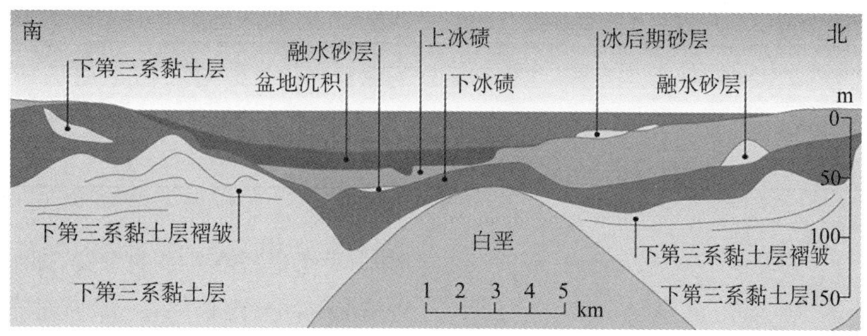

图 3 费曼恩海峡通道河床断面和地质情况图

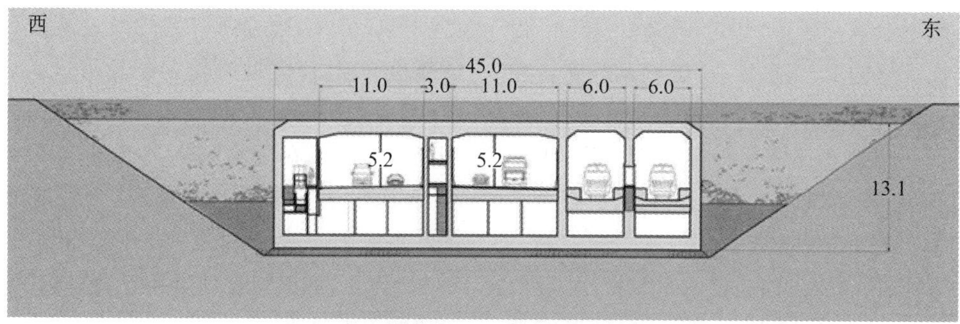

图 4 费曼恩海峡通道沉管隧道方案图

图 5 费曼恩海峡通道桥梁方案图

设计公司对桥梁和隧道的建设成本进行了核算，结果表明，在水深 40 m 左右，对 10 万 t 级以上船只采用约束航行的情况下，桥梁与隧道的建设成本是相近的。当水深小于这个范围时，建桥成本将低于隧道。

超过 20 km 的长距离跨海工程在水深小于 40 m 的情况下，只要对数量较少的 10 万 t 级以上船只采用约束航行(航速 16 节，即约 30 km/h，通航净宽为 1.6 倍的船长)，就可避免采用价格昂贵的需要水中锚碇的超大跨度悬索桥，桥梁的造价将低于隧道。对于桥梁方案，6 车道与 4 车道相比，单位面积造价增加不多。隧道的车道增加会造成工程难度和造价成倍增加。当水深超过 40 m，要求自由通航 10 万 t 以上巨型海轮时，桥梁和隧道造价开始有竞争。经济性孰优孰劣要结合全寿命成本进行比较。

运营费用是全寿命成本的主要组成部分。运营阶段，桥梁不需要通风设备，防灾设备简单，仅需防腐耐久性的维护和一定量的检查维修，工作量较小、性质明确，运营维护费低，尤其用电量明显低于隧道。而隧道工程在运营期间需要一大笔资金用于通风、照明、通信、监控、报警、消防等多种设备，需配用更多管理人员，维护和管理费用高。以青岛胶州湾桥梁和隧道工程为例，根据政府网站数据(表 1)，双向 6 车道的隧道每年维护和管理费用为 3 334 万元/km，而双向 8 车道的桥梁每年维护和管理费用为 2 317 万元/km。在百年使用期中，桥梁的运营成本远优于隧道。

表1 青岛胶州湾海底隧道与跨海大桥运营费用比较

工程	全长(m)	双向车道数	设计车速(km/h)	设计年限	年运营费用(万元)	年运营费用(万元/km)
海底隧道	7 808	6	80	100	26 029.95	3 333.7
跨海大桥	28 880	8	80	100	66 929.19	2 317.5

4 其他

施工周期方面，桥梁施工一般都在5年左右，而隧道施工则视长度和地质、水深而不同，长度10 km以内的隧道的施工周期会快于桥梁；超过10 km，桥梁工程可以多个工作面平行施工、流水作业，机械设备周转和材料可以得到有效利用，其施工周期短于隧道工程，如费曼恩海峡通道桥梁方案比隧道方案少6个月；实际工程中，许多隧道工程还因施工中地质条件变化等不可预知的因素影响工期。

岸线资源方面，桥梁要占用一定的岸线资源，对岸线开发利用产生一定影响，但跨海工程中这种影响很小；隧道对岸线资源影响比较小。

航空方面，大型桥梁工程有时会影响到航空安全，需要对桥梁高度进行合理设计，设置警示装置，但跨海工程一般不影响航空安全。

航运方面，对于航运繁忙、通航货轮等级较高的航道上修建桥梁，会影响航运，需合理确定通航净空；隧道由于建在水下，对航运无任何影响。

5 小结

综上所述，桥梁与隧道在功能性、工程风险、全寿命经济性等各个方面都各有优缺点，而且随工程的水文、地质、地形、长度等条件的不同，各自的优势和不足会有所变化，需要通过详细的论证和比较进行判断和决策，不能一概而论。具体来说可能有以下几种情况：

内河的越江工程，一般水深不大，长度也有限，从经济性上考虑桥梁方案会占有优势。但一些沿江城市往往需要建造多处越江通道以满足城市交通的需要，此时，可考虑桥隧并举的方式，即根据地形、接线、拆迁等情况一部分建桥梁，一部分建隧道，如纽约、上海和武汉等城市所实施的工程。

在内河的河口处，河面较宽，江中又有一些岛屿和沙洲形成分叉，通过河口处的航道疏浚可提高河口段的航道等级，使大型海轮和邮轮可进入内河港口。此时，可考虑桥隧合建的方式，即主航道做一段隧道，利用岛、沙洲，或在浅水区建人工岛，如果主航道靠近机场，可满足航空界限的要求；其余辅航道区和非通航的浅水区则采用经济的桥梁方案，隧道长度一般都在10 km以下，如上海长江隧桥工程、港珠澳大桥和正在筹建的深中通道。

如果过海峡的交通总量不大，英吉利海峡的铁路盾构隧道和驮背式公路服务方案是可参照的比较经济的选择。晚上通行货运列车，白天通行客运动车，并间歇安排驮背式服务列车为大巴士、私人小汽车和摩托车等公路交通提供穿梭式服务。铁路隧道的防火是需要关注的，必须妥善设计以避免事故发生。如果过海峡的交通量很大，就只能采用费曼恩海峡那样的公铁两用沉管隧道方案或者公铁两用的桥梁方案。这将是一种桥隧竞争的态势，必须通过详细的论证比较，进行科学决策。超过10 km的隧道要考虑汽车在隧道中长时间行车的安全，避免恶性的追尾和撞壁事故。超过100 km的长隧道还要考虑通风井施工和过长的工期问题。桥梁施工可以分段分标同时进行，能在较短的工期内完成超过100 km长桥的施工。

最后，海峡工程一般应选择远离市区的登陆点，并尽量避开一些海洋生态保护区和海港作业区，以避免不利的环境评价，从而能显示出桥梁方案的优势。

◇参◇考◇文◇献◇

[1] 项海帆.对台湾海峡工程中"桥隧之争"的思考[J].桥梁,2010(1):10-15.

[2] 项海帆.对中国桥梁经济性问题的反思[J].桥梁,2010(3):12-14.

[3] 蔡俊镱.台湾海峡两岸陆运新丝路[J].桥梁,2010(5):62-65.

[4] 蔡俊镱.台湾海峡两岸陆运新丝路[J].桥梁,2010(6):40-45.

[5] 项海帆.对台湾海峡工程桥梁方案的初步思考[J].桥梁,2011(1):110-111.

[6] 邓文中.台湾海峡大桥的构思[J].桥梁,2011(6):12-16.

[7] 项海帆.关于中国桥梁界追求"之最"和"第一"的反思[J].桥梁,2012(1):12-13.

[8] 项海帆.世界大桥的趋势——2011年伦敦国际桥协会议的启示[J].桥梁,2012(3):12-16.

[9] 项海帆.中国内河通航标准之问[J].桥梁,2013(2):12-16.

混凝土桥梁基于性能设计的思考

李国平*

（同济大学桥梁工程系　中国　上海　200092）

摘　要　在设计使用年限和相配的基准期内，依据需求综合考虑安全、适用及可持续性能，将耐久性能贯穿于安全和适用性能之中，有效把控和可靠确认设计性能，从而达到更为合理、可靠、可行及促进可持续发展，是混凝土桥梁基于性能设计的基本要求。根据混凝土桥梁构造与受力特点，分析安全、适用和可持续性能的要求并建议相应的性能指标；将时间纳入基本参数反映作用和性能随时间变化的特点，形成需求与性能之间随机过程关系的极限状态方程；分析环境和受力作用导致的有效受力截面损失及材料力学性能劣化的效应，提出解除该作用效应与安全和适用性能相关抗力耦合的方法；讨论安全和适用性能的检验过程中与可持续性能的关联性、可持续性能在宏观层面把控基于性能设计深度和水平的问题，以及可持续性能设计中存在的定性判断问题。把控和确认混凝土桥梁性能的基础是质量管理，相关部门及人员在设计、施工、养护及拆除等各方面应有明确和清晰的共识。

关键词　混凝土桥梁；性能要求；指标；检验方法；质量管理

* 李国平，1958 年出生，项海帆教授 1986 级硕士研究生和 2001 级博士研究生；硕士论文题目“T 形结合梁斜拉桥剪滞效应综合分析”，博士论文题目“体外预应力混凝土桥梁设计计算方法”。

1　概述

工程结构从以弹性理论为基础的容许应力设计法发展到基于可靠性理论的极限状态设计法，相关理论和技术发展已达到了较成熟的程度。随着人们对结构性能需求的扩展和对性能水平要求不断提高，“基于性能设计”也已从基本概念出发经历较长时间的发展，将逐渐成为一种新的实用设计方法[1-4]。基于性能设计是确保结构更好地满足适用、安全、可持续相关性能要求的设计，将极限状态设计要求的内容扩展并置于更合理的性能目标[5]。目前，基于性能设计方法已反映在工程结构的抗震、抗火设计规范中，公共设施的结构设计往基于性能方向转变正在开始。日本土木工程师协会混凝土委员会 2002 年完成了引入基于性能设计的《混凝土结构标准规范》[6, 7]，2007 年完成了该标准规范的修改版。fib Model Code 2010 和正在修编的 Eurocode 2 都引入了基于性能设计方法[8-10]，我国桥梁工程界也已开始基于性能设计研究[11, 12]。

如何根据各方需求构成结构的性能要求，以性能指标反映结构性能的特征，根据性能失效的后果建立性能准则，通过有效措施保证性能达到目标，以上这些都是目前基于性能设计方法建立的关键问题。本文将主要对混凝土桥梁基于性能设计的相关问题进行探讨。

2　性能要求和性能指标

桥梁利益相关者的需求是形成性能要求的基础，而性能要求是通过性能准则和与设计使用年限、可靠性有关的约束条件建立起来的。性能准则是对应性能的定量范围。因此，桥梁在设计使用年限和相配基准期内，如果在所需可靠度下满足了所有性能准则，则其性能要求就已满足。

2.1　性能要求

混凝土桥梁的性能包括适用性能、安全性能和可持续性能三个方面[13, 14]：

适用性能是结构对应正常使用或功能满足规定需求的性能，反映了正常运行功能和使用舒适度的水平。

安全性能是结构对应各种形态破坏或倒塌前的性能，以及在偶然和人为错误的事件中生存的性能，反映着对生命和结构安全、运营及财产等保护的水平。在设计使用年限和相配的基准期内，作用和结构性能的变化是持续存在的，时间应作为性能的基本参数，混凝土桥梁需有足够的能力抵抗性能衰退，其衰变的规律和特征正是把控设计的关键，因此耐久性能设计不能分离于适用性能、安全性能而独立进行。

可持续性能涉及结构相关的设计、施工、运行、养护、拆除及再利用或处置等方面，反映着对环境、经济、社会及美学影响的性能，体现对人类健康、社会、生物、生产力等保护的程度，对正反面社会效应及其变化的预期，以及桥梁外观的可接受度和与环境的和谐度。

2.2 性能指标

性能指标是一个量化描述性能可计算、试验及可量测的关键参数。根据混凝土桥梁的性能要求，可以表示为几类主要指标[13, 14]。

安全性能、适用性能的指标，是已在有关标准和规范中被规定的指标，它们主要反映了桥梁在运行能力方面的水平。设计抗力与相应作用的关系或可靠指标，通常作为检验安全性能的指标；适用性能常以混凝土和钢筋应力、裂缝宽度、挠度及振动等作为指标。基于对安全性能和适用性能随时间衰退的把控要求，以往的耐久性能设计的指标：混凝土的碳化深度、氯离子浓度或保护层厚度、钢筋直径、使用年限等等，将成为隐含在作用和抗力的参数之中，而不必作为性能指标单独出现。

对于可持续性能，在环境影响方面常用的性能指标为：等效二氧化碳（CO_2）排放（kg）、一次能源消费（J）、垃圾填埋场（m^3）及等效磷酸根（PO_4^{3-}）（kg）等。在经济方面，业主成本，即从桥梁设计施工开始直至拆除等费用常被用于评价桥梁经济性能的指标；使用者、当地民众、社会整体或环境不利影响间接发生的成本，因量化没有统一的方法仍待进一步研究。桥梁因维护干扰引起的运行能力减弱、桥梁审美变化影响和外观出现问题等，都反映了社会影响的性能。因此，可以将设计运行能力利用率、外观不满意出现的时间与设计使用年限的比率等作为反映桥梁社会影响的性能指标[13]。

3 性能检验方法

基于性能设计的主要目的之一，是在设计使用年限和相配的基准期内对结构的性能指标进行有效把控和可靠确认。结构性能检验的基础是性能准则和与设计使用年限、可靠性相关的约束条件。性能检验不仅考虑作用、影响和结构失效概率，还要考虑失效的风险、失效的后果及其发生的概率。其中，失效是指未能达到要求的性能目标，而不是严格的结构强度或稳定失效引发的危险。在设计使用年限和相配的基准期内，混凝土桥梁的性能是持续变化的，设计中考虑的需求（作用、影响）和性能（抗力）的相互关系可表示为一个随机过程。因此，在没有其他约束条件的情况下，某一特定时刻某种状况中某类极限状态的极限事件可接受的失效风险概率，可以表示为：

$$P(t) = P\{R(t) \leqslant S(t)\} \leqslant P_{f} \tag{1}$$

式中 $P(t)$——在某极限状态的极限事件中结构失效的概率；

$R(t)$——某极限状态结构的性能（抗力）；

$S(t)$——某极限状态的极限事件对结构的需求（作用、影响）；

P_f——在某极限状态的极限事件中结构失效可接受风险的概率。

通过量化的性能指标反映结构性能并建立极限状态方程，是从现行设计规范平稳过渡到基于性能设计的可行方法。

3.1 安全性能和适用性能

在考虑安全性能和适用性能随时间衰变的因素后，影响混凝土桥梁性能的主要作用有永久作用、可变作用、环境作用等。这些作用的效应，有的以结构受力响应等形式表现出来，而有的则以材料性能劣化等形成反映出来。其中，环境作用是一种持久存在的作用，它的作用特性与永久作用是相似的，但环境作用产生的效应可能不完全是连续渐变发展的，会导致结构损伤、损坏，如：钢筋锈蚀、混凝土开裂和脱落，均会导致有效受力截面损失及材料力学性能劣化。还有，从基于性能设计的角度来看，即使没有环境作用导致的材料劣化效应，长期处于受力状态的混凝土与同龄期一直不受力的混凝土也不一样，受力状态下混凝土内部随时间发展的损伤，即受力作用损伤，也可相当于有效受力截面的损失或材料力学性能劣化。由于产生上述损伤效应的作用隐含在形成抗力的参数之中，直接用规范中极限状态方程的简单形式表示，即用等号左侧为作用表达式、右侧为抗力表达式的形式表示，往往是不可能做到的。

为了化解抗力表达式中隐含的作用效应，可以先在设计使用年限内确定出现关键工况的时刻，从而将导致有效受力截面损失及材料力学性能劣化的效应，由随机过程变成特定时刻的随机变量，而该随机变量即成为该时刻抗力中几何尺寸和材料力学性能的随机变量；然后，根据对应上述时刻的作用和结构目标可靠指标对结构各性能指标进行检验，以确定相应时刻的结构性能是否满足需求。虽然以上方法消除了抗力中隐含的作用效应参数，并将相关效应变成了组成抗力的随机变量，但由于环境和受力作用产生的损伤效应不是连续渐变的，且在不同时刻随机变量的数字特征也是不相同的，另外损伤效应发生的同时伴随着结构状态的演变，故它们仍会对设计使用年限内各关键工况结构性能的检验带来困难。

在基于性能设计中，安全性能和适用性能的含义应不是现有规范中所解释的。在设计使用年限内，结构性能是时间的函数，其衰变规律和特征决定着达到性能目标时的性价比。因此，在正常使用和维护条件下，如果以设计使用年限内不大修加固为前提，则性价比最好的结构性能，应当是其关键指标的可靠度恰在使用年限终结时刻到达满足最低要求的数值；而在正常使用和维护条件下，如果以设计使用年限内考虑大修加固一次为前提，则为使结构性能的性价比最好，除应以关键指标的可靠度恰在使用年限终结时刻到达满足最低要求的数值外，还应确定设计使用年限内大修加固的时刻及在该时刻结构性能关键指标的可靠度。由于中间大修加固涉及由使用者、当地民众、交通、社会及环境等影响而发生更多的间接成本，因此相应的结构性能设计的难度将更大。可见，安全性能和适用性能设计是与可持续性能联系在一起的。

值得注意的是，把控和确认桥梁安全性能和适用性能的基础是施工质量和良好维护的保证，如果施工达不到要求的设计性能或维护状况不能满足要求，那么基于性能设计是毫无意义的。

3.2 可持续性能

可持续性能涉及结构相关的设计、施工、运行、养护、拆除及再利用或处置等方面，反映着对环境、经济、社会及美学影响的性能，该性能是基于性能设计明显区别于以往设计的一个主要方面。虽然表面上看可持续性能与其他性能之间较难表示为直接的定量联系，但它往往能从宏观层面把控基于性能设计的深度和水平。如在设计使用年限内的经济性问题、建造维修及拆除后对环境损害和生活秩序干扰的问题，以及结构美学景观效果的可接受度和长期影响的问题等，都是在其他性能设计过程中时起着协调或控制的作用。

但是，上述协调或控制在一些问题中往往是一种定性的判断，可能导致尺度不一、客观性下降。如社会影响等方面性能的量化会受到很多因素的约束，反映这些性能的指标及其限值或阀值的确定有较高的难度。目前，对于有关人的感观等无法量化的因素，利益相关者可会同当地民众、专家及有关部门或机构开展问卷调查和评估，采用统计数学方法形成反映各方意见的概率分布，提炼影响可持续性能的量化指标，确定性能指标的期望值和代表大多数意见的限值。

4 结语

在设计使用年限和相配的基准期内，基于性能设计的重要参数之一是贯穿全过程的时间。桥梁利益相关者的需求，构成了结构安全性能、适用性能及可持续性能设计的基本要求，如何有效地把控和可靠地确认桥梁逐渐衰变的性能，保证其在关键工况满足性能目标的要求，将是基于性能设计的主要内容。把控和确认结构性能的基础是质量管理，技术保证和计划措施必须有效可行，业主和设计者对桥梁性能目标、性能准则，以及用于设计、施工、养护及拆除等策略，应有明确和清晰的共识。通过量化的性能指标反映桥梁性能并建立极限状态方程，是由现行设计规范平稳过渡到基于性能设计的可行方法，但如何提出能够控制性能的量化指标，尤其是与可持续性能相关的量化指标，还需要进行大量深入研究。

近30年来我国桥梁建设快速发展，新建桥梁的数量已远超过其他国家，但同时新建桥梁出现的病害也大大超出预想，其中混凝土桥梁大量出现的开裂、变形过大及性能快速下降等问题一直困扰着桥梁工程界。我国混凝土桥梁大量病害产生的原因，不仅与施工质量和运营养护的管理法规及措施相关，而且也反映出快速建桥过程中技术储备的明显不足，即存在着理论研究滞后、设计理念陈旧、方法单一缺乏创新及设计规范更新缓慢等问题。为此，项海帆院士多次在桥梁工程界和向有关部门呼吁重视上述问题，并为我们引导混凝土桥梁的科研工作。尤其近10年来，基于性能设计方法逐渐向工程结构领域发展，项院士敏锐意识到该设计方法将替代现有设计方法，于是他明确指出：我国不能在基于性能设计发展中处于落后地位，应马上启动相关研究工作追赶先进国家，力争在设计理论和方法发展的进程中摆脱落后，使我国从桥梁数量大国成为桥梁技术强国。在项院士指引下，同济大学协同中交公路规划设计院拟定了研究计划并开始了相关工作。目前，基于性能设计的基本要求已在修订的《公路工程结构可靠性设计统一标准》和正在进行修订的公路桥涵设计规范中得到反映。本文是作者在上述研究中得到的一些体会。

谨此衷心感谢项老师的指导！

参考文献

[1] Akira I. Basic Study of Performance-Based Design in Civil Engineering [J]. Journal of Professional Issues in Engineering Education and Practice, ASCE, 2002, 128 (1): 30 - 35.

[2] Fujitani H, Teshigawara M, Gojo W, Hirano Y, Saito T. Framework for Performance-Based Design of Building Structures [J]. Computer-Aided Civil Infrastructure Engineering, 2005, 20: 62 - 67.

[3] Galambos T V. Structure Design Codes: The Bridge Between Research and Practice [C]//Responding to Tomorrow's Challenges in Structural Engineering, IABSE Symposium, Budapest, 2006: 2 - 12.

[4] Aktan A E, Ellingwood B R, Kehoe B. Performance-Based Engineering of Constructed System [J]. Journal of Structural Engineering, ASCE, 2007, 134(3): 311 - 323.

[5] Augusti G, Ciampoli M. Performance-Based Design in Risk Assessment and Reduction [J]. Probabilistic Engineering Mechanics, 2008, 23: 496 - 508.

[6] JSCE. Standard Specifications for Concrete Structures-2001(English Version) [S]. Japan Society of Civil Engineers, Tokyo, 2005.

[7] Tamon U. Role of Asian Concrete Model Code and JSCE Standard Specifications for International Code Harmonization [C]//Codes in Structural Engineering Developments and Needs for International Practice, Joint IABSE-fib Conference, Dubrovnik, Croatia, 2010: 87 - 98.

[8] Walraven B. The 2010 Model Code for Concrete Structures: A New Approach to Structural Engineering [C]// Codes in Structural Engineering Developments and Needs for International Practice, Joint IABSE-fib Conference, Dubrovnik, Croatia, 2010: 155 - 166.

[9] fib Model Code 2010 [S]. First Complete Draft. 2010.

[10] Jean-Armand C. The European Technical Culture in Civil Engineering: the Eurocodes - Present and Future [C]// Codes in Structural Engineering Developments and Needs for International Practice, Joint IABSE-fib Conference, Dubrovnik, Croatia, 2010: 67 - 74.

[11] 李国平. 混凝土桥梁基于性能设计研究的设想[C]//第十五届全国混凝土及预应力混凝土学术交流会论文集. 上海：同济大学出版社，2010：33 - 38.

[12] 李国平，张喜刚，项海帆. 基于性能的混凝土桥梁规范体系的研究计划[J]. 桥梁，2011(3)：76 - 78.

[13] Dette G, Sigrist V. Performance Indicators for Concrete Bridge [C]//Concrete Engineering for Excellence and Efficiency, fib Symposium, Prague 2011: 239 - 242.

[14] 李国平. 关于桥梁基于性能设计的性能指标与性能检验方法的探讨[C]//第二十届全国桥梁学术会议论文集. 北京：人民交通出版社，2012：43 - 47.

预应力混凝土桥梁设计的新进展及新挑战

徐　栋*

（同济大学桥梁工程系　中国　上海　200092）

摘　要　本文主要关注中国预应力混凝土桥梁设计的新进展与新挑战。讨论了混合体系和叠合梁的进展，以提高混凝土梁式桥的跨越能力和运营荷载的效率，包括波折钢腹板混凝土桥梁、混合梁体系及矮塔斜拉桥。开裂和过度下挠是中国预应力混凝土桥梁的两个主要缺陷。文章总结分析了箱梁最常见的裂缝，并提出了完整验算应力和三层应力的创新理念，该理念可以完全揭示箱梁的空间性能，并可描述箱梁桥裂缝的产生过程。空间网格模型是可以完整得到三层应力的最合适、最直接的分析模型。最后，分析了过度下挠和抗剪配筋设计之间的联系，并简要介绍了新的抗剪配筋设计方法。

关键词　预应力混凝土桥梁；波折钢腹板；开裂和下挠；完整验算应力；空间网格模型；抗剪配筋设计

* 徐栋，1966 年出生，项海帆教授 1995 级博士研究生，论文题目“节段施工体外预应力桥梁的极限强度分析”。本文源自作者在 2014 年国际桥梁与结构工程协会(IABSE)马德里会议上所作的大会报告。

1　预应力混凝土桥梁的挑战和主要缺陷

众所周知，随着预应力混凝土桥梁跨径的增加，桥梁自重也会相应增加。当主跨达到 200 m 时，恒载甚至占总荷载的 90%以上，也就是说，对于运营荷载只有不到 10%的空间。尽管该桥型仍然最经济，但运营荷载的效率是其跨越能力最大的挑战。

自 21 世纪以来，中国进入新一轮的建设热潮。尽管大跨径桥梁引人注目，但中国预应力混凝土桥梁众多，发生的问题也最多。我国预应力混凝土梁桥的服役接近 30 年，大量维修加固工作已经逐步展开。斜裂缝和长期过度下挠是很多桥梁的两个主要缺陷，尤其是大跨径预应力混凝土箱梁桥。多年来，中国桥梁界也对该缺陷为何发生及其如何发生存在争议。但由于对问题机理没有根本认清，导致对缺陷的判断以及加固维修的方式都有影响。

本文将总结我国预应力混凝土桥梁的新进展，并在第 2 节中叙述一些有效减轻自重和挑战跨越能力的工程实践。本文大部分内容将会聚焦在寻求解决开裂和过度下挠问题的研究进展，并在第 3 和第 4 节中叙述。

2　减轻自重的解决方案

混合体系和叠合梁是减轻预应力混凝土梁桥自重、提高其跨越能力的最常用的解决方案。跟随法国和日本工程师的理念和先行实践，矮塔斜拉桥和波折钢腹板混凝土箱形截面桥已在中国广泛应用。

2.1　波折钢腹板箱形截面

组合截面由两种材料组成，即钢和混凝土。最近，波折钢腹板箱形截面成为中国流行的截面类型，已在不同桥型中得到应用，包括斜拉桥、矮塔斜拉桥和典型的梁式桥。

经过多次尝试，山东省甄城黄河大桥于 2011 年完工，是中国第一座应用此截面类型的大型桥梁，见图 1。其主桥是 13 跨波折钢腹板预应力混凝土连续箱梁桥，跨径布置为 70 m+(11×120)m+70 m。它分为上下游两座平行桥梁。截至目前，中国有超过 30 座已建或在建的波折钢腹板桥梁，它们大部分为矮塔斜拉桥和梁式桥。南昌朝阳赣江大桥总长为 1 596 m，跨径为 2×(49 m+50 m+49 m)+[79 m+(5×150)m+79 m]+2×(4×49 m),主桥和引桥均使用波折钢腹板箱形截面,见图 2。

图 1　甄城黄河大桥(施工中)

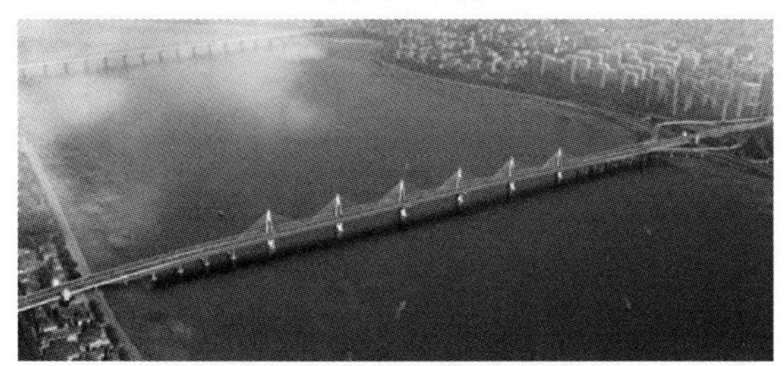

图 2　南昌朝阳赣江大桥

波折钢腹板预应力混凝土梁桥比采用混凝土腹板的约轻 20%;因此,预应力钢束会显著减少。大多数预应力钢束是体外的,且仅在混凝土顶板和底板有体内预应力直线束,这使得预应力工作更加方便、快捷。波折钢腹板的柔性确保预应力作用到截面的混凝土部分。由于腹板是钢制的,预应力混凝土桥梁频繁发生的腹板裂缝能彻底避免。

该桥型有潜力取代适用预应力混凝土梁桥的某些跨径范围,甚至能增加梁桥在 200 m 以上跨径的应用。

2.2　混合梁结构

林同棪国际咨询公司为重庆石板坡长江大桥复线桥的设计研发了一种创新理念。该桥是混合梁结构,在中段 108 m 范围内是钢梁。既有桥梁的跨径是 86.5 m+(4×138)m+156 m+174 m+104.5 m,于 1981 年完工,是当时重庆跨越长江的唯一一座桥梁。为了满足通航要求且在美学上匹配目前的桥梁,新桥的主跨为 330 m,使其成为世界上最大跨径的梁桥。由于中国很少应用轻质混凝土,而且轻质混凝土不能在此跨径显著减轻自重,便产生了钢-混凝土混合理念。鉴于长江上运输方便,便在桥梁中间段设计了一段 108 m 的钢箱梁,将支座处的负弯矩减少了 1/3,即此弯矩与跨径为 270 m 的预应力混凝土桥的墩顶负弯矩等同。新桥的跨径布置从南到北为 5 m+(4×138)m+330 m+133.75 m,见图 3、图 4。

图 3　重庆石板坡长江大桥复线桥

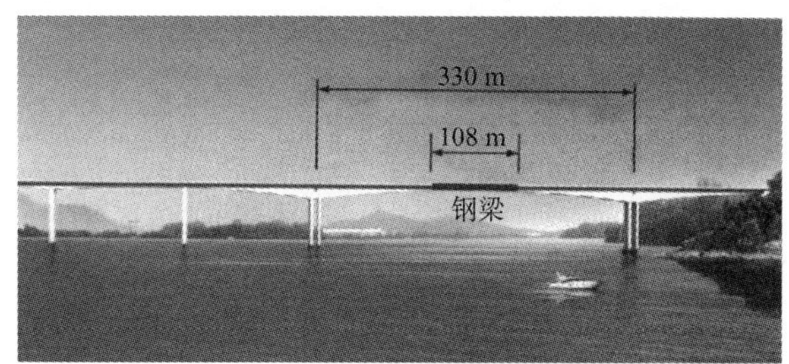

图 4　主跨中间段钢梁

2.3　矮塔斜拉桥

矮塔斜拉桥是一种混合体系,由混凝土主梁和拉索组合而成。纵向主梁、竖向桥塔和斜拉索构成的三角形有比主梁自身大得多的刚度。拉索也可认为是主梁之上的体外预应力钢束。这有助于显著减小主梁梁高,也就是自重,并提高跨越能力。该桥型可以在梁桥和斜拉桥之间发挥重要的作用,而且外形美观。

在中国,第一座矮塔斜拉桥出现于 2001 年,跨径为 81 m+132 m+81 m。截至 2013 年末,中国已经建成了 100 多座矮塔斜拉桥。跨径最大的是大连长山岛大桥,跨径为 140 m+260 m+140 m,2014 年 6 月通车。

3　混凝土裂缝与创新对策

3.1　预应力混凝土桥梁裂缝的调研

近 30 年来,中国修建了大量的混凝土梁桥。大跨径预应力混凝土连续梁桥及预应力混凝土连续刚构桥被广泛应用。截至目前,中国有超过 20 座预应力混凝土连续刚构桥的跨径超过 200 m,并修建了超过 100 座跨径为 100～200 m 的预应力混凝土桥梁。然而,这类桥梁经常发生裂缝。常见的裂缝及其位置见表 1[4, 5]。

表 1　单箱单室箱形截面常见裂缝及其位置

裂缝	裂缝编号	验算应力	位置	应力特征
顶板横向裂缝	1T	顶板纵向面外应力	顶板上缘	一维应力（整体效应）
顶板纵向裂缝	2T	顶板横向面外应力	顶板上缘	一维应力（局部效应）
顶板纵向裂缝	2T		顶板下缘	
顶板斜裂缝	3T	顶板面内应力	顶板中间层	二维应力（整体效应）
底板横向裂缝	1B	底板纵向面外应力	底板下缘	一维应力（整体效应）
底板纵向裂缝	2B	底板横向面外应力	底板上缘	一维应力（局部效应）
底板纵向裂缝	2B		底板下缘	
底板斜裂缝	3B	底板面内应力	底板中间层	二维应力（整体效应）
腹板纵向裂缝	2C	腹板面外应力	腹板内缘	一维应力（局部效应）
			腹板外缘	
腹板斜裂缝	3C	腹板面内应力	腹板中间层	二维应力（整体效应）

注：本表第 2 列，“1”表示纵向正应力引起的横向裂缝；“2”表示横向正应力引起的纵向裂缝；“3”表示主拉应力引起的斜裂缝。“T”表示箱形截面顶板；“B”表示箱形截面底板；“C”表示箱形截面腹板。

在通常的设计实践中，裂缝是通过规范中相应的验算应力进行验算的。然而，可以发现其中一些应力缺失，尤其是顶底板的斜裂缝。这可能是因为规范开始编订时，桥梁结构的梁通常是窄梁和浅梁，也就是只重点关注了竖向剪应力。可以说我们的设计规范的验算应力是不完整的。

3.2　新理念——完整验算应力

从三维结构的角度来看，可以在主应力空间中定义每一点的空间应力。桥梁结构可以看作是剪应力均匀分布的板件的组合。箱形截面是由顶板、腹板和底板组成。该新理念建议每块板有三层应力，即上缘、下缘和中间层，如图5所示。所有的三层应力都要验算。

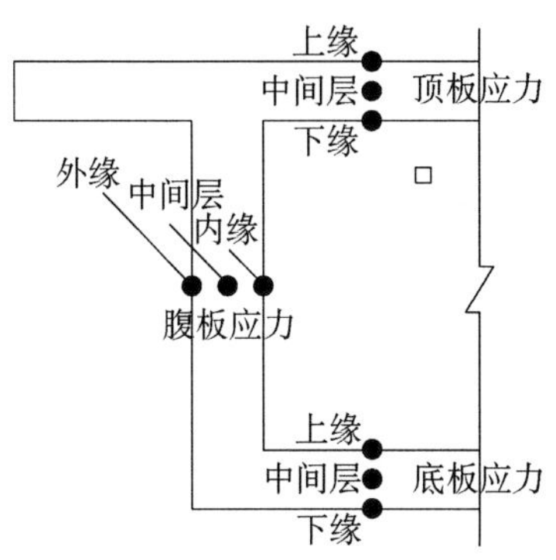

图5 单箱单室箱形截面三层应力

中间层应力源自整体效应，即箱形截面薄壁效应，如图6所示。因此，箱梁的整体效应也可按应力呈现，如图7所示：正应力σ虑及轴力、弯曲、扭转(翘曲应力)及剪力滞(不均匀正应力分布)的效应，而剪应力τ是由剪力和扭转产生的。需要强调的是，箱梁的任一部分(图6中的阴影区域)都承受着剪应力τ和正应力σ。这两个应力可以合成为主应力，它是面内二维应力，如图7所示。同样需要强调的是，“受剪构件”不仅仅指腹板，箱形截面顶板和底板都是“受剪构件”。

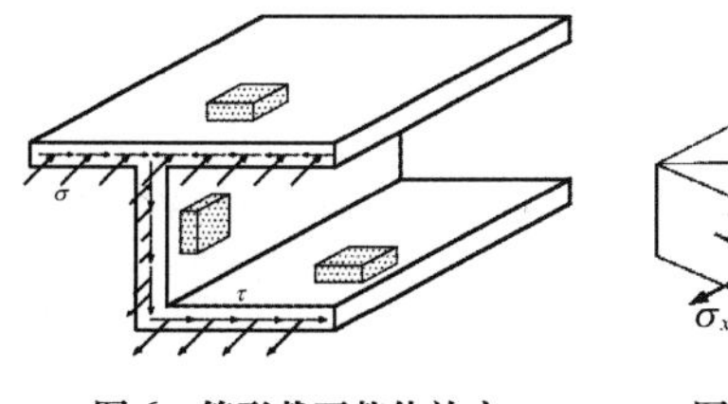

图6 箱形截面整体效应

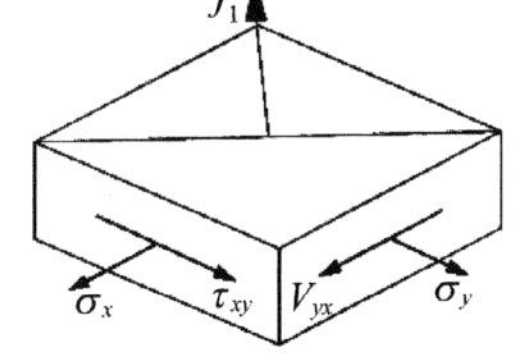

图7 中间层面内应力

上缘和下缘应力源自局部效应。局部效应可由车辆轮载、温差及变高度箱梁桥底板内的钢束引起。图8为单元的面外应力。

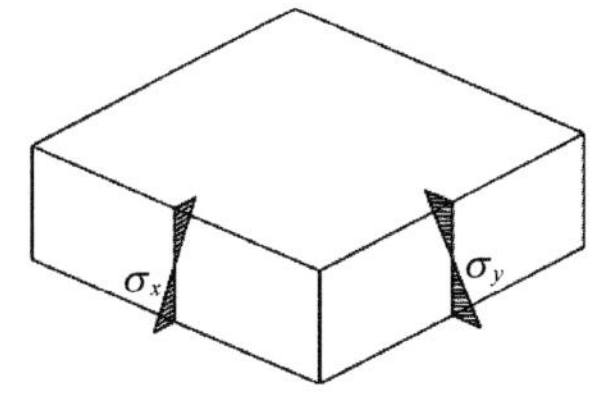

图8 板的面外应力

如果裂缝是由面内应力引起的，裂缝会彻底贯穿板厚；如果裂缝是面外应力引起的，会有部分截面区域受压，与钢筋一起形成抗力抵抗弯矩。

表1最后三列描述了完整验算应力，共15个应力及其位置、特征。这些验算应力完全由箱形截面的三层应力来表达，即每块板有5个验算应力，包括2个纵向应力(上缘和下缘)、2个横向应力(上缘和下缘)和1个主应力。完整验算应力的意义在于它们对应于表1的全部裂缝。尽管完整验算应力共有15个，但9个验算应力是最为关注的，如表2所示，其中有几个是现有规范所不包含的。建议在对维修一座有缺陷桥梁进行研究之前，首先获得表2中的所有验算应力。然后，我们就能回答裂缝为什么发生、如何发生这些重要问题。

表2 单箱单室截面9个验算应力

验算应力	位置	应力特征
顶板面外应力	上缘	纵向正应力
	上缘	横向正应力
	下缘	横向正应力
顶板面内应力	中间层	主应力
底板面外应力	下缘	纵向正应力
	上缘	横向正应力
	下缘	横向正应力
底板面内应力	中间层	主应力
腹板面内应力	中间层	主应力

3.3 空间网格模型及完整验算应力表达方式

如图5所示，箱梁可认为是几块板的组合：顶板、底板及腹板。它们可以再分解为板单元，每一个板单元可认为是由正交杆单元组成的平面网格，如图9所示。

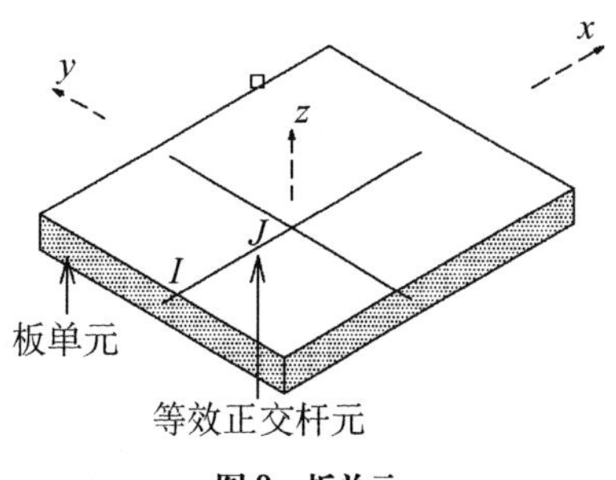

图9 板单元

在平面上空间网格划分与梁格分析中采用的划分相似，不同的横向单元和纵向单元按它们的形心线排列。空间网格模型中顶板、底板和腹板都由纵向单元和横向单元构成梁格，这意味着结构模型形成一个三维的空间网格，如图10所示。

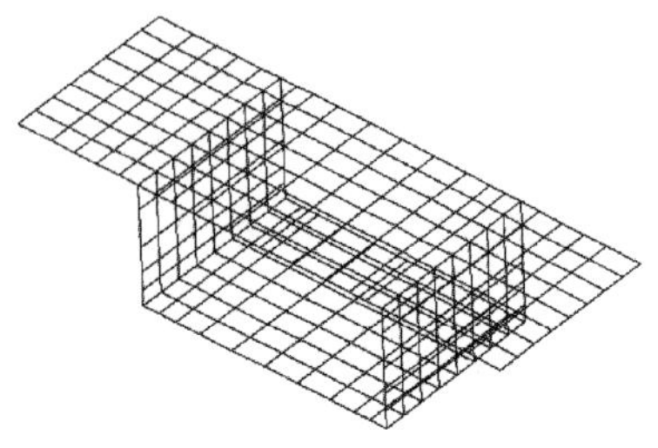

图10 一单箱单室截面的空间网格模型

每一部分截面都计算其相应的弹性特征，即面积、抗弯刚度和抗扭刚度，并分配给代表那部分的相应单元。尽管各种构件的截面特征计算方法和原则讨论了很多[6,7]，但在空间网格模型中每一网格单元的弹性特征均是由其实际截面尺寸计算而来，不含任何简化或经验系数。为了简洁起见，本文没有列出详细的计算步骤。

在空间网格模型中，箱形截面应力采用阶梯形式来表达。图11和图12分别表示正应力和弯曲剪应力的表达示意图。该模型的正应力包含剪力滞效应。

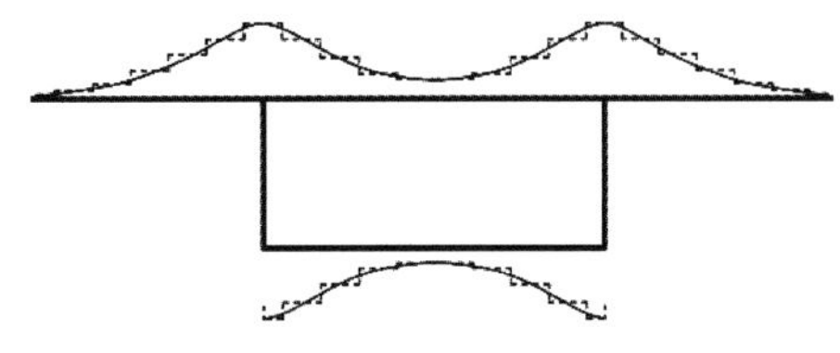

图11 空间网格模型剪力滞效应

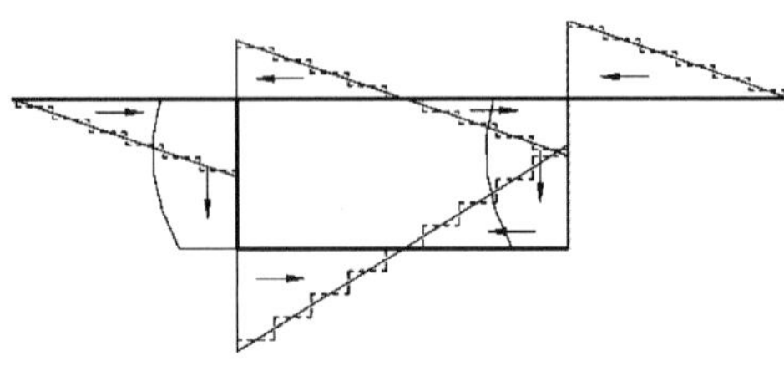

图12 弯曲剪力流

空间网格模型完全满足完整验算应力的要求：纵向单元反映面外纵向效应(1T, 1B)，横向单元反映面外横向效应(2T, 2B, 2C)，纵向单元和横向单元的交点反映面内效应(3T, 3B, 3C)，即箱形截面的薄壁效应。

空间网格模型理论上比实体模型简单，但与桥梁设计计算和现行配筋设计规范有更直接的联系。该模型可以方便地考虑所有主要的分析因素，如分阶段施工、混凝土徐变和收缩、预应力效应及影响面移动车辆加载。该模型可以直接表达完整验算应力，单元内力也与配筋设计方法相对应，比实体模型更实用。

应该强调的是，空间网格模型中单元的材料不一定是混凝土。单元可以是钢或其他材料，也就是说，该模型可以应用到组合结构并为该复杂截面提供完整验算应力。

完整验算应力和空间网格模型的理念已经引入到中国新版桥梁设计规范的讨论稿中。

4 预应力混凝土桥梁的过度下挠及对策

4.1 预应力混凝土桥梁的下挠统计

中国已经修建了很多预应力混凝土桥梁，其中许多都有过度下挠的问题。表3列出了一些中国有缺陷的桥梁，涵盖不同跨径[12]。

表3 有过度下挠和裂缝的桥梁

完工时间(年)	跨径(m)	挠度(mm)	裂缝情况
1997	150＋270＋150	260	在第二次加固时
1995	162＋3×245＋162	320	很多裂缝，最大裂缝宽度达0.4 mm
1992	105＋4×140＋105	220	733道裂缝，最大裂缝宽度达0.4 mm
1990	85＋140＋85＋42	110	腹板裂缝
1993	75＋7×120＋75	200	320道裂缝，最大裂缝宽度达0.58 mm
1992	66＋120＋65	220	很多裂缝，最大裂缝宽度达1.15 mm
1990	46＋80＋46	67	腹板最大裂缝宽度达0.47 mm

该问题国际上也有报道[13,14]，其中最常讨论的是帕劳共和国的科罗-巴岛(KB)大桥，主跨241 m，修建于1977年。该桥下挠太大(约120 mm)，以至于在1995年决定用体外预应力进行加固。但在重新通车3个月后，该桥突然坍塌。

4.2 一些对策

尽管预应力混凝土桥梁产生过度下挠的原因仍在全球争论不已，但已达成的共识是该问题源于设计过程中的一些基本方法出了问题，尤其是在规范中。

由于过度下挠，混凝土徐变是全球研究最多的因素之一。尽管通过改变规范中徐变模型的不同参数有很多研究，甚至考虑箱型截面不同部分的龄期差异，但仅能得到很小的变形差异。最近做的另一个尝试是引进新的徐变模型[13, 14]。

中国十几年前提出了一个极端解决方案，称作“零弯矩法”[12]。它采用预应力钢束产生反弯矩以彻底平衡自重弯矩，因而桥梁所有截面的弯矩约为零。该法还采用更弯曲的纵向腹板钢束来平衡剪力以得到“零剪力”来防止裂缝。尽管该法的理论依据并不完善，但在工程实践中，中国采用该设计方法的众多服役超过10年的桥梁显示了其实效性：没有发现裂缝，没有报道过度下挠。

尽管如此，该法不是好的设计方法，因为它采用很极端的方式。主梁的梁高必须增加，跨中部分尤其显著，以获得较大的钢束偏心距。预应力也要增加以获得足够的平衡弯矩而达到“零弯矩”。因而，主梁更像是轴心承压构件。尽管实践反映出没有开裂就没有过度下挠，但由于该方法需要使用更大的预应力钢束，设计中也需要增大截面尺寸，这会导致恶性循环：自重更大，预应力钢束更多。

可以合理地假设所有变形可以分为两部分：混凝土徐变引起的变形和结构开裂，尤其是腹板斜裂缝引起的变形。前者，即徐变引起的变形，可以在工程精度上加以预测并通过未开裂桥梁进行验证。后者，即腹板裂缝引起的变形却仍然很难预测。从表3可以看出，过度下挠常伴随着腹板裂缝，且这些腹板裂缝的宽度明显超过规范中的允许裂缝宽度。这意味着裂缝附近的箍筋应该已经失效，即理论上已经失去截面抗剪能力。因此可以得出结论，过度下挠部分来源于结构裂缝，尤其是剪切裂缝，并与抗剪配筋设计有很大的关系。

4.3 抗剪配筋设计新方法

众所周知，全球不同的主要规范中抗剪配筋设计仍然存在不一致[15—21]。区别主要有两个方面：混凝土贡献的多少和抗剪配筋的细节。混凝土贡献即 V_c 可能在一些规范中被高估，包括中国规范，尤其是在连续梁桥弯矩为零的区域附近。鉴于此，在设计中可能没有足够的抗剪钢筋。当发生腹板开裂，混凝土腹板的主拉应力突然转移到抗剪钢筋（箍筋）上，可导致钢筋失效。箍筋失效会破坏截面变形的协调性，预应力效应在截面上的传递和分配将不再得到保证。

这些年来，同济大学桥梁工程系致力于抗剪配筋设计新方法的研究工作，即“拉应力域”法[11, 22, 23]。表4说明了该新方法提出的抗剪配筋设计示意。

表4 不同的抗剪配筋设计

主要规范	抗剪钢筋
ACI，中国规范（仅箍筋）	箍筋
欧洲规范2，AASHTO（箍筋＋纵向主钢筋）	箍筋；顶缘纵向钢筋；底缘纵向钢筋
新方法的初步细节（箍筋＋纵向腹板钢筋）	箍筋；纵向水平钢筋

新方法包括箍筋和纵向钢筋网格，形成了一个钢“薄膜”来抵抗主拉应力。现行设计规范不认为水平钢筋是抗剪钢筋，工程实践中仅作为构造钢筋。新理念把纵向钢筋看作是抗剪钢筋，同竖向箍筋一样重要地承受剪力。这些年桥梁工程系进行了大量理论工作和试验工作来验证“拉应力域”法的正确性。

图13为一组不同抗剪配筋情况的抗剪性能试验梁。该组试验有8根薄腹工字形梁，包括4根简支梁（IS50系列，2根为网格钢筋，2根仅竖向箍筋）和4根带悬臂

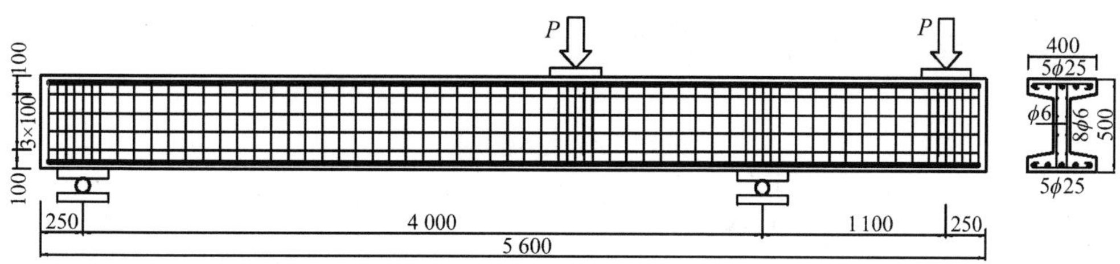

(a) 网格钢筋

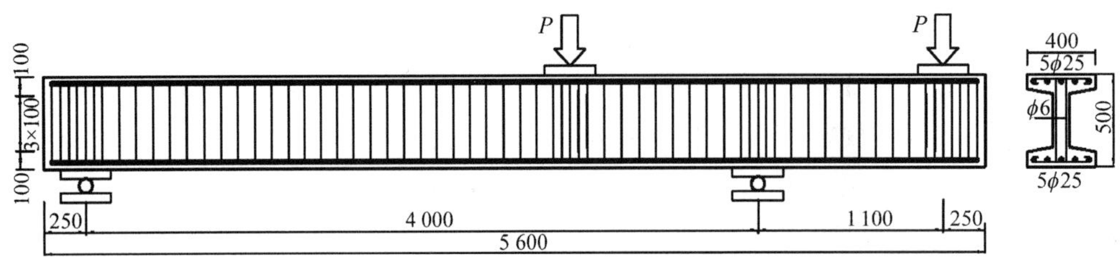

(b) 仅竖向箍筋

图 13　ISC50 系列薄腹工字形梁

简支梁(ISC50 系列,2 根为网格钢筋,2 根仅竖向箍筋)。

试验结果表明网格配筋系列斜裂缝宽度更小(表 5)、刚度更大(图 14)。试验也发现它们之间不同的裂缝发展情况:网格配筋梁破坏时裂缝平行且有几条临界裂缝,仅配箍筋梁在破坏时裂缝不平行且通常仅有一条临界裂缝(图 15)。

表 5　试验梁破坏时的斜裂缝宽度　(mm)

	网格钢筋		仅竖向箍筋	
IS50 系列	IS50 - 1	IS50 - 2	IS50 - 3	IS50 - 4
临界斜裂缝宽度	3.0	7.0	12.0	10.0
ISC50 系列	ISC50 - 1	ISC50 - 2	ISC50 - 3	ISC50 - 4
临界斜裂缝宽度	8.0	9.0	15.0	17.0

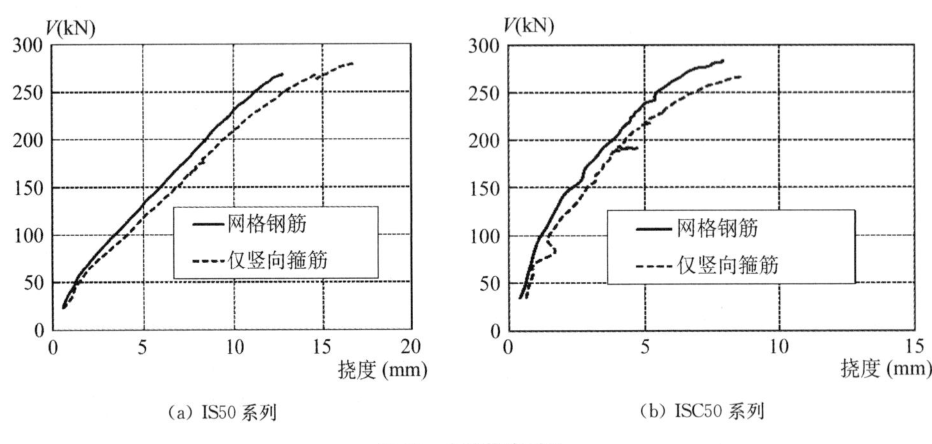

(a) IS50 系列　　(b) ISC50 系列

图 14　中跨挠度对比

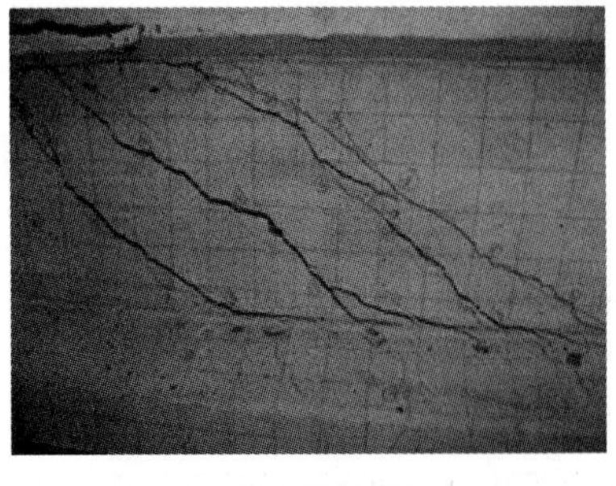

(a) 网格钢筋

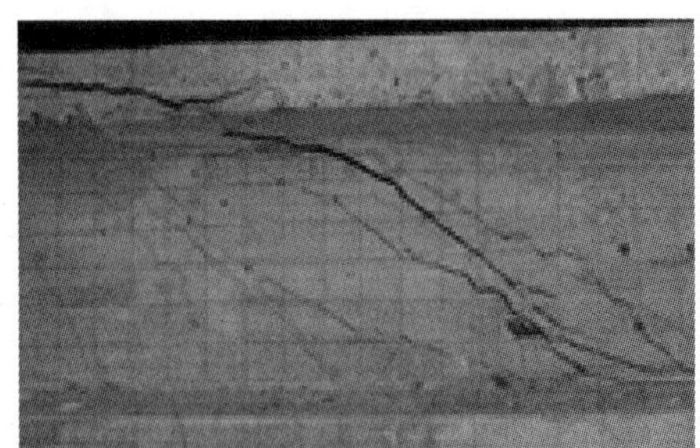

(b) 仅竖向箍筋

图 15　试验梁裂缝分布

对图 15 中裂缝分布的对比是很有意义的。网格配筋梁的裂缝倾角在破坏前总是相同的,这意味着主拉应力的方向并没有随着裂缝的发展而改变。换句话说,传递纵向弯矩的剪应力由网格钢筋安全地替代混凝土承受着。这会继续保证荷载和预应力产生的纵向应力沿梁高的传递，且会保证设计意图。

仅配箍筋梁的裂缝倾角是不同的，意味着主拉应力方向是变化的。一旦开裂，就会产生沿斜裂缝的附加剪应力以平衡开裂混凝土的主拉应力。新的倾角较小的主拉应力就会产生，因此，会产生倾角较小的腹板次生裂缝。图 16 为该机制示意。这种平衡会随着荷载的增加和竖向箍筋的破坏而被打破。纵向应力沿梁高的传递将不会得到保证，且应力分布和变形变得难以预测。

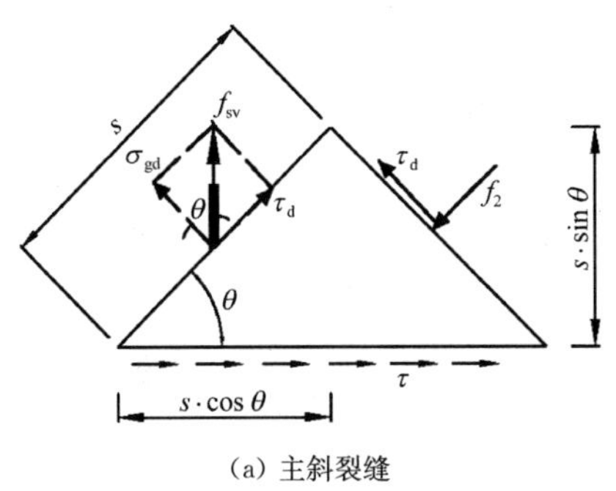

(a) 主斜裂缝

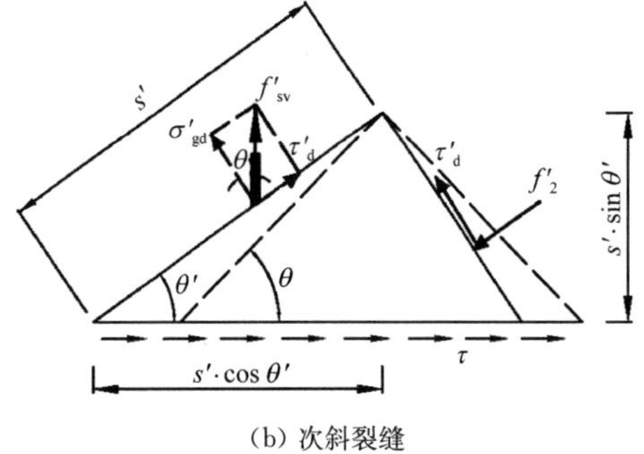

(b) 次斜裂缝

图 16　次裂缝的发展

网格配筋抗剪设计新方法已经包含在 2012 年出版的《大跨径预应力混凝土公路桥设计和施工指南》中。相关研究还在继续进行，以扩展该方法的应用范围到混凝土膜构件和深梁。正在进行的研究也包括应用空间网格模型模拟缺陷桥梁的腹板裂缝及产生的过度下挠过程，以及相应的加固方法。

5　结论

使用期间初期成本和维修费用低使得预应力混凝土桥梁成为最经济的桥型。混合体系和组合截面可促进预应力混凝土梁桥减轻自重、提高效率及增加跨越能力。

开裂和过度下挠是预应力混凝土桥梁常发生的两大缺陷。文中提出了完整验算应力以及相对应的分析模型——空间网格模型，以完整验算预应力混凝土桥梁并防止开裂。

由于过度下挠的预应力混凝土桥梁总有剪切裂缝，因此建议在设计混凝土受剪构件时将腹板水平钢筋设计为抗剪钢筋。不应该再把腹板水平钢筋仅仅看作构造钢筋。

正如本文所述，预应力混凝土桥梁的开裂和过度下挠问题可以通过更精细化的模型及新的抗剪配筋设计方法来解决。对于预应力混凝土桥梁来说，需要做更多的调研及研究工作，包括对缺陷桥梁的鉴定分析、规范的修订和设计方法的改进。

参考文献

[1] 项海帆. 中国桥梁(2003—2013)[M]. 北京：人民交通出版社，2013.

[2] 王用中. 波形钢腹板预应力混凝土桥在我国的应用现状[C]//中国公路学会桥梁和结构工程学会 2014 年全国桥梁学术会议大会报告. 2014.

[3] 邓文中，代彤. 重庆石板坡长江大桥复线桥的总体设计

[J]. 桥梁建设,2006(6):28-32.
[4] 楼庄鸿. 大跨径混凝土梁桥的缺陷[C]//中国公路学会桥梁和结构工程学会 2003 年全国桥梁学术会议论文集. 2003.
[5] 张喜刚. 大跨径预应力混凝土公路桥梁设计和施工指南[M]. 北京:人民交通出版社,2012.
[6] Hambly E C. Bridge Deck Behavior [M]. London: Chapman & Hall, 1991.
[7] Timoshenko S, Goodier J N. Theory of Elasticity [M]. New York: McGraw Hill, 1993.
[8] 徐栋. 桥梁体外预应力设计技术[M]. 北京:人民交通出版社,2008.
[9] 徐栋,赵瑜. 混凝土箱梁桥结构分析中空间网格模型的应用[C]//第 18 届 IABSE 论文集,首尔,韩国. 2012.
[10] 项海帆. 高等桥梁结构理论[M]. 第二版. 北京:人民交通出版社,2013.
[11] 徐栋,赵瑜,刘超. 混凝土桥梁结构实用精细化分析与配筋设计[M]. 北京:人民交通出版社,2013.
[12] 上官兴,等. 预应力混凝土连续梁桥新理念:恒载零挠度设计[C]//中国既有桥梁加固、改造及评估会议论文集. 2008.
[13] Bazant Z P, et al. Excessive Deflections of Record-span Prestressed Box Girder: Lessons Learned from the Collapse of the Koror-Babeldaob Bridge in Palau [J]. ACI Concrete International, 2010,32(6):44-52.
[14] Bazant Z P, et al. Wake-up Call for Creep, Myth about Size Effect and Black Holes in Safety: What to Improve in fib Model Code Craft [C]// Proceedings of fib Symposium, Prague, 2011.
[15] 中华人民共和国建设部. GB 50010—2002 混凝土结构设计规范[S]. 北京:中国建筑工业出版社,2002.
[16] 中华人民共和国交通部. JTG D62—2004 公路钢筋混凝土及预应力混凝土桥涵设计规范[S]. 北京:人民交通出版社,2004.
[17] ACI Building Code Requirements for Structural Concrete and Commentary (ACI318R-05) [S]. Detroit: American Concrete Institute, 2005.
[18] AASHTO LRFD Bridge Design Specifications [S]. 3rd Edition. American Association of State Highway and Transportation Officials, 2004.
[19] EUROCODE 2: Design of Concrete Structures [S]. 2004.
[20] Nielsen M P. Limit Analysis and Concrete Plasticity [M]. 2nd Edition. Boca Raton :CRC Press, 1991.
[21] Collins M P, Mitchell D. Prestressed Concrete Structures [M]. Englewood Cliffs: Prentice Hall, 1991.
[22] 赵瑜. 混凝土结构抗剪配筋设计研究——拉应力域法[D]. 上海:同济大学,2011.
[23] Xu D, Zhao Y, Liu C, et al. Shear Design of Concrete Beams Reinforced with Grid Reinforcement [J]. Magazine of Concrete Research, 2012,65(2):93-107.

细观层面的混凝土碳化过程数值模拟

陈艾荣* 潘子超

（同济大学桥梁工程系 中国 上海 200092）

摘 要 为在细观层面上研究混凝土碳化问题，首先建立了基于积累分布函数的三维球形骨料生成方法，并对方法中所涉及的随机性对模拟结果的影响进行了分析，对方法中的骨料最大粒径、最小粒径和体积分数的选取原则进行了讨论。在该方法的基础上，进一步建立了简化的混凝土碳化数值模型，并分析了骨料对宏观层面混凝土碳化行为的影响。结果表明：骨料的稀释效应和扭曲效应将降低混凝土的碳化深度；此外，骨料在水泥浆中的非均匀分布将导致宏观上混凝土碳化深度的非均匀性。

关键词 混凝土；细观模型；数值模拟；碳化

基金项目：国家自然科学基金(50878145)；贵州省交通运输厅科技项目(2010－122－018)；中央高校基本科研业务费专项资金。

1 引言

混凝土的碳化过程将降低孔隙溶液的pH值，破坏混凝土的碱性环境，并进而引发钢筋的锈蚀。目前针对混凝土碳化过程的研究多数是在宏观层面上开展的，即将混凝土视为一种各向同性的均质材料[1, 2, 3]。但在细观层面上，骨料在水泥浆体中的分布是不均匀的。这种不均匀性对宏观层面上混凝土碳化过程的表现将造成一定的影响。

为了进行细观层面的混凝土碳化研究，首先需要建立混凝土的细观模型。考虑到数值分析的计算效率等因素，目前混凝土细观模型的研究多数是在二维平面上进行的。这些方法一般可分为两类：①基于骨料积累分数函数[4, 5]；②基于 Walraven 公式[6, 7, 8]。两种方法各有优缺点。第一种方法能够得到粒径分布连续的随机骨料，但需要求解非线性方程组以确定每一个骨料的粒径，这极大地影响了该方法的效率；第二种方法的计算简单，但属于一种近似方法，并且在模拟过程中，需要对骨料的粒径进行等级划分，有较大的人为性。

在目前已有研究成果的基础上，本文建立了基于积累分布函数的三维球形骨料的随机生成方法。与二维平面上的骨料生成算法相比，该方法既能得到连续粒径的随机骨料分布，同时积累分布函数与骨料粒径的关系又能显式地给出，避免了方程组的求解，提高了模拟效率。在得到骨料的随机分布之后，可从三维模型中截取一个平面作为后续数值分析的计算模型。文章对该截面位置的随机性进行了计算分析。在上述混凝土细观模型的基础上，进一步建立了一个简化的混凝土碳化数值模型，并简要分析了宏观上骨料对混凝土碳化行为的影响。

2 三维骨料颗粒数积累分布函数

2.1 骨料积累分布函数的含义

合理的骨料级配对于提高混凝土的密实性和耐久性有着十分重要的意义。工程上一般通过筛分试验确定骨料级配。具体做法为：将标准筛按孔径大小排序，然后让骨料分别通过各筛，最后统计遗留在各筛上的骨料含量，由此可得出对应于每个筛子孔径的骨料通过率，即通过该孔径的骨料占所有骨料的比，此即为骨料积累分布函数(Cumulative Distribution Function，CDF)的含义。需要指出的是，积累分布函数是针对骨料某种属

* 陈艾荣，1963 年出生，项海帆教授 1991 级博士研究生和 1994 级博士后，博士论文题目“大跨桥梁的风荷载及风致振动控制研究”，博士后论文题目“长大桥梁的风致振动控制及风荷研究”。

性而言的,例如,以质量来表征骨料含量则可得到骨料质量的 CDF,而以颗粒数来表征骨料含量又可得到骨料颗粒数的 CDF。下文的推导过程表明,尽管都为同一骨料级配的 CDF,但两者的表达形式并不相同。

2.2 Fuller 级配曲线

为了指导实际工程中骨料级配的选取,各国学者先后提出了众多的理想级配曲线。其中尤以 Fuller 级配最为常用,其原因在于按照 Fuller 级配配制而成的混凝土理论上将具有最大的密实度[9]。由于工程中一般都以质量来表征骨料含量,因此理想级配曲线一般都以骨料质量 CDF 的形式给出。其中 Fuller 级配的骨料质量 CDF 表达形式为:

$$P_{3\mathrm{M}}(D)=(D/D_{\mathrm{m}})^{n} \tag{1}$$

式中,D 为骨料粒径(m);D_{m} 为骨料最大粒径(m);$n=0.5$,为一常数。

式(1)的具体含义为:粒径小于 D 的骨料占所有骨料的质量比。但需要注意的是,理想级配曲线中的骨料粒径可以取为零,但实际工程中采用的骨料粒径总有最小值 $D_0>0$,此时根据式(1)将得到 $P_{3\mathrm{M}}(D_0)>0$,这与实际情况不相符合。为此,将骨料质量 CDF 修正为如下形式:

$$P_{3\mathrm{M}}(D)=\frac{\int_{D_0}^{D}p_{3\mathrm{M}}(D)\mathrm{d}D}{\int_{D_0}^{D_{\mathrm{m}}}p_{3\mathrm{M}}(D)\mathrm{d}D} \tag{2}$$

式中,$p_{3\mathrm{M}}(D)$为骨料质量的概率密度函数(Probability Density Function, PDF),表达形式为:

$$p_{3\mathrm{M}}(D)=\frac{\mathrm{d}P_{3\mathrm{M}}(D)}{\mathrm{d}D}=\frac{nD^{n-1}}{D_{\mathrm{m}}^{n}} \tag{3}$$

2.3 三维骨料颗粒数 CDF

假设骨料的密度为常数,则骨料质量的 CDF 即为体积的 CDF,也即 $P_{3\mathrm{V}}(D)=P_{3\mathrm{M}}(D)$。设骨料的体积为 $V(D)$,则粒径位于$[D,\ D+\mathrm{d}D]$之间的骨料颗粒数与总骨料颗粒数的比值应为:

$$p_{3\mathrm{N}}(D)\cdot\mathrm{d}D=\lim_{\mathrm{d}D\to0}\frac{P_{3\mathrm{V}}(D+\mathrm{d}D)-P_{3\mathrm{V}}(D)}{V(D)} \tag{4}$$

因此骨料颗粒数的 PDF 为:

$$p_{3\mathrm{N}}(D)=\lim_{\mathrm{d}D\to0}\frac{P_{3\mathrm{V}}(D+\mathrm{d}D)-P_{3\mathrm{V}}(D)}{\mathrm{d}D\cdot V(D)}=\frac{p_{3\mathrm{V}}(D)}{V(D)} \tag{5}$$

对其进行积分,即可得到骨料颗粒数的 CDF 为:

$$P_{3\mathrm{N}}(D)=\frac{\int_{D_0}^{D}p_{3\mathrm{N}}(D)\mathrm{d}D}{\int_{D_0}^{D_{\mathrm{m}}}p_{3\mathrm{N}}(D)\mathrm{d}D} \tag{6}$$

对于球形骨料,有 $V(D)=\pi D^3/6$,将其代入式(5),并结合式(3)和式(6),可得三维球形骨料颗粒数的 CDF 表达式为:

$$P_{3\mathrm{N}}(D)=\frac{D^{n-3}-D_0^{n-3}}{D_{\mathrm{m}}^{n-3}-D_0^{n-3}} \tag{7}$$

需要指出的是,由式(6)到式(7)的过程中存在一个隐含的假定,即所有骨料的体积均可写成 $V(D)=\alpha D^{\beta}$ 的形式(α 和 β 均为与 D 无关的常数)。易知,球形骨料是满足上述假定的,但对于任意多面体骨料,由于各骨料体积具有不同的表达形式,因此理论上无法得到如式(7)所示的积累分布函数。

3 三维球形骨料的生成算法

3.1 算法流程

在得到三维骨料颗粒数的 CDF 后,可按图 1 所示的算法生成满足预定级配的三维球形骨料。

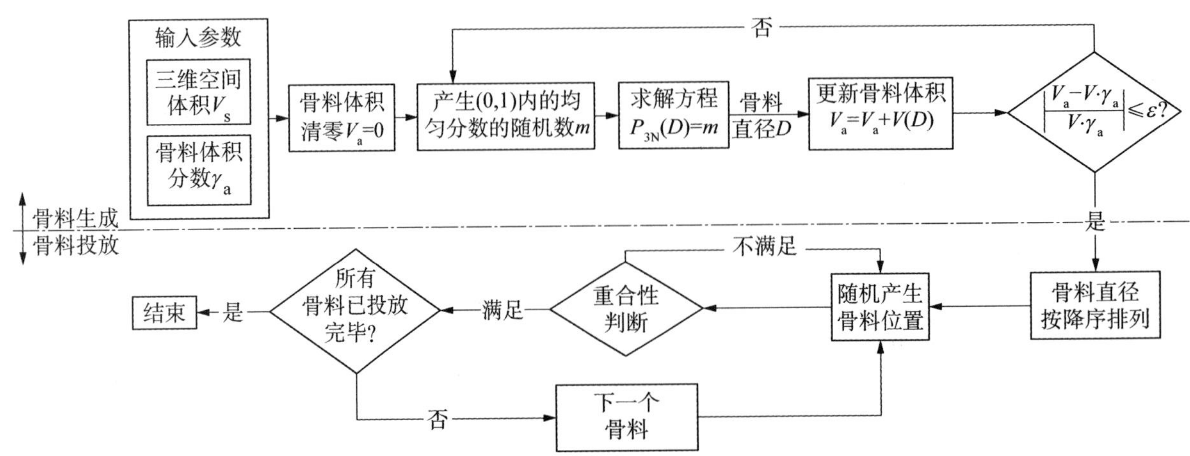

图 1 三维球形骨料的随机生成方法及流程

上述算法中涉及的骨料重合性判断与一般的平面圆形骨料相同,这里不再赘述。在得到三维空间骨料的分布之后,可在不同位置截取多个平面,并在这些平面上进行后续的数值计算。

根据上述算法,进行了图 2 所示实例的模拟。其中,骨料最大粒径为 30 mm,最小粒径为 5 mm,骨料体积分数为 40%。模拟生成的骨料总数为 404 个。

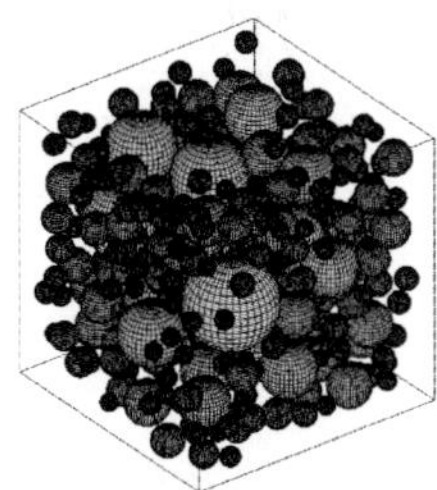

图 2 三维球形骨料的模拟实例

3.2 边界约束的处理方法

在混凝土浇筑过程中,受模板的影响,边界区域的骨料体积分数要明显小于内部区域[10]。而在进行混凝土结构多尺度分析过程中,一般都是在宏观模型中截取一小块区域,并模拟骨料的生成。因此,当所截取的区域位于混凝土宏观模型内部时,就必须采用适当的方法去除边界约束对骨料生成过程的影响。

目前,多数文献采用周期性边界条件来解决上述问题[5]。这种方法的基本思想为:在随机生成骨料位置时,允许骨料穿越模型边界,并复制这些骨料,平移至模型的另一侧,最后沿模型的边界将骨料截断,从而获得最终的数值计算模型。

上述方法存在着一个假定,即周边区域的骨料分布情况与当前区域完全一致,这与实际情况有一定的偏差。本文采用的方法为:在原区域外侧增加一定的补偿区域,然后在整个区域内模拟骨料的生成,并进行有限元分析,但在后处理过程中,仅考虑原区域的计算结果,而忽略补偿区域的结果(图 3)。与周期性边界条件相比,这种方法在计算机中的实现更容易,并且也更接近实际情况。根据文献[4]的研究结果,补偿区的长度应不小于骨料的最大粒径。

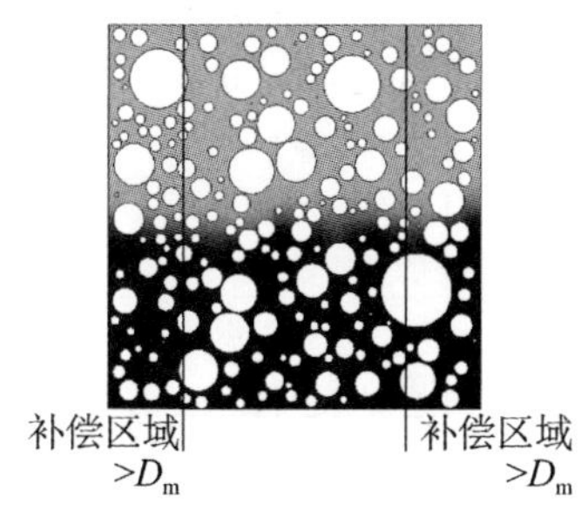

图 3 补偿区域示意图

3.3 算法随机性的影响分析

在 3.1 节的算法中,用于后续有限元分析的截面是从三维模型中随机截取的,因此需要明确随机性对截面上骨料分布特点的影响。这主要包括两个方面:①不同截面上骨料的面积分数是否相同;②不同截面上骨料颗粒数的积累分数函数是否相同。为此,针对两种工况计算分析了三维模型不同截面上骨料面积分数的变化规律(图 4)。可以发现:在一次模拟过程中,随机性对骨料面积分数的影响十分明显,不同截面处的骨料面积分数有较大的差异;但随着模拟次数的增加,骨料面积分数逐渐趋于一个定值,并大致与骨料的体积分数相等。这与体视学中的基本理论相吻合[5],一定程度上证明了算法的正确性。

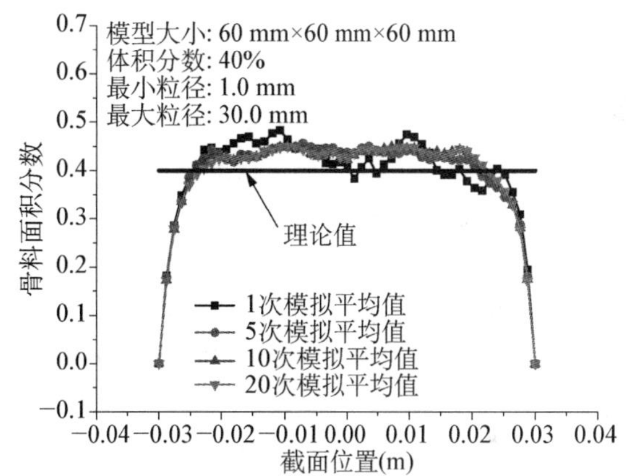

(a) 骨料体积分数为 40%

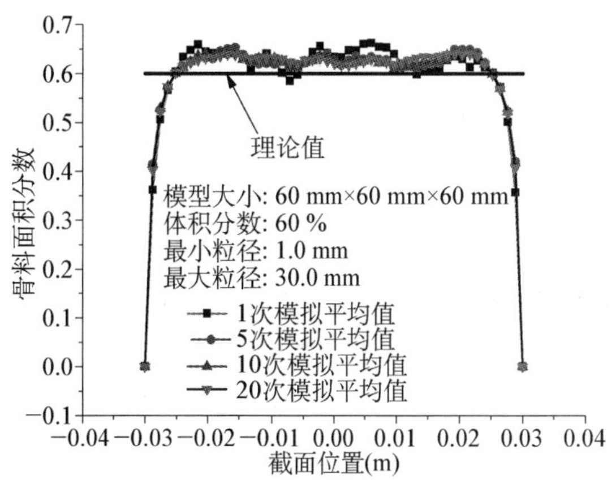

(b) 骨料体积分数为 60%

图 4 随机性对不同截面上骨料面积分数的影响

图 5 计算分析了不同截面上二维骨料颗粒数的 CDF,可以发现,随机性对二维骨料颗粒数的 CDF 的影响并不显著。

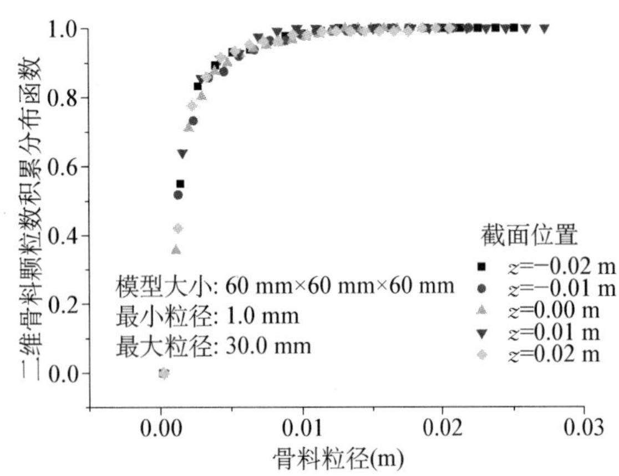

图 5 随机性对不同截面上骨料积累分布函数的影响

上述的分析结果表明，在实际应用过程中，需要进行多次的三维骨料模拟，以消除随机性对最终有限元分析结果的影响。

3.4 算法中参数的确定原则

在 3.1 节提出的算法中，骨料最小粒径、最大粒径以及体积分数是影响模拟结果的三个最主要的参数。原则上，这些参数均可以按照实际工程中采用的骨料确定。但这种做法有时会极大地降低模拟效率。为了说明这一问题，假设实际工程中采用的骨料最大粒径为 30 mm，体积分数为 50%，模型大小为 60 mm×60 mm×60 mm，则当最小粒径分别为 5.0 mm，2.0 mm，1.0 mm，0.1 mm 时，骨料颗粒数分别为 260，1 755，11 913，2 183 171。可以发现，随着最小粒径值的降低，所需要模拟的骨料颗粒数将急剧增加。由于实际工程中采用的骨料最小粒径一般能达到 0.125 mm(针对细骨料而言)，因此，骨料颗粒数将达到几百万之多，这在计算机中很难实现。

对于细观层面的混凝土耐久性分析而言，骨料对物质扩散路径的改变是主要的研究对象之一。与粗骨料相比，细骨料对物质扩散路径的影响较小，因此在实际模拟中可以忽略较小粒径的骨料以提高效率。但需要注意的是，此时的骨料体积分数不再等于实际的体积分数，两者之间的关系为：

$$\gamma_a = \frac{\int_{D_0}^{D_m} p_{3V}(D)\mathrm{d}D}{\int_{D_0^r}^{D_m} p_{3V}(D)\mathrm{d}D} \cdot \gamma_a^r = \frac{(D_m)^n - (D_0)^n}{(D_m)^n - (D_0^r)^n} \cdot \gamma_a^r \quad (8)$$

式中，D_0^r 和 γ_a^r 分别为实际工程中采用的骨料最小粒径和体积分数；D_0 和 γ_a 分别为计算机模拟中采用的骨料最小粒径和体积分数。

4 细观层面的混凝土碳化过程数值模拟

4.1 混凝土碳化简化模型

混凝土碳化过程主要涉及如下四种化学反应：

$$Ca(OH)_2 + CO_2 \longrightarrow CaCO_3 + H_2O$$

$$C_3S_2H_3 + 3CO_2 \longrightarrow 3CaCO_3 \cdot 2SiO_2 \cdot 3H_2O$$

$$C_3S + 3CO_2 + \gamma H_2O \longrightarrow SiO_2 \cdot \gamma H_2O + 3CaCO_3$$

$$C_2S + 2CO_2 + \gamma H_2O \longrightarrow SiO_2 \cdot \gamma H_2O + 2CaCO_3$$

根据 Papadakis 等人[1]的研究成果可知，与 $Ca(OH)_2$(以下简称 CH)与 CO_2 的反应相比，C－S－H 与 CO_2 的反应速率非常缓慢，并且该反应并不直接影响混凝土孔隙溶液的 pH 值；此外，普通硅酸盐水泥中的 C_3S 和 C_2S 含量非常少，因此后两种化学反应对整个碳化过程的影响也十分有限[11]。综上所述，作为一种简化模型，可以只考虑 CH 和 CO_2 之间的化学反应。

根据物质质量守恒定律，可推导得出 CH 和 CO_2 的控制方程为(推导中采用的单元系统如表 1 所示)：

$$\partial_t\{\phi(1-s)[CO_2(g)]\} = \mathrm{div}\{D^e_{CO_2(g)}\,\mathrm{grad}[CO_2(g)]\} - \phi s f_{C,CH} \quad (9)$$

$$\partial_t[CH(s)] = -\phi s f_{C,CH} \quad (10)$$

式中，ϕ 为混凝土孔隙率；s 为孔隙饱和度；$D^e_{CO_2(g)}$ 为 CO_2 的有效扩散系数，可按文献[12]确定；$f_{C,CH}$ 为碳化反应速率，根据化学反应动力学的一般原理，有 $f_{C,CH} = k_{C,CH}[CH(l)][CO_2(l)]$，其中 $k_{C,CH}$ 为化学反应速率系数。注意到，式(9)和(10)所示的控制方程是以气态 CO_2 和固态 CH 为未知量的，而碳化反应速率则以溶解态 CO_2 和 CH 的形式给出。因此，为了进行方程的求解，需要建立各物质不同形态之间的转换关系。其中，气态 CO_2 和溶解态 CO_2 之间的关系由 Henry 定律给出：

表 1 混凝土碳化数值模型采用的单位系统

物质形态	单位	含义	实例
气态	$mol \cdot m^{-3}$	单位体积气体孔隙中含有的物质摩尔数	$[CO_2(g)]$
溶解态	$mol \cdot m^{-3}$	单位体积溶液孔隙中含有的物质摩尔数	$[CO_2(l)]$ $[CH(l)]$
固态	$mol \cdot m^{-3}$	单位体积混凝土中含有的物质摩尔数	$[CH(s)]$

$$[CO_2(l)] = HRT[CO_2(g)] \quad (11)$$

式中，H 为 Henry 常数；R 为理想气体常数；T 为温度。

固态 CH 与溶解态 CH 之间的关系为：

$$[CH(l)] = \begin{cases} [CH(l)]_0 & 当[CH(s)]/\phi s \geqslant [CH(l)]_0 时 \\ [CH(s)]/(\phi s) & 当[CH(s)]/\phi s < [CH(l)]_0 时 \end{cases} \tag{12}$$

式中，$[CH(l)]_0$ 为溶解平衡状态下，溶解态 CH 的浓度（在室温下约为 25 mol·m^{-3}）。

根据式(9)和式(10)所示的控制方程，编写了基于有限单元法的 Fortran90 计算程序 CarbonTria。在得到 CH 和 CO_2 浓度的计算结果后，可按下式进一步确定碳化度：

$$\eta_c = 1.0 - [CH(s)]/[CH(s)]_0 \tag{13}$$

式中，$[CH(s)]_0$ 为初始状态下，混凝土中含有的固态 CH 浓度。

4.2 简化模型的验证

为了证明简化模型的可行性，选用文献[13]中的快速碳化试验数据进行验证。其中，试件的水灰比为 0.5，骨料比（骨料质量与水泥质量的比值）为 3.0，试验环境的相对湿度为 0.65，温度为 300 K。试件暴露面的 CO_2 的体积分数为 50%，为了采用本文的简化模型进行计算，将该体积分数转化为表 1 所示单位。

$$[CO_2(g)] = 0.5 \times 1\,000\ m^{-3} \cdot m^{-3}/22.4\ m^{-3} \cdot mol^{-1} = 22.32\ mol/m^3 \tag{14}$$

式中，0.5 为 CO_2 的体积分数；22.4 $m^{-3} \cdot mol^{-1}$ 为理想气体的摩尔体积。数值模拟中需要的孔隙率参数根据文献[14]确定。图 6 给出了试验结果与数值模拟结果的对比，可以认为，简化模型能够较好地反映快速碳化试验测得的混凝土碳化深度结果。

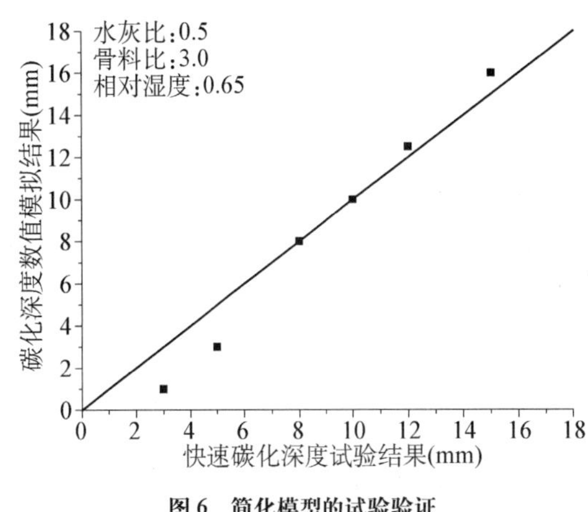

图 6 简化模型的试验验证

4.3 骨料对混凝土碳化过程的影响分析

利用自行编写的有限元分析程序，分析了骨料对混凝土碳化过程的影响。为此，首先模拟骨料的生成与分布。这里采取的模型大小为 45 mm×45 mm×45 mm，骨料最大粒径为 20.0 mm，最小粒径为 2.0 mm，体积分数为 52%。计算中采取的水灰比为 0.39，固态 CH 初始浓度为 1 300 mol·m^{-3}[12]，CO_2 初始浓度为 0；大气中 CO_2 的浓度按照文献[15]选取。

图 7 给出了 t=25，50，100（年）的混凝土碳化度计算结果。为了进行对比，同样采用 CarbonTria 程序计算了水泥浆体（不含骨料）的碳化度。通过对比，可以发现：

（1）骨料对混凝土碳化过程有阻碍作用。这种阻碍作用主要体现在骨料对 CO_2 扩散过程的稀释和扭曲效应两个方面。所谓稀释效应（dilute effect），是指骨料与水泥浆体的混合降低了 CO_2 在宏观上的扩散系数；而扭曲效应（tortuosity effect）则是指由于骨料不可渗透，当 CO_2 扩散至骨料表面时，必须沿着骨料表面绕

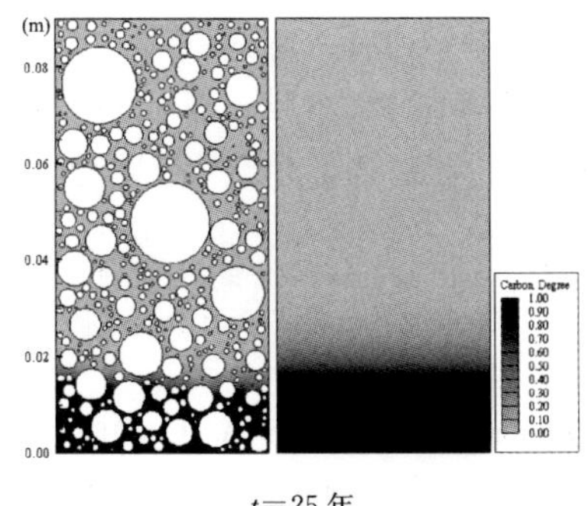

t=25 年

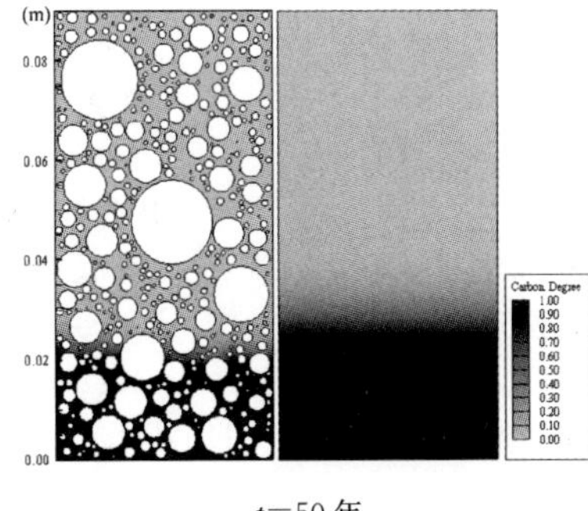

t=50 年

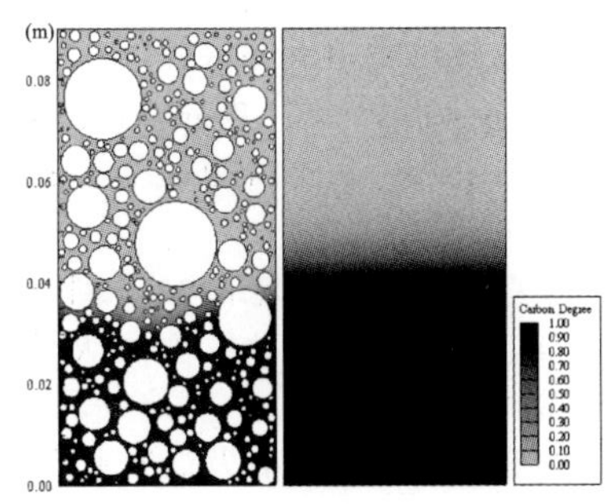

t=100 年

图 7 骨料对混凝土碳化过程的影响

流，而不能直接通过骨料，因此延缓了 CO_2 的扩散过程。上述骨料对物质扩散的稀释效应和扭曲效应已经得到了试验的证明[16]。

(2) 骨料在水泥浆体中的不均匀分布造成了碳化深度沿暴露面的非均匀分布。这一定程度上解释了在某些现场实测中发现的同一构件(例如混凝土箱梁的底板)在不同位置处碳化深度不同的现象[17]。

最后需要指出，由于上述算例主要着眼于解释骨料对混凝土碳化过程的影响，因此仅进行了一次随机骨料的模拟。当对构件的碳化深度进行预测时，仍然需要进行多次随机骨料模拟，此时得到的碳化深度将不再是一个定值，而是服从某种概率分布的随机变量。

5 结论

本文基于骨料颗粒数的积累分布函数建立了三维球形骨料的随机生成方法，并借此研究了细观层面的混凝土碳化过程，结论如下：

(1) 用于有限元分析的二维截面位置的随机性对骨料的面积分数影响很大，对二维骨料积累分布函数的影响较小。为了消除随机性的影响，需要进行多次模拟或选取多个截面进行计算，并对结果进行平均。

(2) 骨料对混凝土碳化过程有一定的阻碍作用，主要体现在骨料不可渗透性与水泥浆体可渗透性的融合使得混凝土宏观层面上的可渗透性必然小于水泥浆；骨料的不可渗透性将改变 CO_2 的扩散路径，延缓 CO_2 向构件内部的传输过程。

(3) 骨料在细观层面上的非均匀分布将导致混凝土碳化深度在宏观上的非均匀分布。通过对多次模拟结果的统计分析，最终可得到混凝土碳化深度的概率分布。

参考文献

[1] Papadakis V G, Vayenas C G, Fardis M N. A Reaction Engineering Approach to the Problem of Concrete Carbonation [J]. AIChE Journal, 1989, 35 (10): 1639 - 1950.

[2] Saetta A V, Vitaliani R V. Experimental Investigation and Numerical Modeling of Carbonation Process in Reinforced Concrete Structures: Part Ⅰ: Theoretical Formulation [J]. Cement and Concrete Research, 2004, 34(4): 571 - 579.

[3] Park D C. Carbonation of Concrete in Relation to CO_2 Permeability and Degradation of Coatings [J]. Construction and Building Materials, 2008, 22(11): 2260 - 2268.

[4] 李雪梅. 混凝土细观结构的二维数值模拟及边界效应分析[D]. 北京：北方交通大学土木建筑工程学院，2002.

[5] 姜璐. 界面结构特性及混凝土弹性模量预测[D]. 杭州：浙江工业大学建筑工程学院，2005.

[6] Walraven J C. Aggregate Interlock: A Theoretical and Experimental Analysis [D]. Amsterdam: Department of Civil Engineering and Geosciences, Delft University, 1980.

[7] Pan Z C, Chen A R. Numerical Simulation of Chloride Diffusion Process on Meso-scale: Effect of Aggregate on the Chloride Effective Diffusion Coefficient [C]// Life-Cycle of Civil Engineering Systems: Proceedings of the Second International Symposium on Life-Cycle Civil Engineering, Taipei, 2010: 229.

[8] 孙立国. 三级配(全级配)混凝土骨料形状数值模拟及其应用[D]. 南京：河海大学土木与交通学院，2005.

[9] Fuller W B, Thompson J E. The Laws of Proportioning Concrete [J]. ASCE Transactions, 1926, LIX(2): 67 - 143.

[10] Kreijger P C. The Skin of Concrete Composition and Properties [J]. Materials and Structures, 1984, 17 (4): 275 - 283.

[11] Peter M A, Muntean A, Meier S A. Competition of Several Carbonation Reactions in Concrete: a Parametric Study [J]. Cement and Concrete Research, 2008, 38(12): 1385 - 1393.

[12] Papadakis V G, Vayenas C G, Fardis M N. Physical and Chemical Characteristics Affecting the Durability of Concrete [J]. ACI Materials Journal, 1991,88(2): 186 - 196.

[13] Papadakis V G, Vayenas C G, Fardis M N. Fundamental Modeling and Experimental Investigation of Concrete Carbonation [J]. ACI Materials Journal, 1991,88(4):363 - 373.

[14] Hansen T C. Physical Structure of Hardened Cement Paste: a Classical Approach [J]. Materials and Structures, 1986,19(6):423 - 436.

[15] Stewart M G., Wang X, Nguyen M. Climate Change Impact and Risks of Concrete Infrastructure Deterioration [J]. Engineering Structures, 2011, 33 (4):1326 - 1337.

[16] Yang C C, Su J K. Approximate Migration Coefficient of Interfacial Transition Zone and the Effect of Aggregate Content on the Migration Coefficient of Mortar [J]. Cement and Concrete Research, 2002,32 (10):1559 - 1565.

[17] 胡斌. 考虑空间变异性的钢筋混凝土桥梁性能退化研究[D]. 上海:同济大学土木工程学院,2008.

The Art of Design of Xinjiang Cable-stayed Bridge

Dewei Chen* Xinran Li Zhizhou Bai

(Department of Bridge Engineering, Tongji University, Shanghai, China, 200092)

Abstract The basic function of bridges is mainly for transportation; however, an excellent bridge can also serve as a symbol since its history, culture and civilization are reflected by the design. Therefore, it is the design of modern bridges that is a combination of culture and innovation besides engineering technology. This paper describes the design art of a bridge in China named Xinjiang Cable-stayed Bridge, and The bridge was open to traffic at the end of 2010 and its pylon has a special shape. The related new design concepts of the pylon and details are also described.

Keywords prestressed concrete; cable-stayed bridge; pylon; design art

* 陈德伟,1956 年出生,项海帆教授 1983 级硕士研究生和 1987 级博士研究生;硕士论文题目“斜张桥线性二阶理论的实用计算方法”,博士论文题目“斜拉桥的非线性分析及工程控制”。

1 Introduction

The design of modern bridge is sometimes a process of innovation and discovery, which should be based on the required function of the bridge, with additional consideration on the culture, history and economic state at the place where the bridge will be located. In Europe, the construction of a bridge is generally started from fierce competition of conceptual design. Therefore the new bridge type and construction technique are always firstly appeared in these countries. The award-winning Hulme Arch Bridge in Manchester has been described by Hussain and Wilson (1999). The concept and structural design of Europe Bridge in Portugal that is a cable-stayed bridge with a span of 186 m has been described By Reis and Pedro (2000). The world's first swing and floating arch bridge in the Port of Osaka has been described by Watanabe et al. (2004). The design procedure of a GRFP corrugated-core sandwich bridge has been described by Ji et al. (2010). He et al. (2011) presented the design of Guangzhou Metro Line 4 Bridges. With the development of economic and society in China, the design of bridge involves more and more requirements of aesthetic. More and more new type and elegant bridges have also appeared accordingly.

This paper describes the design art of Xinjiang Cable-stayed Bridge in China, which has been opened to traffic on October 1, 2011. An overview of this bridge can be seen in Figure 1 by rendering drawings during design stage. It can be seen that it is a single pylon P. C. cable-stayed bridge. The pylon is in a special shape, with the shape of “人”(Chinese characters, means human being) at the bridge longitudinal face and with the shape of “天” (Chinese characters, means nature) at the bridge transverse face. The reason why the pylon is designed in such way, the design of overall structure, pile cap, pylon, and main girder will all be described in this paper. And some points on how the construction quality is ensured to realize the design have also been mentioned.

2 Heritage of Taoism Culture

The Xinjiang Cable-stayed Bridge is located in Yintan City of Jiangxi Province in China and is at the middle-and down-stream of Xinjiang River. The famous Longhu Mountain, which is one of the four Holy Mountains of Taoism, is located at the south urban 20 kilometers of Yintan City. Longhu Mountain is also the birthplace of Taoism in China, which is the Chinese native religion. The Longhu Mountain is therefore reputed as World Geology Park, National Cultural and Natural Heritage Place, National Scenic Area, Level 4A National Tourist area, National Forest Park, National Important Historical Monuments under Special Preservation. The 34th Conference on World Heritage, which was organized by Education Scientific and Cultural Organization of the World on August 1, 2010 in Brasilia of Brazil, has put the Longhu Moutian in Jiangxi Province and Danxia Moutian in Guangdong Province into World Heritage List as "China Danxia".

Before modern times, a number of religious and philosophical systems were practiced in China. Traditionally Taoism and Confucianism provided dominantly ethical guides to the proper behavior of individuals and officials. Both of these systems were originated in China during the so-called Golden Age of Chinese thought, several centuries before the beginning of the Christian era. Taoism sought to promote the inner peace of individuals and harmony with their natural surroundings. Some famous people in China, such as the writer Mr. Luxun, once said that the culture of China was represented in Taoism. For Taoism, God is the nature and the human being is part of the nature. Hence the human being can be integrated with the nature. The Chinese character "天" just denotes the nature and the character "人" denotes the human being.

Based on the document of "Outline of Overal Plan for Yintan City of Jiangxi Province (2007 - 2010)", the government of Yintan City has decided to construct bridges to connect the Yuehu area with Xiabu area of the city, so that the current old city area can be connected with the new area. The bridge design plan that is shown in this paper is the favorite one among those submitted plans rated by experts. The bridge design is based on the concept of two Chinese characters. The main element of cable-stayed bridge, pylon, goes through separation-combination-separation from bottom to top. The design reflects the soul of Taoism culture which is harmony between human being and nature, and incarnates the understanding of variability and invariability of the universe and during the changing processes of things by the Taoism. The pylon of this cable-stayed bridge has a shape of Chinese character "人" at front face and has a shape of Chinese character "天" at the side face. The figures of pylon height of 108 meter and the cable number 72 are two important numerals in Taoism culture. The bridge looks symmetrical, strong, great and beautiful, with full harmony. The pylon has a curved shape with the section changes throughout the whole height, as shown in Fig. 1.

Fig. 1 The rendering drawing of Xinjiang Cable-stayed Bridge

At the cable anchoring region of the pylon, some rectangular windows have been opened at the longitudinal walls of the pylon so that the meaning of "天" at side face can be strengthened. It is the new creative idea to set windows at the walls which bear tensile force. It also produces the feeling of black and white piano keys and a certain kind of rhythm as the wall appears effect of bright and dark at interval distance. As the pylon shape at the front face changes to another shape at the side face, the visual continue changes when people walk along the river bank. It looks like that the world is viewed at different angle and is rather impressive.

The Xinjiang cable-stayed bridge has become a special architecture for Yintan City and will become a landmark for the city. It makes the city more beautiful and attractive, adds a certain kind of characteristic on it and increases its impact. Fig. 2 shows the actual Xinjiang Bridge after it was opened to traffic.

Fig. 2 The Picture of Actual Xinjiang Cable-stayed Bridge

3 Overall Structural Design

The Xinjiang Bridge connects the Yuehu old area with Xiabu new area of Yintan City and spans through the Xinjiang River with a river width of about 550 m. The span arrangement of the main bridge is 308 m (40+150+150+40); the overall investment of the project is 32 million RMB.

The main girder of the bridge adopts prestressed concrete single box section with three cells. The cantilever part of the box section is 4. 7 m, the height of the girder is 3 m, the overall width of girder is 27 m, and the diagram is located evenly with interval of 6. 7 m. The pylon is a prestressed concrete structure which has a height of 108 m. The cable anchoring region on the pylon is a certain kind of prestressed concrete-steel box composite structure. Some windows have been setup and are sealed by glass curtain walls. The cable distance is 6. 7 m on the girder and is 2 m on the pylon. Besides common problems related to the design of prestressed concrete cable-stayed bridge, additional typical problems for the design of this bridge includes: (1) the design of prestressing of pile cap; (2) the design of prestressing of pylon legs; (3) the design of prestressed concrete-steel box composite structures; (4) the design of box girder with long cantilever. Those problems are described in the following sections.

4 Design of Pile Cap

As mentioned above, the pylon of Xinjiang Cable-stayed Bridge is in a shape of "人" in longitudinal direction. Due to the shape, the pile cap has to be designed by a large size in transverse direction in comparison with bridge span scale as usual. The plan dimension of pile cap is 60×20. 5 m and the thickness is between 4. 25 to 5. 75 m.

4.1 Design and Analysis of Pile Cap

To reduce the concrete amount of pile cap, the pile is designed in the shape of dumb-bell, as shown in Fig. 3. As the pylon shape is "人", the horizontal pushing force of 6 000 T at the root of pylon exists along the longitudinal direction of the pile cap. In order to balance the tensile force and to ensure compression

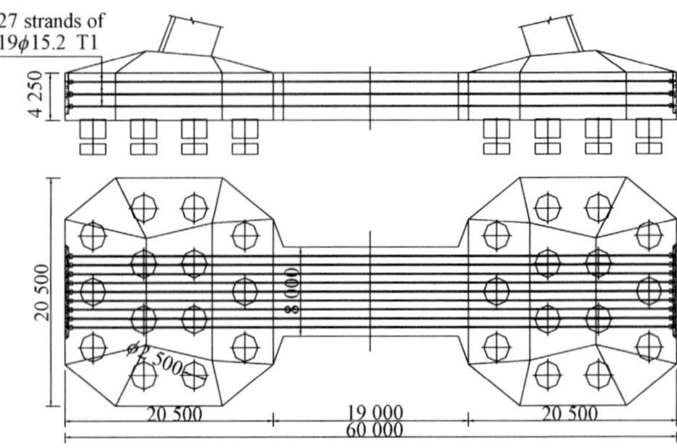

Fig. 3 The Shape of Pile Cap

state within the pile cap after completion of the bridge, 27 strands of 19ϕ15.24 prestressing tendons are used. The model for mechanical analysis is shown in Fig. 4.

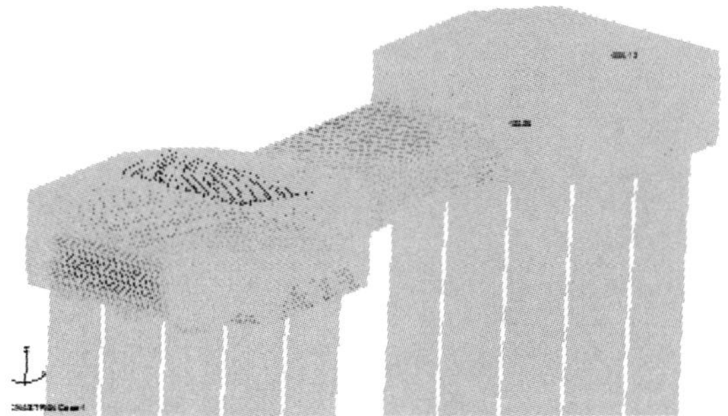

Fig. 4 The model used in analysis

4.2 Long-term Effectiveness of Prestressing in Pile Cap

As the pile cap is immerged into the river during its service life, the anti-corrosion of strands is an important problem which is directly related to the durability of the bridge. To solve this problem, some measurements have been incorporated into the design and construction, as are listed in the following:

(1) Some parts of prestressing tendons are assumed with possible failures due to breaking down. The safety and durability of the pile cap have been checked. Results show that the crack width can be controlled within 0.1 mm; and hence the safety and durability can be ensured to satisfiy with national code.

(2) Different kinds of deep processes anchoring has been adopted.

(3) To ensure the effectiveness of grouting for the prestressing tendon duct, site full size testing has been performed until the process is mature. The testing result is shown in Fig. 5.

Fig. 5 A photo for grouting test of prestressing in Pile Cap

5 Design of Pylon

5.1 Middle Leg of Pylon

The middle leg of the pylon of Xinjiang Cable-stayed Bridge is a certain kind of curved components, as shown in Fig. 6. Under high axial force, additional moment appears in the leg and hence the stress on each transverse section is not uniform. To balance such additional moment, 4 batches of 19Φ15.24 high strength and low relaxation tendons have been provided. When the prestressing is provided in the axial components, the short-and long-term effect of prestressing should be carefully considered so that the durability of service limit state and safety of ultimate limit state can be ensured. The worst condition of normal stress of the pylon is shown in Fig. 7. The maximum and minimum normal stresses are −13.1 MPa and −1.2 MPa respectively during service state (negative means pressure). Results show that the prestressing has improved the mechanical performance of the middle leg and the stress tends to be more uniform than without prestressing tendons. In

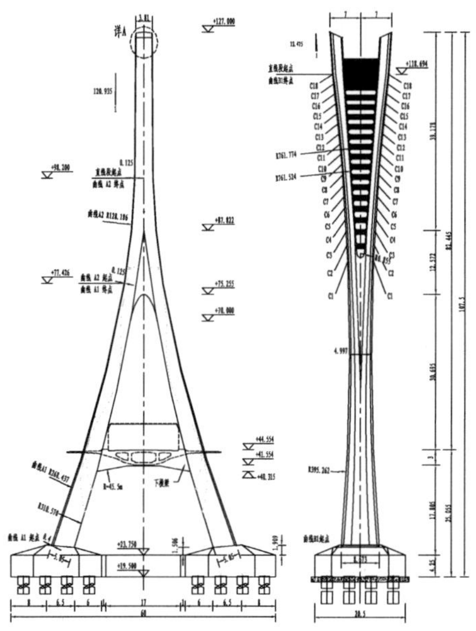

Fig. 6 Structural Dimension of the Pylon (Unit: m)

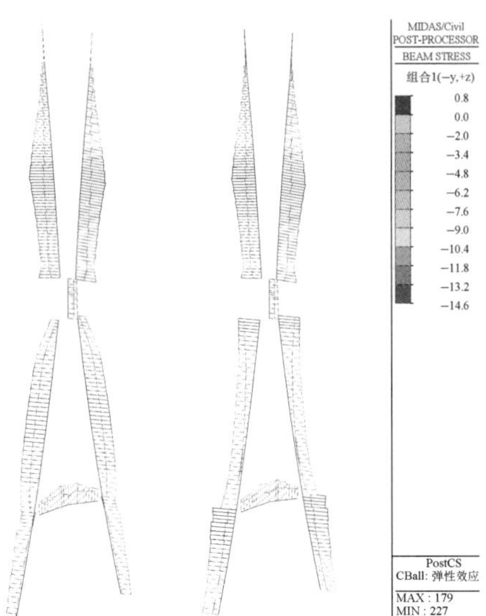

Fig. 7 The Most Unfavorable Normal Stress State (MPa)

addition, the method how to grout the vertical prestressing duct from low mouth with height larger than 48 m has also to be carried out.

5.2 Cable Anchoring Region at Pylon

Some windows have been setup at the pylon walls of cable anchoring segment in longitudinal direction, which is an innovative design in the similar structure. The composite structure of steel box and prestressing concrete is adopted in this segment, which is a highly static undetermined structure. The cable forces applied on the two sides of the pylon must be balanced by the prestressed bars, reinforced concrete and steel anchoring box. Hence, the time-dependent effect of concrete, the effectiveness of prestressed bars and the combined action of steel anchoring box and concrete should all be considered in the design. An overall view of the finite element analysis model of the cable anchoring region can be seen in Fig. 8. The concrete has been carefully monitored and no crack has been observed throughout the construction. The Fig. 9 is the inside view of the pylon, and shows the anchorages of stay cables, glass curtain and steel-concrete composite structure.

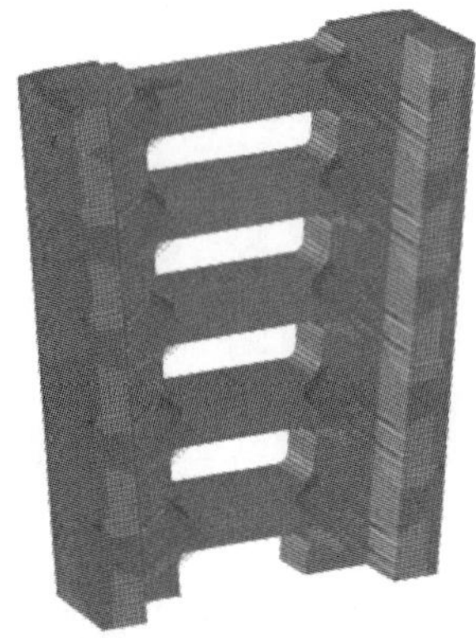

Fig. 8 Analysis Model of the Cable Anchoring Region of the Pylon

Fig. 9 Photo of Inside Pylon

6 Design of Main Girder

To better adapt the style of pylon, the main girder adopts arc bottom curve and long cantilever single box three cells concrete section, as shown in Fig. 10. The height of the girder is 3. 0 m. The style of section is light and smooth as the arc curve is used at the bottom of the girder. The cable is anchored at the root of cantilever bottom. Besides common longitudinal and transverse cracking, flexural and shear checking, the special and local analyses of anchoring region have also been performed. Fig. 11 shows the connection between main girder and the pylon.

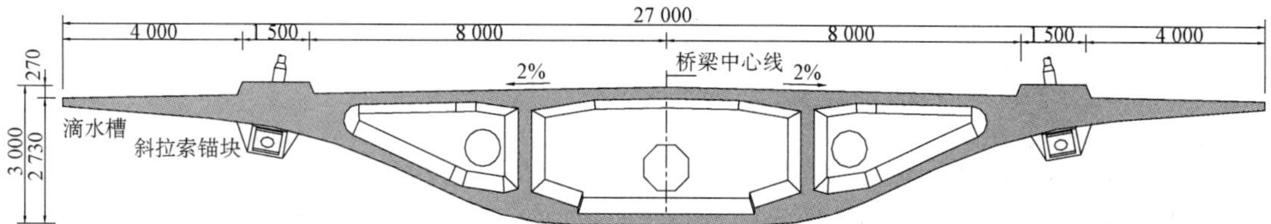

Fig. 10 The typical section of main girder

Fig. 11 Connection between main girder and pylon

7 Ensuring of Construction Quality

Due to the complexities involved, the construction of Xinjiang Cable-stayed Bridge is a challenge in China. The designer should realize that an innovated design is a difficult work while the erection of a complex structure is more difficult in some way. The construction of Xinjiang Cable-stayed Bridge has once again indicated that the responsibility and sophisticated technique of the workers are vital for the successful realization of the design. Some of the examples include:

(1) the curved vertical reinforcement in the curved part of the pylon should be confined by hooping reinforcement with highest restriction to prevent buckling of vertical reinforcement.

(2) in the limited space of cable anchoring region on the main girder, various kinds of reinforcement and stirrups have been setup and some temporarily embedded parts also are needed.

(3) high accuracy is needed during construction so that the construction quality can be ensured.

8 Summary

The Xinjiang Cable-stayed Bridge has an elegant appearance and involves local history, culture and high engineering techniques both on design and construction aspects. Prestressing tendons within the pile cap have been setup underneath the water, windows have been opened on the walls of cable anchoring segment of the pylon, the curved pylon is three dimensional shape, and long cantilever prestressing concrete girder section, etc. Herein, it is expected that more elegant bridges with high construction quality can be designed and erected in China, and let bridge design work recur to the road of innovation and creation in essence.

9 Acknowledgement

The authors, as the designer of this bridge, would like to appreciate the government of Yintan City and the Construction Unit for their warmly supporting during the design and erection of this bridge.

References

[1] He X H, Meng X L, Li L J. Design and Construction of the Bridges on Guangzhou Metro Line 4 [C]// Proceedings of the 12th East Asia-Pacific Conference on Structural Engineering and Construction. 2011, 14: 126 - 133.

[2] Hussain N, Wilson I. The Hulme Arch Bridge, Manchester [C]// Proceedings of the ICE - Civil Engineering. 1999,132(1):2 - 13.

[3] Ji H S, Song W C, Ma Z J. Design, Test and Field Application of a GFRP Corrugated-core Sandwich Bridge [J]. Engineering Structures, 2010,32:2814 - 2824.

[4] Reis A J, Pedro J J. The Europe Bridge in Portugal: Concept and Structural Design [J]. Journal of Constructional Steel Research, 2004,60:363 - 372.

[5] Watanabe E, Maruyama T, Tanaka H, et al. Design and Construction of a Floating Swing Bridge in Osaka [J]. Marine Structures, 2000,13:437 - 458.

基于全寿命设计理论的斜拉桥拉索体系选择研究

陈 伟*

（石家庄铁道大学土木工程学院桥梁工程系 中国 河北 050043）

摘 要 全寿命设计理论是基于生命周期造价最低的理念，综合考虑规划、设计、施工以及耐久性设计，管养设计，拆除、回收再利用设计、风险评估及保险策略和全寿命周期成本分析等方面，使桥梁设计达到安全、经济、耐久及环保等。本文在分析斜拉桥拉索体系特点的基础上，重点比较了平行钢丝拉索和钢绞线拉索的各项技术指标以及两者在施工过程中的特点，结合全寿命设计理论，从全寿命造价最低及可持续发展的角度，得出钢绞线拉索体系较平行钢丝拉索体系优越的结论。建议在斜拉桥的施工中，多应用钢绞线拉索体系。

关键词 全寿命设计理论；平行钢丝斜拉索；钢绞线斜拉索；生命周期造价；防腐材料

基金项目 河北省科技厅课题项目(09202152D)。

1 概述

斜拉桥作为一种重要的桥型，在 200～800 m 的跨度范围内具有很强的竞争力。1956 年，瑞典建成第一座现代化斜拉桥，至今已有 50 多年的历史。到目前为止，世界各国修建了 400 座左右的斜拉桥，我国占 100 座以上，斜拉桥已成为大江大河首选的比较方案桥型。而这种桥型的主要组成部分中，斜拉索的作用相当重要。

在全世界修建的 400 座左右的斜拉桥中，由于斜拉索病害的影响，部分早期修建的斜拉桥结构损坏非常严重。早期修建的斜拉桥普遍存在拉索防护层过早失效、使用寿命缩短的问题。据不完全统计，20 世纪 70 至 90 年代初，我国修建的 30 余座斜拉桥中，有 35％的斜拉桥因斜拉索锈蚀原因已全部或部分更换了斜拉索，在 2005 年附近的几年内进行了 10 余座 90 年代修建的斜拉桥的换索。这充分表明传统斜拉桥中拉索的选型和设计理念导致现有斜拉桥使用性能差、使用寿命短，全寿命经济指标差等问题，给后期的运营维护带来巨大的经济负担，也增加了社会的负担。因此，如何从全寿命设计理念角度出发开展斜拉桥拉索的选型和设计成为一个比较重要的研究课题。

斜拉索作为一种承受拉力的构件，其体系随材料(包括钢材及防护材料)和锚固技术的发展也经历了几个阶段。斜拉索的主要形式包括：由多根钢丝绞成的缆索或钢丝互扣绞成的缆绳、平行高强钢筋、直径为 7 mm 平行预应力钢丝，或是由 7 根钢丝绞成直径为 15 mm 的预应力钢绞线。目前在斜拉索选择时主要采用平行预应力钢丝拉索和钢绞线拉索两种主要的体系。

桥梁全寿命设计理论是指在桥梁设计中，针对规划、设计、施工、运营、管养、拆除或回收再利用的全过程，实现桥梁全寿命周期内总体性能(功能、成本、人文、环境等)最优的设计。与传统桥梁设计相比，桥梁全寿命设计在开展传统设计工作的同时，将桥梁设计范围从建设期拓展到整个寿命周期，增加了传统桥梁设计中未考虑的设计内容，具体包括：耐久性设计，管养设计，拆除、回收再利用设计，风险评估及保险策略和全寿命周期成本分析等。

本文在全寿命设计理论的框架下，分析拉索体系特点的基础上，根据

* 陈伟，1972 年出生，项海帆教授 1995 级硕士研究生，论文题目“大跨桥梁颤振稳定性的概率评价”。本文曾发表于《石家庄铁道大学学报》，2012 年第 25 卷第 2 期，第 11—14 页。

全寿命设计的方法，对拉索体系的选择进行研究分析，为斜拉桥中拉索的选择提供依据。

2 拉索体系特点

如前所述，在斜拉桥的发展过程中，出现过不同的拉索形式，但随着技术的发展，目前常用的体系一般为两种：平行预应力钢丝拉索和钢绞线拉索。斜拉索构件的主要组成部分包括：锚固体系、索体、防腐系统。下面结合拉索的组成，分别介绍两类拉索体系的特点。

2.1 平行预应力钢丝拉索体系

2.1.1 平行预应力钢丝拉索组成

平行预应力钢丝拉索体系的索体材料是高强度钢丝成束，其直径一般为 7 mm，钢丝数量可根据索力的大小选择；锚固体系在两端用冷铸锚结构组件锚固（或用热铸锚组件锚固）；防护采用钢丝表层镀锌，钢丝束外面绕包带，然后是 HDPE 护套。具体结构见图 1.

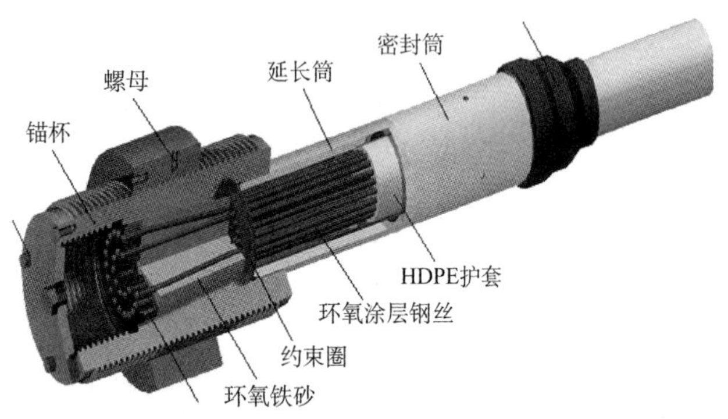

图 1 平行钢丝拉索体系构造

2.1.2 平行钢丝拉索制作和施工流程

钢丝定长下料→编索→扭角绕包（2°～4°）→热挤HDPE→定长截断→装锚头及镦头→灌注环氧铁砂→固化→超张拉→上盘运输至工地→吊装桥面放索→软、硬牵引入塔口→张拉及调整索力。

平行钢丝拉索中，钢丝与 HPDE 热熔粘结，钢丝受力时可传递给 HDPE，HDPE 在受力及紫外线照射下易开裂；镀锌层易在运输及制索时损坏，镀锌层和基体金属中的晶格渗氢，造成晶格扭曲，内应力增大，产生氢脆；镀锌层受损时，极易发生电极反应，镀锌层的腐蚀加速。镀锌后钢丝强度降低约 5%，疲劳性能降低约 18%。由于钢丝成品索钢丝相互扭角挤压，钢丝间易产生微动摩擦，会降低疲劳性能；疲劳应力上限荷载 0.4 fb，应力幅200 MPa。这种拉索在实际应用中，出现了不少病害，导致许多斜拉桥在建成 10 年左右就进行了换索，付出了高昂的代价。

2.2 钢绞线拉索体系

2.2.1 钢绞线拉索组成

钢绞线拉索的索体材料是高强度钢绞线，一般由 7 根直径为 5 mm 的高强钢丝绞成一束，然后再由多束组成一根拉索。锚固系统采用专用夹片群锚组件锚固；防护系统采用三重防护：单根环氧涂层、单根涂油脂及热挤 HDPE，灌注防护油脂或环氧砂浆，安装 HDPE 护管。具体结构见图 2（图中未示防护系统）。

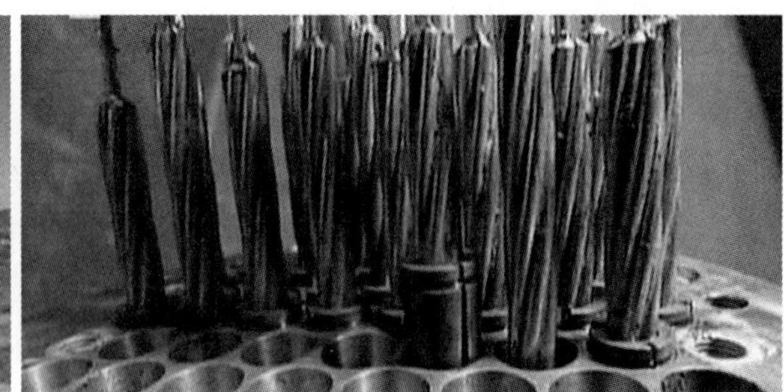

图 2 钢绞线斜拉索体系构造

2.2.2 钢绞线斜拉索制作及安装流程

光面钢绞线→单根环氧涂层→单根涂油脂及热挤HDPE→上盘运输至工地→连续单根放索后穿索同时安装 HDPE 护管→单根钢绞线张拉→钢绞线拉索整体张拉及调索→灌注防护油脂或环氧砂浆。

钢绞线拉索中钢绞线之间互相不接触，有很高的抗疲劳性，疲劳应力上限荷载为 $0.45f_b$（f_b 为标准强度），应力幅为 250 MPa；安装简单，容易更换；从加工厂到工地施工全过程能得到很好的保护；任何时候可以逐束检查、调整索力；这些特点符合桥梁全寿命设计理论的要求，决定了其具有广泛的应用前景。

3 基于全寿命设计理论的拉索体系选择

目前桥梁设计方法中，全寿命设计理论受到越来越多的重视。桥梁全寿命设计是针对桥梁整个生命周期而言的，也称为"桥梁生命周期设计"，不同于传统的仅考虑桥梁成桥状态的桥梁设计方法，它考虑桥梁的所有方面，从设计、施工和使用期管理，一直到拆除和材料的回收。因此，桥梁全寿命设计可简单定义为：从桥梁结构设计、管理、建设和运营的各个环节，寻求恰当方法和措施来满足桥梁结构全寿命周期的总体性能最优（经济性、人文、生态等）的设计理念和方法。

全寿命成本是确定桥梁从建成到其寿命期结束的总费用（即 Life Cycle Cost，LCC），进行全寿命成本分析的方法就是全寿命经济性分析（LCCA）法，在假定不同桥梁设计方案得到相同利润的情况下，可以用来选择成本最优的方案，是进行桥梁不同设计方案比较和选择的有效工具。执行 LCCA 法，要求一个工程立项时必须对其投入资金及其合理性进行评估。全部投资资金应包括初始投资和进一步投资两部分组成：第一部分是指建设时的设计、施工相关费用；第二部分包括保证达到寿命期所必须的进一步费用（如修复费等）。下面基于全寿命设计理论，从两类拉索的强度、疲劳性能、抗震性能、锚固构造、挂索施工、换索工艺、防护材料、使用寿命和后期维护更换费用等角度探讨斜拉桥主要受力构件拉索体系的选择。

3.1 平行钢丝和钢绞线两类拉索相关性能比较

为了合理地做出拉索的选择，首先从平行钢丝拉索和钢绞线拉索的构造特点，包括钢材强度、拉索用量、疲劳性能、抗震特性、锚固体系和使用寿命等方面进行比较，具体见表 1。从中可以看出，钢绞线拉索具有较大的优势。

表 1 平行钢丝拉索和钢绞线拉索性能比较

序号	性能指标	平行钢丝斜拉索	钢绞线斜拉索
1	钢材强度	1 670 MPa	1 860 MPa
2	拉索用量	多	减少约 8%
3	疲劳性能	镀锌后钢丝强度降低约 5%，疲劳性能降低约 18%。由于钢丝成品索的钢丝相互扭角挤压，钢丝间易产生微动摩擦，会降低疲劳性能；疲劳应力上限荷载 $0.4f_b$，应力幅 200 MPa	疲劳性能与钢绞线相同；疲劳应力上限荷载 $0.45f_b$，应力幅 250 MPa
4	抗震性能	钢丝拉索结构为整体粘结，抗震性能较差，但钢丝拉索直径小，抗震性能较好	钢绞线拉索单根隔离，提高震动时内部阻尼系数，但钢绞线拉索直径较大，抗震性能较差
5	锚固体系	冷铸锚结构组件锚固或热铸锚组件锚固	专用夹片群锚组件锚固
6	使用寿命	预计 30 年，但不少 10 年不到已换索，病害多	预计 50 年，无换索先例

全寿命设计方法特别强调构件的耐久性设计，对斜拉索来说，其耐久性与防护体系密切相关。表 2 从平行钢丝拉索和钢绞线拉索防护体系采用的材料、结构及防护体系的特点进行了对比，可以看出，钢绞线拉索防护体系的耐久性优于平行钢丝拉索，从而保证了钢绞线拉索具有较长的使用年限。

表 2 平行钢丝拉索和钢绞线拉索防护体系比较

序号	防护指标	平行钢丝斜拉索	钢绞线斜拉索
1	防护材料	镀锌，绕包带，HDPE 层	环氧涂层，油脂，单根 HDPE，HDPE 护套
2	防护结构特点	钢丝与 HPDE 热熔粘结，钢丝受力时可传递给 HDPE，HDPE 受力	HDPE 护套不受钢绞线传递力的影响
3	易损性	镀锌层在运输及制索时易损坏，HDPE 受力状态下易开裂	环氧涂层在运输及制索过程不易损坏，HDPE 不易开裂
4	防护对索钢丝的影响	镀锌层和索钢丝金属中的晶格渗氢，造成晶格扭曲，内应力增大，产生氢脆	无影响
5	防护材料特性	镀锌层受损时，极易发生电极反应，加速腐蚀速度	有机环氧涂层耐蚀能力极强

全寿命设计方法与传统设计方法的不同之一在于对运营期更换施工过程的关注，它把施工过程、运营维修、养护和设计看得同等重要。表3中对两种拉索体系在施工过程中的相关指标进行了对比，可以看出，钢绞线拉索比钢丝拉索具有施工方便、不需大型起重设备、长度控制容易、换索简单方便、运输储存要求低、施工防护要求少等优点，其唯一不足是在保证每束钢绞线受力均匀上有一定难度，受力易不均。

表3 平行钢丝拉索和钢绞线拉索施工及换索相关性能比较

序号	性能指标	钢丝斜拉索	钢绞线斜拉索
1	挂索周期	整个索体一次挂索，周期较短	相对较长，12～24 h挂一对索
2	挂索设备	需大型起重设备，需采用较大的软牵引力和拉杆牵引力工艺	单根钢绞线挂索，不需大型起重及牵引设备
3	张拉力控制	整个索体一起张力，各钢丝受力均匀	依钢绞线为单位进行张拉，受力易不均
4	长度控制	定长制索，长度误差控制2‰以内，螺纹调节长度较短，不利于调节制索长度误差和施工定位误差，不利于调节数年后产生的索的挠度调整	对下料长度要求不高
5	运输储存	需大型运输工具，储存占地面积大	不需大型运输工具，储存占地面积小
6	施工防护	要求较高，HDPE层易受损，降低索体寿命	防护不易受损，防护要求不高
7	换索方式	整个索体更换，费用高，封闭交通	可单根钢绞线更换，费用相对低，可不封闭交通

3.2 拉索后期维护及更换费用分析

在传统的斜拉桥设计、施工、使用过程中，尽管设计、施工、使用者对斜拉桥的关键部位如斜拉索采取了各种防腐、减隔振措施，但由于方法、工艺、材料、构造细节等不合理，使得斜拉索腐蚀退化和振动疲劳衰减已经成为制约斜拉桥使用寿命的关键因素。如著名的MaraCaibo桥及Kohlbrand Estuary桥，前者在使用16年时换索，耗资5 000万美元，换索工期达2年，后者在运营3年就更换全部拉索，耗资600万美元，为原造价的4倍。国内的广州海印大桥为中孔175 m的3跨双塔单索面预应力混凝土斜拉桥，1988年12月建成通车，拉索由258根ϕ5 mm镀锌钢丝组成，PE套管防护，其间压注了水泥浆，套管外再缠包环氧树脂采用玻璃钢外壳层，由于防护出现问题，1995年5月出现拉索断落和松弛，之后，对186根拉索全部更换，换索耗资2 000万元，工期半年。

从这些数据可以看出，采用不同的拉索体系，必然带来不同的养护维修费用，从而使生命周期造价有较大的不同。根据平行钢丝拉索及钢绞线拉索的预计设计生命周期，以全桥100年的设计周期，平行钢丝拉索体系需换索2、3次，而钢绞线拉索仅需一次，采用钢绞线拉索可大大降低斜拉桥的生命周期造价。故在斜拉桥的设计中应根据实际情况，尽量选择钢绞线拉索体系。

钢绞线拉索体系在美国已得到较普遍的使用，在欧洲、亚洲、澳大利亚的相关国家两种拉索体系均在应用。美国已不推荐使用镀锌钢丝作斜拉索体系。我国20世纪八九十年代以平行钢丝拉索为主，90年代末及2000年后钢绞线拉索已得到推广应用。但不少采用钢丝拉索体系的斜拉桥和拱桥（吊杆采用与斜拉索类似的结构），近年来因拉索防护体系的损坏而不得不进行换索或换吊杆。如广州海印大桥、四川犍为岷江公路桥、济南黄河公路桥、上海恒丰路立交桥、重庆石门桥、上虞斜拉桥、宜宾小南门拱桥等。还有部分斜拉桥、拱桥都还处于带病工作状态（如珠海淇澳大桥、南宁三桥等）。换索直接费用均在1 000万元以上，因封闭交通引起的间接损失还不在其内。因此选择性能优越的拉索和建立有效的施工控制和维护是斜拉桥生命的有效保证。

4 结论

本文基于桥梁全寿命设计理论，对斜拉桥主要受力构件之一的斜拉索选择进行了探讨，从拉索的力学特点、防护构造、更换工艺以及后期维护费用等角度比较了两类典型斜拉索的特点。分析表明，从全寿命周期成本看，在综合考虑拉索强度、疲劳、腐蚀、施工及后期维护等方面的要求，钢绞线拉索体系具有明显的优点，建议在我国斜拉桥的设计中采用，从而达到桥梁的生命周期造价最低，这既是保证桥梁安全的需要，也是人类社会可持续发展的需要。

参考文献

[1] 吴海军,陈艾荣.桥梁耐久性设计方法研究[J].中国公路学报,2004,17(3):57-67.

[2] Sarja A. Integrated Life Cycle Design of Structures [M]. London and New York: Spon, 2002.

[3] 朱战良.广东九江大桥换索技术[J].中外公路,2003,5:20-24.

[4] 代璞,唐继舜,谢海清.犍为岷江大桥换索工程[J].四川建筑,2005,2:120-122.

Behavior of FRP Sandwich Panels under Synergistic Effects of Low Temperature and Cyclic Loading

Baisong Du*

(School of Civil Engineering & Architecture, Chongqing Jiaotong University, Chongqing, China, 400074)

Abstract The paper is concerned with using experiments and numerical simulations to study the mechanical performance of a Honeycomb Fiber-Reinforced Polymer (HFRP) sandwich panel at different temperatures, especially at low temperatures coupled with cyclic loadings. All physical tests were performed in a temperature controlled room and used a three-point bending setup where the applied load gradually increased from zero to 36 kN. Experimental results show that the stiffness of the panel becomes softer at some lower temperatures. In order to eliminate the influence of the initial conditions, an incremental method was introduced to analyze the experimental results. This method treated all displacements and strains as zero when applying a load of 4.5 kN. Furthermore, the change in stiffness of the panel was

* 杜柏松,1976 年出生,项海帆教授 2002 级博士研究生,论文题目"考虑非线性影响的分体双箱梁悬索桥动力特性研究"。

1 Introduction

Speed of construction, especially for the case of bridge replacement and repair projects, has become a much critical issue. A strong momentum exists for the spread of precast construction for bridges with a push to expand the limits especially for the use in long-span bridges. One of the promising systems for precast bridge construction has used decked precast, prestressed concrete (DPPC) girders for superstructure. Despite several major benefits, the construction for this type of bridge has not shown the growth it warrants and has been limited mostly to the Pacific Northwest states of Alaska, Idaho, Oregon, and Washington. The reason is two-fold: the concerns and limitations in design and construction using DPPC girders, and the lack of understanding due to limited research in this area. The limitations include live load distribution, connections between adjacent units, as well as the added weight due to the fact that deck and girder are cast together as one precast unit (Ma et al. 2007a).

Composite deck technology has the potential to solve one of the special problems that occur in cold regions like Alaska. Because of the short construction season and the cold winter in Alaska, cast-in-place concrete deck is very expensive. Thus, the prestressed concrete decked bulb-tee bridge system is very popular. However, the concrete deck is an integral part of the bridge superstructure, and cannot be easily replaced when it deteriorates. Obviously, there is merit in combining durable "pre-manufactured" FRP composite deck with stiffer prestressed concrete girders in cold regions. This combination can also solve another common problem: current FRP composites do not demonstrate enough stiffness (modulus of elasticity) to meet the AASHTO standards (AASHTO LRFD 2007) governing maximum deflection. However, the effects of long-term exposure obtained through the use of a special equivalent stiffness which involved measuring the change of the stiffness of the panel. After compared with different methods, the composite shell method was used to build finite element models for numerical simulations in ABAQUS. Reduction of moduli and Random Mesh Size Method (RMSM) were employed to simulate microcracking between fibers and matrix and debonding between the core and face sheets, respectively. Results showed that microcracking would lower the stiffness of the panel, but not as much as debonding would between the core and the face sheets.

Keywords Honeycomb Fiber-Reinforced Polymer (HFRP); sandwich panel; Reduction of moduli; Random Mesh Size Method (RMSM); microcracking; debonding

to extreme temperature variations and various moisture conditions typical at cold regions on the performance of FRP composite materials are not fully understood. Therefore, the objective of this study is to gain a basic understanding of the combined effects of cold regions environment and cyclic loading on the performance of FRP composite bridge decks.

Structural materials for cold regions have not received much attention from scientific and engineering communities in the past. Current research efforts, mainly performed at the U. S. Army Cold Regions Research and Engineering Laboratory (CRREL), have been focused on low temperature influence on the tensile strength of composite laminate and the flexural strength of unidirectional graphite/epoxy composites (Dutta and Lampo 1993), and most recently on the fatigue durability of FRP bridge decks at extreme temperatures (Dutta et al. 2007). Rivera and Karbhari (2001) found that cyclic freeze-thaw reduced the strength as well as the stiffness of the material, similar to thermal cycling. For the wide variety of FRP composites available for civil applications, the scarcity of performance records in cold regions poses a major problem for designers. More importantly, bridge decks are subjected to repeated loading from moving vehicles. Such repeated loads cause the stress in the deck to vary cyclically millions of times during the service life of the bridge. Thus, it is very important to consider the coupled effect of freeze-thaw with vehicle cyclic loading on the behavior of FRP composite bridge decks.

2 Initial HFRP Panel Tests

The mechanical performance of a Honeycomb Fiber-Reinforced Polymer (HFRP) sandwich panel under the combined loading and temperature has been reported in a previous paper (Ma et al. 2007b). In that study, the HFRP composite panel specimen was tested. The specimen consisted of glass fiber reinforced polymer, and had an overall geometry of 2.134 m×0.340 m×0.178 m with an effective length between supports of 1.924 m. The panel specimen, along with the layout of all strain measuring points, is shown in Fig. 1. For example, "SG7" represents Strain Gauge No. 7 in the front face, while "SG11" is the Strain Gauge No. 11 in the back face at the same location. A layer of 85.0-gram chopped strand mat (CSM) was used to seal the panel for protection. The internal geometry of the panel consisted of two face sheets each with a thickness of 12.7 mm, and a 152.4 mm core consisting of sinusoidal cells as shown in Fig. 2, where $t_1 = t_2 = 2.54$ mm, $h = 25.4$ mm, and $H = 106.7$ mm. The constituent materials used in this panel consisted of E-glass fibers, and polyester resin. Three fiber lay-up arrangements were used in the HFRP deck panel: (1) Unidirectional layer, (2) Bidirectional stitched fabrics with equal fibers in both 0° and 90° angles, (3) Chopped Strand Mat (ChopSM), which was made of short non-continuous randomly orientated fibers giving nearly isotropic in-plane properties, and (4) Continuous Strand Mat (ContSM) which was made of continuous fibers, and had properties similar to ChopSM. The layup of the top and bottom sheets consisted of 10 unidirectional layers (M1810) each with a thickness of 1.0 mm and two bidirectional layers (CM3205) each with a thickness of 1.5 mm as shown in Fig. 3.

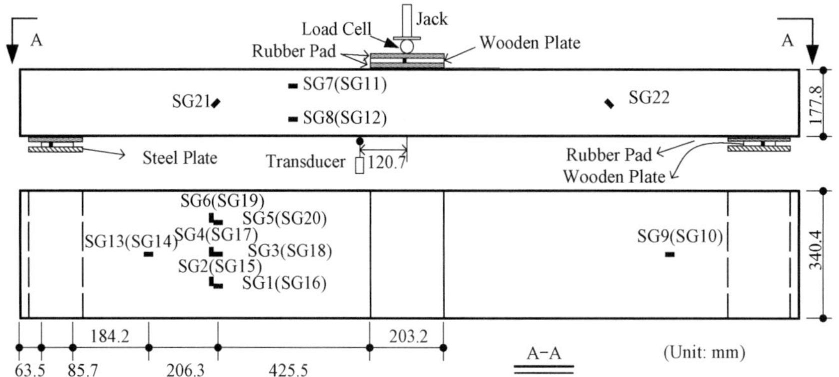

Fig. 1 Test setup and strain gauges

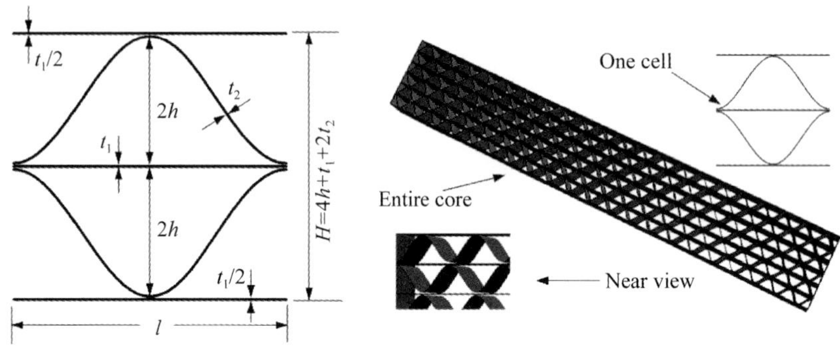

Fig. 2 Unit cell of sinusoidal core and ABAQUS simulation

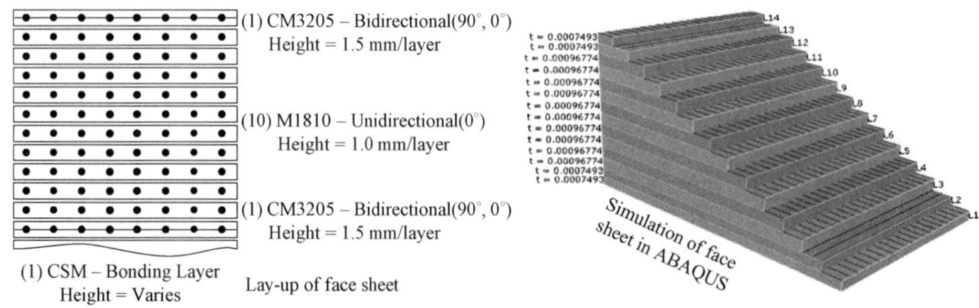

Fig. 3 Lay-up of Bottom and Top Face Sheet

According to the AASHTO LRFD (2007) Bridge Design Specifications, the design loading for bridges includes a wheel line live load of 89.0 kN (HL93) plus impact. Based on different live load distribution models, the service load can vary from 22.2 to 35.6 kN for a deck panel of 305.0 mm in width. The deflection tolerance of the deck is limited to $L/800$ where L is the distance between adjacent bridge girders. Considering all these factors and the dimension of the deck panel specimen, they (Ma and Choppali et al. 2007) decided to use the service load level of 36 kN to test the specimen at various temperatures with a loading rate between 2.2 and 4.5 kN per minute.

The test, conducted in a cold room, involved the following seven stages (Ma and Choppali et al. 2007). Stage I: The specimen was tested at room temperature (26℃) by loading the panel in increments of 2.2 kN. Stage II: The temperature was lowered and held at 0℃ for 48 hours after which the specimen was tested by loading the panel in increments of 2.2 kN. Stage III: The temperature was lowered and held at −20℃ for 48 hours, and then tested similar to stage II. Stage IV: The temperature was lowered and held at −31℃ for 48 hours, and then tested in the same manner as previous stages. Stage V: The temperature was raised and held at room temperature for 24 hours then load tested. The specimen was also tested after 48 hours. Stage VI: After sitting in the cold room at room temperature for 35 days, the temperature was lowered and held at −36℃ for 48 hours, then the specimen was tested. Stage VII: The temperature was lowered and held at −41℃ for 24 hours, then the specimen was loaded to failure. Please note that the specimen was unloaded between stages. A post-failure inspection was conducted to examine the mode of failure.

The main testing results, shown in Fig. 4, were obtained: (1) The panel stiffness was increased when the temperature was lowered from 26℃ to 0℃. However, the stiffness was not further increased when the temperature was getting colder. (2) The degradation in stiffness could not be recovered by raising the panel temperature back to room temperature.

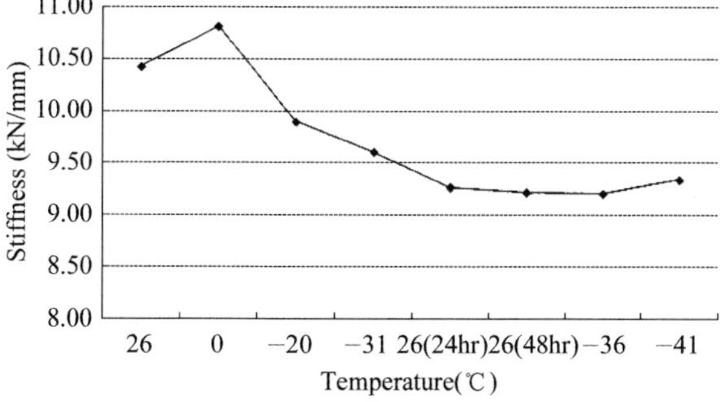

Fig. 4 Stiffness vs. Temperature and Time

Ma et al (2007b) did not explain the degradation of the panel stiffness with decreased temperatures and loadings. Instead, it was hypothesized that very cold temperature exposure resulted in matrix hardening, matrix micro-cracking, and core-face sheets debonding. Fig. 5 shows the interface debonding between the core and face sheets after the panel failure test. The main objective of this paper is to explain the stiffness degradation from (1) laminate materials tests; and (2) simulations of debonding and/or microcracks in the interface between laminate face sheets and the core of the HFRP sandwich deck panels.

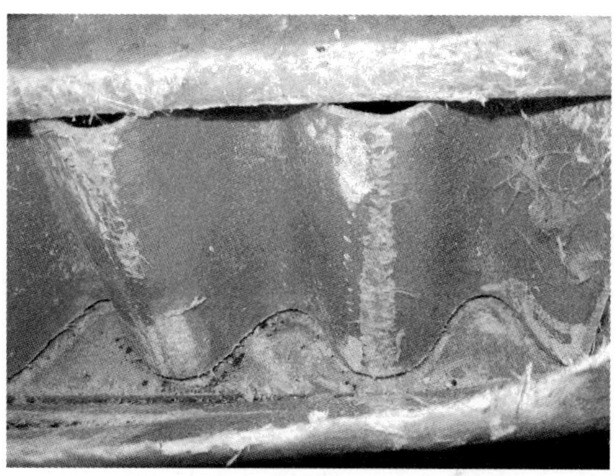

Fig. 5 Debonding of an HFRP Panel

3 Simulations of Perfect Bonding, Micro-cracking, and Debonding

3.1 Numerical Methods for Simulations

Three different methods for analyzing the composite panel are detailed below.

Method 1 (Effective Beam): This method was put forward by Allen (1969). Based on the Euler-Bernoulli beam theory, the panel can be treated as a beam if the axial direction is considerably larger than the other two and the honeycomb core is simplified. Many researchers have made great efforts to further develop and promote this method (Davalos et al. 2001). This model can provide a good estimation for deflections but has difficulty in considering the thermal load effects. A basic knowledge of composite materials is required to calculate the effective material properties used to simplify the model.

Method 2 (Effective Shell): This method involves simplifying the model to include a single effective ply for each multiply laminate and then each effective ply can be treated as a shell made of an orthotropic material. The model can be used to obtain good results for displacements and forces but stresses and strains of each ply are assumed to be linear. However, it is difficult to accurately simulate the thermal load and excess postprocessor time may be needed to obtain the stresses and strains of each ply.

Method 3 (Composite Shell): With the development of finite element methods, this method has been widely used to analyze composite material structures. Both Methods 1 and 2 are valid when all laminates of the panel are symmetric. Method 3, however, can be used to simulate any layup of the composite materials, including unsymmetric laminate structures. In this method, lamina information, including material properties as well as coefficients of thermal expansion can be included for each lamina when thermal loadings need to be taken into account (Burton and Noor, 1994). The distribution of stress and strain of each ply can be nonlinear and accurate results can be obtained.

In this study, composite shell was used to build a composite shell FE model with the ABAQUS software. Different models were developed to simulate the perfect bonding, microcracks, and debonding at different temperatures. As mentioned earlier, the panel consisted of a core and two face sheets. The unit cell of the sinusoidal core (Fig. 2) is similar to traditional honeycomb sandwich construction, which is designed to increase stiffness, buckling response, and in particular, the ease of fabrication. The ply stack of the 12.7 mm face sheets is shown in Fig. 3 and includes 12 plies. The top and bottom plies are made of CM3205, consisting of bidirectional fibers, and the interior plies are made of M1810, consisting of unidirectional fibers. For the ease of calculation, the bidirectional plies are modeled as two layers of 0°/90° unidirectional fibers. Therefore, 14 plies of varying thickness are simulated in ABAQUS (Fig. 3).

3.2 Material Properties

As discussed earlier, the panel consists of E-glass fibers and polyester resin, the material properties of which are listed in Table 1. Please note that those values were obtained from the manufacturer. The fiber direction within the core was random, and therefore the material properties of the core were simplified to isotropic behavior. All lamina properties can be obtained from Equations (1) to (2) and are listed in Table 3.

$$E_{11} = \eta E_1^f V^f + \eta E^m (1 - V^f),\ \frac{1}{E_{22}} = \frac{V^f}{E_2^f} + \frac{(1 - V^f)}{E^m},$$
$$\upsilon_{12} = \upsilon_{12}^f V^f + \upsilon^m (1 - V^f),\ \frac{1}{G_{12}} = \frac{V^f}{G_{12}^f} + \frac{1 - V^f}{G^m} \tag{1}$$

$$\alpha_{11} = \frac{(\alpha_1^f E_1^f - \alpha^m E^m) V^f + \alpha^m E^m}{(E_1^f - E_m) V^f + E^m},$$
$$\alpha_{22} = \left[\alpha_2^f - \left(\frac{E^m}{E_{11}}\right)\upsilon_1^f (\alpha^m - \alpha_1^f) V^m\right] V^f + \left[\alpha^m + \left(\frac{E_1^f}{E_{11}}\right)\upsilon_m (\alpha^m - \alpha_1^f) V^f\right] V^m \tag{2}$$

Here, E and G are the elastic and shear modulus respectively, subscript 1 indicates the longitudinal or fiber direction, whereas 2 is the transverse direction, superscript "f" and "m" denote fibers and matrix, υ is the Poisson ratio, V is the volume fraction, α represents the Coefficient of thermal expansion, and the efficiency factor η, is simply the fraction of the fibers acting in the studied direction. The values of η are 1.0 and 0.5 for unidirectional fibers and the matrix and for bidirectional symmetric laminate, respectively.

Table 1 Properties of Fiber and Matrix

Material	Elastic Modulus (GPa)	Shear Modulus (GPa)	Poisson's Ratio	Coefficient of thermal expansion(℃)
E-Glass Fiber	72.40	30.20	0.20	5.0×10^{-6}
Polyester Resin	3.60	1.35	0.33	115×10^{-6}

Table 2 Volume Weights of Fiber and Matrix of Each Ply

Ply Name	Resin Type	Fiber Weight (kg)	Resin Weight (kg)	Fiber Volume, V_f
CSM	Polyester	0.34	0.45	0.270
Bidirectional(cm3205)0°	Polyester	0.45	0.34	0.396
Unidirectional(m1810)0°	Polyester	0.34	0.34	0.330

Table 3 Lamina Properties

Ply Name	E_{11}(GPa)	E_{22}(GPa)	ν_{12}	G_{12}(GPa)	G_{13}(GPa)	G_{23}(GPa)	α_{11}(℃)	α_{22}(/℃)	α_{33}(/℃)
CSM	9.95	9.95	0.295	2.24	2.24	9.13	1.81×10^{-5}	1.81×10^{-5}	13.68×10^{-5}
Bidirectional (cm3205)0°	15.43	5.77	0.279	2.89	2.89	12.78	1.27×10^{-5}	9.14×10^{-5}	9.14×10^{-5}
Unidirectional (m1810)0°	26.29	5.24	0.267	2.52	2.52	10.87	1.51×10^{-5}	9.85×10^{-5}	9.85×10^{-5}

3.3 Simulations of Perfect Bonding

Perfect bonding was simulated by using Method 3. The entire geometry model in ABAQUS is shown in Fig. 6. A pressure load was applied on the load surface simulating the pads under the jack. Typically the core portion is simplified by using straight lines to simulate the sinusoidal curves (Davalos et al. 2001). However, in this paper, curves were directly used to simulate the sinusoidal honeycomb core geometry, and the resulting core model can be found in Fig. 2. Although based on symmetry, a quarter model could adequately represent the whole model in this case the entire FE model was created for studying random debonding. Composite material shell elements were assigned to mesh the honeycomb core and the top and bottom face sheets. Each face sheet had 14 plies consisting of 2 kinds of composite materials, as seen in Fig. 3. Composite material theory was applied to the FE model results to obtain the individual lamina properties. The quadratic quadrilateral elements with 8 nodes and quadratic triangular elements with 6 nodes were used in the entire FE model in ABAQUS.

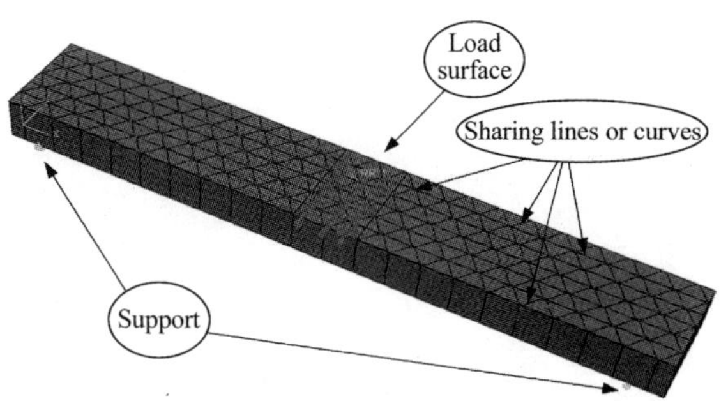

Fig.6 Entire Geometrical Model in ABAQUS

A perfect bond means that all nodes on the top or bottom of the core are shared by the core as well as the top or bottom face sheets. In order to satisfy this condition the core and the face sheets were merged into one geometric entity. The face sheets were partitioned by those sharing lines or curves shown in Fig. 6, therefore they share the same curves or lines as well as the nodes. It must be pointed out that the face sheets and the core use the interpolation shape function with the same geometric order. In this paper, the quadratic order was chosen.

3.4 Simulations of Fiber/Matrix Microcracking

Essentially, microcracks are partially debonded fibers and matrix interfaces. Again, Method 3 was used to perform these simulations. Zhao and Weng (1997, 2002) proposed a reduced moduli approach for the fictitious inclusions, which were used to replace the original partially debonded inclusions. They used the volume of the inclusion directly beneath the interface cracks as a measure of damage parameter. In their papers, the reduced Young's moduli of the longitudinal and transverse directions were shown by Equation (3):

$$E_{11}^r = E_{11}(1-D_1),\ E_{22}^r = E_{22}(1-D_2),$$
$$D_1 = 1-\left(\frac{\cos^2\varphi}{\alpha^2\sin^2\varphi+\cos^2\varphi}\right)^{3/2}, \tag{3}$$
$$D_2 = 1-\frac{\cos\varphi(3\alpha^2\sin^2\varphi+2\cos^2\varphi)}{2(\alpha^2\sin^2\varphi+\cos^2\varphi)^{3/2}}$$

where D_i was a function of the debonding angle, φ, and aspect ratio, α, and was used to denote the damage parameter of direction-i. E_{11} and E_{22} were the moduli of longitudinal and transverse directions, respectively. In this paper, a debonding angle and aspect ratio of 36 degrees and 20, respectively, were used to consider the effect of microcracks. In terms of equation (3), the reductions of the moduli in the longitudinal and transverse directions were 2.55% and 10.28%, respectively. It was assumed that microcracks were distributed over the entire panel.

3.5 Simulations of Core and Face Sheet Debonding

From the panel experiments discussed earlier, we found that the panel stiffness decreased at extremely low temperatures coupled with cyclic loadings. Therefore, it was hypothesized that the core and the face sheets were debonded from each other under the combined temperature and loading effects. Chen and Davalos (2007) proposed an analytical solution for the skin effect which could be used to predict the onset of interface delamination under the room temperature. Due to the lack of testing data under low-temperatures, however, the quantification of the onset of interface delamination was not pursued here. Instead, debonding essentially means that the sinusoidal core could not bond together perfectly with the face sheets. In order to simulate the debonding in ABAQUS, a model based on Method 3 was built with separate core and face sheets which were not allowed to merge, and each portion had its own nodes. A fully debonded case would assume that the core was totally debonded from the face sheets. But in this paper, only two partial debonding cases, shown in Fig. 7, were considered. The debonding between the core and the face sheets from each end to the quarter spans excluding the outer edges

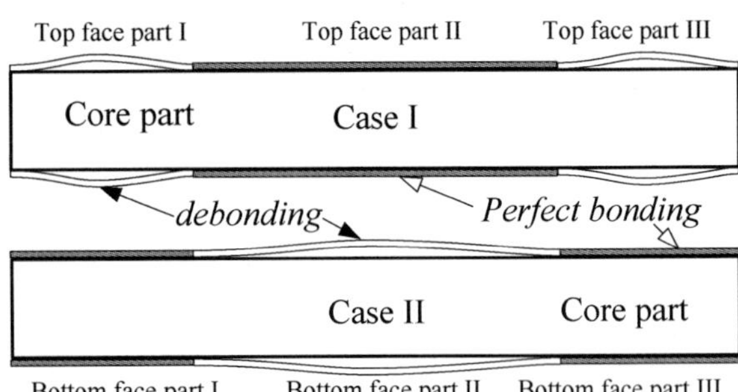

Fig. 7 The Core Debonded with the Face Sheets

of the core is shown in Case I. In opposite of Case I, the debonding between the core and the face sheets along the central two quarter spans is shown in Case II.

For Case II, the debonding area was centralized within the middle of the panel, and therefore a Random Mesh Size Method (RMSM) was introduced to simulate the random debonding between the core and the face sheets. This method is shown in Fig. 8. The key point of this method is to change the mesh size, d, of the face sheets. If the distance, R, between nodes on the core and face sheets is smaller than a trivial number, for example, 1.0E−5, we can merge these two nodes or couple some degrees of freedom. In Fig. 8, Node 1 and Node 2 are shared by the face sheet and the core. If solid element types were used to simulate the core, the contact method might be employed to simulate the entire debonding between the core and the face sheets. For Case II, about 1,100 total nodes were assigned to the face/bottom side of the core part covered by the face part II while about 100 nodes of the total were bonded with the face part II. In other words, about 91% of the effective debonding area was considered for Case II.

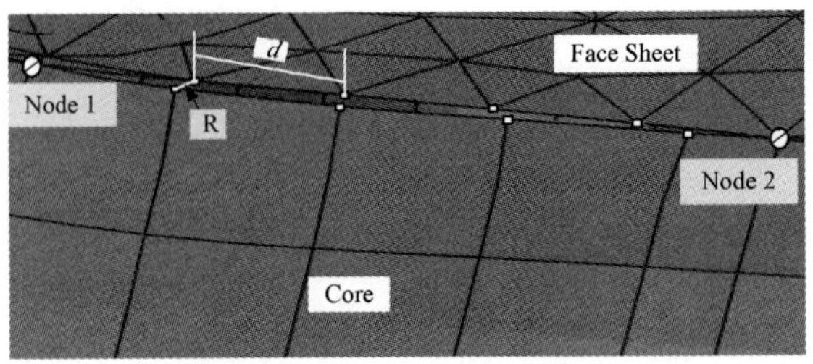

Fig. 8 RMSM Debonding Control

3.6 Simulations of Load Cases

In this paper, four categories were simulated including: perfect bonding, microcracks, debonding Case I, and debonding Case II. Each category contained six ABAQUS models with two types of loads, thermal loads and applied mechanical loads. A total of nine load cases were investigated. The first case included only thermal effects, while the subsequent eight included both thermal and mechanical effects. The initial thermal case was used to simulate the initial cool down of the panel to the specified temperature. The temperatures obtained from all thermal measuring points indicated that the temperature field of the entire model remained almost the same, and therefore in order to simplify the analysis, a constant temperature field was used for all models at each temperature. Thermal simulations at room temperature were not necessary because room temperature was set as the reference point and therefore no thermal load was applied to those models. The applied mechanical load was between 4.5 kN to 36 kN with increments of 4.5 kN. Thus, a total of 212 load cases were considered.

4 Results and Discussion

4.1 Results from Three Numerical Methods

Twenty two strain gauges were set up over the specimen as seen in Fig. 1, but only the results of some representative gauges were chosen for this paper. Thermal loading is difficult to simulate using effective beam or shell methods mentioned in an earlier section and therefore all results of effective beam and shell methods were only used to simulate the perfect bonding panel at room temperature. Deflections and the strain ("ε_{11}") in the longitudinal ("1") direction at Gauge "SG5" (Fig. 1) from effective beam (Method 1), effective shell (Method 2), composite shell (Method 3), and experiments are shown in Figs. 9 (a) and (b) respectively. Both effective beam and shell methods obtained good results of deflection but the strain results from effective beam method were not as good as from effective shell method.

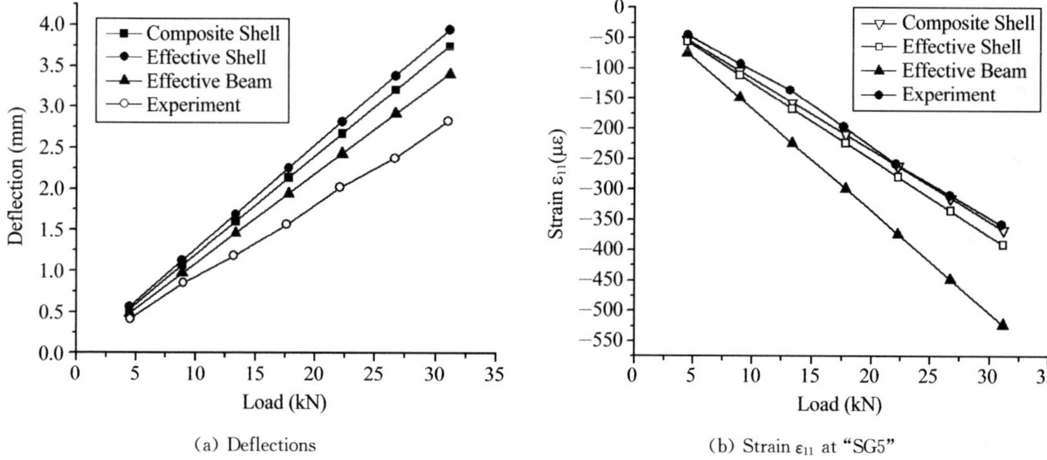

(a) Deflections (b) Strain ε_{11} at "SG5"

Fig.9 Comparison of Deflections and Strains

4.2 Deflections and Strains

Fig. 10 shows the experimental deflections from the transducer and numerical deflections of perfect bonding from ABAQUS at different temperatures. The experimental deflections fluctuated at different temperatures and showed the largest panel deflection at −36℃. Please note that there is a small rectangular "window" zoomed in to show there are six simulation curves in Fig. 10. In order to eliminate the influence of the initial conditions we used an incremental method to process the experimental and numerical results. Fig. 10 shows that the equivalent stiffness affected by different

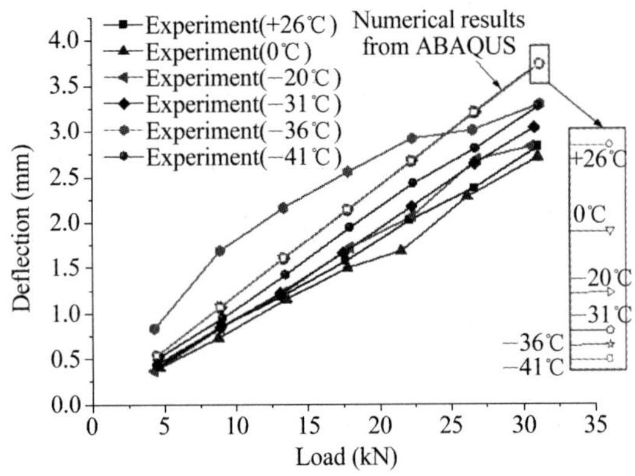

Fig. 10 Deflections at Different Temperatures

temperatures is slight. These curves imply that the temperature is not the primary cause to decrease the stiffness. Constant moduli and coefficients of thermal expansion were used at different temperatures in ABAQUS. Fig. 10 also indicates that the numerical deflections are a little larger than the experimental results obtained except at −36℃. This means the actual panel stiffness was a little higher than the constant stiffness used in FE models except, at −36℃.

The strains ε_{11} obtained experimentally and through ABAQUS at "SG1" and "SG5" positions under temperatures 26℃ and −36℃ are shown in Figs. 11 (a) and (b), respectively. Numerical results matched the experimental results very well, showing that a composite shell FE model could be used to simulate the experimental loading process. Therefore, it was concluded that the stiffness of the panel will vary with not only temperatures, but also with loading amplitude. Although the figure does not clearly imply a relationship between the stiffness and loading rate, it is believed that the loading rate will affect the stiffness of the panel.

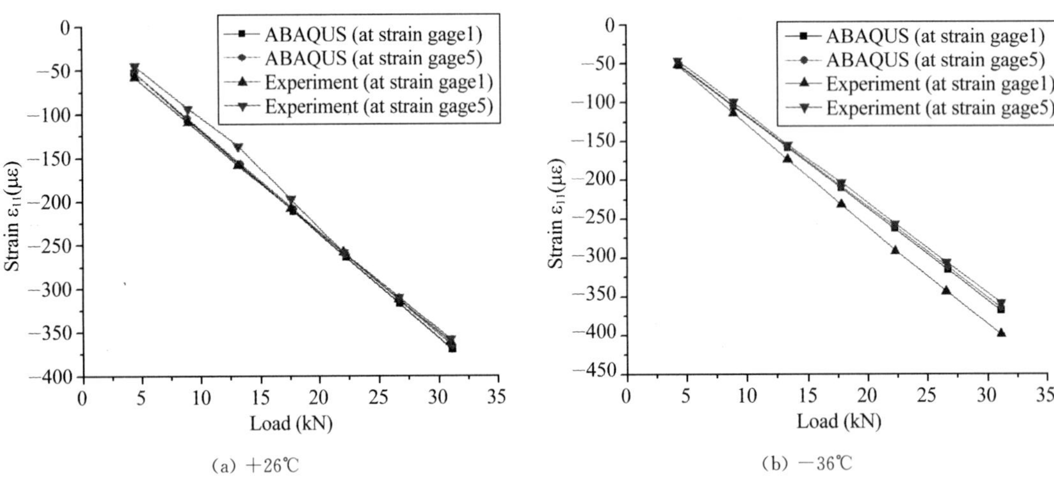

Fig. 11 Strains at Different Temperatures

4.3 Comparison of Perfect bonding, Microcracking, and Debonding

In order to eliminate the influence of the initial conditions, an incremental method was used to process the experimental and numerical results. This method involved treating all displacements and strains as zero when applying a load of 4.5 kN at each temperature. Furthermore, a special equivalent stiffness, as shown in Fig. 12, was applied so that the stiffness change of the panel could be measured. Equivalent stiffness is defined as load divided by response (strains or displacements) under the corresponding load and it involves a compound unit of load/response. Equivalent stiffness (ES) has no mechanical meaning, but it can show the change of the stiffness. And moreover, different responses (displacement or strain) have their own equivalent stiffness. Average equivalent stiffness (AES) was introduced to quantify the average stiffness change at different temperatures. It should be noted that equivalent stiffness is only applicable to small changes of ΔV_i. Twenty two strain gauges were set up over the specimen as seen in Fig. 1, but only the results of some representative gauges were chosen for this paper.

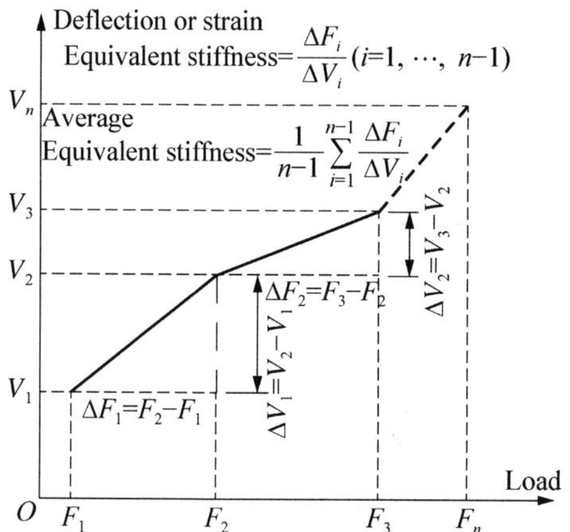

Fig. 12 Equivalent and Average Equivalent Stiffness

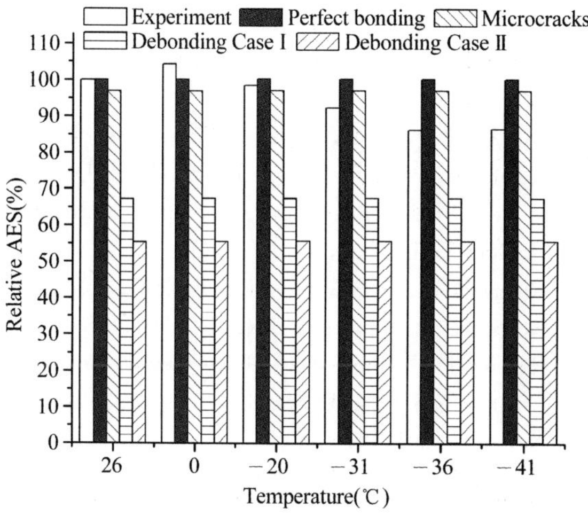

Fig. 13 Impact of Perfect Bonding, Debonding, and Microcracks on AES

The numerical results for four different cases (perfect bonding, microcracking, debonding Case I, and debonding Case II) were compared in Fig. 13 shows the relative AES based on panel deflections from four different cases as well as from experiments. Take the panel average equivalent stiffness (AES) from experiment at room temperature and from "Perfect bonding" case for all temperatures as the baseline (100%). At room temperature (26℃), the average equivalent stiffness from "Microcracks", "Debonding Case I", and "Debonding Case II" are 96%, 67%, and 55%, respectively. From Fig. 13, experimental results show an approximate 15% stiffness degradation when the temperature was decreased from the room temperature. When compared with the perfect bonding case in the interface, the models of microcracking, debonding Case I, and debonding Case II had shown stiffness degradation of 3%, 38%, and 45%, respectively. Therefore, it was concluded that interface debonding played a key role in the stiffness degradation observed in the experiments of the combined loading and temperatures.

5 Conclusions

In order to gain a basic understanding of the combined effects of cold regions environment and cyclic loading on the performance of FRP composite bridge decks, full-scale tests of FRP sandwich deck panels in a cold room, tensile tests on E-glass reinforced polyester laminates (both uniaxial and biaxial samples) in an environmental chamber, as well as numerical simulations were conducted. Based on these studies, the following conclusions were made. At the full-scale panel level, the panel stiffness was increased when the temperature was decreased from 26℃ to 0℃. However, the stiffness was not further increased when the temperature was decreased lower. The degradation in stiffness could not be recovered by raising the panel temperature back to room temperature. However, the stiffness degradation had not been observed from both uniaxial and biaxial laminate tests. Composite material shell FE model was used to simulate HFRP sandwich panels. RMSM was used to simulate the core debonding from the face sheets. Results showed that this method was simple and useful. The method of reduction of moduli was introduced to simulate microcracks occurring between the fibers and matrix. Results showed that microcracks lowered the stiffness of the panel, but not as much as did debonding of the face sheet from the core. Based on the results presented here, it appears that structural level effects are significant, especially when the synergistic effects of cold temperatures combined with load cycling. Very cold temperature exposure resulted in matrix hardening, matrix micro-cracking and face-core interface debonding as demonstrated by numerical simulations as well as testing data at different temperatures. On visual inspection after the failure test, the presence of debonding of the face sheet from the core was observed.

References

[1] AASHTO LRFD. Bridge Design Specifications [S]. 4th Edition. Washington D C: American Association for State Highway and Transportation Officials, 2007.

[2] Allen H G. Analysis and Design of Structural Sandwich Panels [M]. Oxford: Pergamon Press, 1969.

[3] Burton W S, Noor A K. Three-Dimensional Solutions for Thermomechanical Stresses in Sandwich Panels and Shells [J]. Journal of Engineering Mechanics. 1994, 120(10):2044 - 2071.

[4] Chen A, Davalos J F. Transverse Shear with Skin Effect for Composite Sandwich with Honeycomb Sinusoidal Core [J]. Journal of Engineering Mechanics, ASCE, 2007,133(3):247 - 256.

[5] Davalos J F, Qiao P, Xu X, et al. Modeling and Characterization of Fiber-reinforced Plastic Honeycomb Sandwich Panels for Highway Bridge Applications [J]. Composite Structures, 2001,52:441 - 412.

[6] Dutta P K, Lampo R G. Behavior of Fiber-Reinforced Plastics as Construction Materials in Extreme Environments [C]//Proceedings of the Third International Offshore and Polar Engineering Conference, Singapore, June, 1993:339 - 344.

[7] Dutta P K, Lopez-Anido R, Kwon S K. Fatigue Durability of FRP Composite Bridge Decks at Extreme Temperatures [J]. International Journal of Materials and Product Technology (IJMPT), 2007,28(1/2):198 - 216.

[8] Ma Z, Chaudhury S, Millam J, et al. Field Test and 3D FE Modeling of Decked Bulb-Tee Bridges [J]. ASCE Journal of Bridge Engineering, 2007a, 12(3): 306 - 314.

[9] Ma Z, Choppali U, Li L. Cycling Tests of a Fiber-Reinforced Polymer Honeycomb Sandwich Deck Panel at Very Cold Temperatures [J]. Int J Materials and Product Technology, 2007b, 28(1/2):178 - 197.

[10] Rivera J, Karbhari V M. Characterization of Sub-Zero Response of Vinylester FRP in Civil Infrastructure Renewal [C]//Proceedings of the Eleventh International Offshore and Polar Engineering Conference, Stavanger, Norway, 2001:124 - 130.

[11] Zhao Y H, Weng G J. Transversely Isotropic Moduli of Two Partially Debonded Composites [J]. Int J Solids Struct, 1997,34:493 - 507.

[12] Zhao Y H, Weng G J. The Effect of Debonding Angle on the Reduction of Effective Moduli of Particle and Fiber-Reinforced Composites [J]. Journal of Applied Mechanics, 2002,69:292 - 302.

天津海河吉兆桥设计构思

韩振勇*

（天津城建集团有限公司　天津城建设计院有限公司　中国　天津　300122）

摘　要　天津海河吉兆桥位于天钢柳林地区城市副中心，为高烈度地震区。针对吉兆桥工程背景，提出了欧式风格造型的三跨变截面钢-混凝土组合桁梁桥方案，并针对其结构特点，研发了抗拔不抗剪T形连接件、双重组合技术、软钢阻挡装置及混合耗能减隔震系统，解决了连续组合桁架桥的开裂、失稳等难题以及高烈度地震区桥梁抗震问题。本文主要介绍吉兆桥总体设计构思及关键技术内容。

关键词　组合桁架梁桥；双重组合；软钢阻挡装置；混合耗能减隔震系统

1　工程背景

吉兆桥是天津市中心城区东部雪莲南路—吉兆路通道跨越海河的重要连接节点，地处规划中的天钢柳林地区城市副中心，是继海河上游综合改造开发后，海河中游后五公里提升改造的第一座过河桥梁。延续海河已建成桥梁“一桥一景”的基本原则，要求吉兆桥方案独具特色，并且与周边建筑相融合，考虑临近会展中心的建筑群落，吉兆桥整体风格定义为欧式。吉兆桥场地抗震设防烈度为7度，设计基本地震加速度值为0.15g，属于高烈度地震区。在此背景下，对桥梁整体造型及关键技术进行设计构思。

2　设计构思

吉兆桥连接了海河以北智慧城地区与海河以南柳林风景区。智慧城是未来概念建筑的展示区，旨在推广国际最新、最先进的建筑技术、建筑材料，使天津成为服务全国的现代建筑产业基地。柳林风景区是中心城区内海河沿岸最大的公共绿地，也是天津市中心城区的九个楔形绿地之一，承担着为城市居民提供休闲、娱乐、享受自然环境的城市功能。“新万国建筑博览会”由文化、商业、公建、居住、园林等五大功能构成，以欧式风貌建筑为主题，体现文化包容的天津精神，展现天津市“大气、洋气”的城市风貌。因此，桥梁的设计应别具一格，不但要技术独特，而且要赏心悦目，并与周边建筑物风格有机结合，与天津市作为金融中心和国际大都市相适应。与此同时，能使天津市市民及游客挹注观赏，使该桥成为天津市壮丽瞩目的新标志。

吉兆桥的主导设计思想是结合周边建筑风格和整体规划，以简洁的欧式风格突出该地域浓郁的欧式气息，桥梁整体造型主要考虑在桥面以上不做耸立的结构物，保证区域内天际线不被破坏。从这两点出发，初步定义桥梁方案为欧式、平桥。基于此，采用三跨变截面钢-混凝土组合桁梁桥方案，与钢箱组合梁桥相比，具有节省钢材及工程造价等优点。桥梁结构主体颜色为象牙白，体现桥梁结构的柔和、轻盈，给人以舒缓的感受。通过栏杆、悬挑下装饰构件、檐口、桥梁中墩处钢桁架侧面以及斜腹杆线条的处理，赋予其典型但又不繁复的欧式风格，从点、线、面各个角度的细节入手，形成独特的桥梁整体景观效果（图1，图2）。

* 韩振勇，1965年出生，项海帆教授1987级硕士研究生和2001级博士研究生，硕士论文题目“工程施工控制中的徐变分析”，博士论文题目“新型桥梁设计构思和施工技术优化”。

图 1　吉兆桥总体效果图

图 2　吉兆桥局部效果图

3　关键技术

吉兆桥为三跨变截面钢—混凝土组合桁梁桥，全长 200 m，跨径布置为 55 m＋90 m＋55 m，桥宽 40 m，横向共由 9 榀桁架组成，桁架中心间距为 4.6 m，如图 3、4 所示。

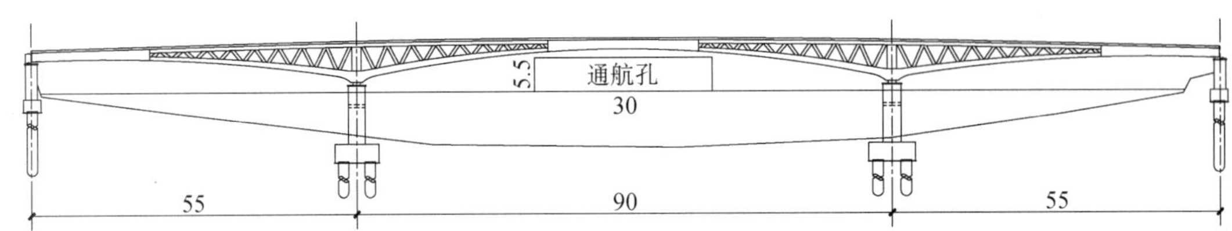

图 3　吉兆桥立面布置图（单位：m）

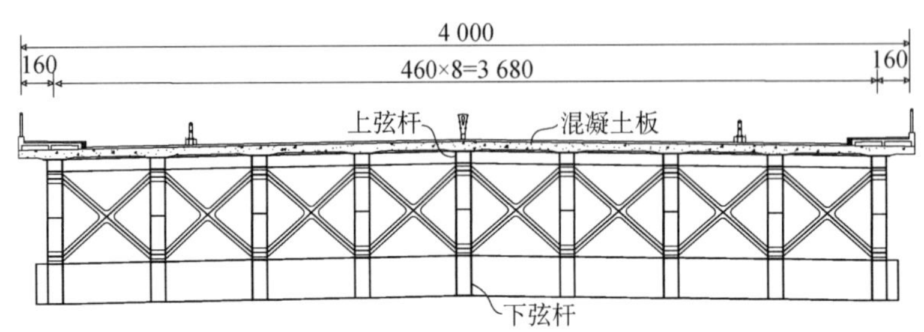

图 4　吉兆桥横断面图（单位：cm）

吉兆桥为连续组合结构，同样存在负弯矩区混凝土桥面板易开裂这一共性难题。从钢-混凝土连接件需实现预应力的有效施加，同时满足桥面行车引起的抗掀起力两方面入手，发明新型抗拔不抗剪 T 形连接件，结合双重组合技术以及优化的施工工序，有效解决了负弯矩区混凝土桥面板易开裂、中支点位置下弦杆钢板易失稳等设计难题。与传统的采用钉群配合预应力、加大负弯矩区混凝土桥面板配筋率、支点顶升等解决负弯矩区混凝土开裂问题的方式相比，双重组合技术具有施工简单、受力明确、耐久性好、造价低等优点。

针对吉兆桥处于高烈度地震区的特点，引进并实验改进剪切型软钢阻挡装置，替代混凝土抗震挡，并与铅芯隔震橡胶支座配合，组成混合耗能减隔震系统，解决了吉兆桥的抗震难题。与混凝土抗震挡块相比，软钢阻挡装置具有易修复、易更换、可靠性好等优点。与单纯采用铅芯或高阻尼橡胶支座进行减隔震的桥梁相比，混合耗能减隔震系统可更有效地控制上部结构地震时的位移，减轻结构损伤。

3.1　双重组合技术的应用

3.1.1　双重组合技术的定义

吉兆桥作为典型的三跨变截面钢-混凝土组合桁梁桥，采用了双重组合的新技术，具体做法为：①负弯矩区混凝土板和钢桁架上弦杆之间设置较稀疏的纵向可滑动的钢-混凝土抗掀起连接件，也即抗拔不抗剪 T 形连接件，如图 5 所示，T 形连接件由 T 形钢板及包裹泡沫组成，可实现抗桥面板掀起、混凝土板和上弦杆能自由变形的功能，从而有效释放混凝土板中因收缩徐变、温度效应以及汽车荷载引起的拉应力，并提高负弯矩区混凝土桥面板纵向预应力的施加效果，改善桥面系的抗裂性能、长期性能以及耐久性能；②负弯矩区下弦杆内灌注混凝土，形成钢管混凝土截面，充分发挥混凝土材料抗压性能好的优点，显著改善下弦杆钢梁受压稳定性能，经济地实现增大负弯矩区截面刚度和承载力的目的。这样，在连续梁桥的负弯矩区形成了一个倒置的组合截面，这样的组合桁梁桥就称为“双重组合作用的连续组合桁梁桥”，如图 6 所示。

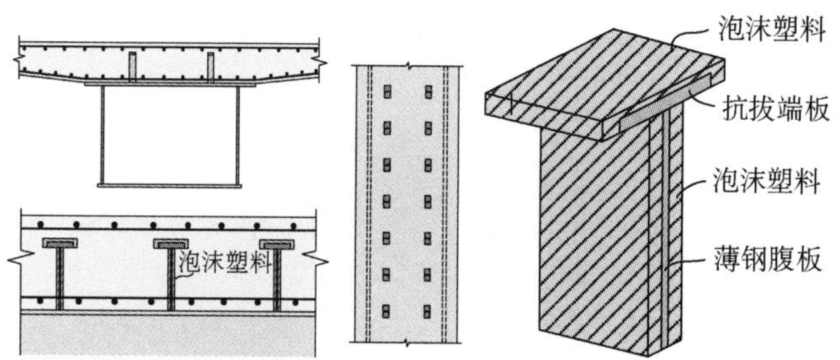

图 5　应用于组合桥面系负弯矩区的抗拔不抗剪 T 形连接件

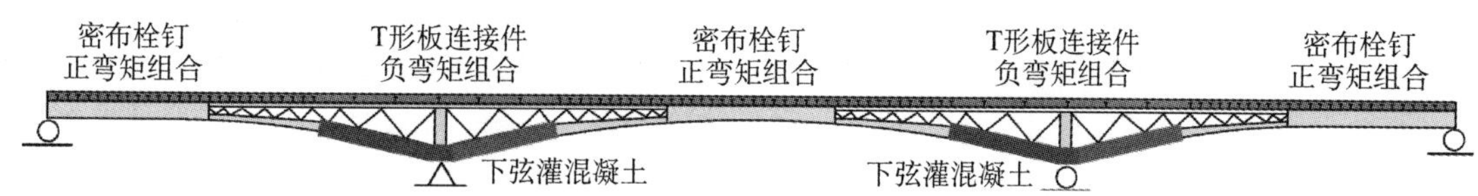

图 6　双重组合作用的连续组合桁梁桥

3.1.2　施工流程

施工流程的设置，决定了双重组合技术能否充分发挥作用，吉兆桥施工流程如图 7 所示。

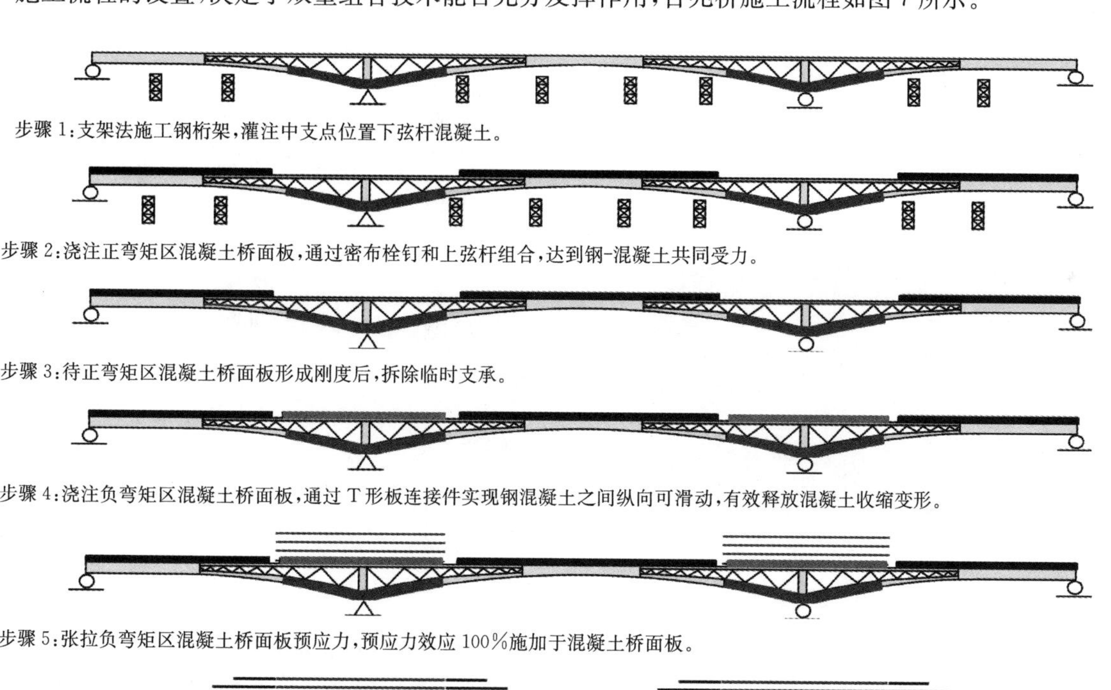

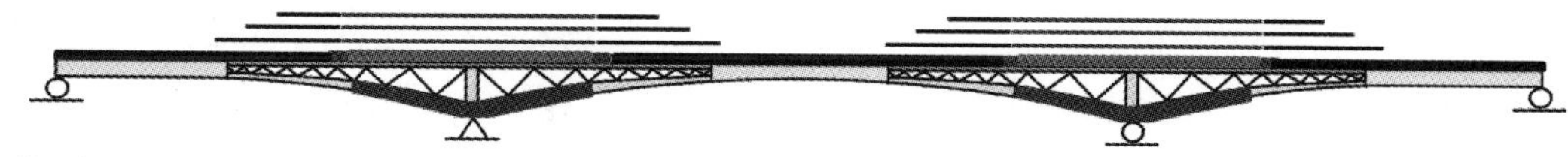

步骤 6：施工桥面板合龙混凝土，张拉预应力，施工桥面铺装及附属结构，成桥。

图 7　施工流程图

3.1.3　实桥应用效果

T 形板连接件对于预应力导入度的提高效果明显，图 8 为混凝土桥面板预应力张拉前后，桥面板相对钢桁架上弦杆的纵桥向位移情况。预应力张拉后，混凝土桥面板相对钢桁架上弦杆纵向最大压缩 6 mm，同时，对上弦杆的应力监测结果显示，预应力张拉前后，钢桁架上弦杆应力无变化，与理论计算值一致，也即达到了预应力完全由混凝土桥面板承担的效果。

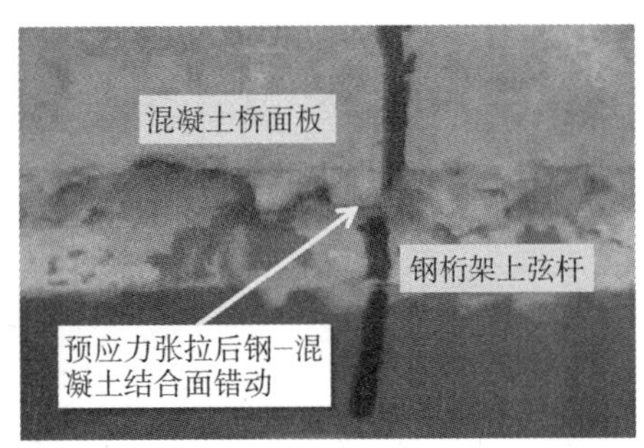

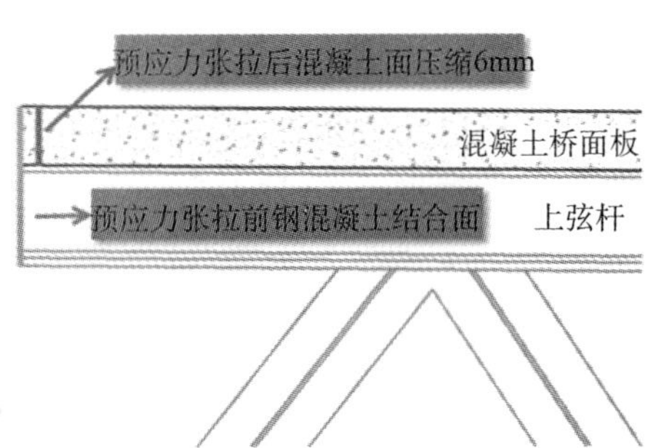

图8　吉兆桥张拉负弯矩区桥面板预应力现场效果图

3.2　桥梁减隔震设计

桥梁结构一般通过水平刚度较小的支座（如水平力分散型橡胶支座）或兼具水平刚度小、耗能强于一体的支座（如铅芯隔震橡胶支座、高阻尼橡胶支座）等实现减隔震效果。但是，该类支座在地震时均需发生大的变位才能发挥其功效，这对结构设计不利。特别是桁架桥，由于隔震后桥梁自振周期较长，上部结构的位移很大，容易发生桥梁碰撞。对于类似桁架桥的减隔震设计，理想的目标是在有效减小地震力的同时，将位移控制在较小、可控的范围内。根据吉兆桥结构特点，引进软钢阻挡装置，与铅芯隔震橡胶支座组成混合耗能减隔震系统，达到了理想的减隔震目标。

3.2.1　软钢阻挡装置

软钢阻挡装置（图9）为位移型耗能装置，可通过软钢腹板的剪切变形，实现在小变形条件下耗散大量能量的目的，其特点如下：

① 在正常使用条件下，可保证梁体自由移动，不产生附加内力。

② 对地震产生的梁的快速变形，能迅速耗能，减小梁的加速度和位移。

③ 与黏滞流体阻尼器不同，对速度无要求。

④ 可承受多次反复地震作用。

⑤ 造价低，安装简便，易更换，可靠性佳，是混凝土抗震挡块的理想替代品。

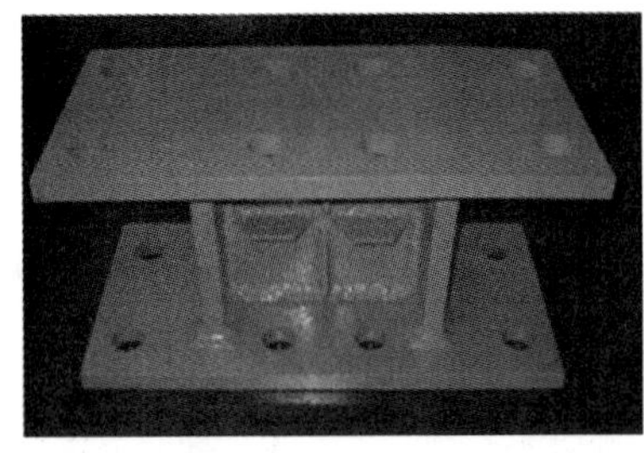

图9　软钢阻挡装置及其安装示意图

目前，国内软钢产品主要有屈服点为160 MPa和225 MPa两种，屈强比均小于80%，伸长率接近60%，延性非常好。

设计研究阶段，为了避免软钢阻挡装置腹板过早发生破坏，分别将腹板做成了正方形、镜片型、两边凹型和两边凹并加固型等四种形态，研究其破坏形式（图10）。经试验，软钢阻挡装置的破坏形式主要是平面外失稳破坏或焊接部位破坏。

其中，采用两边凹并加固型腹板的软钢阻挡装置的滞回曲线比较饱满，其典型力学实验曲线如图11所示。

3.2.2　混合耗能减隔震系统

吉兆桥采用混合耗能减隔震系统，该系统由铅芯隔震橡胶支座和软钢阻挡装置组成（图12）。

混合耗能减隔震系统的减隔震设计思想为：铅芯隔震橡胶支座与软钢阻挡装置的间隙之间由隔震支座发挥作用，当上部结构触及软钢阻挡装置时，由软钢的耗能、阻挡作用来减小上部结构的地震位移响应，采用三折线弹簧单元恢复力模型模拟（图13）。

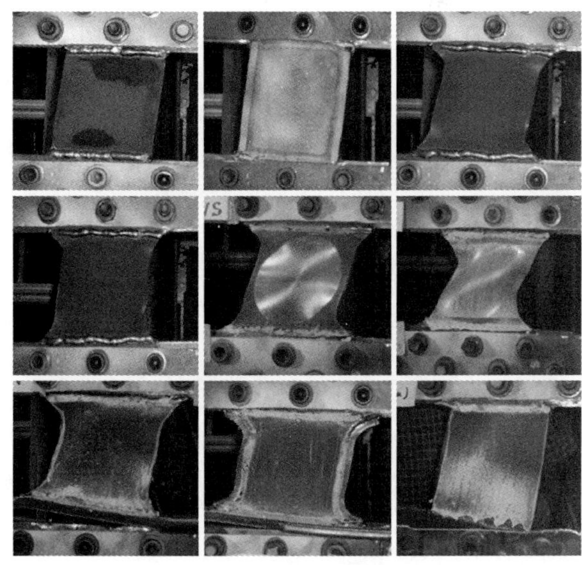

图10 软钢阻挡装置试验破坏形式

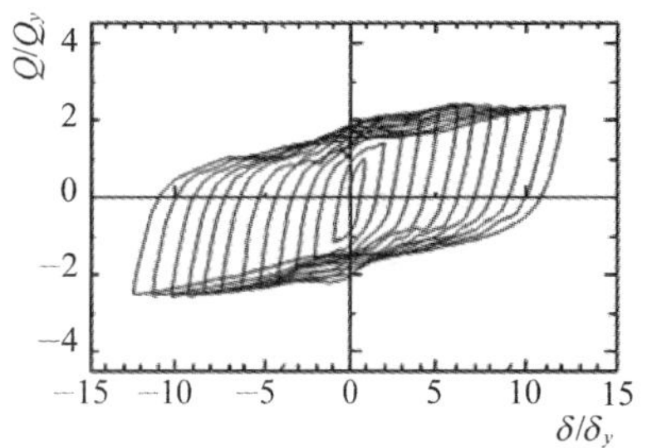

图11 软钢阻挡装置典型力学试验曲线

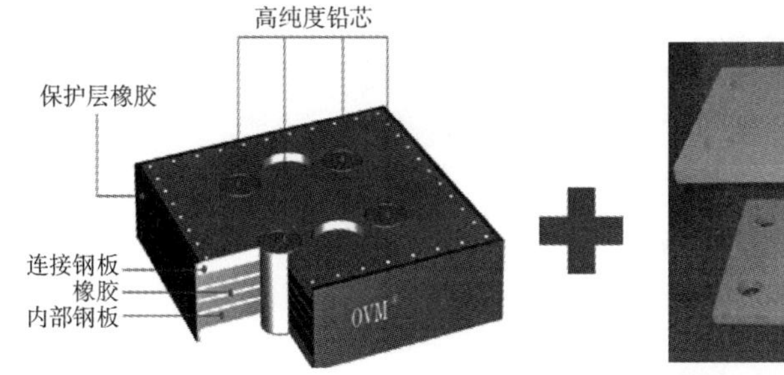

图12 混合耗能减隔震系统

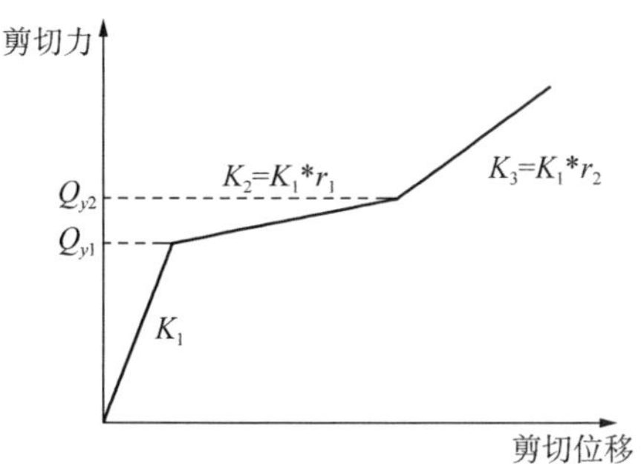

图13 三折线弹簧单元恢复力模型

图中，K_1 为铅芯隔震橡胶支座屈服前刚度；K_2 为铅芯隔震橡胶支座屈服后刚度；K_3 为铅芯隔震橡胶支座与软钢阻挡装置的组合刚度。

吉兆桥在国内首次用软钢阻挡装置取代普通的混凝土挡块，形成了混合耗能减隔震系统，使得结构在小震时，只有铅芯隔震橡胶支座发挥作用，在大震时，通过软钢阻挡装置对大位移变形采取柔性阻挡，并耗散地震能量，减少上部结构的位移量，防止落梁及梁间碰撞，有效地提高了桥梁的抗震性能。

4 结语

本文对天津海河吉兆桥工程设计总体思路及技术要点做了简要介绍。吉兆桥景观设计与周围环境相融合，对于提升海河后五公里沿河景观起到了显著作用。结构设计采用双重组合技术及混合耗能减隔震系统，解决了高烈度地震区连续组合桁梁桥的设计难题。

5 致谢

笔者求学期间，有幸得到了项海帆老师的言传身教，更加有幸的是，在我工作后，项老师还一直在关注我，给我批评、给我鼓励和支持。项老师渊博的专业知识，严谨的治学态度，诲人不倦的高尚师德，朴实无华、平易近人的人格魅力对我影响深远。

项老师曾指出，组合结构作为一种极富创新空间的结构形式，具有较高的推广价值，在21世纪，组合结构会得到很大的发展。近年来，我们在组合结构方面做了一些尝试，尤其在天津海河吉兆桥的建设中，提出了变截面连续钢-混凝土组合桁架桥的方案，并研发了一系列配套技术，在吉兆桥的施工过程中，项老师亲临现场并提出了宝贵的意见和建议，在此由衷表示感谢！

参考文献

[1] 项海帆. 桥梁概念设计[M]. 北京：人民交通出版社，2011.

[2] 聂建国，李一昕，陶慕轩，等. 新型抗拔不抗剪连接件抗拔性能试验[J]. 中国公路学报，2014(4)：38-45.

[3] 韩振勇，袁涌. 天津海河吉兆桥抗震设计概述[C]//第21届全国桥梁学术会议论文集，2014.

拱梁组合体系桥梁的拱梁相对刚度研究和设计实践

李　映*

（同济大学建筑设计研究院　中国　上海　200092）

摘　要　介绍了三座不同承载面、不同加劲梁及拱圈形式的拱梁组合体系桥梁的设计实例，并对上述三座桥梁中拱和梁的相对刚度进行参数分析，研究拱梁相对刚度对全桥结构受力的影响，其结论可对今后此类桥梁的设计提供有益的参考。

关键词　拱梁组合体系；相对刚度；研究；设计

1　概述

拱梁组合体系桥梁是由梁桥和拱桥两种结构形式组合而成。从受力特征来讲，梁桥是以梁的刚度来直接承受竖向荷载；拱桥是以拱受力为主，梁受力为辅；拱梁组合体系桥梁则是以梁和拱共同受力，因此三者的最大差别在于梁的受力不同从而导致桥形不同[1]。从梁桥、拱梁组合桥到拱桥，主梁承受的弯矩逐渐减小，梁高也随之降低。拱梁体系结构桥梁兼具梁桥和拱桥构造特性，并具自身构造特点，连续梁拱梁组合桥梁还具有施工上的优势，连续梁可悬臂浇筑或悬臂拼装，对于不能中断交通的桥位尤其适用。由于拱梁组合桥梁在造型及结构受力方面的优势，该桥型在许多地方得到认可。我院近几年做了几座不同承载面、不同加劲梁形式及拱圈形式的拱梁组合体系桥梁，通过对这几种不同形式桥梁的设计、计算及分析，可以看到在拱梁组合桥梁设计中拱梁的刚度比对结构受力有较大影响，设计中应根据具体情况，合理选择拱梁的刚度，达到最优的设计。

2　设计实例

2.1　无锡开源桥

无锡开源桥位于京杭大运河城区段。道路等级为城市主干道，设计车速为 50 km/h，设计荷载为城- A 级，最高通航水位为 2.81 m（黄海高程），通航标准为四级航道，底宽 90 m，净高 7 m。主桥采用 50 m＋95 m＋50 m 三跨预应力混凝土连续梁单承载面拱梁组合体系结构，桥长 195 m，主桥宽 38 m。主梁采用单箱五室大悬臂变高度箱形截面。主墩墩顶处梁高 4.2 m，高跨比 1/22.6；跨中处梁高 2.1 m，高跨比 1/45.2；梁底曲线按二次抛物线变化。箱梁顶宽 38 m，单侧悬臂长 6 m，箱梁底宽 26 m。主拱圈采用的钢箱拱，拱的矢跨比为 1/4.75，拱圈高 1.8 m 宽 3.0 m，钢板厚度为 22 mm。吊杆间距 6 米，采用标准强度为 1 860 MPa 的 $\phi7$ 高强钢丝成品索。施工方法为悬臂浇筑连续梁，支架安装拱圈、张拉吊杆，上二期恒载。该桥于 2007 年底结构贯通。

* 李映，1968 年出生，项海帆教授 1989 级硕士研究生，论文题目“悬索桥的三维非线性分析”。本文曾发表于《桥梁建设》杂志 2008 年第 1 期。

图 1　无锡开源桥效果图

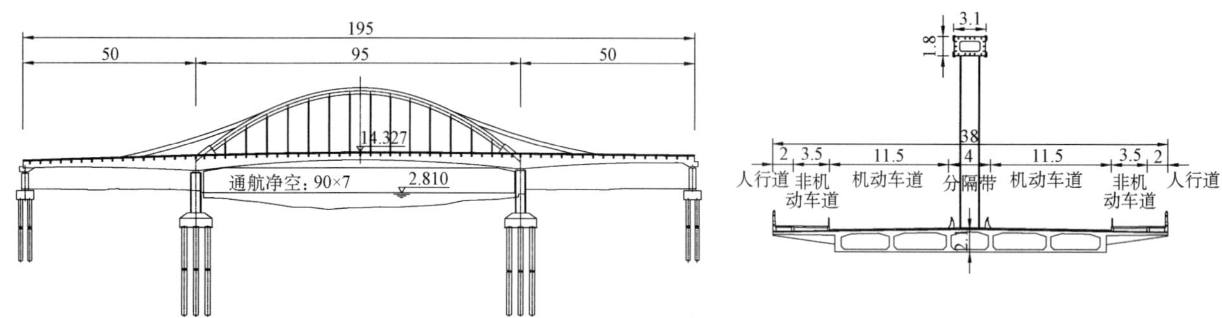

图 2　总体布置图（单位：m）

2.2　宁波琴桥

宁波琴桥是跨越奉化江的一座重要城市桥梁。道路等级为城市Ⅰ级主干道，设计车速为 50 km/h，设计荷载为城- A 级，通航标准：净宽不小于 55 m，净高不小于 5.0 m。主桥桥型为下承式单承载面系杆拱桥，跨径 120 m，桥宽 33 m。主梁采用单箱五室大悬臂斜腹板等高度混凝土箱形，梁高 2.5 m，箱梁顶宽 33 m，单侧悬臂长 4.725 m，箱梁底宽 21.4 m。主拱圈采用的钢管混凝土拱圈，拱的矢跨比为 1/5，拱轴线方程为二次抛物线和四次抛物线的组合，拱圈高 2.0 m 宽 3.3 m，钢管厚度为 22 mm，钢管拱内填充 C40 混凝土。吊杆间距 6 m，采用标准强度为 1 860 MPa 的 $\phi7$ 高强钢丝成品索。主桥基

图 3　宁波琴桥实桥照片

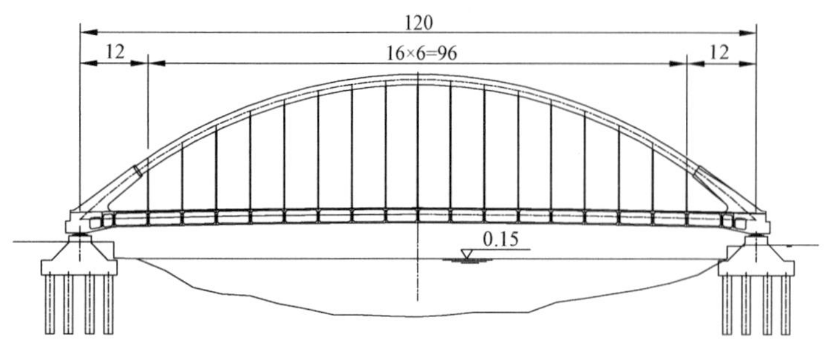

图 4　总体布置图（单位：m）

础采用 ϕ1.5 m 钻孔桩。施工方法为支架浇筑主梁及拱圈，张拉吊杆后落架。该桥于 2002 年建成通车。

2.3 苏州澹台湖桥

澹台湖位于苏州市东南地区，京杭大运河贯穿其间。澹台湖桥主桥采用钢管拱-连续梁组合结构体系，跨径组合为 40 m+96 m+40 m，主桥桥长 176 m，桥宽为 36 m。荷载标准：城- A 级。航道标准为底宽 60 m，净高 7 m，设计水位 2.41 m。主桥预应力混凝土连续箱梁采用单箱单室断面，全桥断面共有 2 个单箱箱梁，箱梁之间用横隔板连接，横隔板间距 5 m，横隔板位置与吊杆位置相同。箱梁的箱体宽 6 m，人行道一侧悬臂长 3.5 m。连续箱梁边墩支点处梁高 1.85 m，中墩支点处梁高 4.5 m，中跨跨中梁高 1.8 m。主桥钢管拱的主拱圈采用腰圆形钢管混凝土结构，矢跨比为 1/5，拱圈高 1.4 m 宽 1.8 m，钢板厚度 20 mm。主桥基础采用 ϕ1.5 m 钻孔桩。施工方法为先分别单侧悬臂浇筑连续梁，安装拱圈张拉吊杆，再吊装横梁、安装桥面板。该桥于 2004 年建成通车。

图 5 苏州澹台湖桥实桥照片

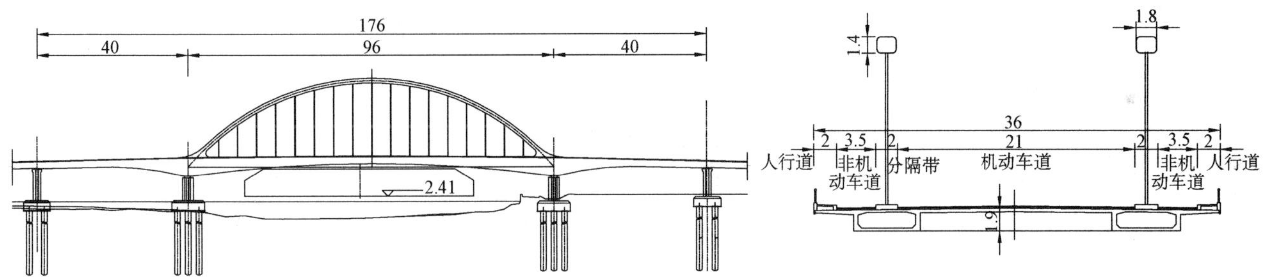

图 6 总体布置图（单位：m）

3 刚度分析

3.1 单承载面

在单承载面的拱梁组合体系桥梁中，主梁必须采用抗扭刚度较大的整体箱形断面，主梁的刚度一般较大，而单拱的横向尺寸受中央分隔带宽度的限制，一般不超过 3 m，拱圈高度与宽度应有合适的比例关系，一般不超过 2.5 m。由上述原因决定的结构尺寸导致拱的刚度相对于梁的刚度来说较小。加劲梁的形式可以是连续梁或简支梁，连续加劲梁一个比较大的优点是可以先梁后拱、实现无支架施工，在这种施工方法下，拱只承担二期恒载和活载，拱所受的力更小。

无锡开源桥就是上述结构和施工方法的一个实例。为了研究拱梁刚度比对结构的影响，在其他条件均不变的情况下，改变拱肋抗弯刚度进行计算比较。分别选取了 6 种拱肋进行计算：钢箱拱肋中分别采用宽和高为 5.1 m×2.25 m、3.1 m×1.8 m、2.1 m×1.35 m 的三种矩形钢箱断面，拱肋抗弯刚度比为 7.0∶2.7∶1，钢管混凝土拱肋采用上述三种外形尺寸倒圆角的钢管混凝土断面，将混凝土换算为钢材求其换算刚度[2]，拱肋刚度比为 18.0∶5.7∶1.4（以 2.1 m×1.35 m 矩形钢箱刚度为 1）。以使梁跨中发生单位位移所需的力来表征全桥刚度，则上述 6 种拱肋断面对应的全桥刚度比见表 1，从表中可以看出，虽然拱肋自身抗弯刚度最大最小之比已达 18∶1,但从全桥来讲,全桥刚度最大最小之比为 1.6∶1,也就是说在可能的结构尺寸变化幅度中,拱圈尺寸大小以及是否内灌混凝土对全桥的刚度影响是有限的。

表 1 刚度比 (无锡开源桥)

	拱肋刚度	拱肋刚度比值 以最小拱肋为 1	全桥刚度比值 以最小拱肋为 1	全桥刚度比值 以无拱肋为 1
钢管混凝土拱肋	大	18.0	1.6	4.5
	中	5.7	1.4	3.9
	小	1.4	1.2	3.5
钢箱拱肋	大	7.0	1.3	3.7
	中	2.7	1.1	3.2
	小	1.0	1.0	2.9
无拱				1.0

计算结果可以进一步说明上述的刚度影响。分别对上述六种拱肋断面进行计算,计算结果分别见表 2—表 4。对恒载应力的影响见表 2,由于恒载以吊杆力控制,梁的应力几乎没有太大的变化,对拱来讲,由于自身截面变小而导致应力有所增大,但仍在结构受力容许范围内。对活载应力的影响见表 3,主梁的应力几乎没有明显的变化,主拱的应力变化幅度也很小。对活载挠度的影响见表 4,拱肋刚度对活载挠度的影响相对明显,最大最小之比为 0.021/0.013=1.6,与全桥刚度比一致,该挠度与允许的挠度 $L/600=0.158$ m 相差一个数量级,所以也不影响结构设计。由于拱圈尺寸大小以及是否内灌混凝土对全桥的刚度影响不大,最后设计采用的是 3.1 m×1.8 m 矩形钢箱拱肋断面。

表 2 拱刚度变化对恒载应力的影响 (无锡开源桥)

	拱肋刚度	刚度比值	主梁成桥应力(MPa)				主拱成桥应力(MPa)			
			跨中上缘	跨中下缘	四分点上缘	四分点下缘	跨中上缘	跨中下缘	四分点上缘	四分点下缘
钢管混凝土拱肋	大	18.0	5.9	3.7	8.3	10.5	25.3	13.3	20.3	22.3
	中	5.7	5.8	4.7	8.5	11.0	28.7	25.4	30.8	28.4
	小	1.4	5.8	5.1	8.6	11.3	34.4	59.9	61.3	41.4
钢箱拱肋	大	7.0	6.1	5.1	9.0	11.0	48.7	23.0	34.6	44.5
	中	2.7	5.9	5.3	8.9	11.3	61.9	48.2	60.0	60.3
	小	1.0	5.8	5.4	8.8	11.4	72.4	87.8	96.6	77.6

表 3 拱刚度变化对活载应力的影响 (无锡开源桥)

	拱肋刚度	刚度比值	主梁活载应力(MPa)				主拱活载应力(MPa)			
			跨中上缘	跨中下缘	四分点上缘	四分点下缘	跨中上缘	跨中下缘	四分点上缘	四分点下缘
钢管混凝土拱肋	大	18.0	0.8	−1.0	0.6	−0.8	2.0	−0.6	2.2	−1.3
	中	5.7	0.8	−1.1	0.7	−0.9	3.2	−0.4	2.4	−0.9
	小	1.4	0.9	−1.2	0.7	−0.9	4.1	0.7	4.6	−0.1
钢箱拱肋	大	7.0	0.8	−1.1	0.7	−0.9	5.7	1.2	3.9	−0.2
	中	2.7	0.9	−1.2	0.7	−0.9	7.4	2.5	3.9	0.5
	小	1.0	1.0	−1.3	0.7	−0.9	7.7	3.8	4.0	1.3

表 4 拱刚度变化对活载挠度的影响 (无锡开源桥)

	拱肋刚度	刚度比值	活载挠度(m)			
			主梁跨中	主梁四分点	主拱跨中	主拱四分点
钢管混凝土拱肋	大	18.0	−0.013	−0.008	−0.003	−0.004
	中	5.7	−0.014	−0.008	−0.005	−0.005
	小	1.4	−0.017	−0.009	−0.009	−0.005
钢箱拱肋	大	7.0	−0.016	−0.010	−0.007	−0.005
	中	2.7	−0.019	−0.011	−0.011	−0.006
	小	1.0	−0.021	−0.011	−0.013	−0.007

同样是单承载面的拱梁组合体系桥梁，如果主梁是简支梁形式，采用满堂支架现浇箱梁，张拉吊杆后落架，所有恒载及活载均由拱和梁共同承担，则拱的刚度对结构影响就较大。

以宁波琴桥为例，为了研究拱肋刚度的影响，分别选取了6种拱肋进行计算。钢箱拱肋中分别采用宽和高为5 m×2.5 m、3.3 m×2.0 m、2.5 m×1.5 m的3种矩形钢箱断面，拱肋刚度比为5.7∶2.5∶1，钢管混凝土拱肋采用上述3种外形尺寸倒圆角的钢管混凝土断面，拱肋刚度比为17.9∶6.3∶2.1(以2.5 m×1.5 m矩形钢箱刚度为1)。上述6种拱肋断面对应的全桥刚度比见表5，从表中可见当拱肋自身刚度最大最小之比为18∶1时，全桥刚度最大最小之比为2∶1，与无锡开源桥1.6∶1相比，拱肋刚度变化对全桥刚度的影响增大。与无拱时的梁桥刚度比较，无锡开源桥刚度增大倍数为2.9～4.5，而宁波琴桥刚度增大倍数为10.3～20.6，也同样显示了拱肋刚度变化对全桥刚度的较大影响。

表5 刚度比(宁波琴桥)

	拱肋刚度	拱肋刚度比值	全桥刚度比值	全桥刚度比值
		以最小拱肋为1	以最小拱肋为1	以无拱肋为1
钢管混凝土拱肋	大	17.9	2.0	20.6
	中	6.3	1.7	17.9
	小	2.1	1.5	15.4
钢箱拱肋	大	5.7	1.3	13.8
	中	2.5	1.2	11.9
	小	1.0	1.0	10.3
无拱				1.0

分别对上述6种拱肋断面进行计算，计算结构见表6—表8。对恒载应力的影响见表6，由于恒载吊杆力不变，梁的应力几乎没有太大的变化，然而对拱来讲，采用钢箱拱肋已基本不可行，钢的应力已超出容许应力，即使采用钢管混凝土拱肋，刚度较小的截面应力也比较大，成桥应力已到140 MPa，加上收缩徐变温度活载等，钢的应力也将不能满足要求。实际设计中采用的是3.3 m×2.0 m钢管混凝土断面，即表中拱肋刚度为中等的钢管混凝土拱肋。对活载应力的影响见表7，主梁的应力没有明显的变化，主拱有一定的应力变化幅度，由于活载与恒载比例较小，对总应力的影响比例也较小。三种不同拱肋刚度时活载挠度均远小于规范允许值。

表6 拱刚度变化对恒载应力的影响(宁波琴桥)

	拱肋刚度	刚度比值	主梁成桥应力(MPa)				主拱成桥应力(MPa)			
			跨中上缘	跨中下缘	四分点上缘	四分点下缘	跨中上缘	跨中下缘	四分点上缘	四分点下缘
钢管混凝土拱肋	大	17.9	7.2	0.3	4.9	5.1	59.5	41.7	47.4	61.8
	中	6.3	7.5	4.2	5.2	5.9	91.3	52.8	68.1	88.0
	小	2.1	7.5	4.9	5.3	6.5	140.9	69.9	97.2	131.5
钢箱拱肋	大	5.7	7.6	5.3	5.6	6.7	162.2	98.9	137.2	147.7
	中	2.5	7.4	5.5	5.4	6.9	226.5	129.0	183.5	204.4
	小	1.0	7.3	5.8	5.3	7.2	307.8	164.0	235.4	279.0

表7 拱刚度变化对活载应力的影响(宁波琴桥)

	拱肋刚度	刚度比值	主梁活载应力(MPa)				主拱活载应力(MPa)			
			跨中上缘	跨中下缘	四分点上缘	四分点下缘	跨中上缘	跨中下缘	四分点上缘	四分点下缘
钢管混凝土拱肋	大	17.9	0.5	−0.9	0.8	−1.2	3.4	−0.9	4.6	−2.8
	中	6.3	0.5	−1.0	0.9	−1.4	5.0	−0.4	5.6	−2.3
	小	2.1	0.6	−1.1	1.0	5.0	6.4	1.3	6.3	−0.8
钢箱拱肋	大	5.7	0.6	−1.1	1.0	−1.5	10.3	2.6	9.6	−0.8
	中	2.5	0.7	−1.2	1.0	−1.6	12.5	5.0	10.8	1.2
	小	1.0	0.8	−1.3	1.1	−1.6	14.8	8.3	11.9	3.9

表8 拱刚度变化对恒载应力的影响（苏州澹台湖桥）

	拱肋刚度	刚度比值	主梁成桥应力(MPa)				主拱成桥应力(MPa)			
			跨中上缘	跨中下缘	四分点上缘	四分点下缘	跨中上缘	跨中下缘	四分点上缘	四分点下缘
钢管混凝土拱肋	大	22.5	4.7	3.3	4.1	10.0	80.3	93.3	97.5	90.6
	中	7.0	5.2	4.3	4.7	11.0	87.2	98.2	102.9	99.8
	小	2.1	5.5	4.7	4.9	11.0	106.2	113.3	121.4	120.0
钢箱拱肋	大	7.4	5.2	5.6	5.1	11.1	67.8	65.8	71.9	78.0
	中	2.8	5.3	5.5	5.1	11.2	102.4	90.4	105.8	110.9
	小	1.0	5.4	5.5	5.1	11.2	141.6	120.8	144.5	150.3

3.2 双承载面

在双拱承载面的拱梁组合体系桥梁中，加劲梁一般为双主梁式，每片主梁对应一片拱肋。拱肋刚度相对于梁的刚度较大。苏州澹台湖桥是一个实例，为了研究拱肋刚度的影响，也选取了6种拱肋进行计算，钢箱拱肋中分别采用宽和高为3.3 m×2 m、1.8 m×1.4 m、1.5 m×1.0 m的3种矩形钢箱断面，拱肋刚度比为7.4∶2.8∶1，钢管混凝土拱肋采用上述3种外形尺寸倒圆角的钢管混凝土断面，拱肋刚度比为22.5∶4.7∶1.4(以1.5 m×1.0 m矩形钢箱刚度为1)。从计算结果可以看到，由于活载与恒载比例较小，活载应力对总应力的影响比例也较小，不同拱肋刚度时活载挠度均远小于规范允许值，但对恒载应力的影响比较大，采用刚度较小的钢箱拱肋，钢的应力已经偏大(恒载150 MPa)，需采用刚度较大的钢箱拱肋或采用钢管混凝土拱肋。设计可根据具体情况进行相应选择，实际工程中选用的是1.8 m×1.4 m的钢管混凝土拱肋。

4 小结

对于拱梁组合结构，根据不同的分跨、桥宽、施工方法、景观要求等，在结构设计时可采用单承载面、双承载面及多承载面，对应的加劲梁形式也有整箱断面、双主梁断面等，不同的拱梁组合形式决定了不同的拱梁刚度，对结构的受力会产生不同的影响，设计中应根据实际情况考虑合理的结构形式。

① 单承载面连续梁拱梁组合结构，由于拱的刚度与主梁的刚度之比较小，拱的作用较小，拱的形式可偏重于景观和施工方面的考虑。

② 简支梁与拱的组合结构，由于简支梁的刚度较低，需要相对较大的拱肋作为主要受力构件。

③ 双承载面拱梁组合结构，拱和梁的刚度相当，可根据具体情况选择拱梁构造，调整拱和梁的受力比例。

参考文献

[1] 金成棣. 预应力混凝土梁拱组合桥梁[M]. 北京：人民交通出版社. 2001.

[2] 陈宝春. 钢管混凝土拱桥设计与施工[M]. 北京：人民交通出版社. 1999.

用于悬索桥非线性分析的鞍座-索单元

罗喜恒* 肖汝诚 项海帆

（同济大学 中国 上海 200092）

摘 要 悬索桥是跨越能力最大的一种桥型，鞍座是使主缆转向的一个重要构件，直接约束着主缆的变形。然而，鞍座及其顶推的模拟一直是悬索桥非线性分析时的一个难点，现有方法存在一定的不足之处。为此，本文提出了一种基于弹性悬索精确解的二节点新单元—鞍座—索单元，这种单元隐含了主缆与鞍座相切及主缆无应力长度保持不变这两个重要条件，同时将鞍座及其顶推的模拟融为一体，提出了基于 Newton-Raphson 法的状态求解方法，并推导了其切线刚度矩阵和等效节点力。计算表明，状态求解方法精确而有效，切线刚度矩阵推导正确。采用这种单元，既可使悬索桥非线性分析的计算模型更接近实际结构，也能显著提高计算精度和计算速度，并且具有很好的通用性。

关键词 悬索桥；非线性分析；鞍座；主缆；单元；切线刚度矩阵

1 引言

悬索桥是一种受力比较明确、结构比较简单的桥型。随着跨度不断增大，各种构件的强度趋于极限，安全系数不断下降，因此，有必要对悬索桥进行更为精确的分析和更为有效的施工控制。

施工控制的核心是施工计算，而悬索桥的施工计算总会面临一个悬索桥特有的问题，即如何考虑鞍座的影响。鞍座是使主缆转向的一个构件，在忽略主缆抗弯刚度时，任何时候主缆总是与鞍座相切，因此，它直接约束着主缆的变形。如不考虑鞍座而直接根据理论交点（IP 点）计算，会导致主缆线形与实际的鞍座位置出现脱空或相交的现象，从而使整个计算的精度受到影响。另外，悬索桥施工时，为了保证主塔的安全，避免主缆与鞍座之间产生相对滑动，鞍座安装时一般设置一定的预偏量并与塔顶临时固接，随着施工的进行，分阶段将塔顶鞍座顶回到设计位置，这就是鞍座的顶推。顶推的时间和顶推量的大小直接关系到主塔的受力状态，因而是悬索桥加劲梁架设阶段施工监控的一项重要内容，也是施工计算的一项重要内容。

目前，在悬索桥非线性分析时，一般采用杆单元或梁单元来模拟鞍座及其顶推，如文献[1]采用 5 个杆单元模拟塔顶鞍座，同时还用 2 个刚体梁单元模拟塔顶以实现鞍座顶推的模拟，文献[2]则采用 4 个梁单元来模拟鞍座及其顶推，散索鞍则直接用一直杆代替。上述两种方法实质上是相同的，其不足之处在于：①引入刚度很大的梁单元会带来数值计算上的问题；②因计算模型中不含使主缆与鞍座相切的限制条件，也不能根据切点的变化自动修正鞍座内主缆无应力长度，当整个计算收敛后，还必须验证主缆与鞍座是否相切及鞍座内主缆无应力长度是否正确，如不满足这两个条件必须重复整个计算过程，并且只能采用试算的方法，因此计算耗时长，计算精度也受到一定影响。

为此，本文提出了一种用于悬索桥非线性分析的新单元，这里称之为鞍座-索单元，这种单元隐含了主缆与鞍座相切及主缆无应力长度保持不变的两个重要条件，同时将鞍座及其顶推的模拟融为一体，既可使悬索桥非线性分析的计算模型更接近实际结构，也能显著提高计算精度和计算速度。

* 罗喜恒，1969 年出生，项海帆教授 1999 级博士研究生，论文题目“复杂悬索桥施工过程精细化分析研究”。

2 鞍座-索单元的构思与基本假定

2.1 鞍座-索单元的构思

鞍座-索单元的构思源于作者按数值法编制的悬索桥缆索系统分析程序[3]中的鞍座模拟方法，图 1 以塔顶鞍座为例，给出了鞍座-索单元的构思过程。一个鞍座用两个鞍座-索单元模拟，其中点 A_1、A_2 为主缆节点，应取鞍座与第一个索夹之间肯定不在鞍座范围内的任意一点，B 为塔顶中心点，C 为鞍座的标识点（成桥时 B、C 两点重合），施工阶段 B、C 两点之间的距离（T）为鞍座的相对偏移量（绝对偏移量应加上塔顶位移），鞍座的顶推通过改变该距离即可方便实现，D 为主缆中心线与鞍座中心线（成桥时与主塔中心线重合）的交点，为主缆与鞍座的固定点，E_1、E_2 为主缆与鞍座的切点，BC 和 CD 为虚拟刚臂，代表了鞍座及其与主塔的相对关系。单元的两个节点为 $A_1(A_2)$ 和 B，其中，$A_1(A_2)$ 为两个自由度节点，B 为三个自由度的节点，且与塔顶节点为同一个点。单元的基本参数为 T、S、鞍座半径 R、鞍座圆心位置、索 $A_1(A_2)$- $E_1(E_2)$- D 之间的无应力长度和索的力学特性等，同一鞍座处的两个鞍座-索单元共用一个 T 参数。

散索鞍处的模拟与此类似，只是散索鞍一般由多个半径组成，由于散索鞍没有顶推的问题，取 $T=0$ 即可。对转动式散索鞍，可将 C 点直接取在转点上，对滑动式散索鞍，C 点可任意选取，但必须通过斜向支承来模拟其滑动面。

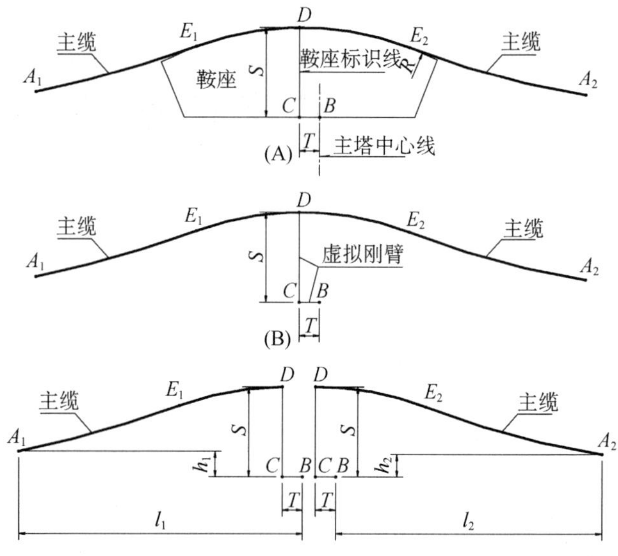

图 1 鞍座-索单元的构思

2.2 鞍座-索单元的基本假定

(1) 主缆为小应变理想柔性索，其材料满足胡克定律，且泊松效应可忽略；

(2) 假定成桥状态时主塔中心线与主缆的交点为主缆与塔顶鞍座的固定点，散索鞍处 IP 点和散索鞍转点的连线（摇轴式散索鞍，对辊轴式散索鞍，取 IP 点与支承面的垂线）与主缆的交点是主缆与散索鞍的固定点；

(3) 鞍座主缆的受力较为复杂，为此假定鞍座内主缆的水平力保持不变或与图 1 中 CD 相垂直方向的主缆分力保持不变，前一种假定较适合于塔顶鞍座的场合，后一种假定较适合于散索鞍的场合。

3 鞍座-索单元的状态求解

任何单元至少应包括三部分内容：当前状态的求解，刚度矩阵的形成和等效节点力的计算。其中，状态求解是形成刚度矩阵和等效节点力的基础。限于篇幅，下面以由单一半径圆弧组成的鞍座为例，说明鞍座-索单元的状态求解、切线刚度矩阵形成和等效节点力计算的方法，按照同样的方法即可推导出变半径鞍座（如散索鞍）的相应公式。另外，由于鞍座-索单元的刚度矩阵和等效节点力都是直接在整体坐标系下推导的，因此其转换矩阵为单位矩阵。

3.1 已知条件

根据鞍座-索单元的构思，当前状态的已知条件为（图 2）：

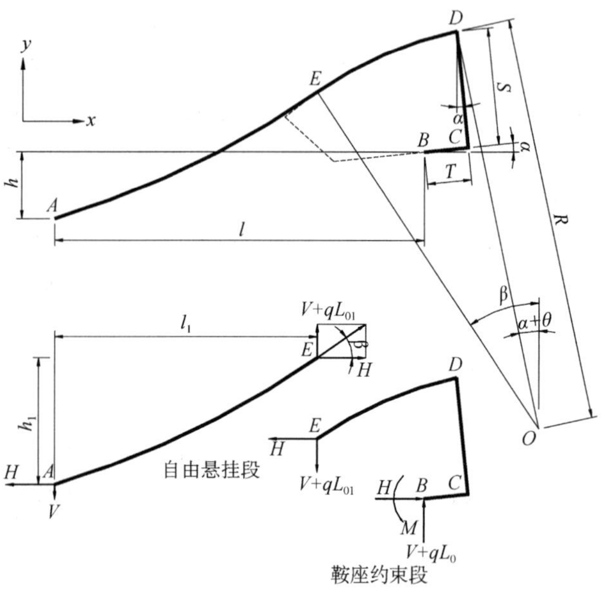

图 2 鞍座-索单元

(1) A、B点坐标差l、h；

(2) 模拟鞍座的刚臂长度S和T，鞍座半径R；

(3) 鞍座圆心O与D点连线与CD的夹角θ；

(4) 节点B相对于初始状态的转角α；

(5) 主缆弹性模量E、面积A、均布荷载集度q及AED间主缆的无应力长度L_0。

3.2 基本方程

图2中E为切点，β为切线角，假定DE间主缆的水平力H保持不变，则其无应力长度可表示为

$$\begin{aligned} L_{02} &= S-\Delta S=\int_{\alpha+\theta}^{\beta}\left(1-\frac{H}{EA\cos\varphi}\right)R\,\mathrm{d}\varphi \\ &= R(\beta-\alpha-\theta)-\frac{HR}{EA}\ln\frac{\tan\left(\dfrac{\beta}{2}+\dfrac{\pi}{4}\right)}{\tan\left(\dfrac{\alpha+\theta}{2}+\dfrac{\pi}{4}\right)} \end{aligned} \tag{1}$$

AE间主缆无应力长度为

$$\begin{aligned} L_{01} &= L_0-L_{02} \\ &= L_0-R(\beta-\alpha-\theta)+\frac{HR}{EA}\ln\frac{\tan\left(\dfrac{\beta}{2}+\dfrac{\pi}{4}\right)}{\tan\left(\dfrac{\alpha+\theta}{2}+\dfrac{\pi}{4}\right)} \end{aligned} \tag{2}$$

文献[4]给出了悬索的精确解析解，取图2所示的坐标系，经过一定变换，则有

$$\begin{aligned} l = & -T\cos\alpha+S\sin\alpha-R\sin(\alpha+\theta)+R\sin\beta+ \\ & \frac{HL_{01}}{EA}+\frac{H}{q}\ln\frac{V+qL_{01}+\sqrt{H^2+(V+qL_{01})^2}}{V+\sqrt{H^2+V^2}} \end{aligned} \tag{3}$$

$$\begin{aligned} h = & -T\sin\alpha-S\cos\alpha+R\cos(\alpha+\theta)-R\cos\beta+ \\ & \frac{1}{q}\left[\sqrt{H^2+(V+qL_{01})^2}-\sqrt{H^2+V^2}\right]+ \\ & \frac{L_{01}}{EA}\left(V+\frac{qL_{01}}{2}\right) \end{aligned} \tag{4}$$

由于主缆在切点E处与鞍座相切，故

$$\frac{V+qL_{01}}{H}=\tan\beta \tag{5}$$

3.3 状态求解

式(2)—式(5)中共有4个未知数，即H、V、L_{01}和β。为简化计算，以自由悬挂段为分析对象，将上述四变量问题变换为两变量问题，并取H和β为基本未知数。

文献[5]给出了自由悬索水平力计算的单变量方程，而文献[6]证明了文献[4]与文献[5]公式的等效性。因此，对自由悬索AE段，有

$$F(H,\beta)=\frac{4H^2}{q^2}\mathrm{sh}^2\mu+\frac{h_1^2}{\left(1+\dfrac{qL_{01}}{2EA}\mathrm{cth}\mu\right)^2}-L_{01}^2\equiv 0 \tag{6}$$

式中L_{01}按式(2)计算，其他参数为

$$\begin{cases} \mu=\dfrac{q}{2}\left(\dfrac{l_1}{H}-\dfrac{L_{01}}{EA}\right) \\ l_1=l+T\cos\alpha-S\sin\alpha+R\sin(\alpha+\theta)-R\sin\beta \\ h_1=h+T\sin\alpha+S\cos\alpha-R\cos(\alpha+\theta)+R\cos\beta \end{cases} \tag{7}$$

采用文献[5]的竖向力计算公式，则式(5)可改写为

$$G(H,\beta)=\mathrm{sh}\left(\mathrm{ch}^{-1}\frac{qL_{01}}{2H\mathrm{sh}\mu}+\mu\right)-\tan\beta\equiv 0 \tag{8}$$

式(6)和(8)就是鞍座-索单元的两个控制方程，由于这两个方程均为非线性方程，而Newton-Raphson法是求解非线性方程的常用方法。采用Newton-Raphson法求解时，第$i+1$个迭代循环修正后的H和β可表示为

$$\begin{cases} H^{i+1}=H^i-\dfrac{f_{22}^iF(H^i,\beta^i)-f_{12}^iG(H^i,\beta^i)}{f_{11}^if_{22}^i-f_{12}^if_{21}^i} \\ \beta^{i+1}=\beta^i+\dfrac{f_{21}^iF(H^i,\beta^i)-f_{11}^iG(H^i,\beta^i)}{f_{11}^if_{22}^i-f_{12}^if_{21}^i} \end{cases} \tag{9}$$

式中f_{11}、f_{12}、f_{21}和f_{22}为式(6)和(8)对H和β的偏导数，限于篇幅，下面直接给出其表达式：

$$\begin{cases} f_{11}=\dfrac{8H\mathrm{sh}\mu}{q^2}(\mathrm{sh}\mu+Ha_2\mathrm{ch}\mu)-2L_{01}a_1-\dfrac{qh_1^2}{EAc_1^3\mathrm{sh}^2\mu}\left[\dfrac{1}{2}a_1\mathrm{sh}(2\mu)-L_{01}a_2\right] \\ f_{12}=\dfrac{4H^2}{q^2}b_2\mathrm{sh}(2\mu)-\dfrac{2h_1R\sin\beta}{c_1^2}-2L_{01}b_1-\dfrac{qh_1^2}{EAc_1^3\mathrm{sh}^2\mu}\left[\dfrac{1}{2}b_1\mathrm{sh}(2\mu)-L_{01}b_2\right] \\ f_{21}=\mathrm{ch}c_2\left(\dfrac{qa_1-qL_{01}/H-qL_{01}a_2\mathrm{cth}\mu}{c_3}+a_2\right) \\ f_{22}=\mathrm{ch}c_2\left(\dfrac{qb_1-qL_{01}b_2\mathrm{cth}\mu}{c_3}+b_2\right)-\dfrac{1}{\cos^2\beta} \end{cases} \tag{10}$$

式中

$$\begin{cases}a_1=\dfrac{R}{EA}\ln\dfrac{\tan\left(\dfrac{\beta}{2}+\dfrac{\pi}{4}\right)}{\tan\left(\dfrac{\alpha+\theta}{2}+\dfrac{\pi}{4}\right)} \quad a_2=-\dfrac{q}{2}\left(\dfrac{l_1}{H^2}+\dfrac{a_1}{EA}\right)\\ b_1=-R+\dfrac{HR}{EA\cos\beta} \quad b_2=-\dfrac{q}{2}\left(\dfrac{R\cos\beta}{H}+\dfrac{b_1}{EA}\right)\\ c_1=1+\dfrac{qL_{01}}{2EA}\mathrm{cth}\mu \quad c_2=\mathrm{ch}^{-1}\dfrac{qL_{01}}{2H\mathrm{sh}\mu}+\mu\\ c_3=\sqrt{(qL_{01})^2-(2H\mathrm{sh}\mu)^2}\end{cases} \tag{11}$$

求得 H 和 β 后，根据式(2)和式(5)即可求出另两个未知数 V 和 L_{01}。

3.4 *H* 和 *β* 初值的选取

采用上节方法进行鞍座-索单元的状态求解时，需给出 H 和 β 的初值，初值合理与否直接关系到迭代计算的收敛快慢。由于主缆是柔性的，故主缆与鞍座的切线角 β 应满足以下条件(图 3)，AE' 为过 A 点的圆 O 的切线。

$$\begin{cases}\beta>\beta_0\\ \beta_0=\sin^{-1}\dfrac{\Delta y_{AO}}{\sqrt{\Delta x_{AO}^2+\Delta y_{AO}^2}}+\sin^{-1}\dfrac{R}{\sqrt{\Delta x_{AO}^2+\Delta y_{AO}^2}}\end{cases} \tag{12}$$

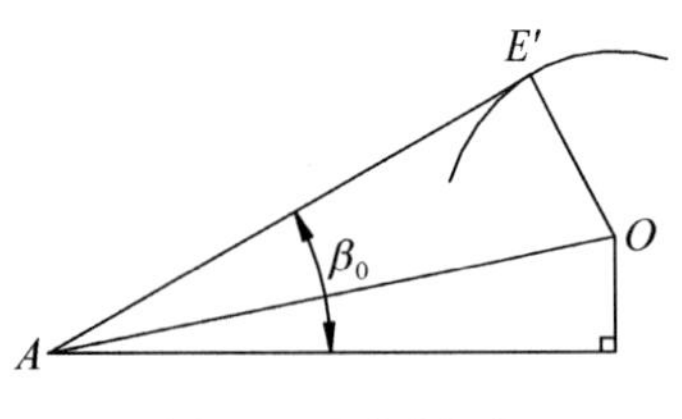

图 3 切线角的初值

当切线角的初值选定后，即可确定切点 E' 的坐标，估算自由悬挂段主缆的无应力长度，然后根据文献[5]的方法即可确定主缆水平力 H 的初值。

4 鞍座-索单元切线刚度矩阵的推导

文献中求解索单元切线刚度矩阵的方法主要有两种，一是文献[4]、[5]的方法，通过对状态方程的偏导数得出柔度矩阵，再由柔度矩阵求逆得出切线刚度矩阵；二是文献[7]的方法，通过改变两端点的相对位置，多次调用状态求解子程序，从而得出切线刚度矩阵。这两种方法各有优缺点，前一种方法可得出柔度矩阵的显式表示，甚至刚度矩阵的显式表示，具有计算精度高、速度快的优点，但推导过程可能较复杂，后一种方法通用性好，但计算速度较慢，切线刚度矩阵的精度也较前一种方法差。因此，这里先按前一种方法推导，然后在算例中用后一种方法进行验证。

鞍座-索单元的 A 端为两自由度节点，B 端为三自由度节点，可分别推导其柔度矩阵，从而得出其切线刚度矩阵。但计算表明，A 端的刚度子阵与 B 端的刚度子阵的相应部分完全相同(这符合位移互等定理)，因此下面只给出 B 端柔度矩阵的推导，由此即可得出鞍座-索单元的切线刚度矩阵。

B 端为三自由度节点，分别对应于 l、h 和 α，因此，将 H、V、M(B 点弯矩)作为力状态量，l、h、α 为位移状态量，通过位移状态量对力状态量的偏导，即可得出各柔度系数。但对鞍座-索单元，L_{01} 和 β 也是与状态相关的变量，因此首先必须求出它们对力状态量的偏导数。

4.1 *B* 端固端弯矩的计算公式

鞍座重量对结构的平衡有一定影响，为简便计，当忽略鞍座重量的影响，B 点的弯矩可表示为

$$\begin{aligned}M=&(V+qL_0)[T\cos\alpha-S\sin\alpha+R\sin(\alpha+\theta)]-\\&H[T\sin\alpha+S\cos\alpha-R\cos(\alpha+\theta)+R\cos\beta]-\\&(V+qL_{01})R\sin\beta+qR^2[\cos\beta-\cos(\alpha+\theta)]-\\&\frac{HqR^2}{EA}\ln\frac{\cos\beta}{\cos(\alpha+\theta)}\end{aligned} \tag{13}$$

需要说明的是，在上式中增加一项即可方便地考虑鞍座重量的影响。

4.2 与 L_{01}、*β* 和 *α* 相关的偏导数和柔度系数的推导

由前面可知，L_{01}、β 和 M 满足式(2)、式(5) 和式(13)，这三个方程分别对 H、V 和 M 偏导，即可得到 L_{01}、β 和 α 分别对 H、V 和 M 的偏导数。

式(2)、式(5)和式(13)分别对 H 求偏导，得

$$\frac{\partial L_{01}}{\partial H}=a_1-a_2\frac{\partial\beta}{\partial H}+a_3\frac{\partial\alpha}{\partial H} \tag{14}$$

$$\frac{\partial\beta}{\partial H}=a_4\frac{\partial L_{01}}{\partial H}-a_5 \tag{15}$$

$$0=-a_6-a_7\frac{\partial L_{01}}{\partial H}-a_2a_7\frac{\partial \beta}{\partial H}-a_8\frac{\partial \alpha}{\partial H} \tag{16}$$

联立求解式(14)—式(16),即可得

$$\begin{cases}\dfrac{\partial L_{01}}{\partial H}=\dfrac{(a_1a_8-a_3a_6)+a_2a_5(a_8+a_3a_7)}{(1+a_2a_4)(a_8+a_3a_7)}\\ \dfrac{\partial \beta}{\partial H}=\dfrac{a_4(a_1a_8-a_3a_6)-a_5(a_8+a_3a_7)}{(1+a_2a_4)(a_8+a_3a_7)}\\ \dfrac{\partial \alpha}{\partial H}=\dfrac{-a_6-a_1a_7}{a_8+a_3a_7}\end{cases} \tag{17}$$

式(14)—式(17)中,

$$\begin{cases}a_1=\dfrac{R}{EA}\ln\dfrac{\tan\left(\dfrac{\beta}{2}+\dfrac{\pi}{4}\right)}{\tan\left(\dfrac{\alpha+\theta}{2}+\dfrac{\pi}{4}\right)}\quad a_2=R\left(1-\dfrac{H}{EA\cos\beta}\right)\\ a_3=R\left[1-\dfrac{H}{EA\cos(\alpha+\theta)}\right]\\ a_4=\dfrac{q\cos^2\beta}{H}\quad a_5=\dfrac{\sin\beta\cos\beta}{H}\\ a_6=T\sin\alpha+S\cos\alpha-R\cos(\alpha+\theta)+R\cos\beta+\dfrac{qR^2}{EA}\ln\dfrac{\cos\beta}{\cos(\alpha+\theta)}\\ a_7=qR\sin\beta\\ a_8=(V+qL_0)[T\sin\alpha+S\cos\alpha-R\cos(\alpha+\theta)]+H[T\cos\alpha-S\sin\alpha+R\sin(\alpha+\theta)]\\ -qR^2\sin(\alpha+\theta)\left[1-\dfrac{H}{EA\cos(\alpha+\theta)}\right]\\ a_9=[T\cos\alpha-S\sin\alpha+R\sin(\alpha+\theta)]-R\sin\beta\end{cases} \tag{18}$$

同样,式(2)、式(5)和式(13)分别对 V 和 M 求偏导,可得

$$\begin{cases}\dfrac{\partial L_{01}}{\partial V}=\dfrac{a_3a_9-a_2a_4(a_8+a_3a_7)/q}{(1+a_2a_4)(a_8+a_3a_7)}\\ \dfrac{\partial \beta}{\partial V}=\dfrac{a_4[a_3a_9+(a_8+a_3a_7)/q]}{(1+a_2a_4)(a_8+a_3a_7)}\\ \dfrac{\partial \alpha}{\partial V}=\dfrac{a_9}{a_8+a_3a_7}\\ \dfrac{\partial L_{01}}{\partial M}=\dfrac{-a_3}{(1+a_2a_4)(a_8+a_3a_7)}\\ \dfrac{\partial \beta}{\partial M}=\dfrac{-a_3a_4}{(1+a_2a_4)(a_8+a_3a_7)}\\ \dfrac{\partial \alpha}{\partial M}=\dfrac{-1}{a_8+a_3a_7}\end{cases} \tag{19}$$

4.3 与 l 和 h 相关的柔度系数的推导

式(3)、式(4)分别对 H、V 和 M 偏导,可得

$$f_{33}=\frac{\partial l}{\partial H}=[T\sin\alpha+S\cos\alpha-R\cos(\alpha+\theta)]f_{53}+Rb_2\cos\beta+b_1\cos\beta\left(1+\frac{H}{EA\cos\beta}\right)$$
$$+\frac{L_{01}}{EA}+\frac{1}{q}\ln\frac{V+qL_{01}+\sqrt{H^2+(V+qL_{01})^2}}{V+\sqrt{H^2+V^2}}-\frac{1}{q}\left[\frac{(V+qL_{01})}{\sqrt{H^2+(V+qL_{01})^2}}-\frac{V}{\sqrt{H^2+V^2}}\right] \tag{20}$$

$$f_{34}=\frac{\partial l}{\partial V}=[T\sin\alpha+S\cos\alpha-R\cos(\alpha+\theta)]f_{54}+Rc_2\cos\beta+c_1\cos\beta\left(1+\frac{H}{EA\cos\beta}\right)$$
$$+\frac{H}{q}\left[\frac{1}{\sqrt{H^2+(V+qL_{01})^2}}-\frac{1}{\sqrt{H^2+V^2}}\right] \tag{21}$$

$$f_{35}=\frac{\partial l}{\partial M}=[T\sin\alpha+S\cos\alpha-R\cos(\alpha+\theta)]f_{55}+Rd_2\cos\beta+d_1\cos\beta\left(1+\frac{H}{EA\cos\beta}\right) \tag{22}$$

$$f_{43}=\frac{\partial h}{\partial H}=-[T\cos\alpha-S\sin\alpha+R\sin(\alpha+\theta)]f_{53}+Rb_2\sin\beta+b_1\sin\beta\left(1+\frac{H}{EA\cos\beta}\right)$$
$$+\frac{H}{q}\left[\frac{1}{\sqrt{H^2+(V+qL_{01})^2}}-\frac{1}{\sqrt{H^2+V^2}}\right] \tag{23}$$

$$f_{44}=\frac{\partial h}{\partial V}=-[T\cos\alpha-S\sin\alpha+R\sin(\alpha+\theta)]f_{54}+Rc_2\sin\beta+c_1\sin\beta\left(1+\frac{H}{EA\cos\beta}\right)$$
$$+\frac{L_{01}}{EA}+\frac{1}{q}\left[\frac{V+qL_{01}}{\sqrt{H^2+(V+qL_{01})^2}}-\frac{V}{\sqrt{H^2+V^2}}\right] \tag{24}$$

$$f_{45}=\frac{\partial h}{\partial M}=-[T\cos\alpha-S\sin\alpha+R\sin(\alpha+\theta)]f_{55}+Rd_2\sin\beta+d_1\sin\beta\left(1+\frac{H}{EA\cos\beta}\right) \tag{25}$$

式中

$$\begin{cases} b_1=\dfrac{\partial L_{01}}{\partial H} & c_1=\dfrac{\partial L_{01}}{\partial V} & d_1=\dfrac{\partial L_{01}}{\partial M} \\ b_2=\dfrac{\partial \beta}{\partial H} & c_2=\dfrac{\partial \beta}{\partial V} & d_2=\dfrac{\partial \beta}{\partial M} \\ f_{53}=\dfrac{\partial \alpha}{\partial H} & f_{54}=\dfrac{\partial \alpha}{\partial V} & f_{55}=\dfrac{\partial \alpha}{\partial M} \end{cases} \tag{26}$$

4.4 *B* 端的刚度系数

前节推导出了 B 端的柔度系数，用矩阵形式可表示为

$$\begin{Bmatrix} dl \\ dh \\ d\alpha \end{Bmatrix}=\begin{bmatrix} \dfrac{\partial l}{\partial H} & \dfrac{\partial l}{\partial V} & \dfrac{\partial l}{\partial M} \\ \dfrac{\partial h}{\partial H} & \dfrac{\partial h}{\partial V} & \dfrac{\partial h}{\partial M} \\ \dfrac{\partial \alpha}{\partial H} & \dfrac{\partial \alpha}{\partial V} & \dfrac{\partial \alpha}{\partial M} \end{bmatrix}\begin{Bmatrix} dH \\ dV \\ dM \end{Bmatrix}=\begin{bmatrix} f_{33} & f_{34} & f_{35} \\ f_{43} & f_{44} & f_{45} \\ f_{53} & f_{54} & f_{55} \end{bmatrix}\begin{Bmatrix} dH \\ dV \\ dM \end{Bmatrix}=\boldsymbol{F}_B\begin{Bmatrix} dH \\ dV \\ dM \end{Bmatrix} \tag{27}$$

由此可得

$$\begin{Bmatrix} dH \\ dV \\ dM \end{Bmatrix}=\boldsymbol{F}_B^{-1}\begin{Bmatrix} dl \\ dh \\ d\alpha \end{Bmatrix}=\boldsymbol{K}_B\begin{Bmatrix} dl \\ dh \\ d\alpha \end{Bmatrix} \tag{28}$$

其中

$$\boldsymbol{K}_B=\boldsymbol{F}_B^{-1}=\begin{bmatrix} k_{33} & k_{34} & k_{35} \\ k_{43} & k_{44} & k_{45} \\ k_{53} & k_{54} & k_{55} \end{bmatrix} \tag{29}$$

由于推导单元的柔度系数时假定了鞍座内主缆缆力的变化情况，计算表明，B 端的刚度子阵 $\boldsymbol{K}_B$ 呈现轻微的不对称性，为此需进行适当的修正，使得 $\boldsymbol{K}_B$ 为对称矩阵。另外，由于单元的状态求解与刚度矩阵无关，切线刚度矩阵的作用只是为了使非线性计算能迅速收敛，因此，这种不对称性对计算结果并无影响。

4.5 单元切线刚度矩阵

单元切线刚度矩阵可表示为

$$\begin{Bmatrix} dH_i \\ dV_i \\ dH_j \\ dV_j \\ dM_j \end{Bmatrix} = \begin{bmatrix} k_{11} & k_{12} & k_{13} & k_{14} & k_{15} \\ k_{21} & k_{22} & k_{23} & k_{24} & k_{25} \\ k_{31} & k_{32} & k_{33} & k_{34} & k_{35} \\ k_{41} & k_{42} & k_{43} & k_{44} & k_{45} \\ k_{51} & k_{52} & k_{53} & k_{54} & k_{55} \end{bmatrix} \begin{Bmatrix} dl_i \\ dh_i \\ dl_j \\ dh_j \\ d\alpha_j \end{Bmatrix} \tag{30}$$

上式中，k_{33}、k_{34}、k_{35}、k_{43}、k_{44}、k_{45}、k_{53}、k_{54}和k_{55}由前节可直接得出，而根据位移互等定理，有

$$\begin{cases} k_{11} = -k_{13} = -k_{31} = k_{33} \\ k_{12} = -k_{14} = -k_{41} = k_{34} \\ k_{21} = -k_{23} = -k_{32} = k_{43} \\ k_{22} = -k_{24} = -k_{42} = k_{44} \\ k_{15} = k_{51} = -k_{35} \\ k_{25} = k_{52} = -k_{45} \end{cases} \tag{31}$$

这样，根据状态求解结果就可得到鞍座-索单元的显式切线刚度矩阵。

5 鞍座-索单元的等效节点力

通过前面的状态求解，即可方便地得出鞍座-索单元的精确的等效节点力，即

$$\{H \quad V \quad -H \quad -(V+qL_0) \quad -M\} \tag{32}$$

6 算例分析

由于鞍座-索单元是本文首次提出的一种新的单元类型，文献中没有相关算例，为此，采用数值分析法程序SBP[3]验证其状态求解的可靠性，通过与文献[7]相似的方法验证鞍座-索单元的切线刚度矩阵的正确性。

6.1 基本数据

参考国内某悬索桥的主缆和鞍座的数据，下面考虑两个鞍座-索单元，单元1相当于塔顶鞍座-索单元，且为一根主缆的数值，单元2相当于散索鞍座-索单元，且为一根索股的数值。表1给出了两个单元的主要参数，两个单元的T均为零，弹性模量E为1.97×10^5 MPa，其中单元1的鞍座由半径为9 m的圆弧组成，鞍座内主缆力按水平力不变计算；单元2的鞍座由4段圆弧组成，半径依次为9.029 5 m、7.229 5 m、4.529 5 m和2.429 5 m，前三段圆弧的圆心角依次为$2.289\,115\times10^{-3}$ rad、0.104 719 755 rad和0.113 446 401 rad，鞍座内主缆按与CD垂直方向的分力不变的原则计算。

表1 单元主要参数

参数	l(m)	h(m)	α(rad)	θ($\times10^{-3}$rad)
单元1	9.474 500	0.830 641	0.000 000	9.000 12
单元2	19.500 491	16.726 368	0.504 767	−3.66 793
参数	S(m)	q(kN/m)	L_0(m)	A($\times10^{-3}$m^2)
单元1	2.401 135	82.939 81	10.045 745	1 031.082
单元2	4.094 857	0.4398 9	26.798 423	5.603 706

6.2 状态求解

表2给出了两个单元的状态求解结果，同时还给出了SBP程序的计算结果(表2中简称SBP)。从表2可见，两者的计算结果十分接近，同时，计算时本文方法的收敛速度很快，迭代次数均小于6，而收敛精度达10^{-12}，因此，本文的状态求解方法是正确且十分有效的。

表2 单元的状态求解结果及比较

单元	计算方法	β(rad)	H(kN)	L_{01}(m)
1	本文	0.395 317 06	539 660.965 0	6.578 386 10
	SBP	0.395 317 06	539 660.907 7	6.578 386 12
2	本文	0.874 260 04	1 972.159 5	25.140 210 00
	SBP	0.874 259 88	1 972.424 4	25.140 201 02

6.3 切线刚度矩阵

表3给出了B端修正前的刚度系数，同时还给出了按文献[7]方法计算的刚度系数(表3中简称为状态)。从中可以看出，两种方法的计算结果非常接近，这说明本文推导的切线刚度矩阵是正确的。同时，刚度矩阵的对称项相差最大为单元1的k_{34}和k_{43}，两者相差0.167%，说明刚度矩阵的不对称性是很轻微的。

表 3　鞍座索单元的刚度系数

单元		单元 1		单元 2	
系数	单位	本文	状态	本文	状态
k_{34}	10^4 kN/m	727.46	727.46	2.027 9	2.027 9
k_{43}		726.25	726.25	2.027 6	2.027 6
k_{35}	10^5 kN	−545.63	−545.63	−1.114 4	−1.114 4
k_{53}		−544.86	−544.86	−1.113 9	−1.113 9
k_{45}	10^5 kN	−229.78	−229.78	−1.329 6	−1.329 6
k_{54}		−229.83	−229.83	−1.329 1	−1.329 1
k_{33}	10^4 kN/m	1 751.4	1 751.4	1.712	1.712 1
k_{44}	10^4 kN/m	312.05	312.05	2.431 1	2.431 1
k_{55}	10^5 kN/m	1 723.8	1 723.8	7.286 6	7.286 6

7　结语

本文提出的鞍座-索单元隐含了主缆与鞍座之间的内在关系，同时可很方便地模拟鞍座及其顶推的影响，使悬索桥非线性分析的计算模型更接近实际结构。本文提出的状态求解方法精确而有效，并得出了其显式的切线刚度矩阵和精确的等效节点力，引入适当的边界条件可用于塔顶鞍座和散索鞍（包括转轴式和滑动式）的模拟，也可模拟塔顶鞍座能自由滑动的场合，因而具有很好的通用性。另外，在式(13)和式(32)右端竖向力计算式中各增加一项即可精确考虑鞍座重量的影响。计算表明，将这种单元应用于悬索桥的非线性分析，能显著提高计算精度和计算速度。

参考文献

[1] 潘永仁，杜国华，范立础. 悬索桥恒载结构几何形状及内力的精细计算[J]. 中国公路学报，2000，13(4)：33 - 36.

[2] 徐君兰. 大跨度桥梁施工控制[M]. 北京：人民交通出版社，2000.

[3] 罗喜恒. 悬索桥缆索系统的数值分析法[J]. 同济大学学报，2004，32(4)：442 - 446.

[4] Irvine H M. Cable Structures [M]. Cambridge: The MIT Press，1981.

[5] Ahmadi-Kashani K，Bell A J. The Analysis of Cables Subject to Uniformly Distributed Loads [J]. Engineering Structures，1988，10：174 - 184.

[6] 罗喜恒. 悬索分析方法综述[J]. 结构工程师，2003(增刊).

[7] Peyrot A H，Goulois A M. Analysis of Cable Structures [J]. Computers & Structures，1979，10：805 - 813.

移动荷载过桥的精细计算

余 华* 吴定俊 项海帆

(同济大学桥梁工程系 中国 上海 200092)

摘 要 对于作用点位置随时间连续变化的移动荷载,本文采用精细积分法求解桥梁结构动力平衡方程,用Hermite插值函数模拟节点等效荷载,并推导出常量移动荷载在任意时间步长内的Duhamel积分格式,包括时间步长的开始和结束时刻集中荷载分别在同一个单元、相邻单元和不相邻单元三种情况。数值算例表明,即使采用最大时间步长,本文提出的方法仍可求得高精度数值解,与其他数值方法比较具有明显优势。

关键词 精细积分法;Hermite插值;移动荷载;时间步长;Duhamel积分

1 引言

对于结构动力学方程 $m\ddot{x}+c\dot{x}+kx=p(x, t)$ ($\dot{x}_0$, x_0 已知),时域内的数值求解有中心差分法、Wilson-θ法,Newmark-β法等多种方法,这些数值方法对时间步长敏感,要获得高精度解必须以减小积分步长降低计算效率为代价。钟万勰[1-3]提出了求解结构动力响应的精细时程积分法,利用矩阵指数函数在计算机字长范围内精确计算特点,给出了动力方程的高精度解。对于作用在结构固定点上的外荷载,即使采用相当大的时间步长,精细积分法也能获得高精度数值解。对于移动荷载过桥问题,X. Q. Zhu[4]假定时间步长内移动荷载位置与大小不变,利用精细积分法求解连续梁在移动荷载作用下响应。张亚辉[5]研究了常量移动荷载过桥的精细积分法,对外荷载在时间步长 Δt 内线性插值模拟"渐进"的移动荷载。林家浩[6]提出了移动简谐荷载的协调分解精细积分格式,分析了时间步长 Δt 内移动荷载在一个单元内部的特解。使用这些方法均能使得精细积分法可求解移动荷载过桥问题,但在时间步长较大以至时间步长内移动荷载跨越多个单元时误差较大,不能充分发挥精细积分法的高效。

本文采用Hermite插值函数模拟随时间变化的移动荷载节点等效荷载[7],以常量移动荷载为例,推导出其在时间步长内跨越单元的Duhamel积分格式。数值计算表明,基于外荷载Hermite插值的精细积分法数值解与解析解高度一致,解的精度独立于时间步长,在大时间步长少积分步数情况下,远高于Wilson-θ法、外荷载线性插值的精细积分法。

2 精细积分法的Duhamel积分格式

桥梁结构动力平衡方程为:

$$M\ddot{X}+KX+C\dot{X}=F \tag{1}$$

式中,M、K、C分别为$N\times N$的桥梁结构质量矩阵、刚度矩阵及阻尼矩阵;X、$\dot{X}$、$\ddot{X}$分别为$N\times 1$的桥梁位移向量、速度向量、加速度向量;F为$N\times 1$的外荷载向量。N为桥梁自由度总数。

上式的状态空间表达式为:

$$\dot{Y}=HY+f(t) \tag{2}$$

---

* 余华,1976年出生,项海帆教授2003级博士研究生,论文题目"基于非线性电磁力分析的EMS高速磁浮系统车桥耦合振动研究"。本文发表于《振动与冲击》2009年第28卷第5期。

式中

$$H=\begin{bmatrix}O & I\\ A & D\end{bmatrix},\ Y=\begin{Bmatrix}X\\ \dot{X}\end{Bmatrix}(I\text{ 为 }N\times N\text{ 单位阵}),$$

$$f(t)=\begin{Bmatrix}0\\ M^{-1}F\end{Bmatrix},\ A=-M^{-1}K,\ D=-M^{-1}C \quad (3)$$

在一个时间步长 Δt 内数值计算，由 t_k 推算到 $t_{k+1}=t_k+\Delta t$，则

$$Y_{k+1}=T(\Delta t)Y_k+\int_{t_k}^{t_{k+1}}\exp[H\cdot(t_{k+1}-y)]f(y)\mathrm{d}y \quad (4)$$

其中 $T(\Delta t)=\mathrm{e}^{H\cdot\Delta t}$ 为指数矩阵，通过精细计算可得[1-3]，本文不再赘述，关键是由非齐次项 $f(t)$ 引起的 Duhamel 积分 $\int_{t_k}^{t_{k+1}}\exp[H\cdot(t_{k+1}-y)]f(y)\mathrm{d}y$ 计算。

在外荷载作用在结构位置不变情况下，很多文献[1-3]采用线性插值来模拟外荷载 $f(t)$ 的连续变化。但在移动荷载的情况，外荷载线性插值在大时间步长情况下引起较大误差，本文引进 Hermite 函数模拟移动荷载，计算时间步长内移动荷载的 Duhamel 积分，采用大时间步长，获得同样高精度解。

3 基于 Hermite 插值的等效节点荷载

如图 1 所示，单元长度为 L，单个集中力荷载 $P(t)$ 以速度 v 在单元中移动，其位置到单元左端节点 i 距离为 x，则该位置处的荷载向量 F_e，可通过 Hermite 插值函数以等效节点荷载表示为：

$$F_e=\begin{Bmatrix}F_i\\ M_i\\ F_j\\ M_j\end{Bmatrix}=\{N\}^{\mathrm{T}}P(t)=\{N_1,\ N_2,\ N_3,\ N_4\}^{\mathrm{T}}P(t) \quad (5)$$

其中，

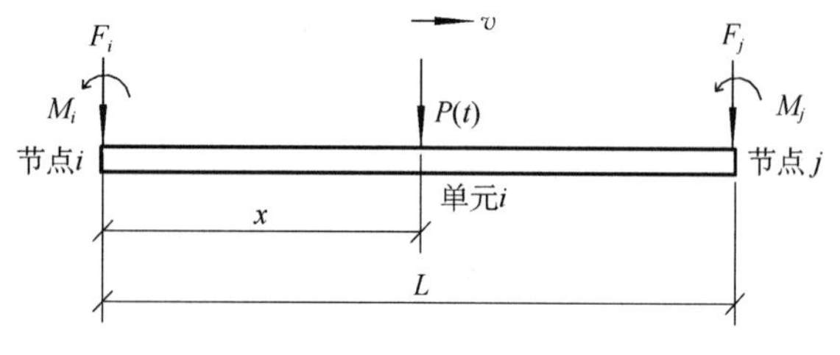

图 1 等效节点荷载

$$N_1=1-3\left(\frac{x}{L}\right)^2+2\left(\frac{x}{L}\right)^3;\ N_2=x\left(1-\frac{x}{L}\right)^2;$$

$$N_3=3\left(\frac{x}{L}\right)^2-2\left(\frac{x}{L}\right)^3;\ N_4=\frac{x^2}{L}\left(\frac{x}{L}-1\right) \quad (6)$$

4 移动荷载的 Duhamel 积分计算

在进行时域内的精细积分法计算时，在一个时间步长 $\Delta t=t_{k+1}-t_k$ 前后常量荷载 $P(t_k)$ 和 $P(t_{k+1})$ 的位置关系有三种情况：在同一个单元；在相邻单元；在不相邻单元。

4.1 $P(t_k)$ 和 $P(t_{k+1})$ 在同一单元

如图 2 所示，在 $t=t_k,\ t_k+\tau,\ t_{k+1}$ 时刻 $P(t)$ 到节点 i 的距离分别为 $x_1,\ x,\ x_2$，其中 $t_k\leqslant t=t_k+\tau\leqslant t_{k+1}(\tau\in[0,\ \Delta t])$，$\xi_1=x_1/L$，$\xi=x/L=x_1/L+v\cdot\tau/L=\xi_1+\left(\frac{v}{L}\right)\tau$，则：

$$\begin{aligned}
N_1(\tau)&=1-3\xi_1^2+2\xi_1^3+6(\xi_1^2-\xi_1)\frac{v\tau}{L}+(6\xi_1-3)\frac{v^2\tau^2}{L^2}+\frac{2v^3\tau^3}{L^3}\\
N_2(\tau)&=\left[\xi_1-2\xi_1^2+\xi_1^3+(1-4\xi_1+3\xi_1^2)\frac{v\tau}{L}+(3\xi_1-2)\frac{v^2\tau^2}{L^2}+\frac{v^3\tau^3}{L^3}\right]L\\
N_3(\tau)&=3\xi_1^2-2\xi_1^3+6(\xi_1-\xi_1^2)\frac{v\tau}{L}+(3-6\xi_1)\frac{v^2\tau^2}{L^2}-\frac{2v^3\tau^3}{L^3}\\
N_4(\tau)&=\left(-\xi_1^2+\xi_1^3+(-2\xi_1+3\xi_1^2)\frac{v\tau}{L}+(3\xi_1-1)\frac{v^2\tau^2}{L^2}+\frac{v^3\tau^3}{L^3}\right)L
\end{aligned} \quad (7)$$

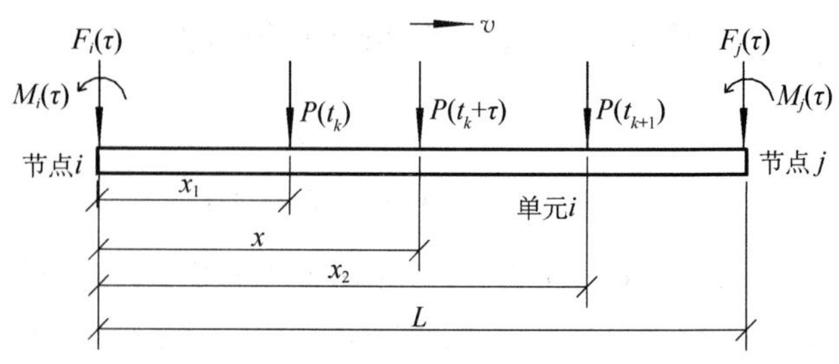

图 2 $P(t_k)$ 与 $P(t_{k+1})$ 在同一单元

当 $P(t)$ 为常量荷载等于 P 时，

$$\int_{t_k}^{t_{k+1}}\exp[\boldsymbol{H}\cdot(t_{k+1}-y)]f(y)\mathrm{d}y$$
$$=\left\{\begin{array}{l}\int_0^{\Delta t}\exp[\boldsymbol{H}\cdot(\Delta t-\tau)]P(t_k+\tau)N_1(\tau)\mathrm{d}\tau\begin{Bmatrix}0\\ \boldsymbol{M}^{-1}\boldsymbol{I}_1\end{Bmatrix}+\int_0^{\Delta t}\exp[\boldsymbol{H}\cdot(\Delta t-\tau)]P(t_k+\tau)N_2(\tau)\mathrm{d}\tau\begin{Bmatrix}0\\ \boldsymbol{M}^{-1}\boldsymbol{I}_2\end{Bmatrix}+\\ \int_0^{\Delta t}\exp[\boldsymbol{H}\cdot(\Delta t-\tau)]P(t_k+\tau)N_3(\tau)\mathrm{d}\tau\begin{Bmatrix}0\\ \boldsymbol{M}^{-1}\boldsymbol{I}_3\end{Bmatrix}+\int_0^{\Delta t}\exp[\boldsymbol{H}\cdot(\Delta t-\tau)]P(t_k+\tau)N_4(\tau)\mathrm{d}\tau\begin{Bmatrix}0\\ \boldsymbol{M}^{-1}\boldsymbol{I}_4\end{Bmatrix}\end{array}\right\} \quad (8)$$

其中，I_1，I_2，I_3，I_4 为 $N\times 1$ 的单位向量：

$$\boldsymbol{I}_1=\begin{Bmatrix}0\\ \vdots\\ 1\\ 0\\ 0\\ 0\\ \vdots\\ 0\end{Bmatrix},\ \boldsymbol{I}_2=\begin{Bmatrix}0\\ \vdots\\ 0\\ 1\\ 0\\ 0\\ \vdots\\ 0\end{Bmatrix},\ \boldsymbol{I}_3=\begin{Bmatrix}0\\ \vdots\\ 0\\ 0\\ 1\\ 0\\ \vdots\\ 0\end{Bmatrix},\ \boldsymbol{I}_4=\begin{Bmatrix}0\\ \vdots\\ 0\\ 0\\ 0\\ 1\\ \vdots\\ 0\end{Bmatrix}\begin{matrix}N_{i1}\\ N_{i2}\\ N_{j1}\\ N_{j2}\end{matrix} \quad (9)$$

N_{i1}，N_{i2}，N_{j1}，N_{j2} 分别为单元两端节点 i，j 的竖向位移与转动自由度号。

4.2 $P(t_k)$ 和 $P(t_{k+1})$ 在相邻单元

如图 3 所示，$P(t_k)$ 在单元 i 上，距离节点 i 为 x_1，由于常量荷载 $P(t)$ 在两个相邻单元上移动，Duhamel 积分需要分两步进行。令荷载到达节点 j 的时间：

$$t_1=t_k+(1-\xi_1)L_1/v,\ \Delta t_1=t_1-t_k=(1-\xi_1)L_1/v,$$
$$\Delta t_2=t_{k+1}-t_1=\Delta t-(1-\xi_1)L_1/v \quad (10)$$

$$\int_{t_k}^{t_{k+1}}\exp[\boldsymbol{H}\cdot(t_{k+1}-y)]f(y)\mathrm{d}y$$
$$=\int_{t_k}^{t_1}\exp[\boldsymbol{H}\cdot(t_{k+1}-y)]\begin{Bmatrix}0\\ \boldsymbol{M}^{-1}F(y)\end{Bmatrix}\mathrm{d}y+\int_{t_1}^{t_{k+1}}\exp[\boldsymbol{H}\cdot(t_{k+1}-y)]\begin{Bmatrix}0\\ \boldsymbol{M}^{-1}F(y)\end{Bmatrix}\mathrm{d}y \quad (11)$$

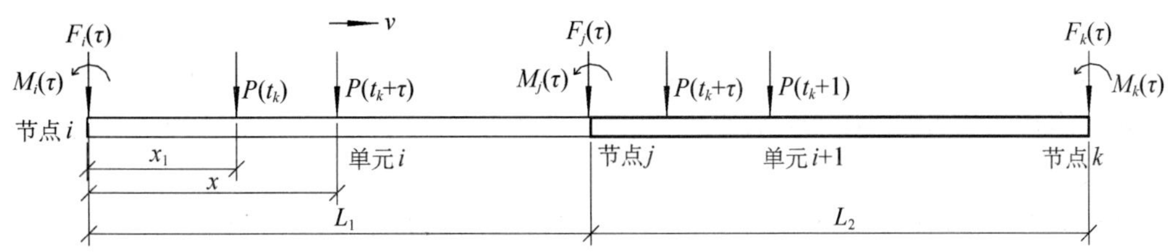

图 3 $P(t_k)$ 和 $P(t_{k+1})$ 在相邻单元

4.3 $P(t_k)$ 和 $P(t_{k+1})$ 在不相邻单元

假定 $P(t_k)$ 在单元 1 到节点 1 距离为 x_1，$P(t_{k+1})$ 在单元 m，总共跨越 m 个单元，其编号依次为 1，2，…，m。常量荷载 $P(t)$ 到达中间各节点 2，3，…，m 的时刻依次为：

$$t_{k1}=t_k+(1-\xi_1)L_1/v,\ t_{k2}=t_{k1}+L_2/v,\ \cdots,$$
$$t_{k(m-1)}=t_{k(m-2)}+L_{m-1}/v \quad (12)$$

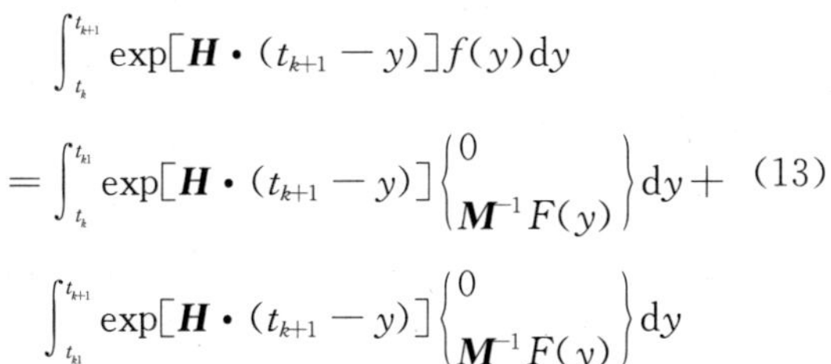

$$\int_{t_k}^{t_{k+1}}\exp[\boldsymbol{H}\cdot(t_{k+1}-y)]f(y)\mathrm{d}y$$
$$=\int_{t_k}^{t_{k1}}\exp[\boldsymbol{H}\cdot(t_{k+1}-y)]\begin{Bmatrix}0\\ \boldsymbol{M}^{-1}F(y)\end{Bmatrix}\mathrm{d}y+\int_{t_{k1}}^{t_{k+1}}\exp[\boldsymbol{H}\cdot(t_{k+1}-y)]\begin{Bmatrix}0\\ \boldsymbol{M}^{-1}F(y)\end{Bmatrix}\mathrm{d}y \quad (13)$$

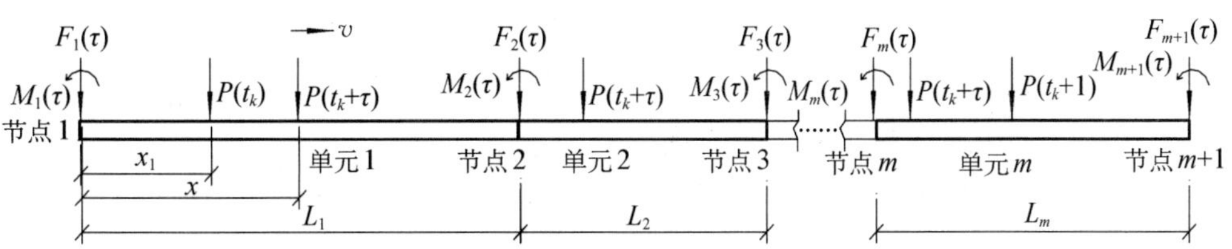

图 4 $P(t_k)$ 和 $P(t_{k+1})$ 不在相邻单元

5 适用性

当移动荷载系列由多个常量集中荷载组成时，原理一样，只需对荷载循环计算并将各荷载的 Duhamel 积分累加即可。

对于移动变量荷载来说，如果在一个时间步长内可预知、有解析表达式、$\int_{t_k}^{t_{k+1}} \exp[\boldsymbol{H}\cdot(t_{k+1}-y)]f(y)\mathrm{d}y$ 可精确积分，则本文方法适用，只需分三种情况根据移动变量荷载的表达式求出精确积分即可。在考虑车桥耦合作用时，由于作用在桥梁上的动荷载与车辆振动有关，不可预知，本文方法不适用。

两结点 Timonshenko 梁单元，由于不像经典梁单元在位移模式中精确地包含了三次函数，本文 Hermite 方法不适用于模拟其节点等效荷载。

6 数值仿真

算例：简支梁跨度 $L = 24$ m，截面抗弯刚度 $EI = 4.2358\times10^{10}$ N·m²，线密度 $\overline{m} = 6873$ kg/m，全梁划分为8个等长梁单元，采用集中质量矩阵，不计阻尼，集中荷载 $P = 38750$ N 以速度 $v = 20$ m/s 从梁端开始匀速通过桥梁。分别采用 Wilson－θ 法、外荷载线形插值的线性精细积分法、Hermite 插值精细积分法计算桥梁的动力响应，并与理论解[5]比较。所用计算机为 Pentium® 4，CPU 为 1.66 GHz，512 MB。

图 5—图 7 为不同时间步长 $\Delta t = 0.6$ s、$\Delta t = 0.1$ s、$\Delta t = 0.01$ s 的桥梁跨中动挠度的时程曲线，其中，PTSIM－H、PTSIM－L、WILSON 分别表示外荷载采用 Hermite 函数的精细积分法、外荷载线性插值的精细积分法和 Wilson－θ 法。由图可看出，在时间步长较大 $\Delta t = 0.6$ s 时，三种数值方法计算有较大差异，随着时间步长减小，差异减小曲线趋向吻合，在 $\Delta t = 0.01$ s 时差异微小肉眼难看出。

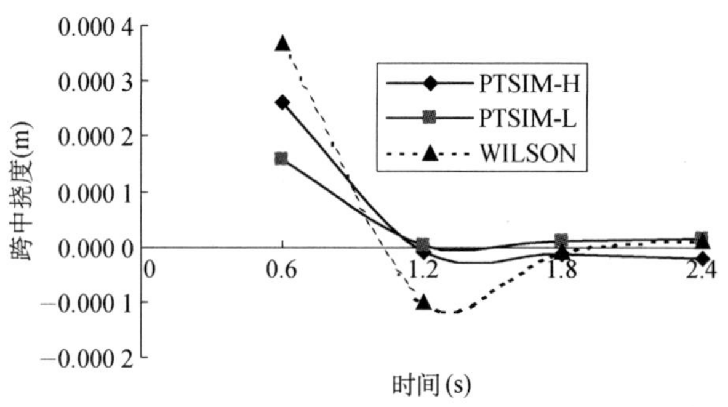

图 5 $\Delta t = 0.6$ s 时跨中动挠度时程曲线

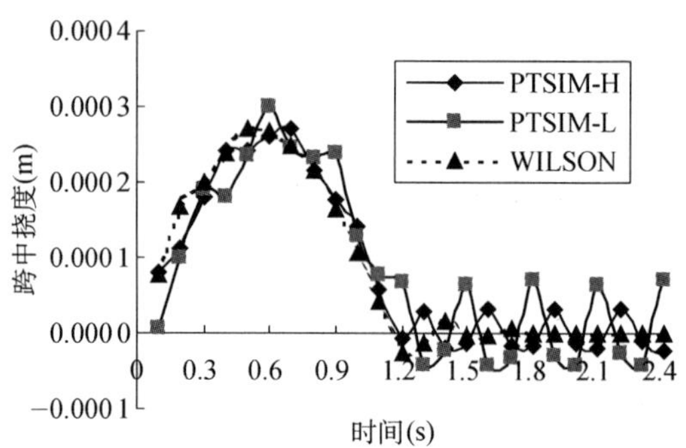

图 6 $\Delta t = 0.1$ s 时跨中动挠度时程曲线

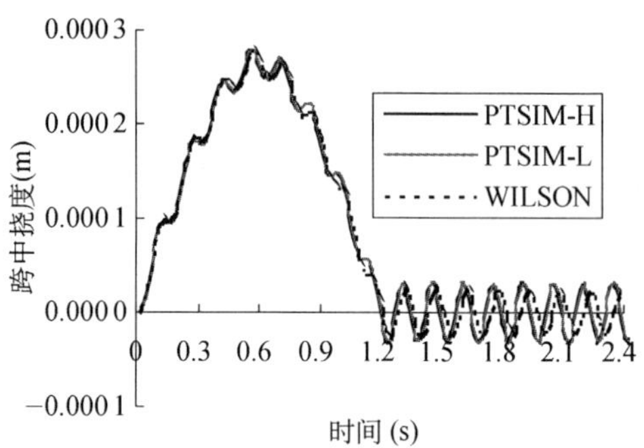

图 7 $\Delta t = 0.01$ s 时跨中动挠度时程曲线

表 1 为当移动荷载到达跨中时，三种数值方法计算所得跨中动挠度及相对于理论解的误差及计算时间。Wilson－θ 法和外荷载线形插值精细积分法在求解移动荷载过桥时，在时间步长较小、积分步数较大时（如 600 步）可获得高精度解，但随着时间步长增大积

表 1 不同计算方法对应的简支梁跨中动挠度

计算方法	时间步长(s)	积分步数	梁跨中挠度(m)	计算误差	计算时间(s)
Wilson－θ 法	0.6	1	3.672×10^{-4}	41.39%	0.002
	0.1	6	2.671×10^{-4}	2.85%	0.016
	0.01	60	2.674×10^{-4}	2.96%	0.11
	0.001	600	2.582×10^{-4}	0.58%	1.141
外荷载线性插值精细积分法	0.6	1	1.566×10^{-4}	39.70%	0.031
	0.1	6	3.007×10^{-4}	15.79%	0.204
	0.01	60	2.637×10^{-4}	1.54%	0.985
	0.001	600	2.607×10^{-4}	0.39%	20.016
外荷载 Hermite 插值精细积分法	0.6	1	2.604×10^{-4}	0.27%	0.375
	0.1	6	2.604×10^{-4}	0.27%	0.750
理论解			2.597×10^{-4}		

分步数减少，误差趋于增大。而外荷载 Hermite 插值精细积分法的精度则与时间步长无关，即使只有一步积分，一个时间步长内移动荷载越过多个单元，解的高精度不变。

从计算时间上来看，虽然本文方法需要进行较多的矩阵计算，但是由于其计算步数少，所需最少时间 0.375 s 仍然大大少于精度接近的 Wilson 法时间 1.141 s（600 步）和外荷载线性插值精细积分法时间 20.016 s（600 步）。

7 结论

在精细积分法求解移动荷载过桥动力响应中，采用 Hermite 函数模拟移动荷载的等效节点荷载，并推导出一个时间步长内的三种 Duhamel 积分格式，从而使用大时间步长（少积分步数）获得高精度解，大大提高了精细积分法求解移动荷载过桥效率。

参考文献

[1] Zhong W X, Williams F W. A Precise Time Step Integration Method [J]. J Mech Engrg Sci, Proc Inst Mech Eng, Part C, 1994,208:427 - 430.

[2] 钟万勰. 结构动力方程的精细时程积分法[J]. 大连理工大学学报，1994,23(4):131 - 136.

[3] 钟万勰. 暂态历程的精细计算方法[J]. 计算结构力学及应用，1995,12(1):1 - 6.

[4] Zhu X Q, Law S S. Precise Time-step Integration for the Dynamic Response of a Continuous Beam under Moving Loads [J]. Journal of Sound and Vibration, 2001,240(5):962 - 970.

[5] 张亚辉，张守云，赵岩，等. 桥梁受移动荷载动力响应的一种精细积分法[J]. 计算力学学报，2006,23(3):290 - 294.

[6] 林家浩，张守云，吕峰，等. 移动简谐荷载作用下桥梁响应的高效计算[J]. 计算力学学报，2006,23(4):385 - 390.

[7] 余华，吴定俊. Hermite 插值在车桥耦合振动中的应用[J]. 振动与冲击，2006,25(2):38 - 40.

桃李集

项海帆院士80寿辰纪念论文集

桥梁振动与抗震

高速行车时多塔斜拉桥动力性能研究

吴定俊*

（同济大学桥梁工程系 中国 上海 200092）

摘 要 以某三塔斜拉桥设计方案为背景，通过数值计算分析，研究了高速磁浮列车过多塔斜拉桥时的桥梁动力性能。研究表明，三塔斜拉桥由于一阶竖弯振型的反对称性，在列车荷载作用下其行车方向的第二主跨易发生二次激振现象，使该跨的动力响应大于第一主跨，且桥梁竖弯基频越低，二次激振效应越明显。为了降低桥梁过大的动力响应，提出了几种加劲措施，分析表明，采用钢桁架加劲方案能大幅度提高桥梁整体刚度，改善其力学性能，但采用中塔塔梁固结、边塔漂浮的结构体系对桥梁整体刚度的提高较为明显，适于多跨长联多塔斜拉桥。

关键词 高速列车；多塔斜拉桥；动力性能；加劲措施

与两塔斜拉桥相比，多塔斜拉桥由于中塔无端锚索固定，在荷载作用下中塔变形变大，中跨主梁挠度增加，因而其刚度较双塔斜拉桥小[1,2,3]，如何提高其体系刚度成为了学术界与工程界的研究热点之一。从已建的桥梁可知，多塔斜拉桥主要用于公路桥，而对刚度要求较高的铁路桥梁则尚无工程实例[5]，但这并不意味着多塔斜拉桥不能用于铁路桥梁，对于需要设立多个较大通航孔的河道，采用多塔斜拉桥更为合适，而且只要设计合理，多塔斜拉桥同样可以满足铁路桥梁的性能要求，高速铁路南京越江大桥等工程中就提出过多塔斜拉桥的设计方案[5,6]。由于汽车车速低，且车辆类型及前后排列的随机性，汽车荷载作用下大跨度斜拉桥的动力系数较小[7]，所以现有的文献多从静力角度研究多塔斜拉桥的刚度问题[2,3,4]，对动力方面的研究较少且主要关注地震作用下的桥梁响应[1,8]，而对高速行车时的多塔斜拉桥动力性能研究极少。本文及相关文献研究表明[9,10]，对于高速铁路及高速磁浮斜拉桥，其动力系数随着车速的提高而急剧增大，因此对高速列车作用下的多塔斜拉桥动力特性进行研究具有重要的理论意义与工程价值。

某越江高速磁浮斜拉桥设计方案为全漂浮体系三塔斜拉桥，跨径布置为 1 040 m((2×49.5)m＋61.9 m＋(2×359.1)m＋61.9 m＋(2×49.5) m)，双线行车，见图 1。由于磁浮列车电磁力接近连续分布力，且惯性力相对于重力而言很小，因而可采用移动均布荷载形式进行桥梁动力分析以简化计算[11]。本文以该桥为例，研究移动均布荷载过多塔斜拉桥时的桥梁动力特性，并从控制主梁跨中位移动力响应剧烈程度角度出发，寻求改善桥梁动力性能的加劲措施。

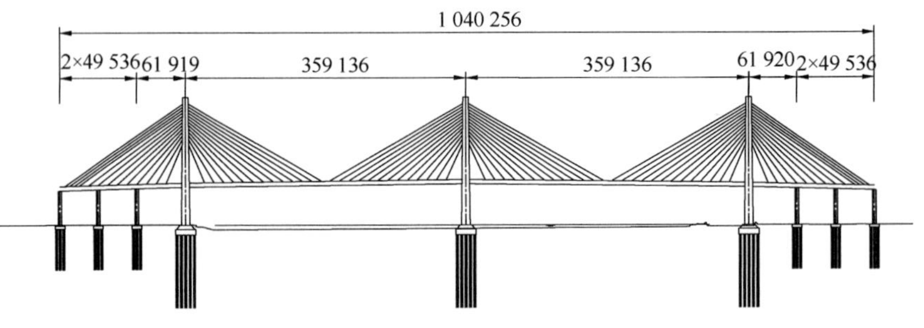

图 1 全桥总体布置图（单位：mm）

* 吴定俊，1956 年出生，项海帆教授 1999 级博士研究生，论文题目“提速状态下车桥耦合振动理论与桥梁横向动力性能的研究”。

1 计算模型

该设计方案主梁采用扭转刚度较大的闭口钢箱梁，因而建立空间有限元模型时可采用鱼骨梁模型，其中拉索采用桁架单元，其余为梁单元，由于拉索垂度效应对桥梁整体动力特性影响较小，在此不考虑拉索的垂度效应[12]。考虑到磁浮列车需在特殊的轨道梁上运行，因此需在斜拉桥的主梁之上架设轨道梁，从而形成“梁上梁”的叠合梁结构形式，见图2。为了模拟主梁与轨道梁的约束，在垂直于轨道梁下方与主梁横向相交位置建立两个节点，这两个节点与主梁节点刚性连接，而与轨道梁节点之间则采用主从约束来模拟简支约束，见图3。

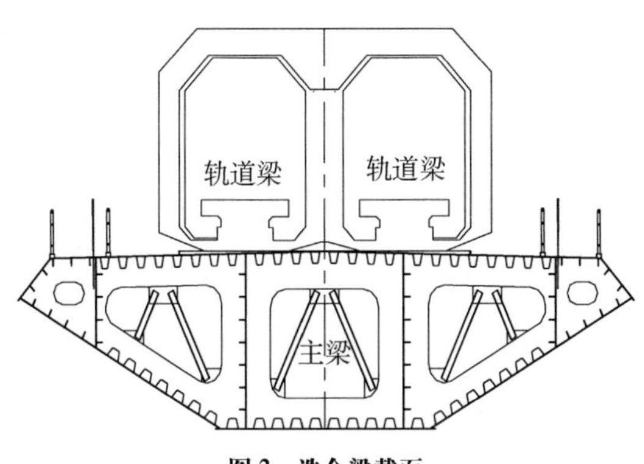

图2 迭合梁截面

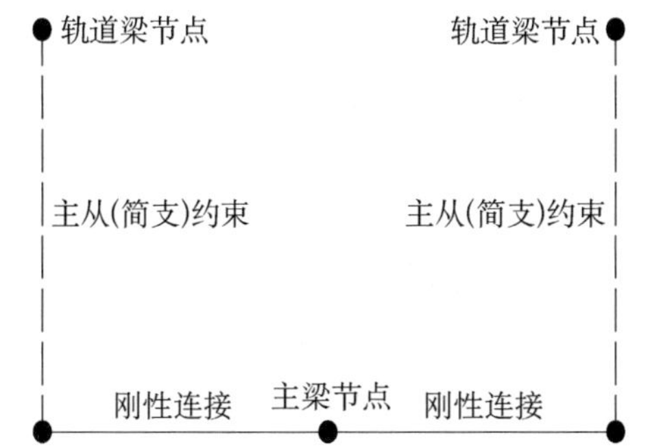

图3 轨道梁与主梁的约束模拟示意图

全桥有限元模型如图4所示，桥塔与辅助墩底全部固结。

图4 全桥有限元模型

2 高速行车时桥梁动力性能研究

该三塔斜拉桥的一阶振型为竖弯与纵漂耦合，以竖弯为主，基频为0.239 Hz，见图5。磁浮列车采用德国TR08列车8节编组，荷载集度为25.6 kN/m，长度为202 m[13]，最高运行车速为350 km/h，由左向右开进。采用文献[14]中的数值方法对高速列车通过三塔斜拉桥时的桥梁动力响应进行计算分析。根据列车过桥时主梁任意位置处的位移时程可得到该位置最大响应值，进而得到全桥的最大挠度包络图，如图7所示，其中横坐标为主梁位置坐标，以中塔位置为原点。可知，列车从左向右行驶过桥时，主梁最大竖向挠度出现在主跨跨中偏中塔位置，并随着车速的提高而急剧增大。图8为右主跨最大动挠度位置主梁竖向挠度动力系数随车速的变化图。

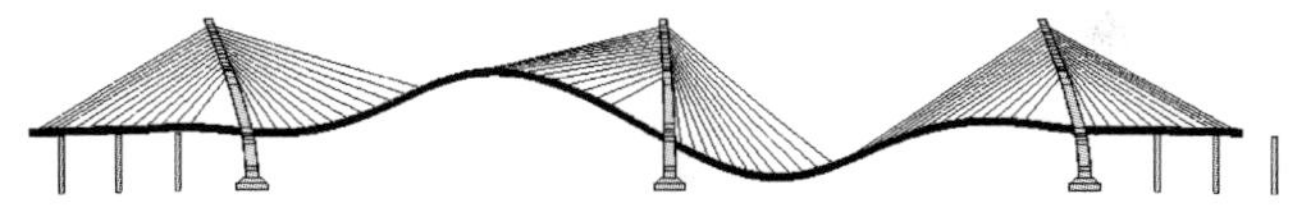

图5 桥梁一阶振型（纵漂＋竖弯，0.239 Hz）

对传统轮轨系统中小跨度桥梁而言，一般车辆编组长度大于桥长，列车轴重排列的周期性产生周期性激励作用，当这种周期性荷载的激振频率与桥梁自振频率相等时，则产生共振现象，也就是所谓的第一共振[15]；而对大跨度桥梁而言，一般桥长大于车长，因此无论是轮轨荷载还是磁浮荷载，均无法产生周期性激励效应，桥梁的动力响应主要由荷载的冲击作用产生，且车速越高，冲击效应越明显，如图8所示，车速较低时，桥梁的动力系数较小，当车速超过210 km/h后，动力系数随着车速的提高而急剧增加。由于多塔斜拉桥刚度小，一阶竖弯频率较低，高速列车荷载的冲击效应将产生很大的动力系数，在350 km/h车速下动力系数甚至高达1.9。

值得注意的是，当车速低于230 km/h时，左主跨的跨中挠度略大于右主跨，但车速超过230 km/h后，右主跨跨中挠度反而大于左主跨，且随着车速的提高，两者相差越来越大。这是因为三塔斜拉桥的一阶竖弯振型与两跨连续梁类似，为反对称振型，当列车进入左主跨时，左主跨受到荷载的激励开始振动并带动右主跨同时振动，此时右主跨已经具备一定的振动能量，而列车进入右主跨后，若此时右主跨与荷载激励振动方向相反，则会削弱右主跨的振动，起到"消振"的作用，如图 7 所示；反之，若荷载激励振动方向与右主跨的振动方向一致，则右主跨又受到一次冲击，产生二次激振效应，造成右主跨的振动更为剧烈，如图 7 所示，列车过两跨连续梁时亦有类似的现象[16]。

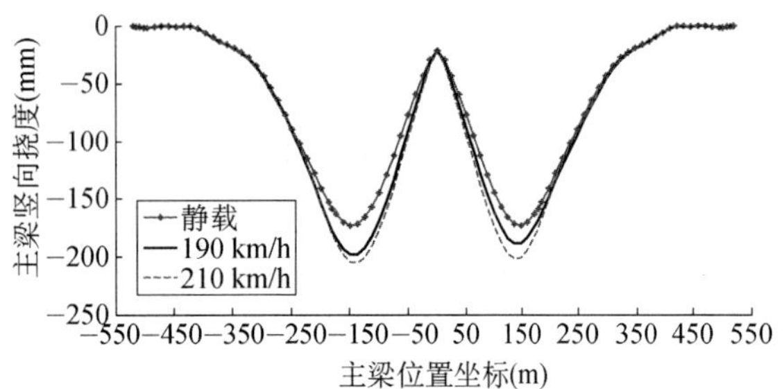

图 6　主梁竖向挠度包络图

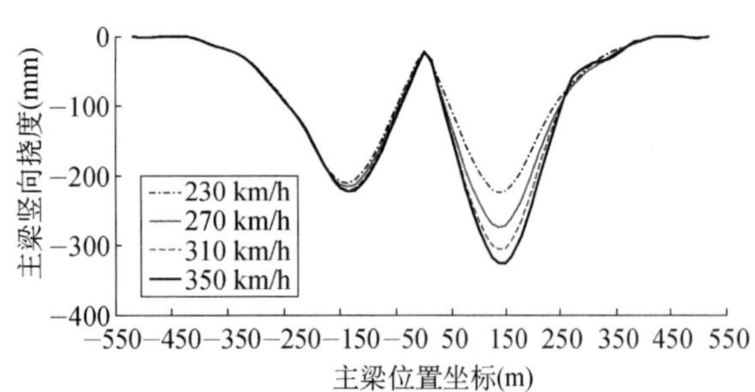

图 7　主梁竖向挠度包络图

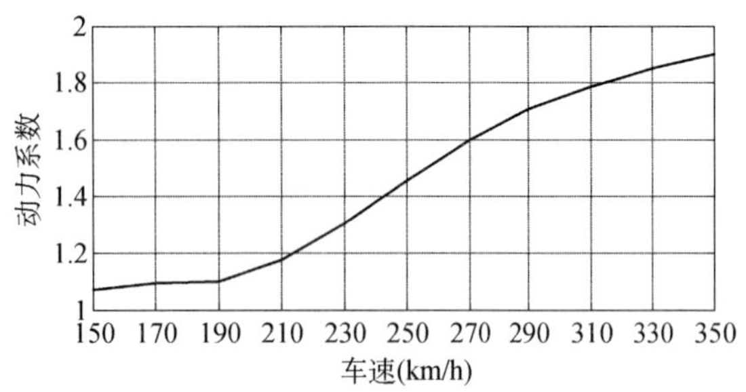

图 8　主梁竖向挠度动力系数随车速变化

3　改善桥梁动力性能措施研究

主梁振动过大必然会对桥梁和行车安全造成巨大的威胁，为了改善多塔斜拉桥的动力性能，本文提出了以下四种加劲措施，并从桥梁频率、列车过桥时主梁最大挠度及动力系数等方面综合评价其加劲效果：①增加主梁刚度，在原钢箱梁的基础上用钢桁架对主梁加劲，形成钢箱桁架组合梁的结构形式，主桁高 13.8 m；②提高中塔刚度，中塔采用纵横桥向均为 A 形的刚性塔；③中间塔与主梁固结，边塔处主梁漂浮，提高整体刚度；④主塔塔顶间设置水平加劲索，使各主塔协同受力，拉索面积与边锚索相同。

图 9 为各方案的一阶振型图，可知，刚性塔方案和设置塔顶加劲索方案的基频变化不大(0.234 Hz、0.246 Hz)，其一阶振型均为纵漂＋竖弯且以竖弯为主，一阶振型即一阶竖弯振型；钢箱桁架组合梁方案的一阶振型虽然也是纵漂＋竖弯，但以纵漂为主，竖弯耦合较小，其一阶竖弯振型在更高阶才出现，这就使得其一阶竖弯频率大大提高(0.383 Hz)；中塔塔梁固结方案由于约束了主梁的纵漂，增加了结构整体刚度，使得一阶竖弯频率有较大提高(0.314 Hz)。

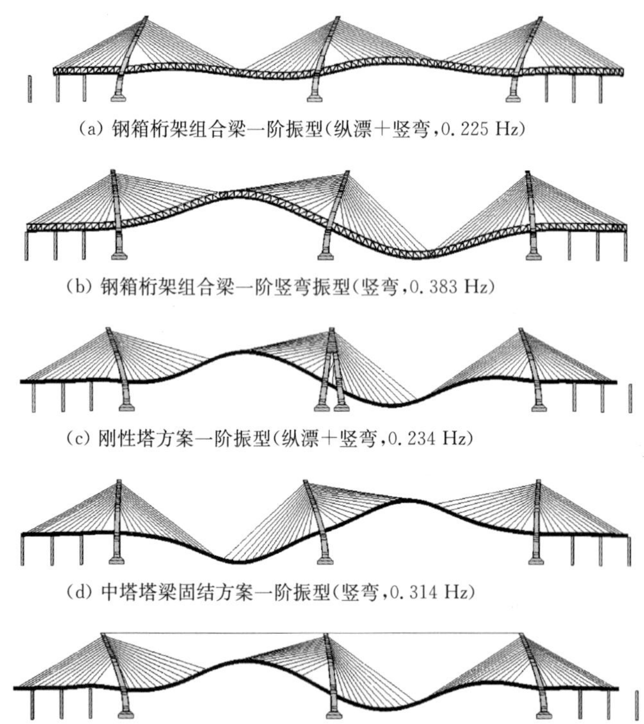

(a) 钢箱桁架组合梁一阶振型(纵漂＋竖弯，0.225 Hz)

(b) 钢箱桁架组合梁一阶竖弯振型(竖弯，0.383 Hz)

(c) 刚性塔方案一阶振型(纵漂＋竖弯，0.234 Hz)

(d) 中塔塔梁固结方案一阶振型(竖弯，0.314 Hz)

(e) 设置塔顶加劲索方案一阶振型(纵漂＋竖弯，0.246 Hz)

图 9　各加劲方案桥梁一阶振型

各方案对桥梁的静、动力性能改善对比见表 1。由表 1 可知，所有方案都能改善桥梁的静力性能，使得静活载作用下的主梁竖向挠度有不同程度的减小。对动力性能而言，桥梁一阶竖弯基频越高，其动力响应越小。钢箱桁架组合梁由于桥梁整体刚度与一阶竖弯频率大幅度提高，其最大竖向挠度与动力系数明显减小，因而该方案改善效果最佳。图 10 为钢箱桁架组合梁方案的主梁竖向挠度包络图，由图可知，由于其一阶竖弯频率较高，右主跨的二次激振效应并不明显，车速

350 km/h时左右两主跨的最大动挠度基本相等。中塔塔梁固结方案改善效果其次，再者为塔顶水平加劲索方案，而刚性塔方案是唯一使得桥梁动挠度增大的方案，虽然其提高了静力刚度，但降低了一阶竖弯频率，反而加剧了主梁的动力响应，因此在进行多塔斜拉桥设计时，要综合考虑加劲措施对结构静力及动力性能的影响。

表1　各方案对桥梁静、动力性能改善

方案	一阶竖弯频率(Hz)	最大竖向静挠度(mm)	最大竖向动挠度(mm)	最大动力系数
原方案	0.239	171.5	325.8	1.90
钢箱桁架梁	0.383	72.4	87.6	1.21
中塔塔梁固结	0.314	145.0	219.0	1.51
塔顶加劲索	0.246	152.3	259.0	1.70
刚性塔	0.234	146.3	343.8	2.35

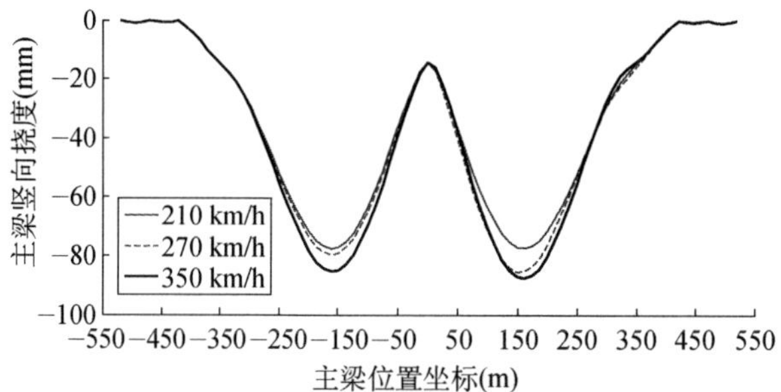

图10　钢箱桁架组合梁主梁竖向挠度包络图

三种有效加劲方案中，无论从静力角度还是动力角度，钢箱桁架组合梁方案无疑是改善桥梁受力性能的最佳方案，其适于对刚度要求较高的高速铁路及高速磁浮桥梁，在京沪高速铁路南京上元门越江工程南京长江大桥设计阶段，便提出过采用PC箱梁与钢桁组合加劲梁的三塔斜拉桥方案，且经计算分析这种方案具有较好的动力性能，基本满足行车安全和乘客舒适性的要求[6,17]。

中塔处采用塔梁固结体系，一方面可以约束主梁的纵向变形，使得大跨径桥梁的主梁在温度等荷载作用下的纵向变形不至过大，另一方面可以提高桥梁的整体刚度，改善动力性能，因此对多跨长联的多塔斜拉桥而言，采用中塔塔梁固结、边塔漂浮体系是一种较为合理的选择。

设置塔顶加劲索可以在一定程度上改善桥梁的受力性能，但效果并不明显，而且塔顶水平索需要保持一定的张拉力才能发挥效应，同时长拉索降低了斜拉桥的简洁明快感，影响桥梁美观，因此不推荐使用这种加劲方法。

4　结论

大跨度桥梁的动力响应主要由荷载冲击作用产生，且车速越高，冲击效应越明显。多塔斜拉桥刚度低，冲击作用将产生很大的动力系数。三塔斜拉桥由于一阶竖弯振型的反对称性，在高速磁浮列车荷载作用下，其行车方向的第二主跨很容易产生二次激振效应，使该跨的动力响应大于第一跨，且桥梁的竖弯基频越低，二次激振效应越明显。

为了避免桥梁振动过大，本文提出了四种加劲措施，分析表明，采用钢桁架加劲方案能大幅度提高桥梁的整体刚度，获得较好的静、动力性能；对多塔斜拉桥而言，采用中塔塔梁固结，边塔漂浮的结构体系对结构的整体刚度提高效果较好；设置塔顶加劲索对桥梁的性能改善效果并不明显且存在诸多缺点，不推荐使用；采用刚性中塔可提高桥梁的静力刚度，但降低了结构的动力性能，应不予考虑。

参考文献

[1] Ni Y Q, Wang J Y, Lo L C. Influence of Stabilizing Cables on Seismic Response of a Multispan Cable-stayed Bridge [J]. Computer-Aided Civil and Infrastructure Engineering, 2005,20(2):142-153.

[2] Michel V. Bridges with Multiple Cable-stayed Spans [J]. Structural Engineering International, 2001, 11 (1):61.

[3] 喻梅.多塔料拉桥结构特性分析[D].成都:西南交通大学,2003.

[4] 郑春,刘晓东.论多塔斜拉桥的刚度[J].公路,2002,(6):98.

[5] 张燕飞,高宗余,梅新咏.多塔大跨铁路斜拉桥方案研究[J].桥梁建设,2010,(3):56.

[6] 杨进.京沪高速铁路南京越江工程桥梁方案设计[J].桥梁建设,2003,(3):2.

[7] 张为民.大跨度桥梁冲击系数研究[D].上海:同济大学,2009.

[8] Okamoto Y, Nakamura S. Static and Seismic Studies on Steel/concrete Hybrid Towers for Multi-span Cable-stayed Bridges [J]. Journal of Constructional Steel Research, 2011,67(2):203.

[9] 王解军.运行列车作用下桥梁的动力反应[D].湖南:湖南大学,2000.

[10] 崔圣爱,单德山,祝兵.南广高速铁路郁江大桥车桥耦合振动仿真分析[J].西南交通大学学报,2011,46(3):389.

[11] Chung W, Jang S Y, Yeo I. Experimental and Numerical Investigation on Dynamic Amplification Factors of an Urban Maglev Guideway [J]. KSCE Journal of Civil Engineering,2010,15(3):529.

[12] 徐永胜.某三塔斜拉桥动力特性分析[J].城市道桥与防洪,2009,(5):65.

[13] 吴祥明.磁浮列车[M].上海:上海科学技术出版社,2003.

[14] Li Q, Xu Y L, Wu D J, Chen Z W. Computer-aided Nonlinear Vehicle-bridge Interaction Analysis [J]. Journal of Vibration and Control, 2010,16(12):1791.

[15] 夏禾,张楠.车辆与结构动力相互作用[M].北京:科学出版社,2005.

[16] Yau J D. Resonance of Continuous Bridge due to High Speed Trains [J]. Journal of Marine Science and Technology, 2001,9(1):17.

[17] 王刚.高速铁路三塔斜拉桥车桥动力分析[J].上海铁道大学学报,1999,20(10):11.

高速铁路简支梁共振冲击系数研究

曹映泓* 何一东

(PARSONS 公司 美国)

摘 要 本文研究桥梁在高速列车作用下的共振特征。当列车以共振速度运行,桥梁振动锁定在共振条件下时,简支桥梁的振动方程通解可以退化为桥梁跨度与列车轴距的函数。在此基础上,桥梁的最大冲击系数又进一步推导为仅仅两个参数的函数,即桥梁跨度与列车轴距的比值和车轴的数目。这个最大冲击系数成为独立于列车速度、桥梁实际刚度、质量和频率的一个系统特征参数。根据所推导的这一关系,本文绘出了用跨度轴距比及轴重数目表达的标准冲击系数曲线。该曲线确立了高速铁路简支梁冲击系数的上限。运用这个曲线,在未进行动力分析之时即可以很方便地评估桥梁的冲击问题并优化设计。尤其是当从上述曲线查到的共振冲击系数在设计允许的范围内时,桥梁设计无需避开共振情况。本文最后展示了一个设计示例来说明本文的成果。

关键词 高速铁路;桥梁;共振;冲击系数

1 绪言

自从 20 世纪 20—30 年代以来,铁路桥梁的振动问题已经得到了深入的研究。最早的研究者例如 Inglis(Inglis, 1934)和 Timoshenko(Timoshenko, 1922)进行了移动荷载分析得到了桥梁振动的基本特征。一直到最近一些年,学者们还在不断地扩展和深化这个领域的研究。Fryba 总结了铁路桥梁的各种不同参数下的分析推导(Fryba, 1999)。Michaltsos 研究了移动荷载的质量效应(Michaltsos, 1996)。Yau 研究了组合梁的振动情况(Yau, 2004)。Hilal 和 Zibdeh 专门分析了不同边界条件的影响(Hilal, Zibdeh, 2000)。Li 等分析了混合编组火车引起的振动(Li 等, 2008)。Salcher 和 Adam 提出了一个考虑剪切效应的简化分析方法(Salcher, Adam, 2012)。Youcef 等在振动分析中考虑了轨道的随机不平顺性(Yousef 等,2013)。Majka 和 Hartnett 在分析中考虑了轨道不平顺性和桥梁斜角的影响(Majka, Hartnett, 2009)。另外 Herron 深入研究了在可听见的声波范围内的振动(Herron, 2009)。这些既有研究文献绝大多数都侧重在研究给定移动荷载情况下的振动,极少有研究专门分析共振情况这个在设计中通常会尽量避免的振动形式。本文的研究将研究铁路桥梁共振现象的特征,尤其是动力冲击系数(Dynamic Impact Factor)的特征。

本文从简支梁承受移动荷载的通用解法开始论述。当桥梁振动锁定在共振状态时,列车速度、轴距,和桥梁的跨度之间具有确定性的关系,例如共振速度等于桥梁自振频率与特征轴距的乘积。基于这样的关系,振动方程的通解退化为桥梁跨度和轴距的函数。进一步推导得出最大动力冲击系数为仅仅两个参数的函数:桥梁跨度与轴距之比和列车轴数,而与列车具体速度、桥梁的实际刚度和频率无关。运用该推导得到的函数,本文绘制了共振状态下的标准动力冲击系数曲线。因为该曲线与具体车速和桥梁刚度无关,它反映了整个列车-桥梁系统的内在特征。

2 理论模型

一个铁路简支桥梁可以用一个伯努利-欧拉梁来代表。梁的长度为 L,弹性模量 E,抗弯惯性矩 I,匀布质量为 m,总质量 $M = mL$。高速列车可以用一列移动集中荷载来代表。每个轴重为 F_n, $n = 1, 2, 3, \cdots, N$, N 是总

* 曹映泓,1971 年出生,项海帆教授 1996 级博士研究生,论文题目“大跨度桥梁非线性颤振和抖振时程分析”。本文英文版曾于 2014 年在加拿大第 9 届国际中小跨度桥梁学术会议(SMSB2014)上宣读。

轴数。轴距为 d_n，$n=1, 2, 3, \cdots, N-1$。列车运行速度为 c。图 1 为该振动系统示意图。

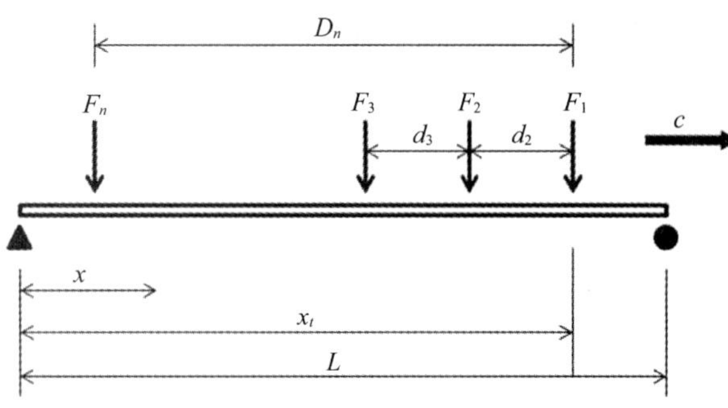

图 1　高速列车通过简支梁示意图

该振动系统的位移可以表达为如下偏微分方程：

$$EI\frac{\partial^4 v(x,t)}{\partial x^4}+m\frac{\partial^2 v(x,t)}{\partial t^2}+2m\omega_d\frac{\partial v(x,t)}{\partial t}=\sum_{n=1}^{N}\varepsilon_n(t)\delta(x-x_n)F_n \tag{1}$$

其中，$v(x, t)=$ 竖向挠度，$\omega_d=$ 阻尼频率，$\xi=$ 阻尼比，$\omega_{d(j)}=\xi\omega_j$，$\varepsilon_n(t)=h(t-t_n)-h(t-T_n)$，$h(t)=$ 离散海维赛特（Heaviside）单位函数，当 $t<0$ 时，$h(t)=0$；当 $t>=0$ 时，$h=1$。$t_n=D_n/c$，为第 n 个轴重 F_n 进入桥梁的时刻；$T_n=D_n/c+L/c$，当第 n 个轴重 F_n 离开桥梁的时刻；$\delta(x)=$ 狄拉克（Dirac）阶越函数；D_n 为第 n 个轴重与第一个轴重之间的距离，$D_1=0$。

基于初始条件：$v(0, t)=0$，$v(L, t)=0$，$v''(0, t)=0$，$v''(L, t)=0$，$v(x, 0)=0$，$\dot{v}(x, 0)=0$，该振动方程的通解可以表达为如下形式（Calcada 等，2009）：

$$v(x,t)=\sum_{j=1}^{\infty}\sum_{n=1}^{N}v_0\frac{F_n}{F}j\omega\omega_1^2[f(t-t_n)h(t-t_n)-(-1)^j f(t-T_n)h(t-T_n)]\sin\frac{j\pi x}{L} \tag{2a}$$

$$a(x,t)=\sum_{j=1}^{\infty}\sum_{n=1}^{N}v_0\frac{F_n}{F}j\omega\omega_1^2[\ddot{f}(t-t_n)h(t-t_n)-(-1)^j\ddot{f}(t-T_n)h(t-T_n)]\sin\frac{j\pi x}{L} \tag{2b}$$

其中，$v_0=$ 单个集中力作用下跨中竖向位移，即：

$$v_0=\frac{2FL^3}{\pi^4 EI}\approx\frac{FL^3}{48EI} \tag{3}$$

其中，ω_j，ω'_j 及 ω 分别为无阻尼自振频率、有阻尼自振频率及荷载频率。$\omega_j^2=\frac{j^4\pi^4}{L^4}\frac{EI}{m}$，$\omega'^2_j=\omega_j^2-\omega_d^2$，$\omega=\frac{\pi c}{L}$。

$f(t)=$ 拉普拉斯（Laplace-Axleson）逆变换函数。

$$f(t)=\frac{1}{\omega'_j D}\left[\frac{\omega'_j}{j\omega}\sin(j\omega t+\lambda_1)-\exp(-\omega_d t)\sin(\omega'_j t+\lambda_2)\right] \tag{4a}$$

$$\ddot{f}(t)=-\frac{\omega'^2_j-\omega_d^2}{\omega'_j D}\left[\frac{j\omega\omega'_j}{\omega'^2_j-\omega_d^2}\sin(j\omega t+\lambda_1)-\exp(-\omega_d t)\sin(\omega'_j t+\lambda_3)\right] \tag{4b}$$

其中，λ_1，λ_2 和 λ_3 是表达阻尼效应的变量：

$$\lambda_1=\arctan\frac{-2j\omega\omega_d}{\omega_j^2-j^2\omega^2} \tag{5}$$

$$\lambda_2=\arctan\frac{-2j\omega_d\omega'_j}{\omega_d^2-\omega'^2_j+j^2\omega^2} \tag{6}$$

$$\lambda_3=\lambda_1+\arctan\frac{2\omega_d\omega'_j}{\omega'^2_j-\omega_d^2} \tag{7}$$

$$D^2=(\omega_j^2-j^2\omega^2)^2+4j^2\omega^2\omega_d^2 \tag{8}$$

3　共振冲击系数

此处的共振指的是列车的特征轴距通过桥梁的时间正好等于桥梁的某一阶自振周期时发生的振动，即荷载周期等于自振周期。在此条件下，桥梁会发生共振放大。为了揭示该共振情况下的桥梁响应特征，有必要对式(2.1)、式(2.2)所表达的通解进行简化。为此首先考虑无阻尼的情况，即 $\xi=0$；并且所有轴重均相同，即 $F_n=F$；均匀轴距，$d_n=d$；仅考虑跨中的挠度，$x=L/2$；在共振情况下，荷载周期 T_{axle} 等于第 r 阶自振周期 T_r。$T_{axle}=\frac{d}{c}$，$T_r=\frac{2\pi}{\omega_r}$，令 $T_{axle}=T_r$，并且引入一个新的变量 k 表达桥梁跨度与特征轴距之比 $k=L/d$，因此：

$$c=\frac{\omega_r d}{2\pi} \tag{9}$$

$$\omega=\frac{\pi c}{L}=\frac{\omega_r}{2k} \tag{10}$$

将以上假定和关系带入式(2a)和式(4b)中，桥梁跨中位移的解可以简化为：

$$v(L/2,t)=v_0\sum_{j=1}^{\infty}\sum_{n=1}^{N}\frac{4k^2}{4j^6k^2-r^4}[G(t-t_n)h(t-t_n)-(-1)^j G(t-T_n)h(t-T_n)]\sin\frac{j\pi}{2} \tag{11}$$

$$G(t)=j^2\sin\left(\frac{jr^2}{2k}\omega_1 t\right)-\frac{jr^2}{2k}\sin(j^2\omega_1 t) \tag{12}$$

因为是在共振状态，桥梁的振幅随着荷载的数目不断累加，可以很容易地理解到最大冲击系数将发生在最后一个荷载到达桥梁跨中附近的时候。为了通用起见，假定在最大冲击系数发生的时刻 t_{max} 最后一个轴位于 $\gamma\times L(0<\gamma<1)$ 的位置，那么：

$$t_{max}-t_n=\frac{2\pi(N-n)}{r^2\omega_1}+\frac{2\gamma k\pi}{r^2\omega_1} \tag{13}$$

$$t_{max}-T_n=\frac{2\pi(N-n)}{r^2\omega_1}+\frac{2(\gamma-1)k\pi}{r^2\omega_1} \tag{14}$$

将式(13)和式(14)带入式(12)中，变量 ω_1 将被消去，因此 $G(t)$ 的表达式将缩减为如下形式：

$$\left.\begin{aligned}G(t_{max}-t_n)&=j^2\sin\frac{j\pi}{k}(N-n+\gamma k)-\\&\quad\frac{jr^2}{2k}\sin\frac{2j^2\pi}{r^2}(N-n+\gamma k) \qquad (15a)\\G(t_{max}-T_n)&=j^2\sin\frac{j\pi}{k}(N-n+\gamma k-k)-\\&\quad\frac{jr^2}{2k}\sin\frac{2j^2\pi}{r^2}(N-n+\gamma k-k) \qquad (15b)\end{aligned}\right\}$$

为了获得动力冲击系数，还需要比较 N 个轴加载下桥梁的最大静态位移。桥梁上最多可以布置的轴重数目为小于或等于 $k+1$ 的最大的自然数 $n\leqslant k+1$。图2显示了当 n 为奇数和偶数时桥梁上最多可以布置的轴重数量。

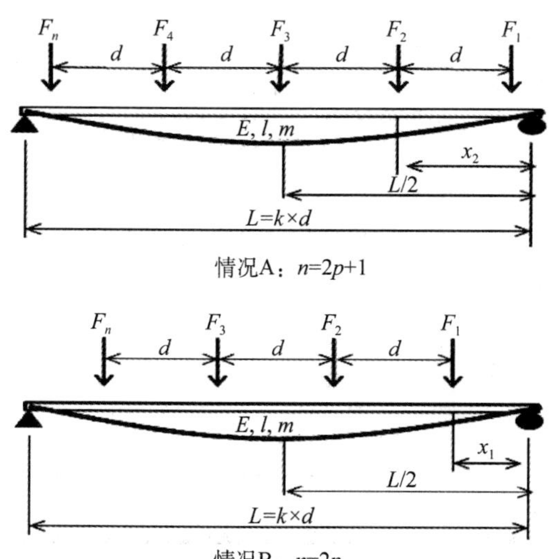

图2 n 个轴加载时桥梁的最大静态位移示意图

情况A，当 n 是奇数 $n=2p+1$，第 i 轴的位置为：

$$\begin{cases}x_i=kd/2-id=\alpha_i d\\ \alpha_i=k/2-i\end{cases}\quad i=0\sim p,\ p=(n-1)/2 \tag{16}$$

情况B，当 n 是偶数 $n=2p$，第 i 轴的位置为：

$$\begin{cases}x_i=kd/2+d/2-id=\alpha_i d\\ \alpha_i=k/2+1/2-i\end{cases}\quad i=0\sim p,\ p=n/2 \tag{17}$$

第 i 到第 n 轴处在与 i 以前的轴关于跨中对称的位置。根据静力分析，可以很容易地得到第 i 个轴引起的跨中位移为：

$$v_{st}(x_i)=\frac{FL^2x_i}{12EI}\left(\frac{3}{4}-\frac{x_i^2}{L^2}\right)=(3-4\alpha_i^2/k^2)\alpha_i v_0 \tag{18}$$

那么由 n 个轴合计引起的最大跨中位移为：

$$\begin{cases}v_{st}=\sum\limits_{i=1}^{n}v_{st}(x_i)=\beta v_0\\ \beta=\sum\limits_{i=1}^{n}(3-4\alpha_i^2/k^2)\alpha_i\end{cases} \tag{19}$$

动力冲击系数一般定义为最大动力效应（总效应减去静力效应）与静力效应之比。合并考虑式(19)和式(11)，所有 N 个轴引起的动力冲击系数 $DIF(t_{max})$ 为：

$$DIF(t_{max})=\frac{v(L/2,\ t_{max})-v_{st}}{v_{st}}=\frac{\bar{v}(t_{max})}{\beta}-1 \tag{20}$$

其中 $\bar{v}(t_{max})$ 为标准化的跨中位移：

$$\begin{aligned}\bar{v}(t_{max})=\sum_{j=1}^{\infty}\sum_{n=1}^{N}\frac{4k^2}{4j^6k^2-r^4}&[G(t_{max}-t_n)h(t_{max}-t_n)\\&-(-1)^jG(t_{max}-T_n)h(t_{max}-T_n)]\sin\frac{j\pi}{2}\end{aligned} \tag{21}$$

观察式(21)可以清楚地发现，在共振情况下，最大动力冲击系数 $DIF(t_{max})$ 仅仅为共振阶数 r、跨度轴距比 k，总轴数 N 以及最后一个轴的位置 γ 的函数。这表明共振的动力冲击系数与列车运动的实际速度、桥梁的实际刚度、重量及频率无关。因此这个共振冲击系数为独立于这几个变量的系统固有特性。通过搜索最后一个轴的位置 γ 即可得到最大的共振冲击系数。

4 标准共振冲击系数曲线

根据以上推导结果，可以绘制出随 k（跨度轴距比）和 N（总轴数）变化的标准共振冲击系数曲线。以10个轴的列车为例，当轴数确定后，冲击系数就是 k 的函数。图3就是这个以 k 为变量的标准共振冲击系数曲线。阻尼比为0.01的情况的共振冲击系数也绘制在图中进行对照。有阻尼的共振冲击系数是用通解公式(2)，给定任意跨度，输入共振车速而计算出来的。

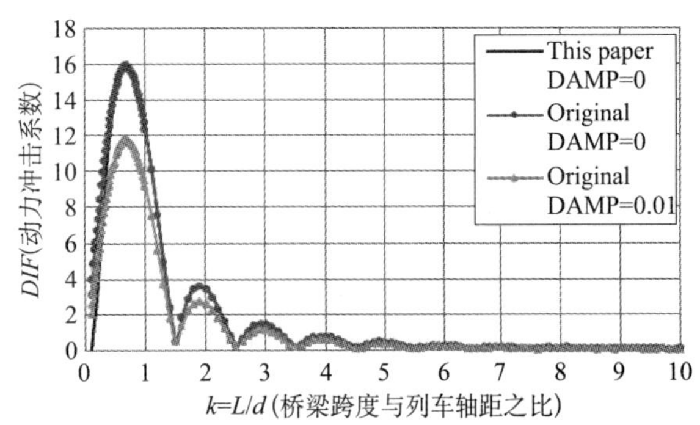

图3 列车标准共振冲击系数曲线（10轴）

该标准共振冲击系数曲线对于优化桥梁设计和评估高速铁路桥梁的动力问题具有非常实际的意义。为了降低列车过桥的动力冲击系数，首先可以尽量将桥梁跨度与列车特征轴距的比值 k 优化到接近振动抵消的比例。即便因其他原因不能达到完全抵消的比例，但至少可以在适合的范围内尽量靠近这个比例，然后从图3中查看对应的共振冲击系数。如果这个冲击系数在设计允许的范围内，那么该桥则无需进行进一步的动力分析来考察列车的动力效应，该桥的设计也无需避开共振。

由以上的分析可以看出，因为图3的冲击系数考虑的是极端地共振情况，任何其他情况下的冲击系数都应该小于这个曲线。因此，可以说图3的曲线是列车-桥梁系统的动力冲击系数的上限。

对于超过10个轴的均匀轴距的列车，图4给出了超过10个轴后每个轴重产生的共振冲击系数值。将图4的曲线乘以增加的轴数再累加到图3所示的曲线上就可以得到最终的共振冲击系数。

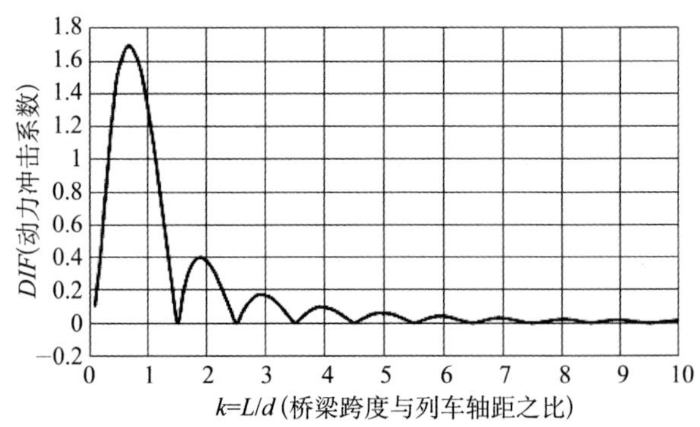

图4 超过10个轴后每个轴重的对共振冲击系数的增量曲线

5 设计示例

现举一个抽象的设计示例说明以上标准共振冲击系数曲线在设计中的应用。考虑一座简支梁桥，跨度 $L=30$ m，基频 $f_1=4$ Hz，列车共有10个特征轴重，轴距15 m，列车静力挠度 $V_{st}=1.8$ mm。桥梁的共振冲击系数可以用本文的推导公式及查阅图3很方便地得到，如表1所示。

表1 示例桥梁的动力冲击系数和加速度

项目	计算	结果
共振车速 c_{cr}	15 m×4 Hz	60 m/s(216 km/h)
跨度轴距比 k	30 m/15 m	2
冲击系数 DIF	图3	3.41
加速度 a	$(1+3.41)\times1.8\times(4\times2\pi)^2$	5.01 m/s²(0.51g)

由表1可见桥梁的加速度0.51g 基本达到了一般高速铁路设计允许的上限。但如果将桥梁跨度适当优化，这个动力效应即会显著改变。为了方便说明效果，这里假定其他动力特性保持不变。计算结果如表2所示。

表2 不同跨度的共振冲击系数和加速度

桥梁跨度	$L=22.5$ m	$L=30$ m	$L=37.5$ m
共振车速 c_{cr}	216 km/h	216 km/h	216 km/h
跨度轴距比 k	1.5	2	2.5
冲击系数 DIF	0.49	3.41	0.29
加速度 a	0.17g	0.51g	0.15g

由表2可见，仅仅将桥梁的跨度增加或减少7.5 m，桥梁的共振加速度即增加或减少到原来的1/3左右，远低于一般设计允许的0.5g。因此优化后的桥梁将完

全没有动力冲击问题，无需进行进一步的动力分析，也无需避开共振速度。

6 结论

本文研究了高速铁路简支桥梁在共振情况下的动力冲击系数的特征。桥梁在移动荷载作用下动力响应的通解在共振情况下推导为关于 k 和 N 两个变量的函数，其中 k 为桥梁跨度与列车特征轴距的比，N 为列车的总计的轴数。在此基础上绘制了桥梁共振的标准动力冲击系数曲线。根据本文推导的公式和绘制的曲线，以及以此为基础的设计示例，可以得出如下结论：

(1) 在共振情况下，桥梁的最大动力冲击系数仅仅取决于桥梁跨度与列车轴距的比值和列车轴的数量，而独立于桥梁实际的结构特性例如刚度、频率、重量，则都独立于列车的实际运行速度和轴重。

(2) 标准共振动力冲击系数曲线建立了桥梁最大冲击系数的上限。任何其他情况下的冲击系数均将低于这个曲线。

(3) 该标准共振冲击系数曲线可以帮助优化桥梁跨度的设计。当跨度接近共振抵消的比例时，共振冲击系数和对应的桥梁加速度将小于设计允许值，从而无需进行进一步的动力分析即可验证桥梁不存在动力冲击问题，从而在设计中无需刻意避开共振现象。

7 致谢

本文的研究是在从事美国首条高速铁路项目——加州高速铁路的桥梁设计过程中完成的。作者在此感谢美国加州高速铁路管理局和 PARSONS 公司对项目设计和研究工作的支持。

本人在跟随项海帆教授从事桥梁抗风研究的过程中，项老师渊博的知识和严谨的治学精神帮助我丰富了桥梁风工程领域的数学、力学和实验方面的知识，这些知识直接应用到随后的工作和研究当中。特别是在这篇文章中，过去在从事桥梁抗风研究中积累的结构动力学知识帮助我发现了高速铁路桥梁振动的一些规律，从而促使我完成了这篇短文。在此对项老师的教导致以衷心感谢，并祝愿恩师健康长寿！

参考文献

[1] AREMA. Mannual for Railway Engineering [S]. Landover: AREMA, 2012.

[2] Calcada R, Delgado R, Matos A C. Bridges for High-speed Railways [M]. Boca Raton: CRC Press, Taylor & Francis Group, 2009.

[3] Cheng Y S, Au F T K, Cheung Y K. Vibration of Railway Bridges under a Moving Train by Using Bridge-track-vehicle Element [J]. Engineering Structures, 2001,23(12):1597 - 1606.

[4] EN 1991 - 2: 2003E. Eurocode 1: Action on Structures—part 2: Traffic Load on Bridges [S]. European Committee for Standardization. 2003.

[5] Fryba L. Vibration of Solids and Structures under Moving Loads [M]. 3rd Edition. London : Thomas Telford, 1999.

[6] Herron D. Vibration of Railway Bridges in the Audible Frequency Range [D]. Southampton: University of Southampton, 2009.

[7] Hilal M A, Zibdeh H S. Vibration Analysis of Beams with General Boundary Conditions Traversed by a Moving Force [J]. Joural of Sound and Vibration, 2000,229(2):377 - 388.

[8] Inglis C E. A Mathematical Treatise on Vibrations in Railway Bridges [M]. Cambridge: Cambridge University Press, 1934.

[9] Li Q, Wu D, Huang X. Vibration Analysis of Medium and Small Span Bridges Subjected to Mixed Marshalling Freight Trains [J]. Journal of Civil Engineering, 2008,2(2):133 - 138.

[10] Lin Y H. Vibration Analysis of Timoshenko Beams

Traversed by Moving Loads [J]. Journal of Marine Science and Technology, 1994,2(1):25 - 35.

[11] Majka M, Hartnett M. Dynamic Response of Bridges to Moving Trains: A Study on Effects of Random Track Irregularities and Bridge Skewness [J]. Journal of Computers and Structures, 2009,87(19 - 20):1233 - 1252.

[12] Michaltsos G, Sophianopoulos D, Kounadis A N. The Effect of a Moving Mass and other Parameters on the Dynamic Response of a Simply Supported Beam [J]. Journal of Sound and Vibration, 1996,191(3):357 - 362.

[13] Qian L X. World High Speed Railway Technologies [M]. Beijing: China Railway Press, 2003.

[14] Salcher P, Adam C. Simplified Assessment of High-speed Train Induced Bridge Vibrations Considering Shear Effects [J]. Proceeding of Applied Mechanics, 2012,12:197 - 198.

[15] China Ministry of Railway. TB 10621 - 2009 Code for Design of High Speed Railway [S]. Beijing: China Railway Press, 2009.

[16] Timoshenko S P. On the Forced Vibration of Bridge [J]. Philosophical Magazine, 1922,43(6):1018 - 1019.

[17] Yang Y B, Yau J D, Wu Y S. Vehicle-bridge Interaction Dynamics: With Applications to High-speed Railways [M]. Singapore: World Scientific Publishing, 2004.

[18] Yau J D. Vibration of Simply Supported Compound Beam to Moving Loads [J]. Journal of Marine Science and Technology, 2004,12(4):319 - 328.

[19] Youcef K, Sabiha T, Mostafa D E, et al. Dynamic Analysis of Train-bridge System and Riding Comfort of Trains with Rail Irregularities [J]. Journal of Mechanical Science and Technology, 2013,27(4):951 - 962.

Vehicle-Induced Vibration of Hillsborough River Bascule Bridge

Dongzhou Huang*
(Ph. D., P. E., Atkins, Tampa, Florida, USA)

Abstract Hillsborough River Bascule Bridge, located in Tampa, Florida, USA, vibrates significantly under traffic loading and uncomfortable noises have been reported, especially during recent years. The purpose of the study presented here is to investigate the cause of such a significant vibration. First, a brief description of the bridge is given. Then, analytical theory is presented, including the vehicle model, bridge model, road surface model, and numerical methods. A vehicle is simulated as a three dimensional nonlinear model. The bridge is treated as a space structure consisting of three dimensional frame elements. The road profile is modeled as a stationary Gaussian random process that is described by a power spectral density (PSD) function. The bridge free and forced vibration characteristics are

1 Introduction

Movable bridges have been an integral part of the U. S. transportation system, their development being in concert with that of the development of the highway and railroad systems. Movable bridges have proved to be an economical solution to the problem of how to carry highway and rail lines across an active waterway. Currently, approximately one thousand movable highway bridges provide critical links in the highway infrastructure system in United States. One of the most important types of movable brides is bascule bridges. Hillsborough River Bascule Bridge, located in Tampa, Florida, USA, was built in 1996. A significant vibration has been observed and uncomfortable noises have been reported when trucks travel over the bridge, especially during recent years. The dynamic behavior due to moving vehicles is of major concern in bridges. While considerable efforts have been made to better understand the dynamic behavior of highway bridges due to moving vehicles, most of the previous research work in this field is focused on girder and beam bridges[1, 4—12]. Due to the inherit complexity of bascule bridges, few papers have been published on the dynamic loading of bascule bridges due to moving vehicles. The current American Association of State Highway and Transportation Officials (AASHTO) LRFD Movable Highway Bridge Design Specifications [2] simply increase the design live load by a factor of 1.33 for all bridge elements, except for the end floor beams with a factor of 1.66. The impact factors/dynamic loading amplification factors contained in the AASHTO LRFD Movable Highway Bridge Design Specifications are based mainly on limited test results for girder bridges. The actual dynamic behavior of the bascule bridges under moving vehicles remains largely uncertain. The purpose of the investigation presented here is to identify the cause of such a significant vibration and develop a possible rehabilitation method. First, a brief description of the bridge is given.

* 黄东洲,1949 年出生,项海帆教授 1985 级博士研究生,论文题目"Elasto-plastic Lateral Bucking of Steel Truss-stiffened Arch Bridges"。本文源自作者在 2014 年国际桥梁与结构工程协会(IABSE)马德里会议上所做的大会报告。

investigated with trucks traveling over a rough deck. Then, the stiffness effects of the main girders, bracings, and floor beams are studied. Analytical results show that insufficient stiffness of lateral bracings and floor beams is a main factor causing the severe vibration. Some rehabilitation schemes for mitigating the severe vibration are investigated. The research results are applicable to bascule bridge design and rehabilitation.

Keywords Bascule Bridge; vehicle model; bridge model; road surface roughness; vehicle-induced vibration; impact; vibration design

Then, analytical theory is presented, including the vehicle model, bridge model, and road surface model. After that, the stiffness effects of the main girders, bracings, and floor beams are studied. Finally, some rehabilitation schemes for mitigating the severe vibration are presented.

2 Description of Bridge

Hillsborough Bascule Bridge (see Fig. 1) was built in 1996 and is a double-leaf, trunnion-type bascule span with appreciable fixed bridges at the approaches. The bascule bridge span length is 52. 426 m. The roadway width is 13. 717 m with one sidewalk of 1. 524 m. The total bridge width is 16. 473 m. The bridge consists of two plate main girders connected by 5 floor beams. There are seven stringers between the main girders. The bridge deck consists of one 127 mm open grating ranging from Floor Beams 1 to 4 and one 76 mm concrete filled grating ranging from Floor Beams 4 to 5. All structural steel is ASTM A709, Grade 50. The bridge typical section bridge plan and elevation views as well as the bridge typical section are shown in Figs. 2 and 3. The design live load is AASHTO HS20 - 44. The primary data of the bridge can be found in Table 1.

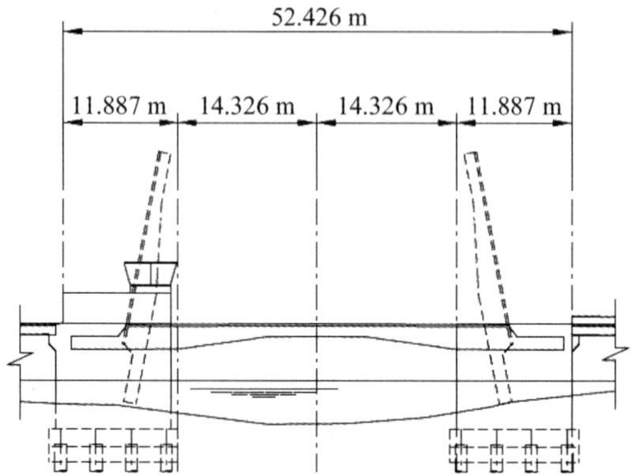

Fig. 1 Hillsborough Bascule Bridge

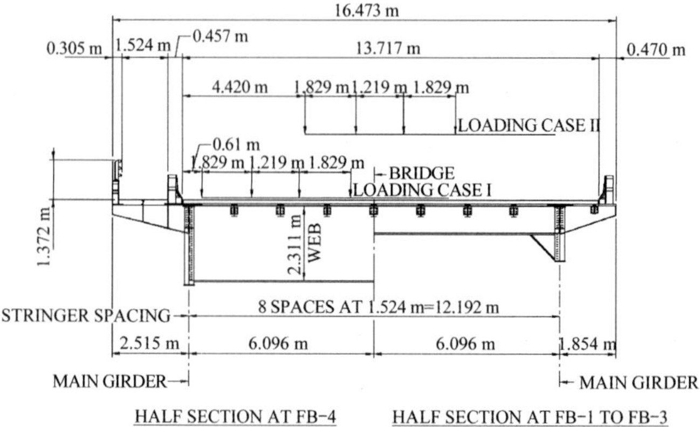

Fig. 2 Typical Section

Table 1 **Primary Bridge Data**

Member		Area ($\times 10^{-2}m^2$)	Ix(Vertical) ($\times 10^{-2}m^4$)	Iy(Transverse) ($\times 10^{-4}m^4$)	UnitWeight ($\times 10^{-3}kN/m$)
Girder	Tip	2.823	0.634	1.900	1.402
Girder	End	8.516	6.190	2.890	4.229
Floor Beam	1to 3	4.394	0.624	1.950	2.182
Floor Beam	4	5.585	3.910	1.210	2.773
Floor Beam	5	4.994	0.658	4.290	2.480
Stringer	S1	0.858	0.024	0.137	0.042 6
Stringer	S2	0.871	0.030	0.094	0.043 2
Bracing		0.380	0.000 6	0.092	0.018 9

3 Mathematical Models

3.1 Vehicle Model

The design truck HL－93 contained in AASHTO LRFD Specifications [2] is used in this analysis. The truck is simulated as 5 rigid masses that represent tractor, semitrailer, steer-wheel axle set, tractor wheel axle set, and trailer wheel axle set (see Fig. 4). Each of the masses is connected by springs. Suspension force consists of the linear elastic spring force and the constant interleaf friction force [10]. The tire springs and all dampers are assumed to be linear. In the model, the tractor and semitrailer are each assigned three degrees of freedom (DOFs), corresponding to the vertical displacement (y_{ti}) rotation about the transverse axis (pitch θ_{ti}) and rotation about the longitudinal axis (roll ϕ_{ti}). Each wheel axle set is provided with two DOFs in the vertical and roll directions. The tractor and trailer are interconnected at the pivot point (the so-called fifth wheel point) (Fig. 4). The 11 total independent degrees of freedom are:

$$\{q\} = [y_{t1}\ y_{t2}\ y_{a1}\ y_{a2}\ y_{a3}\ \theta_{t1}\ \phi_{t1}\ \phi_{t2}\ \phi_{a1}\ \phi_{a2}\ \phi_{a3}]^T \tag{1}$$

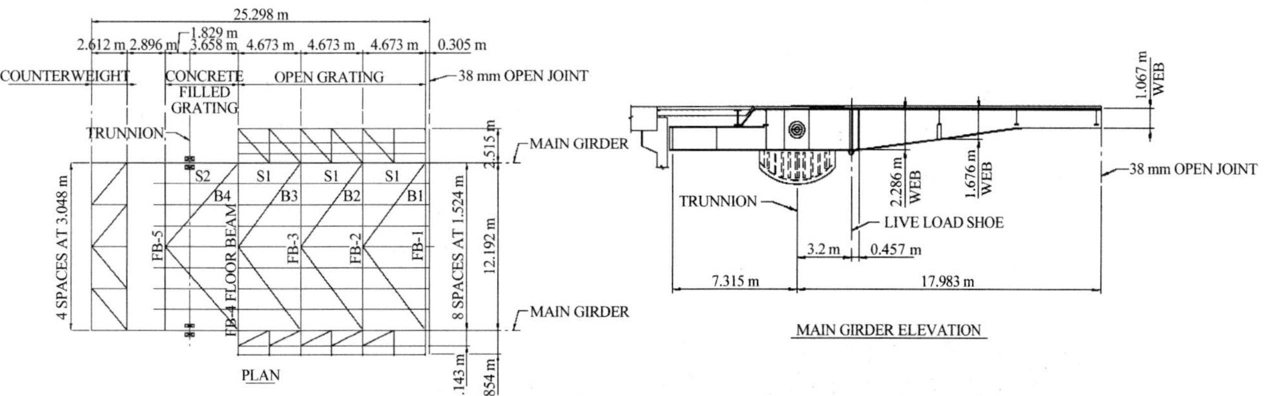

Fig. 3 **Plan and Elevation**

The equations of motion of the vehicle can be derived by using Lagrange's formulation as follows:

$$\frac{d}{dt}\left(\frac{\partial T}{\partial\{\dot{\delta}_t\}}\right)-\frac{\partial T}{\partial\{\delta_t\}}+\frac{\partial V}{\partial\{\delta_t\}}+\frac{\partial D}{\partial\{\dot{\delta}_t\}}=0 \tag{2}$$

where V is the total potential energy of the system computed from the spring stiffnesses, T is the total kinetic energy of the system calculated by using the masses and velocities of the system components, D is dissipation energy of the system obtained from the damping forces, and $\{\delta_t\}$ as well as $\{\dot{\delta}_t\}$ are the generalization displacements and velocities[1, 4].

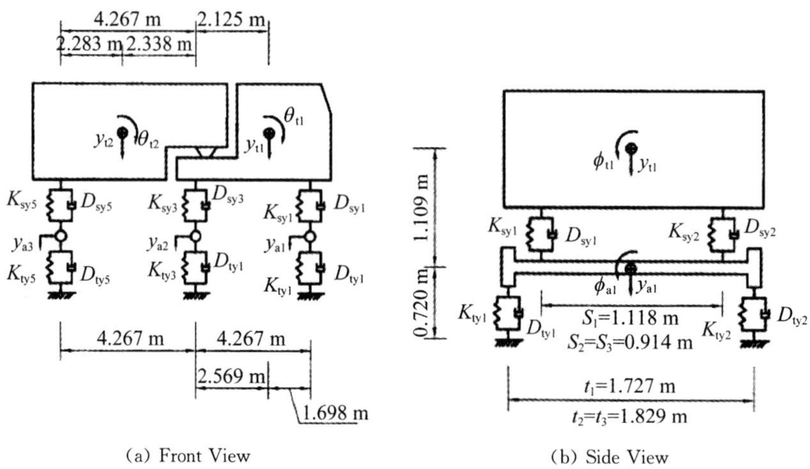

(a) Front View (b) Side View

Fig. 4 Analytical Vehicle Model

3.2 Road-Surface Model

Experimental and theoretical analysis indicate that bridge deck profile is one of the most important factors affecting bridge response. In this study, the deck profile is simulated as a stationary Gaussian random process and can be written as follows:

$$v_{sr}(x) = \sum_{i=1}^{N} \sqrt{4S(\omega_i)\Delta\omega}\cos(\omega_i x + \theta_i) \qquad (3)$$

where $v_{sr}(x)$ is simulated road vertical profile, x is longitudinal location of generated point, $S(\omega_i)$ is PSD function, ω_i is circular frequency which equals to $2\pi\phi_i$, θ_i is random number uniformly distributed from 0 to 2π, and N is 200 in this study. The detailed theory can be found in Wang and Huang and Liu, et al [11]. For each case, 20 road profiles are generated. The mean dynamic response is evaluated as an average of these 20 realizations.

3.3 Bridge Model

The bridge is modeled as a three-dimensional structure and divided into a series of three-dimensional beam elements with six degrees of freedom at each end (Fig. 5). Each of the lateral bracing is assumed to be connected with the related main girder or floor beam by a rigid bar between the centroid of the connected members. The main girders are assumed to be semi-hinge connection at the locker bar location by two rigid bars which link the hinge to the centroid of the main girder. The semi-hinge is defined as a joint which only transfers the vertical and horizontal forces from one member to another. The deck mass is assumed to be uniformly distributed to the related elements.

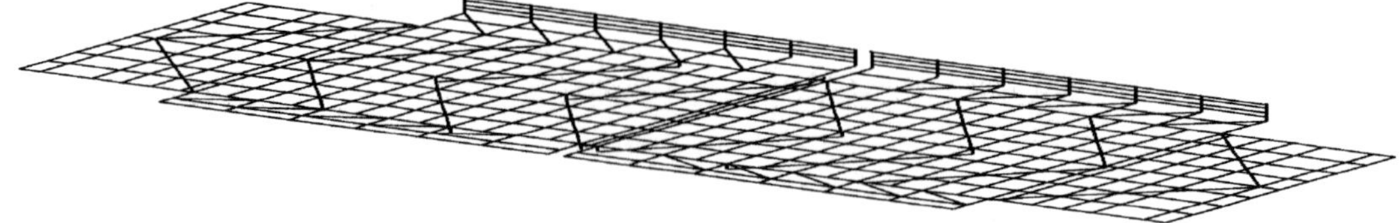

Fig. 5 Bridge Model

4 Free Vibration

Six first vibration modes of the bridge are shown in Fig. 6. From this figure, we can see that the first vibration mode is dominated by bridge vertical vibration and the second and third vibration modes are dominated by torsion vibration. Significant vibration of the lateral bracings can be expected from Vibration Modes 4 to 6. To better understand the bridge vibration behaviors, Table 2 presents the first 10 vibration frequencies for eight different bridge cases.

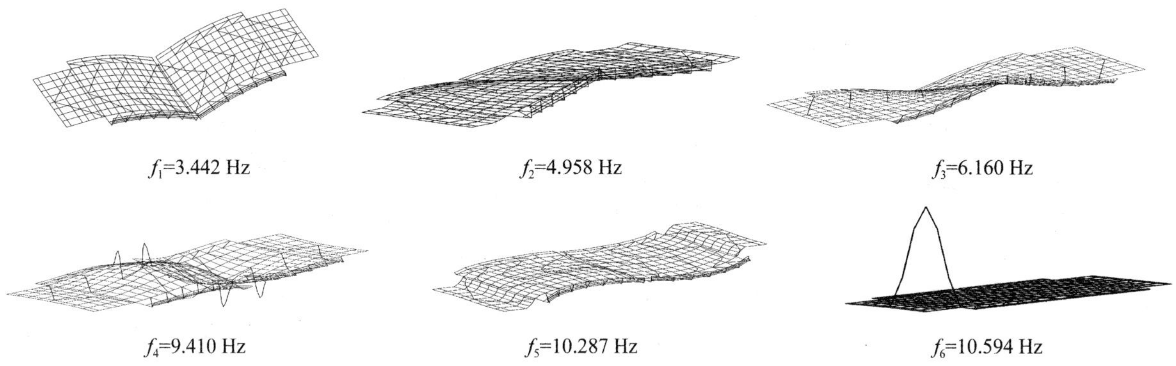

Fig. 6 Typical Vibration Modes

Case I is the original bridge, Case II represents that the original main girder stiffness is doubled; Case III indicates that the original stiffness of floor beam #1 is doubled. Case IV represents doubling original stiffness for floor beams 1 to 3; Case V represents doubling the original stiffness for floor beam 5. To facilitate the maintenance of the span locker; the two span lockers are proposed to be vertically moved up by 0.813 m and horizontally moved outward by 0.284 m and 1.351 m respectively, which is defined as Case VI. Case VII is defined as adding a hanger to tie the lateral bracing at its mid to the stringer. Case VIII is defined as doubling the original lateral bracing stiffness. From Table 2, we can see: (1) Frequency Nos. 6 to 9 for the original bridge are very close and they are corresponding to the lateral bracing vibration and (2) Bridge Case Nos. II to VI show little effect on the free vibration of the lateral bracings.

Table 2 Bridge Vibration Frequencies

Case	Frequencies (Hz)									
	1	2	3	4	5	6	7	8	9	10
I	3.442	4.958	6.160	9.410	10.287	10.594	10.597	10.605	10.607	11.700
II	4.737	5.155	7.925	10.495	10.593	10.603	10.609	10.680	10.828	12.088
III	3.459	4.966	6.330	9.774	10.407	10.582	10.590	10.623	10.625	11.704
IV	3.434	4.951	6.129	9.427	9.821	10.595	10.596	10.605	10.607	11.704
V	3.463	5.022	6.180	9.428	10.320	10.614	10.621	10.645	10.647	11.727
VI	3.434	4.951	6.129	9.427	9.821	10.595	10.596	10.605	10.607	11.704
VII	3.442	5.081	6.171	9.504	10.623	12.494	14.917	15.223	15.508	15.624
VIII	3.419	5.398	6.188	9.386	10.968	12.190	13.452	13.466	13.790	13.799

5 Forced Vibration

It is assumed that the bridges have damping characteristics that can be modeled as viscous. One percent of critical damping is adopted for the first and second modes according to experimental results[7]. The vehicle begins to move at a distance of 42.67 m (140 ft), that is a five-car length away from the left end of the bridge, and continues moving until the entire vehicle clears the right end of the bridge. Based on the field test results [7], the bridge deck surface is assumed to be good. The same class of road surface is assumed for both the approach roadways and bridge decks. Newmark numerical method [3] is employed for solving the equations of motion of vehicle and bridge. It is found that the time step of 0.001 s can give very good accuracy for all types of dynamic responses.

5.1 Typical Time History Curves

Some typical time histories are shown in Fig. 7. The histories were obtained under the conditions of a vehicle speed of 88.50 km/h (55 mph) and a two-car side-by-side loading (Loading Case I, Fig. 2). The abscissa in the figure is the distance measured from the left end of the bridge to the front axle of the vehicle. Figs. 7(a) and (b) show moment time histories of the main girder over the live load shoes on the left and right leafs respectively; Figs. 7(c) and (d) are moment time histories of the floor beam FB-1 on the left and right leafs separately; Figs. 7(e) and (f) illustrate the deflection time histories of lateral bracing B1 on both left and right leafs individually. It can be observed from Figs. 7(a) to (f) that the dynamic responses of the elements on right leaf are significantly higher than those on left leaf. This can be explained as follows: When the vehicles move from left leaf to right leaf, the vehicles are forced to change direction of travel from downhill to uphill due the static vertical deflection shape of the cantilevered bascule leafs. This change in direction causes a sudden increase in the rate of vehicle spring deformation, especially for a high speed, and thus increases in the amplitude of the interaction force and the response level of the bridge [8]. It can be expected that the hinge connection between the left and right leafs will cause very high vibration if the bridge has not been designed properly. Fig. 7(g) presents the time histories of deflection at mid-span of the main girder and Fig. 7(h) shows the time histories of deflection of the bullet rail at the first post near the bridge mid-span. From Figs. 7(g) and (h), we can

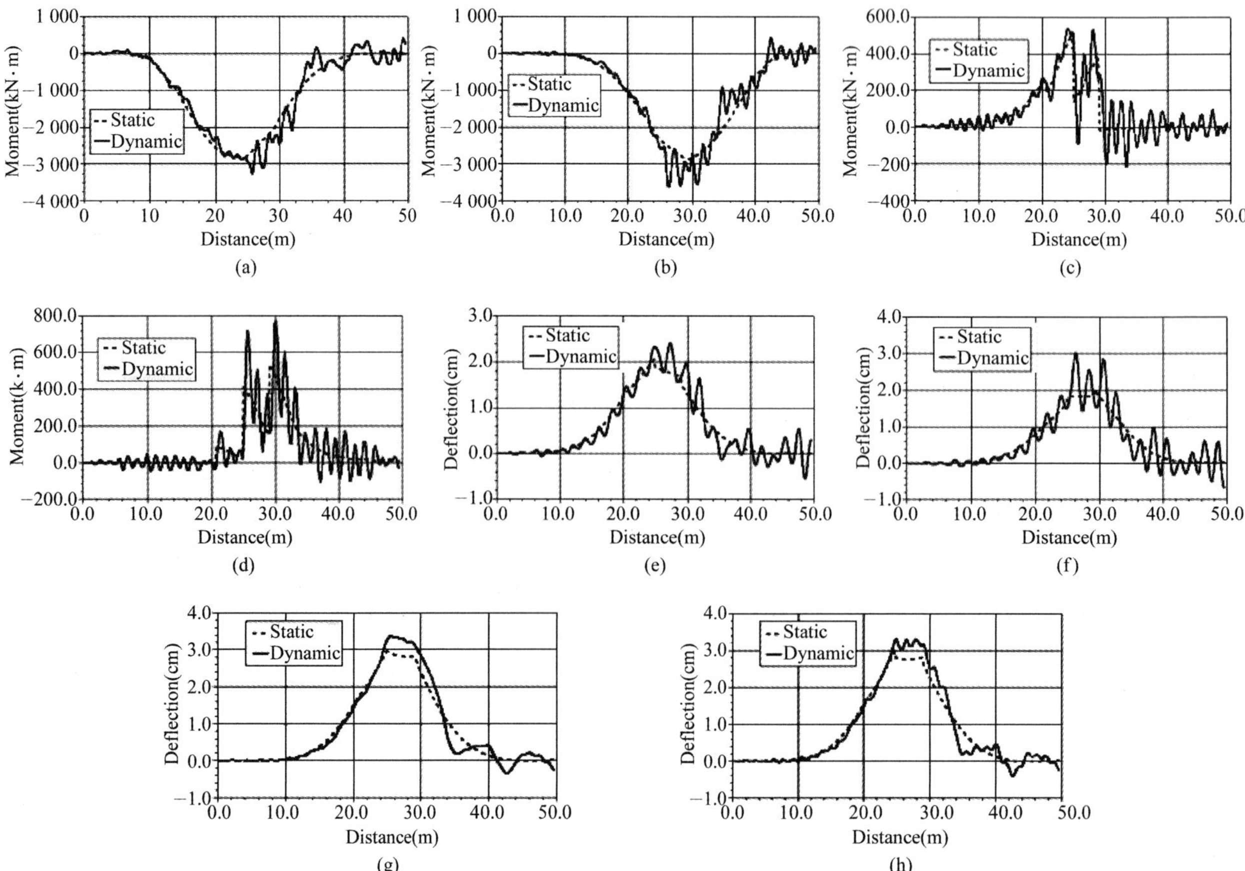

Fig. 7 Typical Time Histories

see that the pedestrian rail will vibrate with the main girder and may be severely affected by higher frequencies. It is a good practice to install some vibration isolation material between the deck and the pedestrian posts to avoid possible severe vibration of the rail.

5.2 Effect of Vehicle Speed

Fig. 8 shows the variation of moment impact factors with vehicle speeds for the main girder, floor beam, and longitudinal stringer, respectively. The impact factor is defined as

$$I_m(\%) = (R_{dm}/R_{sm} - 1) \times 100\% \tag{4}$$

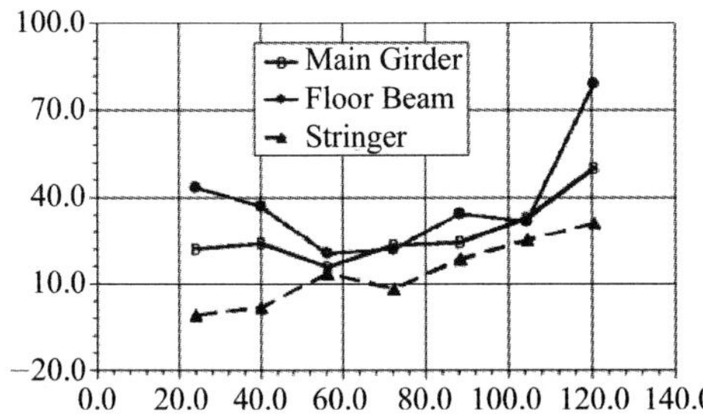

Fig. 8 Variation of Impact Factors with Vehicle Speeds

Where R_m and R_m are absolute maximum dynamic and static responses, respectively. The impact factors were determined with the trucks side-by-side. The maximum moment for the main girder is located at the section over the bearing shoe under asymmetric loading (loading Case I) and the maximum positive moments for the floor beam and the longitudinal stringer are located at their mid-spans under a symmetric loading (Loading Case II). From Fig. 8, we can see that there is a tendency that the impact factors significantly increase with vehicle speed increasing, especially when the vehicle speed reaches 120.6 km/h (75 mph). The reason is the rate of vehicle spring deformation dramatically increases with vehicle speed increasing. We also can observe from this figure that the maximum impact factor of the floor beam is much higher than the main girder and stringer.

6 Evaluation of Bridge Retrofit Alternatives

Based on the aforementioned analysis, a possible way to reduce the bridge vibration is reducing the deck deflection at bridge mid-span hinge location, i. e. increasing deck smoothness in bridge longitudinal direction. There are two ways to improve the deck smoothness: increase the vertical stiffness of the main girders and increasing vertical stiffness of the floor beams. Tables 3 and 4 present the maximum impact factors for 5 different retrofit alternatives based on the maximum vehicle speeds of 88.44 km/h and 120.6 km/h individually. The maximum impact factors are corresponding to their related maximum static responses determined by changing vehicle numbers from one to three, changing loading positions from left side of the travel lanes to the right side, and changing vehicle speed from 24.12 km/h to the maximum vehicle speeds mentioned above. For comparison, Tables 3 and 4 also provide the impact factors determined based on current AASHTO Specifications for Highway Movable Bridges. From Table 3, we can see that all of the analytical impact factors of the internal forces are smaller than those estimated by current AASHTO Specifications, except Floor Beam FB-2. If the vehicle speed reaches 120.6 km/h, the current AASHTO Specifications may underestimate the dynamic loading of most main elements of the bascule bridge. From Table 4, we also can see: (1) Increasing the stiffness of main girders can significantly reduce the effect of vehicle speed and reduce the maximum impact factors of internal forces when the maximum vehicle is 120.6 km/h; (2) Increasing the stiffness of the floor beam FB-1 can effectively reduce the dynamic loading of the bridge elements; (3) The effect of increasing the stiffness of floor beam FB - 5 and relocating the span locker location is comparatively small. It is also interesting to note that increasing the stiffness of the floor beam FB-1 is much effective than increasing the stiffness of Floor Beams FB-1 to FB-3, from the point of reducing the bridge dynamic loading view. This may explain as follows:

Table 3　Comparison of Maximum Impact Factors (Max Speed = 88.44 km/h)

Case No.	Girder Moment	Girder Shear	Floor Beam Moment			Bracing Deflection		Stringer Moment
			Beam #1	Beam #2	Beam #3	Bracing #1	Bracing #2	
Case 1	24.4	25.6	43.3	43.3	16.8	35.9	139.0	18.5
Case 2	34.9	37.1	45.1	38.1	20.8	102.0	246.0	12.5
Case 3	25.2	25.6	47.2	34.9	14.7	36.0	97.2	12.9
Case 4	25.7	26.4	67.9	43.9	14.0	32.0	81.5	18.5
Case 5	24.4	25.0	35.5	42.4	27.9	36.6	138.0	20.7
Case 6	24.1	25.6	50.9	42.5	15.8	34.9	124.0	14.7
AASHTO	33.0	33.0	66.0	33.0	33.0	33.0	33.0	33.0

Table 4　Comparison of Maximum Impact Factors (Max Speed = 120.6 km/h)

Case No.	Girder Moment	Girder Shear	Floor Beam Moment			Bracing Deflection		Stringer Moment
			Beam #1	Beam #2	Beam #3	Bracing #1	Bracing #2	
Case 1	50.0	51.5	79.0	77.0	30.8	37.5	139.0	31.0
Case 2	34.9	37.1	45.1	38.2	20.8	102.0	246.0	33.6
Case 3	38.8	39.5	47.2	48.4	14.7	30.7	97.2	40.1
Case 4	36.9	37.6	67.9	61.3	14.0	33.0	81.5	37.9
Case 5	49.0	51.1	77.4	74.1	33.5	36.7	138.0	35.8
Case 6	44.8	46.8	60.9	60.4	25.7	35.0	124.0	41.1
AASHTO	33.0	33.0	66.0	33.0	33.0	33.0	33.0	33.0

The floor beams act as the supports of the deck. Increasing their vertical stiffness will reduce their deflections at the supports, which causes the entire deck deform appears in more severe curve shape in bridge longitudinal direction. Thus, cause more severe vehicle up and down and more severe vibration of the bridge [8].

From Tables 3 and 4, we can observe that increasing the girder and floor beam stiffness has comparatively small effect on the bracing vibration. Fig. 9 shows some typical time histories for bridge bracing B2 for Alternatives I, VII, and VIII. Fig. 9 (a) shows the time histories of deflection at the bracing mid-span for the Alternative I, Fig. 9 (b) shows the time histories of deflection at the bracing mid-span for the Alternative VIII; Fig. 9 (c) and (d) show the time histories of deflection of the bracing at mid-span and quarter span for the Alternative VII, respectively. The time histories were obtained by two trucks moving at 55 mph symmetrically in transverse direction (Loading Case II). From this figure, we can see: (1) the bracing vibrated severely with amplitude of over 3 cm which is well match the observed; (2) increasing the stiffness of

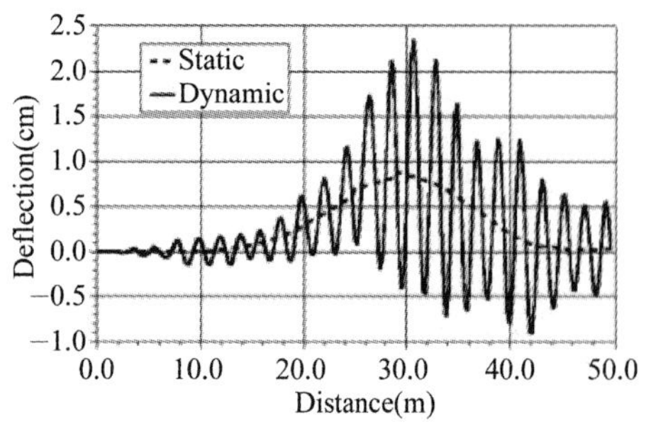

(a)

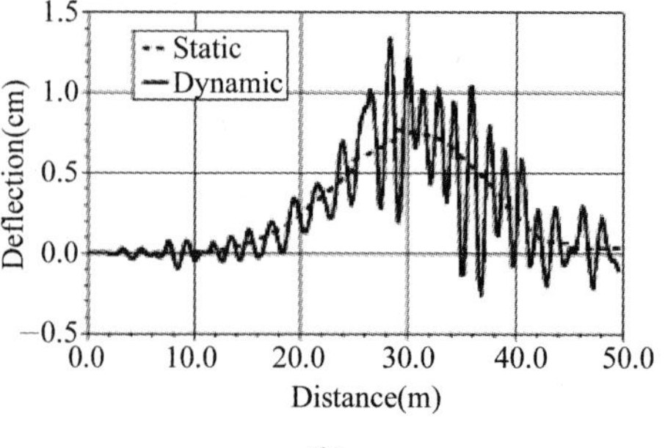

(b)

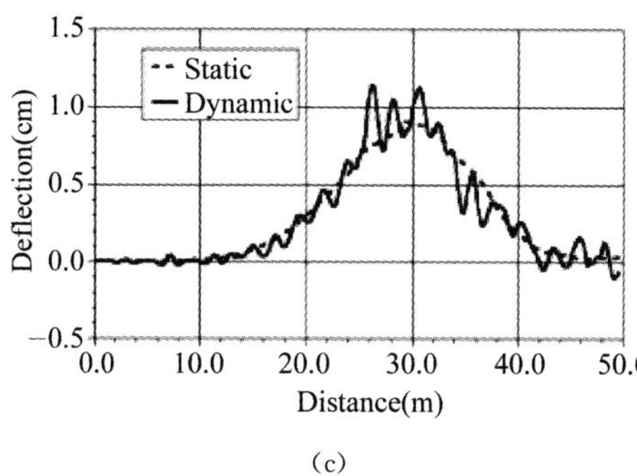

(c)

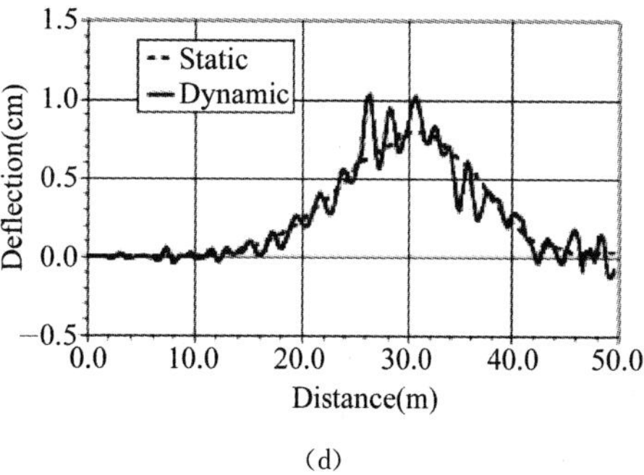

(d)

Fig. 9 Effect of Bracing Alternatives

the bracing can reduce the vibration, however, it appears not very effective; (2) tying the bracing to the stringer is simple and significantly reduce the bracing vibration.

7 Conclusions and Recommendations

This paper presents a reliable procedure for dynamic analysis of bascule bridges subjected to moving vehicles. The analytical results march the observed the bridge vibration well. The following conclusions can be reached based on extensive numerical analysis:

1. Due to the hinge at the bascule bridge mid-span, the dynamic loading of the bridge increase significantly with the vehicle speed increasing. The impact factors of the main girders and floor beams with the maximum vehicle speed of 120. 6 km/h will be increased by over 80% than those with the maximum vehicle speed of 88. 44 km/h.

2. Increasing the vertical stiffness of the main girder is an effective way for reducing bridge dynamic loadings when design speed exceeds 100 km/h. Increasing the vertical stiffness of the main girders by twice can reduce the dynamic loading of the main girders and floor beams by about 30% and 43% respectively with the maximum allowable vehicle speed of 120. 6 km/h.

3. An effective and economic way for reducing bridge dynamic loadings is to properly increase the vertical stiffness of the first floor beams. Increasing the vertical stiffness of the first floor beams by twice can reduce the dynamic loading of the main girders and floor beams by about 22% and 40% respectively.

4. The most effective way for reducing the bracing vibration is to tie the bracing at its mid-span to the center stringer.

5. If the maximum vehicle speed is smaller or equal to 88. 44 km/h, the current AASHTO Specifications predict the bascule bridge dynamic loading well except for the floor beam #2.

6. To reduce high dynamic loading at high vehicle speed, it is recommended that the vertical stiffness of the first floor beams should be properly increased.

7. To avoid high vibration of the bracings, it is recommended that the support length for the bracings by tying the bracing at its mid-span to the deck system should be reduced.

8 Acknowledgement and Dedication

Professor Hai-Fan Xiang, my Ph. D. Degree supervisor, is renowned for his outstanding achievements and contributions in bridge vibration and stability. His insightful instruction, rare talent, and singular research philosophy have greatly helped me during my entire research career. As no words can adequately express my sincere appreciation for his kind, diligent guidance, I humbly offer the dedication of this paper in his honor on the occasion of his 80th Birthday and I wish him a long and prosperous life.

References

[1] Li G H, Xiang H F, et cal. Vibration and Stability in Bridge Engineering. 2nd Edition [M]. Beijing: Railway Publish House, 1992.

[2] AASHTO LRFD. Movable Bridge Design Specifications [S]. 4th ed. Washington D C: AASHTO, 2007.

[3] Clough R W, Penzien J. Dynamics of Structures [M]. New York : McGraw-Hill, 1993.

[4] Huang D Z. Vehicle-induced Vibration of Steel Deck Arch Bridges and Analytical Methodology [J]. Journal of Bridge Engineering, ASCE, 2012,17(2):241 - 248.

[5] Huang D Z. Impact Behavior of Concrete Bridge Deck on Girders due to Moving Vehicles [C]//Proceedings of the 2013 Structures Congress, ASCE/SEI 2013 Congress, Pittsburgh, Pennsylvania, 2013.

[6] Huang D Z. Impact Factors of Curved Steel Multi-box Girder Bridges [J]. Journal of the Transportation Research Board, 2009:2131.

[7] Huang D Z. Dynamic Loading of Curved Steel Box Girder Bridges due to Moving Vehicles [J]. Journal of Structural Engineering International, IABSE, 2008,18(4):365 - 372.

[8] Huang D Z. Dynamic and Impact Behavior of Half-through Arch Bridges [J]. Journal of Bridge Engineering, ASCE, 2005,10(2):133 - 141.

[9] Huang D Z, Wang T L, Shahawy M. Vibration of Thin Walled Box-girder Bridges Excited by Vehicles [J]. Journal of Structural Engineering ,ASCE, 1995, 121(9):1330 - 1337.

[10] Huang D Z. Dynamic Analysis of Steel Curved Box Girder Bridges [J]. Journal of Bridge Engineering, ASCE, 2001, 6(Special Issue: New York City Bridge Conference): 506 - 513.

[11] Wang T L, Huang D Z. Computer Modeling Analysis in Bridge Evaluation [R]. Research Report No. FL/DOT/RMC/0542(2) - 4108. Tallahassee, Florida: Florida Department of Transportation, 1992.

[12] Huang D Z, Wang T L, Shahaway M. Vibration of Horizontally Curved Box Girder Bridges due to Vehicles [J]. Journal of Computer & Structure, 1998, 68(5):513 - 528.

大跨度混合梁斜拉桥抗震分析

李卫民[1*]　韩金豹[2]　梁立农[2]　王　雷[2]

(1. 广东省交通集团有限公司　中国　广东　510623；

2. 广东省公路勘察规划设计院股份有限公司　中国　广东　510507)

摘　要　本文介绍了大跨度混合梁斜拉桥的抗震设计的特点、实用的抗震设计方法以及地震反应分析的常用方法，并以榕江大桥为工程实例，采用有限元分析的方法，阐述了该大桥梁的减隔震设计思路和地震反应分析方法，其采用的球型钢支座配纵、横向阻尼器的减隔震设计，既减小了大桥关键位置地震下的内力，又使得关键部位的位移控制在允许范围内，收到不错的效果，也为以后的工程提供了借鉴。

关键词　大跨度；斜拉桥；减隔震；时程分析法；阻尼器；有限元

现代斜拉桥由于其跨越能力大、造型美观、施工方便，自20世纪70年代在世界范围内获得了较大的发展，尤其20世纪90年代后，斜拉桥得到空前的发展，其中最具代表性是日本的多多罗大桥和法国的诺曼底大桥。俄罗斯2012年建成通车的海参崴跨海大桥，主跨1 104 m，现居世界第一，开创了斜拉桥建设历史上的新纪元。

我国是一个地震多发的国度，自从唐山地震以来，桥梁的抗震防灾工作日益受到重视。大跨度斜拉桥一般都是交通运输的枢纽，投资较大，一旦在地震中遭到破坏，将会造成巨大的经济损失。20世纪出现的几次惨痛地震灾害告诉我们，必须对地震区的桥梁结构进行抗震设防，大跨度的斜拉桥更应引起重视。

1　概述

大跨度斜拉桥的动力特性比较复杂，其抗震设计具有如下特点：①斜拉桥非线性的影响，非线性包括几何非线性和材料非线性，其中几何非线性可以概括为三个因素，即拉索的垂度效应，大位移效应，初内力对单元刚度的影响效应；②斜拉索和主梁在地震作用下的反应比较小，其设计主要由静力计算控制；③抗震薄弱部位位于支撑连接装置、桥塔、边墩、基础等。

目前，大跨度桥梁实用的抗震设计方法主要有两种：延性设计和减隔震设计。延性理论主要通过延性构件的塑性变形来抵抗地震作用，一方面，塑性变形能消耗一部分地震能量，减小地震反应，另一方面，塑性铰的出现使桥梁结构的自振周期延长，以减小地震的反应。减隔震设计是简便、经济、先进的工程抗震手段，其本质就是将结构与可能引起破坏的地面运动尽可能分离开来，主要手段就是延长结构自振周期，避开地震能量集中的范围，以减小地震反应，为了控制随之增大的位移，常在结构中引入阻尼装置，增大阻尼。减隔震设计主要适用于桥墩刚度较大，即自振周期较短的桥梁，墩高差异较大的不规则桥梁在地震时受力不均匀，也可以采用减隔震设计。

大跨度斜拉桥往往是交通运输的枢纽，且维修难度较大，在地震荷载作用下各构件不宜进入塑性，所以延性设计往往行不通，减隔震设计就是

* 李卫民，1965年出生，项海帆教授1986级硕士研究生，论文题目“桥梁结构的面内极限承载力分析”。

比较合适的选择。由于大跨度斜拉桥自振周期较长，往往落在反应谱曲线较平缓的区段，增大结构自振周期的减隔震措施效果不明显，所以在进行减隔震设计时应将重点放在提高吸收能量能力从而增大阻尼和分散地震力上，不应过分追求增大结构周期上。

地震荷载是一种随机的动力荷载，桥梁本身又是复杂的结构，目前地震反应分析方法主要有以下几种：①静力法；②反应谱法；③动态时程分析法；④随机振动法。大跨度斜拉桥是非规则的特殊桥梁，其地震反应分析应采用反应谱法和动态时程分析法相互校核。用反应谱法进行计算时，应充分考虑高阶振型的影响，所计算的振型阶数要包括所有较大的振型，而用时程法计算时，则要输入3条时程波，取3组计算结果的最大值，或者输入7条时程波，取7组计算结果的平均值。

本文将通过一个工程实例来详细阐述大跨度斜拉桥的抗震设计思路以及减隔震在其抗震设计中的应用效果。

2 工程概况

2.1 基本资料

榕江大桥是广东省潮州至惠州高速公路的重要节点工程。本桥为双塔混合梁斜拉桥，全桥采用半漂浮体系，由于桥梁位于机场附近，桥梁高度受到限制，又由于通航要求，桥梁采用罕见的低塔斜拉桥。跨径组合为60 m+70 m+380 m+70 m+60 m，桥梁全长640 m，桥面宽38.7 m。中跨和次边跨采用流线形扁平钢箱梁，边跨采用流线形扁平混凝土箱梁，梁高均为3.5 m，结合段设置在辅助墩墩顶。其桥型布置见图1。

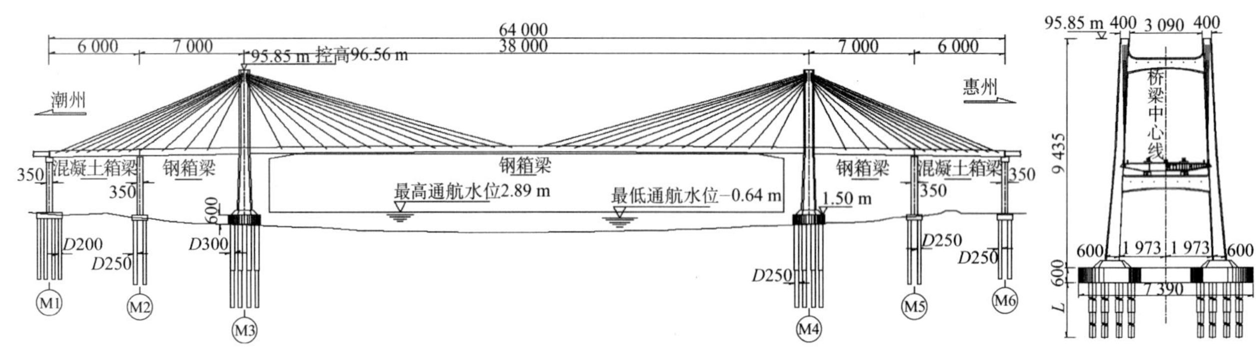

图1 榕江大桥桥型布置图（单位：cm）

2.2 地震安全评价

榕江大桥位于2条大断裂带之间，其西南方向为榕江断裂带，东北方向为磷溪-炮台断裂带，受这两大断裂带的影响，该桥桥址处有发生大地震的可能。

根据《广东省潮州至惠州高速公路工程场地地震安全性评价报告》可知，榕江大桥工程场地的地震基本烈度均为7度，抗震设防措施等级均为8度。表1给出了不同超越概率的基岩地震动加速度峰值。

表1 不同超越概率的基岩地震动加速度峰值 （cm/s^2）

工程场地	100年超越概率63%	50年超越概率10%	50年超越概率2.5%	地震动峰值加速度分档
榕江大桥	43.73	143.58	245.92	0.15g

本桥为非规则的特殊桥梁，根据《公路桥梁抗震细则》(B02－01－2008)的规定，采用两概率水准的抗震设计方法对该桥进行抗震计算。

表2 榕江大桥抗震设防水准

水准	榕江大桥
水准Ⅰ(P_1)	50年超越概率10%(重现期475年)
水准Ⅱ(P_2)	50年超越概率2.5%(重现期2 000年)

2.3 性能目标

榕江大桥为高速公路上的特大桥梁，其抗震设计具有重要的战略意义。根据该桥的特点和重要战略意义，本桥采用减隔震设计，确保大桥在地震水准Ⅰ作用下基本不发生损伤，结构保持在弹性范围工作；在地震水准Ⅱ作用下虽然局部可发生可修复的损伤，但要求地震发生后，基本不影响车辆的通行。

2.4 减隔震设计思路

根据减隔震的设计思想，本桥所有支座均采用双向球型钢支座，以满足地震下较大的支座位移；纵桥向每个塔梁处采用 4 个黏滞阻尼器，横桥向采用弹塑性阻尼器，阻尼器提供运动阻力，耗减地震能量以及约束结构位移，如图 2、图 3 所示。

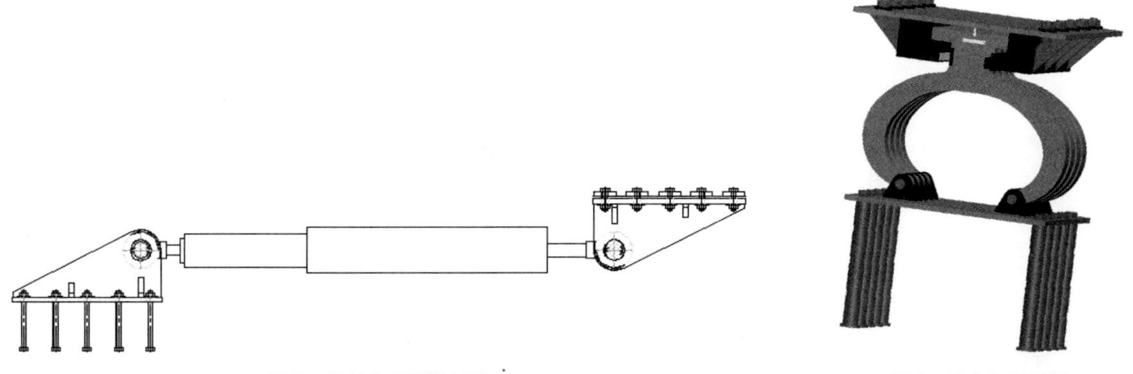

图 2　纵桥向黏滞阻尼器

图 3　横向钢阻尼器

3　动力分析模型

3.1　动力模型的建立

采用有限元分析软件 Midas Civil 2012 建立该斜拉桥的空间有限元模型，见图 4。计算模型的模拟应着重于计算模型的质量、刚度、边界条件的模拟，应尽量跟实际一致。

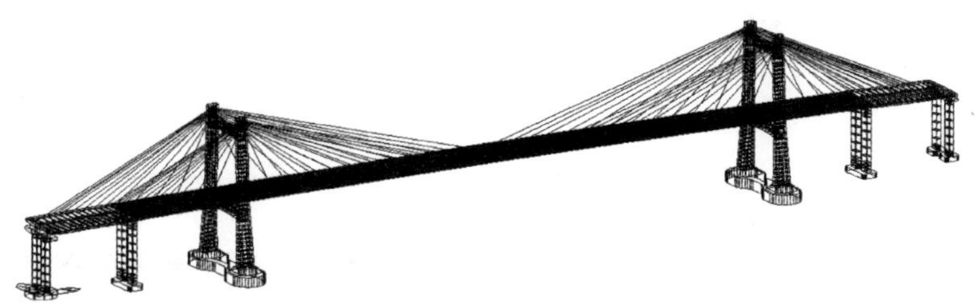

图 4　榕江大桥有限元模型

计算模型采用“鱼骨”模式，主梁采用单梁模拟，其刚度和质量均等效集中到中间单元上，斜拉索和桥塔、主梁通过刚臂连接。全桥共采用两类单元：①空间梁单元：模拟主梁、桥塔、桥墩等；②空间索单元：模拟斜拉索。

球型支座的摩擦效应可以近似采用理想弹塑性连接进行模拟，其典型恢复力滞回模型如图 5 所示。纵、横向阻尼器均根据实际的参数进行模拟。采用桩柱墩台空间计算软件（R&B Soft PCF）计算群桩基础的等效刚度，在承台底施加节点弹性连接，以近似考虑桩土相互作用。

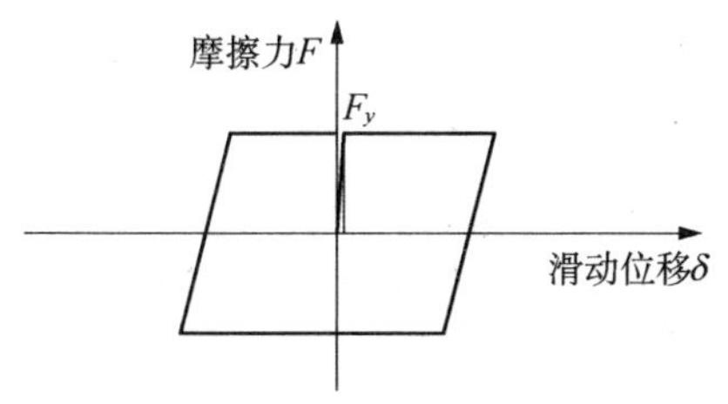

图 5　球型钢支座简化滞回模型

3.2　地震波的输入

根据《公路桥梁抗震细则》（B02 - 01 - 2008）的规定和本桥的特点，采用动态时程分析法进行地震反应分析，由于篇幅有限，这里仅列举水准Ⅱ（P_2）的计算结果。

地震动加速度时程是采用人造地震动的合成技术，通过拟合场地设计地震动加速度反应谱以及强度包络函数来合成的。根据《广东省潮州至惠州高速公路工程场地地震安全性评价报告》提供的地震动加速度反应谱特征参数，拟合出 50 年超越概率 2.5%（水准Ⅱ）的 3 条随机相位的地表水平向地震动加速度时程，见图 6。

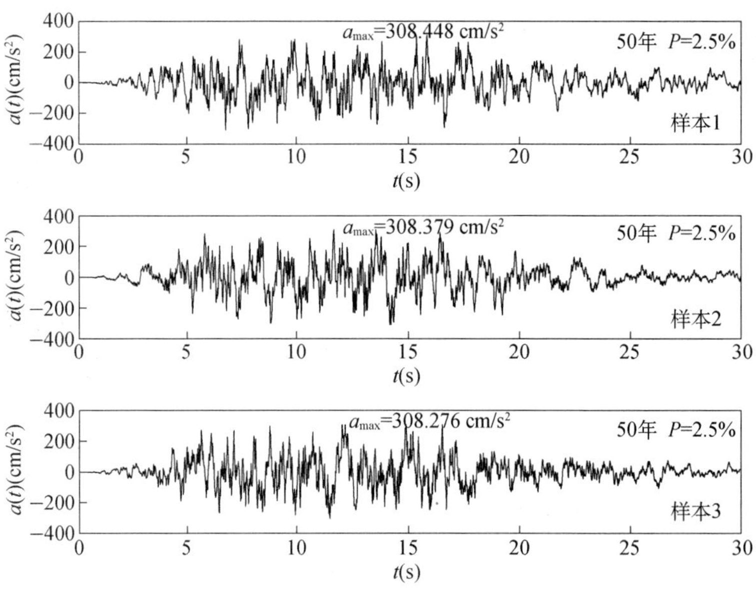

图 6　50 年超越概率 2.5%的水平向地震动加速度时程

4　动力特性分析

桥梁的动力特性与结构的质量、刚度和边界条件有关，是结构的固有属性。从桥梁结构的动力特点来看，动力激励主要激发结构较低频率的振型，但是大跨度桥梁结构应充分考虑高阶振型的影响，为了保证计算精度，考虑 300 阶振型进行计算，其前 15 阶的频率和振型特征见表 3。

表 3　结构的动力特性

模态号	频率(Hz)	周期(s)	振型描述
1	0.217 5	4.597 1	主梁纵漂
2	0.342 5	2.919 6	主梁一阶侧弯
3	0.348 0	2.873 5	主梁一阶竖弯
4	0.389 9	2.565 1	主梁二阶侧弯
5	0.402 0	2.487 7	主梁三阶侧弯
6	0.539 9	1.852 3	主梁二阶竖弯
7	0.838 8	1.192 2	主梁三阶竖弯
8	0.872 8	1.145 8	主梁一阶扭转
9	0.899 2	1.112 1	主塔一阶侧弯
10	0.919 4	1.087 6	主塔二阶扭转
11	0.944 4	1.058 9	主梁四阶侧弯
12	0.954 4	1.047 8	M6 过渡墩纵向振动
13	1.131 8	0.883 6	主梁四阶竖弯
14	1.136 7	0.879 7	M1 过渡墩纵向振动
15	1.179 1	0.848 1	M5 辅助墩纵向振动

该桥的部分振型如图 7 所示。

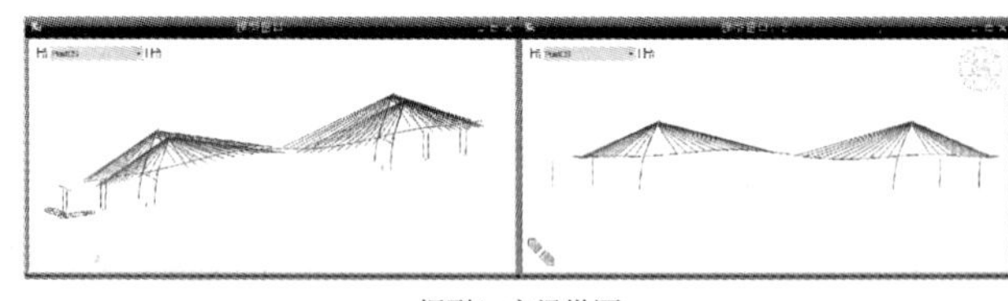

振型1：主梁纵漂

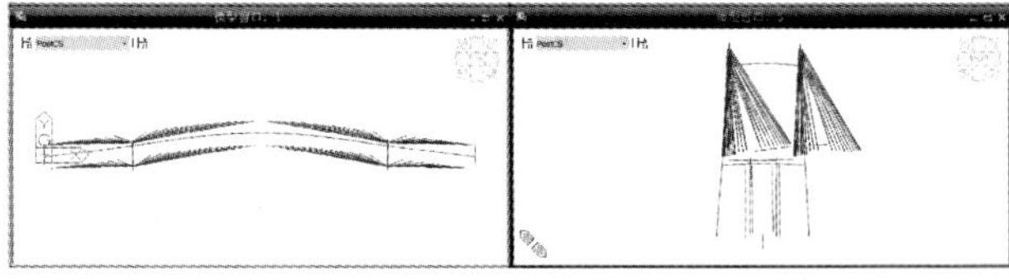

振型2：主梁一阶侧弯

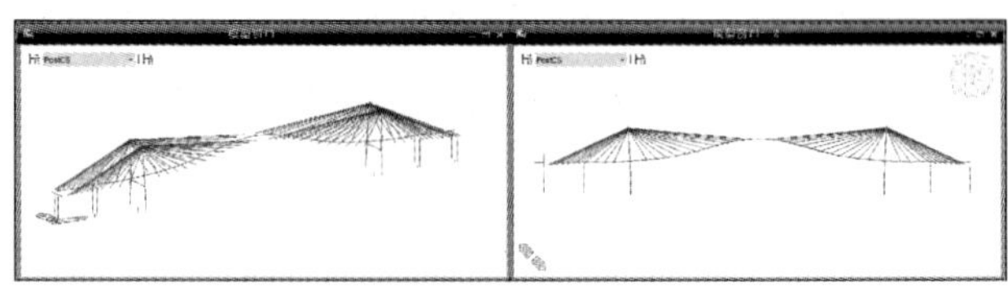

振型3：主梁一阶竖弯

图 7　斜拉桥主要振型

由以上动力特性易知，该桥的自振周期较长，有利于减小地震的影响，并且其较低阶的主要振型表现为单一独立形态，空间耦合作用不明显。

5　地震动力响应

采用动态时程分析法，计算水准Ⅱ(P_2)3 条随机相位的水平向地震动加速度时程波，每条地震波按照 2

种方式输入：

（1）水平顺桥向+2/3竖向；

（2）水平横桥向+2/3竖向。

取3组结果的包络最大值作为最终的计算结果。主要计算结果见表4—表6所示(表中轴力受拉为正，受压为负)。

表4 关键截面纵桥向内力（P_2 纵桥向地震）

工况	墩号	截面位置	轴力	剪力	弯矩
			(kN)	(kN)	(kN·m)
恒载±(纵向+竖向)	M1	墩底	−15 817	8 789	239 652
	M2	墩底	−11 870	6 382	225 833
	M3	塔底	−98 117	21 150	725 655
		下塔柱顶	−82 042	16 017	437 494
		上塔柱底	−65 382	7 646	415 392
	M4	塔底	−96 955	19 440	713 569
		下塔柱顶	−80 464	14 850	445 240
		上塔柱底	−64 786	7 606	418 547
	M5	墩底	−10 829	8 314	236 578
	M6	墩底	−14 782	9 027	244 137

表5 关键截面横桥向内力（P_2 横桥向地震）

工况	墩号	截面位置	轴力	剪力	弯矩
			(kN)	(kN)	(kN·m)
恒载±(横向+竖向)	M1	墩顶	7 567	6 312	90 998
		墩底	−2 385	9 326	169 517
	M2	墩底	−10 070	6 468	190 389
	M3	塔底	−49 760	34 200	742 272
		下塔柱顶	−32 657	27 981	413 600
		上塔柱底	−49 140	23 446	508 832
	M4	塔底	−47 515	35 713	767 019
		下塔柱顶	−30 419	29 168	420 738
		上塔柱底	−49 137	24 650	523 760
	M5	墩底	−11 950	6 622	190 959
	M6	墩顶	646	4 962	59 104
		墩底	−9 833	8 558	189 745

表6 关键控制点位移（P_2 纵桥向地震） (m)

工况	关键点	地震位移		
		X	*Y*	*Z*
纵向+竖向	M3塔顶	0.387	0.001	0.002
	M4塔顶	0.402	0.001	0.002
	M1梁端	0.385	0.000	0.001
	主梁跨中	0.384	0.000	0.568
	M6梁端	0.384	0.000	0.001

表7 关键控制点位移（P_2 横桥向地震） (m)

工况	关键点	地震位移		
		X	*Y*	*Z*
横向+竖向	M3塔顶	0.085	0.339	0.010
	M4塔顶	0.088	0.363	0.010
	M1梁端	0.007	0.276	0.001
	主梁跨中	0.002	0.360	0.505
	M6梁端	0.007	0.280	0.001

上述动力计算结果远大于静力计算结果，控制设计，其中过渡墩M1/M6、辅助墩M2/M5纵桥向受力较横桥向更不利，主塔M3/M4横桥向受力较纵桥向更不利。

由于本桥引入纵向黏滞阻尼器和横向弹塑性阻尼器，大桥的自振特性得到改善，结构自振周期的延长使其避开地震能量集中的范围，同时阻尼器还能够耗散地震能力，约束结构的位移。

根据最不利内力用纤维分析软件UCFyber对各关键截面进行验算，各关键截面的能力需求比均大于1，满足抗震设计要求，同时在纵横桥向地震作用下各关键控制点的位移均在允许的范围内，也满足要求。由此可见，本桥采用的球型钢支座配纵、横向阻尼器的减隔震设计思路是可行的，既改善了大桥的受力，又使得地震下的位移控制在允许范围内，收到不错的效果。

6 结论

本文以一座大跨度混合梁斜拉桥为例，采用有限元分析的方法，阐述了该类桥梁常用的抗震设计方法和地震反应分析方法，得到如下结论：

（1）大跨度斜拉桥的动力特性比较复杂，实用的抗震设计方法主要有两种：延性设计和减隔震设计，减隔震设计是比较常用的设计方法。

（2）榕江大桥采用减隔震设计，其动力特性有所改善，周期延长，有利于较小地震的影响，并且其较低阶的主要振型表现为单一独立形态，空间耦合作用不明显。

(3) 榕江大桥动力计算结果控制设计,过渡墩、辅助墩纵桥向受力较横桥向更不利,主塔横桥向受力较纵桥向更不利。

(4) 榕江大桥采用的球型钢支座配纵、横向阻尼器的减隔震设计,既减小了大桥关键位置地震下的受力,又使得的关键部位的位移控制在允许范围内,收到不错的效果。

参考文献

[1] 项海帆. 桥梁概念设计[M]. 北京:人民交通出版社,2011.

[2] 范立础,王志强. 桥梁减隔震设计[M]. 北京:人民交通出版社,2001.

[3] 范立础,胡世德. 大跨度桥梁抗震设计[M]. 北京:人民交通出版社,2001.

[4] 中华人民共和国交通运输部. JTG/T B02-01-2008 公路桥梁抗震细则[S]. 北京:人民交通出版社,2008.

[5] 邱新林,赵人达. 湛江海湾大桥抗震性能分析[J]. 中南公路工程,2006,31(2):93-95.

[6] 闫冬,袁万城. 大跨度斜拉桥的抗震概念设计[J]. 同济大学学报:自然科学版,2004,32(10):1344-1348.

[7] 姜夕伟. 大跨径铁路斜拉桥动力特性及地震响应研究[D]. 成都:西南交通大学,2007.

悬索桥施工猫道的动力特性分析

毛鸿银* 项海帆
（同济大学桥梁工程系 中国 上海 200092）

摘 要 猫道是悬索桥主缆施工过程中作为施工人员工作平台和通道的一种临时性结构，其动力特性是进行气动稳定性分析的基础。据此，介绍了猫道振动特性的分析方法，给出了基频的理论计算公式和实用近似计算公式。然后以虎门大桥猫道为例，分析了猫道的动力特性，并将理论计算结果和有限元分析结果进行了比较，在此基础上进一步分析了猫道的设计参数以及风荷载对猫道动力特性的影响。

关键词 悬索桥；猫道；动力特性；振动特性

目前，国内多座大跨桥梁正处于规划、设计和施工过程中，作为大跨桥梁中最美观和经济的悬索桥格外得到重视。现在广东汕头海湾大桥已经建成通车，虎门大桥和江阴长江大桥正处于施工过程中。

在悬索桥主缆编制施工过程中，作为施工人员工作平台和通道的猫道结构，其本身是一个柔性结构。现在正在施工中的虎门大桥猫道，由于其地处珠江口，是我国遭台风侵袭频度最高的地区之一，平均每年约受到2～4次台风影响，而且台风影响周期长，一般在每年5—11月。为确保主缆施工过程中猫道的抗风安全及为进行抗风性能研究提供一定的依据，有必要对其振动特性进行分析，并分析有关设计参数对其动力特性的影响。

1 理论分析

根据猫道结构自身的特点，可将其作为带有预张力的索桁架结构，运用振动微分方程求解其振动特性，或者采用有限元方法求得其动力特性数值解。上述两种方法都可精确地确定其动力特性。下面介绍利用索结构振动分析理论[1-3]，结合猫道结构自身的特点，分析猫道的振动特性。由于塔相对于猫道为刚性，故仅取猫道中跨，而忽略边跨和塔的影响，根据猫道的结构特点，将其简化为带预张力的索桁架结构，分别分析其侧向、竖向和扭转振动特性。

1.1 侧向固有振动

猫道侧向振动运动微分方程为：

$$(H_u + H_l)\frac{\partial^2 v(x,t)}{\partial x^2} = m\frac{\partial^2 v(x,t)}{\partial t^2} \tag{1}$$

式中，H_u, H_l 分别为上、下弦的张力；$v(x,t)$为侧向位移，x为顺桥向坐标，t为时间；m为单位长度质量。

如果设：$v(x,t) = \tilde{v}(x)e^{i\omega t}$ (2)

式中，ω为结构振动频率，则有：

$$(H_u + H_l)d^2\tilde{v}(x)/dx^2 + m\omega^2\tilde{v}(x) = 0 \tag{3}$$

根据边界条件$\tilde{v}(0) = \tilde{v}(L) = 0$代入微分方程(3)求解，可得其一阶对称侧向振动频率为：

$$f = [(H_u + H_l)/m]^{1/2}/2L \tag{4}$$

* 毛鸿银，1971年出生，项海帆教授1993级硕士研究生，论文题目“悬索桥施工猫道的抗风性能研究”。本文发表于《同济大学学报》1998年第26卷第4期，第372—376页。

式中，L 为猫道跨度。

对于一阶反对称侧向振动，其边界条件为 $\tilde{v}(0)=\tilde{v}(L/2)=0$，振动频率为：

$$f=[(H_u+H_l)/m]^{1/2}/L \tag{5}$$

1.2 竖向固有振动

猫道在铅垂方向固有振动微分方程为：

$$h_u\left(\frac{d^2y}{dx^2}\right)_u+h_l\left(\frac{d^2y}{dx^2}\right)_l+(H_u+H_l)\frac{\partial^2 w(x,t)}{\partial x^2}=m\frac{\partial^2 w(x,t)}{\partial t^2} \tag{6}$$

式中，h_u，h_l 分别为上、下弦张力在水平方向的变化：

$$h_u=-\frac{A_u}{L_u}\int_{L_u}w(x,t)\left(\frac{d^2y}{dx^2}\right)_u dx \tag{7}$$

$$h_l=-\frac{A_l}{L_l}\int_{L_l}w(x,t)\left(\frac{d^2y}{dx^2}\right)_l dx \tag{8}$$

其中，L_u，L_l 分别为上、下弦的跨度；A_u，A_l 分别为上、下弦的轴向刚度；y 为上、下弦的原有线形；$w(x,t)$ 为竖向位移。

若设：

$$w(x,t)=\tilde{w}(x)e^{i\omega t} \tag{9}$$

$$\eta=\left(\frac{d^2y}{dx^2}\right)_l\bigg/\left(\frac{d^2y}{dx^2}\right)_u \tag{10}$$

$$\kappa=A_l/A_u \tag{11}$$

$L_u=L_l=L$，同时假定上、下弦均为抛物线形，即 $d^2y/dx^2=\text{const}$。

将式(7)—式(11)代入式(6)，则有：

$$\left(\frac{d^2y}{dx^2}\right)_u^2\frac{A_u}{L}(1+\kappa\eta^2)\int_L\overline{w}(x)dx-(H_u+H_l)\frac{d^2\tilde{w}(x)}{dx^2}=m\omega^2\tilde{w}(x) \tag{12}$$

求解上述微分方程，并利用边界条件，可分别求得一阶对称竖向振动频率和一阶反对称竖向振动频率。对于一阶对称竖向振动，其边界条件为 $\tilde{w}(0)=\tilde{w}(L)=0$，则有：

$$f=[(H_u+H_l)/m+8(d^2y/dx^2)_u^2A_uL^2(1+\kappa\eta^2)/m\pi^2]^{1/2}/2L \tag{13}$$

对于一阶反对称竖向振动，其边界条件 $\tilde{w}(0)=\tilde{w}(L/2)=0$，则有：

$$f=[(H_u+H_l)/m]^{1/2}/L \tag{14}$$

1.3 扭转固有振动

利用能量原理和拉格朗日方程可方便地导出猫道扭转振动的基本方程[4]：

$$-\frac{HB^2}{4}\frac{\partial^2\varphi}{\partial x^2}+\frac{4fB}{L^2}h+J_m\frac{\partial^2\varphi}{\partial t^2}=0 \tag{15}$$

式中，B 为两猫道中心距离；φ 为扭转变位；$H=H_u+H_l$；$h=h_u+h_l$；$J_m=mB^2/4$，为质量惯性矩。

一阶反对称扭转振动频率：$f=\sqrt{H/m_{eq}}/L$ (16)

式中：$m_{eq}=J_m/b^2$ 为等效质量，$b=B/2$。

2 实用近似计算公式

下面以猫道的一阶反对称竖向弯曲振动频率计算为例，给出该频率的近似计算公式，利用同样的方法可以推导一阶对称和反对称侧向振动频率的实用近似公式。

抗风缆张力对猫道振动频率产生的影响主要表现在两个方面：①抗风缆张力自身对频率的贡献，体现在公式的 H_l 中；②增设抗风缆使得承重缆张力增加。

设猫道承重缆和抗风缆的矢高分别为 f_u 和 f_l，则可得到由于抗风缆张力引起的承重缆张力的变化为：

$$H_{u2}=H_lf_l/f_u \tag{17}$$

在增设抗风缆后，猫道承重缆的张力为：

$$H_u=H_{u1}+H_{u2}=H_{u1}+H_lf_l/f_u \tag{18}$$

$H_{u1}=mgl^2/8f_u$，为由猫道总质量引起的承重缆的张力。

将 H_u 和 H_l 代入式(14)可得一阶反对称竖弯振动频率：

$$\begin{aligned}f_b&=\sqrt{[H_{u1}+(1+\lambda)H_l]/m}/L\\&=(H_{u1}/m)^{1/2}[1+(1+\lambda)\mu]^{1/2}/L\end{aligned} \tag{19}$$

式中，$\lambda=f_l/f_u$ 为猫道的抗风缆矢高和承重缆矢高之比；$\mu=H_l/H_{u1}$ 为抗风缆张力与承重缆张力之比。

对 $[1+(1+\lambda)\mu]^{1/2}$ 在 $\mu=0$ 时进行泰勒级数展开，近似取前两项，则得：

$$f=1.11[1+(1+\lambda)\mu/2]/\sqrt{f_u} \tag{20}$$

运用同样的方法可以得到一阶对称侧向振动和一阶反对称侧向振动的频率近似计算公式。

在计算机和有限元法的应用已经十分普及的今天，可以通过应用有限程序按精确的力学模型来计算猫道的自振特性，即可考虑质量沿跨长方向分布不均的变化，以及吊杆、横向天桥等因素的影响。

下面以虎门悬索桥猫道为例，运用实用近似公式来计算其频率，并将计算结果与理论公式计算结果及有限元法的结果进行比较。

猫道设计参数为：跨度 $L=888$ m（主跨）；沿跨长单位长度质量 $m=193.55\ \mathrm{kg\cdot m^{-1}}$；承重缆矢高 $f_u=72.854$ m；抗风缆矢高 $f_l=68.706$ m；抗风缆张力 $H_l=0.3804$ MN；承重缆张力 $H_u=2.984$ MN。

利用理论计算公式、实用近似计算公式和有限元法计算的结果及它们之间的比较见表1。

表1 三种计算结果的比较

序号	固有振型特点	理论公式（Hz）	近似公式（Hz）	有限元法（Hz）
1	一阶对称侧向振动	0.074 2	0.073 3	0.073 4
2	一阶反对称侧向振动	0.148 5	0.146 6	0.144 9
3	一阶反对称竖向振动	0.148 5	0.146 6	0.145 4

3 猫道承重缆和抗风缆张力对猫道振动特性的影响

从式(4)、式(13)和式(16)中不难发现，猫道一阶对称侧弯振动频率 f_{slb}、一阶反对称竖弯振动频率 f_{asvb}、一阶反对称扭转振动频率与承重缆张力和抗风缆张力的关系为

$$f\propto(H_u+H_l)^{1/2} \tag{21}$$

这一关系在猫道动力特性的有限元分析中也得到了证明。下面给出了不同张力下理论计算和有限元分析的结果，从图1和图2中可以看到二者相当吻合，且再一次证明频率 f 与张力 H 的关系正如式(21)。

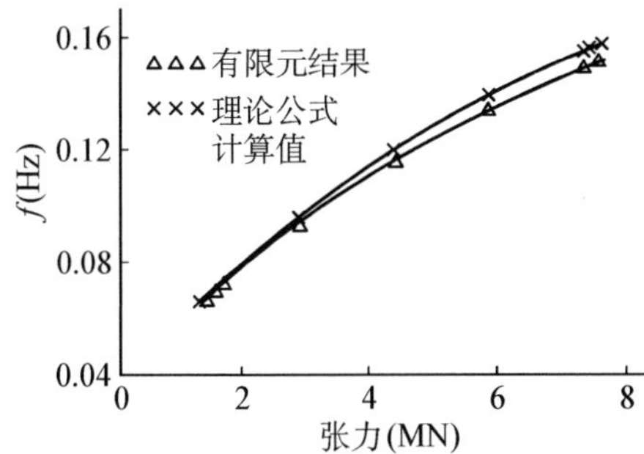

图1 一阶对称侧弯振动频率与张力关系

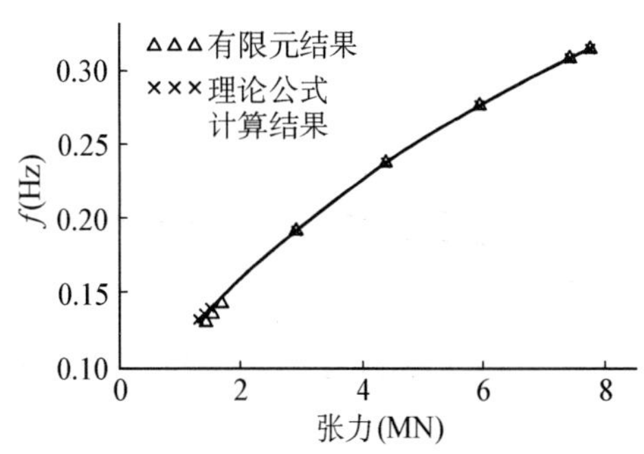

图2 一阶反对称竖弯振动频率与张力关系

再者，从猫道竖向振动的扭转振动分析中还发现张力增量对其反对称振动频率不产生影响，而对其对称振动有着显著的影响，下面以竖向振动为例说明其影响的重要性。

对应虎门大桥：$\kappa=5.76$，$\eta=1.06$，$\mathrm{d}^2y/\mathrm{d}x^2=7.39\times10^{-4}$，由式(12)得：$f=0.9270$ Hz，若忽略增量影响项，则 $f=0.0743$ Hz。

从上面的两个数据的比较可见，张力的增量将对一阶对称竖向振动频率产生不可忽略的影响。

4 矢跨比对猫道振动特性的影响

与此同时还针对抗风缆不同的矢跨比分析了猫道的动力特性。通过分析发现：在不改变抗风缆张力情况下，猫道的振动频率随着矢跨比的增加而略有增大，这可以从图3和图4中发现这一规律。由于在抗风缆张力不变的情况下，矢跨比的变化引起承重缆张力的改变，从而引起频率的变化，同时由于抗风缆的张力相对于承重缆的张力较小，所以引起频率的变化并不大，利用近似公式可以得到同样的结果。图3和图4中给出了理论计算和有限元分析的结果，从中可以看到二者吻合得相当好。此外作为比较还给出了假定承重缆张力和抗风缆张力不变的情况下，仅改变抗风缆矢跨比的结果。结果发现，抗风缆的矢跨比的改变（2%～8%）对猫道振动频率变化影响较小，这可以从图3和图4中明显看出。

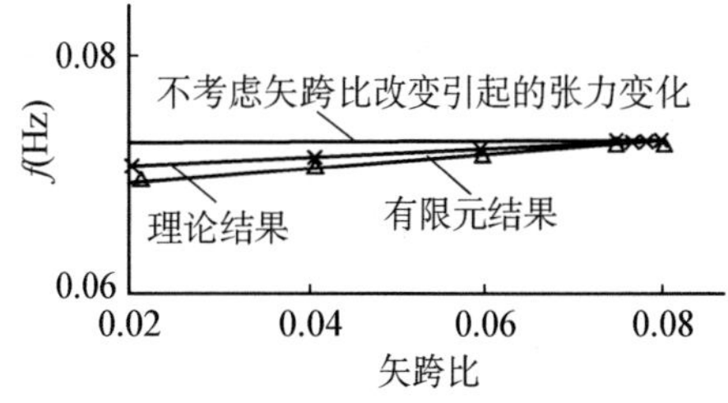

图3 一阶对称侧弯振动频率与抗风缆矢跨比关系

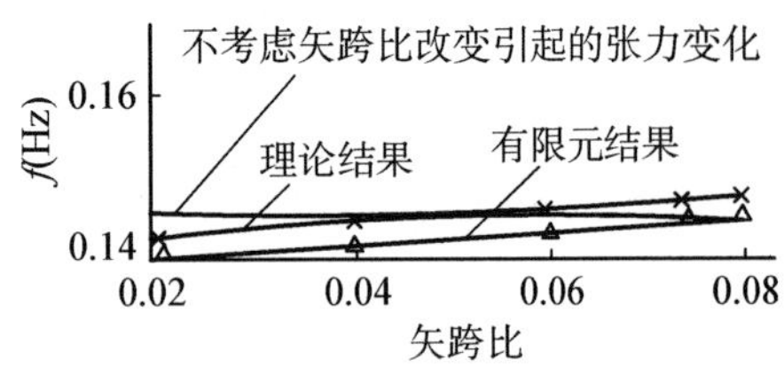

图 4　一阶反对称竖弯振动频率与抗风缆矢跨比关系

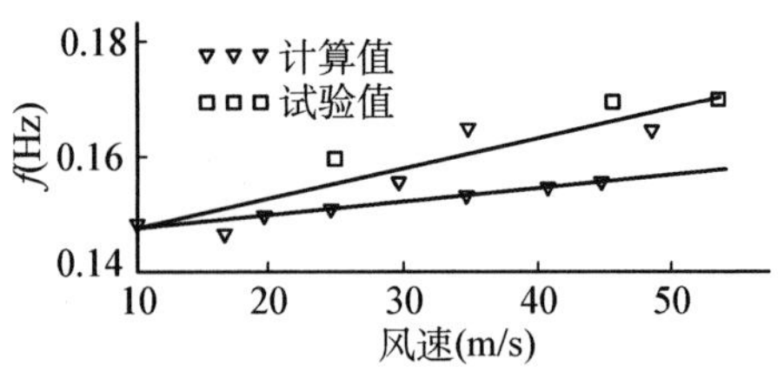

图 6　一阶反对称竖弯振动频率随风速变化

5　风荷载对猫道振动特性的影响

前面对猫道结构动力特性的分析都未考虑作用在猫道结构上的风荷载的影响，但对类似于猫道这样的柔性结构，风荷载的作用将对其动力特性产生一定的影响，在风荷载的作用下，猫道结构将发生较大的变位，使得猫道结构的承重缆的张力和抗风缆的张力均增大，从前面猫道振动频率的计算公式中不难发现：猫道承重缆张力和抗风缆张力的增大将使得猫道振动频率增大，而且随着风速的提高，猫道结构的振动频率也相应有所增大。这一现象在虎门大桥猫道施工时的抗风试验过程中得到证实。图 5 和图 6 给出了猫道结构振动频率随风速的变化曲线。

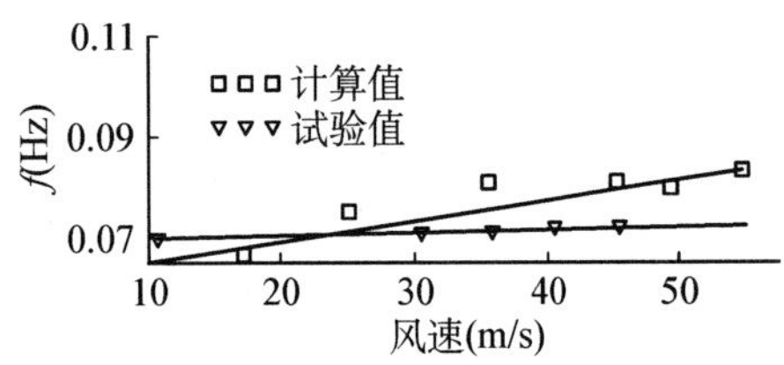

图 5　一阶对称侧弯振动频率随风速变化

6　结论

本文通过对猫道结构动力特性的分析，给出了其基频的理论计算公式和实用近似计算公式，利用有限元方法，分析了有关设计参数对猫道振动特性的影响，并将理论计算公式结果同有限元分析结果作比较，从中可以得到以下结论：

(1) 猫道结构的一阶反对称侧弯、竖弯和扭转及一阶对称侧弯频率大小与承重缆张力和抗风缆张力之和的根方值成正比。

(2) 本文给出的实用近似计算公式具有一定的实用性和准确性。

(3) 抗风缆矢跨比的改变，对猫道振动频率影响较小，可以忽略不计。

(4) 张力增量对于对称竖弯振动和对称扭转振动频率产生不可忽略的影响。

(5) 风荷载的作用将使得猫道结构的振动频率增大。

参考文献

[1] Irvine H Max. Cable Structure [M]. Cambridge: The MIT Press, 1981.

[2] Pretn Krishna. Cable-suspended Roofs [M]. New York: McGraw-hill Book Company, 1978.

[3] Miros Pimer. Aemelatic Characteristics of a Stressed Ribbon Pedestrian Bridge Spanning 252 m [J]. WEIA, 1994,53(3):301 - 314.

[4] 李国豪主编. 桥梁结构稳定与振动[M]. 第 2 版. 北京：中国铁道出版社，1991.

索的局部振动对缆索承重桥梁固有模态的影响

杨德灿[1*]　葛耀君[2]　项海帆[2]

(1. 武汉理工大学道路与桥梁工程系　中国　武汉　430063；
2. 同济大学桥梁工程系　中国　上海　200092)

摘　要　缆索承重桥梁的缆索在桥梁振动过程中会发生缆索作为张力弦的局部振动。这种局部振动，当跨径增加以后，至少对桥梁的颤振特性有明显的影响。为了探索对颤振特性的影响机理，首先需要考察缆索局部振动对桥梁固有模态的影响。本文引入缆索多链杆模型，分别以杨浦大桥和江阴长江大桥为斜拉桥和悬索桥的例子，进行全桥有限元动力特性分析。分析结果表明，斜拉桥的斜拉索局部振动的基频位于桥梁整体基本模态频率范围。桥梁振动时容易引起缆索的共振，对桥梁基本模态振型影响较大，致使模态频率变化也较大，且有正有负。悬索桥吊索的基频远离桥梁低阶基本频率范围，桥梁振动时不足以激发吊杆自身模态的振动，吊杆只发生微小的因两端点动位移激发的牵连振动。

关键词　悬索桥；缆索；颤振；局部振动；多链杆模型；固有模态

基金项目：国家自然科学基金项目(51178367)。

* 杨德灿，1964 年出生，项海帆教授 2001 级博士研究生，论文题目“考虑缆索气动弹性影响的大跨度桥梁三维颤振分析”。本文被收录于第 20 届全国桥梁学术会议论文集(2012 年 5 月)。

1　引言

缆索承重桥梁(斜拉桥和悬索桥)在全桥整体的振动过程中，每一单根缆索局部的振动行为由两部分组成：一部分是单根缆索受两端点动位移的牵连，而发生的受动位移激励的强迫振动；第二部分是指缆索作为张力弦自身的振动，也就是说即使两端点固定不动，张力弦自身也会发生振动。在进行缆索承重桥梁动力分析时，往往并未考虑缆索的局部振动，而用单根的链杆单元模拟整根缆索[1-4]。一般认为缆索质量相对较小，缆索局部的振动对桥梁结构的固有模态乃至其他受迫振动行为(如地震反映、风振反映、车桥共振反应)影响较小，可以忽略。

缆索的局部振动对桥梁结构固有模态频率值的影响可能不大，但却改变了固有模态的振动形态，大量的缆索局部振型参与到全桥的振动模态之中。研究表明，跨度增加以后，缆索承重桥梁的颤振特性受缆索局部振动影响较大，有时不能忽略[5, 6, 7]。这是因为一方面颤振临界风速对参与颤振的主要固有模态的固有频率比较敏感；另一方面固有振型中大量的缆索局部振动的参与也影响了结构与风场的相互作用。在搞清楚缆索局部振动对颤振影响的机理之前有必要先搞清楚缆索局部振动对固有模态的影响机理。

本文引入缆索多链杆有限元模型反映缆索作为张力弦振动的自由度，分别以杨浦大桥和江阴长江大桥为例，利用商业结构有限元软件(ANSYS)[8]，计算考察缆索局部振动对斜拉桥和悬索桥固有模态的影响。

2　缆索多链杆模型

缆索承重桥梁振动时，每根缆索除了作为直杆随整体三维空间结构一起振动外，缆索自身还会发生弦的横向振动。用单链杆模型模拟缆索只能反映直杆随整体结构的振动，索的横向振动无法反映。要反映缆索自身的横向振动，需要建立反映张力弦横向振动自由度的模型。本文引入多链杆模型模拟缆索的横向振动。单链杆和多链杆模型的比较如图 1 所示。多链杆模型必须计入几何刚度[9]的影响，否则中间节点没有横向刚度，缆索为可变体系。

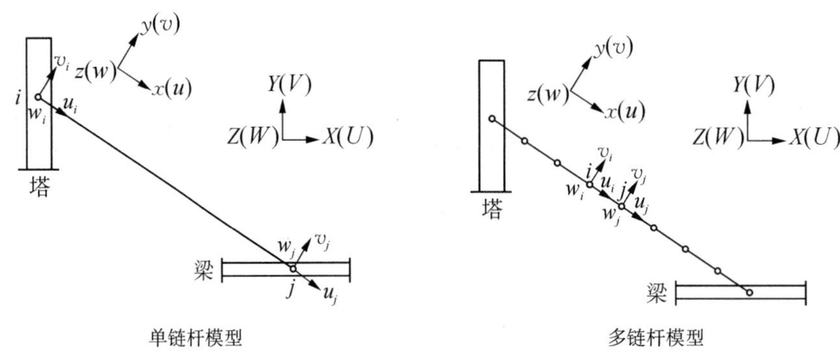

图1 缆索的单链杆和多链杆模型

对于悬索桥主缆，由于与吊索的联结点本身为自由度节点，所以整根曲线的主缆已经是多链杆模型。两相邻吊索之间的主缆太短，没有必要再使用多链杆模型。那么，本文引用的多链杆模型实际上只适用于悬索桥的吊索和斜拉桥的斜拉索。

对桥梁整体动力特性产生影响的首先是索的低阶模态，采用8链杆模型即可较好地反映出两个正弦半波的弦的二阶振型，即每个半波由四折线表示。模拟一阶振型，用八折线表示一个半波，精度更高。所以，对于考虑索自身振型对桥梁颤振特性或自振特性的影响，8链杆模型已经足够精确，也是合适的。盲目地增加缆索模型的链杆数不仅不会提高分析的精度，而且还是有害的。因为链杆数的增加直接增加了有限元模型的自由度，而系统有限元方程的建立及其求解迭代中的数值计算都与自由度的数量相关，无谓的自由度的增加只会使有限元的矩阵和方程变得更加畸形，增加机器数值计算的误差，影响计算结果。所以，建立结构有限元模型时，要针对问题的性质，使用尽量少的自由度准确精辟地刻画问题的实质。自由度不是越多越好，模型也不是越精确越好。

3 索的局部振动对斜拉桥固有模态的影响

使用杨浦大桥动力分析数据，斜拉索首先使用单链杆模型计算桥梁的固有模态，并考察几何刚度的影响。然后将单链杆模型改为多链杆模型（本文使用8链杆模型），并计入几何刚度，使用 Block Lanczos 求解器重新计算桥梁的固有模态，计算结果及其比较如表1所示。

表1 杨浦大桥不同斜拉索模型计算的主要固有模态频率比较 (Hz)

振型特征	单链杆模型			多链杆模型		比较	
	模态号	不计几何刚度	计几何刚度	模态号	计几何刚度	单计/单不计	多计/单计
主梁一阶反对称纵漂	1	0.074 7	0.000 0	1	0.000 0	0.000	—
主梁一阶对称侧弯	2	0.220 6	0.219 4	2	0.218 7	0.995	0.997
主梁一阶对称竖弯	3	0.273 8	0.271 5	3	0.270 6	0.992	0.997
主梁一阶反对称竖弯	4	0.333 2	0.327 3	4	0.326 2	0.982	0.997
主塔同向侧弯	5	0.423 2	0.405 2	6	0.372 9	0.958	0.920
主塔反向侧弯	6	0.423 8	0.405 5	5	0.370 5	0.957	0.914
主梁二阶对称竖弯	7	0.475 9	0.462 4	119	0.468 1	0.972	1.012
主梁一阶对称扭转	8	0.519 0	0.515 4	192	0.536 2	0.993	1.040
				176	0.525 0		1.019
				174	0.511 2		0.992
主梁一阶反对称扭转	9	0.547 2	0.543 1	259	0.627 2	0.993	1.155
				243	0.615 7		1.134
				193	0.542 7		0.999
主梁二阶反对称竖弯	10	0.562 5	0.543 7	202	0.547 0	0.967	1.006

注：单计/单不计＝单链杆计几何刚度/单链杆不计几何刚度；多计/单计＝多链杆计几何刚度/单链杆计几何刚度。

表1中可以看出,多链杆模型的模态号是不连续的,间断部分为索局部振动主导的模态。前6阶为桥梁的基本低阶模态,从第7阶开始出现索局部振动参与的模态。典型地,表中未列的第11阶模态为中跨最外侧索横向一阶振型,振型图如图2所示,频率为0.387 81 Hz。这一频率即为中跨最外侧索作为两端固定的张力弦的一阶基频。表中显示,主梁一阶扭转和二阶竖弯模态淹没在索振动模态之中。可见,索的振型对结构基本振型将产生显著的干扰,桥梁基本振型中也将激发索的振动。从图3中可以看到一阶对称扭转振型中包含的索的振动。

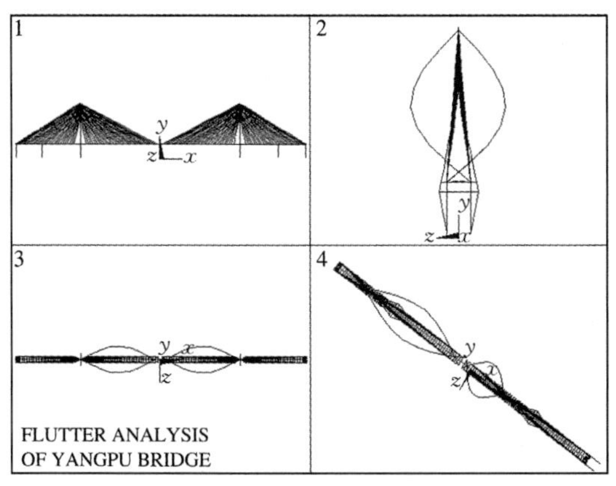

图2 杨浦大桥多链杆模型斜拉索自身振动的振型图(8链杆,第11阶)

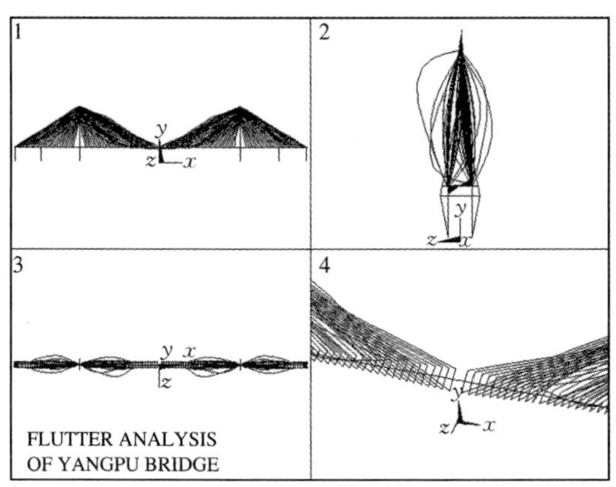

图3 杨浦大桥多链杆模型主梁一阶对称扭转振型图(8链杆,第192阶)

使用单链杆模型时,几何刚度对固有频率影响不大,主塔侧弯模态相差约4%,二阶对称和反对称竖弯相差约3%,一阶模态均未超过2%。斜拉索受拉,几何刚度为正,梁和塔受压,几何刚度为负,几何刚度具有正负抵消的效应。所以是否考虑几何刚度对单链杆模型固有模态频率的影响有限。

对于多链杆模型,由于不考虑几何刚度多链杆中间节点的横向刚度为零,所以多链杆模型是以考虑几何刚度为前提的。表中列出了计入几何刚度的多链杆模型的计算结果,并与单链杆计入几何刚度模型的结果进行了比较。对于低频范围的前4阶基本频率,与单链杆结果相比,降低均0.3%;二阶对称和二阶反对称竖弯结果增加约1%;主塔侧弯模态降低约8%;一阶对称和一阶反对称扭转模态相差较大。频率相差较小的前4阶模态的振型也差别不大,只是伴随出现了索的一阶振型(单个半波),但主导形态没变。图4和图5分别示出了单链杆和多链杆模型一阶对称竖弯的振型图。

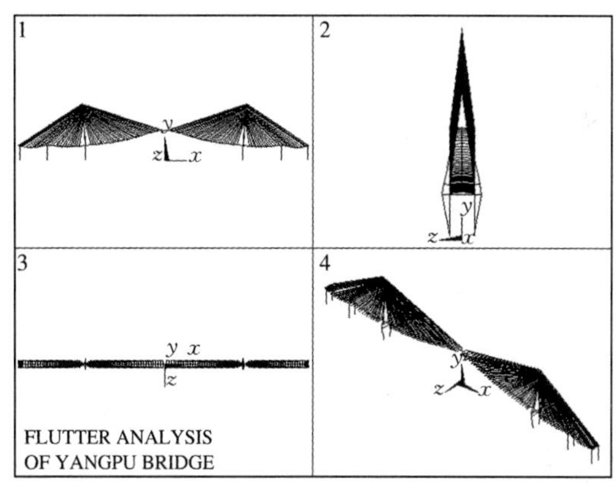

图4 杨浦大桥单链杆模型主梁一阶对称竖弯振型图

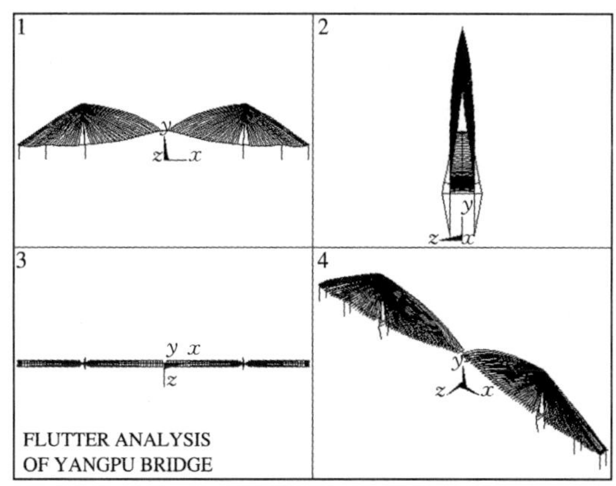

图5 杨浦大桥多链杆模型主梁一阶对称竖弯振型图

然而,对于较高端的一阶对称和一阶反对称扭转模态,情形有所不同。由于频率渐高,进入了斜拉索作为两端固定的张力弦的基频范围,大量的索的自身振型参与其中,淹没了主梁扭转的基本振型,很难说谁是主导。图3示出了杨浦大桥8链杆模型的第192阶主梁一阶对称扭转振型图。由于振型的位移是经过对质量矩阵归一化处理后,在图中按合适的比例示出,所以图中扭转位移不明显只是说明扭转位移相对于索的位移(半波的矢高)较小而已。

此外,计算还揭示存在多个主梁扭转和斜拉索横向振动相伴的,两者振幅强弱对比不同的模态。使用求解器Block Lanczos计算前300阶模态,频率范围从0计算到了0.708 08 Hz,经过Sturm序列检查,中间没有发生模态丢失现象。对模态振型逐一进行考察,发现以扭转为主导的模态已不复存在,只有若干阶索横向振动中夹杂着主梁扭转的模态。表1中按主梁扭转振幅相对大小由高到低列出了一阶正对称和一阶反对称各自前3个扭转模态。

从表1最后一列可以看出,使用多链杆模型以后桥梁的固有模态的频率相对于单链杆模型既有可能增加又有可能减小。由于多链杆模型只是在缆索中间增加节点,然后考虑几何刚度使中间节点在索的横向具有刚度,对整根缆索两端节点的力学行为影响很小,所以可以认为中间节点的引入对结构整体刚度的影响很小,其影响主要表现在整体质量上面。

事实上,中间节点的引入改变了结构中缆索单元的形函数,这里的形函数表现为振型函数。某一模态的广义刚度反映的是弹性力在振型函数作为虚位移上所作的功,而广义质量则反映的是惯性力在振型函数上所作的功。然而,在中间节点横向自由度上弹性恢复力较小,但是却有较大的质量分布。所以,缆索单元振型函数的改变更多地会影响到广义质量,对广义刚度影响较小。

如果振型函数按向量的模归一化,表1中低阶模态多链杆模型引入中间节点后的振型,相对于单链杆模型,加劲梁和塔的幅值改变不大,只是多了缆索的横向位移。缆索横向位移的增加引起的振型函数的改变较大地增加了广义质量,而广义刚度基本不变,所以模态频率有所下降。然而,表1中较高阶模态的情形有所不同。此时,多链杆模型的振型相对于单链杆模型不仅仅多出了缆索的横向位移,加劲梁位移的(相对)幅值急骤减小,引起的振型函数的改变使整体广义质量大幅减小,其幅度超过广义刚度减小的幅度,致使模态频率增加。

4 索的局部振动对悬索桥固有模态的影响

对于悬索桥,不考虑几何刚度时主缆中间节点在平面外的刚度为零(几何可变),所以必须计入几何刚度才能反映悬索桥主缆在主缆平面外的振型。悬索桥在缆索平面内的情形又有所不同。在缆索(桥梁)平面内,不管纵向漂浮的话,体系为几何不变。不计几何刚度时,结构在平面内也具有刚度,但此时不管静力还是动力的计算结果对于大跨度柔性加劲梁悬索桥都与考虑几何刚度时相差甚远。所以,悬索桥在平面外由于属于几何可变体系必须计入几何刚度的影响;在平面内的结构行为与斜拉桥不同的是,悬索桥对几何刚度要敏感得多,这是由于悬索桥结构各杆件之间特殊的几何组成关系以及主缆和加劲梁之间特殊的刚度对比所决定的,这就是所谓"重力刚度"的影响。所以重力刚度的实质,用有限元的概念来解释的话,反映的是结构的几何刚度。

本文使用江阴长江大桥动力分析的数据,将每根吊杆用串联的8根链杆单元来模拟,使用Block Lanczos求解器计算桥梁的固有模态,并与单链杆模型进行比较,结果如表2所示。计算表明,吊杆使用多链杆模型以后对桥梁的基本模态的频率影响很小,多链杆模型的振型多出了吊杆的局部振动。频率的影响除主梁纵漂模态为千分之一以外,其余均未超过万分之二量级。

表2 江阴长江大桥不同吊索模型计算的主要固有模态频率比较

模态号	振型特征	工程频率(Hz)		
		单链杆模型	多链杆模型	多链杆/单链杆
1	主梁一阶对称侧弯	0.051 59	0.051 59	1.000 00
2	主梁一阶反对称竖弯	0.089 07	0.089 08	1.000 18
3	主梁一阶反对称侧弯	0.123 64	0.123 67	1.000 24
4	主梁一阶反对称纵漂伴一阶反对称竖弯	0.131 59	0.131 74	1.001 14
5	主梁一阶对称竖弯	0.133 76	0.133 77	1.000 07

续表

模态号	振型特征	工程频率(Hz)		
		单链杆模型	多链杆模型	多链杆/单链杆
6	主梁二阶对称竖弯	0.188 28	0.188 28	1.000 00
7	主梁二阶反对称竖弯	0.200 41	0.200 43	1.000 10
12	主梁二阶对称侧弯	0.246 84	0.246 79	0.999 80
13	主梁三阶对称竖弯	0.258 24	0.258 26	1.000 08
14	主梁一阶反对称扭转	0.267 81	0.267 86	1.000 19
15	主梁一阶对称扭转	0.273 16	0.273 17	1.000 04
16	主梁三阶反对称竖弯	0.310 56	0.310 59	1.000 10
27	主梁四阶对称竖弯	0.370 60	0.370 63	1.000 08
30	主梁二阶对称扭转	0.413 41	0.413 47	1.000 15

图 6 和图 7 代表性地示出了桥梁从低阶到高阶的基本模态。可以看出,吊杆横向位移在桥梁低阶基本模态的振型中反映很小,只有在高阶模态中才逐渐反映出来,直至最长索率先发生张力弦振动(图 7)。图 8 代表性地示出了多根吊杆按自身一阶模态(一个正弦半波)振动的振型。振型图中显示,较长吊杆接近于张力弦振动,振幅较大;较短吊杆则为牵制性振动,振幅较小。这当然是由吊杆自身固有频率决定,较长者具有较低频率,较短者具有较高频率,而桥梁这一整体模态的频率落在较低端。图 9 还代表性地示出了以缆索系统的振动为主导的模态。图中主缆呈现三阶反对称侧向弯曲,吊杆为自身一阶横向朝外的弯曲,而主梁只有被动性的微小位移。

图 6 江阴长江大桥多链杆模型主梁四阶对称竖弯振型图(8 链杆, 第 27 阶)

图 7 江阴长江大桥多链杆模型主梁六阶对称竖弯振型图(8 链杆, 第 56 阶)

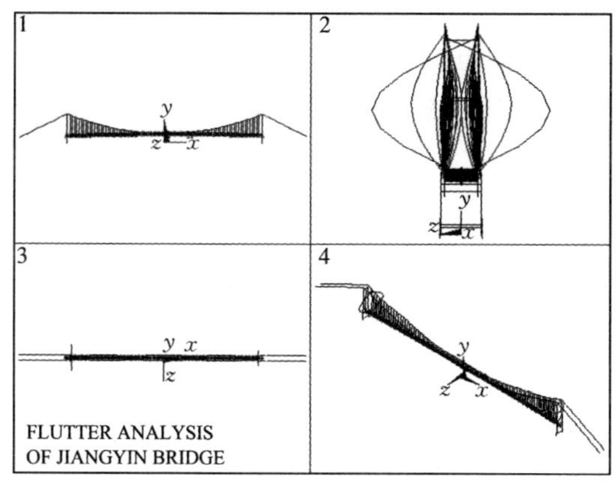

图 8 江阴长江大桥多链杆模型吊杆群体一阶振型图 (8 链杆, 第 50 阶)

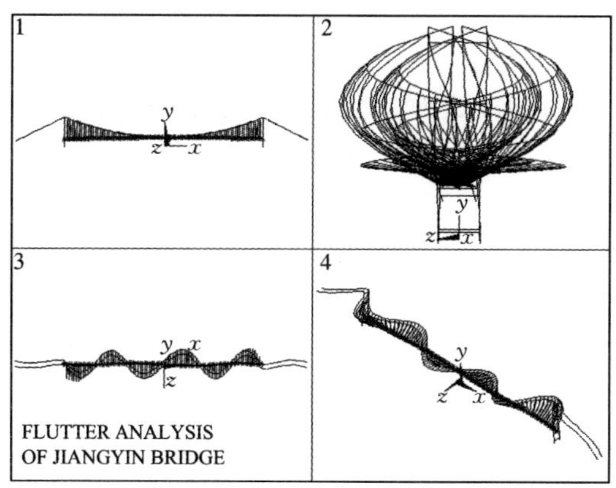

图 9 江阴长江大桥多链杆模型缆索系统主导振型图 (8 链杆, 第 40 阶)

5 讨论与结论

本文引入缆索的多链杆有限元模型,考察了缆索局部振动对桥梁固有模态的影响。计算分析表明,缆索局部振动对斜拉桥和悬索桥固有模态影响的程度、影响的形态和影响的机理均有所不同。

(1) 在斜拉桥中,斜拉索作为两端固定的张力弦振动的基频浸入到了桥梁整体的基本模态的频率范围。

桥梁按基本模态振动时容易激发缆索自身的振型，引起缆索的共振，对桥梁基本模态的振型影响较大，致使模态频率变化也较大。例如图 3 中主梁一阶对称扭转模态，振型中的缆索横向位移与主梁扭转位移相当，难以分辨谁是主导，接近于塔梁与索的共同振动。

(2) 悬索桥中由于吊杆作为两端固定张力弦的基频远离桥梁低阶的基本频率范围，桥梁主梁以基本模态振动时，不足以激发吊杆自身模态的振动，吊杆只是伴随产生了微小的因两端点动位移而激发的索的牵连振动。在图 6 中可以看到吊杆微小的牵连振动位移，而图 7 中则可看到桥梁的高阶模态中吊杆与塔梁共同振动的情形。

(3) 斜拉索局部振动对斜拉桥基本固有模态影响的程度远大于吊索局部振动对悬索桥基本固有模态影响的程度。原因在于两种桥型缆索自身振型参与的程度不一样。斜拉桥基频浸入了斜拉索自身固有频率范围，桥梁基本模态激发了斜拉索的共振。而悬索桥两者的频率范围是远离的，桥梁基本模态只能使吊索发生小位移的强迫振动。缆索局部振动对桥梁固有模态频率的影响既有正，又有负的效应。

6 致谢

本文使用的杨浦大桥和江阴长江大桥结构有限元模型的 ANSYS 命令流基础数据由丁泉顺博士提供，特此致谢。

参 考 文 献

[1] Gimsing N J. Cable Supported Bridges, Concept & Design [M]. Hoboken: John Wiley & Son Ltd, 1997.

[2] Ge Y J, Xiang H F. Computational Models and Methods for Aerodynamic Flutter of Long-span Bridges [J]. Journal of Wind Engineering and Industrial Aerodynamics, 2008,96(10 - 11):1912 - 1924.

[3] Ge Y J, Tanaka H. Aerodynamic Flutter Analysis of Cable-supported Bridges by Multi-mode and Full-mode Approaches [J]. Journal of Wind Engineering and Industrial Aerodynamics, 2000,86(2 - 3):123 - 153.

[4] Ding Q S, Chen A R, Xiang H F. Coupled Flutter Analysis of Long-span Bridges by Mmultimode and Full-order Approaches [J]. Journal of Wind Engineering and Industrial Aerodynamics, 2002, 90(12 - 15): 1981 - 1993.

[5] Cheng S H. Structural and Aerodynamic Stability Analysis of Long-span Cable-stayed Bridges [D]. Ph D Dissertation. Ottawa: Carleton University, 1999.

[6] 杨德灿，宛劲松. 跨径的增加对缆索承重桥梁颤振分析方法的影响[J]. 桥梁建设，2004,159(5):23 - 26.

[7] Yang D C, Ge Y J, Xiang H F, et al. 3D Flutter Analysis of Cable Supported Bridges including Aeroelastic Effects of Cables [J]. Advances in Structural Engineering, 2011,14(6):1129 - 1147.

[8] ANSYS Inc. ANSYS Structural Analysis Guide [M]. 3rd Edition. SAS IP Inc, 1999.

[9] Clough R W, Penzien J. Dynamics of Structures [M]. 2nd Edition. New York: McGraw-Hill, 1993.

桥梁拉索减震体系发展与应用

袁万城* 高 康

（同济大学土木工程防灾国家重点实验室 中国 上海 200092）

摘 要 如何有效地控制墩-梁、梁-梁之间的相对位移，防止碰撞损坏甚至落梁发生，一直是各国学者研究的热点问题，另外桥梁震后的易于检查、便捷更换、快速恢复道路通行等要求也越来越受到关注。作者在回顾过去几十年的国内外减隔震技术与拉索在限位装置中应用的基础上，对我国桥梁领域广泛使用的盆式橡胶支座/球型钢支座等进行改进，成功地开发出拉索系列减震装置。本文简单介绍了拉索减震装置的思想形成和基本的力学本构关系；针对桥墩、桩基的抗震能力，通过合理设计拉索减震装置的自由程，可以提高体系的整体抗震性能；系统介绍了拉索减震支座不断改进的发展历程及拉索模数伸缩缝的研究；列举了成功应用于杭州九堡大桥、晋江高架桥和南昌朝阳大桥等的典型案例；最后从拉索装置特性、完善的预期及突出的自适应性方面展望拉索减震装置的应用前景。

关键词 减隔震技术；拉索减震装置；抗震性能；拉索模数伸缩缝

1 引言

地震中桥梁的破坏形式多种多样，但据美国、日本、中国等地震灾害较多的国家开展的一系列桥梁结构抗震研究结果表明：桥梁上部结构自身因直接的地震力效应而破坏的现象极为罕见，但桥梁支座失效以及由此带来的上、下部结构之间过大的相对位移导致上部结构碰撞破坏甚至落梁等灾害常有发生[1]，因此，桥跨之间以及桥跨与下部结构之间的连接装置历来被认为是桥梁整体抗震性能的一个薄弱环节。

在广泛使用的连续梁桥中，为满足上部结构温变及混凝土收缩徐变等需求，往往在其一联中间或靠近中间的墩顶处设置固定支座，其余墩为活动支座。这种布置在正常使用情况下能很好的发挥其作用。但在地震作用下，由于固定墩承受绝大部分纵向水平地震力，这对固定墩提出了很高的强度和延性要求，相应的对固定支座及下部结构的要求也有所提高。工程上常采用的方法是进行延性抗震设计，这样能够保证结构的安全，防止结构的倒塌，然而结构构件的损伤却不可避免，还会耗费大量材料和人力。

另一种方法，在固定支座中设置剪力销，允许其在强震下剪断，从而全联墩顶支座均为滑动支座，达到各墩共同抵抗纵向水平地震力的目的。但是这也带来一些问题，上部梁体与支座滑动面之间的滑动在地震水平力作用下是一种随遇平衡机制，其相对位移增加过多将导致支座中心线偏离过大，在余震或者多次地震作用下发生落梁危险。

减隔震技术在过去几十年里得到了快速发展，已成为工程界主要的抗震方法之一。对于桥梁减隔震支座而言，它的使用可以有效减小结构的地震内力与位移响应。但有研究表明：减隔震设计会使固定墩受力情况得到明显改善，但主梁纵向位移以及梁、墩的相对位移均有所增大[2]。另外，随着近年来近场地震研究的不断深入，发现：由于近场地震的速度脉冲效应、破裂效应、上盘效应等因素，会进一步加剧减隔震支座失效，梁间位移增大，导致碰撞甚至落梁等震害[3]。

以上研究均表明，在地震作用下，如何实现墩-梁、梁-梁之间力与位移的完美平衡，防止支座破坏、梁体碰撞甚至落梁等震害的研究是一项有重要意义的课题。

* 袁万城，1962 年出生，项海帆教授 1987 级博士生，论文题目“大跨桥梁空间非线性地震反应分析”。本文曾被收录于2014 年10 月在柳州举办的第 3 届欧维姆技术论坛会议文献。

对于墩-梁之间力与位移的平衡，防止支座破坏，同济大学袁万城等创造性地提出将缆索装置组合在支座中，将其作为支座的一个组成部分，通过合理设置拉索的相关参数，控制支座的水平向滑动位移，防止支座破坏，确保不会发生落梁等灾害[4-5]。

对于梁-梁之间力与位移的平衡，防止梁体碰撞甚至落梁等灾害，在现在使用较广泛的模数伸缩缝基础上，提出抗震拉索模数限位伸缩装置。利用模数伸缩缝自身三维变形、大位移、易更换等优点，结合拉索装置，研究结果表明：该装置能够有效限制梁间位移，通过合理的调整拉索参数及模数可以防止碰撞甚至落梁发生。

2 拉索减震装置的特点

2.1 拉索减震装置的基础

随着拉索材料整体性能的改善，且由于拉索能够有效地发挥其材料的最大力学性能，目前在预应力钢筋混凝土结构、斜拉桥、桥梁抗震限位等众多领域中得到了广泛的应用，已成为现代工程结构中最活跃、最具有发展潜力的新材料之一。

Abdel-Ghaffar 等[6]对使用了拉索限位装置的 Aptos Creek 桥在 1989 年美国 Loma Prieta 地震中的响应进行了分析，并得出如下结论：在该桥所处的地震激励水平下，拉索限位装置对全桥的地震响应不大，但是在强震作用下拉索限位装置能够显著减小结构的力和位移响应。Reginald 等[7]为评估拉索限位这种抗震改造措施的力和位移关系，针对田纳西州现有的一座使用了拉索限位装置的多跨简支钢箱梁桥进行了足尺模型试验。试验发现，限位装置的主要失效模式不是拉索损坏，而是拉索与结构连接的元件先破坏，拉索的能力并没有得到充分发挥；并对修改后的连接元件进行测试，使其具有更高的强度以保证其后于拉索部分损坏。

CALTRANS 抗震设计规范[8]、AASHTO（美国各州公路和运输工作者协会规范）、日本道路桥规范抗震设计篇均提到要求使用拉索作为限位装置，其中 AASHTO 中还特别提到限位用拉索装置应设置得更加灵活，以便检查和更换。

实践证明，拉索在限位装置中的应用是非常广泛的，而且有着非常好的效果，是值得我们借鉴的成果。

2.2 拉索减震装置恢复力模型

拉索减震支座是在普通盆式支座、球钢支座基础上通过增设拉索部分而成，因此，其在强震作用下剪力销剪断后的本构模型可以看成由摩擦支座与弹性索二者的本构模型叠加而成，包括如下两个阶段：

（1）当支座移位不超过所设定的拉索自由程位移 u_0 时，拉索不发挥限位功能，该阶段支座本构模型与普通摩擦支座本构模型相同；

（2）当支座移位超过拉索自由程位移 u_0 后，拉索提供水平向约束，因此支座刚度发生突变，考虑到此时摩擦支座在水平方向提供的刚度与拉索的大刚度相比很小，因此其值可以忽略不计，即此阶段恢复力曲线的斜率即为拉索的约束刚度。

普通摩擦支座的本构模型类似于理想弹塑性材料的应力-应变关系。图 1 中，K_1 为普通摩擦支座的弹性刚度，F_S 为临界摩擦力，按下式计算：$F_S=\mu\times N$，式中，μ 为支座滑动摩擦系数，N 为支座的竖向承载力。

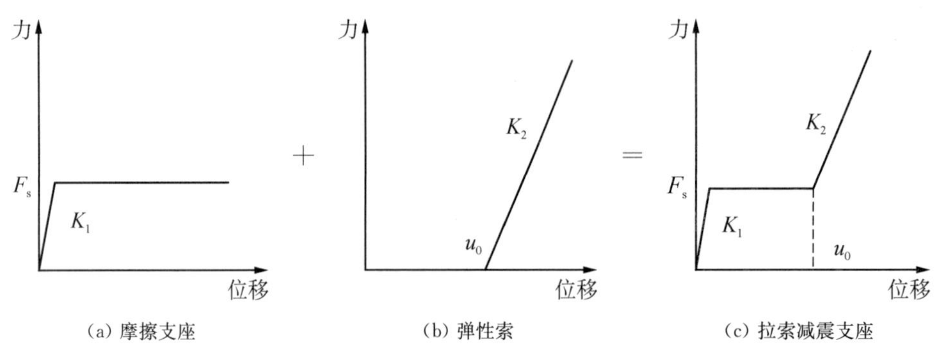

(a) 摩擦支座　(b) 弹性索　(c) 拉索减震支座

图 1　拉索减震支座的本构模型

在地震作用下，拉索处于弹性阶段，因此，拉索的理想本构模型为线性模型，如图 1(b)所示。u_0 为拉索自由程设计水平位移量，K_2 为拉索水平向刚度。所以，拉索减震支座本构模型可以看成由摩擦支座与弹性索二者的本构模型叠加而成，即第一阶段利用盆式支座耗能，第二阶段利用弹性拉索限位。如图 1(c)所示。图中 K_1 为普通摩擦支座的弹性刚度，F_S 为临界摩擦力，u_0 为拉索自由程设计水平位移量，K_2 为拉索水平向刚度。

2.3 拉索减震装置自适应性

从上述拉索减震装置的本构模型可以看出，作者提出的拉索减震装置与传统的拉索限位防落梁装置的不同在于：拉索自由程设计。即可结合桥梁结构的设计特点，特别是桥墩、桩基的本身抗震能力，实现性能设计目标。针对目前在小震及中震作用下，保持固定支座正常使用功能；但在罕遇地震作用下，通过剪坏抗剪螺栓的方法，将固定支座变为活动支座，并用限位装置限制因此引起的过大墩梁相对位移的减震体系设计的桥梁，一般只要能满足温度、制动力等常规设计要求的已设计或在建桥梁，都可以在不需变更原有结构设计，仅通过拉索支座的拉索自由程合理设计来达到提高桥梁体系的抗震能力，实现拉索减震装置力和位移的合理平衡。

3 拉索减震装置的发展

拉索系列减震支座是在非常成熟的支座，诸如盆式支座、球钢支座的基础上增加剪力销、拉索限位部分整合出来的，盆式支座和球钢支座具有竖向承载能力大和水平滑移量大的优点，在我国桥梁领域中使用广泛，广大的桥梁设计者以及众多的支座生产厂家对其结构和能力非常熟悉，因此在该类支座的基础上开发减隔震支座具有很大的优势，仅需要合理地设置好拉索和剪力销的布置，就能在普通支座的基础上使其转变为性能优良的减隔震支座。

3.1 第一代拉索减震支座

在传统的减隔震设计中，固定支座只能满足较小位移，而滑动支座只能抵抗较小地震力。为了满足以上两种要求，拉索系列减震支座是在非常成熟的支座诸如盆式支座、球钢支座的基础上增加剪力销、拉索限位部分整合出来的，盆式支座和球钢支座具有竖向承载能力大和水平滑移量大的优点，在我国桥梁领域中使用广泛，广大的桥梁设计者以及众多的支座生产厂家对其结构和能力非常熟悉，因此在该类支座的基础上开发减隔震支座具有很大的优势，仅需要合理地设置好拉索和剪力销的布置，就能在普通支座的基础上使其转变为性能优良的减隔震支座。该支座在正常使用状态下，可以当固定支座，也可以去掉剪力销发挥滑动支座作用；在地震极端条件下，剪力销剪断，发挥摩擦支座效果，另外拉索发挥限位作用。

在拉索减震支座的前期开发及试验中，我们采用国内外常用防落梁限位拉索的做法，将支座的上下顶板设计成非等长度，拉索在空间上是斜向拉伸带松弛状态。拉索材料是采用钢绞线制成，且整个拉索部分是直接锚固在支座的上下顶板上的。如图 2、图 3 所示。上下顶板不等长带来的效果是支座的左右两端拉索并非同时作用力，在支座向某水平方向运动过程中，仅拉紧的一侧拉索起作用，而此时另一侧拉索呈完全松弛状态，这其实没有充分利用拉索材料的能力，而且在支座制作时，上顶板因为要加长以适应拉索的自由程长度，往往是很不经济的。

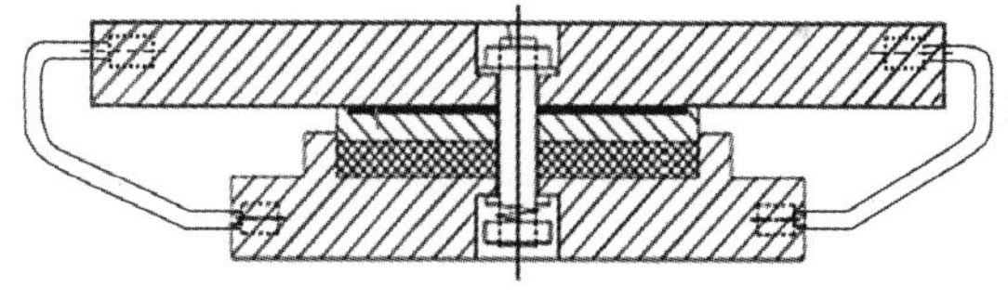

图 2 拉索减震支座布置

图 3 拉索减震支座实物照片

3.2 拉索减震支座的创新与发展

3.2.1 改进一：产品的改进

鉴于第一代拉索支座的不足，我们提出支座上下顶板取为等长度，既节省了原来拉索材料用量的一半，又实现了拉索在水平面内两个方向各向同性的优点，即拉索组装时可以组装在支座的纵向两侧，当支座在地震作用下发生运动，其不仅可以在纵向发挥作用，在横向同样可以发挥应有的作用；同理将拉索组装在横向两侧也是可以达到目的，如图4、图5所示。

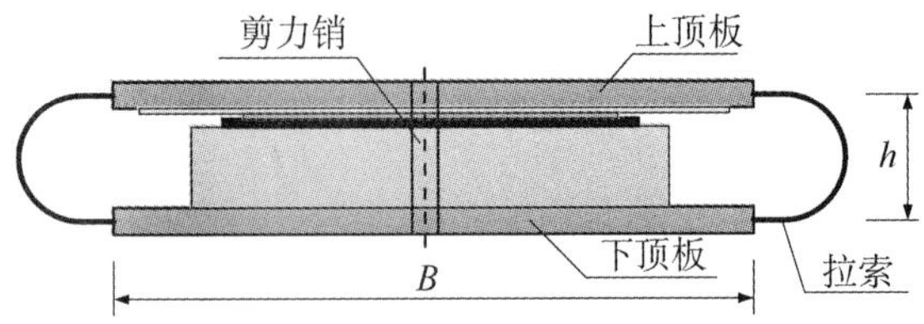

图4 固定型拉索减震支座示意图

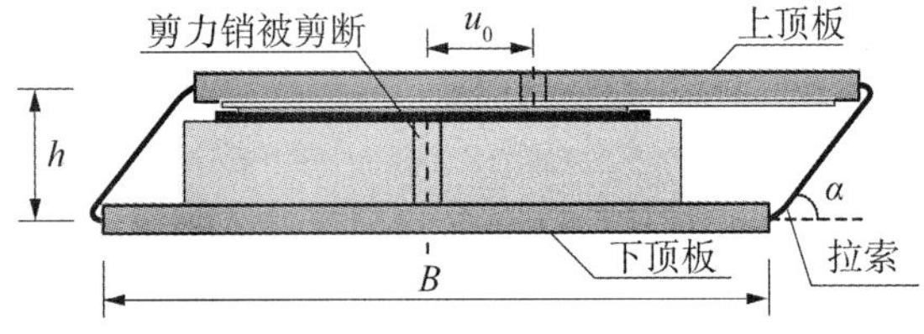

图5 剪力销剪断后拉索减震支座示意图

3.2.2 改进二：材料的改进

前期试验中拉索材料使用的钢绞线，钢绞线的优点是强度高和松弛性能好，但是在加工过程中不易弯折，给支座组装带来不便，且在试验滞回中出现部分拉索断丝现象。而钢丝绳由于其众多优点与我们的需求不谋而合，比如其较柔软、抗冲击韧性好，不易骤然整根折断等特点。同时，钢丝绳的强度和弹性模量等与钢绞线相差不大，同样可以满足支座的力学方面的要求。综合考虑各因素后，提出使用较柔、易于弯折加工的高强度钢丝绳来代替较刚硬、不易弯折加工的钢绞线，同样可以达到预期的力学性能目标。

3.2.3 改进三：易更换设计

上述支座中拉索部分的布置仍存在一些不足，比如拉索支座设计完成后，拉索的自由程是一定的，如果要进行调整，就需要更换拉索部分，重新进行拉索的制作，如果可以在拉索部位实现拉索自由程的可调节功能，则极大地提高了支座的使用方便性；又比如在遭遇超强度地震后，拉索可能会出现一定的损伤，对于抵御之后的地震能力就会下降，因此需要更换部分出现损伤的拉索，由于目前的拉索减震支座拉索部分的设计问题，更换拉索就需要拆卸整个支座，势必造成代价比较大，因此需要对目前的拉索部分设计进行改进。这一改进措施也符合AASHTO(美国各州公路和运输工作者协会规范)中提到的条文：限位用拉索装置应设置得更加灵活，以便检查和更换。

为达到以上目的，提出以下解决方案并申请了专利[9]：吸收之前拉索减震支座的优点的同时，将拉索部分设计为容易调节拉索自由程及实现可更换的功能。在拉索端头固定件处设置钢弹簧垫圈，钢弹簧垫圈可以起到缓冲的作用，并且可以自由调节钢弹簧垫圈的长度，如6所示；在拉索部分组装到支座上之前，预先按照设计尺寸做成最终成型形状，与固定挡板一起通过螺栓固定在支座上下底板上，需要拆卸时，拆开固定挡板与支座的连接即可，如图7、图8所示。

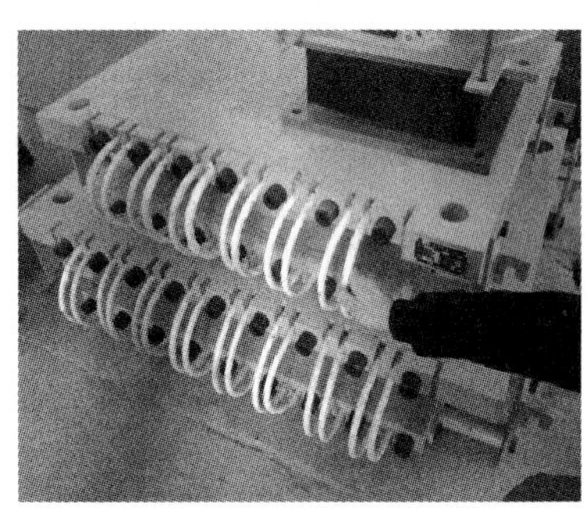

图6 支座中钢丝绳拉索

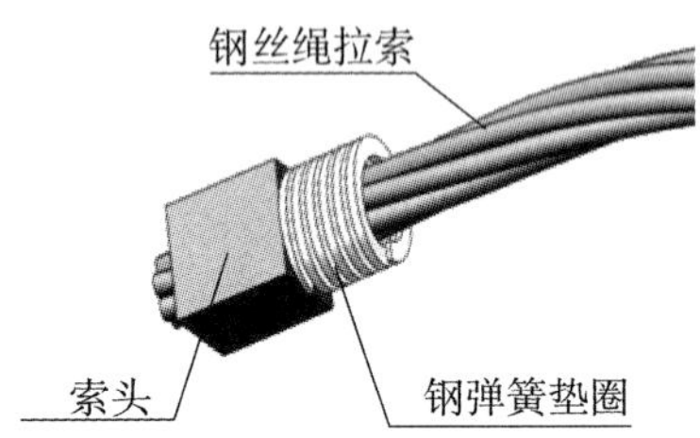

图7 拉索端部可控设计图

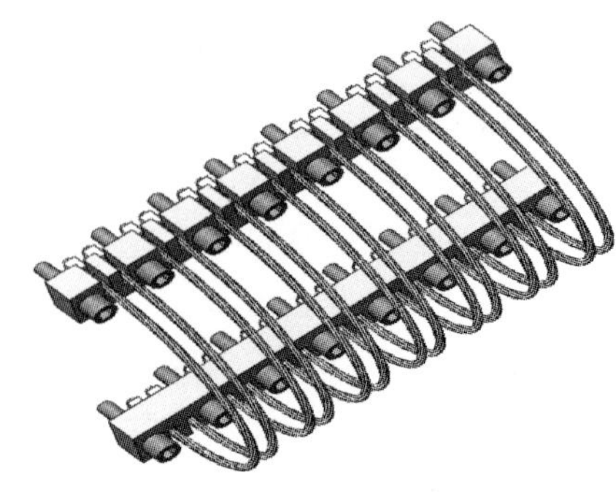

图8 易更换拉索部分

3.2.4 改进四：自复位体系设计

虽然拉索减震支座的限位能力很强，但是其在某些脉冲型地震作用下在震后会留有一定的残余位移，当然普通拉索减震支座的残余位移大小首先可以控制在限位位移大小之内，对于在近断层场地建造的桥梁结构以及工程建设方提出了更高的要求，希望拉索减震支座具有更好的特性，在震后方便的实现复位功能，对此我们提出了拉索型摩擦摆减隔震支座，如图 9、图 10 所示。该支座既能解决耐久性好、承载能力强、消耗地震发生时产生的能量；又能在强震作用下通过拉索部分可靠限位，有效减小支座滑动曲面大小，同时拉索限位部分组装方便，可自由调节行程及整体更换，摩擦摆体系的结构形式可在震后实现自复位功能。

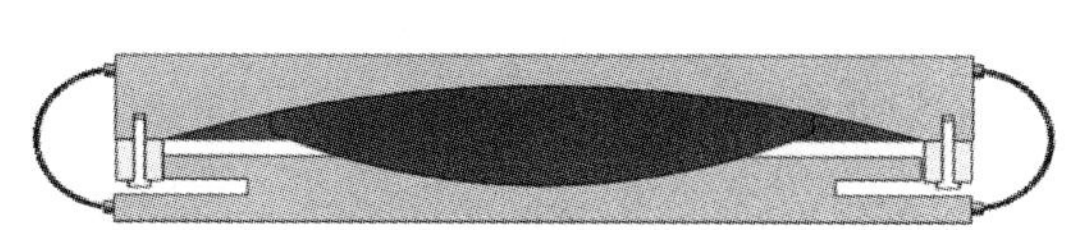

图 9　拉索型摩擦摆减隔震支座纵向剖视图

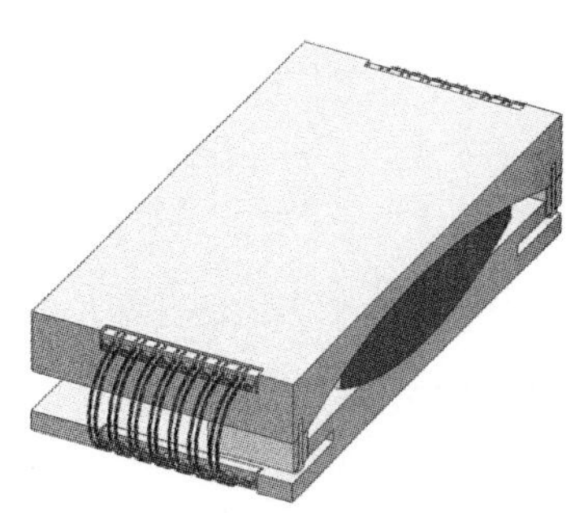

图 10　支座等轴测剖视图

4　拉索模数伸缩缝装置

伸缩缝作为桥梁构件中的重要连接单元，其抗震性能往往被研究者忽视。在桥梁的地震分析中考虑伸缩缝的作用是非常重要的，然而关于伸缩缝的研究非常有限，而且往往集中在伸缩缝耐久性、温度变形能力、噪声效应[10, 11]。模数伸缩缝以其三维变形能力、大位移及易更换等优点，被广泛使用于弯桥、斜桥，尤其是特大跨径桥梁中。

针对连续梁桥在地震中因联间位移过大导致碰撞破坏甚至落梁发生的情况，提出一种在不同地震下可控制联间相对位移，防止碰撞发生的装置——拉索模数伸缩缝[12]。伸缩缝工作机理如图 11 所示。

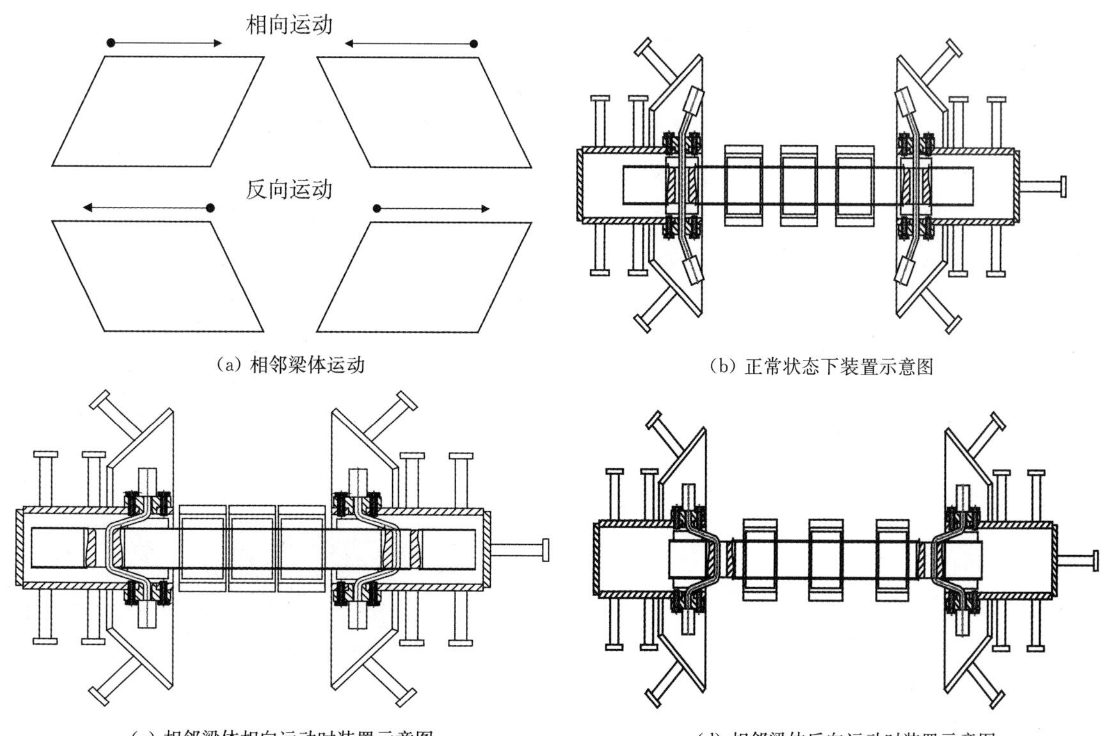

图 11　拉索模数伸缩缝工作机理

将两端支承箱体与支承横梁用贯穿的拉索连在一起，在地震作用下，梁间发生相对位移时，可以通过控制横梁在箱体的移动实现限位功能。当相邻梁体靠近时，即将发生碰撞，拉索可以控制梁体的进一步靠近，避免碰撞，起到限位作用，如图 11(c)所示；当相邻梁体远离时，即可能发生落梁危险时，拉索同样发生作用，限制梁间位移的扩大，控制落梁的发生，如图 11(d)所示。另外，由于拉索贯通于支承箱体和横梁之间，也保证了伸缩缝本身不发生破坏。

5 拉索减震支座应用案例

拉索减震支座出色的综合性能使其在工程结构中受到越来越多的关注，杭州九堡大桥、南昌朝阳大桥、泉州晋江高架桥等经过抗震设计，最终采用了拉索减震支座设计方案。下面对几个典型的拉索支座隔震技术在桥梁工程中的应用进行简要的介绍。

1) 杭州九堡大桥

九堡大桥位于彭埠大桥下游 5 km，下沙大桥上游 8 km 处，属于钱塘江上规划建设的十座大桥之一，大桥连接临平、下沙、萧山和杭甬高速公路，是杭州市“一环、三纵、五横”城市快速路网东边一纵的关键点。九堡大桥采用双向六车道高速公路标准，全桥孔跨布置为：55 m+(2×85)m+90 m(北侧引桥，85 m 等截面连续组合箱梁)+(3×210)m(主桥，连续结合梁—钢拱组合体系拱桥)+90 m+(9×85)m+55 m(南侧引桥，85 m 等截面连续组合箱梁)，全长 1 855 m，如图 12 所示[13]。

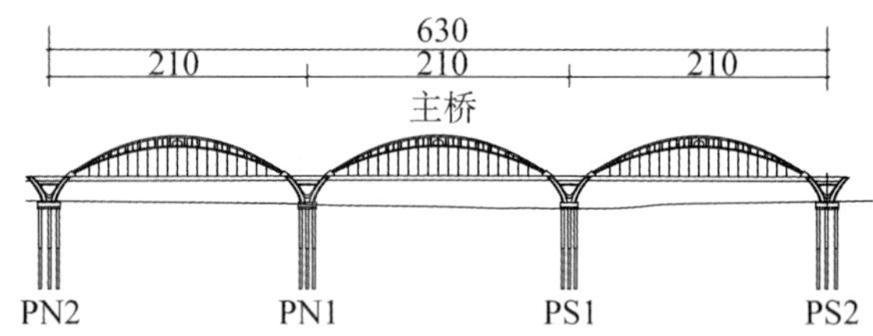

图 12 九堡大桥主桥布置图

对主桥和南、北引桥桥墩及桩基进行了 E2 概率水平地震作用下的抗震能力验算，结果表明在 E2 概率水平地震作用下，纵向输入时，主桥固定墩桩基能力不足；横向输入时，主桥固定墩及相邻墩的桩基抗震能力明显不足。在纵、横向地震力输入下的支座验算结果表明主桥的所有固定支座(包括纵、横两个方向)在 E2 概率水平地震作用下的水平剪力均远大于竖向承载力的 20%，必然会出现剪坏。而引桥的固定墩支座、边墩支座在地震横向输入下亦会出现剪坏。

因此，提出在这些墩上安装与原支座承载力相同的拉索减震支座，支座的抗剪螺栓设计强度必须小于 20%的竖向承载力，以保证其在地震作用下能够发生破坏，并对提出的两种支座设置方案进行比选：①全部支座采用拉索减震支座；②主桥的固定墩支座和横向限位支座，以及引桥的固定支座和边墩横向限位支座采用拉索减震支座。内力的比较结果表明两种方案对主桥各墩内力的影响相差不多，方案 1 中主桥内力稍大；位移的比较结果表明方案 2 中主桥各墩支座变形稍大一些。

综合考虑经济因素，最终采用方案 2 的支座布置方案。采用此方案后，固定墩墩底内力显著降低，最大降低到只有原来的 30%；同时，拉索能够有效地控制住墩梁相对位移，基本控制在 70%左右。如果对位移控制提出更高的要求，还可通过提高拉索的水平刚度来实现[14]。图 13 为九堡大桥使用的 3 500 t 的拉索减震支座实物图。

图 13 九堡大桥拉索减震支座产品实物图

2) 南昌朝阳大桥

图 14 为在南昌朝阳大桥应用的万吨拉索减震支座。朝阳大桥工程为“十横十纵”干线道路九洲大道快

图14　南昌朝阳大桥拉索减震支座产品实物图

图15　朝阳大桥

速路跨越赣江的交通联系通道，其位于现有跨江大桥南昌大桥、生米大桥之间，连接南昌市朝阳新城和红角洲地区。朝阳大桥总体上分为通航孔桥和非通航孔桥，其中通航孔桥跨径布置为 908 m[79 m+(5×150)m+79 m]，桥型布置采用六塔单索面斜拉桥，仅在主桥非通航孔桥与主桥间设置伸缩缝，为城市特大型桥梁，见图 15。其中，主梁采用波形钢腹板 PC 组合箱梁，由于它的结构自重较轻，对于桥梁整体的抗震设计也是非常有利的。

采用传统抗震设计方法时，设置固定支座的主塔地震力约为其极限能力的 1.5 倍，因此为配合朝阳大桥主桥设计推广波形钢腹板技术的创新理念，在抗震设计方面提出采用易更换的拉索减震支座与自复位弹簧装置组合使用，如图 16。经计算，可以保证桥梁在设计地震作用下保持弹性工作，桥梁结构不损坏，在罕遇地震发生后也仅需更换发生损伤的部分装置即可，经济高效地实现了抗震目的。

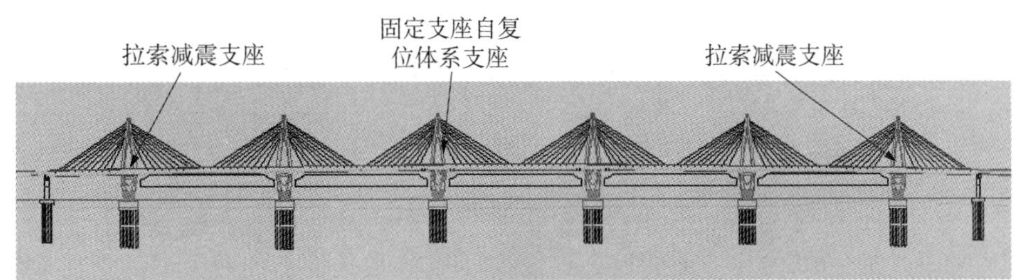

图16　朝阳大桥减隔震支座设计方案

6　展望

随着经济的持续发展，我国国内、特别是西部山区在建桥梁众多，长三角、珠三角地区大批老旧的城市高架桥需要进行抗震加固，对减隔震设计和支座的市场需求非常大。传统的减隔震设计技术往往无法很好地适应桥梁结构，特别是对难以进行大手术的已有桥梁的抗震加固和改造项目，拉索减震装置具有广阔的运用前景。

(1) 拉索减震装置构造简单、技术成熟、性能稳定、自适应性强，可以满足各种桥梁抗震设计需求；

(2) 其造价低廉，性价比高，在旧桥、老桥抗震加固、改造项目中具有广阔运用前景，另外其更换相当方便快捷；

(3) 拉索减震装置技术规格与设计指南的出版，将进一步助推其系列化、规格化、标准化、模块化设计与开发及市场推广。

7　致谢

非常感谢项海帆教授三十多年来的教导，虽然离恩师的要求相差甚远，但弟子一直在向着更高的目标不断努力，挑战一座又一座的科研高峰，为我国桥梁事业作出自己的一份贡献。针对拉索减震支座首次成功应用与杭州九堡大桥申报浙江省科技进步奖时，项老师在推荐信中充分肯定项目成果的创新性和先进性后指出，“我相信，这一创新抗震支座的日后推广应用将对桥梁抗震设计的进步作出重要贡献，特此郑重推荐该项目申报浙江省科技进步一等奖！”在项老师的鼓励下拉索支座研究应用相关成果2011年获得浙江省科技进步二等奖。此后三年来拉索减震支座依次又在福建晋江机场高架、山西太原环线高架桥、江西南昌朝阳大桥、上海青浦跨线桥等得到迅速发展。

参考文献

[1] Priestley M J N, Seible F, Galvi G M. Seismic Design and Retrofit of Bridge[M]. Hoboken : Jonhn Wiley and Sons Inc, 1996.

[2] 龚一琼,胡勃,袁万城,等.连续梁桥的减隔震设计[J].同济大学学报,2001,29(1):94-98.

[3] 王江波,贺金海,袁万城.近场地震作用下采用拉索减震支座桥梁纵向地震响应特性[J].结构工程师,2012,28(5):82-88.

[4] Yuan W, Wang B, Cheung P, et al. Seismic Performance of Cable-sliding Friction Bearing System for Isolated Bridges [J]. Earthquake Engineering and Engineering Vibration, 2012,11(2):173-183.

[5] 袁万城,王斌斌.拉索减震支座的抗震性能分析[J].同济大学学报:自然科学版,2011,39(8):1126-1131.

[6] Abdel-Ghaffar S M, Maragakis E M, Saiidi M S. Effects of the Hinge Restrainers on the Response of the Aptos Creek Bridge during the 1989 Loma Prieta Earthquake [J]. Earthquake Spectra, 1997,13(2):167-189.

[7] DesRoches R, Pfeifer T, Leon RT, et al. Full-scale Tests of Seismic Cable Restrainer Retrofits for Simply Supported Bridges [J]. Journal of Bridge Engineering, 2003,8(4):191-198.

[8] Caltrans Seismic Design Criteria. Design Manual-version 1.4 [S]. Sacramento: California Department of Transportation, 2006.

[9] 党新志,庞于涛,屈小伟,等.易更换拉索的减震支座:中国,实用新型专利,ZL201220504802.2[P].2013-03-13.

[10] Dexter R J, Osberg C, Mutziger M. Design, Specification, Installation, and Maintenance of Modular Bridge Expansion Joint Systems [J]. Journal of Bridge Engineering, 2001,6(529),529 - 538.

[11] Bi K, Hao H, Chouw N. Required Separation Distance between Decks and at Abutments of a Bridge Crossing a Canyon Site to Avoid Seismic Pounding [J]. Earthquake Engineering & Structural Dynamics, 2009,39(3),303-323.

[12] 高康,袁万城,等.抗震限位桥梁拉索模数伸缩缝装置:中国,实用新型专利(审中).

[13] 曹新建.大型桥梁的抗震能力设计策略[D].上海:同济大学,2009.

[14] Cao X, Xiong Y, Fu Y. Seismic Design of Hangzhou Jiu-bao Bridge [C]//CECAR 5 & ASEC 2010 Conference, Sydney, Australia, 8-11 August 2010.

考虑约束扭转刚度影响的斜拉桥动力分析模型

项海帆　朱乐东*
（同济大学　中国　上海　200092）

摘　要　采用开口截面或分离边箱的半开口截面的双索面斜拉桥主梁，由于其自由刚度小，约束扭转刚度不应忽略，目前通用的单脊梁式主梁动力分析模型不能考虑约束扭转刚度的影响，而双梁式的模型又常常夸大了约束扭转刚度的贡献，并且由于构架式模型的剪切变形大，使侧向刚度的等效难以处理。斜拉桥的侧向弯曲和扭转是强烈耦合的，侧向变形的失真将对扭转频率及其振型带来难以判断的影响。

本文提出一种三梁式的动力分析模型，既保持了单梁式和双梁式模型的优点，又克服了它们的缺点，通过实例分析证明了这种新模型能够较好地满足刚度和质量的等效性，具有良好的适应性和可靠的计算精度。本文还分析了约束扭转刚度对不同主梁截面形式的影响程度。

1　引言

在影响大跨度斜拉桥抗风稳定性的诸因素中，结构的第一扭转为主振型及其相应的频率起着十分重要的作用。众所周知，单索面的斜拉桥的抗扭刚度只能由主梁提供，因而必须采用具有足够高度的箱梁，并且和桥塔相互固结。此时，主梁约束扭转刚度可以忽略不计。在双索面斜拉桥中，两个索面提供了主要部分的抗扭刚度，其主梁常常采用高度较小，甚至开口截面的形式，如上海南浦大桥，从方便悬臂施工和改善截面的气动性能考虑，大跨度混凝土斜拉桥的主梁也趋于采用带两个实心边梁或边箱的扁平板式截面形式，如正在施工的重庆长江二桥和铜陵长江大桥等。

对于这种带边梁的开口截面或带分离边箱梁的半开口截面主梁，由于其自由扭转刚度小，约束扭转刚度的作用成为主要因素。忽略约束扭转刚度的影响将可能对整个结构体系的抗扭性能带来可观的误差。

目前，在进行斜拉桥的动力分析时，通常都采用三维梁单元来建立主梁的计算模型。从单元本身来看，结点的 6 个自由度中尚无法计及约束扭转刚度的贡献，因而必须通过适当的多梁式模型来间接地考虑这一影响。

本文的目的在于选择适当的动力分析模型，通过建立刚度和质量系统的等效关系比较正确地考虑约束扭转刚度的影响，同时通过实例分析说明约束扭转刚度在不同的主梁截面形式中的地位和作用。

2　动力分析模型的选择

斜拉桥的动力特性分析，大都采用单主梁带刚性短悬臂的“鱼骨式模型”[图 1(a)]，这对于自由扭转刚度较大的闭口箱形截面主梁是合适的。对于开口或半开口截面的主梁，有人建议采用双主梁的构架式模型[图 1(b)]来近似地考虑约束扭转刚度的贡献。

双主梁式模型虽然可以通过主梁的竖向抗弯刚度提供约束扭转刚度，但由于构架式模型在侧向是一个剪切型结构，使侧向刚度的等效关系不严格也不明确。由于原来整体的侧向抗弯刚度被人为地分割，加上边主梁的面积也将通过框架的作用提供侧向刚度，较大的剪切变形（实际上并不存在）将使总体变形失真从而对动力特性带来难以判断的影响。

* 朱乐东，1965 年出生，项海帆教授 1986 级硕士研究生和 1998 级博士研究生，硕士论文题目“大跨斜拉桥颤振条件近似分析方法及颤振后性能研究”，博士论文题目“Buffeting Response of Long Span Cable-supported Bridges under Skew Winds: Field Measurement and Analysis”。本文被收录于 1992 年全国桥梁结构学术大会论文集。

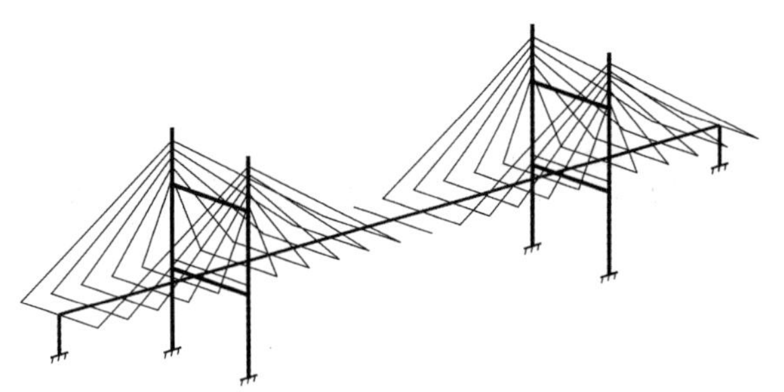
(a) 单主梁鱼骨式模式

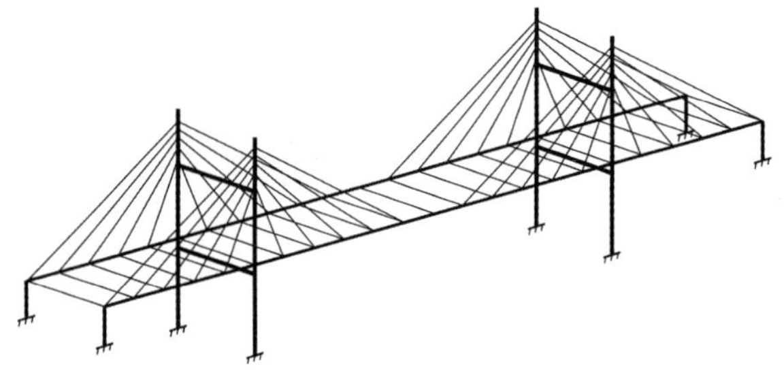
(b) 双主梁构架式模型

图 1　斜拉桥力学模型

其次，当我们将主梁的竖向刚度平均分配给两个边主梁以保持竖向刚度的等效关系后，如果采用刚性横梁连接，则堆聚到索面处的边主梁竖向刚度所提供的约束扭转刚度将被夸大，从而使扭转频率的计算结果偏高；如果采用实际刚度的非刚性横梁，则由于横截面的周边变形又使约束扭转刚度无法计算，难以实现刚度的等效。

为了克服上述两种力学模型的缺陷，本文提出一种三梁式力学模型，即由在桥轴线上的中梁和位于索面处的两个边梁和横梁共同组成一个构架式的主梁模型，通过适当的刚度和质量分配来满足等效原则，同时又能保持结构的力学性能。

3　三梁式模型的等效原则

图 2(a)所示的开口截面主梁，其几何特性如下：

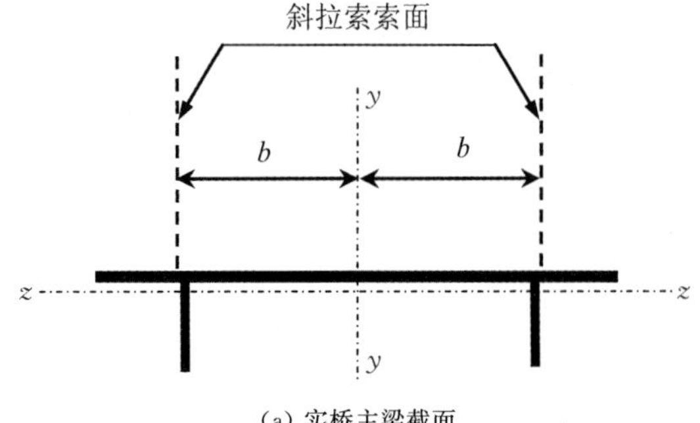

(a) 实桥主梁截面

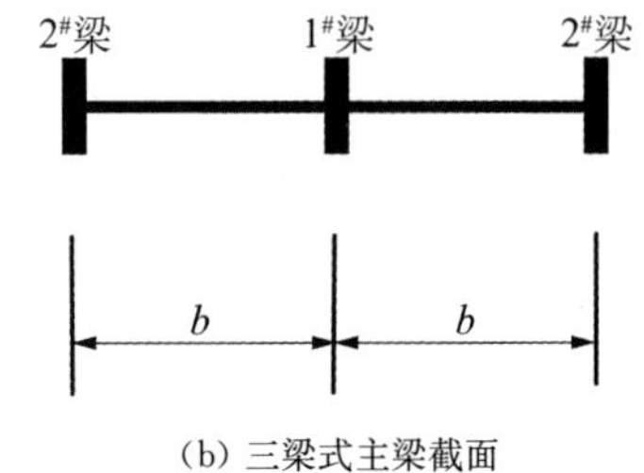

(b) 三梁式主梁截面

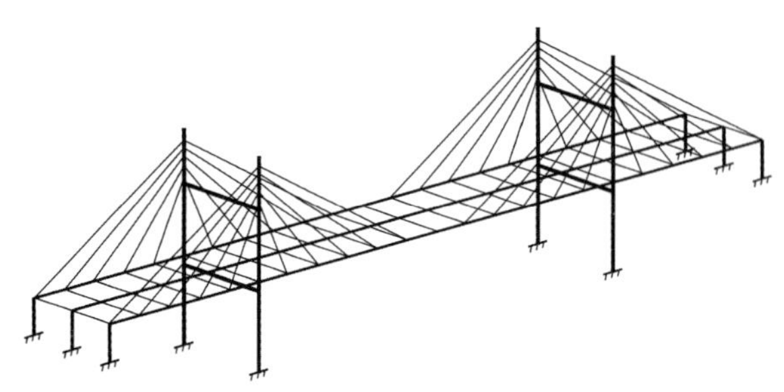
(c) 三梁式力学模型

图 2　三梁式模型示意图

A——面积(m^2)；

J_y——侧向弯曲横矩(m^4)；

J_z——竖向弯曲惯矩(m^4)；

J_d——自由扭转惯矩(m^4)；

J_w——约束扭转主扇性惯矩(m^6)。

我们用图 2(b)所示的三梁式模型来近似地模拟斜拉桥的主梁，其中 $1^{\#}$ 梁位于桥轴线上，为简便起见，边梁可设在索面处。两个边梁的截面几何特性必须相同以保持原有结构的左右对称性，三根梁之间通过刚性横梁或用主从结点关系来连接。

三根梁的截面几何特性记为：

$1^{\#}$：A_1　J_{y1}　J_{z1}　J_{d1}

$2^{\#}$：A_2　J_{y2}　J_{z2}　J_{d2}

下面我们先来建立刚度的等效原则。

1) 侧向刚度的等效

为了避免剪切变形带来的影响，使侧向刚度的等效关系既明确又合理，我们建议把主梁的面积和侧向弯曲横矩全部集中于 $1^{\#}$ 梁，即有：

$$A_2 = 0$$
$$J_{y2} = 0 \tag{1}$$
$$A_1 = A$$
$$J_{y1} = J_y$$

2）竖向刚度的等效

显然有：

$$J_{z1} + 2J_{z2} = J_z \tag{2}$$

3）约束扭转刚度的等效

设主梁截面作刚性扭转（截面周线不变），此时，约束扭转刚度将由两个边主梁的竖向刚度提供，等效关系如下：

$$2J_{z2}b^2 = J_w \tag{3}$$

将式(3)代入式(2)，有

$$J_{z1} = J_z - \frac{J_w}{b^2} \tag{4}$$

4）自由扭转刚度的等效

在刚性扭转的前提下，应当

$$J_{d1} + 2J_{d2} = J_d \tag{5}$$

由于自由扭转刚度相对是次要的，在计算时可以自由地分配，但注意保持对称性。

5）质量系统的等效原则

在三梁式模型中，质量等效可按下述两种方法进行处理。

① 两边梁不提供质量，全部质量及质量惯矩均集中在 1# 梁，相当于单梁的鱼骨式模型。此时，质量系统可以采用集中堆聚于结点的方式，也可以转化成梁单元的等效密度来输入。

② 质量分配到三根主梁，质量惯矩由边主梁的质量提供，等效关系如下：

$$\begin{aligned} M_1 + 2M_2 &= M \\ 2M_2 \cdot b^2 &= I_M \end{aligned} \tag{6}$$

这里，M、I_M 为原主梁的集中质量及集中扭转质量惯性矩，M_1 为 1# 梁的集中质量，M_2 为 2# 梁的集中质量。

4 计算实例

为了检验三梁式模型的合理性以及考察约束扭转刚度对不同主梁截面的影响程度，进行了三座斜拉桥的实例分析，并和传统的单梁式模型计算结果作了对比。

1）上海南浦大桥

该桥为双塔平行双索面叠合梁斜拉桥，主跨 423 m，主梁为开口截面（图 3）。表 1 为单梁式模型和三梁式模型固有动力特性计算结果。表 2 则给出了南浦大桥 5 阶主要固有频率的实桥测试结果。

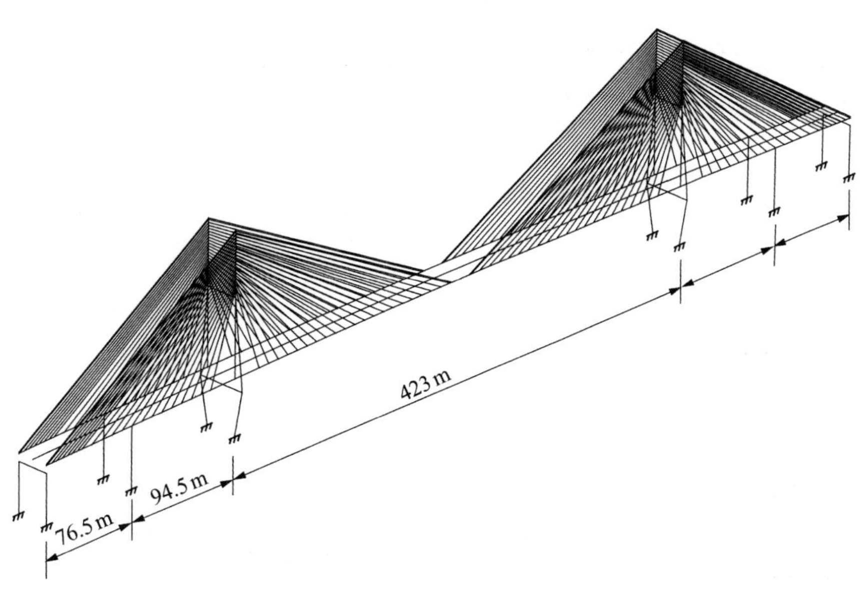

(a) 力学模型

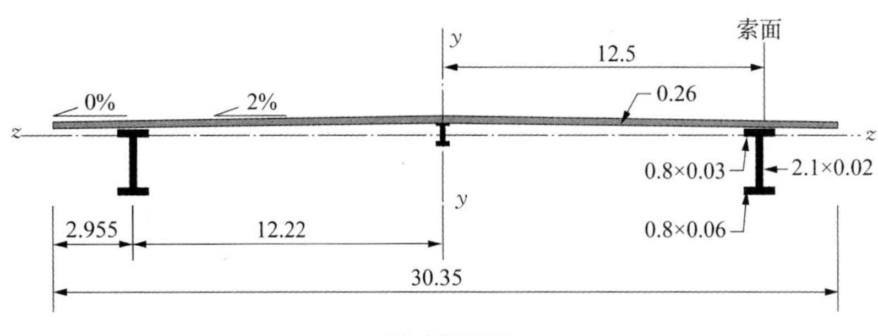

（b）主梁截面

图 3　上海南浦大桥力学模型及主梁截面

表 1　南浦大桥固有动力特性

单梁式模型			三梁式模型		
序号	固有频率(Hz)	固有振型特点	序号	固有频率(Hz)	固有振型特点
1	0.142 7	梁反对称纵漂	1	0.142 6	梁反对称纵漂
2	0.342 9	梁对称侧弯	2	0.343 1	梁对称竖弯
3	0.343 1	梁对称竖弯	3	0.346 0	梁对称侧弯
4*	0.421 8	梁对称扭转	4	0.423 5	梁反对称竖弯
5	0.423 5	梁反对称竖弯	5*	0.498 9	梁对称扭转
6*	0.444 3	梁反对称扭转	6	0.506 9	两塔反向侧弯
7	0.506 9	两塔反向侧弯	7*	0.539 1	两塔同向侧弯带梁对称扭转
8*	0.533 0	两塔同向侧弯带梁对称扭转	8*	0.610 3	梁反对称扭转
9	0.566 1	无索区梁局部扭转	9	0.633 6	梁对称竖弯
10	0.566 1	无索区梁局部扭转	10	0.733 4	梁反对称竖弯
11	0.572 6	无索区梁局部扭转	11	0.753 5	梁对称竖弯

表 2　南浦大桥固有动力特性三梁式模型计算结果与实桥测试结果比较

固有振型特点	实测固有频率(Hz)	三梁式模型固有频率(Hz)	误差
主梁一阶竖弯(对称)	0.360	0.346 0	−3.9%
主梁一阶侧弯(对称)	0.370	0.343 1	−7.3%
主梁二阶竖弯(反对称)	0.445	0.423 5	−4.8%
主梁一阶扭转(对称)	0.525	0.498 9	−5.0%
主梁二阶扭转(反对称)	0.665	0.610 3	−8.2%

由表 1 可知，对于纵漂、侧弯及竖弯各阶固有动力特性，采用单梁式模型和三梁式模型能得到一致的结果，这说明两种模型在上述三个方向的刚度及质量系统是等效的。另外，由于三梁式模型自动考虑了主梁约束扭转刚度的贡献，与单梁式模型相比，一阶扭频提高了 18.3%，二阶扭频提高幅度更大，为 37.4%，同时也正由于约束扭转刚度的作用，不再出现在单梁式模型中存在的无索区主梁局部扭转振型。

与实测结果[4]相比，虽然由于一些非结构部件的刚度贡献，使各阶较计算值略高一些（参见表 2），但用本文所建议的三梁式模型算得的扭转频率，由于考虑了主梁约束扭转的贡献，比较符合实际。这就证明了三梁式模型的正确性和必要性。

2）重庆长江二桥

该桥为双塔平行双索面三跨预应力钢筋混凝土斜拉桥，主跨 444 m，主梁采用实心双主肋型断面（图 4）。

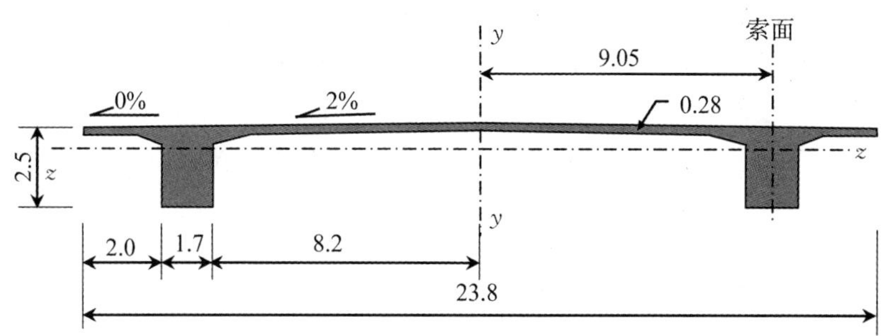

图 4　重庆长江二桥主梁截面

计算结果表明，两种模型的纵漂、竖弯及侧弯的各阶频率是一致的，这里不再详细给出。表 3 列出了三阶与扭转有关的频率及其振型特点。由于该桥主梁采用了双实心主肋型断面，自由扭转刚度较大，从而使约束扭转刚度对扭频的贡献变小，由表 3 可知，一阶扭频只提高 1.7%，二阶扭频也仅提高 3.6%。

表 3　重庆长江二桥固有动力特性

序号	固有频率(Hz)		约束扭转刚度对提高扭频的贡献	固有振型特点
	单梁式模型	三梁式模型		
6	0.452 8	0.453 8	0.296	两塔同向侧弯＋梁对称扭转
7	0.461 9	0.469 8	1.7%	梁对称扭转＋两塔同向侧弯
10	0.632 9	0.655 9	3.6%	梁反对称扭转

3) 上海杨浦大桥

杨浦大桥为双斜索面叠全梁斜拉桥，主跨 602 m，主梁采用半开口的双边箱断面(图 5)。表 4 中给出了三阶与梁扭转有关有固有动力特性。两种模型的其他各阶频率一致，不再给出。

表 4　杨浦大桥固有动力特性

序号	固有频率(Hz)		约束扭转刚度对提高扭频的贡献	固有振型特点
	单梁式模型	三梁式模型		
8	0.508 6	0.516 9	1.6%	梁一阶扭转(对称)
9	0.523 9	0.528 4	0.9%	梁二阶侧弯(反对称)＋梁反对称扭转＋两塔反向侧弯
11	0.595 8	0.621 0	4.2%	梁二阶扭转(反对称)＋梁反对称侧弯＋两塔反向侧弯

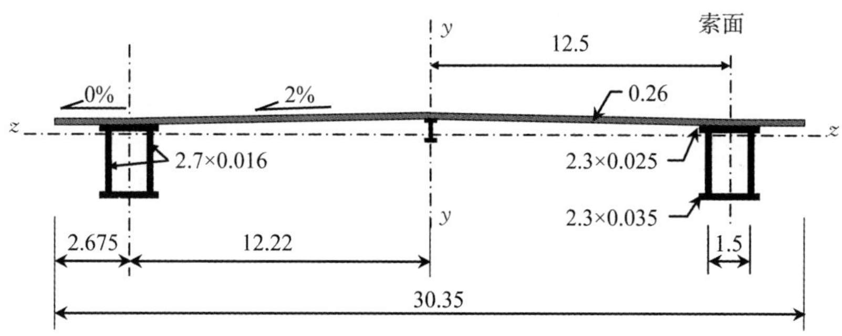

图 5　上海杨浦大桥主梁截面

由于杨浦大桥主梁采用了分离式双边箱半开口断面，自由扭转刚度比南浦大桥大了 11 倍，再加上斜索面提供的抗扭刚度比平行索面更大，所以主梁约束扭转刚度的贡献不大。如表 4 所示，一阶扭频只提高了 1.6%，二阶扭频也仅提高 4.2%，二阶侧弯(含扭转成分)只提高 0.9%。

5　小结

通过以上几节的分析，可以得出以下几点结论：

(1) 主梁约束扭转刚度对斜拉桥的扭转固有动力特性和含有扭转成分的侧弯固有动力特性有一定的影响。这种影响可以按本文所提的三梁式模型，利用普通的六自由度结点动力分析程序来足够精确地计算。

(2) 考虑约束扭转刚度能提高扭转频率或含扭转成份的侧弯频率,而且振型阶次越高,影响越大,这是由于高阶振型“单波长”较小的缘故。

(3) 对于具有开口薄壁型断面的斜拉桥(如南浦大桥),由于其自由扭转刚度较小,主梁的约束扭转刚度对扭频影响较大,应予考虑;对于具有实心双主肋型主梁断面的斜拉桥(如重庆二桥),由于其主梁自由扭转刚度较大,所以主梁约束扭转刚度对低阶扭频的影响已不明显,可以不予考虑。

(4) 对于具有全闭口主梁断面的斜拉桥,由于其自由扭转刚度大,约束扭转刚度对扭频的影响可忽略不计。对于类似杨浦大桥的斜拉桥,由于分离双边箱所提供的自由扭转刚度以及斜索面为体系所提供的抗扭刚度,已使约束扭转刚度对低阶扭频的影响减小到可以忽略的程度。

(5) 本文计算约束扭转刚度影响的三梁式模型也可应用于悬索桥的固有动力特性计算。由于悬索提供的抗扭刚度相对较小,所以当主梁采用开口断面时,约束扭转刚度对扭频的影响将大于具有同样主梁截面的斜拉桥。

参 考 文 献

[1] Worsak Kanok-Nukulchai, Po Kwong Anthony Yiu, Derick M Brotton. Mathematical Modelling of Cable-stayed Bridges [J]. IABSE, Structural Engineering International, 1992(2):108 - 113.

[2] Steven L Stroh. Dynamic Behavior of Three U. S. Cable-stayed Bridges [J]. Bridges and Transmission Line Structures, 1999:122 - 135.

[3] John C Wilson, Wayne Gravelle. Modelling of a Cable-stayed Bridge for Dynamic Analysis [J]. Earthquake Engineering and Structural Dynamics, 1991, 20(8): 707 - 721.

[4] Holger S Svensson, Imre Kovacs. Examples of Analytical Aerodynamic Investigations of Long-span Bridges [C]//Aerodynamics of Large Bridges: Proceedings of the First International Symposium on Aerodynamics of Large Bridges, Copenhagen, Denmark, 19 - 21 February 1992.

[5] 同济大学桥梁工程系,上海市政工程研究所. 上海南浦大桥主桥竣工试验报告[R]1992.

桃李集

项海帆院士80寿辰纪念论文集

钢与组合结构桥梁

组合结构桥梁

——国际发展与国内展望

邵长宇*

（上海市政工程设计研究总院　中国　上海　200092）

摘　要　简要介绍了组合结构桥梁在欧美等发达国家得到广泛应用，而国内尚存在明显差距的现状，阐述了主要类型的组合结构梁式桥的特点及组合结构桥梁的多样化发展，从理论研究与设计方法、结构的创新与改进、新材料与构件的开发，以及施工工艺与方法的发展等方面，分析了组合结构桥梁的技术进步与发展。最后，简要分析了国内现状与不足，指出必须充分借鉴国际先进经验，以高起点开展理论研究与工程实践，才能更好地促进组合结构桥梁在我国的健康发展。

关键词　组合结构桥梁；国际发展；国内展望

1　引言

欧美及日本等国自1950年前后开展了组合梁研究，并陆续制定了设计指南或规范，组合结构在桥梁上的应用还要早。到了20世纪70年代，这些国家又投入大量资金，进行基础性理论研究和试验，制定了新的组合结构规范。目前国外几个主要规范如EURO CODE、BS 5400、DIN、AASHTO等都包含组合结构设计部分。此外，在深入研究的基础上，结合工程实践，建立一些新的设计方法，开发了新的施工方法等。20世纪80年代以来，国际桥梁与结构工程协会(IABSE)等多次召开国际学术会议，对组合结构桥梁在研究、设计、施工等方面的发展进行交流与研讨，进一步促进了组合结构的发展。

组合结构桥梁以其整体受力的经济性，发挥两种材料各自优势的合理性以及便于施工的突出优点，在欧美日各国的桥梁建设中占有重要地位，取得了世人瞩目的成就。以法国的桥梁市场为例，组合结构桥梁最有竞争力的跨径范围甚至可达30～110 m，跨度40～100 m范围的公路桥，85%是组合结构桥梁，近年的TGV高速铁桥梁中组合结构桥梁占到45%。英国大多数20～160 m及以上跨径的公路桥，组合结构桥梁竞争力很强，德国及美国的组合结构桥梁应用更广。中国在组合结构桥梁的研究与实践方面存在明显差距，面对未来的桥梁建设，有必要大力发展组合结构桥梁技术。

2　组合结构桥梁的发展

2.1　概况

桥梁采用混凝土与钢上下结合的结构形式由来已久，钢与混凝土组合结构桥梁形式多样，组合梁桥中的钢结构部分已由早先单一的钢板梁拓宽到钢箱梁、开截面箱梁和钢桁梁；截面形式也由Ⅰ字形或Ⅱ形发展到箱形，甚至是三角形；混凝土翼缘板的位置也不限于只设在梁的上缘，而是根据截面承载需要上下缘均可设置；其应用范围已超越简支梁桥而引伸到连续梁桥、连续刚构桥、拱桥、斜拉桥和悬索桥等；既应用于公路桥又应用于铁路桥。

*　邵长宇，1963年出生，项海帆教授2001级博士研究生，论文题目“大跨度钢-混凝土连续组合箱梁桥关键技术研究”。本文曾发表于第18届全国桥梁学术会议论文集(2008年，第150—158页)，本次提交论文进行了部分修改。

在常见的组合钢板梁桥、组合钢箱梁桥获得长足发展的同时，出现了许多有创意的新型组合结构桥梁，如波折腹板组合箱梁桥、钢桁腹杆组合桥等。正是由于技术的多元化发展，组合结构桥梁的使用性能与耐久性、可施工性与经济竞争力等方面获得了长足进步。快速施工缩短了投资回报期，多种结构形式适应了不同的建设需求，结构的简化减少了养护维修工作；依靠基础理论的不断发展以及市场竞争原理，组合结构桥梁的结构形式与材料指标得以不断优化，新结构与新工艺不断推出。总之，组合结构桥梁依靠其不断提升的技术与经济竞争力，获得了巨大发展。

2.2 梁式组合结构桥梁

2.2.1 组合钢板梁桥

早期的组合钢板梁桥在并排钢板梁之间设置许多横梁、水平及竖向横撑，在腹板上焊接许多横向加劲肋，纵梁间距也很小。20 世纪 80 年代以来的发展体现了对上述问题的持续改进。以法国为例，从 1980 年前后开始集中力量进行组合结构桥梁的开发研究，在组合钢板梁桥方面，对传统的结构体系进行了大幅度简化，并制定组合钢板梁桥设计指南。目前，组合钢板梁桥多采用双主梁或少主梁形式，其适用跨度范围不断双向拓展，在 20～150 m 的跨度范围都有很强的竞争力。图 1 所示为法国里昂的涌潮河桥（Mascaret Bridge)，为主跨95 m 的变高度组合钢板梁桥，两片主梁间距 6.5 m，横梁间距 8 m，桥面板宽 13.12 m，采用分段浮运吊装施工方法进行钢梁架设。

图 1 里昂涌潮河桥

2.2.2 组合钢桁梁桥

组合钢桁梁以其更能适应大跨与重载的特点，获得了发展并广泛应用于铁路与公路桥梁中。

在德国的铁路桥中，有较多的组合钢桁梁桥得到应用，图 2 所示为主跨 208 m 的南腾巴赫(Nantenbach）双线铁路桥，三跨连续梁中间支点的钢桁架下弦设有混凝土板相结合共同受力。该桥施工顺序为先钢桁梁再桥面板，钢桁梁边跨利用辅助墩架设，之后向中跨伸臂架设各 44 m，在浇注两主墩支点处底板混凝土后，用提升法架设长 140 m、重 1 600 t 的主跨中段，钢桁梁架设完成之后，从主跨跨中分别向两侧桥台浇注桥面板混凝土。

图 2 Nantenbach 桥

丹麦的公铁两用厄勒海峡桥（Øresund Bridge)的引桥采用了主跨 140 m 的等高度组合钢桁梁桥，上层预应力混凝土桥面板通过钢桁架上弦杆上的焊钉连接件形成结合，下层铁路桥面采用槽形混凝土连续梁与钢主桁下弦横梁结合，采用全截面预制整孔吊装法施工，如图 3 所示。

图 3 Øresund 桥引桥全截面整孔吊装

日本主跨 155 m 的小白仓公路桥是采用预应力混凝土桥面板的组合钢桁梁桥；西班牙的主跨 170 m 的锡尔河桥(Sil Bridge)钢桁梁采用顶推法施工。西班牙瓜达尔费奥河桥(Guadalfeo Bridge)为主跨 140 m 的五跨连续组合钢桁梁，其组合断面中钢桁架高度为 9.55 m，空间钢桁架有 3 个上弦杆、2 个下弦杆，如图 4 所示。钢桁梁采用顶推法施工，上设吊索塔架、无临时墩，以压形钢板为底模现浇桥面板，如图 5 所示。

图 4　Guadalfeo 桥钢桁梁现场拼装

图 5　Guadalfeo 桥钢梁顶推施工

2.2.3　组合钢箱梁桥

组合钢箱梁具有抗扭能力强、整体性好、适合曲线以及更能适应大跨等特点，已经有大量的公路、铁路组合钢箱梁桥建成。德国在相关研究与实践方面做了大量工作，如在海得明登的维拉河谷桥，主跨 96 m，施工时钢梁先顶推到位，再现浇桥面板，采用中间支点附近桥面板后浇的间断施工方法。图 6 所示为主跨 154 m 的诺伊厄廷格桥（Neuötting Bridge），钢梁采用槽型钢梁截面，中间支承位置采用了双层组合结构，在中间支点附近钢梁下翼缘附加有混凝土板，桥面板按照皮尔格法现浇施工，钢梁采用吊装施工方法。

图 6　Neuötting 桥施工

德国 A1 高速公路伍珀河谷大桥（Wupper River Valley Bridge）为七跨连续组合钢箱梁桥，跨度布置为 44.7 m+64.0 m+72.8 m+72.8 m+64.0 m+44.7 m，钢主梁采用槽型断面，悬臂侧设有 2 道闭口的焊接小钢梁，桁架式横隔系由腹板竖向加劲肋、底板横向加劲肋、内外斜撑及上平面水平系杆，采用顶推法施工，组合型混凝土桥面板由 10 cm 至 15 cm 厚的预制板，以及其上 20 cm 厚的现浇混凝土组成，施工中的桥梁实景如图 7 所示。

图 7　Wupper 河谷桥施工

主跨 105 m 的上海长江大桥主通航孔桥引桥工程，在国内长大公路桥梁中首次大规模地应用组合钢箱梁桥结构形式。组合钢箱梁由槽形钢梁与桥面板通过焊钉结合构成，横隔系由腹板和底板横向 T 形加劲肋以及桁架杆件组成，在各墩支点处设置实腹钢横隔板。组合钢箱梁采取整孔吊装、先简支后连续的施工方法，如图8所示，采用了钢梁预弯法、墩顶双层组合技术、支座升降法等技术措施改善结构受力、降低钢材用量。

(a) 整孔组合梁制作

(b) 整孔组合梁吊装

图8　上海长江大桥施工

目前连续组合箱梁桥最大跨度已超过200 m，单箱桥面宽度超过30 m。这些桥梁的修建，在经济性、耐久性以及桥梁美学方面，充分展现了组合结构桥梁的竞争能力。

2.2.4　波折腹板与桁式腹杆组合梁桥

波折腹板组合箱梁桥与钢桁腹杆组合梁桥都是用钢结构取代混凝土箱梁的腹板，从而达到改善力学性能与减轻上部结构自重的目的。

法国桥梁工程界用弯成波折形状的薄壁钢板作为腹板，1986首次设计建成了科纳克桥（Connac Bridge），随后分别建成了莫尔里桥（Maupre Bridge）（图9）、阿斯泰里克斯桥（Asterix Bridge）等。1993年日本将技术引进并加以推广和开发，陆续建成新开桥、本谷川桥、兴津川桥等。图10所示为本谷川桥，主跨97.2 m。这种桥梁在减少施工量、缩短工期、降低成本以及提高效益等方面具有很大的优势。

图9　Maupre 桥

图10　本谷川桥

钢桁腹杆组合梁桥由混凝土上下翼缘板与钢桁腹杆组合而成。法国对此进行了积极的探索并取得了显著的成就，其中的布洛奈（Boulonnais）高架桥极具特色，如图11所示，混凝土腹板用钢管空间桁架替代，是首座用密接匹配法节段预制架设的组合结构体系桥梁，预制和架设方法与一般PC箱梁相同。法国采用的Bras de la Plaine桥则是跨径280 m的钢桁腹杆组合梁桥。日本也同样积极开展研究与实践，其中的主跨85 m的纪川桥（Kinokawa Bridge），是日本第一座钢桁腹杆组合桥，以钢管桁替代PC箱梁的腹板。

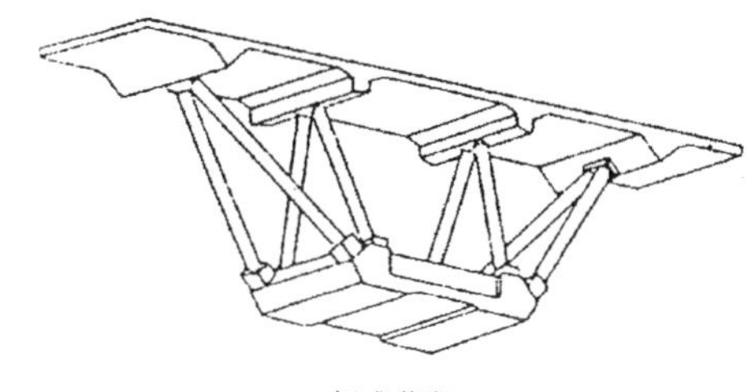

标准节段

图 11 Boulonnais 桥

2.3 索承式组合结构桥梁

组合结构桥梁涵盖的范围很广，仅限于采用钢与混凝土组合加劲梁截面的桥梁，就有大量的应用，除了在梁式桥应用外，还被用于大跨度与中小跨度的斜拉桥、悬索桥、拱桥这些桥型中。

2.3.1 斜拉桥

上海的南浦大桥、希腊的安提利翁桥(Rion-Antirion Bridge)是组合钢板梁应用于 400 m 以上跨度斜拉桥的例子，前者钢梁拼装后铺设预制桥面板，后者则以预制的组合结构梁段现场吊装，如图 12、图 13 所示。

图 12 上海南浦大桥

图 13 希腊 Rion-Antirion 桥

图 14 所示的东海大桥主航道斜拉桥跨度为 420 m，加劲梁则采用了组合钢箱梁，主梁分成 8 m 长节段预制，在预制场内槽形钢梁节段上浇注混凝土桥面板，形成组合箱梁节段，再浮运吊装，钢梁栓接后浇注桥面板接缝混凝土。

图 14 东海大桥

日本主跨 170 m 的栗东桥与主跨 235 m 的矢作川桥，分别是采用波折腹板组合箱梁的低塔斜拉桥与斜拉桥。葡萄牙欧罗巴桥(Europe Bridge)，则是一座采用钢桁腹杆组合梁的独塔斜拉桥，主跨 185.625 m、双层桥面，采用预制阶段拼装施工。图 15 所示的丹麦到瑞典的 Øresund 公铁两用桥，主跨 490 m 主航道斜拉桥采用了组合钢桁梁，加劲梁上层预应力桥面板与钢桁架上弦杆结合，下层正交异性钢桥面与主桁下结合，如图 16 所示，桁梁节间距 20 m，分大节段全截面预制，再整体浮运吊装。

图 15 丹麦到瑞典的 Øresund 桥

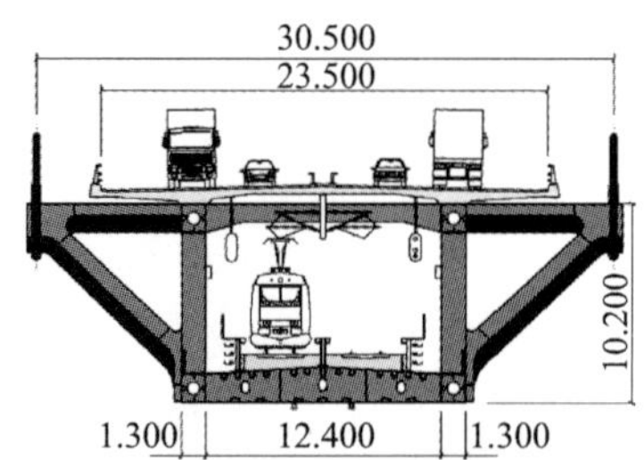

图 16 Øresund 桥横断面

我国的芜湖长江大桥是公铁两用桥，主桥采用了主跨312 m的组合钢桁梁矮塔斜拉桥，上层公路面采用混凝土板与钢梁上弦结合，下层铁路面为纵横梁体系，钢桁梁节间距12 m，分散成单根杆件，施工时逐根拼装，完成一个节间后挂索并铺设预制板、浇筑接缝混凝土。

2.3.2 悬索桥

组合梁和钢梁相比由于其自重较大，应用于悬索桥中将在经济性方面受到挑战，因此大跨度悬索桥很少应用，但在中小跨度悬索桥中仍然能够展现技术经济竞争力。

图17所示的法国主跨300 m的沙瓦农河(Chavanon River)悬索桥是A89高速公路跨越深谷的一座桥梁，加劲梁采用组合钢箱梁，其钢梁为带外加撑的开口槽型钢梁，梁高3 m，桥宽22 m。加劲梁两端简支支承在桥台之上，与桥塔之间没有连接。施工时钢梁前端吊挂、后端顶推，钢梁施工过程如图18所示，桥面板待钢梁全部就位后铺设。

图17 Chavanon River悬索桥

图18 Chavanon River悬索桥钢梁施工

西班牙埃尔切河桥(Elche River Bridge)是一座单塔空间索面悬索桥，主塔中心线距主梁端部支承中心线的距离为164.5 m，如图19所示。加劲梁采用多箱式的组合钢箱梁，混凝土桥面板厚度为0.17 m，桥宽23 m。钢梁被分为13个节段预制安装，如图20所示；待钢梁全部架设完毕后，在开口钢箱梁的上部安装一层薄钢板，作为混凝土桥面板的现浇模板，在铺设桥面板钢筋后顺序浇筑混凝土桥面板。

图19 Elche河悬索桥

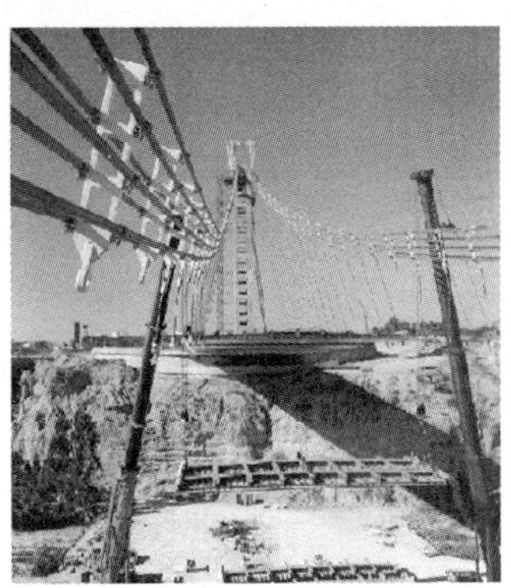

图20 Elche河悬索桥钢梁架设

2.3.3 拱桥

拱桥作为一种经典桥型，结构体系与形式多样。拱圈与加劲梁各有多种类型之分，两者相互组合形式更加多样。在拱桥中、特别是中小跨度的拱桥中，国内以钢管混凝土结构居多，桥面系多采用混凝土或钢结构；国外则较少采用钢管混凝土结构，桥面系多采用钢-混凝土组合结构，其钢梁又多由钢纵梁与钢横梁形成的梁格系组成。

法国圣吉尔桥(St Gilles Bridge)是一座跨越罗纳河(Rhône River)的主跨120 m系杆拱桥，于1999年建成通车，如图21所示。该桥上部结构采用钢-混凝土组合结构断面，桥面板施工在钢梁架设完毕后进行，采用移动支架铺设预制混凝土桥面板，预制板厚度为 25 cm，支承在相邻的钢横梁之间，预制桥面板之间采用现浇混凝土湿接缝连接，不设置纵向预应力。

图 21 St Gilles 系杆拱桥

西班牙维卡瑞亚桥(La Vicaria Bridge)是一座全长 260 m 的系杆拱桥，如图 22 所示。主拱圈跨径 168 m，主梁采用钢-混凝土组合梁结构，为梁高 1 m 的主纵梁(闭口钢箱梁)和每隔 3 m 一道的横梁组成的双主梁梁格体系；桥面板厚度 25 cm，采用预制施工方法，预制板安装后浇筑接缝混凝土。

图 22 La Vicaria 桥

杭州九堡大桥全长 1 855 m，主航道桥采用主跨 3×210 m 的连续组合拱桥，上部结构采用梁-拱组合体系，由钢-混凝土组合结构桥面系和钢拱结构组成，桥梁全宽 37.7 m，实景照片见图 23。组合桥面系由混凝土桥面板和钢梁组成，截面中心处梁高4.5 m，钢梁的两侧主纵梁为 2.25 m×3.96 m 窄箱，主纵梁之间设有间距 4.25 m 的 I 形横梁；主纵梁外侧人行道为全钢结构，混凝土桥面板厚 26 cm，无预应力束。

施工总体上可分为钢结构和桥面板两部分：包括桥面系钢梁及钢拱的钢结构均在岸上拼装，采用多点同步顶推，钢结构顶推就位之后，先张拉吊杆再铺设预制桥面板、浇注接缝混凝土。

图 23 杭州九堡大桥

3 组合结构桥梁的技术进步

3.1 理论研究与设计方法

3.1.1 基础理论与分析方法

早期由于对组合结构桥的受力机理与构造研究不足，出现较多问题。20 世纪 70—80 年代以来，欧洲以及日本等国大力进行基础性理论研究和试验，内容涉及焊钉连接件性能、钢梁局部稳定、结构力学性能、桥面板开裂性能以及特殊部位结构等方面。通过研究与实践，制定并完善了相应规范，建立了新的分析与设计方法。

随着理论研究与工程实践的发展，对结构总体承载性能、桥面板开裂影响、钢梁局部稳定、连接件与结合部的力学特点等可以更准确分析与了解。比如，通过对连接件刚度的模拟，可以更符合实际地采用不完全平截面变形理论进行组合结构桥梁受力分析；通过引入结构与材料本构关系来考虑负弯矩区桥面板开裂影响，以更精确地评估结构从加载开始到破坏过程的非线性行为关系与受力状况。依靠新的稳定理论与计算机技术进步，可以更准确地考虑钢结构的总体与局部稳定，尤其是组合结构条件下的钢结构稳定特性，为减少稳定构件、合理安排材料确立了基础。

3.1.2 设计方法

借助于大量研究成果及分析方法的进步，发展了允许混凝土板开裂、用裂缝宽度限值代替拉应力限值的设计方法，从而简化了构造、方便了施工，促进了连续组合结构桥梁的发展。对于纵横向加劲肋等稳定构造，不再沿袭过去依据简化模型制定的相关设计规定，而是借助于新的稳定理论与分析方法进行设计，由此钢梁加强了高度简化的趋势。此外，还有一些新的设计方法发展建立起来，例如，在结构不同区域变化钢与混凝土连接刚度达到截面完全组合与不完全组合相结合的设计方法；利用施工手段调节钢梁与混凝土板应力状态的设计方法；连接件以群钉形式间断设置，从而实现有效施加预应力的方法等。

设计方法的进步，可以更合理、更实际、更有效地安排材料，从而促进组合结构桥梁经济竞争力的提高并获得了更大的发展。

3.1.3 设计标准与规范

欧美日等国从 20 世纪 50 年代开始就陆续制定组合结构桥梁标准与规范，1971 年欧洲国际混凝土委员会(CEB)、欧洲钢结构大会(ECCS)、国际预应力联盟(FIP)和国际桥梁及结构工程协会(IABSE)组成了组合结构联合委员会，编制了组合结构模范准则(Model Code)，作为各国编制规范时的指导性文件，如英国 BS5400 标准、德国 DIN 标准、美国 AASHTO 规范。在欧洲已经形成了统一完善的标准体系 EURO CODE。理论与试验研究以及工程实践的成果，使得欧美日等国的组合结构桥梁技术标准得以不断修改和完善，进一步促进了组合结构桥梁的发展。

3.2 结构形式及材料

3.2.1 新结构的开发

组合钢板梁桥由早期的多纵梁、多横梁以及密集的各向加劲形式，经过大幅简化，发展到以双主梁或少主梁为主流，加劲构件也大幅减少。组合箱梁桥的截面形式也有了诸多发展，由早期的闭口箱截面发展完善了开口槽形截面，单箱单室截面适应的桥面宽度可达约 20 m。对于更宽的桥面，开发了混凝土桥面板采用钢结构加劲的大悬臂截面形式，所适应的桥面宽度可达 30 m，这种结构形式成为近年来的发展趋势。组合钢桁梁的形式也在传统由两片平面钢桁架的基础上，开发了空间桁架结构的组合梁形式，其中上下各有 3 根和 2 根杆件的空间桁架组合梁，更好地满足了大跨度宽桥面公路桥梁的建设需要，而上下各有 2 根和 1 根杆件的三角形桁架组合梁，则拓展了组合钢桁梁在小跨度桥梁中的应用。

近年来，为了提升组合结构桥梁在更小跨度的竞争力，还开发了一些新的结构形式。德国开发的一种形式很有特色，其钢梁由扎制 I 形型钢一分为二，省去焊接钢梁加工费，其切割形成的齿形构造即成连接件，桥面板底层先在工厂浇注并与钢梁结合，从自重作用阶段即为组合结构受力。

3.2.2 结构构造的改进

为了降低造价、改善结构性能，各种不同的截面形式的组合梁被设计成与桥墩固接，形成刚构体桥梁，既有多跨的也有单跨的，既有组合钢板梁与钢箱梁也有钢桁腹杆组合梁等。

为了提高结构力学性能与经济性，双层组合结构应运而生。通过在中支点附近下缘加设混凝土参与受压，以达到增大跨越能力、降低工程造价、增大结构刚度、调节结构受力分布以及避免大量现场焊接或减小钢板厚度等目的，并且该范围自重的增加对结构弯距影响有限。因此，在组合钢箱梁桥、组合钢桁梁以及组合钢板梁等桥上都有应用。

桥梁支点由于支座局部集中荷载作用而受力复杂，采用组合横隔板的工程实例日渐增加，通过这种在局部构造上采用组合结构，达到提高结构性能并降低造价的目的。

3.2.3 新材料与新构件的开发

在钢结构材料方面，耐候钢的开发应用，可以省去了涂装费用与养护工作量；变厚变宽钢板的应用，使设计时可以更加合理地安排钢梁材料，并且减少了焊接工作量；高性能钢材的应用，拓展了组合结构桥梁的发展空间，进一步提升了其技术经济竞争能力。

在混凝土材料方面，发展了密实性、流动性、抗收缩性更好的混凝土以及纤维加强混凝土，提高了混凝土的质量，有效地控制了混凝土裂缝开展；为了适应多种条件下钢与混凝土的连接要求，开发了焊钉连接件现场快速焊接方法，还有一些新的连接件，如开孔板连接件、槽齿性连接件等。

3.3 施工工艺与方法的发展

3.3.1 施工方法

组合钢板梁、组合钢箱梁、组合钢桁梁的施工，经过长期发展，普遍采用先钢梁再桥面板的施工方法；钢梁施工常用顶推法，桥面板施工以钢梁为平台，进行现浇或预制板铺设。这种方法利用了钢梁自重轻、承载能力强的特点，可以降低对机具设备与临时设施的要求，同时也体现了快速施工的特点。钢桁腹杆组合梁桥与波折腹板组合箱梁桥，则以节段预制化、架桥机整孔节段拼装或对称节段拼装法施工，既保证了质量又实现了快速施工。

在设计和施工密切配合的技术动态下，完善发展了施加预应力的支点升降法、减小中支点负弯距的间断浇筑法、提高桥面板质量的预制桥面板法以及快速施工的桥面板纵向滑移法等。此外，还有一些充分利用施工方法调节钢梁与混凝土板应力状态的方法。设计与施工的相互依存，使得人们不再从单一角度考虑问题，而是从设计与施工的各个环节全面考虑，其结果是材料更加节省、施工更加便捷。

3.3.2　钢梁制造与安装

在钢梁制作方面，开发了具有良好抗疲劳性能的现场全截面对接焊工艺，为钢梁现场拼接质量提供了保证；用于焊钉连接件焊接的设备开发，提供了快速施工与质量保证。

钢梁顶推法不仅用于直线桥与等曲率的曲线桥，还被加以发展后用于变高梁。钢梁顶推时通常不设临时墩与导梁，为了控制过大变形、减小结构受力，发展了在钢梁上安装吊索支架辅助施工的方法。主跨213.75 m卡罗尼河桥(Caroni River Bridge)，钢梁顶推时，其梁底设有桁架衬托。瑞士主跨为130 m的沃克斯桥(Vaux Bridge)，顶推时配置了竖向升降量达4.5 m的可调支承，以适应变高梁的梁高变化。

3.3.3　桥面板施工

现浇桥面板为了解决混凝土水化热与干燥收缩引起的问题，采取浇筑前对钢梁上翼缘进行预热、浇筑后用真空泵等设备去除混凝土中无用水、选用干燥收缩效应小的混凝土以及增加配筋等方法。为了改善现浇混凝土板的施工条件、加快工程进度，发明了具有高度机动性与可调性的模板车，既能在钢梁上翼板也能在混凝土板表面行走，使桥面板间断施工也可快速进行。

预制混凝土桥面板的方法在施工性、工期、减少桥面板出现的拉应力诸方面均有一定的优势。为了实现快速安装，人们设计制造了一些由自行式作业吊车和滑动运输车组成的专用设备，确保预制板快速安装。

为了改善桥面板与钢梁结合后再导入预应力的方式存在的弊端，还发展了施加预应力后再行结合的设计与施工方法。

综合桥面板预制与现浇的优点、规避其缺点，发展了新的桥面板工艺方法，将桥面板分为两层，下层预制板较薄，以方便安装并兼作上层模板，上层现浇后形成整体桥面板。这一方法已经成为近年来的趋势之一。

此外，还开发了预制桥面板采用顶推法施工，一种方法是在桥端部浇筑混凝土板，钢主梁作为导轨逐段顶推就位，连接件通过桥面板的预留孔焊在钢翼缘上。另一种桥面板顶推施工方法，其分块预制板在浇注时用钢管联系起来，顶推到位后浇注混凝土形成整板。

4　国内发展展望

4.1　工程应用

中国在组合结构桥梁研究及应用方面相对落后，在最普遍使用的梁式桥中，预应力混凝土结构仍然占有绝对多数，公路桥中组合结构应用不广，虽然近期有两座超百米跨度连续组合钢箱梁桥建成，但总的应用仍然非常之少。大跨度桥梁虽然有南浦大桥、杨浦大桥等应用，但比例仍然很低，悬索桥的应用数量更少。拱桥以钢管混凝土结构为多，拱桥的桥面采用组合结构的实例很少见。铁路桥近年来在芜湖大桥采用了组合钢桁梁，在秦沈铁路客运专线上，试验性采用了组合结构简支梁与连续梁。总之，我国在组合结构桥梁的应用方面远不及欧美日等国家普遍，尤其百米级跨度钢-混凝土组合结构连续梁桥更是少见。

4.2　基础理论研究

从现状看，我国在组合结构桥梁方面，无论研究、设计、施工等都存在明显的差距。我国组合结构桥梁应用很不普及，基础理论研究滞后。从国内试验规模与涉及面来看，系列化、系统性的试验研究较少。分析研究方面，考虑材料本构关系的非线性分析方法研究以及对组合结构弹塑性行为过程的分析研究等方面，无论涉及面与深度均存在不足。

在基础理论研究方面，组合结构桥梁的整体受力性能、负弯距区的力学性能、桥面板的合理构造、钢与混凝土的连接性能、连接件的滑移影响与力学性能以及钢结构屈服稳定与构造要求等问题，必须进行深入研究才能为组合结构的健康发展打下良好的基础。因此，研究工作应该在充分借鉴国外成果的基础上，结合国内桥梁建设需求与特点，开展系列化、系统性的分析与试验研究，特别要重视能够反映组合结构桥梁本质与特点的试验研究工作，为规范的完善以及设计水平的提高打下坚实的基础。

4.3　设计与施工

组合结构桥梁由于其结构特点、受力特点以及施工过程的多样性，表现出明显的受力空间复杂性以及非线性行为，传统的一些简化方法难以适应现代组合结构桥梁的设计要求。组合结构桥梁施工方法与过程不同，最终的结构受力状态也不同。为了达到技术与经济等方面的优化目标，需要设计与施工相互结合，寻求经济合理的结构方案与施工措施，从而实现改善结构性能、降低材料消耗的目的。正因为如此，欧美等发达国家在基础理论、分析与设计方法以及施工技术等方面获得了高度发展，设计与施工精细化与相互依存的程度日渐提高，并呈现不断改进与创新的技术动态。而国内在相关研究、设计以及施工技术方面尚存在很大差距，需要科研、设计、施工等方面密切合作，借鉴国际先进经验，以高起点开展理论研究以及工程设计与施工实践，大力提升组合结构桥梁技术水平与创新能力，形成自主创新技术，促进我国组合结构桥梁健康发展。

5 结语

中国地域广阔人口众多，未来的交通发展仍然需要修建大量的桥梁，面对各种不同的建设条件以及经验教训的总结，迫切需要提高桥梁耐久性、使用性、环保性和景观性，并降低工程造价。混凝土桥梁虽然短期养护费用低，但自重大、工期长、盐害与性能退化问题不可回避；钢桥则存在疲劳、压屈、腐蚀、振动、噪声等问题；组合结构桥梁可以充分利用钢与混凝土两种材料的优点、弥补各自缺点，从钢桥与混凝土桥中找到共同结合点，使结构设计、施工、维修更趋合理并具有全寿命经济性。因此，组合结构桥梁必将成为未来中国桥梁建设重要组成部分，一定会得到应有的重视与发展。

参考文献

[1] 邵长宇. 博士学位论文：大跨度连续组合箱梁桥关键技术研究[D]. 上海：同济大学，2006.

[2] 刘玉擎. 组合结构桥梁[M]. 北京：人民交通出版社，2005.

[3] 白铃. 博士学位论文：超静定组合结构桥梁受力特性的3D-FEM模拟分析[D]. 北京：铁道科学院，2003.

[4] Julio Martinez Calzon. Composite Bridges [C]// Proceedings of the 3rd International Meeting, Madrid, 2001.

[5] Jean-Marc Ducret, Jean-Paul Lebet. Behaviour of Composite Bridges during Construction [J]. Structural Engineering International, 1999, 9(3): 212-218.

[6] Miguel Gomez Navarro, Jean-Paul Lebet. Concrete Cracking in Composite Bridge: Tests, Models and Design Proposals [J]. Structural Engineering International, 2001, 11(3): 184-190.

[7] Reiner Saul. Bridges with Double Composite Action [J]. Structural Engineering International, 1996, 6(1): 32-36.

[8] Gero A. Marzahn, Markus Hamme, Wolfgang Prehn, et al. Wupper River Valley Bridge: A State-of-the-Art Composite [J]. Structural Engineering International, 2007, 17(1): 35-39.

[9] 谢红兵，柯在田，等. 在动载作用下的连续结合梁设计[J]. 国外桥梁，1998(4): 12-21.

[10] 邵长宇. 城市高架组合结构桥梁国际发展概况[J]. 上海公路，2008(1): 28-30.

[11] 邵长宇，大跨连续组合箱梁桥的概念设计[J]. 桥梁建设(Bridge Construction)，2008(1): 41-43, 61.

港珠澳大桥非通航孔桥钢箱梁设计与施工关键技术

方明山*

（港珠澳大桥管理局　中国　广东　519015）

摘　要　正在实施建设的港珠澳大桥桥梁备受业内关注。其非通航桥工程，无论在工程投资比例、工程规模及建设难度等方面均在主体工程中占据主导地位。结合个人工程实践体会，系统阐述非通航孔桥 110 m 跨箱梁的设计与施工关键技术特点，以供同行参考和借鉴。

关键词　港珠澳大桥；非通航孔；钢箱梁；设计；施工；关键技术

* 方明山，1969 年出生，项海帆教授 1994 级博士研究生，论文题目“超大跨径缆索承载桥梁非线性空气静力稳定理论研究”。

1　工程概况

港珠澳大桥主体工程由东、西人工岛、海底沉管隧道及桥梁工程组成，总长约 29.9 km。其中，桥梁工程长约 22.5 km，由青州航道桥、江海直达船航道桥、九洲航道桥、深水区非通航孔桥、浅水区非通航孔桥及珠澳口岸连接桥等组成，里程桩号为 K13＋413—K35＋890。按里程桩号划分，桥梁工程共分 3 个土建施工标（CB03、CB04 及 CB05）和 2 个钢结构制造标（CB01 与 CB02，对应 CB03 和 CB04 标），其中浅水区 CB05 标含土建与钢结构制造。桥区建设条件复杂，航线多船行密度大，需穿越环境敏感区，环保要求高；水域涌浪大、大风多、台风频；岩面起伏大，地质条件较差；需越崖 13－1 气田管线；海洋环境腐蚀强，耐久性要求高。

深水区非通航桥上部结构均采用 110 m 跨整幅大悬臂等截面连续钢箱梁体系，标准联为六跨一联，CB03 标共计 68 跨，CB04 标共 56 跨。钢箱梁标准梁宽 33.1 m，高 4.5 m，钢箱梁标准横断面见图 1。大节段箱梁净重约 1 600～2 600 t。

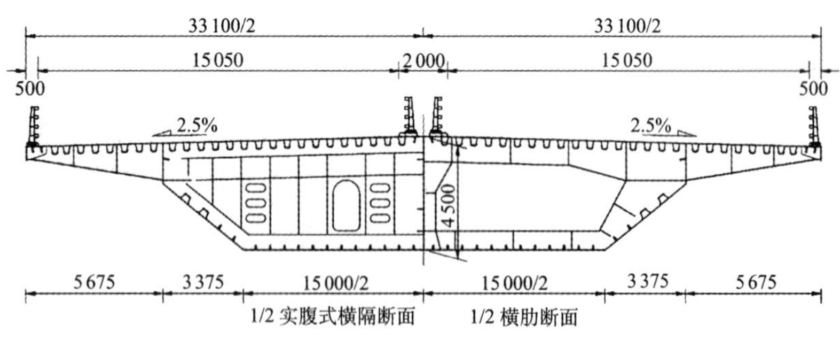

图 1　钢箱梁标准横断面图（单位：mm）

2　设计标准与原则

2.1　主要设计标准

港珠澳大桥主体工程按时速 100 km/h、双向 6 车道高速公路标准设计，设计使用寿命为 120 年，汽车荷载按《公路桥涵设计通用规范》（JTG D60—2004）汽车荷载提高 25％用于设计计算，并按香港《United Kingdom Highways Agency's Departmental Standard BD 37/01》（英国公路局部门标准BD37/01)汽车荷载进行复核;其抗风设计标准:运营阶段设计重现期120年,施工期重现期30年;地震设防标准:地震基本烈度为Ⅶ度,采用如下的抗震设防标准(重现期):

工作状态:120年;

极限状态:非通航孔桥600年;

结构完整性状态:2 400年。

2.2 主要设计原则

港珠澳大桥非通航孔桥的设计主要遵循了以下基本原则。

1) 需求引导设计

港珠澳大桥从工程可行性研究阶段即倡导"需求引导设计"的理念,这一理念是在总结杭州湾大桥"施工决定设计"理念基础上,结合IT行业做法,采用先做需求分析再做方案设计的做法。这种方式由传统注重性能设计转向功能设计,从以满足结构安全为主向以满足需求发展为主。需求分析主要包括项目基本需求、边界条件需求、施工过程需求、远期发展需求,其中边界条件需求除包括项目的接口要求,即空间接口、时间接口、技术接口、管理接口;还包括社会、自然环境及利益相关方需求。施工过程需求是指满足合理施工六化和条件需要的设计措施及方案。远期需求适应运营管理的规划预测要求,功能的提高或转化要求、维修改造以及拆除要求等。

该理念无疑提升了业内设计管理水平。但大桥实践也表明,必须是合理的需求引导设计,否则不合理或不科学的需求势必误导设计。为此,业主在做需求分析时必须要有清醒的头脑和意识,做出切合实际的需求。

2) 基于全寿命理论的结构防腐设计

为了实现结构120年设计使用寿命总体目标,采用了基于可靠度理论的近似概率法进行混凝土结构的耐久性设计,并用全概率法进行耐久性验算。明确了各主要构件的设计使用寿命,针对不同部位的结构,基于全寿命成本分析提出了相应的混凝土结构防腐措施,建立了耐久性监测系统。制订了混凝土结构的耐久性设计指南及耐久性质量控制规程等指导性文件。

值得一提的是,尽管建立了相对系统的耐久性设计理论,但对附加耐久性措施方案的选择上,特别是在材料选择上,仍基于经验性的、定性层面上,缺乏定量判断依据。所建立的混凝土结构耐久性监测系统与结构健康监测系统采用各自独立实施,未能获得有机整合。

3) 大型化、工厂化、标准化及装配化的施工理念

结合项目建设目标和建设条件特点,充分利用我国工业化已取得成果,走标准化路线,全面、大力推行"大型化、工厂化、标准化、装配化"设计施工理念,将"建造"变"制造",并缩短海上作业时间,提高海上现场作业工效,确保工程质量和结构耐久性。

该理念总体符合港珠澳大桥施工特点和要求。对于今后待建跨海工程,大型化理念尚值得推敲。大型化并非构件尺寸、吨位的绝对大型化,应是针对工程的建设条件和施工装备水平,合理确定构件尺度,否则过度大型化,会适得其反,增加施工难度和成本、降低工效;而装配化的关键是处理好构件之间的对接,界面位置的合理选定及对接方式,关系到工程施工效率、施工质量控制及结构耐久性保障,做不好将成为结构的最薄弱点,影响工程安全及耐久性。应尽量避免构件连接界面放于浪尖区以下部位,特别是水下隐蔽区。

4) 维护设施与主体结构同步设计

为满足维养人员对各重要部分的"可检性、可修性、可换性、可强性、可控性、可持续性"的需求,在箱内、外设置了便捷的检修通道系统。国内首次在箱内设置了便捷的箱内检查车,箱外每联设计了一台可过墩爬坡固定式梁外检查车。对于可更换、需定期养护部件,提供足够的操作空间及操作平台。

不足的是,国内对附属设施的设计缺乏成熟经验,且国内检修通道及维护设施尚缺乏统一的设计和施工验收标准。同时,应防止附属设施结构的过度设计,造成不必要的投资浪费。

3 钢箱梁设计与施工关键技术

3.1 钢箱梁设计

港珠澳大桥深水区非通航孔桥首次在国内采用了大悬臂单箱双室箱梁结构,为了应对目前业界普遍担心的正交异性桥面板焊缝疲劳问题及钢桥面铺装问题。在设计上,采取了诸多强化技术措施:一是板材厚度强化设计,尤其是顶板进行加厚设计,较崇启大桥的16～22 mm增至18～24 mm;二是构造上强化,采用了

4.5 m梁高，高跨比达1/24.4；三是采用与南京四桥和鄂东长江大桥相同形式的U形肋构造，顶板U形肋高度由以往的280 mm增加为300 mm，下口宽度由170 mm增至180 mm；四是箱梁横隔板间距10 m，两道横隔板之间增设三道横肋板，其间距为2.5 m(以往钢箱梁采用3.5 m间距)；五是现场及工厂箱梁节段连接均采用以焊接为主的栓焊组合方式，除顶板U形肋、板肋采用栓接外，其余均为焊接连接。

图2为U形肋断面示意图；表1、表2为针对U形肋及桥面板刚度计算对比分析。从中可知，港珠澳大桥正交异性钢桥面板刚度较以往钢箱梁桥梁有了较大提高。

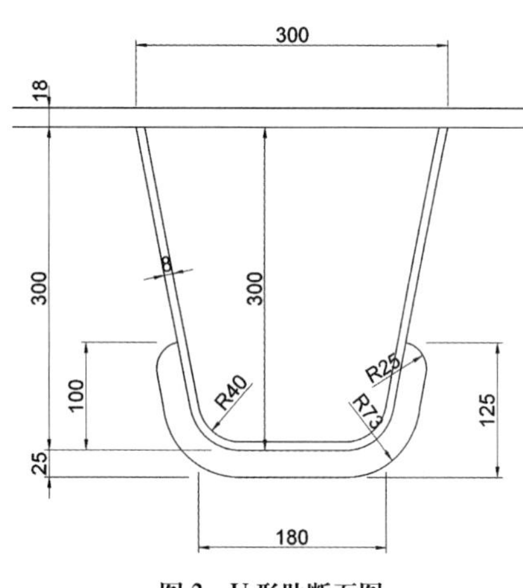

图2 U形肋断面图

表1 U形肋主要尺寸对比

	港珠澳大桥	国内其他钢桥
顶板最小厚度(mm)	18	14～16
顶板U形加劲肋高度(mm)	300	280
横隔板间距(m)	2.5(设置了横肋板)	≈3.5 m

表2 桥面板刚度计算对比

顶板厚度(mm)	18	16	14	12	要求
肋间相对挠度(mm)	0.15	0.18	0.21	0.24	≤0.4
肋间曲率半径(m)	38	32	27	24	≥20

为了确保箱梁制作质量，设计单位在国内首次对钢箱梁各部件焊缝接头形式、坡口要求及焊接方法、适用位置等在施工图设计文件中进行了具体明确和规定。此做法从具体实施情况看，尚值得商榷。从设计角度，钢结构焊接质量似乎得到保障，却也给制造单位带来了较多制约，一定程度上限制了制造单位的技术应用空间。

其次，深水区非通连续钢箱梁采用了较钝的气动外形，通过1∶50主梁节段模型、1∶20主梁节段模型，以及1∶70全桥气弹模型试验，显示主梁在不同风速发生竖向涡激共振结果基本一致，主要集中在27 m/s风速以后，在35 m/s左右、风攻角为+3°时出现第一个竖向涡激共振区振幅的最大值，最大超过100 mm。根据《公路桥梁抗风设计规范》，成桥状态一阶对称竖弯共振的振幅容许值为50 mm。由此，势必影响桥面行车舒适性和钢结构的疲劳性能。为此，借助风洞试验，对气动制振措施与机械制振措施的综合比较，认为两种措施在技术上均可行。如采用桥面两侧增设导流板措施虽具有构造相对简单、初期总投资较小的特点，但其适应频带宽度范围窄、频率不具可调性，且对桥梁景观具有一定的影响；考虑调谐质量阻尼器(TMD)技术本身在国外已应用成熟，且具有参数可调性、便于维护等优点，并兼顾工程进展实际情况，最终采用在箱梁内部设置质量比约0.4%的TMD以增加结构阻尼比的机械措施。经计算分析，安装TMD后，结构的等效阻尼比超过1.0%，涡激振动基本消失。图3—图5为各类抑振措施和装置。

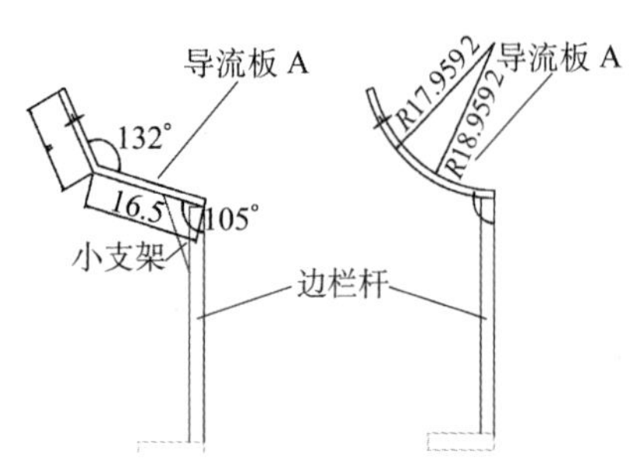

图3 圆弧形导流板抑振措施

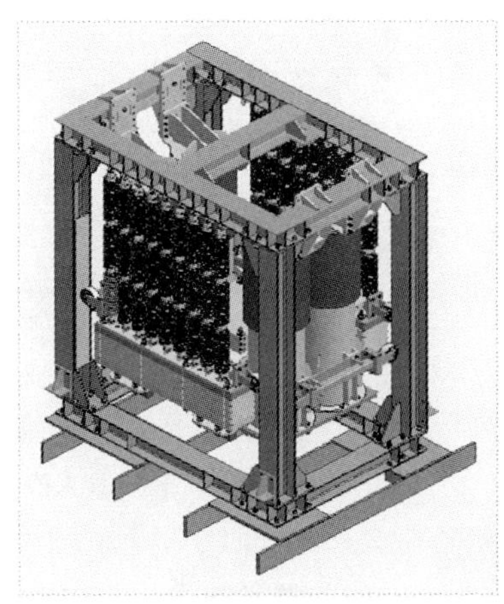

图 4　悬挂式 TMD 装置（已用于崇启大桥）

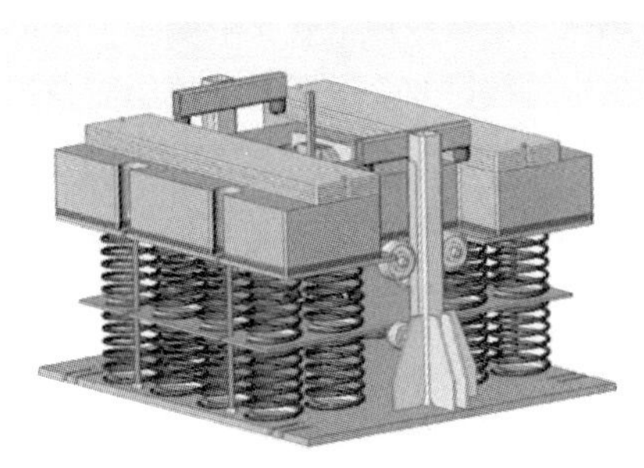

图 5　支撑式 TMD 装置（已用于俄罗斯伏尔加河大桥）

3.2　钢箱梁加工与制造

为了保障用钢量高达 42.5 万 t 的钢箱梁加工与制造质量，提升我国桥梁钢结构制造水平，在板单元制造、钢箱梁拼装及钢塔制造、涂装等方面，采用了诸多新设备、新工艺及新技术。

其中，在板单元制造方面，采用了如下新技术和工艺，实现了工厂自动化生产。

① 全部采用数控切割机下料，同时采用自动划线和打号技术；

② 钢板边缘和坡口加工，通过专用数控设备，以高精密的数控铣削工艺替代了传统的人工手动控制的刨削工艺；

③ 坡口加工过程中以高速铣削替代了滚剪或者刨削，坡口面的粗糙度达到 $Ra12.5$，钝边尺寸偏差控制在±0.5 mm 以内，坡口角度偏差控制在±0.5°以内，为确保 U 形肋与桥面板的组装精度及根部焊接熔合质量奠定了基础；

④ 自动装配定位焊接替代传统定位手工焊接；

⑤ U 形肋板单元和横隔板机器人焊接（图 6、图 7）替代传统 U 形肋板单元和横隔板手工焊接，采用机械校正自动化设备替代传统人工火焰校正；

⑥ U 形肋角焊缝首次采用先进的相控阵超声波

图 6　港珠澳大桥 U 形肋板单元机器人焊接

图 7　良好的 U 形肋焊接焊缝外观质量

检测技术(图 8)。

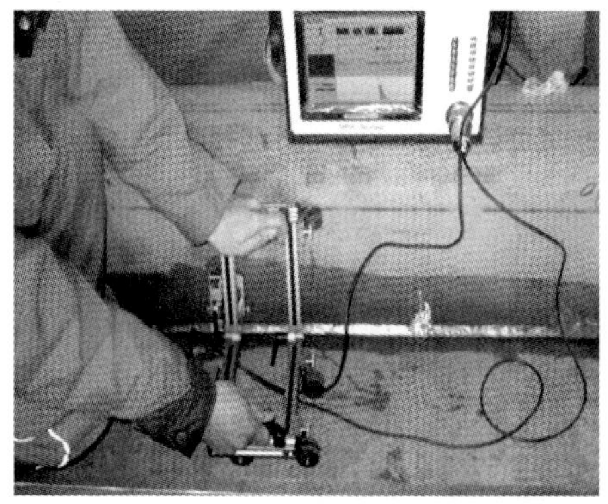

图 8　U 形肋角焊缝相控阵超声波检测

钢结构节段制造在厂房内采用多节段连续匹配组焊和预拼装一次完成工艺(图 9—图 11)。节段涂装在涂装房内进行,涂装房内配置通风除尘、除湿加热防爆照明等专用设备,保证环境符合涂装工艺要求。对于钢梁大节段拼接、钢塔节段制造与拼装也在厂房内采用长线法进行组拼,实现了"车间化"钢结构总拼作业;并采用无马装配总拼装工艺,首次将数字化焊接机器人、无盲区焊接小车应用于钢结构总拼制造;采用群控焊接数据管理系统等技术实施网络化管理。建立了配备与产能配套的现代化打砂涂装车间,配备经济、合理、舒适的通风除尘、漆雾处理系统,实现了全天候喷涂作业。

图 9　单元生产车间布局

图 10　板单元存放

图 11　港珠澳大桥节段总拼车间

3.3　箱梁架设与安装施工

深水区 CB03 标和 CB04 标钢箱梁架设均采用大型浮吊进行逐跨整体吊装安装施工。其中,CB03 标梁除跨崖气田管线桥 2 个边跨大节段箱需采用"一航津泰"4 000 t 浮吊(图 12)和"东海工 7 号"2 600 t 浮吊(图 13)抬吊外,其余大部分大节段箱梁均采用 4 000 t 浮吊单独整体吊装。

图 12　"一航津泰" 4 000 t 浮吊

图 13　"东海工 7 号" 2 600 t 浮吊

大节段钢箱梁起吊作业需面对如下挑战:

(1) 吊装梁段数量多、重量大、长度长(图 14、图 15),单浮吊起吊最大重量 2 800 t(含临时荷载),最大长度达 132.6 m,双抬吊最大梁段重达 3 200 t(含临时荷载),长度达 152.6 m;海上起吊高度高,最大达 45.3 m。

图 14 CB03 标已架钢箱梁

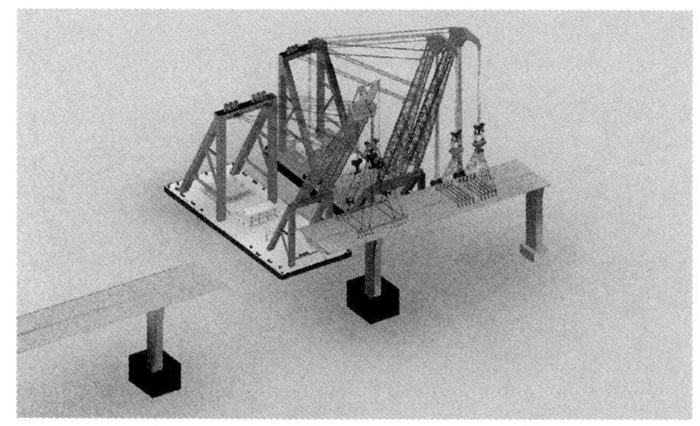

图 15 跨崖气田管线桥边跨大节段采用双浮吊抬吊示意图

(2) 海上作业受天气海况影响大，安装风险大，对浮吊起吊能力要求高；临时吊点多，吊具需保证梁段安装线形与局部应力满足设计要求。为此，采用钢桁架式吊具，与钢箱梁间采用串联滑轮连接，保证吊点受力均匀，不需对某一吊点单独调节。

(3) 钢箱梁重心与结构中心不重合，且安装线形存在纵坡与平曲线，最大坡度 2.0%，位于跨崖气田管线桥及其左侧梁段以及青州航道桥边跨大节段右侧梁段，吊装过程中需精确地调整钢箱梁的空间姿态，起吊难度大。为此，采用配重块粗调，浮吊吊钩微调(图 16)。配重块采用混凝土块(图 17)，单个重量为 5 t，尺寸为 1.43 m×1.2 m×1.2 m。

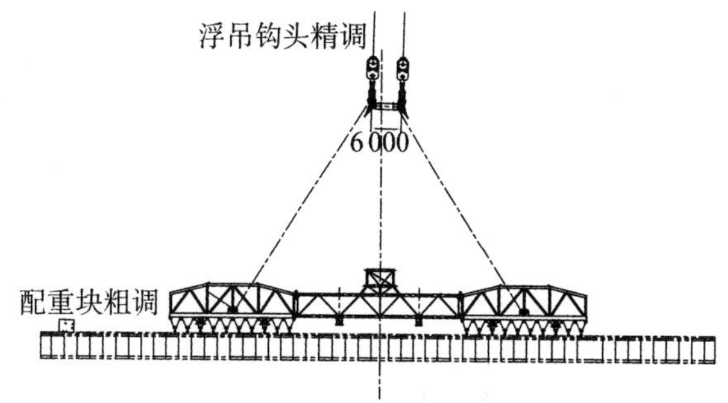

图 16 132.6 m 长梁段调整 2% 纵坡示意图

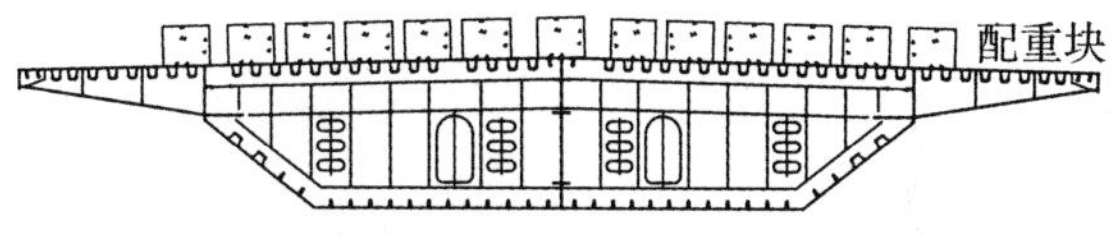

图 17 配重块布置示意图

(4) 相邻梁段接缝距离前一墩中心线 23 m，中跨及尾跨安装梁段利用梁端牛腿临时挂设于前一梁段悬臂端，吊装风险大，对浮吊性能及现场组织均提出了较高要求。

为此，中间跨钢箱梁安装一端跨越墩顶(中间墩)，另一端通过牛腿与已安装钢箱梁临时搭接。牛腿调位装置布置于钢箱梁顶面，横桥向布置，单片梁调位需布置 3 套。一套完整的牛腿调位装置主要由以下几部分组成：牛腿头部调位支座、头部滑移支座、牛腿本体、牛腿连接耳板、牛腿尾部支座等。单套牛腿调位支座包含 300 t 千斤顶 2 台，位于牛腿调位支座两侧，60 t 千斤顶 4 台。牛腿装置布置与原理图见图 18—图 20。

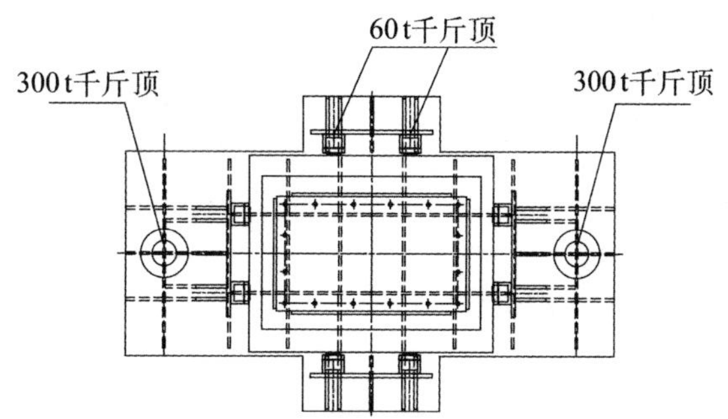

图 18 牛腿调位装置千斤顶布置图

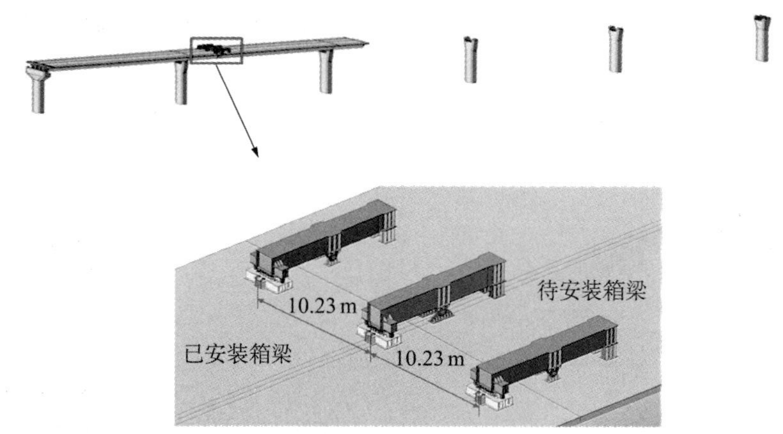

图 19　牛腿架设位置图

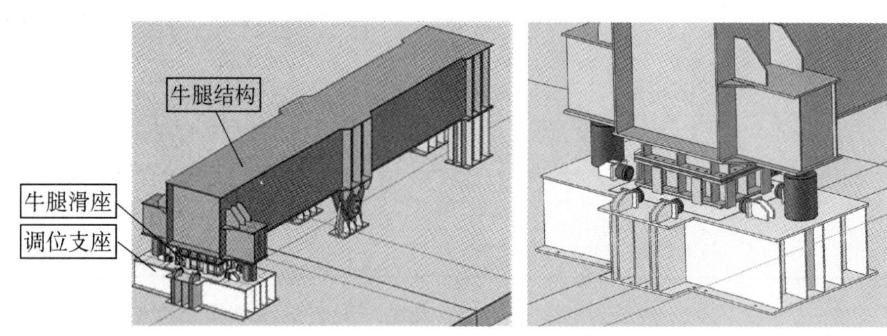

图 20　牛腿调位原理示意图

同时，为确保高箱梁调位精度在墩顶设置了三向可调节千斤顶系统。过渡墩上布置 2 台 1 000 t 竖向千斤顶，分布于 2 个调位装置外侧(图 21)，单个调位装置内布置 100 t 千斤顶 2 台(其中 1 台为横桥向，1 台顺桥向)。中间墩上布置 4 台 1 000 t 竖向千斤顶，分布于调节座外侧(图 22)；单个调位支座(共计 2 个)内布置 2 台 100 t 千斤顶(横桥向)和 1 台 200 t 的千斤顶(顺桥向)。

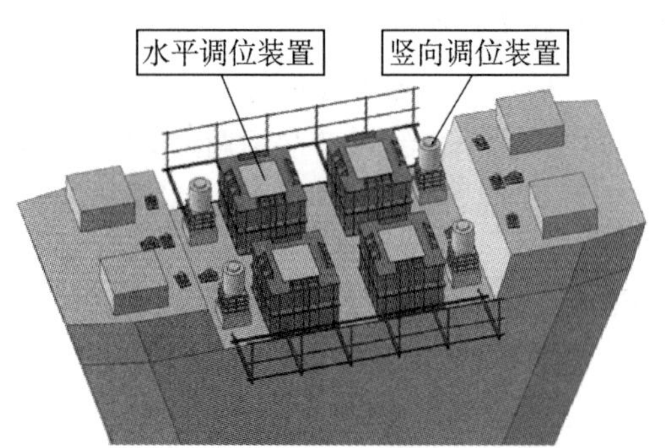

图 21　过渡墩墩顶调位装置布置示意图

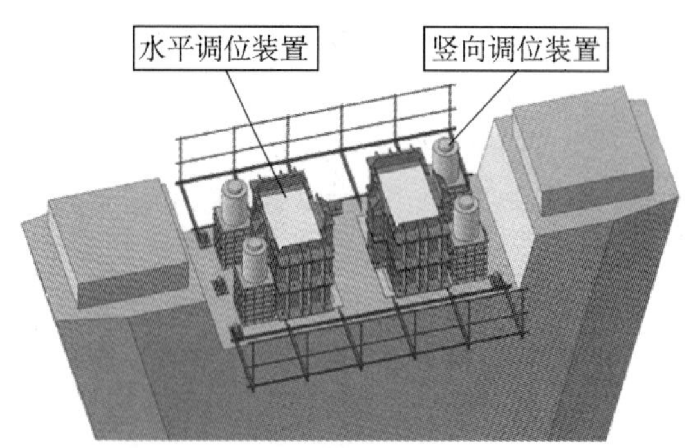

图 22　中间墩墩顶平台调位装置布置

基于上述特点，箱梁安装架设采用了逐跨架设、逐跨调位与焊接模式。值得一提的是，为了确保港珠澳大桥非通航孔桥在施工过程中结构受力和变形始终处于安全范围之内，且成桥后主梁线形符合设计要求，结构恒载受力状态接近设计期望，采用全过程几何控制法进行施工监控。

对于 CB04 标钢箱梁的安装方案(图 22)，其技术思路与安装工艺同 CB03 基本一致。所不同的是，采用的浮吊设备不同。对于其 110 m 钢箱梁标准段及尾跨箱梁的吊装，均采用“长大海升”3 200 t 起重船吊装；而对于每联首跨 132.6 m 大节段，由于其节段自重达到 2 913 t，加上吊具等设备，吊装总重量达到 3 700 t，需

图23 CB04标首片钢箱梁抬吊施工

借助“正力2200”起重船与“长大海升”起重船一起抬吊。

3.4 钢箱梁与组合梁造价比较

为便于110 m钢箱梁与85 m组合梁的经济技术比较，根据深水区与浅水区桥梁工程概算造价指标统计结果，如表3、表4所列。

表3 深水区110 m钢箱梁造价指标统计表 （元/m^2）

	基础	下部结构	上部结构	小计
CB01/CB03标	3 469	1 183	9 192	13 843
CB02/CB04标	3 546	871	9 089	13 507

表4 浅水区85 m组合梁造价指标统计表 （元/m^2）

	基础	下部结构	上部结构	小计
CB05标	2 806	1 857	7 751	12 415

由上表分析可知，就综合单价而言，110 m钢箱梁与85 m组合梁之比约1.1；从每平方米造价而言，110 m钢箱梁与85 m组合梁之比约1.2。

由上述对比可知，与钢箱梁相比，组合梁经济指标比钢箱梁具有一定优势。如考虑施工安装及质量控制等方面，则组合梁不具优势。由于组合梁受吊装重量限制，横断面需按双幅结构设计，增加组合梁制造、组合及施工安装的工程量。同时，工程实践表明，对于标准联组合梁的施工安装，较之标准联钢箱梁要复杂得多。一是，组合梁结构复杂，特别是其桥面板与槽型钢梁建的剪力钉群刚度无法准确模拟，施工监控难度相对大。二是组合梁体系转换施工工序多、耗时长，港珠澳大桥标准联组合梁比标准联钢箱梁施工周期至少要多3个月。三是，组合梁负弯矩区桥面板需在现场浇注，其施工质量控制难度大。因此，今后需要进一步寻求优化，改进组合梁施工安装工序与工艺，以提高其与钢箱梁及常规预制PC混凝土梁的竞争力。

4 结语

港珠澳大桥主体桥梁工程已于2013年全面开工建设，目前工程建设已进入关键阶段。在非通航孔桥钢箱梁的设计与施工中，采用了诸多的新理念和方法，在实施过程克服了不少困难，也有了新的认识。归结起来，主要有以下几点：

（1）港珠澳大桥工程的实施提升了国内钢箱梁加工企业的制造水平和制造能力。特别是在板单元自动化制造、单元装配及机器人焊接、室内长线法拼装、箱梁节段室内涂装、超声波相控阵检测等技术方面有了极大提升，群控焊接数据管理系统的应用提升了项目管理水平。

（2）钢箱梁大节段吊装作业能力由杭州湾大桥、东海大桥的2 000 t级提升到4 000 t级水平，整体提升了我国海上桥梁工程大吨位构件吊装作业装备能力和水平。

（3）基于施工全过程几何控制理念，形成了成套的多跨连续钢箱梁施工监控方法，确保大节段钢箱梁加工制作及现场安装质量。

（4）在吸收国内外已有钢箱梁结构规范成果基础上，针对港珠澳大桥工程特点编制形成了成套大节段钢箱梁加工制造、安装及验收规范和标准。

以上是笔者结合自身参与本项目的体会，限于篇幅和个人水平，文中观点未必正确。借此抛砖引玉，引起业内同行关注和探讨交流。

5 致谢

2014年4月初接到项海帆教授来电，询问港珠澳大桥工程建设进展情况及第五次技术专家会议筹备情况。来电中，项老师提及上海拟建东海二桥之事。他希望我能抽空将港珠澳大桥主体桥梁工程建设得失作一系统总结，特别是非通航孔桥的设计与施工技术，包括钢箱梁、组合梁结构及几种下部预制墩台施工方案的比选等方面。他说，对于成功的要总结，存在的问题也要指出，便于东海二桥及国内后续其他跨海工程借鉴。为了完成这一有意义的工作，繁忙工作之余，对港珠澳大桥主体桥梁工程非通航孔桥的设计与施工关键技术进行了系统梳理和总结，前后历时3个月，完成了2万余字的总结报告，本文即在此基础上节选而成。由衷感激项老师的关心和指导！值此良机，祝恩师项海帆院士八十寿辰生日愉快、幸福安康！继续引领我们由桥梁大国向桥梁强国迈进！

参考文献

[1] 中交公路规划设计院联合体.港珠澳大桥主体工程桥梁DB01标施工图设计文件[R].2012.

[2] 苏权科.需求引导设计[J].桥梁，2013(4)：32.

[3] 港珠澳大桥管理局.港珠澳大桥埋置式承台施工技术总结报告[R].2013.

[4] 中交一航局二公局联合体港珠澳大桥桥梁工程CB03标项目经理部.钢箱梁安装施工方案[R].2013.

[5] 广东长大公路工程有限公司港珠澳大桥桥梁工程CB04标项目经理部.非通航孔桥钢箱梁安装施工方案[R].2014.

[6] 中交公路规划设计院，西南交通大学，等.深水区非通航孔桥梁结构抗风性能试验研究[R].2012.

Composite Concrete Pier Caps for Approaches of the New NY (Tappan Zee) Bridge

Jimin Huang*
(Ph. D., P. E., HDR, Florida, U. S. A)

Abstract

With about 5 years to build the 3.1 mile long New NY (Tappan Zee) Bridge, precast substructure elements were widely used to accelerate bridge construction, improve safety, and provide a durable final product meeting 100 year service life requirements. Composite pier caps, consisting of precast prestressed concrete pier cap shells and cast-in-place infill, are utilized to minimize over-water formwork and provide a safe work space for tying of reinforcement for concrete infill. The design features of the composite pier caps are chosen to minimize shell pick weights, standardize shell details, and provide fully-composite behavior with the infill concrete. In order to ensure superior performance for the 100 year service life of the bridge, a detailed time-dependent analysis of the staged construction sequence was performed to evaluate the effect of differential creep and shrinkage and locked in stresses between the precast shell

1 Introduction

On a bridge project large as the Tappan Zee Bridge replacement, there are significant opportunities to save time and cost through innovative precast concrete elements. The repetitive nature of the approach substructure bents for the New NY Bridge, which include nearly 80 bridge piers, were ideally suited for unique custom-designed precast elements. Due to the size and weight of the pier caps, a fully precast solid pier cap was not feasible for the project; instead, composite pier caps were used which consist of precast concrete shells and cast-in-place infill. Instead, composite pier caps were used for most of the approach piers (59 total, shown in Fig. 1). Precast pier cap shells act as forms during construction, and become composite substructure elements when additional reinforcement and a concrete infill are placed.

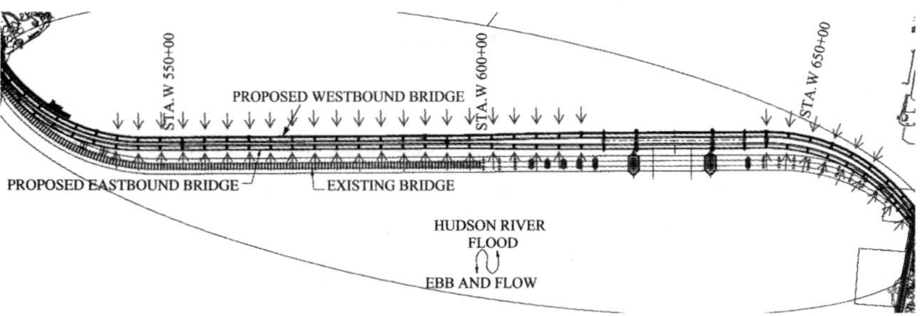

Fig. 1 Approach Structure Layout (arrows indicate precast pier cap locations)

2 Composite Pier Cap Concept

The approach structures consist of steel plate girders supported on multi-column piers. Concrete pier caps, shown in Fig. 2, are located up to 100 feet over the water. Due to the height of the piers, the harsh winter construction environment over Hudson River, and the large floating equipment available to the design-build team, the design-build contractor

* 黄继民，1972 年出生，项海帆教授 1997 级硕士研究生，论文题目"大跨度斜拉桥中的辅助索减振研究"。

and the cast-in-place infill concrete. Prestressing is provided in the precast pier cap shells to eliminate concrete tension during erection and the second stage cast-in-place concrete infill placement, and to minimize cracking due to long-term differential shrinkage.

Keywords
Pier Caps; Composite structure; precast construction; analysis; details

requested the use of precast or prefabricated pier cap elements to achieve the flexibility in their construction schedule. During the final design phase, three pier cap options were considered to be feasible: (1) steel integral diaphragms, (2) box-shaped precast pier caps, and (3) composite pier caps. Option 1 utilized steel diaphragms to frame into longitudinal plate girders at piers, with the diaphragms directly supported on columns. Option 2 used a hollow box-shaped post-tensioned concrete cap as the transverse supporting element. Option 3 used a tub-shaped precast concrete shell (shown in Fig. 3) erected on top of the columns, which was then filled with concrete to form a composite concrete section for the cap.

The composite pier cap option (Option 3) was more cost-effective, and was better-suited for the tight design and erection schedules than the other two options. The precast pier cap shells can take advantage of the design-build team's floating equipment, minimize formwork over the water, and accelerate construction. Therefore, the composite pier cap option was selected as the final solution for most of the approach bridge pier caps in the project.

3 Precast Pier Cap Shells

The precast pier cap shells weigh between 235 tons and 280 tons and are 13 feet deep, 10. 5 feet wide, and up to 92 feet long. The shells are designed to be erected on top of the cast-in-place concrete columns and filled with concrete to complete the cap. The thickness of the shell was selected to meet the requirements of rebar concrete covers, rigidity of the shell during lifting and wet infill concrete placement, and lifting weight limit.

The precast pier cap shells are prestressed to minimize tension and long-term cracking, and are detailed to act compositely with the cast-in-place infill concrete. The 6,000-psi concrete shells use prestressing (0. 6-inch diameter strands) in the walls and in the soffit slab — up to 18 strands in each wall, and 10 strands in the soffit slab — in order to provide a zero-tension condition when the infill concrete hardens, so that the differential stresses between the precast shell and the 5, 000-psi infill concrete are minimized. The pretensioned strands also provide the benefit of minimizing the thickness, and the amount of reinforcement required, in the thin tub walls. The shell is made composite with the infill using a roughened inside surface and mechanical couplers for shear and torsion reinforcing steel.

Construction sequence for the composite pier caps is as follows:

(1) Precast shell is cast in the precast yard with internal diaphragms for handling stresses, and prestressing force is transferred to the shell.

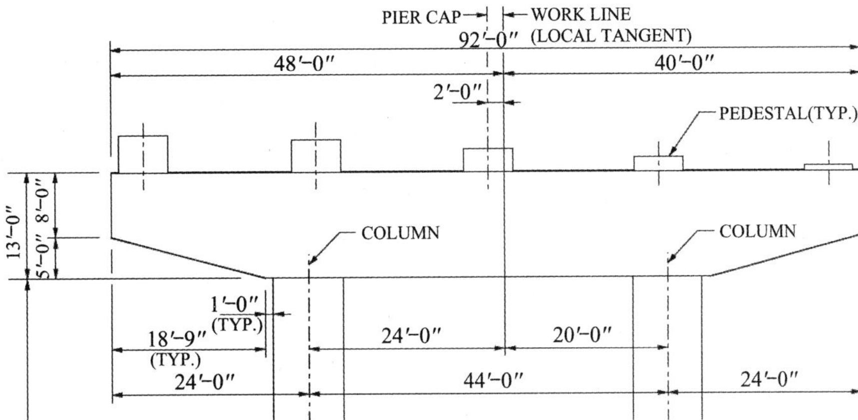

Fig. 2 Approach Structure Pier Cap

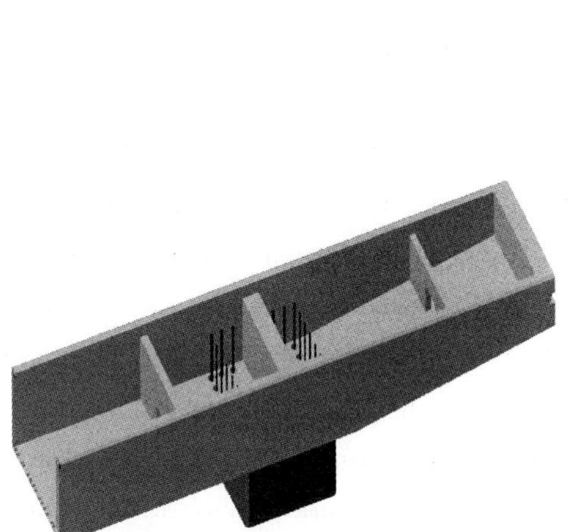
Fig. 3 Precast Pier Cap Shell

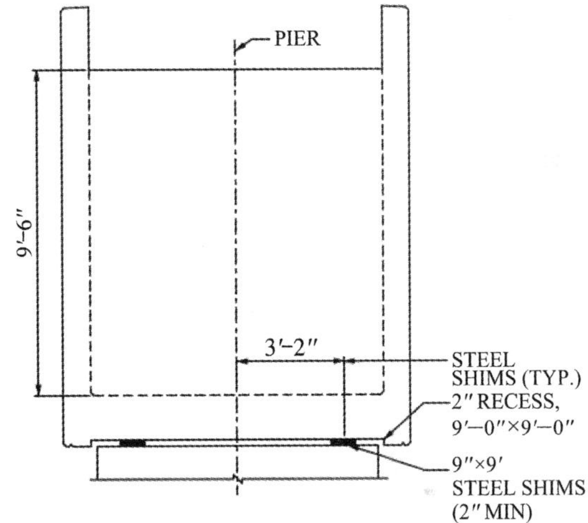

Fig. 4 Shell Supported on Shims at Top of Column

(2) Column is constructed to top of column level, with column reinforcement bundled to maximize bar spacing. Bundling of the column bars minimizes the number of ducts required to be cast into the bottom slab of the shell, and increases the placement tolerances; thus simplifying the connection with the precast shell.

(3) Precast shell, with ducts cast in the soffit slab to accept column reinforcing, is erected on top of columns supported by shims under diaphragms located at the center of each column. Shown in Fig. 4.

(4) Infill reinforcing may be placed inside the shell prior to picking, or after erection on top of the columns.

(5) The column/cap joint is grouted, including the ducts around the column reinforcing.

(6) Once column/cap grout reaches 6, 000-psi strength, the infill concrete is placed, at a rate not exceeding 2 feet vertically per hour, to the top of the pier cap walls.

The goal for production design was to have the primary pier cap reinforcement (negative moment and shear) designed using an analysis based on monolithic behavior of the section, and thus detailed staged time-dependent and sectional analyses have been performed to verify the composite behavior of the pier cap and these design assumptions.

4 Pier Cap Analysis and Design

The design of the 10-inch thick shell walls considers the load effects of the construction sequence. The walls are checked for concrete pour pressure and handling stresses; forming pressure from the 11. 5-ft infill pour is significant, and the internal diaphragms are used to reduce bending moment in the walls (shown in Fig. 5). Handling stresses are checked assuming 20% impact during lifting, because the lifting points coincide with the precast shell support points, the lifting stresses do not control the shell design.

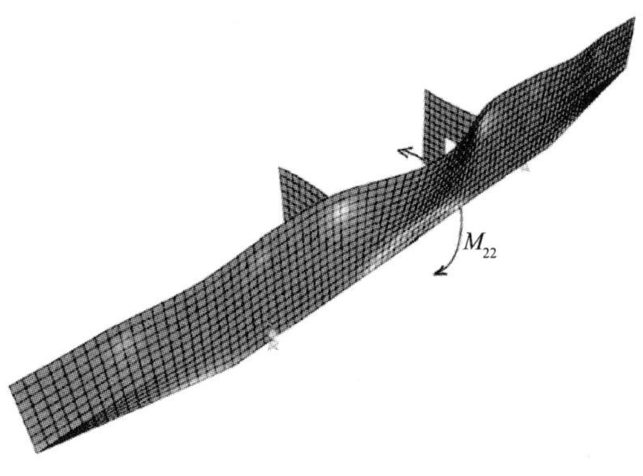

Transverse bending

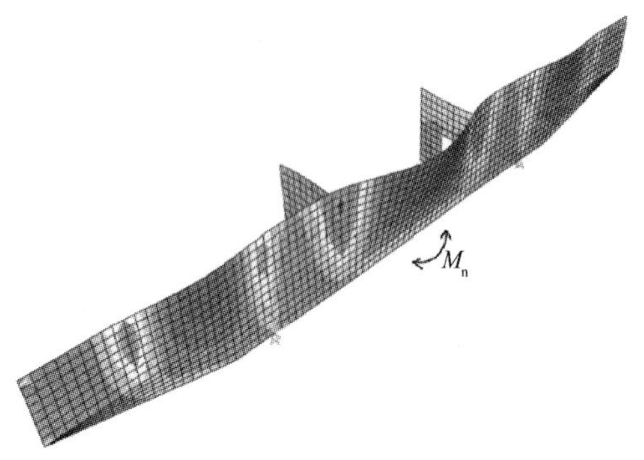

Longitudinal bending

Fig. 5 Wall Bending due to Form Pressure

Prestressing is provided to resist tension from the global negative bending moments in the shell caused by the weight of the infill concrete. The prestressing is also a means to control the long-term shrinkage cracking in the shell. When the pier cap section is made composite, the precast shell carries the wet concrete weight of the infill. The resulting forces are locked in when the infill concrete hardens. More importantly, after the section becomes composite, the difference in initial stress, age, and exposed perimeter between the shell and the infill result in force redistribution due to differential creep and shrinkage. To analyze the redistribution of forces in the pier cap due to long-term creep and shrinkage, a staged time-dependent SAP2000 analysis model was used. Shown in Fig. 6. In the analysis model, the precast shell and the infill concrete section are each modeled at their center-of-gravity, connected by links to model the composite section behavior. Elements are added to the model in stages, with appropriate material properties and age, in accordance with the assumed construction sequence.

The stages analyzed are as follows:

(1) Transfer prestress to precast shell in yard (day 3)

(2) Creep and shrinkage from day 3 to day 60 on precast shell

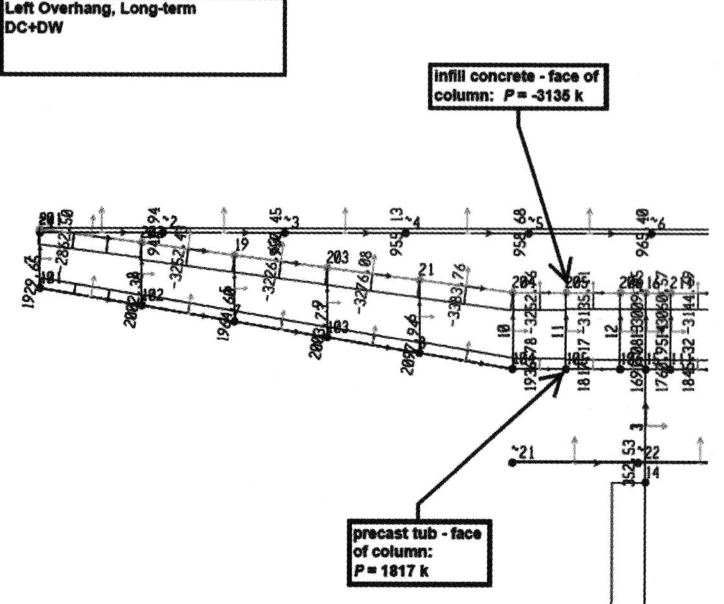

End of Construction (1 year):

DC+DW:		Axial (kips)	Moment (kip-ft)
Precast Tub	Left OH	-1318	-6354
Infill Conc	Left OH	-103	-32064

Long-Term (30 years):

DC+DW:		Axial (kips)	Moment (kip-ft)
Precast Tub	Left OH	1817	-6671
Infill Conc	Left OH	-3135	-41007

Fig. 6 SAP2000 Analysis — Force Redistribution due to Creep and Shrinkage

(3) Cast infill concrete (day 60)

(4) Creep and shrinkage from day 60 to End of Construction (day 365) on precast shell and infill concrete

(5) Add dead load (Superstructure SW and additional load) at End of Construction (day 365)

(6) Service Ⅰ loading (added live load and associated wind load) at End of Construction (day 365)

(7) Service Ⅰ loading removed

(8) Creep and shrinkage from End of Construction (day 365) to End of 30 year Life on precast shell and infill concrete

(9) Service Ⅰ loading at End of 30 year Life

Differential creep and shrinkage were evaluated using the provisions of the CEB - FIP Model Code 1990. Creep and shrinkage behavior of concrete elements depends on the construction staging and loading history, various concrete material properties, environmental factors including relative humidity and curing, and the shape of the element. In the case of our composite concrete pier caps, the large notional thickness (volume to surface ratio) of the infill concrete, relative to the precast shell, results in significant differential shrinkage forces.

The shell is thin with a large exposed perimeter, and the infill volume is large with only the top surface exposed. Thus the average notional thickness of the precast pier cap shell is only about 10% of the average notional thickness of the infill concrete. The amount of concrete shrinkage predicted by CEB - FIP is highly dependent on the notional thickness; with smaller notional thickness resulting is greater shrinkage values. Therefore the predicted unrestrained shrinkage in the shell over the life of the cap, even when taking into account the modified notional thickness once the infill is cast and the inside perimeter of the shell is no longer exposed. However, the shell is not able to shrink freely long-term, due to the presence of the infill concrete; and the result is that tension in the shell is developed over time, along with corresponding compression in the infill concrete. The tension in the shell caused by restrained shrinkage, combined with the negative service load moments due to live load, may cause cracking in the top of the shell wall later in the service life of the pier cap. This behavior is verified using both hand calculations and the time-dependent model, and has been accounted for in the long-term service design.

The crack widths in the shell walls at the service limit state are assessed using the reinforced concrete sectional analysis program Response-2000, and the loads from the time-dependent staged analysis. The sectional analysis considers the loads in each component (shell and infill concrete) individually, using the results of the time-dependent staged analysis, at both end of construction and end of service life. The prestressing is used to control the crack widths to the limiting value of 0.012 inches provided by the project Corrosion Protection Plan.

In order to address concerns about the vertical construction joint at the top of the cap, specifically at locations exposed to potential drainage, an alternative composite section is used at the pier caps located beneath deck expansion joints. In these locations, the walls of the shell are shortened by approximate two feet in order to provide for a full-width composite pour, which eliminates the vertical construction joint at the top. This detail further ensures the long-term durability of the cap.

To facilitate production design of nearly 60 pier caps, strength design of the section is based on the pier cap acting as a monolithic section, and does not rely on the prestressing in the precast portion of the cap to resist ultimate bending loads. The conservatism of this approach has been verified using detailed moment-curvature analysis of the composite section.

5 Pier Cap Details

5.1 Composite Action

The composite behavior of the section is achieved by providing a roughened surface on the inside of the shell, as well as mechanical couplers for shear and torsion reinforcing steel. Shown in Fig. 7. Shear flow on the interface is combined with the differential creep and shrinkage forces to determine the required interface shear transfer capacity. A non-roughened inside surface, utilizing shear keys and additional interface reinforcement, was considered but ultimately rejected due to cost and constructability consideration.

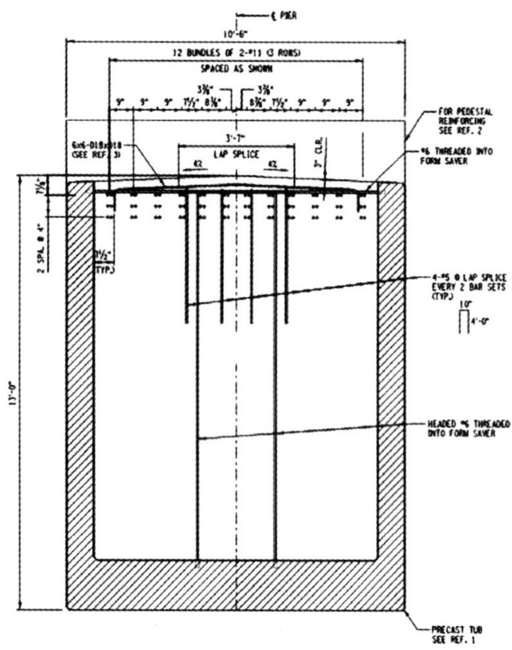

Fig. 7 Cross Section with Infill Reinforcement

5.2 Cap-column Connection

The cap-column connection was considered a critical detail when evaluating the feasibility of the composite pier cap concept. The approach superstructure sits on isolation bearings, and is located in a low-seismic zone; therefore the ductility demands on the joint are not extreme. The connection does need to be able to resist the applied forces, meet the code requirements for reinforcement development and confinement, and provide a constructible solution. The project uses two column sizes —6′～3″ square columns for the shorter piers near shore, and 8′～6″ square columns for the taller piers over the water. Therefore two similar details were developed. In order to maximize construction tolerances and minimize conflicts with the pier cap reinforcement, the column bars were bundled at the top to limit the number of penetrations through the precast pier cap shell.

Details of the column connection are shown in Fig. 8. Galvanized ducts, 8-inches in diameter, are cast into the soffit of the precast shell to accept the column bars. The column vertical steel is extended into the pile cap a distance of 1.25 times the development length of the bundled column bars. To meet the requirement of continuing the confinement steel into the cap, transverse reinforcing is provided by threading bars into the diaphragm located over the column.

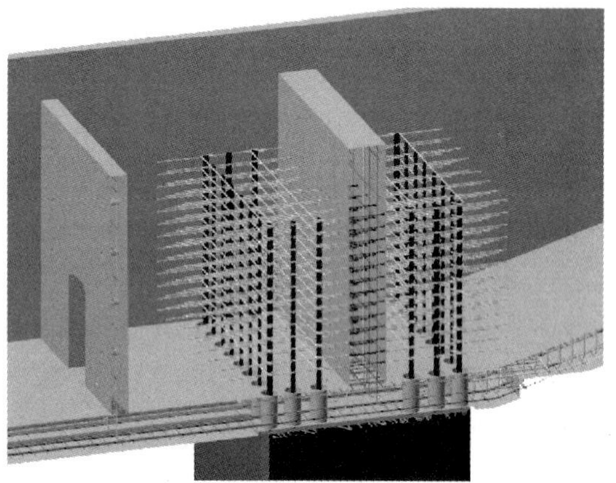

Fig. 8 Column Connection

5.3 Utility Pole Connections and Overhead Sign Structure Extensions

In addition to different column sizes and alternate details at expansion joint pier locations, other cap variations to be accommodated by the composite pier cap design concept included utility pole connections and overhead sign structure extensions, which were located at a handful of piers.

Fig. 9 shows the utility pole connection at the precast shell end walls. Holes with a diameter of 3-inches are formed in the precast cap end walls for 2 inch diameter anchor bolts to go through and connect to utility pole supporting bracket.

At overhead sign structure locations, the composite pier cap ends are extended using cast-in-place

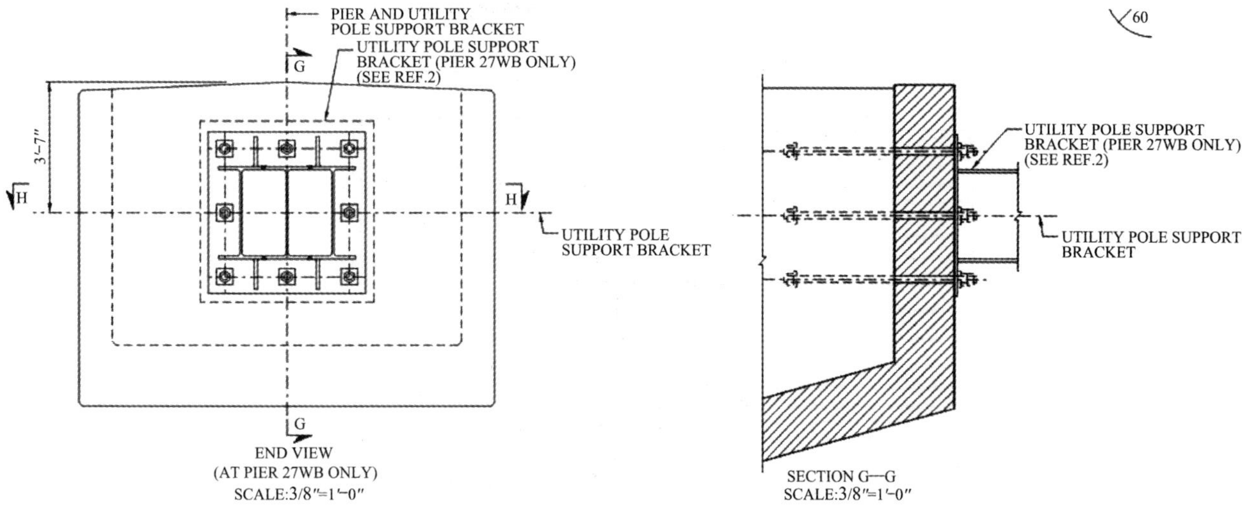

Fig. 9 Utility Pole Connection

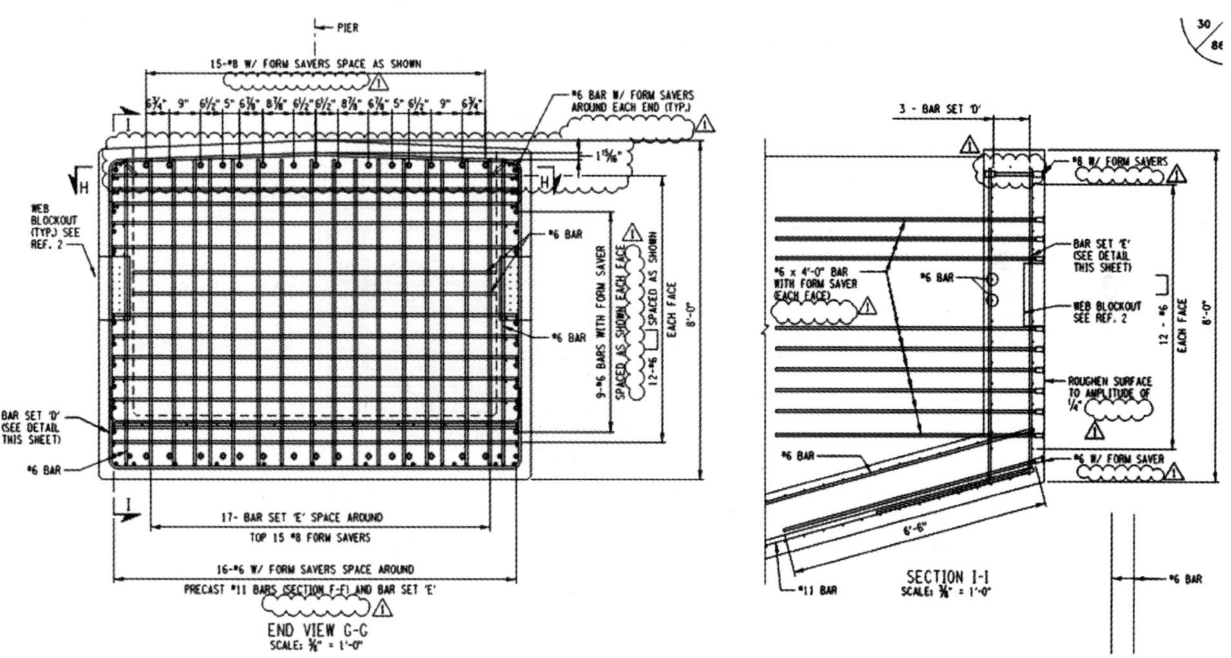

Fig. 10 OHSS Precast Cap Portion Connection

(CIP) concrete to support overhead sign structures (OHSS). The connection ofthe cap to CIP concrete extension, utilizes mechanical couplers which are cast into precast shell end walls to extend cap reinforcement into CIP concrete extension. To achieve a better shear bond, exterior faces of cap end walls are roughened to 1/4″ amplitude. Details of the composite cap connections are shown in Fig. 10 and CIP cap extension are shown in Fig. 11.

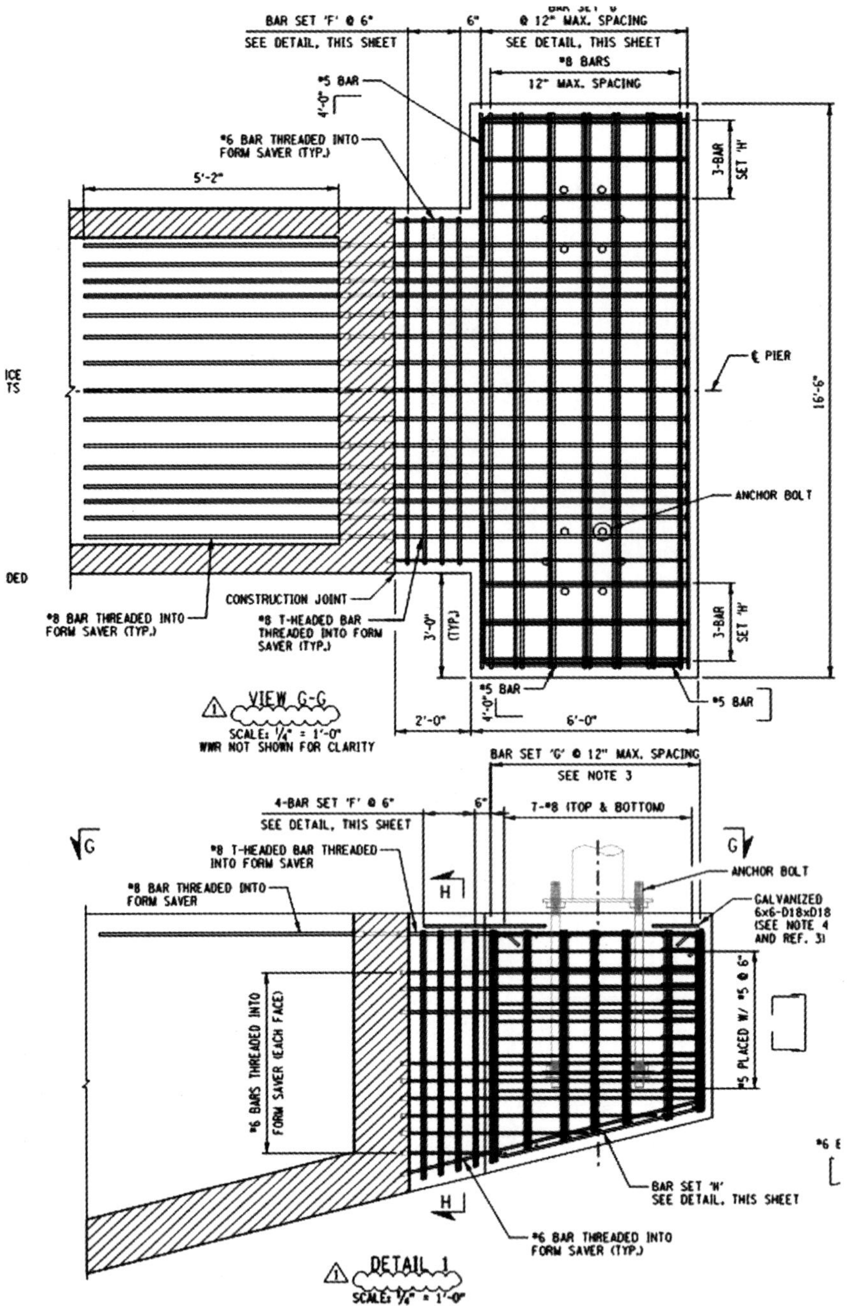

Fig. 11 OHSS CIP Extension

6 Conclusion

Composite pier caps are used on the Tappan Zee Bridge replacement to accelerate construction, improve quality, improve safety, and reduce labor costs. The precast pier cap shells serve as forms to be filled with cast-in-place concrete, and are designed to perform compositely as part of the final structural section using rigorous analyses and careful detailing. Design of these components required consideration of intermediate construction stages and locked-in construction forces, using staged construction analyses. The 100-year service life requirements of the project necessitated consideration of crack widths, service level rebar stresses, and time-dependent effects. Connections of the composite pier caps to the columns are achieved by extending the column rebar through the soffit of the precast shell using galvanized ducts and anchored in the infill concrete. The composite pier caps are also connected to utility poles and overhead sign structures by cap extensions using either steel brackets or cast-in-place concrete. While the cost of the precast substructure components is a more demanding design process, the size of the job and the repetitive nature of the approach structures will allow the design-build team to reap the benefits of a high-quality final product and greatly enhanced construction speed.

7 Acknowledgments

The authors greatly appreciate all the support from the HDR bridge design team, especially Jeffery Han and Ken Wright, who helped making this design solution a reality. The authors also would like to thank the engineers from the contractor TZC, Neil Napolitano and James Thornton, for their guidance and input on the design and details of the composite pier caps.

References

[1] Burdette N, Lamont M. Precast Substructure Elements for the New NY (Tappan Zee Hudson River Crossing) Bridge [C]// International Bridge Conference Proceedings (IBC 14 - 54). June 2014.

[2] Lamont M. Precast Concrete Pier Cap Shells for the New NY (Tappan Zee) Bridge — Design for 100 Year Service Life [C]// PCI Convention and National Bridge Conference Proceedings. September 2014.

[3] Comité Euro-International du Béton. CEB - FIP Model Code 1990: Design Code [S]. London: Thomas Telford Ltd, 1993:464.

T 型结合梁斜拉桥剪滞效应分析

李国平* 项海帆

（同济大学桥梁工程系 中国 上海 200092）

摘 要 为了揭示T型结合梁斜拉桥主梁的剪滞效应，采用变分法建立T型结合梁剪滞效应相关位移函数的微分方程，设立剪滞效应相关位移形函数导出相关刚度系数，形成考虑T型结合梁剪滞效应的桥梁有限元分析方法。以上海南浦大桥为例子，开展恒载和活载作用下结合梁的剪滞效应分析，研究混凝土结合梁翼板的纵向应力分布，讨论桥梁设计中结合梁翼板有效宽度的取值问题。研究表明，在恒载作用下斜拉桥T型结合梁翼板的有效宽度比接近1.0，活载作用下的有效宽度与主梁的等效连续梁相近，恒载和活载内力计算可以不考虑剪滞效应。

关键词 有效宽度比；变分法；有限元法；等效连续梁

* 李国平，1958年出生，项海帆教授1986级硕士研究生和2001级博士研究生，硕士论文题目"T型结合梁斜拉桥剪滞效应综合分析"，博士论文题目"体外预应力混凝土桥梁设计计算方法"。本文曾发表于中国土木工程学会桥梁及结构工程分会第9届年会论文集（1990年）。

1 引言

桥梁带翼主梁剪滞效应问题的研究已经历了半个多世纪[1]，其成果已成为目前桥梁规范中对简支或连续带翼梁桥考虑剪滞效应的实用设计方法有关条款（有效分布宽度计算规定）的依据。研究表明，带翼梁的剪滞效应与其所受的荷载及其形式、支承条件、计算跨径、翼板宽度与厚度，以及所用材料等因素有关。但是，在结合梁等组合梁桥的设计计算中，常因缺乏认识而不考虑翼板的剪滞（即取全翼宽计算），或按等效的简支梁等方法估计剪滞、计算有效分布宽度。这种近似处理方法，实质上忽视了有效分布宽度与内力、应力分布等因素间的相互制约关系。

上海南浦大桥是一座双塔、双索面、主梁采用T型钢-混凝土结合梁的斜拉桥（图1）[2]，它的建设开创了我国在斜拉桥中采用结合梁方案的先例，体现了我国桥梁设计与建造发展的新水平。对于像南浦大桥这种结合梁的斜拉桥，分析其在恒载和活载作用下主梁翼板剪滞效应的变化规律，研究有效分布宽度取值对钢与混凝土这两种材料截面内力分配的影响，提出适用、可靠的简化计算方法，都是十分必要的。

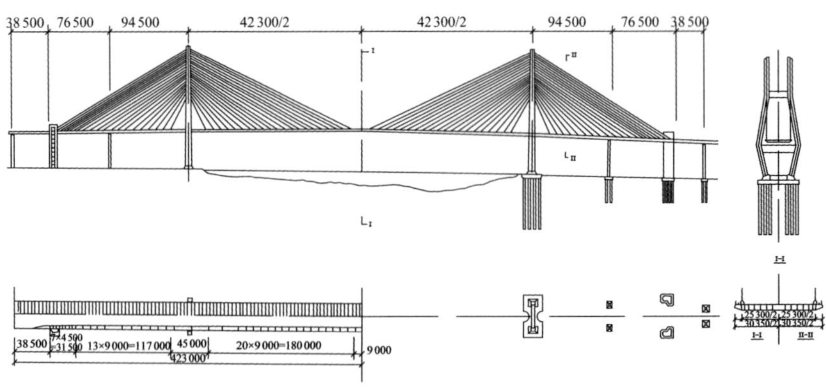

图1 上海南浦大桥（方案）总体布置

2 理论分析方法简介

为了研究南浦大桥结合梁桥面在恒、活载下翼板的剪滞效应，本文采用了一种考虑剪滞效应的结合梁结构有限元分析方法[3]。这种以平面梁单元为基本单元、半解析的有限元方法，实现了在结构分析中自动计入剪滞的功能。

2.1 考虑剪滞效应的 T 型结合梁位移函数微分方程的建立

T 型结合梁位移和应力、应变计算中采用下列假定：

(1) 沿梁纵向变化的位移函数 w、u_{st}、u_b、v_b 分别表示结合梁的竖向位移、钢梁的轴向位移、翼板悬臂端对其根部的相对纵向位移、翼板各点横向位移沿纵向的分布规律。

(2) 翼板横向各点纵向位移的变化规律函数 $\tilde{u}_b$，根据文献[1, 4, 5]，$\tilde{u}_b$ 与四次抛物线吻合得最佳，故取

$$\tilde{u}_b = \tilde{u}_b(y) = 1 - \frac{y^4}{b^4} \tag{1}$$

式中自变量的坐标方向如图 2 所示，b 为翼板宽度。

(3) 翼板与钢梁在竖向弯曲变形中的曲率相同。

(4) 钢梁横截面符合平面变形。

(5) 分布范围仅在翼板截面上的应力、应变按平面应力状态计算。

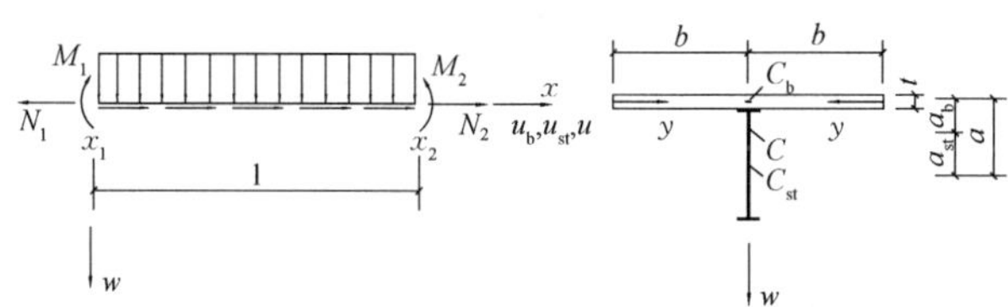

图 2 结合梁计算图示、位移、坐标系

（C_b、C、C_{st} 分别为翼板截面、结合梁换算截面及钢梁截面的形心）

根据上述假定条件和图 2 所示荷载、坐标及符号等，建立结合梁总势能泛函，再由自变函数变分极值条件可得到经整理的微分方程和边界条件：

$$I_c w'' + a_b \tilde{f}_{b,c} u_b' = -\frac{M_p}{E_{st}} \tag{2}$$

$$u' + \frac{\tilde{f}_{b,c}}{F_c} u_b' = -\frac{N_p}{E_{st} F_c} \tag{3}$$

$$u_b'' - k^2 u_b = -\frac{\tilde{k} a_b M_p'}{E_{st} I_c} - \frac{\tilde{k} N_p'}{E_{st} F_c} \tag{4}$$

$$\left(E_{st} F^* u_b' + \frac{N_p}{F_c} \tilde{f}_{a,b} - \frac{a_b M_p}{I_c} \tilde{f}_{a,b}\right) \delta u_b \Big|_{x_1}^{x_2} = 0 \tag{5}$$

$$u_b \delta v_b \Big|_{x_1}^{x_2} = 0 \tag{6}$$

式中，F_c、I_c、a_b、E_{st}、M_p、N_p、M_p、u，分别为结合梁换算截面的面积和惯性矩、翼板截面形心至结合梁换算截面形心的距离、钢梁的弹性模量，以及结合梁换算截面形心上的弯矩、轴力及轴向位移。其余符号均为与截面尺寸、材料性质及函数 u_b 有关的参数。

2.2 考虑剪滞效应的结合梁有限元分析方法的实现

根据方程式(2)、式(3)、式(4)，因描述结合梁单元的位移仅需三个基本函数 w、u、u_b，其共反映了 4 个自由度，故结合梁单元杆端的基本位移参数可选为轴向位移 u、竖向位移 v、转动角 θ 及翼板悬臂端与其根部的相对纵向位移 u_b。于是，考虑剪滞效应的结合梁单元 e 左右端(i、j 端)的位移参数，可表示为如下列阵：

$$\{\delta\}^e = [\theta_i \quad u_i \quad v_i \quad u_{bi} \quad \theta_j \quad u_j \quad v_j \quad u_{bj}]^T \tag{7}$$

式中各位移的正向以图 3 表示。u_{bi}、u_{bj} 就是翼板剪滞在结合梁单元位移阵中的反映，其实际表示在 i、j 端翼板的纵向位移 $u_{bi}\tilde{u}_b$、$u_{bj}\tilde{u}_b$。

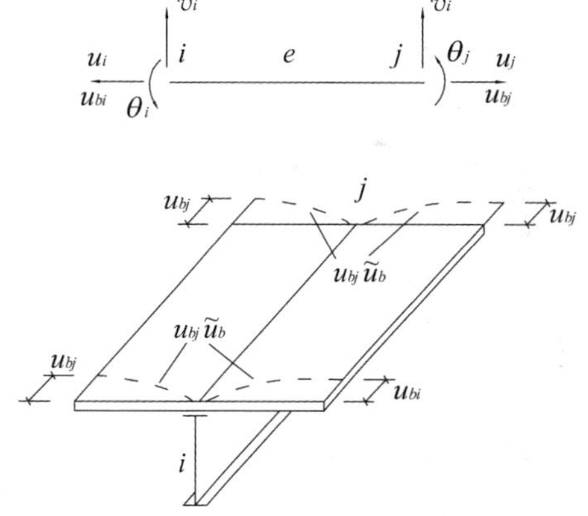

图 3 结合梁单元杆端位移参数

根据列阵(7)及利用式(2)—式(4)的解析解，即可计算出单元刚度矩阵的元素。具体方法是对式(2)—式(4)的通解给以求解对应杆端位移刚度元素的边界条件，然后就可算出相应的反力即刚度元素。其中与 u_{bi}、u_{bj} 对应的刚度元素，将由(7)中各位移的单位量，在杆端翼板截面上产生的正应力按 u_{bi}、u_{bj} 的正方向对 $\tilde{u}_b$ 积分而得。

结合梁单元荷载阵，需利用式(2)—式(4)做出杆端反力影响线，并在其上加载求得。其中 u_{bi}、u_{bj} 所对应的元素，只要利用其他反力在杆端翼板截面上产生

的正应力，在 u_{bi}、u_{bj} 的正方向对 $\tilde{u}_b$ 积分求得。

上述形成单元刚度矩阵与荷载阵的方法，实际上是对结合梁单元施用了弹性互等定律。可以证明，结合梁单元对应杆端位移 u_{bi}、u_{bj} 的平衡方程，实质上就是由泛函极值条件推出的边界方程(5)的另一种形式。因此，考虑剪滞效应的结合梁有限元法，在满足结构平衡条件的同时，也必定满足了位移函数变分为零的泛函数极值条件。

3 剪滞效应分析

下面以上海南浦大桥的某方案为例，进行 T 型结合梁斜拉桥主梁剪滞效应分析。

为了便于显示剪滞沿结合梁长度方向变化的情况，引入有效宽度比 ($\psi_e = b_e/b$) 参数，即有效分布宽度与原翼板宽度之比。

3.1 恒载作用下结合梁内力和翼板有效宽度比分析

为了比较不同有效宽度比对结合梁内力的影响，分别分析下列几种情况：

(1) 结合梁翼板取全宽度计算刚度，不计剪滞；

(2) 结合梁轴向与弯曲刚度的有效宽度比，分别采用 1.0 和取结合梁为相应刚性支承连续梁的规范值 (0.1～0.2)；

(3) 结合梁轴向与弯曲刚度的有效宽度比，分别用 1.0 及大于规范值(0.2～0.5)；

(4) 结合梁翼板自动计入剪滞，即采用考虑剪滞效应的结合梁有限元法计算。

上列情况的计算结果见图 4 及图 5。

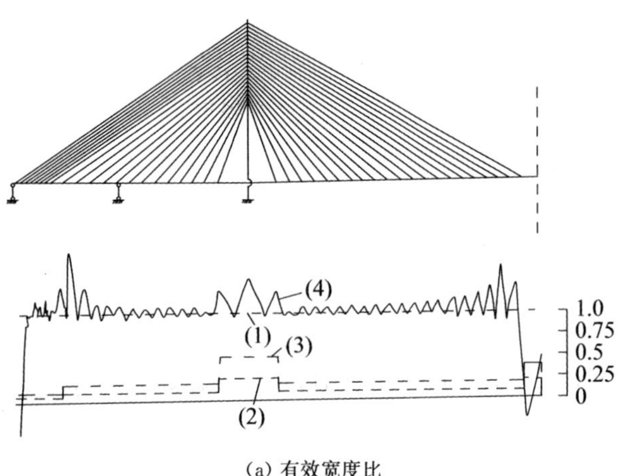

(a) 有效宽度比

(b) 桥面板轴向压力

(c) 钢梁轴向拉力

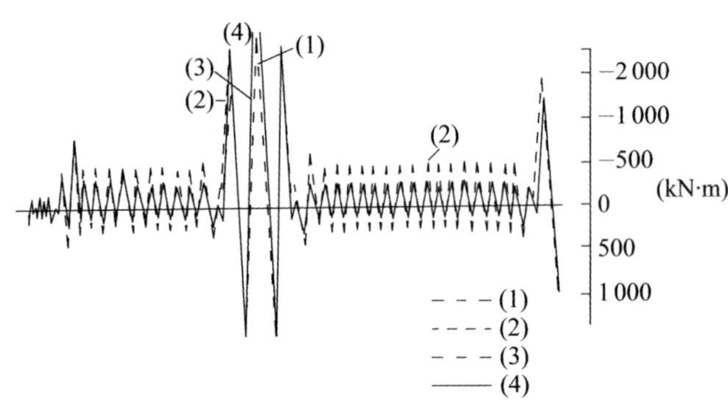

(d) 钢梁弯矩

图 4 结合梁恒载内力、有效宽度比

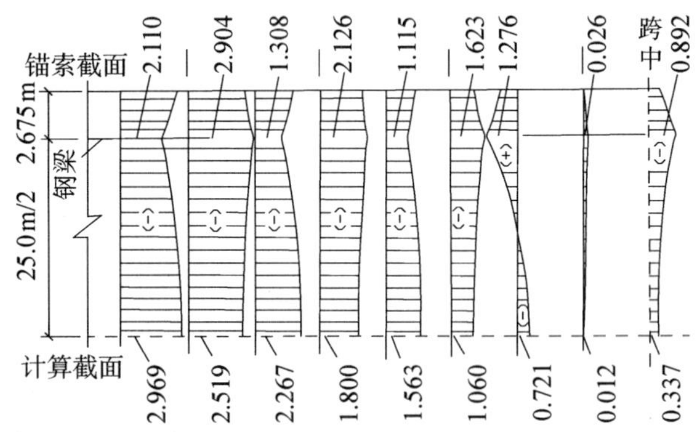

图 5 跨中段翼板横载纵向正应力分布（单位：MPa）

从内力方面看，采用不同有效分布宽度算得的结合梁各部分内力总体上的差别都不大。情况(1)与情况(4)相比，在塔位附近的局部区域差别似大一些，但由于恒载下结合梁的内力以轴力为主，弯矩的数量与活载相比很小，而塔位处的轴力基数较大，两者偏差的相对比例也不大。因此，在恒载内力计算中，用不计剪滞的全宽翼板计算轴向与弯曲刚度也是可以接受的，但按情况(3)计算将更接近实际。

从按情况(4)算出的翼板纵向正应力对应的有效宽度比来看，在恒载作用下翼板的正应力在轴力较大的区域都接近均匀，其有效宽度比在1.0(全宽工作)附近上下波动，只是在轴力较小或同时承受较大弯矩的跨中区段，有效宽度比有大幅度的跳跃。这就充分说明，恒载轴力引起的正应力接近均匀，有效宽度比的波动主要是由恒载弯矩引起的翼板正应力的不均匀分布所致。因此，结合梁的轴向刚度取翼板全宽计算、弯曲刚度取较小的有效宽度计算是合理的。特别需要注意的是：虽然恒载内力可以采用近似方法分析，但为更好地符合实际应力分布情况，轴力和弯矩引起的应力应采用不同的有效分布宽度分别计算后再叠加。当然，如果采用本文的方法将可自动得出考虑剪滞后总的恒载应力分布(图5)。

3.2 活载作用下结合梁内力和翼板有效宽度比分析

取一列超-20汽车车列，对结合梁边跨与跨中4个内力控制截面中的2个正弯矩与2个负弯矩进行最不利加载。

1. 翼板有效宽度比对结合梁内力的影响

在表1中，列出了将结合梁翼板的有效宽度比 ψ_e 分别取从0.4到1.0后用一般梁单元有限元法算出的弯矩，同时列出了采用自动计入剪滞效应的结合梁有限元法得到的弯矩和对应计算截面的有效宽度比。

表1 ψ_e = 0.4~1.0的截面弯矩 (kN·m)、自计剪滞的截面弯矩和 ψ_e 值

计算截面 / 有效宽度比 ψ_e	1	2	3	4
1.0	−6 960.02	7 630.70	−2 460.72	6 680.62
0.9	−6 920.62	7 600.85	−2 460.63	6 680.35
0.8	−6 880.32	7 560.80	−2 460.04	6 630.90
0.7	−6 830.03	7 510.81	−2 450.12	6 580.44
0.6	−6 760.20	7 450.41	−2 440.03	6 510.83
0.5	−6 670.36	7 370.08	−2 420.50	6 420.66
0.4	−6 550.20	7 250.57	−2 400.60	6 300.05
自计剪滞/ψ_e	−6 710.62/ 0.914	7 390.87/ 0.852	−2 420.37/ 0.750	6 330.97/ 0.805

从表1可以看出，当有效宽度比取 $\psi_e = 0.5$ 左右时，上述计算截面的弯矩与自动计入剪滞效应的情况相当接近；ψ_e 从0.4至1.0的变化过程中，活载弯矩的变化不甚明显，而且与自动计入剪滞效应的情况也相差不大；自动计入剪滞效应的弯矩对应计算截面的有效宽度比 ψ_e 均大于0.5。值得注意的是，若用计算截面影响线的一段同号区长度作为等效跨径，查阅BS5400规范有关连续梁在点荷载作用下有效宽度比，其平均值也约0.5。

2. 有效宽度比的变化曲线

以跨中截面及首索处截面为例来说明。在最不利加载情况下，这计算截面的正、负弯矩和按自动计入剪滞效应的结合梁有限元法算出的结果均列于表1，相应最不利加载下有效宽度比 ψ_e 分布均示于图6之中。图7表示跨中截面正弯矩最不利加载情况下的翼板纵向正应力的分布情况。

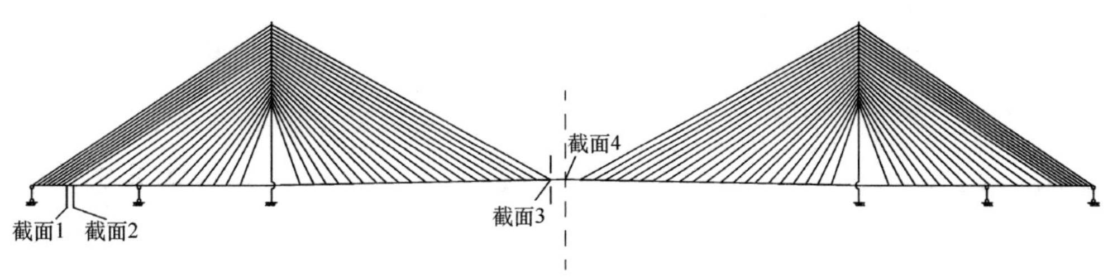

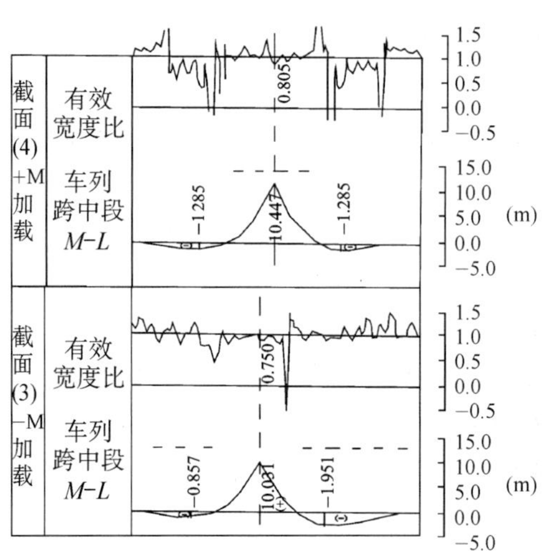

图6 结合梁跨中、首索处截面正负弯矩加载的有效宽度比

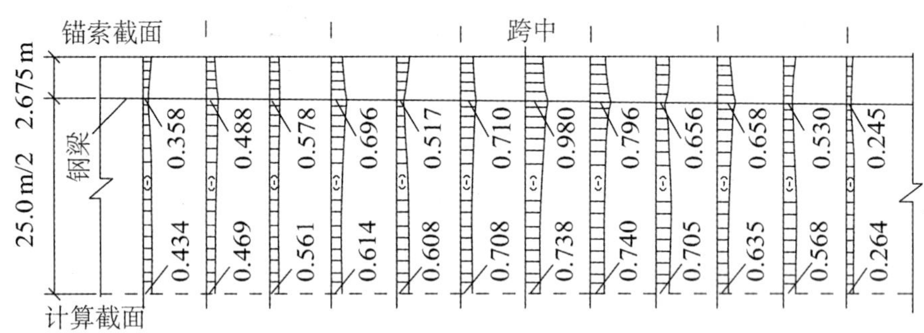

图7 跨中截面 + M 加载的中段翼板纵向正应力分布（单位：MPa）

可以看出，在跨中附近区域，有效宽度比 ψ_e 在 1.0 附近波动，在轮轴作用处小于 1.0，无轮轴处大于 1.0，出现负剪滞现象。这是轮轴荷载、拉索竖向和水平分力共同作用的结果。我们最感兴趣的是跨中及首索处翼板的纵向正应力，它们的有效宽度比 ψ_e 分别为0.805和 0.750。这说明，仅在活载作用下，翼板纵向正应力分布仍是比较均匀的。另外，采用加载长度作为等效跨径，按 BS5400 规范计算有效宽度比（这里约0.5），再计算内力和应力，也是偏于安全的。

4 结论

（1）结合梁斜拉桥翼板的纵向正应分布及其有效分布宽度是很复杂的。恒载与活载、轴力及弯矩理论上对应着不同的有效分布宽度，而且有效分布宽度沿桥长的分布又随加载等情况而变化。对于一个内部超静定结构，内力的计算需要首先确定各部分的刚度比例，而截面的设计最终又取决于各种内力、应力的叠加，忽视剪滞效应将导致偏大或不安全的结果。

（2）在恒载作用下，斜拉桥的结合梁以受轴力为主，弯矩是次要的。轴力引起的翼板纵向正应力可按全宽均匀分布计算，而弯矩引起的正应力可按对应刚性支承连续梁的有效分布宽度计算，把上述两种应力叠加可得到接近实际的受力情况。

（3）在活载作用下，斜拉桥结合梁的内力以弯矩为主，加载是局部的，弯矩影响线的形状和加载长度反映了其作为一个弹性支承连续梁的受力性能。在活载内力计算时，有效分布宽度不同取值的影响不大，可偏安全地按全宽计算截面刚度；但在计算应力时，一定要注意分布的不均匀性，按较小的有效分布宽度计算。分析表明：按影响线的同号区段长度作为等效的连续梁跨径，查阅 BS5400 规范确定在点荷载下的有效宽度比，并据此计算应力是偏于安全的。

（4）采用本文建议的考虑剪滞效应的结合梁有限元法将可自动绘出恒、活载作用下的空间应力分布情况。

5 致谢

20 世纪 80 年代中后期，我国桥梁建设开始逐渐步入快速发展期，建造大跨径斜拉桥是广大桥梁科技人员的向往。随着上海南浦大桥工程立项，按照桥址处黄浦江的水面宽度等条件，斜拉桥自然成为该桥的首选方案，同济大学提出的钢-混凝土T型结合梁斜拉桥方案被评为最佳方案。但该方案需要解决的静力问题主要有两个：结合梁翼板的剪滞效应、结合梁的徐变收缩内力重分布。当时，我正值进入硕士论文研究阶段，项老师将我论文的研究对象定为上述两个问题，与正在开展的科研同步进行。在项老师精心指导下，研究得到了两个与当时一般认识有较大不同的重要结论：由于受到巨大的轴向压力，斜拉桥主梁截面的应力分布与一般承受弯剪作用的桥梁有很大差异，大部分区段结合梁翼板的有效宽度比接近1.0；钢梁与混凝土桥面板之间的内力重分布严重，混凝土桥面板主要承担轴向压力的作用被明显削弱，钢梁处于承受较大轴压力的不利状态。本论文就是我硕士学位论文的一部分，曾在1990年的中国土木工程学会桥梁及结构工程分会第9届年会上发表并被评为优秀论文。谨此衷心感谢项老师的指导！

参考文献

[1] Reissner E. Analysis of Shear Lag in Box Beams by the Principle of Minimum Potential Energy [J]. Quarterly of Applied Mathematics，1946，5(3)：268－278.

[2] 南浦大桥设计资料[R]. 上海：上海市政工程设计院，1988.

[3] 李国平. 考虑T型主梁翼板剪滞的桥梁结构有限元分析方法[D]. 上海：同济大学，1989.

[4] 张士铎. 桥梁设计理论[M]. 北京：人民交通出版社，1984.

[5] (英)BS5400. 钢桥、混凝土桥及结合桥(1982)[M]. 武汉：铁道部大桥工程局桥梁科学技术研究所，1986.

港珠澳大桥钢箱梁制造自动化技术

刘吉柱*

（港珠澳大桥管理局　中国　珠海　519015）

摘　要　本文以港珠澳大桥钢箱梁制造为载体，从U形肋的加工、板单元的自动化组装、板单元自动化焊接、相控阵超声波检测技术、信息化群控焊接管理系统、钢箱梁节段拼装过程中Mini焊接机器人应用等几个方面，简要介绍了在钢箱梁制造过程中所采用的自动化技术和装备，重点解决了U形肋与钢桥面板焊缝的焊接熔深和质量稳定性这个难题，用自动化、智能化的装备和技术为实现港珠澳大桥120年使用寿命的要求奠定了基础。港珠澳大桥自动化、智能化技术和装备的成功应用，推动了我国钢桥行业制造技术的进步，使我国公路钢桥的制造技术达到了世界先进水平，部分技术和装备达到了世界领先水平。

关键词　港珠澳大桥；钢箱梁制造技术；自动化；智能化；电弧跟踪；信息化

* 刘吉柱，1962年出生，项海帆教授1984级博士研究生，论文题目“大跨度拱桥地震反应的行波效应分析”。

港珠澳大桥钢箱梁制造是中国交通建设史上工程量最大、技术最复杂、环保要求最高、建设要求及标准最高的工程之一。主要体现在：大桥设计使用寿命为120年，对桥梁工程的耐久性提出了更高的要求。港珠澳大桥桥梁线路长，钢箱梁工程量浩大，总体用钢量逾40万t，如采取常规工艺施工，人为因素将成为制约项目建设的关键点，钢箱梁制造质量和工期都难以得到有效保证。

从20世纪50年代德国建成的Kurpfalz桥开始，欧洲已有1 000多座各种形式的钢箱梁桥梁，日本有将近250座钢箱梁桥梁，北美有100余座钢箱梁桥梁。而我国钢箱梁桥的研究和应用起步较晚，直到20世纪70年代初，才建成第一座钢桥面板桥——潼关黄河铁路桥。改革开放以来，国内正交异性钢桥面板钢箱梁桥呈现出迅猛发展势头，迄今为止，我国已建造的钢箱梁桥梁有30余座，如西陵长江公路大桥、润扬长江公路大桥、南京第二及第三长江公路大桥、苏通长江公路大桥、香港昂船洲大桥、鄂东长江公路大桥及等。

经过近20年的发展，虽然我国公路钢箱梁制造技术有了很大的进步，但跟国外相比，钢箱梁制造技术还相对落后，主要体现在制造装备的差距上，基本上是一种劳动密集型的产业，完全靠手工作业来实现。

为全面提升我国钢箱梁的制造技术，推动行业技术进步，在港珠澳大桥建设中明确提出了“大型化、工厂化、标准化、装配化”总体要求，以提高作业工效，缩短制造周期，确保工程质量和结构耐久性。如何提升生产效率，确保钢箱梁制造质量的持续稳定性，在3年内完成逾40万t的钢箱梁制造成为各个钢箱梁制造企业面临的最大挑战，也促使参与港珠澳大桥钢箱梁制造企业开始全面研究钢箱梁制造的机械自动化装备和技术，并成功应用于实际生产。经过近2年的生产验证，目前国内钢箱梁板单元制造的机械自动化已经处于国际领先水平，有些装备在世界范围内首次成功研制并应用。

下面，将港珠澳大桥钢箱梁制造的机械自动化装备和技术作如下介绍。

1　U形肋加工制造技术

U形肋是构成正交异性桥面板的关键构件，其与桥面板的焊接质量是决定桥面疲劳寿命的关键，而U形肋自身加工的精度又是决定该焊缝质量的根本。

由于U形肋的厚度仅有8 mm，以往在其他项目上通常是采用热轧卷板，轧制后，由于内外冷却速度不同，钢板两侧和中间的残余应力分布差别很大，因此展开后会出现很大的旁弯，钢板的平面度也得不到有效的保证，从而也影响了U形肋的加工质量。为消除上述影响，港珠澳大桥所有的U形肋用钢板全部采用热轧平板供货，钢板内部的残余应力分布均匀，可以保证每一条U形肋加工后的尺寸精度完全能够满足验收标准要求。U形肋加工流程如图1所示。

图1 U形肋加工流程

下料时采用双枪对称切割工艺，避免板件由于切割受热，内应力释放不均造成的变形。钢板下料后用双面铣床加工边缘，严格控制钢板宽度。U形肋坡口采用SMP-/A型数控双边坡口铣床进行加工。该铣床的压紧机构能有效地抑制加工过程中较薄钢板的振动，避免坡口钢板撕裂和微裂纹，坡口面的粗糙度达到*Ra*12.5，钝边尺寸偏差控制在±0.5 mm以内，坡口角度偏差控制在±0.5°以内，为确保U形肋与桥面板的组装精度及根部焊接熔合质量奠定了基础。该机床与双面边缘数控铣削机床、数控折弯机形成了流水作业，实现了机械化操作，质量和效率都得到了大幅度提高，用半成品质量来有效地保证U形肋焊缝的质量。

2 正交异性板单元自动化组装技术

以往该类板单元的组装完全以人工为主，效率低，而且受人工因素的影响，U形肋与面板的组装间隙，定位焊缝的质量、U形肋的中心距、直线度都收到很大的而影响，质量不稳定。研制的U形肋板单元自动组装定位机床和板式加劲肋板单元自动组装定位机床，在世界同行业中首次在钢箱梁板单元制造中成功应用，处于国际领先水平。

1）U形肋板单元自动组装定位机床

该机床具有组装前钢板焊缝区域自动打磨、除尘功能，取代了常规的人工打磨工艺，使施工环境得到改善；装配有液压自动定位、压紧机构，能够精确完成U形肋的卡固、压紧定位，确保组装后任意两根U形肋间距偏差在±1 mm以内，直线度在1 mm以内，组装间隙在0.5 mm以内；采用日本神钢焊接机器人作为定位焊焊接设备，具有世界上先进的电弧跟踪技术，解决了以往光电跟踪和机械跟踪精度低、定位焊位置与质量不稳定的难题。该机配有6套自动组装、定位机头，配合两个焊接机器人，可以一次完成6条U形肋的组装定位。通过试件微观断面验证，跟踪定位的可靠性和焊接质量完全能够保证U形肋坡口根部焊缝的熔合质量。

2）板式加劲肋自动组装定位机床（图2）

图 2 正交异性板单元自动组装定位机床

该机床同样具有焊缝区域自动打磨、除尘功能；配备自主研发的具有液压自动夹持定位、压紧功能的定位系统，板式加劲肋的直线度及与面板的垂直度能够控制在 1 mm 以内，压紧后板式加劲肋与面板的组装间隙在 1 mm 内。该机床配有 6 套自动组装、定位机头，可以一次完成 6 条板式加劲肋的组装定位，加紧定位精度高，定位焊质量稳定、可靠。该机床改变了以往人工划线、组装、定位焊的手工操作方式，使板式加劲肋的组装定位完全实现了机械自动化。

3 板单元自动化焊接技术

U 形肋与桥面板的焊接质量是桥面板抗疲劳性能高低的关键，主要表现在焊缝根部的熔合和熔透深度。以往我国正交异性板单元板单元的焊接通常采用焊接小车或者龙门式多机头组合焊接小车的方式，跟踪方式为机械导向跟踪，导向检测点非实际焊接熔池点，距离焊接熔池至少 100 mm 以上，需要人工随时对焊丝位置进行修正调整，受 U 形肋加工偏差、直线度的影响，焊丝往往跟随跟踪点偏差偏离坡口根部，因此焊接熔池部位容易偏离，从而很难确保焊接熔深的稳定性。经过调研日本焊接装备和技术，与日本神钢公司联合研发了正交异性板单元自动化焊接系统(图 3)，在国内钢箱梁制造领域首次采用机器人焊接。

1) U 形肋、板式加劲肋板单元焊接专用机床

为提高 U 形肋焊缝的焊接质量和稳定性，引进日本神钢 ARCMAN－MP 型焊接机器人系统研制了正交异性板单元多头焊接专用机床。该机器人系统采用先进的电弧自动跟踪技术，该技术是对焊接熔池零距离实时跟踪，通过熔池偏离时电流电压的反馈实时调整，跟踪偏差不超过 0.2 mm，跟踪精度更高，实现了对坡口根部实时精确跟踪，有效地保证坡口根部焊缝的熔合和熔透深度，焊接质量更稳定。

该专用机床与技术成熟的反变形船位焊接技术配合使用，较日本的平位焊接技术更加科学合理(图 4)，在船位工况下进行焊接，焊趾过渡匀顺，应力集中系数降到最低。通过全液压夹具预设反变形，可以满足各类顶、底板单元要求，最大限度地减小了板单元焊接后火焰或者机械矫正工作量，既提高了生产效率，也大大减小了板单元因火焰或者机械矫正而产生的残余应力，提高了板单元抗疲劳性能。该设备的应用，使 U 形肋和板式加劲肋板单元的自动化焊接率达到了 100%。该焊接机器人的电弧自动跟踪和反变形船位焊接技术处于国际领先水平。

图 3 机器人反变形船位焊接系统

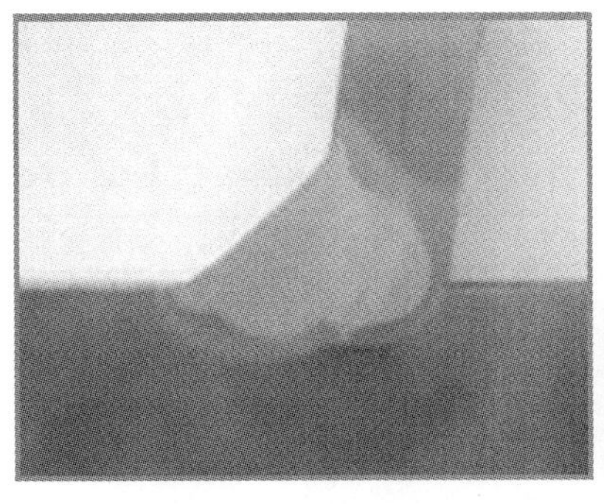
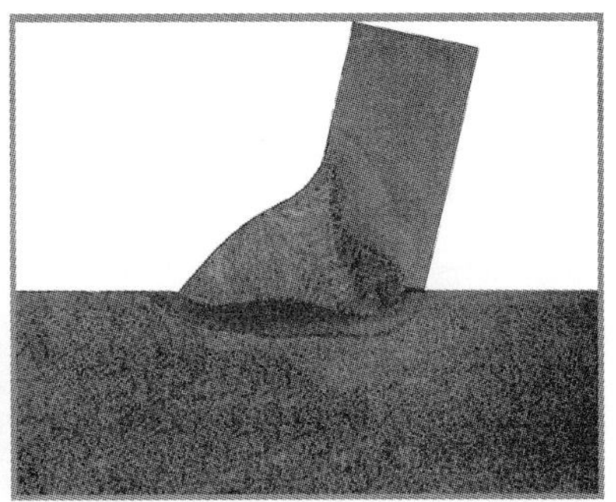

图4　船位焊接接头（左）和平位焊接接头（右）外观成形对比

2）横隔板焊接专用机床

以往横隔板的焊接基本上全部为人工改作业，生产效率低，劳动强度大，作业环境恶劣。横隔板焊接采用日本神钢 ARCMAN－MP 型焊接机器人系统，利用焊接机器人实现对横隔板所有焊缝的自动化焊接，代替了人工施焊的传统工艺，大大减少了焊接接头，提高了焊接质量的稳定性和生产效率，同时通过机器人特有的焊接稳定性能成功实现过焊孔位置的包角处理，确保了焊缝端部质量(图 5)。

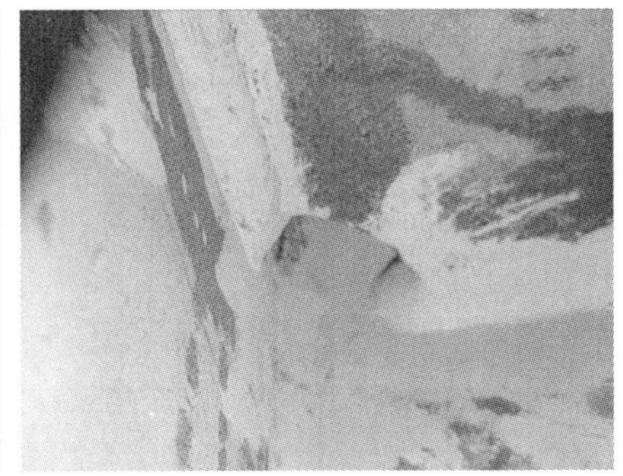

图5　横隔板单元机器人焊接系统及过焊孔包角效果

4　U形肋相控阵超声波检测技术

顶板与U形肋坡口角接焊缝直接承受轮载作用，轮载在接头位置产生的应力复杂，该类焊缝焊接质量对桥梁的耐久性至关重要。由于U形肋厚度只有8 mm，常规超声波检测无法从理论上有效地检测焊缝内在质量及焊缝熔深，只能够采用磁粉检对焊缝表面缺陷进行检测，用破坏性试板检测焊缝的熔深，但无法有效保证实际产品的内部质量和焊接熔深。

该项目施工前对U形肋与顶板角焊缝超声相控阵检测进行了专题技术研究和一系列的试验研究。通过相关试验和实际检测验证表明，相控阵检测技术对顶板与U形肋间角焊缝的未熔透深度尺寸测量比传统的A型脉冲反射式超声波探伤方法具有更好的实现功能，能够有效控制顶板与U形肋间角焊缝的内部施工质量和焊接有效熔深，相控阵超声波探伤仪对U形肋焊缝进行检测如图6所示。

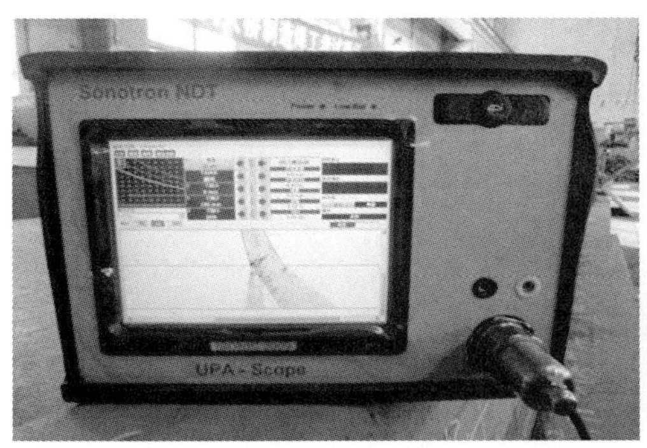

图6　相控阵超声波探伤仪对U形肋焊缝进行检测

5 Mini 机器人焊接

为了全面提升钢箱梁拼装的自动化水平在钢箱梁拼装中引进了便携式的自动化焊接机器人，包括立位焊接机器人及全智能的 Mini 焊接机器人。Mini 焊接机器人为智能化焊接设备，不需要通过人工编程和试校，能够自动对焊接焊缝的焊接坡口、焊接间隙、钢板厚度及焊接坡口直线度进行检测，并智能生成焊接程序。焊接过程连续，实现了零焊接接头，从而降低焊缝产生缺陷的可能。Mini 焊接机器人焊接工作及焊缝外观如图 7 所示。

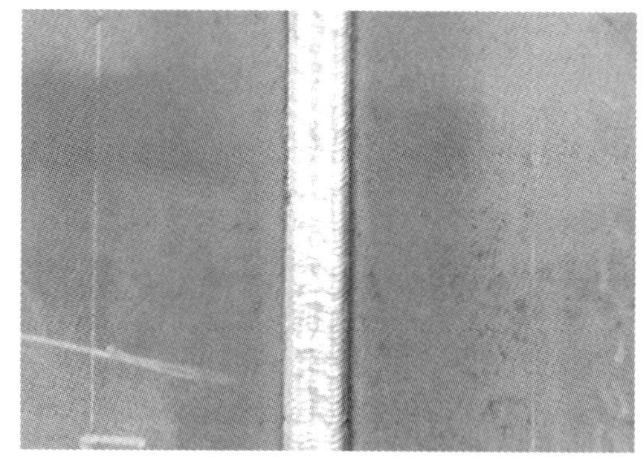

图 7 Mini 焊接机器人焊接及焊缝外观

6 焊接数据信息化管理系统

受结构形式和施焊空间等条件的制约，钢箱梁总拼装时某些部位的焊接仍需要采用手工半自动焊工艺。为实现对焊接过程的有效控制，确保焊接质量的稳定性，该项目钢箱梁总拼中采用了 YD－500FR1 型气体保护焊机、YD－400AT3 逆变焊机、ZD5－1250E 型埋弧自动焊机等全新数字焊机，并研发了与之配套的 YX－00SH3 型焊接数据管理系统，通过局域网实现焊接全过程监控。该类设备焊接参数通过专用输入器输入，除焊接工程师外任何人无法对焊接参数进行调整，同时对施焊过程的焊接电流、电压、施焊速度等参数实现在线监控和记录，使每条焊缝的焊接质量具有永久可追溯性。图 8 所示为焊接数据信息化管理系统。

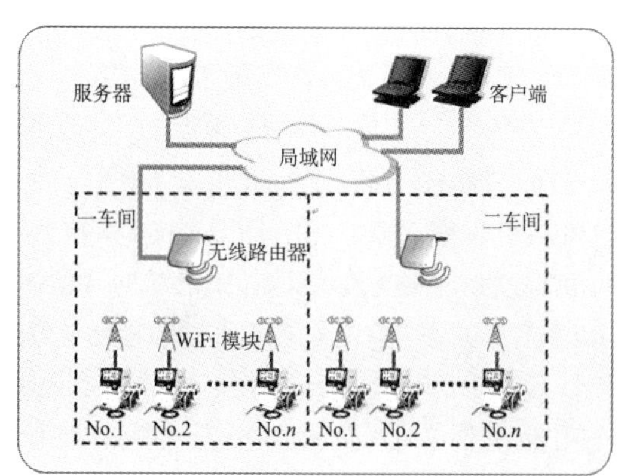

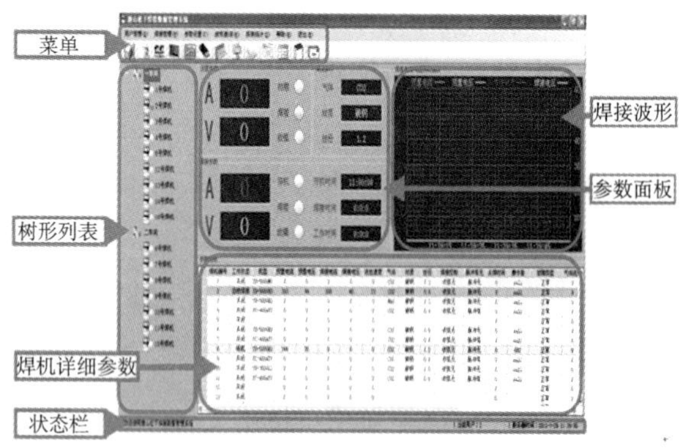

图 8 焊接数据信息化管理系统

大跨度分体钢箱斜拉桥结构性能分析

张元凯*

（上海市政工程设计研究总院　中国　上海　200092）

摘　要　上海长江大桥主通航孔桥采用桥跨布置为 1 430(92＋258＋730＋258＋92)m 的"人"字形塔双索面分离式钢箱梁斜拉桥，是目前世界上跨度最大的公轨共建斜拉桥。本桥建设条件复杂，公轨共建运营荷载大，对梁端转角及结构刚度要求高，如何选择结构体系，减小梁端转角是本桥至关重要的问题。分离钢箱梁作为一种新结构，结构的可施工性还有待深入研究。本文还对主要的静力分析、动力分析及总体稳定分析结果进行了介绍。

关键词　斜拉桥；结构体系；分离钢箱梁；公轨共建；静力分析；动力分析；稳定分析

1　总体概况

上海长江大桥主通航孔桥为 1 430(92＋258＋730＋258＋92)m 的双人字形塔双索面分离式钢箱梁斜拉桥(图 1)。桥塔为"人"字形独柱钢筋混凝土结构，梁体采用分离式双主梁形式，两主梁间距为 10 m，采用中间横系梁联结，箱梁全宽 51.5 m，梁高 4 m。斜拉索采用空间扇形双索面布置形式，梁上索距 15 m，塔上索距 2.3 m。主墩、辅助墩及边墩均采用直径 2.5～3.2 m 的大直径钻孔灌注桩基础。

大桥主要技术标准为：道路等级为双向 6 车道高速公路，预留两线轻轨荷载；计算行车速度为 100 km/h；桥梁结构设计荷载等级为公路-Ⅰ级，轻轨荷载 33 kN/m；大桥按地震烈度 7 度进行抗震设计；成桥状态桥面无车 100 年一遇 10 m 高度处设计风速 V_{10} ＝ 39.6 m/s。

2　结构体系分析

斜拉桥是多跨连续的柔性结构，为改善结构在极限风、地震等荷载作用下的内力和位移反应，减小伸缩缝、支座等装置的位移量和动力磨损，增加桥梁结构在极限静力、动力荷载作用下的安全度，需要对结构体系进行深入研究。特别是公轨共建大跨度斜拉桥，目前没有可借鉴的成熟经验，结构体系的选择必须结合结构刚度以及梁端转角要求综合考虑。在本工程中，为避免在主桥梁端与引桥梁端的相对错动，辅助墩和过渡墩与主梁之间采用纵向滑动、横向限位的连接方式。桥塔主梁间的连接横桥向通过抗风支座形成固定约束关系，竖向采用设置 0 号拉索支承，结构体系研究的重点是塔与梁之间的纵向连接方式。

表 1 为目前世界上几座大跨径斜拉桥的结构体系和支承方式。

从表 1 中可以看出，已建大跨度斜拉桥的主梁与索塔的纵向连接方式主要有梁塔固结、纵向全漂浮、弹性约束、阻尼限位约束等方式。经过对各种体系的地震作用、风荷载以及各种静力工况分析，并进行荷载组合，得到各种体系最不利组合计算结果见表 2 所示。其中塔梁固节体系的最不利工况为"恒载＋活载＋温度＋正常运营风"，全漂浮体系的控制工况为"恒载＋温度＋极端风"，永久弹性约束与限位阻尼体系的控制工况为"恒载＋活载＋温度＋正常运营风"。

* 张元凯，1972 年出生，项海帆教授 2000 级博士研究生，论文题目"斜拉桥施工过程分析方法及误差影响分析研究"。本文曾发表于《桥梁建设》2009 年第 12 期，第 64—68 页。

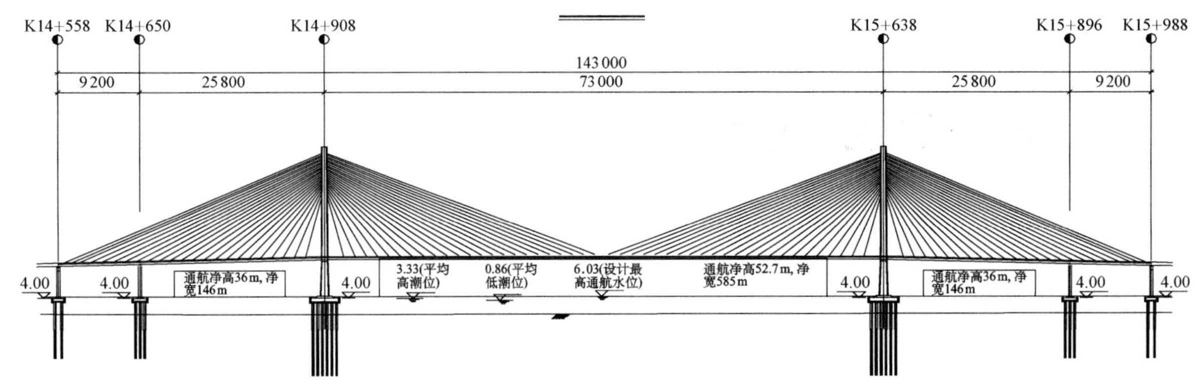

图 1　上海长江大桥主通航孔桥总体布置

表 1　目前世界上大跨径斜拉桥的纵向结构体系

桥名	国家	建成年份	主跨(m)	主梁类型	结构体系和主梁支承方式
苏通大桥	中国	在建	1 088	钢梁	纵桥向阻尼限位约束体系
昂船洲大桥	中国	在建	1 014	混合梁	纵桥向阻尼约束体系
多多罗大桥	日本	1998	890	混合梁	索塔处设大型橡胶支座(竖向支承，纵向弹性约束)
诺曼底大桥	法国	1998	856	混合梁	塔梁墩固结
南京二桥	中国	2000	628	钢梁	索塔处设钢支座(竖向支承，纵向滑动)
杨浦大桥	中国	1993	602	叠合梁	索塔处设 0 号索，全漂浮
名港中央大桥	日本	1996	590	钢梁	索塔处设纵向钢绞线拉索阻尼装置
鹤见航道桥	日本	1995	510	钢梁	索塔处设支座、水平拉索阻尼装置和螺旋桨式阻尼器
生口桥	日本	1991	490	混合梁	索塔处设支座，边墩设橡胶支座

表 2　不同结构体系最不利组合

结构体系	梁端水平位移(m)		塔顶水平位移(m)		塔底弯矩(kN·m)
	最大值	最小值	最大值	最小值	
塔梁固结体系	0.758	−0.746	0.821	−0.806	3 896 958
全漂浮体系	2.106	−2.096	2.245	−2.137	3 678 965
永久弹性约束($K=30$ MN/m)	0.796	−0.764	0.877	−0.853	2 069 841
限位阻尼(550 mm 限位)	0.880	−0.831	0.924	−0.893	2 144 766

从表 2 中可以得到如下结论：

(1) 塔梁固结体系能显著提高结构纵向刚度，大幅减小梁端和塔顶水平位移；但由温度引起的塔底弯矩很大，给桥塔及其基础的设计带来困难。

(2) 纵向全漂浮体系中温度引起的水平力较小，由于本桥的设计基准风速非常高，纵向静风力和汽车制动力引起的塔底弯矩、梁端和塔顶的水平位移都很大，梁端伸缩缝设置困难。

(3) 索塔处设置纵向弹性约束可减小由活载、纵向静风力和汽车制动力等产生的塔底弯矩和梁塔的水平位移，同时温度引起的主梁轴力和塔根弯矩不提高很多。不过，为了达到一个合理的水平弹性约束的刚度取值需要长度很长(约 270 m)的水平拉索，在构造上存在一定的困难。

(4) 阻尼限位约束体系是动力阻尼和额定行程的刚性限位两者组合的结构体系，通过附加刚性限位可以明显改善结构在纵向风荷载下的结构响应，同时又不会增加结构体系内部的温度效应，相对于全漂浮体系梁端水平位移减小 58%，塔底弯矩减小 42%，同时附加阻尼改善结构的动力性能，经综合比较本桥塔与梁之间纵向采用限位阻尼器连接，限位阻尼器的参数取值见表 3。

表 3　限位阻尼器设计参数

	速度指数 α	0.2
	阻尼系数 C(kN·s/m)	2 500
	最大反应速度(m/s)	0.762
	最大阻尼力(kN)	2 400
	最大阻尼行程(mm)	±520
静力阻尼参数	最大限位力(kN)	3 500
	最大限位行程(mm)	±550
	双向限位刚度(MN/m)	70
	限位位移量(mm)	50
	慢速率下阻尼力(kN)	$<2\,400\times10\%=240$

阻尼器动力方程：$F=C\cdot \mathrm{Sign}(V)\cdot|V|^{\alpha}$

3　减小梁端转角措施研究

在公轨共建桥梁中，梁端转角大小直接影响列车的行驶安全，为满足通行轨道交通列车行驶安全的要求，主桥与相接引桥的梁端相对转角控制在 4‰ rad，由于相接引桥为主跨 105 m 的组合梁，为减小梁端相对转角，适当减小引桥边跨跨径。通过分析，主桥边跨梁端转角位移影响线如图 2 所示。

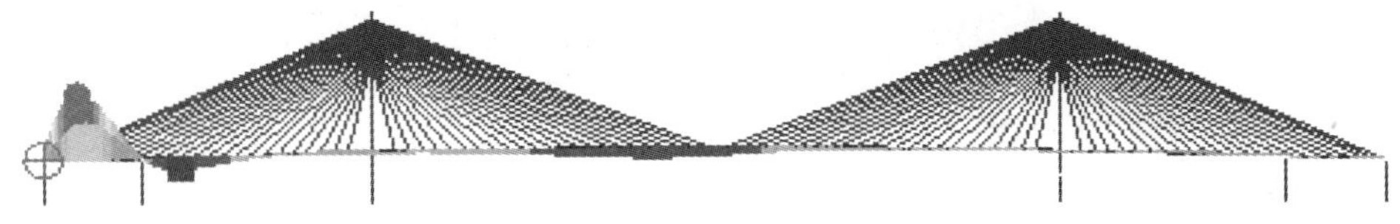

图 2　梁端转角位移影响线

边跨梁端转角主要取决于边墩与辅助墩之间主梁的结构刚度，针对这一特点，对调整边跨跨径和直接提高边跨主梁抗弯刚度两种措施进行了研究。不同边跨跨径梁端转角见表 4。

表 4　不同边跨跨径梁端转角

	边跨 107 m	边跨 92 m	边跨 84.5 m
最大相对转角(rad)	5.72‰	4.46‰	3.90‰

从表 3 中可以看出，减小边跨跨径可以有效减小梁端转角，但边跨跨径太小会使得边跨压重增加，同时使边跨主梁受力不合理，综合考虑，最终边跨跨径采用 92 m。

在确定边跨跨径的基础上，对提高边跨主梁刚度的措施进行了研究。主要考虑了边跨钢箱梁钢板加厚与边跨钢箱梁内浇注混凝土两种措施。经计算分析，边跨钢箱梁底板厚度增加至 28 mm，或边跨箱梁内浇筑 25 cm 混凝土，均可使梁端转角满足要求。其中边跨底板加厚至 28 mm，全桥多使用钢材 320 t，但该方法施工简便，施工控制容易。综合考虑，将边跨钢箱梁底板厚度增加至 28 mm，梁端相对转角为在 3.96‰ rad。

4　结构可施工性研究

通过整个施工过程仿真分析，对施工过程中结构及临时措施的安全性进行研究，以确保整个施工过程安全可行，并提出主梁在拼装场地无应力状态下的线形。

施工主梁匹配时，已安装梁段与起吊梁段存在变形差为 3.71 cm，一般整体钢箱断面在梁端匹配时先对齐腹板处箱梁顶面，其余部位采用码板码平。特别是本桥主梁采用分离钢箱梁断面，初次匹配只能对齐边腹板或中腹板中的一处，另一腹板位置均需要通过码板来码平，为使钢箱梁在吊装时的匹配满足进度要求，对先对齐中腹板与先对齐边腹板两种方案在主梁吊装时被吊梁段的变形、已吊梁段变形及临时匹配措施进行深入分析和研究，最终采用先对齐边腹板，再码平中腹板的施工方法，匹配时的码平力为 125 t，匹配时的码平力如图 3、图 4 所示。

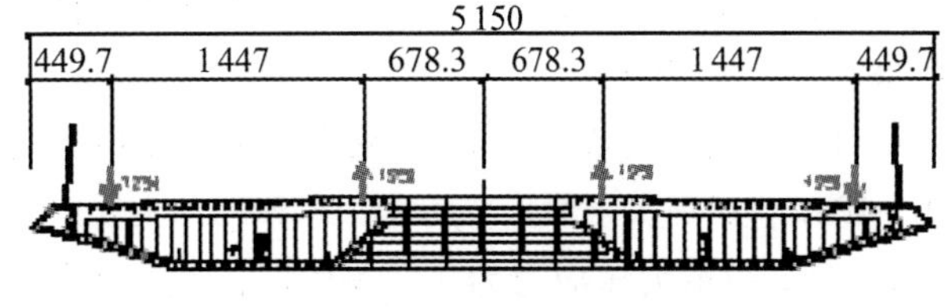

图 3　匹配时已成梁端码平力

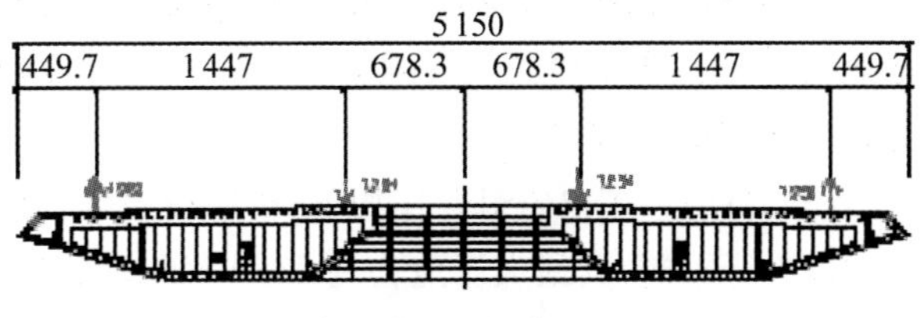

图 4　匹配时被吊梁端码平力

5 静力分析

总体结构静力分析以理论竖曲线为基准进行结构离散，并根据架设过程形成各阶段的计算图式，对成桥状态和施工过程进行详细分析。分析过程中详细计入各种非线性因素的影响，主要包括：斜拉索自重作用下的垂度效应、索塔和主梁的 $P-\delta$ 效应、结构大位移效应。

5.1 计算图式

施工阶段主梁与桥塔固接；主梁与过渡墩、辅助墩均为纵向活动、竖向约束、横向约束；与临时墩只竖向约束；成桥后计算图式如图 5 所示，其边界条件如表 5 所示（表中 x 表示顺桥向，y 为横桥向，z 为竖向。0 表示自由，1 对地面表示固结，对两个构件之间则表示在该自由度上相互约束，K 表示塔梁间的阻尼限位约束）。

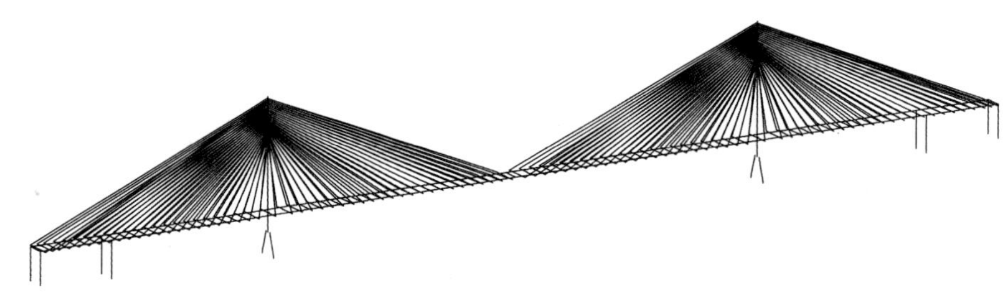

图 5 上海长江大桥计算模型

表 5 成桥状态空间分析计算边界与连接条件

自由度	Δ_x	Δ_y	Δ_z	θ_x	θ_y	θ_z
索塔主墩与地面	1	1	1	1	1	1
索塔与主梁	K	1	0	0	0	0
辅助墩与地面	1	1	1	1	1	1
辅助墩与主梁	0	1	1	1	0	0
边墩与地面	1	1	1	1	1	1
边墩与主梁	0	1	1	1	0	0

5.2 结构总体计算结果

（1）结构变形。汽车荷载作用下，主梁竖向位移 0.750 m/－0.092 m，轻轨荷载作用下，主梁竖向位移 0.580 m/－0.056 m。

（2）主梁。成桥状态下，主梁上缘最大压应力为 97 MPa，主梁最大下缘压应力为 109 MPa。主要组合下，主梁上缘最大压应力为 135 MPa，最大拉应力为 16 MPa；主梁下缘最大压应力为 139 MPa，最大拉应力为 25 MPa。在纵向、横向静风荷载、温度荷载等其他荷载组合下，同时考虑主梁的第二体系、第三体系应力，主梁应力均满足要求。

（3）桥塔。在主要组合作用下，桥塔按照全预应力构件进行控制，其最大压应力为 15.9 MPa，无拉应力出现。在极端风荷载、地震荷载作用下，构件按照普通钢筋混凝土构件控制其极限承载能力，裂缝宽度控制在 0.2 mm 内。经总体计算表明，桥塔在施工过程以及成桥正常运营状态均满足受力要求。

（4）斜拉索。斜拉索的最大恒载索力为 7 620 kN，最小索力为 2 915 kN，最大应力幅为 189 MPa。

6 动力分析

斜拉桥动力分析主要包括抗风和抗震两方面。

6.1 动力特性

桥梁结构动力特性分析是研究桥梁振动问题的基础，为了进行风荷载或地震作用下的结构全过程动力响应分析，必须首先计算成桥状态下桥梁结构的动力特性。为此，采用 ANSYS 有限元分析软件对主通航孔桥的全桥成桥状态下结构的动力特性进行分析，得到结构特征振型及其自振频率，部分计算结果见表 6。

表 6 结构动力特性计算部分结果

阶数	频率(Hz)	周期(s)	振型描述
1	0.065 9	15.174 5	主梁纵飘
4	0.221 7	4.510 6	主梁一阶对称侧弯
5	0.231 4	4.321 5	主梁一阶对称竖弯
6	0.296 3	3.375 0	主梁一阶反对称竖弯
9	0.530 2	1.886 1	主梁一阶反对称侧弯
13	0.631 7	1.583 0	主梁一阶对称扭转
23	0.900 4	1.110 6	主梁一阶反对称扭转

6.2 抗风分析

本桥设计中吸取了国内外已建桥梁的成功经验，通过结构选型、CFD数值仿真模拟和风洞试验深入研究了大桥的抗风稳定性。本桥抗风性能分析委托同济大学桥梁系进行研究，风洞试验在同济大学土木工程防灾国家重点实验室中进行。研究结果为：本桥的颤振临界风速为253 m/s，远大于检验风速71.6 m/s，扭转发散风速为316 m/s，远大于检验风速67.8 m/s，具有良好的抗风稳定性能。

6.3 抗震分析

经计算表明，在地震作用下，高桩承台基础结构的受力相当大，将控制结构设计，冲刷深度对结构内力反应影响显著。

整体钢箱梁大跨斜拉桥中，地震荷载作用下上部结构应力一般较小，但分离钢箱梁断面斜拉桥，地震荷载作用下靠近塔根附近的横梁横向受力较大，地震工况下横梁最大正应力为223 MPa，控制结构设计。

7 稳定分析

大跨度斜拉桥的主梁和桥塔都是压弯构件，结构稳定是影响结构安全至关重要的问题。特别是本桥塔高、跨径大、索长、设计基准风速高，其在施工过程以及成桥阶段的稳定性直接影响工程的安全。采用弹性稳定、弹塑性稳定两种分析方法对结构进行稳定分析。

弹性稳定计算表明各施工阶段以及成桥阶段正常运营情况下稳定系数都大于4，弹塑性稳定分析采成桥状态和主要施工阶段在主要荷载工况下主塔弹塑性稳定系数都大于1.7。

8 小结

新型分体式钢箱梁是超大跨度斜拉桥应对抗风挑战的必然选择，但其结构、受力、施工复杂，本文较为系统地研究了其结构体系分析选择、减小梁端转角措施、结构可施工性、结构静力性能、结构动力性能、稳定性能等，为超大跨度分体钢箱斜拉桥的发展提供了经验。

参考文献

[1] 林元培. 斜拉桥[M]. 北京：人民交通出版社，2006.
[2] 刘士林，梁智涛，侯金龙，等. 斜拉桥[M]. 北京：人民交通出版社，2001.
[3] 范立础. 桥梁抗震[M]. 上海：同济大学出版社，1999.
[4] 陈明宪. 斜拉桥建造技术[M]. 北京：人民交通出版社，2005.
[5] 苏通大桥建设指挥部. 苏通大桥论文集[C]. 北京：中国科学技术出版社，2004.

桃李集

项海帆院士80寿辰纪念论文集

大跨度桥梁施工控制

大跨度桥梁施工控制技术现状分析

——合理化开展桥梁施工控制的建议

石雪飞*

（同济大学桥梁工程系　中国　上海　200092）

摘　要　本文系统地总结了大跨度桥梁施工控制的内容与方法，首先根据现代控制理论的思路将目前的各种施工控制方法进行了分类，在此基础上，分设计阶段和施工阶段系统地研究了施工控制系统中确定施工过程中控制目标的方法、施工控制精度标准、施工中确定控制调整量和结构参数估计的方法，在总结桥梁受力和施工方法特点的基础上分析了各种类型桥梁施工控制应重点关注的问题，最后，给出了合理开展桥梁施工控制工作的建议。

关键词　施工控制；大跨度桥梁；施工监测

1　引言

对于像斜拉桥这样的高次超静定桥梁，要经过多个施工步骤，才能达到最后成桥状态，而且超静定次数随着悬臂的增长不断增加，因此，采用不同的施工步骤或施加不同的索力，会得到不同的成桥状态。这就提出一个问题，采用什么施工步骤、每步达到什么状态，才能保证成桥后达到理想的设计成桥状态。为解决上述问题，德国的 F. Leonhardt 教授提出了倒退分析方法[1]，其基本思想是：在成桥结构理想初始状态下，按前进分析的逆过程，对结构进行倒拆，分析每次拆除一个施工段对剩余结构的影响，按倒退分析得出的结构位移和内力状态便是各个阶段的理论施工状态，按照这个状态施工，最终就能达到成桥理想状态。

由于大跨度桥梁施工步骤多，工艺复杂，在施工过程中出现一些误差是不可避免的，误差的不断累计将造成成桥时桥梁的受力状态或变形状态远远偏离设计确定的理想状态。这就提出了在施工过程中出现误差后如何进行调整的需求，以保证最后达到的成桥状态累计误差在允许范围之内。

上述两个问题就成为大跨度桥梁施工控制的基本工作。施工控制的目的是：通过在桥梁设计过程中确定合理的成桥及施工目标，在施工过程中减小误差数量，最大程度地达到成桥理想状态。针对这些问题，国内外学者进行了详细的研究，提出了多种理论和方法，它们为大跨度复杂体系桥梁的建成提供了技术保障。

本文介绍目前在桥梁施工控制中应用的关键技术、存在的问题及建议。

2　施工控制的总体思路

2.1　施工控制方法的发展

古代在满樘支架上砌筑石拱桥时，工匠们已经认识到通过设置预拱度来抵消落架时拱圈在恒载作用下的压缩变形，以达到设计要求的拱轴线形。设置预拱度使拱圈轴线长度在制作时有所加长，其中已包含了在支架

*　石雪飞，1964 年出生，项海帆教授 1995 级博士研究生，论文题目“斜拉桥结构参数估计及施工控制系统”。

上进行“零应力制造”的思想。19世纪静定体系悬臂钢桁架桥施工中，在杆件制作时也采用了零应力制作的概念，即将压杆加长、拉杆缩短，以体现设置预拱度的目的。

大型桥梁的施工工序多且复杂，但是归根结底仍然是分步设定预拱度的问题。在现代控制理论出现以前，人们对系统的概念没有一个总体的认识，只是从不同的角度去减小误差，这体现在两方面。一方面是准确计算分步预拱度，桥梁工程师针对桥梁施工的特点开发了可以模拟施工过程的有限元软件。另一方面是在出现误差后纠正误差，提出了很多纠正误差的算法。随着现代控制理论及计算机技术的发展，日本学者首先引用的现代控制理论的算法被应用到桥梁施工控制中来，建立了综合施工控制系统[2]。我国学者在20世纪90年代也对施工控制系统进行了系统的研究[3]。

很多学者提出了桥梁施工控制方法和理论，如“卡尔曼滤波法”、“最优控制法”、“灰色预测法”、“人工神经网络法”、“无应力状态法”、“最小二乘法”、“精确几何控制法”等等，这些理论有些是从自动控制中来的，有些是桥梁工程师根据力学概念提出的。如果从系统的角度分析，这些都是控制系统中的一个部分，大部分是关于出现误差后如何调整的，都不是指导施工全过程的控制方法或思路。

从现代控制理论角度出发，桥梁施工的误差控制可以看成一个控制系统，它含有控制问题的各个方面，比如控制目标设置、控制措施的选择与定量、施工中桥梁受力状态的估计等、结构参数估计等等。桥梁施工控制类似于自动控制中的随动(跟踪)控制问题，但是桥梁施工控制的特殊性是每个工况只能出现一次，所谓施工循环，也只是类似条件的重现，且桥梁施工控制必须关心已经施工完成的梁段，不能只关心最后合龙不出现高差，因此目前尚不存在一种算法，像导弹的制导一样，用一种系统的算法从施工开始一直控制到成桥。控制理论在桥梁施工中的应用目前还只是控制思路和局部算法上的应用。

如果从系统控制原理出发，可以将桥梁施工控制的总体思路分为三种类型：开环控制、反馈控制和自适应控制[5]。自动控制领域的一些新控制思路，如灰色预测控制、人工神经网络等，也被尝试应用到桥梁施工控制中来，由于同样的问题，在桥梁施工中也只能应用一些它们的控制思路。

2.2 开环、反馈和自适应控制思路在桥梁施工控制中的应用

从控制论的角度，过程控制就是对事物的发展过程进行控制，使发展的结果达到预设的目标。桥梁施工控制就是对桥梁施工过程进行控制，使桥梁建成时达到设计时确定的受力和线形状态。

2.2.1 桥梁施工的开环施工控制

对于较简单桥型的施工，一般按设计中估计的预拱度施工，施工完成后的结构就基本上能达到设计所要求的线型和内力。这就是一个开环的施工控制过程，因为施工过程中控制是单向的，并不需要根据结构的反应来改变施工中的预拱度。如图1所示。

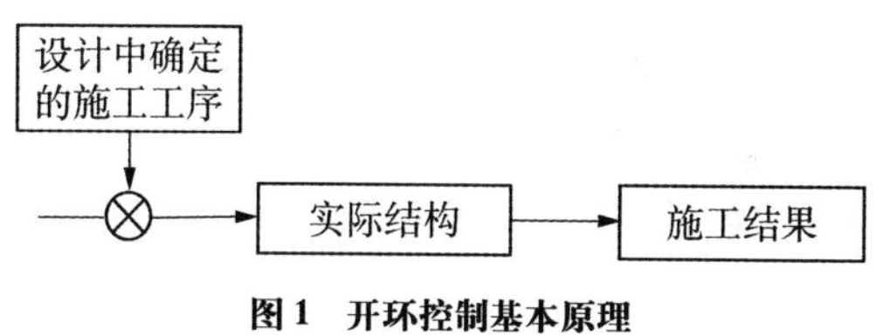

图1 开环控制基本原理

对于早期的钢斜拉桥的施工，从理想的成桥状态通过施工过程的倒退分析，求得每个施工阶段主梁标高和索力，在施工过程中按这样标高和索力安装，理论上即可达到理想的成桥状态，这也是一个开环控制过程。

2.2.2 桥梁施工的反馈控制

如果施工状态和理想状态之间存在误差，随着施工过程的进展，误差积累，以致到施工结束时桥梁的线形和内力可能远远地偏离了理想的成桥状态。在施工过程中出现误差之后就必须即时地纠正，而纠正的措施和控制调整量的大小是由误差经反馈计算决定的，这就形成了一个闭环反馈控制过程，见图2。

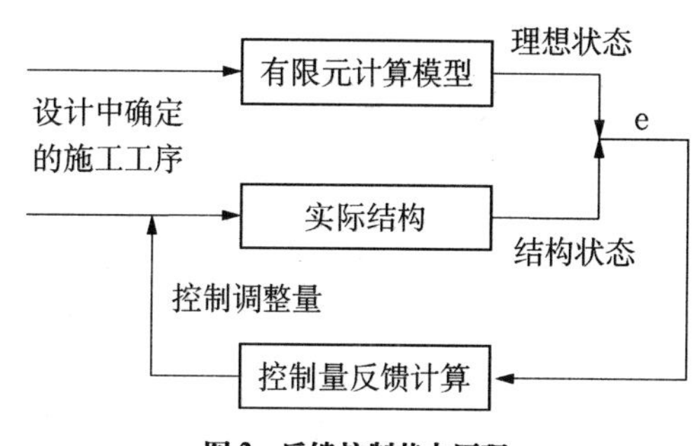

图2 反馈控制基本原理

实施反馈控制需要系统可控，也就是有干预结构状态的手段，桥梁施工中对结构形状和内力状态进行

调整的措施主要有:①斜拉索的张拉力;②预应力索的张拉力;③以后新增构件的标高增量。施工现场进行力的控制体调整比较困难,比如千斤顶的张拉读数控制精度比较低,测力需要比较复杂传感器,如果将力的控制转换为位移或张拉引伸量控制则比较容易操作,“精确的几何控制法”就是将张拉力控制量转化为引伸量控制或无应力长度控制的反馈控制。

2.2.3 桥梁施工的自适应控制[5]

对于施工中每个工况的受力状态达不到设计所确定的理想目标的重要原因是有限元计算模型中的计算参数取值,例如混凝土的弹性模量、材料的比重、徐变系数等,与施工中的实际情况有一定的差距。而这些误差是系统本身的结构误差,可以想象,通过反馈控制消除本施工阶段的误差后,在下一阶段施工时还将出现误差,又要进行误差调整,且由于悬臂更长,调整的困难变得更大,因此就会出现很多桥上调索不能到位的情况。

要避免上述情况的发生,必须根据施工中实测到的结构反映修正计算模型中的计算参数值,以使计算模型在与实际结构磨合一段时间后,能准确模拟实际桥梁的受力规律。在反馈控制的基础上,再加上一个参数估计过程,整个控制系统就成为自适应控制系统,如图 3 所示。

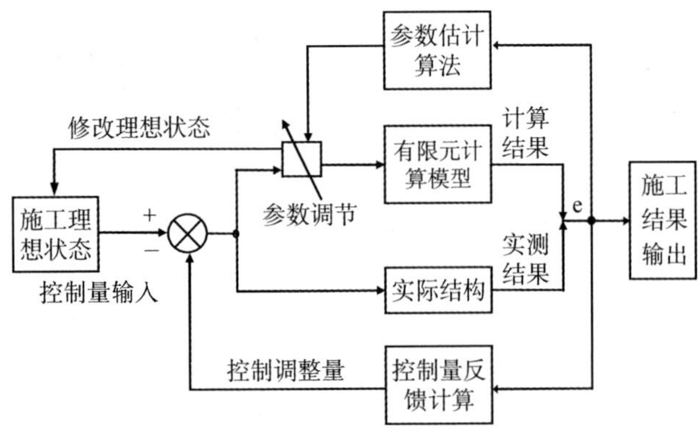

图 3 自适应施工控制基本原理

图 4 为自适应桥梁施工控制系统的操作流程图。施工控制实际上从设计阶段即开始,首先确定成桥理想状态及施工阶段的分布控制目标,每步施工完成后,对于监测到的误差不是直接去调整,而是先分析误差产生的原因,如果是计算模型不准确,则先调整参数后重新计算所有工况的控制目标值,在新模型的基础上再进行现场的结构状态调整。

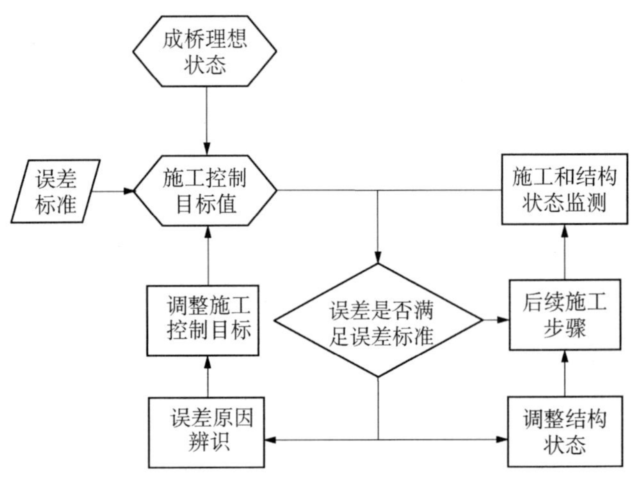

图 4 自适应施工控制的工作流程

这样,经过几个工况的反复误差原因辨识后,计算模型就基本上与实际结构相一致了,在此基础上,后续施工阶段出现的误差的可能性就减小了,从而实现准确的控制。目前,这是采用节段施工等有循环工序桥梁施工控制的最好方法。

3 自适应施工控制中的关键技术

从图 4 可以看出,大跨度或复杂体系桥梁的设计与施工是相互影响的,施工控制工作界于设计与施工之间,更多的应该看成是设计工作的延续。只有将设计和施工综合考虑才能达到设计时制订的理想成桥状态。图 4 左半部分为设计内容,右半部分为施工内容,本节简单介绍系统中各部分的关键算法。

3.1 计算施工各阶段控制目标的方法

确定施工阶段控制目标,也就是计算施工阶段理论控制数据,是施工控制开始前最重要的工作,它包括成桥线形、制造线形、立模线形、斜拉索初张力、预应力等,而这些数据又与设计的施工过程紧密相关。早期在计算机应用不很广泛的情况下,设计成桥理想状态时同时考虑施工过程是很困难的,所以先设计合理成桥状态,然后再计算施工过程中的控制数据。目前,随着桥梁专用设计软件的进步,已经能够比较容易地将成桥状态与施工过程同时考虑。

3.1.1 成桥状态与施工过程分离的算法

不考虑施工过程时,一般通过结构概念直接或借助于优化算法计算合理成桥状态,这是斜拉桥、组合体系拱桥等具有拉索或吊杆内部超静定结构的常用方法，是施工控制中最早被研究的问题。

例如对于图 5 所示的斜拉桥，将斜拉索看成连续梁的跨中弹性支承，当中间弹性支承力 $\boldsymbol{R}$ 等于多跨连续梁的反力时主梁的弯矩最小，从而可以直接计算出斜拉索的成桥最优索力向量 $\boldsymbol{X}$。当跨径布置、拉索布置（有无索区）不很规则时，以主梁、主塔弯矩图面积或弯曲应变能等为优化目标，以索力向量 $\boldsymbol{X}$ 为待优化变量，令上述优化目标最小时，采用优化算法就可以获得一组成桥最优索力 $\boldsymbol{X}$。

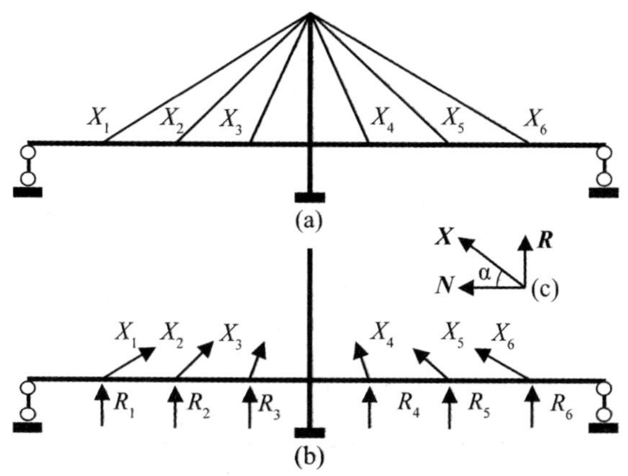

图 5　斜拉索与多跨连续支承的等效

获得最优成桥状态后，利用本文开始所述的倒退分析就可以得到每个施工阶段要达到的状态数据。但是由于非线性的影响和合龙施工的困难，按照倒退分析结果进行正装计算，其成桥状态不能达到前述的最优成桥状态。

目前我国仍然有很多设计院采用这种方法，对于倒退与正装不闭合的问题，往往在全桥合龙后设置一轮全桥调索，硬性地将成桥状态调整到合理成桥状态，这给施工带来很大的不便。

3.1.2　考虑施工过程的合理成桥状态算法

为避免上述问题必须改变直接按照成桥结构确定理想状态的设计方法，将成桥状态与施工过程同时考虑，这仍然可以采用优化算法进行。此时以主梁、主塔弯矩图面积或弯曲应变能等为优化目标，而以施工过程中斜拉索或吊杆的初张力 $\boldsymbol{X}$ 为待优化变量，先按照桥梁现场可操作的原则拟定好施工步骤，建立正装分析模型，将单位索力作用在施工过程中，计算出斜拉索安装时单位索力的变化对成桥状态的影响。优化结果得到的就是施工中的最优索力，按此索力施工，在无误差时可以直接得到成桥理想状态。与前述的成桥理想状态不同的是，该状态是可以通过现场可操作的施工过程实现的。

目前，上述优化过程已被很多设计人员采用，并通过结构概念进行简化，流程如图 6 所示。

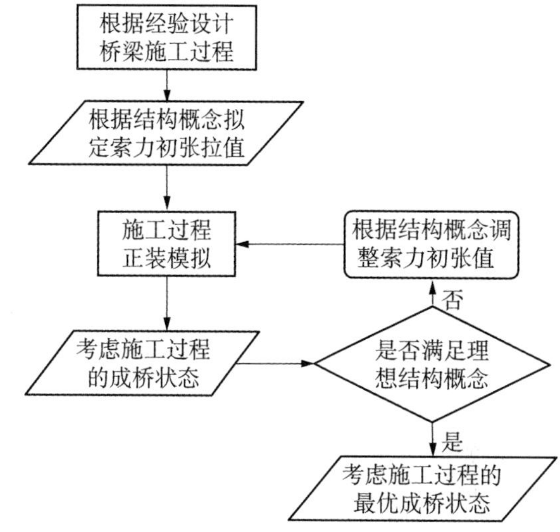

图 6　正装迭代优化流程图

3.2　大跨度桥梁成桥状态的容许误差

3.2.1　施工控制误差的影响

桥梁误差包括内力和线形误差，在小变形假定下，两者是分离的，内力误差关系到结构安全，而线形误差则主要影响使用。在大变形假定下，线形误差与内力是关联的。对线形误差的容忍程度还与构件受力形式有关。以受压为主的构件，例如塔柱、拱圈，偏心距增大明显影响内力，因此要比较严格控制误差。而以受弯为主的构件，例如主梁，线形误差本身对受力的直接影响较小，但是如果影响行车，就要用桥面铺装垫平，这将增加恒载而间接影响内力。

3.2.2　常用误差控制标准[6]

对于塔柱、拱圈等偏心受压构件，一般要求与设计轴线的误差小于构件长度的 1/3 000。

主梁的线形误差一般采用总体线形误差和相邻节段误差两个指标控制。总体误差影响道路纵曲线，对内力影响较小，只要总曲线满足道路线形要求即可，可以适当放宽。而相邻节段误差，在后期必须用桥面铺装填平，增加恒载，所以必须严格控制。例如：Kap Shui Mum 桥线形总体误差要求控制在±150 mm，但相邻节段相对误差不超过 10 mm，韩国 Incheon 桥主梁总体控制目标值为±200 mm。

现场操作中，往往成桥后根据实际情况拟合成桥竖曲线，尽量避免使用桥面铺装调平竖曲线。

内力误差影响桥梁安全，所以应该尽量严格控制，目前斜拉索成桥索力、吊杆力与设计值的误差一般要求控制在5%以内。

3.3 误差调整与参数估计算法

3.3.1 误差调整算法与现场实施

控制调整量计算的是根据结构实际状态与理想状态的偏差值，反算出需要施加的控制措施调整量。控制调整量计算常采用优化方法，优化目标可以根据需要设定，如简单取梁体上某几个点的标高与设计目标误差最小，这就可以使用各误差的最小二乘之和作为目标函数，求目标函数最小时需要的一组索力。

对于斜拉桥、组合体系拱桥，调整大部分采用力来控制。随着桥梁跨径的增大，结构线刚度相对减小，把力的控制转化为位移来控制则比较方便，而位移则通过测量关键节点的坐标变化来实现，因而也被称为"精确的几何控制"[4]。

用位移控制要求准确计算结构的变形，所以必须采用几何非线性计算，特别是将拉索采用多段桁架单元来计算拉索的垂度。

3.3.2 参数估计算法与现场实施

参数估计的任务是根据对控制目标(索力、节点标高、塔垂度、应力等)的测量值与计算值间的误差，估计施工过程模拟计算中的参数(混凝土弹性模量、主梁自重集度、挂篮刚度、徐变系数等)。参数估计在工程各个领域内均有应用，最小二乘法是最典型的参数估计算法，为适应桥梁施工控制的特点有很多变化，但是其基本原理都是以计算参数为待优化变量，各测量变量误差的平方和最小为优化目标。

参数估计算法的精度取决于测量数据的精度和数量，可以应用以下对策提高参数估计精度：

(1) 利用夜间的定时测量，来避免日照温差对测量数据的影响；

(2) 布设自动测量系统，来提高测量频率；

(3) 利用结构概念，设置不同的测量环节，实现参数分离，减少需要估计的参数个数；

(4) 利用多个工况的累积测量结果，避免单次测量中的偶然误差。

4 不同类型桥梁施工控制应关注的重点[7]

前文介绍了桥梁施工控制的原理，其目的是使桥梁建成时达到设计理想状态。在各种桥型进行具体控制时，关注的问题各不相同，采取的措施也不同。

4.1 预应力混凝土连续体系梁桥

4.1.1 预应力混凝土连续体系梁桥的特点

大跨度预应力混凝土连续体系梁桥(连续梁、连续刚构)主梁自重大、刚度大，很难用过外加力来受力状态，在施工工序确定后，其内力状态随之确定。

4.1.2 预应力混凝土连续体系梁桥施工控制工作重点

设计阶段的控制工作只是计算各施工工况下的预拱度，施工阶段的现场控制工作是避免线形发生累积误差。

由于内力状态不存在优化的问题，通过一次正装模拟计算就能获得所有工况的预拱度。

由于没有内力调整手段，现场控制时对于已经发生的误差无法修正，只能通过立模标高调整未施工的梁段。因此，前述的自适应控制思路中，只能进行参数识别后重新计算所有后续工况的预拱度。

同样由于没有内力调整的措施，控制梁体自重集度、预应力张拉效果是使成桥时达到设计内力状态最重要的手段。如果超重或预应力低于设计值，通过重新计算预拱度，可以使成桥时达到设计线形，但是长期徐变挠度将大大增加。

4.2 大跨度拱桥

4.2.1 大跨度拱桥的特点

拱桥的主要承重构件是拱圈，使拱圈达到合理拱轴线是建造拱桥的关键。对于有支架施工拱桥，只要设置预拱度即可；而对于无支架施工拱桥，特别是组合体系拱桥，则必须设计施工过程，使拱圈成桥时的弯矩最小。拱圈建成后变形很小，后续拱上建筑施工依附于拱进行。

拱桥的施工方法多样，而且重复的过程不很多，因此不能采用自适应控制方法，只能实行开环控制，或者有条件时采用反馈控制。

4.2.2 大跨度拱桥施工控制工作重点

(1) 在设计阶段，设计好施工过程，在此基础上进行施工过程模拟分析，根据计算结果调整拱轴线和合龙措施，使拱圈成桥时弯矩最小；

(2) 根据上述优化后的施工过程，正装计算各阶段的内力和变形值，作为控制数据，现场严格按照设计的工序施工。

(3) 现场操作时，由于没有调整措施，所以拱上建筑(吊杆或立柱)的下料长度有条件时等到拱圈成型后再确定。

4.3 斜拉桥

4.3.1 斜拉桥的施工特点

无论是钢斜拉桥、结合梁斜拉桥或预应力混凝土斜拉桥一般均采用悬臂施工方法进行修建，也有一些小跨度斜拉桥采用满堂支架架设。

采用悬臂法施工的斜拉桥，塔柱开始施工时为静定结构，然后安装一对主梁、张拉一对斜拉索，转移到下一施工状态，超静定次数随之增加，之后再安装一对主梁、张拉一对斜拉索，如此往复循环，超静定次数不断增加，最后边跨合龙、中跨合龙，达到成桥结构。施工前需要确定每个施工状态主梁的标高和斜拉索的张拉力，使成桥时主梁线形和斜拉索索力均达到设计值。

采用满堂支架施工的斜拉桥，主梁在支架上架设，然后通过张拉斜拉索将主梁悬吊到塔柱上。施工前需要确定主梁在支架上的安装线形，同时确定各斜拉索的张拉顺序及张拉力，同样使成桥时主梁线形和斜拉索索力均达到设计值。

4.3.2 斜拉桥施工控制工作重点

如前所述，斜拉桥施工过程中要经过多次状态转换，超静定次数不断增加，要使成桥结构达到设计理想成桥状态，必须解决两个问题：

一是确定每一个施工状态的理论目标值，如果没有误差，施工最终状态就是所需要的成桥状态。这部分工作在设计斜拉桥施工阶段时完成，常用方法在本文3.1节已经介绍。

二是消除施工中的积累误差，保证成桥时索力与主梁线形与设计值之间的误差小于允许值。对于节段悬臂施工的斜拉桥，自适应控制方法是最好的办法，控制原理在本文2.2节中已经介绍，关键工作是在现场估计结构真实参数、调整计算模型，其中的具体算法在本文3.3节中也已经介绍。

对于满堂支架架设的斜拉桥，一般采用开环控制思路或反馈控制思路，现场一般不对计算模型进行调整。针对不同材料的斜拉桥，具体应用上述方法时，要根据结构特点和现场的可操作性，灵活应用上述的思路。

4.4 悬索桥

4.4.1 悬索桥施工特点

对于常规悬索桥，由于主梁全部吊装后才连接成整体，自重均布悬吊在主缆上，不需要内力调整，因此，达到设计成桥状态的关键是准确计算成桥主缆线形、吊杆长度，这样就可以保证桥面线形。通过无应力状态反算，可以得到主缆和吊杆下料长度。无论按什么顺序吊装主梁，最终结果相同。为适应空缆线形与成桥主缆线形之差，减小塔柱的弯曲，需要准确计算主梁吊装过程中塔顶鞍座滑移量，因此必须准确计算空缆线形。只要重量、制作尺寸准确，悬索桥的成桥内力、线形状态就有保证。

由于自锚式悬索桥可以通过吊杆的张拉调节主梁的弯矩分布，所以成桥状态不一定是主梁自重均布悬吊在主缆上的状态，这就存在理想成桥状态的问题。理论上只要主梁、吊杆、主缆均按照无应力形状制造，无论吊杆按照什么顺序张拉，自锚式悬索桥最终也能达到设计成桥状态。受到梁抗弯能力的控制，吊杆需分级张拉，分级的原则是主梁局部弯矩不超标的前提下尽量减少张拉次数，降低工作量。

4.4.2 悬索桥施工监控的重点

悬索桥在施工过程中没有循环工况，而且没有调整内力状态的措施，一般采用开环控制思路。

(1) 对于常规悬索桥，根据主梁重量(包括二期恒载)精确计算主缆成桥线形、主缆力、吊杆力，从而得到主缆、吊杆、主梁的无应力制造线形。根据主缆无应力长度，精确计算空缆线形，并得到主缆在塔顶的预偏位。

(2) 对于自锚式悬索桥，可以通过吊杆力对主梁内力状态进行优化调整，得到最优成桥状态下的主缆线形、吊杆力和主梁内力，从而得到主缆、吊杆、主梁的无应力制造线形。

(3) 要考虑温度对主缆形状的影响。

(4) 对于混凝土主梁自锚式悬索桥，要识别混凝土主梁的重量，从而调整主缆成桥线形，修正吊杆的加工长度。

(5) 由于吊杆长度可调范围很小，为消除主缆、主梁架设的误差，一般吊杆长度要等主缆架设完成后做一次修正。

5 结论及建议

(1) 从控制理论的角度，桥梁施工控制可分为开环控制、反馈控制、自适应控制几种思路，其中自适应控制方法是有循环工况的节段施工桥梁最好的施工方法，其核心是在现场估计结构参数后，重新确定后续工况的控制目标。

(2) 在桥梁计算机软件比较普及的情况下，计算合理成桥状态时应结合施工过程，尽量避免采用成桥状态与施工过程分离的方法。

(3) 合理制定成桥精度，大跨度桥梁的主梁可以适当放宽总体线形精度要求，但是必须严格控制相邻节段间线形误差。

(4) 对于大跨度桥梁，现场的调控可以采用力控制，采用位移控制有时更加方便。

(5) 可以通过变量分离、多工况累积测量数据来提高参数估计的精度。

(6) 对于不同类型的桥梁，现场具体操作时，要根据结构和施工特点制定施工控制的工作重点。

6 后记

1999 年笔者师从项海帆教授完成了“斜拉桥结构参数估计及施工控制系统”博士学位论文，掌握了桥梁施工控制的理论，此后从事了大量的桥梁施工控制工程实践工作，对桥梁施工控制理论的认识进一步加深。2012 年承蒙项老师的厚爱，将本人编写的桥梁施工控制理论内容增加到他主编的《高等桥梁结构理论》(第二版)研究生教材中去。在编写过程中，项老师在对施工控制关键技术的认识方面又给予笔者深刻的指导，要求将施工控制问题的实质和方法向研究生和工程技术人员讲清楚。本文根据书稿的思想进行了重写，总结了目前桥梁施工控制工作中最新的研究成果和工作方法，体现了项老师要求的客观阐述施工控制理论和方法的思想，理论联系实际，使读者能够清晰了解桥梁施工控制的关键技术。

◇参◇考◇文◇献◇

[1] Leonhardt F, Zellner W, Svensson H. Die Spannbeton-Schrägkabelbrüken über den Columbia River Zwischen Paseo und Kennawick im Etaat Washington, USA [J]. Beton und Stahllelonban, 1980,75(2):29 - 36.

[2] Sakai F, et al. Construction Control System for Cable-stayed Bridges [C]//IABSE Proc. IABSE, 1988, 92 (85):147 - 152.

[3] 石雪飞，项海帆. 斜拉桥施工控制方法的分类分析[J]. 同济大学学报，2001,29(1):55 - 59.

[4] Shin H Y, Im D K, Yoo J K, et al. Integrated Geometry Control System for Cable Stayed Bridge: Application to Incheon Bridge [M]//Frangopol, Sause, Kusko (eds). Bridge Maintenance, Safety, Management and Life-Cycle Optimization. London: Taylor & Francis Group, 2010.

[5] 石雪飞. 斜拉桥结构参数估计及施工控制系统[D]. 上海：同济大学土木工程学院，1999.

[6] 史永吉，曾志斌. 大跨度钢斜拉桥施工精度控制目标值的建议[J]. 中国铁道科学，2001,22(6):87 - 90.

[7] 项海帆，等. 高等桥梁结构理论(第二版)[M]. 北京：人民交通出版社，2013.

大跨度桥梁工程控制的发展与展望

葛耀君* 项海帆
（同济大学 中国 上海 200092）

摘 要 大跨度桥梁施工总要经历一个结构体系转换过程，一般意义下的桥梁结构一次落架计算方法只适用于整体施工方法，分段施工桥梁结构的受力状态不仅与分段施工方法而且与分段施工顺序有关；此外，在施工阶段，结构刚度小、变形大，尽管恒载较小，仍将产生显著的结构非线性效应；再者，施工过程中存在着随机误差的影响，这种影响涉及参数误差、测量误差和操作误差，使得桥梁结构的几何线形和内力状态很难达到期望目标。在电子计算机和现代控制理论迅速发展的今天，有必要也有可能以施工与分析并重、工程与控制结合、结构与系统比拟，探讨合理的分段施工桥梁结构的计算分析与工程控制方法。

关键词 大跨度桥梁；工程控制；分段施工；结构分析；控制方法

1 引言

19 世纪以前，梁桥和拱桥大都采用满堂支架施工方法，并采用设置预拱度的方法以抵消落架后桥梁在恒载作用下的挠度，使桥梁能按设计线形正确到位。19 世纪下半叶在建造钢悬臂桁架桥中首创逐段无支架悬臂拼装方法，同时也提出了分段施工中的受力分析和成桥状态的线形控制问题。20 世纪 30 年代欧洲在建造钢筋混凝土拱桥时创造了分段悬拼跨中合龙的新方法，避免了昂贵的满堂支架在洪汛中被冲毁的危险。

第二次世界大战以后，人们在预应力技术的推广应用中创造了梁桥的逐段挂篮悬浇方法，预制节段的悬拼方法。斜拉桥问世后又发展了钢斜拉桥的悬拼和预应力混凝土斜拉桥的悬浇和悬拼施工技术；20 世纪 50 年代，德国 Leonhardt 教授首创的“倒退分析法”应当是现代分段施工桥梁分析和控制理论的先声。半个世纪来，梁桥和拱桥的跨度从 100 m 分别增大为 300 m 和 500 m，而斜拉桥则已向千米跨度发起挑战，成为悬索桥的有力竞争方案。随着跨度的增大，桥梁施工中的结构分析和控制问题也日益成为设计和施工中的关键而备受关注。

大跨度桥梁的工程控制是现代控制理论与桥梁工程相结合的必然产物，随着桥梁跨径的不断增大以及新材料、新工艺、新的施工方法在桥梁工程中的大量应用，桥梁结构工程控制所涉及的范围越来越广泛。在桥梁结构设计阶段，它可用来控制确定成桥阶段的结构理想状态以及为实现这一目标，桥梁结构在各个施工阶段的结构理想状态，通常称之为设计阶段工程控制或结构理想状态控制；在桥梁结构施工过程中特别是重复性很强的分段施工过程中，它可在各个施工阶段分辨识别结构状态参数，预测估计实际结构状态，最优控制成桥结构状态，通常称之为施工阶段工程控制或结构最优状态控制。本文以大跨度桥梁工程控制方法的实际应用为背景，沿着工程控制论的发展轨迹，即开环控制→闭环控制→自适应控制，简要评述各种控制方法在桥梁结构工程控制中的应用及其工程实践，并总结归纳出分段施工桥梁结构工程控制系统的一般形式。

2 开环控制思想

对于跨径不大、结构简单的桥梁结构，一般总是可以在设计计算中按

* 葛耀君，1958 年出生，项海帆教授 1983 级硕士研究生和 1995 级博士研究生，硕士论文题目“斜张桥的工程控制”，博士论文题目“桥梁结构风振可靠性理论及其应用研究”。本文曾发表于第 14 届全国桥梁学术会议（1998 年）。

照桥梁结构的设计荷载精确计算出成桥阶段的结构理想状态，并根据各个施工阶段的施工荷载准确估计出结构的预拱度，在施工过程中只要严格按照这个预拱度进行施工，施工完成后的结构状态就基本上能够达到结构理想状态的几何线形和内力状况。因为在这种施工过程中的控制作用是单向向前的，并不需要根据结构的实际状态来改变原先设定的预拱度，因而又被称为开环控制方法；由于在这个系统中不考虑结构状态方程的误差和系统量测方程的噪声，因此又称为确定性控制方法。实质上，早期桥梁施工中预设拱度的方法已经无意中贯彻了工程控制论中的开环控制思想，尽管当时并没有认识到这一点，仍然无法抹杀工程控制论在桥梁施工控制中所起到的重要作用。

桥梁结构的变形计算特别是混凝土桥梁结构的变形计算是预设拱度桥梁施工控制——确定性控制的关键。在预应力混凝土桥梁诞生以后，这种计算显得更加重要。1958 年，美国预应力之父 T. Y. Lin 在他所著的《预应力混凝土结构设计》[1]一书中，用较大的篇幅介绍了预应力混凝土结构的变形计算。

20 世纪 70 年代初期，美国学者 Ghali 等人对分阶段预加应力的静定结构随时间变化的效应进行了较为深入的研究，对控制截面的应力和变形进行了大量的计算，并将变形计算表示成沿着各个不同截面曲率的数值积分[2]。70 年代中叶，法国著名桥梁工程师 J. Muller在总结预制节段施工 10 年经验时[3]，和美国桥梁工程师 C. A. Ballinger 等人在西欧节段式预应力混凝土桥梁的设计和施工报告中[4]，都特别强调了结构变形计算的重要性。70 年代后期，北美桥梁工程师 M. K. Tadros 等人提出了精确计算节段式混凝土桥梁结构收缩、徐变和预应力筋松弛所引起的结构变形和内力的逐步计算法[5]，并编制了通用计算程序[6]。

德国桥梁大师 F. Leonhardt 最先提出倒退分析法(Back Analysis)[7]，即从竣工后的设计理想状态出发，按照与施工顺序相反的倒拆顺序，计算出理想施工条件下各个施工阶段的结构理想状态。70 年代，Leonhardt 公司在美国 P－K 混凝土斜拉桥施工控制中发现倒退分析法的计算结果与实测值之间存在较大的偏差，施工合龙时仍出现了 17 cm 的高差，但它为分段施工桥梁结构理想状态的确定开辟了新的方向[8]。

我国的桥梁工作者也较早开展了桥梁结构变形研究和预设拱度施工，但是正式将这种施工过程冠以确定性控制或开环控制的名字还是到了 90 年代，钟万勰在一座按一次落架方法施工的独塔斜拉管道桥中采用了开环控制方法[9]，而李国平在浙江桐庐富春江大桥五跨预应力混凝土连续梁悬臂浇筑施工中也实现了确定性最优控制[10]。此后，在由笔者主持完成的“分段施工桥跨结构的状态估计和工程控制”科研项目中，专门提出和建立了分段施工桥梁的确定性系统及其控制方法[11]，从而给传统的预设拱度施工控制取了个新的名字——确定性控制方法或开环控制方法。

3 闭环控制实践

对于跨径大、结构又复杂的桥梁体系，尽管可以在设计计算中精确计算出成桥状态和各个施工阶段的理想结构状态，但是由于施工中的结构状态误差和测量系统误差的存在，随着施工过程的进展误差就会积累起来，以致到施工完毕时，代表实际状态的几何线形和内力状况会远远地偏离结构理想状态，这就要求在施工误差出现后，必须进行及时的纠正或控制，虽然结构理想状态无法实现了，但可以按某种性能最优的原则，使得误差已经发生的结构状态达到所谓结构最优状态。因为这种纠正的措施或控制量的大小是由结构实际状态(计入误差)经反馈计算所确定的，这就形成了一个闭环反馈系统，因而称为闭环控制或反馈控制；由于在这个控制系统中出现了结构状态误差和系统量测误差，因此又称为随机性控制。如果说开环方法在桥梁施工中的应用完全是无意的，那么闭环控制方法则完全是桥梁工程师有意将其引入到桥梁分段施工中来的。多年来，国内外桥梁工作者对闭环控制方法的应用进行了深入的研究，并且在大量的工程实践项目中取得了成功。

3.1 国外闭环控制方法的发展

闭环控制方法在桥梁分段施工控制中的应用已经有 20 多年历史了。早在 20 世纪 80 年代初期，日本就较早地在建筑施工中尝试以微机为中心的监控系统，实时量测施工控制所必须的挠度、应力和温度等参数，并采用计算机进行实时调整处理[12]。到了 80 年代中期，随机性控制方法在桥梁分段施工特别是斜拉桥施工中的应用已经在一部分国家开始，例如日本学者 N. Fujisawa 和 H. Tomo 在 Chichiby 斜拉桥的施工中，提出了用计算机辅助索力调整的方法，建立了以最小二乘法为性能指标的索力调整方法[13]；而 J. E. Breen 则在混凝土连续梁桥悬臂拼装施工中采用闭环控制方法对桥面结构标高进行了最优控制[14]；日本学者 K. Furukawa 等人在斜拉桥施工管理系统中，建立了多目标随机性控制方法[15]；曾经是世界最大跨径斜拉桥的加拿大 Annacis 桥，在施工中采用了位移和内力的计算机跟踪分析技术，及时考虑了施工误差和测量误差的调整问题[16]。

从 80 年代末期开始，桥梁分段施工中的闭环控制方法开始在全世界范围内逐步形成，其中尤以日本桥梁工程界的发展最快。80 年代后期，日本桥梁专家 K. Maeda 等人介绍了在横滨海湾大桥钢斜拉桥主桥的施工控制中，根据反馈控制原理建立了拉索索力施工控制流程图，其控制目标包括主梁标高、主梁倾角、桥塔垂直度、拉索索力等；90 年代初，日本在东神户大桥的钢斜拉桥主桥的施工中，也采用了类似的反馈控制方法，并用现场计算机工作站(EWS)进行实际结构分析、最优控制计算和成桥结构状态——几何线形和内力状况预测[19]；1996 年，H. S. Chiu 等人介绍了一种混凝土连续梁桥长期挠度控制的系统方法，其基本原理就是反馈控制[20]。

此外，对于比较复杂的施工控制情况，例如控制目标数大于可控变量数，就必须通过优化的方法寻求控制调整量的唯一解，文献[21]和[22]介绍了有约束优化方法和非约束优化方法，而文献[23]和[24]则介绍了采用最优控制原理来实施控制目标数大于可控变量数的随机性控制，文献[25]还提出了采用智能化的桥梁健康监测系统来实现随机性控制的原理及其工程应用方法。

3.2 国内闭环控制方法的应用

我国在桥梁施工闭环控制研究方面起步稍晚，但无论是工程应用项目的数量还是实际工程控制的效果都是有目共睹的。1983 年，上海市政工程设计研究院林元培在上海泖港混凝土斜拉桥的施工中，首次采用卡尔曼(Kalman)滤波方法对施工合龙阶段的索力和标高进行终点控制调整，尝试了桥梁结构分段施工中的误差调整和控制方法[26]。1986 年 5 月，葛耀君在同济大学项海帆教授的指导下，完成了“斜张桥的工程控制——结合非线性倒退分析的滤波控制理论在斜拉桥施工中的应用”的硕士论文[27]，该论文以当初亚洲最大跨径的混凝土斜拉桥——天津永和桥为工程控制背景，首次提出了比较完整的桥梁分段施工中的工程控制问题，建立了斜拉桥工程控制系统，以理想倒退分析、反馈控制分析和实时向前分析三大模块构成的该控制系统(图 1)，结合了当初国内外先进的倒退分析方法[7]、微机监控技术[12]和卡尔曼滤波理论[26]，并在天津永和斜拉桥的仿真控制分析中取得了成功，探索了桥梁分段施工的工程控制方法。

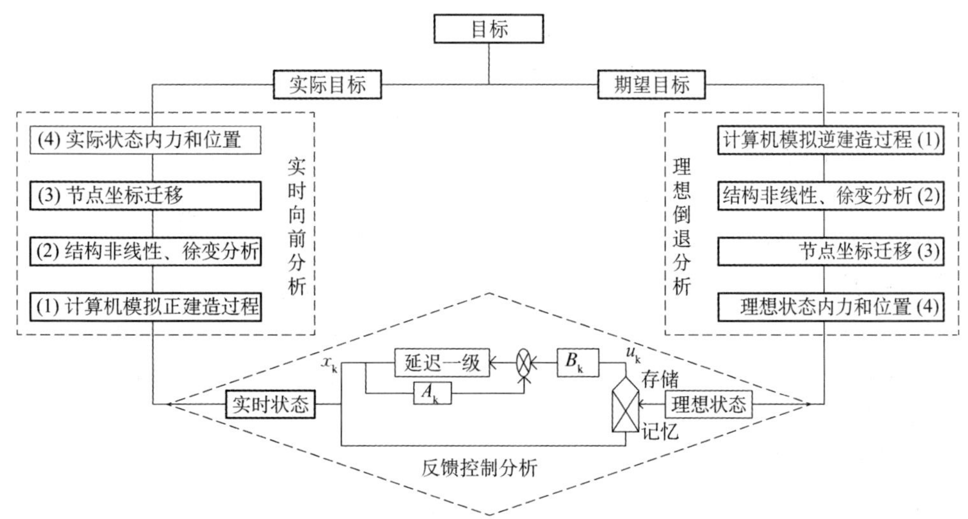

图 1 斜拉桥工程控制系统

在我国“七五”计划期间，交通部专门立项——“大跨度桥梁施工控制技术研究”，由重庆公路研究所、同济大学和上海城市建设学院共同承担研究工作，取得了一些成果[28-29]，并为施工控制方法在以后的宁波甬江大桥和桐庐富春江连续梁桥中的应用奠定了基础。1990年底,陈德伟在同济大学项海帆教授的指导下,完成了"斜拉桥的非线性分析及工程控制"博士论文[30],该论文以曾经是世界第三大跨径的上海南浦大桥结合梁斜拉桥主桥仿真控制为背景,进一步突出了分段施工过程中非线性结构分析的重要性和必要性,完善了文献[27]所提出的斜拉桥随机性控制的系统、模型和计算方法。虽然在"七五"期间,工程控制方法在桥梁施工中的应用还非常少见,但经过这一段实践在理论上特别是应用方法上的研究准备,为90年代随机性控制方法在桥梁分段施工中的推广应用打下了良好的基础。

90年代初,随着我国大跨度桥梁建设高潮的到来,出现了一个工程控制理论及应用方法研究的热潮,闭环控制方法在桥梁分段施工控制中的应用研究覆盖了连续梁桥[31]、拱桥[32]、斜拉桥[33-34]、悬索桥[35]等几乎所有的桥型。在随后的5～6年时间里,大部分新建桥梁项目中都采用了原理相同、方法各具特色的闭环控制方法,由于施工方法和桥型结构本身的特点,斜拉桥的工程控制项目占绝对多数,比较有影响的项目有:宁波甬江大桥[36]、广东九江大桥[37]、上虞人民路桥[38]、上海南浦大桥[39]、上海杨浦大桥、吉林临江门大桥[40]和铜陵长江大桥[41],等等。混凝土连续梁桥和连续刚构桥中的应用也逐渐增多,例如,上海吴淞大桥[42]、广东洛溪大桥[43]和虎门辅航道桥[44]等等。此外,以汕头海湾大桥、广东虎门大桥和江阴长江大桥等悬索桥工程项目为背景,围绕桥面施工中的结构分析[45-46]、架设过程、计算机仿真[47-48]以及实际施工中的工程控制[49-51]等问题进行了较为深入的理论研究和工程实践,潘永仁在同济大学范立础教授指导下完成的博士论文[52]——"悬索桥的几何非线性静力分析及工程控制"是这一时期理论研究的代表作。

90年代中期,人们逐渐从理论研究和工程实践中进一步认识到了桥梁施工控制的重要性和必要性,特别对于采用分段施工的大跨度桥梁施工控制是必不可少的。尽管受当时对施工控制理论的研究深度、实施施工控制措施的手段以及对施工中不确定因素或未知因素的预测和判断能力所限,但还是建立起了一套切实可行的闭环控制方法[53],为90年代后期结合参数识别的闭环控制方法和自适应控制方法的实施创造了条件。

4 自适应控制探索

虽然闭环控制方法能够通过控制作用,消除由模型误差和测量噪声所引起的结构状态误差,但是这种随机性控制方法只是在施工误差产生以后用被动的调整措施减小已经造成的结构状态误差对最终结构状态的影响。分段施工中实际结构状态达不到各个施工阶段理想结构状态是误差生成重要原因之一,会使系统模型——结构有限元分析模型中的计算参数与实际参数之间有偏差,例如截面几何特性、材料容重、弹性模量、混凝土收缩徐变,等等。如果能够在重复性很强的分段施工特别是悬臂施工中,将这些有可能引起结构状态误差的参数作为未知变量或带有噪声的变量,在各个施工阶段进行实时识别,并将识别得到的参数用于下一施工阶段的实时结构分析、重复循环,这样在经过若干个施工阶段的计算与实测磨合后,必然可以使得系统模型参数的取值趋于精确合理,使系统模型反映的规律适应于实际情况,从而主动降低模型参数误差,然后再对结构状态误差进行控制,这就是自适应控制又称自组织控制的基本原理。

4.1 国外结构参数识别研究现状

与闭环控制方法相比,自适应控制方法的最大特点就在于模型参数估计和参数误差修正。对于线性系统,参数估计的算法都是建立在使某物理量体现出来的误差最小基础上的,对于结构参数估计,最常用的是基于结构动力响应的算法和基于结构静力响应的算法。目前基于结构动力响应的参数估计算法较多,这主要是动力激振结构要比静力容易得多,特别对于大型结构,而振型测量也比静力响应测量要容易,常用的结构参数估计算法有最大似然法[54]、迭代最小二乘法、扩展卡尔曼滤波法[55-56],等等。虽然基于结构动力响应的结构参数识别方法有很多优点,但是,其识别方法一般都比较复杂、计算工作量较大,且需要专门的测量设备,在桥梁分段施工控制中的应用比较困难。

90年代初,Hajela和Soeiro提出了一种以静力分析和模态分析为基础,以结构位移响应与模型位移预测之差为优化目标函数的结构参数估计方法,用构件面积及惯矩等为参数将误差方程参数化,来估计结构刚度参数,并提出了几种减少位移测点数的方法[57];而Sakai和Umeda则介绍了类似方法在斜拉桥施工控制系统中的应用[58]。Sanayei 和 Scampoli 采用了同样的目标函数,但是用刚度参数的调整量来对误差方程参数化,再运用 Taylor 级数把误差方程线性化,最后用最小二乘法求解最优刚度参数调整量,但是该方法要求位移测量与外力作用位置相同[59]。此后 Sanayei 又改进了上述方法,取消了位置相同的限制,减少了位移测点[60];并进一步提出了以实际结构和计算模型的应变响应之差为最优目标函数的参数估计方法,以及确定最佳外力作用点和位移测点布置方案的指导性方法[61]。Banan 和 Hjelmstad 同时提出了位移误差估计器和外力误差估计器,该方法对参数附加了约束条件,用非线性约束规划方法对问题进行求解[62];此后,Hjelmstad 等人又采用相互残余能量法,令虚能为零从而得到了求解参数的非线性方程组,并用 Newton-Raphson 方法求得了参数[63]。

消除状态矢量中所有关于位移的分量,只保留各个待识别的参数,并以静力平衡方程为观测方程,运用扩展卡尔曼滤波法就可能用静力响应估计结构参数,这种方法以往应用于地基基础力学特性的估计中。Hoshiya 等人介绍了该方法在地基水平系数 K 的识别中的应用[64],并提出了用带有局部迭代过程的扩展卡尔曼滤波法估计有限元参数的方法[65]。

4.2 国外自适应控制方法的发展

通过参数估计法得到修正后的模型参数后,重新计算各个施工阶段的结构理想状态,并采用闭环反馈控制方法对结构状态进行控制。这样,经过若干个施工重复工况的反复识别后,计算模型就基本上与实际结构相一致了。在此基础上可以对结构状态实施更好的控制。日本学者在这方面进行了比较深入的研究,90 年代初期,Kawasaki 公司的 Sakai 等人较早地提出了比较完善的桥梁施工控制系统及流程图[66],并且成功地应用于中跨 570 m 的 Rainbow 悬索桥施工控制[67]。同一时期日本 Taisei 公司的 Seki 和 Tanaka 等人也提出一个斜拉桥施工控制系统[68],该系统在重新计算系统中考虑了模型参数修正后对施工理想状态的重新计算及其调整,因而更能体现控制系统的自适应性,这个系统已经应用于 Tomei Ashigara 桥的施工中[69]。

1994 年,韩国 Hyundai 公司的 Park 等人自主开发了一个结合梁斜拉桥施工控制系统[70],共有 5 个模块,主结构分析模块可以考虑结合梁的几何非线性;动态分析模块分析施工动态;测量和纠正模块通过灵敏度分析得到桥面标高和索力的最优调整量;还有前后处理两个模块,实现线形、位移、弯矩、剪力、索力等结构状态的可视化操作。该系统不仅没有对理想施工状态进行修正,而且也没有考虑对将来施工状态误差的预测。Marchetti 等人也介绍了在斜拉桥施工中采用了类似的控制方法[71]。

4.3 国内参数识别和自适应控制方法的推广

与国外相比,国内对桥梁施工中的结构参数识别方法和自适应控制方法的研究差距较大,特别是在系统软件开发和控制现场配置方面远远落后于日本等桥梁施工控制比较发达的国家。但是,由于近几年来大跨度桥梁建设项目数量的突飞猛进,为国内桥梁学者提供了大量桥梁施工控制实践的机会,因此积累了比较多的工程实践经验,从而多少弥补了软件开发和硬件配置上的缺漏。早在 1990 年底,同济大学陈德伟在其学位论文中就提出了计算模型参数识别问题,并采用带有影响矩阵的最小二乘法建立了参数估计方法[30],但这一方法直到 1992 年宁波甬江大桥施工控制中才得以部分尝试[36],并在 1996 年广东三水斜拉桥的施工控制中基本形成了施工—测量—识别—修正—控制—预测的自适应控制过程[72]。1995 年初,徐永明也提出了考虑参数识别修正的大跨度预应力混凝土桥梁施工控制系统[73],该系统曾用于上海奉浦大桥连续梁主桥的施工控制中。

1995 年 9 月,笔者在上海市高校科技发展基金项目——“分段施工桥跨结构的状态估计和工程控制”研究报告中[74],从工程控制论的角度出发将桥梁分段施工控制方法归纳为确定性系统控制、随机性系统控制和自适应系统控制三种类型,并且认为当桥梁分段施工系统按照状态可测的参数自适应系统来描述时,由于施工误差和参数误差的存在,这个自适应系统的最优控制问题,就要选择一种最优辨识和控制方法,不仅使最终成桥状态最优地趋近于结构理想状态,而且通过辨识逐步修正参数。这一参数识别和最优控制过程可用图 2 来描述。

90 年代后期,随着以模型参数识别修正为基础的自适应控制方法的推广,出现了一批在斜拉桥分段施工中成功采用自适应控制方法的工程项目。其中,浙

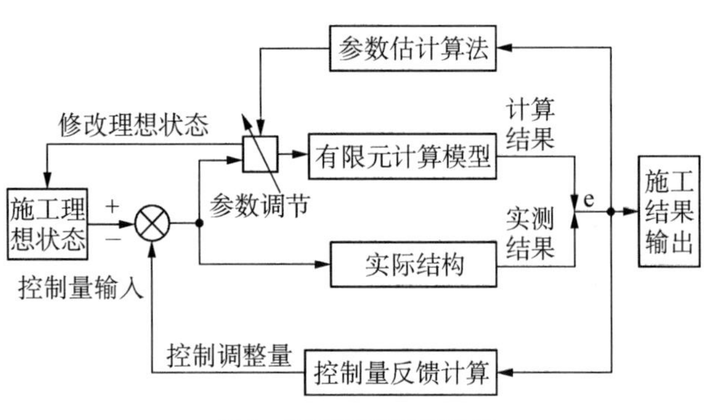

图 2 自适应控制系统构成

江温州大桥(原名瓯江二桥)斜拉桥主桥的自适应控制系统参照了日本 Kawasaki 公司和 Taisei 公司桥梁施工控制系统流程,吸取了上海奉浦大桥施工控制系统中对徐变系数的识别修正方法,取得了较好的施工控制效果[75-76];此外成功采用自适应系统控制方法的斜拉桥工程还有广东番禺大桥[77]、江西南昌大桥[78]、湖北江汉四桥[79]、上海徐浦大桥[80]、江西鄱阳湖口桥[81]等。除了斜拉桥之外,在混凝土连续梁和刚构桥中也较多地采用了参数识别的修正方法,由于连续梁或刚构桥不像斜拉桥带有可控性较强的斜拉索体系,使得控制作用只能通过节段与节段之间的相对转角或预应力体系得以实现,因此,采用参数修正方法来降低计算模型与实际结构之间误差的模型自适应方法更具优越性,在这方面,重庆黄花园嘉陵江大桥施工控制[76,82,83]、广东镇海湾大桥施工控制[84]、津唐高速公路永定新河大桥施工控制[85]和广东肇庆大桥施工控制[86]等都取得了成功。更为可喜的是,世界最大跨径的钢管混凝土拱桥——丫髻沙大桥都采用类似的施工控制,并达到了预期的效果[87]。1999 年,石雪飞在同济大学项海帆教授指导下完成的博士论文[88]——“斜拉桥结构参数估计及施工控制系统”中,提出了一个自适应施工控制基本原理图,着重对结构参数估计方法和应用结果进行了分析研究,并提出了斜拉桥结构参数估计的带有局部迭代过程的扩展卡尔曼滤波法,可用于单参数估计或多参数混合估计,达到了比较理想的结构参数估计效果。

5 桥梁施工控制展望

综上所述,目前国内外桥梁工作者已经在分段施工桥梁的结构分析和工程控制方面进行了大量的研究工作,探索和实践了确定性系统及控制方法、随机性系统及控制方法和自适应系统及控制方法等工程控制论的几乎全部方法,并取得了相当多的工程实践经验,其中包括连续梁和刚构桥、拱式桥、斜拉桥和悬索桥等几乎所有大跨度桥型结构,分段施工桥梁的工程控制已愈来愈受到工程界的重视,并已逐渐发展成为大跨度桥梁建设中的不可忽略的一个重要组成部分。

桥梁分段施工控制系统的基本组成设定完全是围绕着如何实现分段施工中的三个结构基本状态,即设计理想状态、施工实际状态和最优实现状态。在分段施工前,一般要结合桥型特点和施工方法等计算确定一种结构合理状态作为成桥阶段的设计理想状态;然后采用所谓理想倒退分析方法计算确定施工理想状态,并与施工实际状态进行比较,找出两种状态的误差,采用各种控制方法加以调整;最后采用所谓向前分析方法计算确定最优实现状态。

确定性系统的基本组成如图 3 所示。首先采用合理状态分析方法从设计目标出发计算确定成桥理想状态;然后采用理想倒退分析方法计算确定施工理想状态,并将该状态与可能含有状态误差的施工实际状态进行比较,如果没有误差,继续下一阶段的施工;如果存在误差,则采用确定性控制方法计算确定控制作用,并采用实时向前分析方法计算确定计入状态误差和控制作用后的实际结构状态,即最优实现状态。

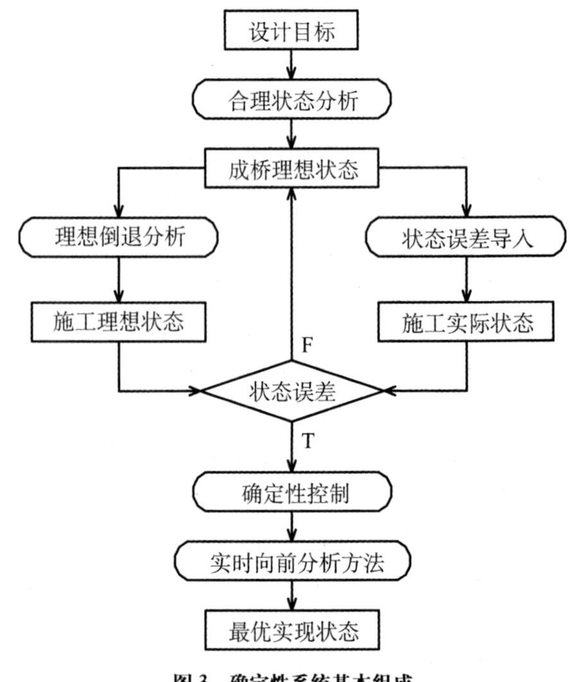

图 3 确定性系统基本组成

随机性系统基本组成如图4所示。同样从合理状态分析开始，计算确定出成桥理想状态，然后采用倒退分析方法计算确定施工理想状态，并将其与可能含有状态误差和测量误差的施工实际状态进行比较，如果没有误差，继续下一阶段施工；如果存在误差，则采用随机性控制方法计算确定考虑预测反馈的控制作用，并采用实时向前分析方法计算确定计入各种影响的实际结构状态，即最优实现状态；重新开始新的一轮理想倒退分析方法计算确定调整后的施工理想状态，直至施工完成。

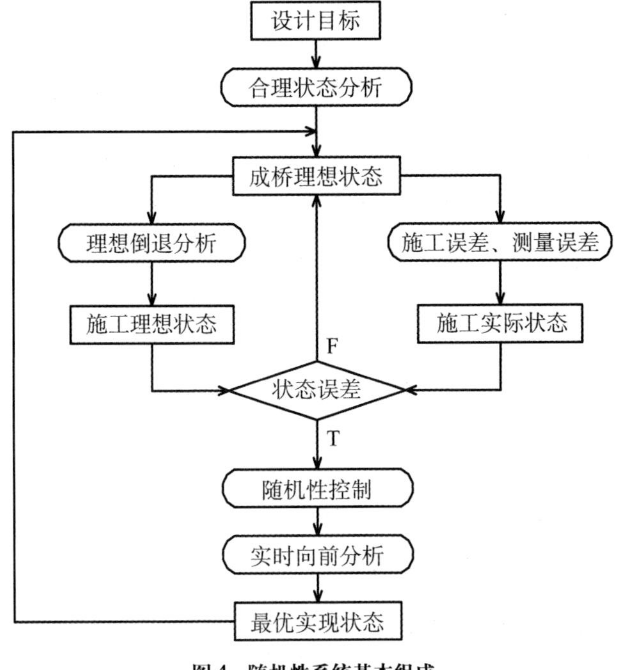

图4　随机性系统基本组成

在自适应系统的施工实际状态中可以将误差分为施工误差、测量误差、参数误差等，在比较施工理想状态与施工实际状态之间是否存在误差后，出现了两种可能：如果没有误差，即可转入下一阶段的施工；如果发现误差，还必须判别是否存在计算模型参数误差，如果没有参数误差，即可按照随机性系统一样的方式进行控制，如果计算模型参数误差不可忽略，则必须对结构参数进行识别，并将识别得到的模型参数代回到计算模型中，重新进行合理状态分析，以便确定新的成桥理想状态和施工理想状态，又进入到新的一轮循环中，直至参数误差消除或施工完成。

参考文献

[1] Lin T L. Design of Prestressed Concrete Structures [M]. New York: John Wiley & Sons Inc, 1958.

[2] Ghali A, Sisodiya R G, Tadros G S. Displacements and Losses in Multistage Prestressed Members [J]. Journal of the Structural Division, ASCE, 1974, 100 (11):2307-2322.

[3] Muller J. Ten Years of Experience in Precast Segmental Construction [J]. Journal of the Prestressed Concrete Institute, 1975, 20(1):28-61.

[4] Ballinges C A, Podolny Jr W, Abrahams M J. A Report on the Design and Construction of Segmental Prestressed Concrete Bridges in Western Europe-1977 [R]. Washington D C: International Road Federation, 1978.

[5] Tadros M K, Ghali A, Dilegex W H. Long-term Stresses and Deformation of Segmental Bridges [J]. Journal of Prestressed Concrete Institute, 1979, 24 (4):66-87.

[6] Tadros M K, Ghali A, Dilegx W H. Computer Program for Analysis of Stress and Deformation in Segmental Construction-A User's Manual [M]. Research of Nebraska at Omaha and the University of Calgasy, Canada, 1979.

[7] 项海帆. 中国斜拉桥的发展前景[C]//中国土木工程学会桥梁及结构工程分会第13届年会论文集. 1998.

[8] Leonhardt F, Zellner W, Svensson H. Die Spannbeton-Schrägkabelbrüken über den Columbia River Zwischen Paseo und Kennawick im Etaat Washington, USA [J]. Beton und Stahllelonban, 1980, 75(2):29-36.

[9] 钟万勰,刘元芳,经峥. 斜拉桥施工中的张拉控制和索力调整[J]. 土木工程学报,1992,25(3):9-15.

[10] 李国平,刘键. 大跨连续梁桥线形最优施工控制的理论与方法[J]. 华东公路,1992,75(2):66-70.

[11] 葛耀君. 分段施工桥跨结构的状态估计和工程控制[R]//上海高校科技发展基金项目建议书. 1992.

[12] 石川勇,等. P&Z施工法的管理体系[J]. 秦岭兰,李瑞林,译. 国外桥梁,1985(1):60,61-66.

[13] Fujisawa N, Tomo H. Computer-Aided Cable Adjustment of Stayed Bridges [C]// Proceeding of IABSE. 1985.

[14] Breen J E. Controlling Twist in Precast Segmental Concrete Bridge [J]. Precast/Prestressed Concrete Institute Journal, 1985,30(4):86-111.

[15] Furukawa K, Inoue K, Nakayama H, et al. Studies on the Management System of Cable-Stayed Bridges under Construction Using Multiobjective Programming Method [C]//Proceedings of Japanese Society of Civil Engineers, Tokyo. 1986,374(6).

[16] Taylor P R. Annasis Bridge Superstructure-A Major Composite Cable Stayed Bridge [C]// Proceedings of the 3rd EASES, Bangkok, Thailand. 1986.

[17] Maeda K, Otsuka A, Takano H. Construction of the Yokohama Bay Bridge Superstructure [C]// Proceedings of IABSE. 1988.

[18] Maeda K, Otsuda A, Takano H. The Design and Construction of the Yokahama Bay Bridge, Cable-Stayed Bridges-Recent Developments and Their Future [M]. Ito M et al (eds). Amsterdam: Elsevier Science Publishers, 1991.

[19] 杜亚凡. 东神户大桥上部结构的施工及架设精度控制(下)[J]. 国外桥梁,1994(3):197-203.

[20] Chiu H S, Chern J C, Chang K C. Long-term Deflection Control in Cantilever Prestressed Concrete Bridges: I: Control Method [J]. Journal of Engineering Mechanics, ASCE, 1996, 122 (6): 489-494.

[21] Bazant Z P, Kim J K. Segmental Box Girder: Deflection Probability and Bayesian Updating [J]. Journal of Structural Engineering, ASCE, 1989, 115 (10):2528-2547.

[22] Kasuga A, et al. Optional Cable-force Adjustments in Concrete Cable-stayed Bridge [J]. Journal of Structural Engineering, ASCE, 1995, 121 (4): 685-694.

[23] Sakai F, et al. Construction Control System for Cable-stayed Bridges [C]//Proceedings of IABSE. 1988.

[24] Hiroshi T. New Cable Tension Adjustment Method for Suspended-span Bridges [C]// Proceedings of the 2nd EASEC, Chiang Mai. 1989.

[25] Sasaki S, et al. Construction of the Tohkoh Bridge Using the New Intelligent Monitoring System [C]// International Symposium on Modern Applications of Prestressed Concrete, Beijing, China. 1991.

[26] 林元培. 卡尔曼滤波法在斜拉桥施工中的应用[J]. 土木工程学报,1983,16(3):7-14.

[27] 葛耀君. 斜张桥的工程控制——结合非线性倒退分析的滤波控制理论在斜张桥施工中的应用[D]. 上海:同济大学,1986.

[28] 郑信光,陈德伟,项海帆. 斜拉桥的工程控制[C]//中国土木工程学会桥梁及结构工程分会第9届年会论文集. 上海:同济大学出版社,1990.

[29] 葛耀君. 计算机辅助建筑结构状态估计[C]//中国公路计算机应用协作网第8届年会论文集:石家庄:1990.

[30] 陈德伟. 斜拉桥的非线性分析及工程控制[D]. 上海:同济大学,1990.

[31] 葛耀君. 大跨径桥梁分段施工中的状态估计[C]//中国土木工程学会市政工程学会第三次全国城市桥梁学术会议论文集. 1991.

[32] 陈德荣,徐风云. 超大跨SRC拱桥施工关键控制技术[C]//中国土木工程学会桥梁及结构工程分会第10届年会论文集. 武汉. 1992.

[33] 范立础,杜国华,马健中. 斜拉桥索力优化及非线性理想倒退分析[J]. 重庆交通学院学报, 1992, 11 (1):1-13.

[34] 颜东煌. 对斜拉桥施工控制计算中几个问题的认识[C]//中国土木工程学会桥梁及结构工程分会第10届年会论文集. 武汉. 1992.

[35] 王慧东. 现代吊桥施工控制与恒载和内力分析迭代法[C]//中国土木工程学会桥梁及结构工程分会第10届年会论文集. 武汉. 1992.

[36] 陈德伟,郑信光,项海帆. 施工控制在甬江斜拉桥施工中的应用[C]//中国土木工程学会桥梁及结构工程分会第10届年会论文集. 武汉. 1992.

[37] 岳建学,等. 2×160 m独塔斜拉桥的工程控制[C]//中国土木工程学会桥梁及结构工程分会第10届年会论文集. 武汉. 1992.

[38] 陈德伟,郑信光,项海帆. 混凝土斜拉桥的施工控制[J]. 土木工程学报,1993,26(1):1-11.

[39] 马骉. 南浦大桥安装施工控制[C]//1994年斜拉桥国际学术研讨会论文集. 上海:1994.

[40] 黄大键,周立志,韩振勇. 吉林临江门大桥设计与施工控制[C]//中国公路学会桥梁和结构工程分会1995年桥梁学术讨论会论文集. 广东. 1995.

[41] 周纲. 铜陵大桥主梁施工技术与质量控制[J]. 公路,1995(11):12-16.

[42] 李国平,史建伟. 上海吴淞大桥结构状态施工控制技术[J]. 华东公路,1994(2):3-7.

[43] 廖卓清,林荣有. 洛溪大桥主梁施工挠度观测和标高控制[C]//1995 预应力混凝土连续梁和刚构桥学术会议论文集. 上海:1995.

[44] 张焕新等. 270 m 连续刚架悬臂施工及控制[C]//中国土木工程学会桥梁及结构工程分会第 11 届年会论文集. 广州:1996.

[45] 郑宪政. 大跨度悬索桥加劲梁架设过程的静动力特性分析[J]. 桥梁建设,1996(1):31-35.

[46] 戴正宏,张劲泉. 悬索桥空缆线计算与施工[C]//中国土木工程学会桥梁及结构工程分会第 12 届年会论文集. 广州:1996.

[47] 范立础,潘永仁. 悬索桥施工过程计算及计算机仿真[C]//中国土木工程学会桥梁及结构工程分会第 11 届年会论文集. 汕头:1994.

[48] 李小珍,陈祥宝. 大跨悬索桥施工状态的计算机仿真[C]//中国土木工程学会桥梁及结构工程分会第 12 届年会论文集. 广州:1996.

[49] 肖汝诚,孙国柱,林平. 预应力混凝土桥的施工控制[C]//中国土木工程学会桥梁及结构工程分会第 11 届年会论文集. 汕头:1994.

[50] 贾丽君,肖汝诚,朱培京. 大跨径悬索桥的施工控制[C]//中国土木工程学会桥梁及结构工程分会第 11 届年会论文集. 汕头:1994.

[51] 李小珍,陈祥宝,王键民. 大跨悬索桥施工控制技术研究[C]//中国土木工程学会桥梁及结构工程分会第 11 届年会论文集. 汕头:1994.

[52] 潘永仁. 悬索桥的几何非线性静力分析及工程控制[D]. 上海:同济大学,1996.

[53] 葛耀君. 桥梁结构分段施工中的随机控制[J]. 上海公路,1995(3):29-33.

[54] Shinozuka M, Yun C, Imai H. Identification of Linear Structural Dynamic Systems [J]. Journal of Engineering Mechanic Division, ASCE, 1982,108(6): 1371-1390.

[55] Ghanem R, Shinozuka M. Structural System Identification [J]. Journal of Engineering Mechanics, ASCE, 1995,121(2),255-264.

[56] Sutoh A, Hoshiya M. A Basic Consideration on a New Local Iteration Method of Extended Kalman Filter [C]//Proceedings of Japanese Society of Civil Engineers. Tokyo: 1991,437(I-17).

[57] Hajela P, Soeiro F J. Structural Damage Detection Based on Static and Modal Analysis [J]. AIAA Journal, 1990,28(6):1110-1115.

[58] Sakai F, Umeda A. Prediction and Identification to Control Construction Accuracy of Cable-stayed Bridges [C]//Proceedings of 2nd EASEC. Chiang Mai: 1989.

[59] Sanayei M, Scampoli S F. Structural Element Stiffness Identification from Static Test Data [J]. Journal of Engineering Mechanics, ASCE, 1990, 117 (5): 1021-1036.

[60] Sanayei M, Onipede O. Damage Assessment of Structure Using Static Test Data [J]. AIAA Journal, 1991, 29(7):1174-1179.

[61] Sanayei M, Saletnik M J. Parameter Estimation of Structures from Static Strain Measurements [J]. Journal of Structural Engineering, ASCE, 1996, 122 (5):555-562.

[62] Banan M R, Hjelmstad K D. Parameter Estimation of Structure from Static Response [J]. Journal of Structural Engineering, ASCE, 1994, 120 (11): 3243-3283.

[63] Hjelinstad K D, Wood S L, Clark S J. Mutual Residual Energy Method for Parameter Estimation in Structures [J]. Journal of Structural Engineering, ASCE, 1992,118(1):223-242.

[64] Hoshiya M, Kodama K, Sakai K. Identification of Efficient of Horizontal Subgrade Reaction by EK-WGI Method [C]//Proceedings of 1st EASEC. Bankok: 1986.

[65] Hoshiya M, Sutoh A. Kalman Filter-Finite Element Method in Identification [J]. Journal of Engineering Mechanics, ASCE, 1993,119(2):197-210.

[66] Sakai F, Isoe A, Umeda A. A New Methodology for Control of Construction Accuracy in Cable-stayed Bridge [C]//Proceedings of 3rd EASEC. Shanghai: 1991.

[67] Sakai F, et al. Application of Construction Control System to Erection of Stiffening Truss Girder of Rainbow Bridge [C]//Proceedings of International Conference on Bridge into 21 Century. Hong Kong: 1994.

[68] Seki F, Tanaka S. Construction Control System for Cable-stayed Bridges [C]//Proceedings of IABSE Symposium. 1988.

[69] Takawa I, et al. Prestressed Concrete (PC) Cable-stayed Constructed on an Express Way-the Tomoi Ashigara Bridge [C]// Zto M, et al (eds). Cable-stayed Bridges-Recent Developments and Their Future. Elsevier Science Publishers, 1991.

[70] Park J I, et al. Control System and Postprocessing in Erection of Composite Cable-stayed Bridge [C]// Proceedings of Deauville Conference, Cable-Stayed Bridges and Suspension Bridges. 1994.

[71] Marchetti M, et al. Elorn Bridge Stay and Geometry Adjustment [C]//Proceedings of Deauville Conference, Cable-stayed Bridges and Suspension Bridges. 1994.

[72] 陈德伟,范立础.独塔斜拉桥(广东三水桥)的施工控制[C]//中国土木工程学会桥梁及结构工程分会第12届全国学术会议论文集.广州:1996.

[73] 徐永明,李坚.大跨径预应力混凝土桥梁施工控制[C]//中国土木工程学会桥梁及结构工程分会1995预应力连续梁和刚构桥学术会议论文集.上海:1995.

[74] 葛耀君等.分段施工桥跨结构的状态估计和工程控制[R]//上海城市建设学院研究报告.1995.

[75] 石雪飞,张凯生,郑信光.瓯江二桥斜拉桥施工控制的组织实施[C]//中国公路学会桥梁和结构工程分会1998年桥梁学术研讨会论文集.南京:1998.

[76] 徐君兰.大跨度桥梁施工控制[M].北京:人民交通出版社,2000.

[77] 颜金胜,等.番禺大桥斜拉桥施工控制计算[C]//中国公路学会桥梁和结构工程分会1998年桥梁学术讨论会论文集.南京:1998.

[78] 许俊,郑信光,帅长斌.斜拉桥施工控制中混凝土超方影响及纠正[C]//中国土木工程学会桥梁及结构工程分会第13届年会论文集.上海:1998.

[79] 刘玉兰,贺亚林.武汉市江汉四桥主桥斜拉桥施工过程控制[C]//中国公路学会桥梁和结构工程分会1999年桥梁学术讨论会论文集.厦门:1999.

[80] 金志刚.徐浦大桥主桥施工控制[C]//上海市公路学会第4届年会学术论文集.2000.

[81] 田仲初,等.高低塔PC斜拉桥(江西鄱阳湖口桥)的监测与监控[C]//中国土木工程学会桥梁及结构工程分会第14届年会论文集.南京:2000.

[82] 顾安邦,常英,乐云祥.重庆黄花园嘉陵江大桥施工控制[C]//中国土木工程学会桥梁及结构工程分会1999年桥梁学术讨论会论文集.厦门:1999.

[83] 顾安邦,常英,乐云祥.大跨度预应力连续刚构桥施工控制的理论和方法[C]//中国土木工程学会桥梁及结构工程分会1999年桥梁学术讨论会论文集.厦门:1999.

[84] 陈建明,等.镇海湾大桥主桥施工控制[C]//中国土木工程学会桥梁及结构工程分会第14届年会论文集.南京:2000.

[85] 徐利平.结构分析模型误差对大跨径连续梁桥工程的影响[C]//中国土木工程学会桥梁及结构工程分会第14届年会论文集.南京:2000.

[86] 石雪飞,等.肇庆大桥施工控制[C]//中国公路学会桥梁和结构工程分会2000年桥梁学会讨论会论文集.武汉:2000.

[87] 徐升桥,任为东,李艳明.丫髻沙大桥主桥的施工控制[C]//中国土木工程学会桥梁及结构工程分会第14届年会论文集.南京:2000.

[88] 石雪飞.斜拉桥结构参数估计及施工控制系统[D].上海:同济大学:1999.

斜拉桥施工阶段索力的概率性确定

程　进*

（同济大学桥梁工程系　中国　上海　200092）

摘　要　传统斜拉桥施工阶段索力的确定方法由于忽略了结构参数的不确定性而不能满足实际工程设计需要。本文从概率分析的角度出发，提出一种新的确定斜拉桥施工阶段索力方法——集成化响应面法。该方法综合了传统响应面法、前进分析法和传统蒙特卡罗法各自的优点。最后，将该方法成功地应用到一座正对称竖琴式斜拉桥施工索力的概率性确定中，得出一些有益的结论。

关键词　斜拉桥；索力；施工；概率性确定；蒙特卡罗法；响应面法

1　引言

斜拉桥作为缆索承重桥梁的一种，因其简洁优美的外形及良好的跨越能力被世界各国广泛采用。该种桥型的最大跨径曾为 890 m（日本的多多罗桥），随着我国苏通长江大桥（主跨 1 088 m）的建成，该项纪录被再一次打破。在设计和分析这样大跨度斜拉桥中，一个重要的问题是如何确定斜拉桥中的索力。

自从 20 世纪 80 年代以来，国内外学者提出了多种确定斜拉桥索力的方法，如文献[1]—[4]。这些方法均是基于成桥状态的，未考虑实际桥梁施工过程对索力的影响。然而，不同的桥梁施工次序将会直接影响成桥状态结构的内力。因此，有必要提出一种考虑斜拉桥施工次序的索力确定方法。

与成桥状态下斜拉桥索力确定方法相比，用于确定施工阶段斜拉桥索力的方法较少。S. Abbas 和 A. C. Sordelis[5]提出了一种节段施工斜拉桥的非线性分析方法。D. Janjic 等[6]提出了采用单位力法进行施工中斜拉桥索力优化问题的求解。P. H. Wang 等[7]提出了两种斜拉桥施工分析方法——前进分析法和倒退分析法。

然而，上面所述的斜拉桥施工索力确定方法均是基于确定性结构参数，即通常所说的确定性分析法。但是在实际中，结构参数中存在着大量不确定性，这些不确定的结构参数势必影响斜拉桥索力的大小。因此，如何建立一种能考虑结构参数的不确定性的斜拉桥施工阶段索力计算方法是值得研究的。

斜拉桥属柔性结构，几何非线性效应较为明显。因此，在进行斜拉桥施工阶段索力概率性确定时必须考虑结构几何非线性的影响。目前计算结构几何非线性随机响应的方法主要有传统蒙特卡罗法（MCS）、一阶近似法（FOAM）和传统响应面法（RSM）。Imai 和 Frangopol[8]采用 MCS 和 FOAM 分别计算了随机桁架结构和随机悬缆结构中内力的均值和方差，结果表明，一阶近似法具有与传统的蒙特卡罗法相近的计算精度。然而，这两种方法具有以下缺点：①为了获得准确结果，传统的蒙特卡罗法需要进行成千上万次模拟，也就是需要相应成千上万次的确定性有限元分析，工作量较大，很不经济；②一阶近似法需要进行随机结构响应梯度的计算，而现有的确定性有限元软件中又不具备该项功能，因此，为了使用一阶近似法，不得不修改确定性有限元软件。传统响应面法（RSM）尽管具有计算效率高的特点，然而该方法无法直接应用到斜拉桥施工索力的概率性确定中。为了弥补上述

* 程进，1971 年出生，项海帆教授 1997 级博士研究生，论文题目“缆索承重桥梁非线性空气静力稳定性研究”。本文曾发表于 *Engineering Computations*，2010 年第 27 卷第 3—4 期，第 301—321 页。

方法的不足，本文提出一种集成化响应面法，然后运用该方法概率性确定了一座斜拉桥不同施工阶段的索力。最后，探讨了不同因素对斜拉桥施工索力的影响。

2 集成化响应面法

所谓集成化响应面法是将 RSM、前进分析法(FPA)和 MCS 各自的优点结合在一起的方法。该方法包括三方面的内容：①采用 RSM 近似表达实际的施工索力；②采用 FPA 进行确定性分析；③用 MCS 计算斜拉桥施工索力的统计值(均值和方差)。

2.1 传统响应面法

响应面法最早是由 Box 和 Wilson[9] 提出的，该方法的核心是采用一近似函数来替代真实的结构施工索力。一旦找到该近似函数，我们就可以直接使用该函数替代确定性有限元分析。履行一次确定性有限元分析可能需要几分钟甚至几小时，而评估一个二次函数仅需 1 s，因而会大大节省计算时间。该方法的另一优点是可以无需任何修改地使用现有的确定性有限元分析软件。

响应面法主要包括两部分：①近似响应面函数的选择；②试验样本点的选择。这两部分内容将在下面作一简要介绍。

响应面通常采用多项式形式表达。研究表明，一个二次多项式能满足大多数工程分析的需要。本文选用一种不含交叉项的二次多项式形式(不含交叉项和含交叉项)，即：

$$\hat{g}(X)=b_0+\sum_{i=1}^{k}b_iX_i+\sum_{i=1}^{k}b_{ii}X_i^2 \tag{1}$$

式中，$\hat{g}(X)$为近似索力方程；$X_i(i=1,2,\cdots,k)$ 为基本随机变量；b_0，b_i，b_{ii}和 b_{ij} 为待定系数。式(1)中分别有$(2k+1)$待定系数。这些待定系数可以采用回归分析方法确定。

试验设计技术主要用于确定样本点的位置。本文采用中心复合试验设计，有关该设计的详细介绍可参考文献[10]、[11]。

2.2 确定性有限元分析法(前进分析法)

正如前文所述，国外研究者已发展了多种确定斜拉桥施工索力的方法如前进分析法、倒退分析法和单位力法等。本文采用文献[7]提出的前进分析法进行斜拉桥施工索力的求解。这主要是因为该方法具有力学概念明确、实施方便的优点。限于篇幅，下面仅对该方法作一简要介绍。

前进分析法的基本思想就是按照斜拉桥施工次序来确定各施工阶段的索力值。该方法包含内外两层迭代。在结构的施工过程中，内层迭代完成结构的几何非线性计算，外层迭代寻找在某一施工阶段完成时结构的平衡位置。该方法的具体实施步骤如下：

(1) 输入施工分析数据，包括结构几何特性、材料特性、施工步数、边界条件以及初始斜拉索索力等。其中初始斜拉索索力可采用下式计算[7]：

$$T_e=\frac{3w\cdot l+8w_{eq}}{8\sin\alpha} \tag{2}$$

式中，w 为加劲梁自重；w_{eq} 为施工机械设备重量；α 为斜拉索倾角。

(2) 采用 Newton-Rapson 法求解结构整体平衡方程[式(3)]，得到结构位移 u；

$$[K(u)]\cdot\{u\}=P \tag{3}$$

式中，K 为结构总体刚度矩阵，包括线弹性和几何刚度矩阵两种；P 为外荷载。

(3) 检查迭代收敛准则是否满足，该收敛准则可表示为：

$$\left|\frac{u_c}{L}\right|\leqslant\varepsilon \tag{4}$$

式中，u_c为控制点处结构位移；L 为参考长度，本文选择主跨跨径作为参考长度；ε 为允许误差。

(4) 如果上面的迭代收敛准则满足，则表明某一施工阶段的平衡状态被找到，从而相应的斜拉索索力值也被确定。否则，更新初始索力值，重复步骤(2)—(3)直至式(4)满足。

2.3 蒙特卡罗法

正如前面所述，MCS 是目前最为广泛采用进行结构随机分析的方法。然而，该方法具有计算效率低的缺点。为了弥补 MCS 法的不足，本文提出一种基于响应面的蒙特卡罗模拟，并将其应用到斜拉桥施工阶段索力的概率性确定中。该方法的主要思路就是将蒙特卡罗法中每进行的一次确定性分析都通过前面介绍的响应面法来完成。

2.4 实施过程

集成化响应面法的具体实施过程如下：

（1）确定随机变量在已选择样本点处的值。对于有 k 个随机变量的问题而言，本文分别选择了 $(2k+1)$ 个样本点；

（2）在前面获得随机变量值基础上采用前进分析法进行确定性有限元分析；

（3）采用响应面法构造不同施工阶段近似索力方程 $\hat{g}(X)$；

（4）在已获得不同施工阶段近似的索力方程基础上，应用 MCS 法求解索力的统计值。

3 方法验证与说明

本文采用多个算例来验证集成化响应面法的正确性和有效性，这里给出其中 2 个算例。

3.1 例 1

图 1 为正对称竖琴式斜拉桥。该桥施工过程分为 8 个阶段，如图 2 所示。计算结果与文献[7]对比见表 1。

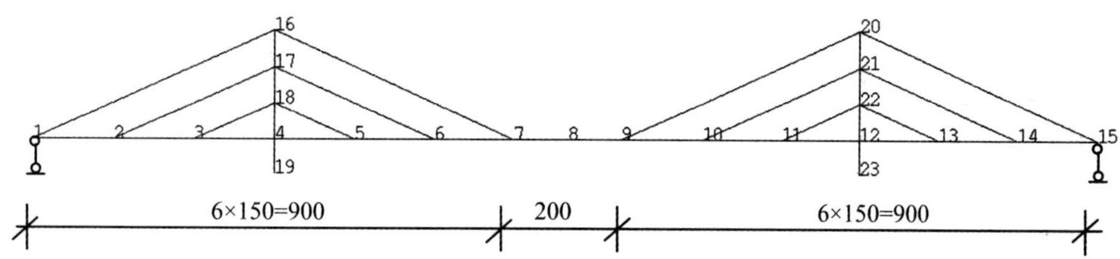

图 1　正对称竖琴式斜拉桥计算简图(单位：ft，1 ft = 0.304 8 m)

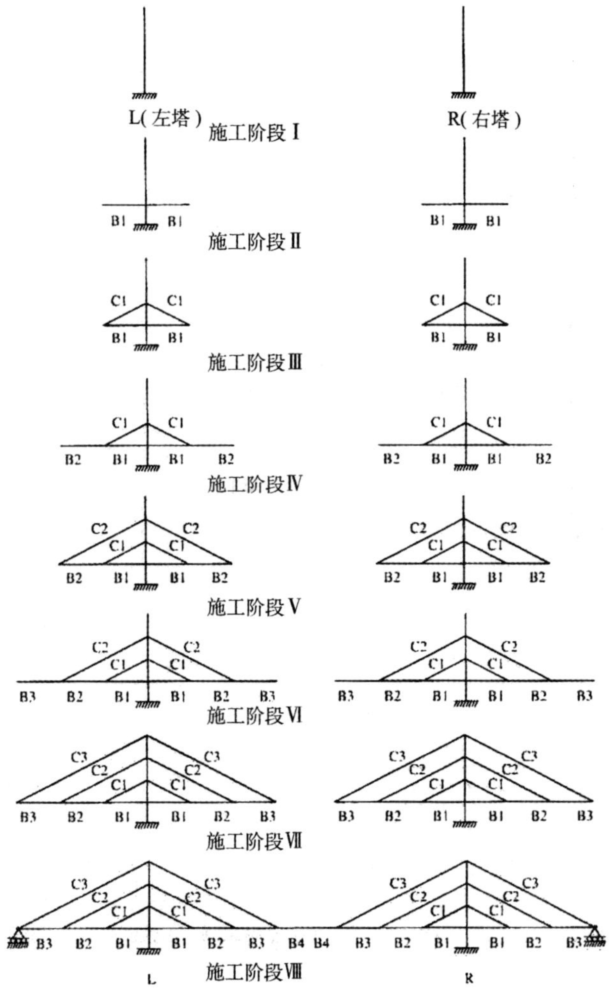

图 2　斜拉桥不同施工阶段的示意图

Ci—索号；Bi—梁段号

表 1 计算结果对比(分析中考虑了结构几何非线性因素的影响)

施工阶段号(1)	索号(2)	本文索力(kips)(3)	文献[7]索力(kips)(4)	比值(3)/(4)
Ⅲ	1-16	—	—	—
	2-17	—	—	—
	3-18	815.5	813.85	1.002
	7-16	—	—	—
Ⅳ	1-16	—	—	—
	2-17	—	—	—
	3-18	3 086.5	3 074.6	1.004
	7-16	—	—	—
Ⅴ	1-16	—	—	—
	2-17	1 107.1	1 098.4	1.008
	3-18	1 805.9	1 831.3	0.986
	7-16	—	—	—
Ⅵ	1-16	—	—	—
	2-17	3 550.9	3 475.8	1.022
	3-18	2 439.2	2 566.5	0.950
	7-16	—	—	—
Ⅶ	1-16	946.7	1 010.6	0.937
	2-17	2 365.4	2 216.6	1.067
	3-18	2 175.0	2 273.1	0.957
	7-16	946.5	1 010.6	0.937
Ⅷ	1-16	2 467.0	2 471.0	0.998
	2-17	2 496.4	2 508.0	0.995
	3-18	2 057.5	2 031.5	1.013
	7-16	2 490.3	2 505.8	0.994

注：1 kips = 4.448 kN。

从表 1 中可以看出，本文的计算结果与文献[7]相比，吻合得很好，说明本文提出的集成化响应面法在进行确定性斜拉桥施工索力计算方面是正确的。

3.2 例 2

图 3 为一桁架结构的示意图。结构随机输入变量的统计特征列于表 2，计算结果见表 3。从表 3 中可以看出，本文计算所得桁架单元轴力均值和标准差与文献[8]都吻合得很好。

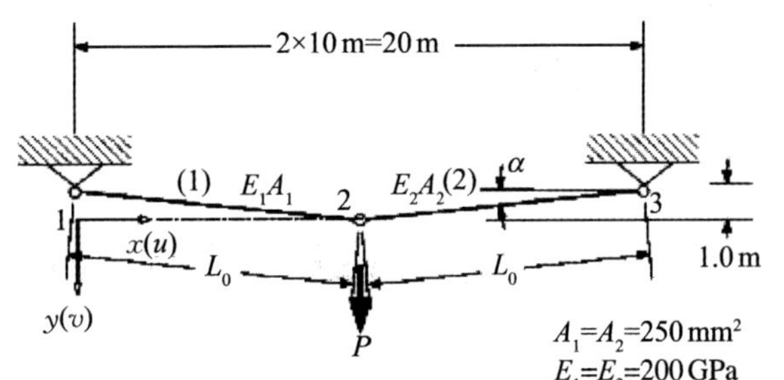

图 3 桁架结构示意图

表 2 结构随机输入变量的统计特征

变量	均值	标准差	单位	分布类型
E_1	200	4	GPa	正态
E_2	200	4	GPa	正态
P	18	3.6	kN	正态

表 3 计算结果对比(不同的 α 值)

α (°)	本文		文献[8]	
	均值(kN)	标准差(kN)	均值(kN)	标准差(kN)
0.5	125.624 3	16.963 6	125.275	17.229

续表

α (°)	本文		文献[8]	
	均值(kN)	标准差(kN)	均值(kN)	标准差(kN)
2.5	112.740 3	16.959 1	111.967	16.932
5.0	85.515 0	14.990 2	85.467	14.976
7.5	64.211 2	12.116 6	64.204	12.137
10.0	50.179 2	9.754 9	50.178	9.783
15.0	34.431 8	6.825 5	34.435	6.847
30.0	17.979 8	3.592 9	17.982	3.604
45.0	12.724 6	2.544 2	12.726	2.553
60.0	10.391 6	2.078 2	10.393	2.085

4 算例分析

以前面给出的一正对称竖琴式斜拉桥为例(如图1所示),采用集成化响应面法对该桥施工阶段索力进行概率性确定。结构随机输入变量的统计特征列于表4。

表4 正对称竖琴式斜拉桥结构随机输入变量的统计特征

随机变量		类型	均值	标准差	分布类型
弹性模量	E_d	主梁	4.32×10^6 kips/ft²	0.432×10^6 kips/ft²	正态
	E_c	拉索	4.32×10^6 kips/ft²	0.432×10^6 kips/ft²	正态
截面面积	A_d	主梁	3.44 ft²	0.172 ft²	正态
	A_{c1}	拉索(exterior cables)	0.452 ft²	0.022 6 ft²	正态
	A_{c2}	拉索(interior cables)	0.174 ft²	0.008 7 ft²	正态
抗弯惯矩	I_d	主梁	131.0 ft⁴	6.55 ft⁴	正态
恒载	w_d	主梁	6.0 kips/ft	0.48 kips/ft	正态
	w_{c1}	拉索(exterior cables)	0.221 kips/ft	0.017 68 kips/ft	正态
	w_{c2}	拉索(interior cables)	0.085 kips/ft	0.006 8 kips/ft	正态

为了考察结构几何非线性效应对结构不同施工阶段索力统计值的影响,下面分以下两种情况:工况A,不考虑所有几何非线性因素的影响;工况B,考虑所有几何非线性因素的影响。计算结果如表5所示。从表中

表5 不同工况下索力均值(μ)、标准方差(σ)以及变异系数(COVs)的比较

施工阶段号	索号	工况A			工况B		
		μ(kips)	σ(kips)	COV	μ(kips)	σ(kips)	COV
Ⅲ	1-16	—	—	—	—	—	—
	2-17	—	—	—	—	—	—
	3-18	815.48	65.25	0.080	815.51	65.22	0.080
	7-16	—	—	—	—	—	—
Ⅳ	1-16	—	—	—	—	—	—
	2-17	—	—	—	—	—	—
	3-18	3 108.30	256.84	0.083	3 085.76	258.90	0.084
	7-16	—	—	—	—	—	—
Ⅴ	1-16	—	—	—	—	—	—
	2-17	1 086.9	80.21	0.074	1 084.51	78.40	0.072
	3-18	1 870.53	206.96	0.111	1 875.22	212.85	0.114
	7-16	—	—	—	—	—	—
Ⅵ	1-16	—	—	—	—	—	—
	2-17	3 466.48	269.56	0.078	3 528.14	274.19	0.078
	3-18	2 634.38	249.47	0.095	2 508.27	256.29	0.102
	7-16	—	—	—	—	—	—

续表

施工阶段号	索号	工况 A			工况 B		
		μ(kips)	σ(kips)	COV	μ(kips)	σ(kips)	COV
Ⅶ	1-16	970.16	73.08	0.075	959.14	76.85	0.080
	2-17	2 342.08	196.31	0.084	2 374.55	194.45	0.082
	3-18	2 100.49	180.16	0.086	2 156.87	169.55	0.079
	7-16	969.86	73.08	0.075	958.82	76.85	0.080
Ⅷ	1-16	2 463.18	201.74	0.082	2 442.33	213.31	0.087
	2-17	2 485.45	201.97	0.081	2 522.66	187.88	0.074
	3-18	2 098.50	176.96	0.084	2 081.58	179.33	0.086
	7-16	2 486.40	204.00	0.082	2 464.52	216.15	0.088

可以看出，在施工阶段5以前，两种工况下计算结果差别较小。然而，随着施工过程的进行，两种工况下计算结果的差别将变大。产生这种情况的原因可能是：①随着施工过程的进行，将会有更多的斜拉索被安装和张拉；②在施工阶段Ⅵ时，仅安装了主梁而未张拉斜拉索，这时主梁顶端会产生较大的变形。

其次，本文考察了不同分析模型对结构施工索力统计值的影响。下面分析中考虑了四种分析模型。模型Ⅰ：确定性模型；模型Ⅱ：仅将斜拉索参数作为随机变量（A_{c1}，A_{c2}，E_c，w_{c1}，w_{c2}）；模型Ⅲ：仅将主梁参数作为随机变量（A_g，I_g，E_g，w_g）；模型Ⅳ：考虑表4中所有随机变量。需要说明的是模型Ⅱ、模型Ⅲ和模型Ⅳ都是随机模型。计算结果如表6所示。从表中可以看出：①三种随机模型计算的各施工阶段索力均值与确定性分析结果非常接近，这表明结构参数的不确定性不会影响施工阶段索力的均值；②结构加劲梁参数的离散性会对结构施工阶段索力的变异性产生较大影响；③基于确定性模型下的施工阶段索力分析仅能提供索力的均值，而无法给出索力的方差。这主要是由于确定性分析中忽略了结构参数的随机性，而在实际中，特别是斜拉桥施工分析中，结构参数的不确定性是大量存在的。因此，对斜拉桥施工索力进行概率性确定是至关重要的。从分析结果中可以看出，采用本文提出的集成化响应面法较好地解决了斜拉桥施工索力概率性确定问题，这是对以往所采用确定性分析方法的一个重大改进。

表6　不同模型下的计算结果　(kips)

施工阶段号	索号	模型Ⅰ	模型Ⅱ		模型Ⅲ		模型Ⅳ	
			μ	σ	μ	σ	μ	σ
Ⅲ	1-16	—	—	—	—	—	—	—
	2-17	—	—	—	—	—	—	—
	3-18	815.5	815.54	0.674	815.48	65.22	815.51	65.22
	7-16	—	—	—	—	—	—	—
Ⅳ	1-16	—	—	—	—	—	—	—
	2-17	—	—	—	—	—	—	—
	3-18	3 086.5	3 079.56	100.45	3 090.93	271.08	3 085.76	258.90
	7-16	—	—	—	—	—	—	—
Ⅴ	1-16	—	—	—	—	—	—	—
	2-17	1 107.1	1 096.84	18.32	1 095.54	75.96	1 084.51	78.40
	3-18	1 805.9	1 837.90	53.67	1 841.06	226.04	1 875.22	212.85
	7-16	—	—	—	—	—	—	—

续表

施工阶段号	索号	模型Ⅰ	模型Ⅱ		模型Ⅲ		模型Ⅳ	
			μ	σ	μ	σ	μ	σ
Ⅵ	1-16	—	—	—	—	—	—	—
	2-17	3 550.9	3 537.06	49.32	3 541.96	269.30	3 528.14	274.19
	3-18	2 439.2	2 471.36	61.10	2 469.17	258.30	2 508.27	256.29
	7-16	—	—	—	—	—	—	—
Ⅶ	1-16	946.7	943.36	23.61	944.98	71.23	959.14	76.85
	2-17	2 365.4	2 371.39	35.15	2 369.17	201.91	2 374.55	194.45
	3-18	2 175.0	2 177.12	44.75	2 172.81	177.68	2 156.87	169.55
	7-16	946.5	943.09	23.70	944.74	71.26	958.82	76.85
Ⅷ	1-16	2 467.0	2 464.27	11.25	2 463.43	209.65	2 442.33	213.31
	2-17	2 496.4	2 495.09	23.80	2 494.61	181.38	2 522.66	187.88
	3-18	2 057.5	2 070.93	55.57	2 077.36	180.11	2 081.58	179.33
	7-16	2 490.3	2 487.62	11.26	2 486.52	212.11	2 464.52	216.15

最后，本文探讨了加劲梁恒载大小对斜拉桥施工阶段索力的影响。表 7 为加劲梁恒载均值对斜拉桥施工阶段索力的影响。表 8 为加劲梁恒载方差对斜拉桥施工阶段索力的影响。从这些表中可以看出：①加劲梁恒载均值对索力均值的影响较大。斜拉索索力均值随加劲梁恒载均值的增加而增加。但是，斜拉索索力方差不会随加劲梁恒载均值的增加而改变。②加劲梁恒载方差的增加基本上不会影响索力均值。但是，加劲梁恒载标准方差的增加却会增加索力的标准方差。例如，对于施工阶段Ⅶ的索号 1-16 斜拉索而言，当加劲梁恒载标准方差 $\sigma = 0.32$ kips/ft 增加到 $\sigma = 0.64$ kips/ft 时，斜拉索索力的标准方差会从 53.61 kips 增加到 101.43 kips。

表 7　加劲梁恒载均值对斜拉桥施工阶段索力的影响　(kips)

施工阶段号	索号	加劲梁恒载均值 μ_{wd}					
		$\mu_{wd}=6.0$		$\mu_{wd}=6.5$		$\mu_{wd}=7.0$	
		μ	σ	μ	σ	μ	σ
Ⅲ	1-16	—	—	—	—	—	—
	2-17	—	—	—	—	—	—
	3-18	815.51	65.22	883.44	65.22	951.37	65.22
	7-16	—	—	—	—	—	—
Ⅳ	1-16	—	—	—	—	—	—
	2-17	—	—	—	—	—	—
	3-18	3 085.76	258.90	3 346.71	259.78	3 607.14	260.91
	7-16	—	—	—	—	—	—
Ⅴ	1-16	—	—	—	—	—	—
	2-17	1 084.51	78.40	1 156.77	73.11	1 228.71	72.20
	3-18	1 875.22	212.85	2 087.16	225.21	2 299.75	225.16
	7-16	—	—	—	—	—	—

续表

施工阶段号	索号	加劲梁恒载均值 μ_{wd}					
		$\mu_{wd}=6.0$		$\mu_{wd}=6.5$		$\mu_{wd}=7.0$	
		μ	σ	μ	σ	μ	σ
Ⅵ	1-16	—	—	—	—	—	—
	2-17	3 528.14	274.19	3 807.81	269.17	4 087.17	268.73
	3-18	2 508.27	256.29	2 770.56	270.28	3 034.08	270.56
	7-16	—	—	—	—	—	—
Ⅶ	1-16	959.14	76.85	1 038.46	78.06	1 116.51	77.45
	2-17	2 374.55	194.45	2 546.29	194.11	2 746.49	196.19
	3-18	2 156.87	169.55	2 328.15	171.12	2 502.56	174.51
	7-16	958.82	76.85	1 038.13	78.05	1 116.17	77.44
Ⅷ	1-16	2 442.33	213.31	2 660.5	210.96	2 876.21	207.80
	2-17	2 522.66	187.88	2 711.53	191.67	2 902.06	191.02
	3-18	2 081.58	179.33	2 257.77	182.40	2 438.25	185.63
	7-16	2 464.52	216.15	2 685.21	213.67	2 903.33	210.29

表 8 加劲梁恒载方差对斜拉桥施工阶段索力的影响 (kips)

施工阶段号	索号	加劲梁恒载方差 σ_{wd}					
		$\sigma_{wd}=0.32$		$\sigma_{wd}=0.48$		$\sigma_{wd}=0.64$	
		μ	σ	μ	σ	μ	σ
Ⅲ	1-16	—	—	—	—	—	—
	2-17	—	—	—	—	—	—
	3-18	815.51	43.48	815.51	65.22	815.51	86.95
	7-16	—	—	—	—	—	—
Ⅳ	1-16	—	—	—	—	—	—
	2-17	—	—	—	—	—	—
	3-18	3 085.93	179.21	3 085.76	258.90	3 085.51	340.52
	7-16	—	—	—	—	—	—
Ⅴ	1-16	—	—	—	—	—	—
	2-17	1 081.0	60.65	1 084.51	78.40	1 083.61	99.72
	3-18	1 886.15	153.82	1 875.22	212.85	1 877.80	283.44
	7-16	—	—	—	—	—	—
Ⅵ	1-16	—	—	—	—	—	—
	2-17	3 524.62	187.57	3 528.14	274.19	3 527.23	361.85
	3-18	2 519.07	176.23	2 508.27	256.29	2 511.15	343.62
	7-16	—	—	—	—	—	—
Ⅶ	1-16	958.94	53.61	959.14	76.85	959.51	101.43
	2-17	2 347.95	129.85	2 374.55	194.45	2 346.87	258.18
	3-18	2 156.85	114.91	2 156.87	169.55	2 156.76	223.69
	7-16	958.62	53.60	958.82	76.85	959.19	101.43

续表

施工阶段号	索号	加劲梁恒载方差 σ_{wd}					
		$\sigma_{wd}=0.32$		$\sigma_{wd}=0.48$		$\sigma_{wd}=0.64$	
		μ	σ	μ	σ	μ	σ
Ⅷ	1－16	2 441.68	147.17	2 442.33	213.31	2 441.27	281.85
	2－17	2 523.81	129.03	2 522.66	187.88	2 523.79	246.32
	3－18	2 081.10	125.91	2 081.58	179.33	2 082.34	235.06
	7－16	2 463.85	149.47	2 464.52	216.15	2 463.41	285.38

5 小结

(1) 本文将传统响应面法、前进分析法和传统蒙特卡罗法各自的优点相结合，提出了一种新的斜拉桥施工索力概率性确定方法——集成化响应面法，并将其成功地应用到一座正对称竖琴式斜拉桥施工索力的概率性确定性中。

(2) 在早期施工阶段，斜拉桥结构几何非线性因素对索力统计值的影响较小。然而，在后期施工阶段中，随着越来越多的斜拉索被安装和张拉，这方面的影响将会变得重要。

(3) 分析表明，结构参数的不确定性不会影响施工索力的均值。结构主梁参数对施工索力的变异性影响较大，而斜拉索参数的影响则较小，因此，在今后的斜拉桥施工阶段索力的概率性确定中可以不考虑斜拉索参数的随机性。

(4) 加劲梁恒载均值对施工阶段斜拉索索力均值的影响较大。斜拉索索力均值会随加劲梁恒载均值的增加而增加。但是，施工阶段斜拉索索力均值不会随加劲梁恒载标准方差的增加而改变。

(5) 加劲梁恒载均值的增加基本上不会影响施工阶段斜拉索索力的标准方差。但是，加劲梁恒载标准方差的增加却会增加施工阶段斜拉索索力的标准方差。

参考文献

[1] 王勋文，辛学忠，潘家英，程庆国. 确定 PC 斜拉桥合理恒载索力方法的探讨[J]. 桥梁建设，1996(4)：1－5.

[2] Chen D W, Au F T K, Tham L G, et al. Determination of Initial Cable Forces in Prestressed Concrete Cable-stayed Bridges for Given Design Deck Profiles Using the Force Equilibrium Method [J]. Computers & Structures, 2000,74:1－9.

[3] Wang P H, Tseng T C, Yang C G. Initial Shape of Cable-stayed Bridges [J]. Computers & Structures, 1993,46(6):1095－1106.

[4] Furukawa K, Sugimoto H, Egusa T, et al. Studies on Optimization of Cable Prestressing for Cable-stayed Bridges [C]// Proceedings of International Conference on Cable-stayed Bridges, Bangkok. 1987:723－734.

[5] Abbas S, Scordelis A C. Nonlinear Geometric, Material and Time-dependent Analysis of Segmentally Erected Three-dimensional Cable-stayed Bridges [R]// Report UCB/SEMM－93/09. Berkeley: University of California, 1993.

[6] Janjic D, Pircger M, Pircger H. Optimization of Cable Tensioning in Cable-stayed Bridges [J]. Journal of Bridge Engineering, ASCE, 2003,8(3):131－137.

[7] Wang PaoHsii, Tang TzuYang, Zheng HouNong. Analysis of Cable-stayed Bridges during Construction by Cantilever Methods [J]. Computers and Structures, 2004,82:329－346.

[8] Imai Kiyohiro, Frangopol Dan M. Response Prediction of Geometrically Nonlinear Structures [J]. Journal of Structural Engineering, ASCE, 2000, 126 (11): 1348 - 1355.

[9] Box G E P, Wilson K B. On the Experimental Attainment of Optimum Conditions [J]. Journal of the Royal Statistical Society, Series B, 1951, 13 (1): 1 - 45.

[10] Montgomery D C. Design and Analysis of Experiments [M]. New York: John Wiley & Sons, 1991.

[11] Neter J, Wasserman W, Kutner M H. Applied Linear Statistical Models [M]. 2nd edition. Chicago: Richard D Irwin Inc, 1985.

同向回转拉索基准圆筒定位法

胡　可*

（安徽省交通投资集团有限责任公司　中国　安徽　合肥　230088）

摘　要　为避免索塔锚索区产生拉应力，突破大索力差对鞍座使用的限制，斜拉桥采用了一种新型同向回转拉索体系。体系虽具有机理上的优势，但也存在诸多技术上的空白，拉索定位即是技术实用化面临的首个问题。研究提出“基准圆筒定位法”，设想拉索绕过一个与索塔同轴的虚拟圆筒，垂度面与基准圆筒相切，形成一条位置固定的竖直切线，由此构成定位计算的基准。研究进而建立参数系统，明确主从关系，制定计算过程，系统解决了这一全新的拉索定位问题。

关键词　同向回转拉索；同向回转鞍座；菱形柱式塔；拉索定位；切线导向；基准圆筒；垂度面；鞍座斜置面；双层鞍座

1　引言

针对斜拉桥传统拉索体系难以根本解决锚索塔壁拉应力问题[1]，仍受预应力失效、拉索断索等因素影响这一状态，经长期研究，安徽省徐明高速公路五河淮河大桥和芜湖长江公路二桥采用了一种新型拉索体系，即同向回转拉索体系。

体系中，拉索连续，绕过索塔，在主梁同截面两侧锚固[2]（图 1）。索塔采用菱形柱式塔，梁上锚索选择锚拉板。索力以环形径向压力的形式作用于索塔，直接成为塔柱的环向预应力。由此，在机理上实现了索塔的无拉应力锚索。

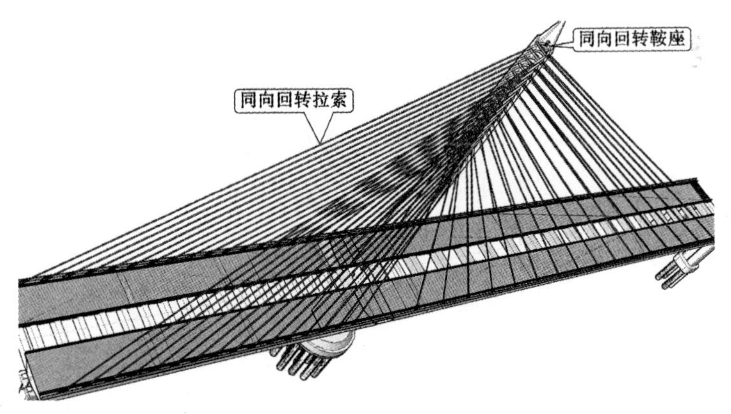

图 1　同向回转拉索体系

结构上，拉索采用离散型钢绞线拉索，弯曲半径可小至 2 m[3]。对应同向回转结构形式，利用拉索横桥向对称，股数左右连续的特点，设计以鞍座沿索倾角斜置，过索并锚索，成为同向回转鞍座，实现了鞍座在常规斜拉桥上的突破性使用。不仅取消了塔上传统锚具，而且简化了因处理锚具间巨大拉力而形成的复杂钢结构材料和预应力构造[4]。

这一创新型拉索体系，虽具有机理上的优势，也存在技术上的空白。本文的目的是在拉索定位方面，说明体系的适应性和可行性。

2　定位方法的提出

较传统形式，同向回转拉索及其斜置鞍座定位过程复杂，具体表现在

* 胡可，1964 年出生，项海帆教授 1985 级硕士研究生，论文题目“缆同向回转拉索基准圆筒定位法”。

“有交叉定位、多索联合定位、三点弧定位、组合面定位”等方面。

分析拉索“切线导向”的几何特征，研究提出“基准圆筒定位法”基本设想，即虚拟一个与索塔同轴的圆筒，拉索垂度面与其相切，形成位置固定的竖直切线，以此构成定位计算的基准。通过调整虚拟圆筒半径，可控制鞍座顶点的位置变化(图 2)。

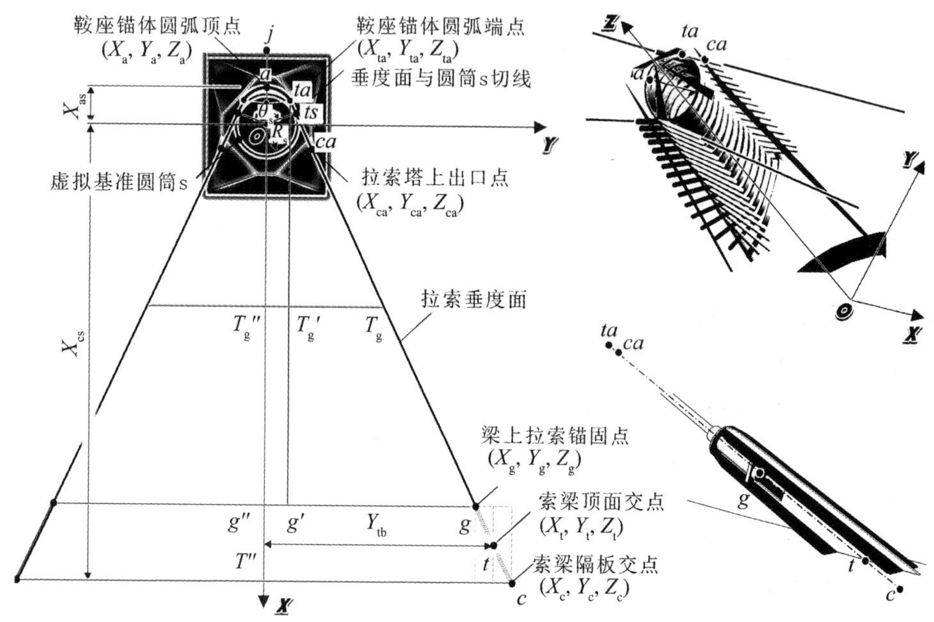

图 2　拉索定位几何特征

3　定位坐标系

研究设定拉索定位坐标系(图 3)如下[5]：

(1) 坐标系原点(0, 0, 0)为塔对称中心线高程±0.00 m处，X 轴正向指向梁上锚索区方向(主跨索指向主跨，边跨索指向边跨)，Z 轴指向塔顶。

(2) 计算坐标及参数适用于索塔一侧索(位于 $X-O-Y$ 坐标系中第一象限内索)，另一侧拉索坐标及参数关于 $Z-O-X$ 面对称。

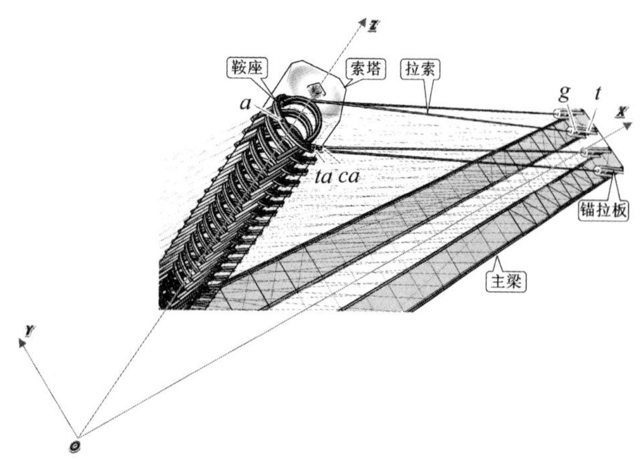

图 3　拉索定位坐标系

(3) 拉索定位参数中计入因拉索自重产生的挠度影响和梁段顶面纵、横向倾角。

(4) 在拉索垂度面上，拉索悬链线上端点为鞍座锚体圆弧端点 ta。左、右拉索悬链线顶两切线交于 j 点，构成鞍座定位斜置面。

(5) 拉索悬链线下端点为梁上拉索锚固点 g。拉索悬链线底切线为锚拉板定位轴线。

(6) 索梁顶面交点 t 为拉索悬链线底切线与梁顶面交点。索梁隔板交点 c 为拉索悬链线底切线与对应横隔板中面交点。

(7) 横隔板中面垂直于梁顶面，锚拉板主板平行于桥面纵轴。

4　定位参数的选择

(1) 分析同向回转拉索定位的设计特点[4]，研究选择如下已知设计条件(图 2、图 4)，作为定位计算的初始输入：

拉索梁上锚固点至梁顶垂距 D_{gs}；

索、梁顶面交点至梁中平距 Y_{tb}；

索、梁隔板交点至塔轴纵距 X_{cs}，至梁顶垂距 D_{cs}；

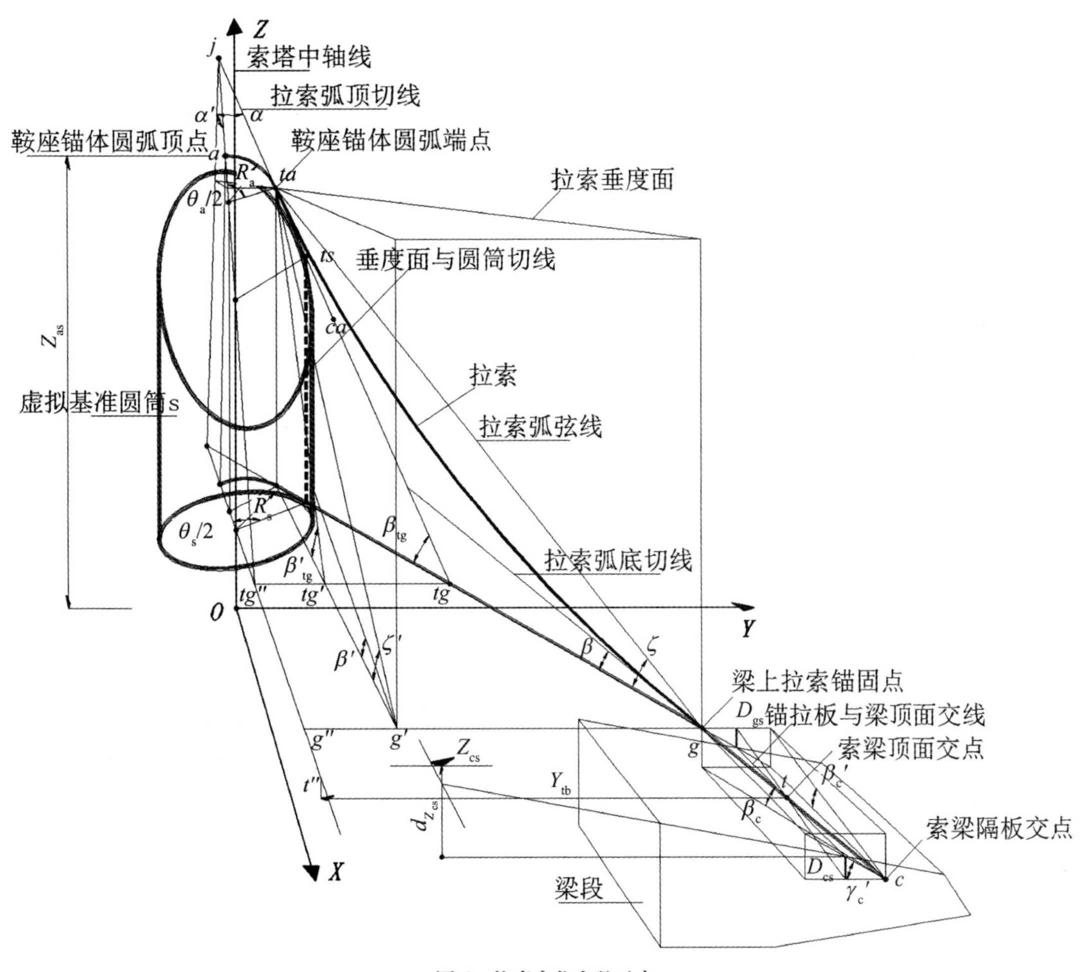

图 4　拉索定位参数示意

鞍座圆弧顶点控制坐标 X_{as}、Z_{as}；

鞍座圆弧控制半径 R_{as}。

(2) 实现同向回转拉索定位的系统定位，研究选择如下定位参数(图 2、图 4)，作为定位计算的基本输出：

拉索 a、ta、g、t 点坐标，悬链线参数 α、β；

鞍座锚体半径 R_a、圆心角 θ_a、斜度 β'_{tg}；

基准圆筒半径 R_s、切线夹短弧圆心角 θ_a；

梁段顶正倾角 i'，索、梁顶相对位置 β_c、β'_c。

5　定位过程的提出和实现

基准圆筒定位法在空间几何计算中考虑拉索的力学特性，以此进行的定位计算，是一个在多点进行调整、修正的过程[6-7]。

研究在拉索设计程序中嵌入定位计算模块。以已知设计条件为主控参数和调控目标，根据结构设计特点，选择与主控参数关联性强的待定参数进行调控，设定调控的先后次序(图 5)，建立参数之间的几何、力学关系。通过循环计算，达到计算结果与控制目标的吻合[8]。重点步骤如下：

5.1　拉索初始定位

(1) 分析初始输入，拉索与基准圆筒的切点 ts 在水平面上位置固定，索、梁隔板交点 c 在竖直面上位置固定。设此两点为悬链线两端点，对其待定坐标值部分，以计算和借用方式补全。由此建立初始定位模型，计算拉索定位参数，作为后续精确修正的基础。

对 c 点，$X'_c = X_{cs} + (d_{Z_{cs}} + D'_{cs}) \times \sin i'$

借用近处 t 点坐标，$Y'_c = Y_{bt}$

考虑桥面倾角修正，$Z'_c = Z_{cs} - (d_{Z_{cs}} + D'_{cs}) \times \cos i'$

基准圆筒借用鞍座初始半径，$R_s = R_a$

粗略计算出拉索与基准圆筒相切的方向和位置：

$$R_s = Y_c \times \sin(\theta_s/2) - X_c \times \cos(\theta_s/2) \qquad (1)$$

$$X_{ts} = -R_s \times \cos(\theta_s/2)$$

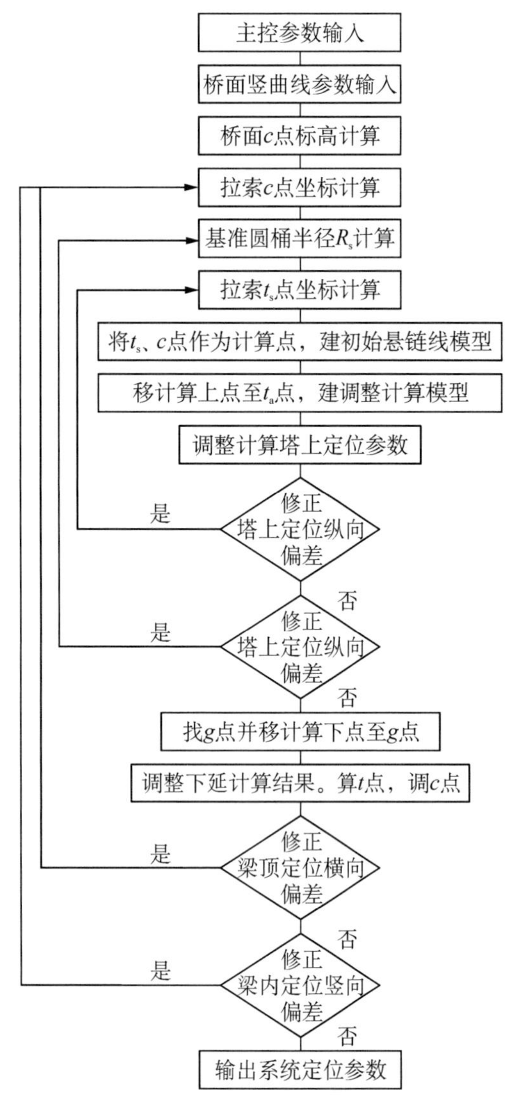

图 5　基准圆筒定位法计算过程

$$Y_{ts} = R_s \times \sin(\theta_s/2)$$

借用近处 a 点坐标，$Z_{ts} = Z_{as}$

式中　i'——梁段顶面正倾角(与 X 轴夹角)；

X'_c，Y'_c，Z'_c，D'_{cs}——c 点假设为悬链线下端点时的坐标和限位(D'_{cs}初值取 D_{cs})，定位计算中将不断修正；

Z_{cs}——桥面设计高程，由既定的桥面竖曲线，对应 X_{cs} 自动计算；

$d_{Z_{cs}}$——桥面横向，设计高程点与拉索锚固点之间的设计高程差。

其余参数意义见前述及图示。

(2) 在拉索垂度面内(图 4)，由拉索悬链线方程，推导出相关参数计算式如下：

$$\beta = \arctan[\mathrm{sh}(c \times L_0)] \tag{2}$$

$$\beta_{tan} = \arctan\{\mathrm{sh}[c(L_0 + L)]\} \tag{3}$$

$$\alpha = \pi/2 - \beta_{tan} \tag{4}$$

$$c = \gamma/(\sigma \times \cos\zeta)$$

$$A = c \times f + [(c \times f)^2 + 4 \times \mathrm{sh}^2(c \times L/2)]^{1/2}$$

$$B = 2[\mathrm{sh}(c \times L/2) + \mathrm{ch}(c \times L/2)]\mathrm{sh}(c \times L/2)\}$$

$$L_0 = \ln(A/B)/c$$

式中　c——拉索张拉应力 σ、材料比重 γ、弦倾角 ζ 的函数；

F——悬链线拉索竖向投影高度；

L——悬链线拉索水平投影长度；

L_0——悬链线拉索下端点距悬链线理论底点水平投影长度。

其余参数意义见前述及图示。

(3) 在鞍座斜置面上(图 4)，计算鞍座斜度 β'_{tg}、圆心角 θ_a，进而计算出拉索悬链线真正上端点 ta、悬链线顶两切线交点 j 坐标：

$$\beta'_{tan} = \arctan[\tan\beta_{tan} \times \sin(\theta_s/2)] \tag{5}$$

$$\theta_a = 2 \times \arctan[\tan(\theta_s/2) \times \cos\beta'_{tan}] \tag{6}$$

$$X_j = -R_s/\cos(\theta_s/2)$$

$$Y_j = 0$$

$$Z_j = Z_{ts} + (X_{ts} - X_j)\tan\beta'_{tan}$$

$$X_{ta} = X_j + R_{as} \times \tan(\theta_a/2) \times \sin(\theta_a/2) \times \cos\beta'_{tan}$$

$$Y_{ta} = R_{as} \times \sin(\theta_a/2)$$

$$Z_{ta} = Z_j - (X_{ta} - X_j)\tan\beta'_{tan}$$

式中，各参数意义见前述及图示。

5.2　塔上调整定位

上述初始定位，基于假设和借用，结果并不闭合，需反复调整，修正。

由于参数之间关系复杂，甚至互为前提，必须建立一个标准过程。研究提出，这一过程从塔上调整定位开始。

(1) 移拉索悬链线定位上端点至其真正位置，鞍座锚体圆弧端点 ta 上(图 4)。

(2) 更新参数 β_{tg}、β'_{tg}、Z_j、θ_a 计算值，调整计算鞍

座半径 R_a：

$$R_a = L_{jta} \times ctg(\theta_a/2) \quad (7)$$

（3）计算鞍座顶点 a 坐标：

$$X_a = X_{ta} - R_a[1-\cos(\theta_a/2)]\cos\beta'_{tan}$$

$$Y_a = 0$$

$$Z_a = Z_{ta} + (X_{ta} - X_a)\tan\beta'_{tan}$$

式中，L_{jta} 为 j 点至 ta 点空间长度。

其余参数意义见前述及图示。

5.3 塔上修正定位

判断 a 点坐标计算值 X_a、Z_a 与其条件值 X_{as}、Z_{as} 之间偏差，必要时修正(图 2，图 4)：

（1）Z_a 与 Z_{as} 之间的偏差通过修正 Z_{ts} 消除；

（2）X_a 与 X_{as} 之间的偏差通过修正 R_s 消除。

5.4 梁上调整定位

（1）移拉索悬链线定位下端点至其真正位置，梁上拉索锚固点 g 上(图 4)。

（2）以下列公式计算 g 点坐标：

$$i = \arctan[\tan i' \times \sin(\theta_s/2)]$$

$$Z'_g = \{ch[c\times(L_0 + X'_g)] - ch(c\times L_0)\}/c \quad (8)$$

$$Z'_g \times \cos i + X'_g \times \sin i = D'_{cs} + D_{gs} \quad (9)$$

$$X_g = X'_c - X'_g \times \sin(\theta_s/2)$$

$$Y_g = Y'_c - X'_g \times \cos(\theta_s/2)$$

$$Z_g = Z'_c + Z'_g$$

式中　i——梁段顶面在拉索垂度面内倾角；

X'_g，Z'_g——在拉索垂度面内(图 4)，g 点至 c 点的水平距离、竖向距离。

其余参数意义见前述及图示。

（3）由 g 点切线，计算 t 点坐标：

$$\beta'_c = \beta' + i'$$

$$L_{tan} = D_{gs}/\sin\beta'_c$$

$$X_t = X_g + L_{tan} \times \cos\beta'$$

$$Y_t = Y_g + L_{tan} \times \cos\beta'/\tan(\theta_s/2)$$

$$Z_t = Z_g - L_{tan} \times \sin\beta'$$

式中，L_{tg} 为 t 点至 g 点空间长度在 Z-O-X 面的投影；其余参数意义见前述及图示。

（4）由 g 点切线，更新 c 点坐标：

$$\beta_c = \beta + i$$

$$L_{cg} = (X'_g \times \cos i - Z'_g \times \sin i)/\cos\beta_c$$

$$X_c = X_g + L_{cg} \times \cos\beta \times \sin(\theta_s/2)$$

$$Y_c = Y_g + L_{cg} \times \cos\beta \times \cos(\theta_s/2)$$

$$Z_c = Z_g - L_{cg} \times \sin\beta$$

式中：L_{cg}——c 点至 g 点空间长度；

其余参数意义见前述及图示。

5.5 梁上修正定位

判断 t 点坐标计算值 Y_t 与其条件值 Y_{tb} 之间偏差、c 点坐标更新值与其条件值 D_{cs} 之间偏差，必要时修正(图 4)：

（1）Y_t 与 Y_{tb} 之间的偏差通过修正 Y'_c 消除；

（2）Z_c 与 D_{cs} 之间的偏差通过修正 D'_{cs} 消除。

6 定位实例

6.1 计算结果

芜湖长江公路二桥，跨江主桥采用双向 6 车道高速公路标准，设计为主跨 806 m、分肢柱式塔、分体钢箱梁、全漂浮体系斜拉桥[9, 4]。研究进行四索面、双层鞍座同向回转拉索(图 6)的设计定位。

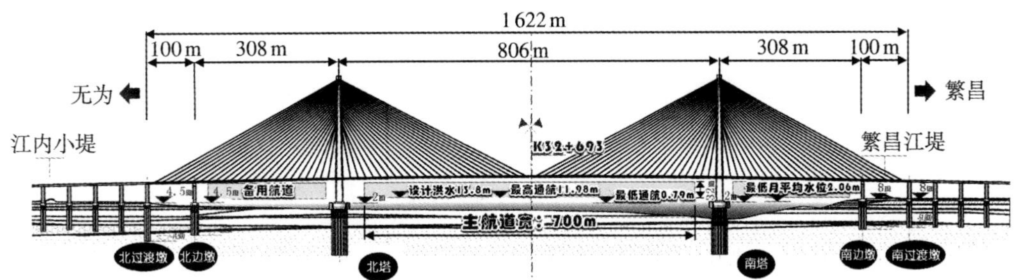

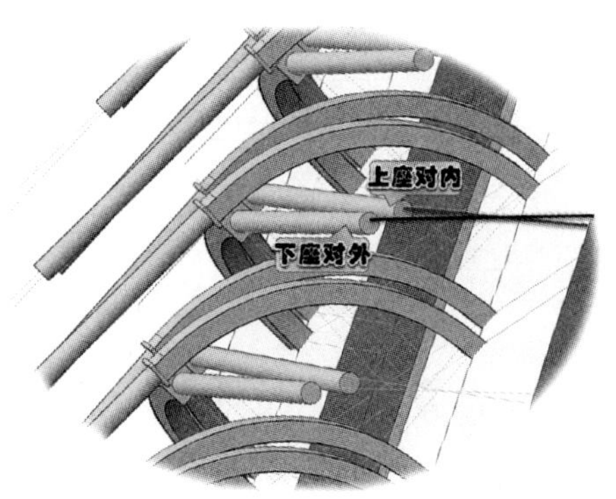

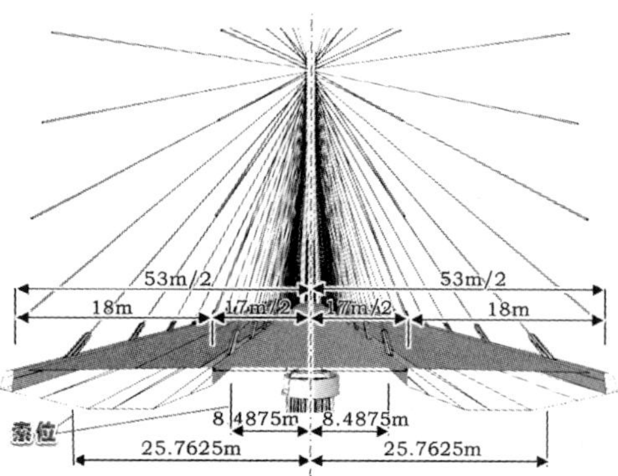

图 6 芜湖长江公路二桥四索面、双层鞍座同向回转拉索定位

基于"基准圆筒定位法",研究将上、下层鞍座分别用于对内、外侧拉索的锚固,利用上层鞍座小、下层鞍座大的特点,以及鞍座逐渐展宽的特点,实现了双层鞍座拉索的密集定位。

以计算数据作图,结果表明:定位精确、规则,满足控制要求;目测鞍座、导管相互无干扰;算术核查,定位后系统并集总体积与定位前各单体体积总和相等,表明塔上鞍座、导管等之间无重合部分。

6.2 计算分析

锚索塔柱采用大倒角菱形截面,对同向回转鞍座的适配性更好。鞍座导管可经由倒角面出索塔。鞍座出塔早,埋入少;导管角度正,易安装;拉索易安装,便于更换[10]。

芜湖长江公路二桥,索塔以菱形截面适配复杂的22组四索面双层同向回转鞍座,176根鞍座导管全部由倒角面出塔。

7 结论

对如何直接避免在索塔内产生锚索拉应力和如何在常规斜拉桥上使用鞍座的研究,促生出"同向回转拉索"这一创新体系。

"基准圆筒定位法"解决了如何系统、准确地进行同向回转拉索定位计算这一新问题。

菱形截面锚索塔柱对于同向回转拉索,是一种理想的结构平台,有效降低了拉索定位的难度。

8 致谢

笔者于1985—1988年研究生学习期间,师从项海帆教授,进行斜拉桥非线性分析方法的研究,获得了系统丰富的知识,并培养了开拓创新的信心。工作中,先后主持过安庆长江公路大桥、芜湖长江公路二桥等多座大跨径、特殊结构桥梁的设计和建造工作。近年来,在项老师从原理上解决结构的安全耐久问题,创造突破性和奠基性原创成果等谈话精神影响下,系统立项,探索斜拉桥建造中的创新技术,以索塔的无拉应力锚索机理为主题,进行本文同向回转拉索这一原创技术研究。在众多师兄弟的支持下,研究取得阶段性突破。本次借机著文汇报,并深情感谢项老师的指导!

参考文献

[1] 项海帆. 高等桥梁结构理论[M]. 北京:人民交通出版社,2001.

[2] 王伯惠. 斜拉桥结构发展和中国经验[M]. 北京:人民交通出版社,2003.

[3] 中华人民共和国交通行业标准. JT/T771—2009 无粘接钢绞线斜拉索技术条件[S]. 北京：中华人民共和国交通运输部，2009.

[4] 中华人民共和国行业推荐性标准. JTG/TD65—01—2007 公路斜拉桥设计细则[S]. 北京：中华人民共和国交通运输部，2007.

[5] 邵旭东，程翔云，李立峰. 桥梁设计与计算[M]. 北京：人民交通出版社，2007.

[6] 樊映川. 高等数学讲义(上、下册)[M]. 北京：人民教育出版社，1985.

[7] 李传习，夏桂云. 大跨度桥梁结构计算理论[M]. 北京：人民交通出版社，2002.

[8] 向中富. 桥梁施工控制技术[M]. 北京：人民交通出版社，2001.

[9] 中华人民共和国行业标准. JTGD60—2004 公路桥涵设计通用规范[S]. 北京：中华人民共和国交通运输部，2004.

[10] 中华人民共和国行业标准. JTJ041—2000，公路桥涵施工技术规范[S]. 北京：中华人民共和国交通运输部，2000.

附录：项海帆院士研究生名录

硕士生

序号	姓　名	学习时间	论文题目
1	谢霁明	1978—1981	关于斜拉桥抗震特性及其减震方法的研究
2	李瑞霖	1982—1984	具有挡块设施的悬浮体系斜张桥非线性地震反应分析
3	杨昌众	1982—1984	钢筋混凝土柱墩的延性分析
4	陈德伟	1983—1986	斜张桥线性二阶理论的实用计算方法
5	葛耀君	1983—1986	斜张桥的工程控制——结合非线性倒退分析的滤波控制理论在斜张桥施工中的应用
6	钱莲萍	1984—1987	单承重的结构考虑非保向力效应的侧倾稳定分析
7	刘吉柱	1984—1987	大跨度拱桥地震反应的行波效应分析
8	胡　可	1985—1988	缆同向回转拉索基准圆筒定位法
9	汪新钧	1985—1988	大跨度桥梁结构空间振动特性分析及实用计算方法
10	李国平	1986—1989	T 型结合梁斜拉桥剪滞效应综合分析
11	李卫民	1986—1989	桥梁结构的面内极限承载力分析
12	朱乐东	1986—1989	大跨斜拉桥颤振条件近似分析方法及颤振后性能研究
13	韩振勇	1987—1990	工程施工控制中的徐变分析
14	袁泽久	1988—1991	典型桥梁截面的气动性能及主梁约束扭转刚度对斜拉桥动力特性的影响
15	李　映	1989—1992	悬索桥的三维非线性分析
16	黄学明	1990—1993	大跨度桥梁截面气动选型以及各种参数对桥梁截面气动性能的影响
17	顾　群	1991—1994	斜拉索的振动和振动控制
18	程韶红	1992—1995	大跨度桥梁三维颤振有限元分析
19	吴　炜	1992—1995	被动调质阻尼器对大跨桥梁颤振控制的研究
20	陈礼忠	1993—1996	大跨度桥梁抖振疲劳分析方法的研究
21	毛鸿银	1993—1996	悬索桥施工猫道的抗风性能研究
22	陈　伟	1995—1998	大跨桥梁颤振稳定性的概率评价
23	郭震山	1996—1999	缆索承重桥梁阻尼及其对桥梁颤振稳定性的影响
24	张福江	1996—2000	大跨斜拉桥结构风荷载研究
25	黄继民	1997—2001	大跨度斜拉桥中的辅助索减振研究
26	宋　馨	1997—2000	斜拉桥三维应力分析
27	何宪飞	1998—2001	桥梁断面三自由度颤振导数识别
28	刘志刚	1998—2001	桥梁顺风向风荷载研究
29	胡晓红	1999—2002	大跨度拱桥等效风荷载试验研究

博士生

序号	姓　名	学习时间	论文题目
1	谢霁明	1982—1985	桥梁颤振理论与斜拉桥颤振特性研究
2	李瑞霖	1984—1987	桥梁结构体系抗震动力可靠度分析的实用方法
3	毛清华	1984—1987	公路桥梁的车辆振动研究
4	杨昌众	1984—1987	桩基础桥梁的场地判别和地震反应计算的实用简化方法
5	黄东洲	1985—1989	桁梁桥的弹塑性侧倾稳定研究
6	阎贵平	1986—1989	梁式桥弹塑性地震反应与实用延性抗震设计方法的基础研究
7	陈德伟	1987—1990	斜拉桥的非线性分析及工程控制
8	钱莲萍	1987—1994	结构第二类稳定理论的最新发展
9	袁万城	1987—1990	大跨桥梁空间非线性地震反应分析
10	陈　伟	1988—1993	大跨桥梁抖振反应谱研究
11	陈艾荣	1991—1994	大跨桥梁的风荷载及风致振动控制研究
12	刘春华	1992—1995	大跨度桥梁抖振响应的非线性时程分析
13	方明山	1994—1997	超大跨径缆索承载桥梁非线性空气静力稳定理论研究
14	肖汝诚	1994—1996	确定大路径桥梁结构合理设计状态的理论与方法研究
15	张若雪	1994—1997	桥梁结构气动参数识别的理论和试验研究
16	葛耀君	1995—1997	桥梁结构风振可靠性理论及其应用研究
17	石雪飞	1995—1998	斜拉桥结构参数估计及施工控制系统
18	徐　栋	1995—1998	节段施工体外预应力桥梁的极限强度分析
19	周　印	1995—1998	高层建筑静力等效风荷载和响应的理论与实验研究
20	曹丰产	1996—1999	桥梁气动弹性问题的数值计算
21	曹映泓	1996—1999	大跨度桥梁非线性颤振和抖振时程分析
22	程　进	1997—2000	缆索承重桥梁非线性空气静力稳定性研究
23	蓝　海	1997—2000	大跨斜拉桥结构综合监测与评估系统
24	张新军	1997—2000	大跨度桥梁三维非线性颤振分析
25	丁泉顺	1998—2001	大跨度桥梁耦合颤抖振响应的精细化分析
26	凌知民	1998—2004	铁路高墩桥梁车桥耦合振动及横风对车桥响应的影响研究
27	朱乐东	1998—2002	斜风下大跨度缆索承重桥梁抖振响应现场实测与分析
28	罗喜恒	1999—2004	复杂悬索桥施工过程精细化分析研究
29	吴定俊	1999—2005	提速状态下车桥耦合振动理论与桥梁横向动力性能的研究
30	杨詠昕(硕博连读)	1999—2002	大跨度桥梁二维颤振机理及其应用研究
31	马如进(硕博连读)	1999—2004	基于气动弹性模型的桥梁断面颤振导数识别
32	靳欣华	2000—2003	桥梁断面气动导纳识别理论及试验研究
33	李加武	2000—2003	桥梁断面雷诺数效应及其控制研究
34	张元凯	2000—2005	斜拉桥施工过程分析方法及误差影响分析研究
35	赵　林	2000—2003	风场模式数值模拟与大跨桥梁抖振概率评价
36	陈　斌	2001—2006	识别气动参数的测压法试验研究
37	郭震山	2001—2006	桥梁断面气动导数识别的三自由度强迫振动法

续表

序号	姓　名	学习时间	论文题目
38	韩振勇	2001—2007	新型桥梁设计构思和施工技术优化
39	李国平	2001—2007	体外预应力混凝土桥梁设计计算方法
40	邵长宇	2001—2007	大跨度钢-混凝土连续组合箱梁桥关键技术研究
41	许志豪	2001—2006	紊流风对大跨度双箱梁桥梁的作用
42	杨德灿	2001—2005	考虑缆索气动弹性影响的大跨度桥梁三维颤振分析
43	陈晓冬	2002—2007	大跨桥梁侧风行车安全分析
44	杜柏松	2002—2006	考虑非线性影响的分体双箱梁悬索桥动力特性研究
45	庞加斌	2002—2006	沿海和山区强风特性的观测分析与风洞模拟研究
46	王　森	2003—2008	斜风作用下大跨度桥梁抖振非线性时域分析及实验验证
47	王小松	2003—2007	车-桥-风相互作用的理论分析
48	余　华	2003—2008	基于非线性电磁力的 EMS 高速磁浮车桥耦合振动研究

博士后

序号	姓　名	学习时间	论文题目
1	顾　明	1988—1990	均匀风场中单体高层建筑的阻塞效应试验研究
2	陈艾荣	1994—1996	长大桥梁的风致振动控制及风荷研究
3	兰黔章	1995—1997	大跨度桥梁风致振动及有效控制
4	顾　巍	1998—2000	钝体和桥梁断面的气动导纳试验技术与研究
5	周志勇	1999—2001	离散涡方法用于桥梁截面气动弹性问题的数值计算